中华人民共和国法律释义丛书

中华人民共和国民法典
总则编释义

黄薇/主编

法律出版社
LAW PRESS · CHINA

图书在版编目(CIP)数据

中华人民共和国民法典总则编释义 / 黄薇主编. --
北京 : 法律出版社, 2020(2020.12 重印)
(中华人民共和国法律释义丛书)
ISBN 978-7-5197-4547-9

Ⅰ. ①中… Ⅱ. ①黄… Ⅲ. ①民法–总则–法律解释
–中国 Ⅳ. ①D923.15

中国版本图书馆 CIP 数据核字(2020)第 082168 号

中华人民共和国民法典总则编释义
ZHONGHUA RENMIN GONGHEGUO MINFADIAN ZONGZEBIAN SHIYI

黄　薇 主编

策划编辑 张发靖　李　群
责任编辑 陶玉霞　翁潇潇
装帧设计 李　瞻

出版 法律出版社
总发行 中国法律图书有限公司
经销 新华书店
印刷 三河市龙大印装有限公司
责任校对 张红蕊
责任印制 张建伟

编辑统筹 法规出版分社
开本 A5
印张 18.875
字数 458 千
版本 2020 年 7 月第 1 版
印次 2020 年 12 月第 3 次印刷

法律出版社/北京市丰台区莲花池西里 7 号(100073)
网址/www.lawpress.com.cn
投稿邮箱/info@lawpress.com.cn
举报维权邮箱/jbwq@lawpress.com.cn
销售热线/400-660-8393
咨询电话/010-63939796

中国法律图书有限公司/北京市丰台区莲花池西里 7 号(100073)
全国各地中法图分、子公司销售电话:
统一销售客服/400-660-8393/6393
第一法律书店/010-83938432/8433　西安分公司/029-85330678　重庆分公司/023-67453036
上海分公司/021-62071639/1636　深圳分公司/0755-83072995

书号:ISBN 978-7-5197-4547-9　**定价**:78.00 元

前　言

编纂民法典是党的十八届四中全会确定的一项重大政治任务和立法任务，是以习近平同志为核心的党中央作出的重大法治建设部署。2020年5月28日，十三届全国人大三次会议审议通过了《中华人民共和国民法典》。这是新中国成立以来第一部以“法典”命名的法律，是新时代我国社会主义法治建设的重大成果。民法典系统整合了新中国成立70多年来长期实践形成的民事法律规范，汲取了中华民族5000多年优秀法律文化，借鉴了人类法治文明建设有益成果。民法典的颁布，标志着我国依法保护民事权利将进入全新的“民法典时代”。

《中华人民共和国民法典》分7编及附则，共1260条10万多字，是我国法律体系中条文最多、体量最大、编章结构最复杂的一部法律。要实施好民法典，就必须让民法典走到群众身边、走进群众心里。

为了配合民法典的学习、宣传和实施，帮助读者及时准确理解民法典的内容，全国人大常委会法制工作委员会民法室参与立法工作的同志编写了“中华人民共和国民法典释义”系列图书。本套书分为7册，包括总则编释义、物权编释义、合同编释义、人格权编释义、婚姻家庭编释义、继承编释义、侵权责任编释义，由全国人大常委会法制工作委员会民法室主任黄薇同志任主编，参加撰写工作的还有杨明仑、杜涛、石宏、段京连、庄晓泳、孙娜娜、李恩正、朱书龙、宋江涛、孙艺超、马吾叶、罗鑫煌、魏超杰、王灯、朱虎、龙俊等。

本书按照释义编写体例，采用逐条解读的方式，通过提炼条文主旨、梳理立法意见、介绍立法经验、例举示范案例等形式，深刻阐释民法典全部内容，力求全面、准确反映立法原意。

因时间和水平有限，如有疏漏之处，敬请读者批评指正。

作　者

2020 年 7 月

目　录

第一编　总　则

---

① 条文主旨为编者所加,仅供参考。

第一编　总　　则

2020年5月28日，十三届全国人大三次会议表决通过了《中华人民共和国民法典》。这是新中国成立以来第一部以“法典”命名的法律，是新时代我国社会主义法治建设的重大成果。

一、编纂民法典的重大意义

编纂民法典是党的十八届四中全会确定的一项重大政治任务和立法任务，是以习近平同志为核心的党中央作出的重大法治建设部署。编纂民法典，就是通过对我国现行的民事法律制度规范进行系统整合、编订纂修，形成一部适应新时代中国特色社会主义发展要求，符合我国国情和实际，体例科学、结构严谨、规范合理、内容完整并协调一致的民法典，是一项系统的、重大的立法工程。

编纂一部真正属于中国人民的民法典，是新中国几代人的夙愿。党和国家曾于1954年、1962年、1979年和2001年先后四次启动民法制定工作。第一次和第二次，由于多种原因而未能取得实际成果。1979年第三次启动是在党的十一届三中全会的背景下进行的，我国法制建设迎来了春天，但由于刚进入改革开放历史新时期，许多事物都需要重新认识和实践探索，因而制定一部完整的民法典还不具备充分的、成熟的条件。在这种情况下，彭真、习仲勋等同志深入研究后，确定按照“成熟一个通过一个”的工作思路，先制定民事单行法律。1980年，我国修改了婚姻法。之后相继出台了继承法（1985年）、民法通则（1986年）、收养法（1991年）、担保法（1995年）、合同法（1999年）等。在上述基础上，2001 年第四次启动民法典制定工作，九届全国人大常委会组织起草《中华人民共和国民法（草案）》并于 2002 年 12 月进行了一次审议。后来经过认真研究，确定继续采取制定单行民事法律的办法推进我国民事法律制度建设。之后，先后制定了物权法（2007 年）、侵权责任法（2009 年）、涉外民事关系法律适用法（2010 年）等。

总的来看，经过多年努力，我国民事立法是富有成效的，逐步形成了比较完备的民事法律规范体系，民事司法实践积累了丰富经验，民事法律服务取得显著进步，民法理论研究也达到较高水平，全社会民事法治观念普遍增强，为编纂民法典奠定了较好的制度基础、实践基础、理论基础和社会基础。随着我国社会主义现代化事业的不断发展和全面依法治国的深入推进，人民群众和社会各方面对编纂和出台民法典寄予了很大的期盼。

党的十八大以来，以习近平同志为核心的党中央把全面依法治国摆在突出位置，推动党和国家事业发生历史性变革、取得历史性成就。党的十八届四中全会明确提出编纂民法典。中国特色社会主义已经进入新时代，在坚持和完善中国特色社会主义制度、推进国家治理体系和治理能力现代化的新征程中，编纂和出台民法典具有重大而深远的意义。

（一）编纂民法典是坚持和完善中国特色社会主义制度的现实需要

回顾人类文明发展历史，编纂法典是具有重要标志意义的法治建设工程。古巴比伦的《汉谟拉比法典》、古罗马的《十二铜表法》等奴隶社会的代表性法典，在人类法制文明史上留下了深深的印记。《法国民法典》《德国民法典》等资本主义的代表性法典，为资本主义的确立扫清了制度障碍，为这些国家经济社会发展奠定了制度基础。回顾中华民族的历史，编纂法典往往是一个朝代、一个时代从建章立制走向繁荣强盛的制度保障和重要标志。《唐六典》《大清会典》等我国封建社会的代表性法典，都是那个朝代、那个时代走向盛世之治的制度根基和象征。

新中国成立七十多年特别是改革开放四十多年来，中国共产党团结带领中国人民不懈奋斗，成功开辟中国特色社会主义道路，取得举世瞩目的发展成就，中华民族经历了从站起来、富起来到强起来的伟大飞跃，迎来了实现伟大复兴的光明前景。在制度建设方面，我们党创造性地运用马克思主义国家学说，逐步建立并坚持巩固了中国特色社会主义国家制度，逐步形成并完善发展了中国特色社会主义法律制度。习近平总书记在十九届中央政治局第十七次集体学习时发表的重要讲话中明确指出，中国特色社会主义国家制度和法律制度是在长期实践探索中形成的，是人类文明史上的伟大创造；中国特色社会主义国家制度和法律制度，根植于中华民族5000多年文明史所蕴涵的深厚历史文化传统，吸收借鉴了人类制度文明有益成果，经过了长期实践检验，是被实践证明了的科学制度体系，具有显著优势。

我国民事法律制度正是伴随新时期改革开放和社会主义现代化建设的历史进程而形成并不断发展完善的，是中国特色社会主义法律制度的重要组成部分。盛世修典，在系统总结制度建设成果和实践经验的基础上，编纂一部具有中国特色、体现时代发展特点、反映人民意愿的民法典，不仅能够充分彰显、集中体现中国特色社会主义法律制度成果和制度自信，有力促进和保障中国特色社会主义事业不断发展，也能够为人类法治文明的发展进步贡献中国智慧和中国方案。

（二）编纂民法典是推进全面依法治国、推进国家治理体系和治理能力现代化的重大举措

党的十八大以来，党中央对全面依法治国作出了一系列重大决策、提出了一系列重大举措。党的十八届四中全会提出，全面推进依法治国的总目标是建设中国特色社会主义法治体系，建设社会主义法治国家，并确定了编纂民法典的重大历史任务。党的十九大提出，全面依法治国是中国特色社会主义的本质要求和重要保障，必须坚定不移走中国特色社会主义法治道路，完善以宪法为核心的中国特色社会主义法律体系。党的十九届四

中全会审议通过的《中共中央关于坚持和完善中国特色社会主义制度　推进国家治理体系和治理能力现代化若干重大问题的决定》，充分肯定我们党领导人民治理国家取得的历史性成就，全面总结我国国家制度和国家治理体系的显著优势，是完善和发展我国国家制度和治理体系的纲领性文件，同时也为推进全面依法治国，在法治轨道上坚持和完善中国特色社会主义制度、推进国家治理体系和治理能力现代化指明了方向和路径。

法治既是推动经济社会发展的有效治理方式，也是我们党治国理政的基本方式。建立健全完备的法律规范体系，以良法保障善治，是全面依法治国的前提和基础。民法是中国特色社会主义法律体系的重要组成部分，是民事领域的基础性、综合性法律，它规范各类民事主体的各种人身关系和财产关系，涉及社会和经济生活的方方面面，因而常被称为“社会生活的百科全书”。民法通过确立民事主体制度、民事权利、民事法律行为、民事责任等民事总则制度，确立物权制度、合同制度、人格权制度、婚姻家庭制度、继承制度、侵权责任制度等民事分则制度，明确相应、相关的权利义务，来调整各类民事关系。民事法律关系是社会生活中最常见的法律关系，是与人民群众和社会成员的活动联系最紧密的法律关系。民事关系调整得好，各种社会活动就比较顺畅，各种社会关系就比较和谐，各种社会矛盾也就比较和缓。民法与国家其他领域法律规范一起，支撑着国家制度和国家治理体系，是保证国家制度和国家治理体系正常有效运行的基础性法律规范。

改革开放四十多年来，我国制定了许多民事单行法律，对于调整各类民事关系发挥了重要作用。由于各单行民事法律制定施行的时间跨度较大，各种民事法律规范之间难免存在相互重复、不够系统和协调的现象。为适应全面依法治国、完善社会主义法治体系的要求，有必要全面系统整理我国民事法律制度，以法典化方式提高法律制度建设的体系化水平，提升法律治理效能，促进民事领域国家治理体系和治理能力现代化。编纂民法典，对于完善中国特色社会主义法律体系，以法治方式推进国家治理体系和治理能力现代化,更好地发挥法治固根本、稳预期、利长远的保障作用,具有重要意义。

(三)编纂民法典是坚持和完善社会主义基本经济制度、推动经济高质量发展的客观要求

公有制为主体、多种所有制经济共同发展,按劳分配为主体、多种分配方式并存,社会主义市场经济体制等社会主义基本经济制度,既体现了社会主义制度的优越性,又同我国社会主义初级阶段社会生产力水平相适应,是党和人民的伟大创造。坚持社会主义基本经济制度,充分发挥市场在资源配置中的决定性作用,加快建设现代化经济体系,都需要中国特色社会主义法治体系的保障,特别是需要健全完备的民事法律制度保驾护航。社会主义市场经济是以法治为基础、在法治轨道上运行、受法治规则调整的经济制度,社会主义市场经济本质上是法治经济。

民事法律制度为社会主义基本经济制度的巩固和发展,为推动经济高质量发展,提供了基础性、支撑性法治保障和依托。我国民事主体制度中的法人制度、代理制度,为各类市场主体参与公平竞争提供了基本准入资格和民事商事行为规范;民法中调整所有权关系的物权制度,为国家所有权、集体所有权等公有制的实现,为保护和促进各类所有制经济发展提供了制度安排;民法中调整各类交易关系的合同制度、担保制度,为各类民事主体自由参与市场交易、实现经济利益提供了基本行为准则;民法中调整各类侵权诉求关系的侵权责任制度,则是保护市场主体合法权益的重要制度。诸如此类的民事法律制度,都是坚持和完善社会主义基本经济制度不可或缺的法律制度规范和行为规则。

还应当看到,我国民事法律制度建设一直秉持“民商合一”的传统,也就是把许多商事法律规范纳入民事法律制度建设中来考虑、来安排。编纂民法典,完善我国民事商事领域基本法律制度和行为规则,将为各类民事商事活动提供基本遵循和依据,有利于充分调动民事主体的积极性和创造性、维护交易安全、维护市场秩序,有利于营造各种所有制主体依法平等使用资源要素、公

开公平公正参与竞争、同等受到法律保护的市场环境,推动经济高质量发展。

(四)编纂民法典是增进人民福祉、维护最广大人民根本利益的必然要求

增进人民福祉、促进人的全面发展是我们党立党为公、执政为民的根本要求。中国特色社会主义法治建设的根本目的是保障人民权益。改革开放以来,我国民事法律制度逐步得到完善和发展,公民的民事权利得到越来越充分的保护。我国的民事法律制度从建立到完善,始终以维护每个人的民事权益、增进每个人的幸福为宗旨。民事法律制度中的权利能力制度,关系到每个人一生的权利,甚至关系到胎儿的权益;民事主体制度中的监护制度,关系到未成年人的健康成长,也关系到老年人安享晚年;婚姻家庭制度关系到每个人的终身大事和婚姻家庭幸福;物权制度、合同制度和侵权责任制度,与每个公民和社会成员的经济独立、交易自主、责任自担息息相关;继承制度则能够确保按照法定顺序和个人意愿处分自己的遗产,实现家庭财富的有序传承。

中国特色社会主义进入新时代,随着我国社会主要矛盾的变化,随着经济发展和国民财富的不断积累,随着信息化和大数据时代的到来,人民群众在民主、法治、公平、正义、安全、环境等方面的要求日益增长,希望对权利的保护更加充分、更加有效。党的十九大明确提出,要保护人民人身权、财产权、人格权。而现行民事立法中的有些规范已经滞后,难以适应人民日益增长的美好生活需要。比如,如何进一步完善监护制度,以更加充分地实现幼有所育、老有所养的目标;又比如,随着信息化大数据时代的到来,如何对个人信息实现充分保护,等等。

为贯彻以人民为中心的发展思想,民法典有不少总结实践经验、回应社会关切的新内容。例如,增加“人格权”一编,在物权编中增加“居住权”一章,在合同编部分中增加“物业服务合同”一章,等等。民事法律制度需要不断满足和适应人民日益增长的美好生活需要。编纂民法典,健全和充实民事权利种类,形成更加

完备的民事权利义务体系，完善权利保护和救济规则，形成规范有效的权利保护制度机制，对于更好地维护人民权益，不断增强人民群众获得感、幸福感和安全感，促进人的全面发展，具有十分积极的意义。

二、编纂民法典的指导思想和基本原则

民法典是新中国第一部以法典命名的法律，开创了我国法典编纂立法的先河，具有里程碑意义。以习近平同志为核心的党中央高度重视民法典编纂工作，将编纂民法典列入党中央重要工作议程，并对编纂民法典工作任务作出总体部署、提出明确要求。十二届、十三届全国人大常委会都高度重视这一立法工作，将编纂民法典纳入全国人大常委会立法规划和年度立法工作计划，确定为全国人大常委会的立法工作重点项目，积极持续推进。

为做好民法典编纂工作，全国人大常委会党组先后五次就民法典编纂工作中的重大问题专门向党中央请示汇报。第一次是2016年6月，民法典编纂工作启动后，常委会党组就编纂民法典的总体考虑、工作步骤、民法总则的主要制度等向党中央汇报。习近平总书记主持中央政治局常委会会议，听取并原则同意汇报。第二次是2016年12月，在全国人大常委会决定将民法总则草案提请十二届全国人大五次会议审议之前，常委会党组就民法总则制定过程中的重大问题请示党中央，党中央原则同意常委会党组的请示。第三次是2018年8月，民法典各分编编纂工作启动后，常委会党组就民法典分编构成、主要内容和民法典编纂工作考虑等向党中央请示汇报，习近平总书记主持召开中央政治局常委会会议，听取并原则同意常委会党组的汇报。第四次是2019年12月，习近平总书记主持中央政治局常委会会议，听取并原则同意常委会党组就民法典编纂工作所作的请示汇报。第五次是2020年4月，全国人大常委会决定将民法典草案提请十三届全国人大三次会议审议之前，常委会党组就关于落实中央政治局常委会会议精神，对民法典草案进一步修改情况和下步工作请示党中央。党中央在每次听取常委会党组的请示汇报后，均对民法典编纂工作作出重要指示,为民法典编纂工作提供了重要指导和基本遵循。

根据党中央的指示和要求,编纂民法典的指导思想是:高举中国特色社会主义伟大旗帜,以马克思列宁主义、毛泽东思想、邓小平理论、“三个代表”重要思想、科学发展观、习近平新时代中国特色社会主义思想为指导,增强“四个意识”,坚定“四个自信”,做到“两个维护”,全面贯彻党的十八大、十九大和有关中央全会精神,坚持党的领导、人民当家作主、依法治国有机统一,紧紧围绕统筹推进“五位一体”总体布局和协调推进“四个全面”战略布局,紧紧围绕建设中国特色社会主义法治体系、建设社会主义法治国家,总结实践经验,适应时代要求,对我国现行的、制定于不同时期的民法通则、物权法、合同法、担保法、婚姻法、收养法、继承法、侵权责任法和人格权方面的民事法律规范进行全面系统的编订纂修,连同民法典编纂第一步出台的民法总则,一并形成一部具有中国特色、体现时代特点、反映人民意愿的民法典,为新时代坚持和完善中国特色社会主义制度、实现“两个一百年”奋斗目标、实现中华民族伟大复兴中国梦提供完备的民事法治保障。

为落实好党中央的决策部署,切实做好民法典编纂工作,在编纂民法典工作过程中还始终贯彻和遵循以下基本原则:

一是坚持正确政治方向。提高政治站位和政治自觉,全面贯彻习近平总书记全面依法治国新理念新思想新战略,充分发挥民法典在坚持和完善中国特色社会主义制度、推进国家治理体系和治理能力现代化中的重要作用。民法典确立国家的民事基本制度。这些制度,有的关系到国家的基本经济制度,有的关系到改革开放的大政方针,有的关系到国计民生的顶层设计。民法典编纂工作,必须始终坚持党的领导,坚决贯彻党中央的决策部署,坚持服务党和国家工作大局,以法典化方式确认、巩固和发展改革开放取得的法治成果,充分发挥立法的引领和推动作用。

二是坚持以人民为中心。每个人的生、老、病、死,衣、食、住、行都与民法密切相关,民法关系到每个人的切身利益。编纂民法典必须坚持以人民为中心的发展理念，始终贯彻立法为民，深入了解、切实回应人民群众的法治需求，切实做到“民有所呼，立法有所应”，做好民事法律制度的顶层设计，更好地满足人民日益增长的美好生活需要，充分实现好、维护好、发展好人民群众的根本权益，努力让民法典成为新时代保护人民民事权利的权利法典。

三是坚持立足国情和实际。必须坚持问题导向，立足我国仍处于并将长期处于社会主义初级阶段这个基本国情，全面总结我国改革开放四十多年来民事立法和实践经验，深入分析现阶段经济社会发展的实际情况，以实践需求指引立法方向，用实践智慧破解立法难题，积极回应、妥善解决民事法治实践中的问题，创设符合经济社会发展需要的民事法律规范，提高民事法律制度的针对性、有效性、适应性，努力发挥引领、推动、保障作用。

四是坚持依法治国与以德治国相结合。习近平总书记指出，“治理国家、治理社会必须一手抓法治、一手抓德治，既重视发挥法律的规范作用，又重视发挥道德的教化作用，实现法律和道德相辅相成、法治和德治相得益彰”。民法不仅调整规范物权等财产关系和合同等交易关系，还调整规范婚姻、家庭、继承等具有诸多道德伦理因素的民事关系。而调整规范民事关系不仅要依靠法律规则，还要依靠道德约束。很多民法原则与道德规范是一脉相承的，很多民法规范与价值观念是相辅相成的。因此，必须坚持法治与德治并重，既要注重法律制度和规则的合理安排，又要将社会主义核心价值观融入民法典编纂全过程，大力弘扬传统美德和社会公德，强化规则意识，倡导契约精神，维护公序良俗。

五是坚持科学立法、民主立法、依法立法。宪法是国家的根本法，是治国安邦的总章程。编纂民法典必须体现宪法精神、符合宪法要求，充分体现中国特色社会主义的本质属性和特征。民法典关系到我们每一个人，关系到社会生活的方方面面，我们必须坚持立法为民、问法于民，充分反映社情民意，使人民群众在民法典编纂中感受到公平正义。同时，民法制度源远流长，民法理论博大精深，我们不仅要遵循立法的一般规律，还要体现民法的基本原理和基本精神,体现民商事活动的内在规律;既保持民事法律制度的连续性、稳定性,又保持适度的前瞻性、开放性,并处理好、衔接好法典化民事法律制度下各类规范之间的关系。我们还要善于学习他国的民事立法经验,积极借鉴人类法治文明成果。

三、民法典编纂工作情况

根据党中央的工作部署,编纂民法典的起草工作由全国人大常委会法制工作委员会牵头,最高人民法院、最高人民检察院、司法部、中国社会科学院、中国法学会为参加单位。为做好民法典编纂工作,全国人大常委会法制工作委员会与五家参加单位成立了民法典编纂工作协调小组,并成立了民法典编纂工作专班。

编纂民法典既不是制定全新的民事法律,也不是简单的法律汇编,而是对现行的民事法律规范进行编订纂修,对已经不适应现实情况的规定进行修改完善,对经济社会生活中出现的新情况、新问题作出有针对性的新规定。编纂民法典采取"两步走"的工作思路进行:第一步,制定民法总则,作为民法典的总则编;第二步,编纂民法典各分编,经全国人大常委会审议和修改完善后,再与民法总则合并为一部完整的民法典草案。

2015 年 3 月,全国人大常委会法制工作委员会启动民法典编纂工作,着手第一步的民法总则制定工作,以 1986 年制定的民法通则为基础,系统梳理总结有关民事法律的实践经验,提炼民事法律制度中具有普遍适用性和引领性的规则,形成民法总则草案。2016 年 6 月、10 月、12 月,全国人大常委会先后三次审议了民法总则草案,并且先后三次将草案审议稿在中国人大网公布征求社会公众意见,两次将草案印送全国人大代表征求意见,还将草案印发中央有关部门、地方人大、法学教学科研机构征求意见。与此同时,全国人大常委会于 2016 年 10 月和 11 月在北京、四川、宁夏和上海召开 4 次座谈会,由张德江同志和李建国同志分别主持,直接听取中央有关部门,各省、自治区、直辖市人大常委会和部分全国人大代表,基层立法联系点代表,法律实务工作者和专家学者等各方面的意见，并到基层进行实地调研。2017年3月由十二届全国人大五次会议审议通过。制定民法总则，完成了民法典编纂工作的第一步，为民法典编纂奠定了坚实基础。

民法总则通过后，十二届、十三届全国人大常委会接续努力、抓紧开展作为民法典编纂第二步的各分编编纂工作。法制工作委员会与民法典编纂工作各参加单位全力推进民法典各分编编纂工作，系统梳理、研究历年来有关方面提出的意见，开展立法调研，广泛听取意见建议，以物权法、合同法、担保法、婚姻法、收养法、继承法、侵权责任法等为基础，结合我国经济社会发展对民事法律提出的新需求，形成了包括物权、合同、人格权、婚姻家庭、继承、侵权责任6个分编在内的民法典各分编草案，提请2018年8月召开的十三届全国人大常委会第五次会议审议。其后，2018年12月和2019年4月、6月、8月、10月，十三届全国人大常委会第七次、第十次、第十一次、第十二次、第十四次会议对民法典各分编草案进行了拆分审议，对全部6个分编草案进行了二审，对各方面比较关注的人格权、婚姻家庭、侵权责任3个分编草案进行了三审。在此基础上，将民法总则与经过常委会审议和修改完善的民法典各分编草案合并，形成《中华人民共和国民法典(草案)》，提请2019年12月召开的十三届全国人大常委会第十五次会议审议。经审议，全国人大常委会作出决定，将民法典草案提请十三届全国人大三次会议审议。

民法典草案经全国人大常委会审议后，2020年1月10日，全国人大常委会办公厅、全国人大宪法和法律委员会、全国人大常委会法制工作委员会在北京联合组织召开31个省(自治区、直辖市)人大常委会负责同志和法制工作部门、代表联络工作部门负责同志，以及中央军委政治工作部、全国台联、香港中联办、澳门中联办有关负责同志参加的部署组织全国人大代表研读讨论民法典草案工作会议，王晨副委员长出席并作部署讲话，全国人大宪法和法律委员会主任委员李飞同志作了辅导报告。2020年1月中下旬及2月初，各省、自治区、直辖市人大常委会和有关单位先后组织代表研读讨论民法典草案工作，并反馈了代表研读讨论的意见。同时，法制工作委员会还将草案印发地方人大、基层立法联系点、中央有关部门征求意见，并在中国人大网公布征求社会公众意见。法制工作委员会还在北京召开多次座谈会，听取有关部门、专家的意见。

2020 年 4 月 20 日、21 日，全国人大宪法和法律委员会召开会议，根据全国人大常委会的审议意见、代表研读讨论中提出的意见和各方面的意见，对民法典草案作了进一步修改完善；认为经过全国人大常委会多次审议和广泛征求意见，草案充分吸收各方面的意见建议，已经比较成熟，形成了提请审议的《中华人民共和国民法典（草案）》。

2020 年 4 月 29 日，十三届全国人大常委会第十七次会议决定，十三届全国人大三次会议于 2020 年 5 月 22 日在北京召开。为进一步做好会议审议民法典草案的准备工作，更充分听取全国人大代表的意见，法制工作委员会于 4 月 29 日将修改后的民法典草案再次发送给各省、自治区、直辖市人大常委会，请各地以适当方式组织有关全国人大代表研读讨论，并将代表所提意见及时整理反馈给法制工作委员会。

2020 年 5 月 22 日，十三届全国人大三次会议在北京召开。5 月 28 日下午，在第三次全体会议上，表决并高票通过了《中华人民共和国民法典》，国家主席习近平签发第四十五号主席令，公布《中华人民共和国民法典》，自 2021 年 1 月 1 日起施行。

第一章　基本规定

总则编规定民事活动必须遵循的基本原则和一般性规则，统领民法典各分编。总则编基本保持 2017 年 3 月十二届全国人大五次会议通过的《中华人民共和国民法总则》的结构和内容不变；

同时,根据法典编纂体系化要求进行了适当调整,对个别条款作了文字修改,以使法典各编的表述整体统一。总则编共10章、204条,规定了民法基本原则,自然人、法人和非法人组织等民事主体,民事权利,民事法律行为和代理,民事责任和诉讼时效等基本民事制度。

本章为总则编的基本规定,共12条,规定了民法典的立法目的和依据、民法的调整范围、民法的基本原则、民法的渊源、民事一般法与特别法的关系,以及民法典的效力范围。

第一条　为了保护民事主体的合法权益,调整民事关系,维护社会和经济秩序,适应中国特色社会主义发展要求,弘扬社会主义核心价值观,根据宪法,制定本法。

【释义】 本条是关于民法典的立法目的和依据的规定。

立法目的是制定法律的根本目标和宗旨。在法律的第1条规定立法目的和宗旨,符合我国立法的惯例。如合同法第1条规定的立法目的是保护合同当事人的合法权益,维护社会经济秩序,促进社会主义现代化建设;物权法第1条规定的立法目的是维护国家基本经济制度,维护社会主义市场经济秩序,明确物的归属,发挥物的效用,保护权利人的物权;侵权责任法第1条规定的立法目的是保护民事主体的合法权益,明确侵权责任,预防并制裁侵权行为,促进社会和谐稳定。民法典的立法目的可以说是对原来各民事单行法律基本原则的归纳与概括。

关于民法典的立法目的包括哪些,在法律起草制定过程中存在不同观点。有的意见认为,民法典的立法目的只有一个,就是保障民事主体的民事权益;有的意见认为,民法典的立法目的包括调整民事关系、维护社会秩序;有的意见认为,还应包括维护人的自由和尊严、增进人民福祉等。民法通则第1条规定的立法目的包括保障公民和法人的合法的民事权益、正确调整民事关系、适应社会主义现代化建设事业发展的需要。本条根据各方面意见，在民法通则规定的立法目的基础上，规定了民法典五个方面的立法目的：

一是保护民事主体的合法权益。民事主体的合法权益包括人身权利、财产权利、兼具人身和财产性质的知识产权等权利，以及其他合法权益。保护公民的各项基本权利是宪法的基本原则和要求，保护民事主体的合法权益是民法典的首要目的，也是落实和体现宪法精神的表现。可以说，民法典中的很多制度设计都是围绕保护民事主体的合法权益而展开的，如总则编第 5 章民事权利就是从整体上规定了民事主体所享有的各项民事权利，而物权编则专门规定了物权，人格权编则针对民事主体的人格权益进行规定，等等。

二是调整民事关系。民事权益存在于特定社会关系之中，民法典保护民事权利，是通过调整各种民事关系来实现的。调整社会关系是法律的基本功能。一个人无时无刻不与外界发生各种关系，其中最为重要的就是人与人之间的社会关系。社会关系有的涉及市场交换关系，有的涉及家庭生活关系，有的涉及友情关系。无论哪种关系，都需要通过一定的社会规则加以规范，否则将可能陷入混乱。调整社会关系的手段有道德、法律等不同类型，其中法律是现代社会最为重要的调整社会关系的方式。民法典调整的仅仅是民事关系，民事关系就是平等主体之间的权利和义务关系。民事关系根据权利义务内容性质的不同，可以分为人身关系、财产关系等，民法典通过各种具体制度、规则调整民事主体之间的相互关系，最终的目的就是促进和实现民事主体之间生活秩序的和谐。

三是维护社会和经济秩序。民法典保护单个主体的民事权利，调整民事主体之间的关系，从而确立并维护整个社会的民事生活秩序。民法典确立、维护婚姻、家庭等社会秩序，使民事主体之间的社会关系处于稳定有序的状态。同样，民法典通过调整民事主体之间的财产权关系、交易关系，实现对经济秩序的维护，使得民事主体享有合法的财产权，进而能在此基础上与他人开展交易,从而确保整个社会的经济有条不紊地运行。从这个意义上说,民法典是国家治理体系的有机组成部分。

四是适应中国特色社会主义发展要求。法律是上层建筑,由经济基础决定,并与经济基础相适应。新中国成立以来,特别是改革开放以来,中国特色社会主义建设取得了举世瞩目的成就,中国特色社会主义法律体系也已形成。随着改革开放的深入推进,市场经济不断发展,人民群众对提高权利保障的法治化水平的期望越来越高。编纂民法典就是为了满足人民群众的新法治需求,适应我国社会主要矛盾的变化。社会主义市场经济本质上是法治经济,通过编纂民法典不断完善社会主义法律体系,健全市场秩序,维护交易安全,促进社会主义市场经济持续健康发展。

五是弘扬社会主义核心价值观。社会主义核心价值观是民族精神和时代精神的高度凝练,是中国特色社会主义法治的价值内核,是中国特色社会主义法治建设的灵魂,是坚持中国特色社会主义法治发展道路的基本遵循。社会主义核心价值观包括富强、民主、文明、和谐,自由、平等、公正、法治,爱国、敬业、诚信、友善。社会主义核心价值观要融入法治建设的全过程,要将社会主义核心价值观的基本要求融入法律,转化为法律规范性要求,将法律法规作为践行社会主义核心价值观的制度载体,使法律法规更好地体现国家的价值目标、社会的价值取向、公民的价值追求。编纂民法典,健全民事基本法律制度,可以强化全社会的契约精神。按照党中央关于把社会主义核心价值观融入法治建设的要求,应当强调在民事活动中弘扬中华优秀文化,践行社会主义核心价值观,大力弘扬自由、平等、公正、诚信等社会主义核心价值观。弘扬社会主义核心价值观,体现的是法治与德治并重的治国理念。

宪法是国家的根本法,是母法,是其他法律制定的依据。我国立法法明确规定,宪法具有最高的法律效力,一切法律、行政法规、地方性法规、自治条例和单行条例、规章都不得同宪法相抵触。“根据宪法,制定本法”的规定明确了民法典的立法依据。宪法是民法典的立法根据,民法典的规定必须体现宪法精神,落实宪法的要求,不得违背宪法。不仅民法典的实体内容应当落实宪法的原则和要求,民法典编纂的立法程序也必须符合宪法关于立法制度和程序的规定。

第二条　民法调整平等主体的自然人、法人和非法人组织之间的人身关系和财产关系。

【释义】　本条是关于民法典调整范围的规定。

法律的调整范围就是法律所规范的社会关系类型。一个国家的法律体系总是由不同的法律部门组成,不同的法律部门规制不同的社会关系。法律部门之间分工配合,从而形成有机统一的法律体系。中国特色社会主义法律体系也是如此,是由宪法及宪法相关法、民法、行政法、经济法、社会法、刑法等不同的法律部门共同组成的。

在民法典的开篇就明确规定调整范围,可以让人民群众很直观地知道民法典的功能和定位。有些外国民法典也在开篇即规定其调整范围。如《俄罗斯联邦民法典》第2条规定,民事立法规定民事流转参加者的法律地位,所有权和其他物权、智力活动成果的专属权(知识产权)产生的根据和实现的程序,调整合同债和其他债权债务关系,以及调整基于其参加者平等、意思自治和财产自主而产生的其他财产关系和与之相联系的人身非财产关系;民事立法调整从事经营活动的人之间的关系或者有他们参加的关系,民事立法调整所依据的出发点是:经营活动是依照法定程序对其经营活动资格进行注册的人实施的,旨在通过使用财产、出售商品、完成工作和提供服务而不断取得利润,并由自己承担风险的独立自主的活动;民事立法不适用于基于一方对另一方的行政从属关系或权力从属关系而产生的财产关系,其中包括不适用于税收关系及其他财政关系和行政关系,但立法有不同规定的除外。《乌克兰民法典》第1条规定,民事关系包括调整基于其参与平等、意思自治和财产自主而产生的财产关系和与之相联系的人身非财产关系,其中也包括与企业发生的关系。《蒙古国民法典》第1条规定,该法旨在确定民事流转中当事人的法律身份,调整基于其参与者平等、意思自治和财产自主而产生的其他财产关系和与之相联系的人身非财产关系;本法不适用于有行政隶属关系当事人之间的财产关系和人身关系。

民法通则第2条规定,中华人民共和国民法调整平等主体的公民之间、法人之间、公民和法人之间的财产关系和人身关系。民法典延续了民法通则规定民法调整范围的做法,在本条规定,民法调整平等主体的自然人、法人和非法人组织之间的人身关系和财产关系。民法典调整的这种关系进行排列组合,包括自然人之间、法人之间、非法人组织之间、自然人和法人之间、自然人和非法人组织之间、法人和非法人组织之间的人身关系和财产关系。

民事主体是民事关系的参与者、民事权利的享有者、民事义务的履行者和民事责任的承担者。本条首先列举了民事主体的具体类型,包括自然人、法人和非法人组织三类。关于民事主体的类型,法律起草过程中存在一定的不同意见。有的意见认为,民事主体只包括自然人和法人;有的意见认为,民事主体还包括其他组织、非法人团体或非法人组织。自然人作为民事主体,对此是没有争议的。自然人是最为重要的民事主体,民法通则用的是"公民(自然人)",民法典直接规定为自然人,自然人就是通常意义上的人,民法上使用这个概念,主要是与法人相区别。自然人不仅包括中国公民,还包括我国领域内的外国人和无国籍人。法人就是法律上拟制的人,法人是一种社会组织,法律基于社会现实的需要,赋予符合一定条件的组织法人资格,便于这些组织独立从事民事活动,归根结底是为了扩展自然人从事民事活动的广度。民法通则仅规定了自然人和法人两类民事主体。对于是否应当认可自然人、法人之外的第三类民事主体,认可的话第三类民事主体的名称应当是什么,立法过程中有不同的意见。有的意见认为,应当认可自然人、法人之外的第三类民事主体。有的意见认为,民事主体就是自然的人和法律拟制的人即法人两类,不存在其他第三类主体。基于社会实践和多数意见,赋予个人独资企业、合伙企业等不具有法人资格的组织民事主体地位,有利于其开展民事活动,促进经济社会发展,也与其他法律的规定相衔接,民法典创设了第三类民事主体。

关于第三类民事主体的名称,有的意见认为应称为非法人团体,有的意见认为应称为其他组织,有的意见认为应称为非法人组织。经研究,我国现行法律使用较多的术语是其他组织,其范围不尽一致,内涵和外延都不同。在起草法律的过程中,对这些法律规定进行了全面研究,认为有关法律中使用的"其他组织"是适当的,但作为民事主体,统一使用"非法人组织"为宜,这与公司、基金会、协会等名称不一样,但在民法上统一称为"法人"的道理相同。民事主体首先分为自然人和非自然人(组织),非自然人的组织体再进一步划分为法人和与法人相对应的非法人组织。

自然人、法人、非法人组织之间的社会关系多种多样,并非所有社会关系都由民法调整。民法仅调整他们之间的民事关系,即作为平等主体的自然人、法人、非法人组织之间发生的社会关系。例如,行政机关在从事行政管理活动时,会与自然人或法人形成行政法律关系,这种行政法律关系中双方的地位是不平等的,不属于民法调整。行政机关从事民事活动,如因购买商品而与公司签订买卖合同,民法要求其必须以机关法人的身份进行,此时机关法人与其他民事主体之间的法律地位是平等的,这种买卖合同关系则由民法调整。

民法所调整的民事关系根据权利义务所涉及的内容不同可以分为两大类,即民事主体之间的财产关系和人身关系。人身关系是指民事主体之间基于人格和身份形成的无直接物质利益因素的民事法律关系。人身关系有的与民事主体的人格利益相关;有的与民事主体的特定身份相关,如配偶之间的婚姻关系,父母子女之间的抚养和赡养关系。财产关系是指民事主体之间基于物质利益而形成的民事法律关系。财产关系包括静态的财产支配关系,如所有权关系;还包括动态的财产流转关系,如债权债务关系等。就财产关系所涉及的权利内容而言,财产关系包括物权关系、债权关系等。

民法通过规定基本原则、民事基本制度和具体的民事法律规范,对民事主体之间的人身性和财产性的权利义务关系予以确认、保护、规制,并赋予民事主体在权利受到侵害时相应的救济方式,以确保各种民事法律关系的稳定,维护民事生活的和谐有序。

第三条　民事主体的人身权利、财产权利以及其他合法权益受法律保护,任何组织或者个人不得侵犯。

【释义】 本条是关于民事权利及其他合法权益受法律保护的规定。

民事权利及其他合法权益受法律保护是民法的基本精神。民事主体的民事权利及其他合法权益受法律保护的要求在我国诸多法律中都有规定。如宪法第13条规定,公民的合法的私有财产不受侵犯,国家依照法律规定保护公民的私有财产权和继承权。民法通则第5条规定,公民、法人的合法的民事权益受法律保护,任何组织和个人不得侵犯。民事权利及其他合法权益受法律保护也是外国民法甚至宪法规定的重要内容。《法国民法典》第545条规定,任何人不得被强制转让其所有权,但因公用并在事前受公正补偿的例外。《意大利民法典》第834条规定,不得全部或部分地使任何所有人丧失其所有权,但是为公共利益的需要,依法宣告征用并且给予合理补偿的情况不在此限。《日本国宪法》第29条规定,财产权神圣,法律可以基于公共利益限制财产权,私有财产在正当补偿之下可收归公共所用。《美国联邦宪法》第5条修正案规定,没有正当补偿,任何人的私有财产均不得被征用为公共使用。

民事权利及其他合法权益受法律保护是民法的基本精神，也是民事立法的出发点和落脚点。民法总则草案曾将本条内容规定在第9条中，在审议过程中，普遍认为，民事权利及其他合法权益受法律保护是民法的基本精神，统领整部民法典和各民商事特别法，应当进一步突出民事权利受法律保护的理念，将本条的内容规定在前面，以充分体现权利本位、权利导向的立法宗旨。经研究，最终将本条内容移至第3条，以突出强调民事权利及其他合法权益受法律保护的基本精神和重要地位。总则编对该条规定仍保持不变。

本法第109条规定，自然人的人身自由、人格尊严受法律保护。总则编还规定保护民事主体的各种人身权利、财产权利以及其他合法权益。人身权利包括生命权、身体权、健康权、姓名权、肖像权、名誉权、荣誉权、隐私权、婚姻自主权、监护权等，财产权利包括所有权、用益物权、担保物权、股权等。民法除保护人身权利和财产权利外，还保护兼具人身和财产性质的知识产权、继承权等。除列明的民事权利外，总则编还规定保护其他合法权益，原因在于，有些民事权益法律并未明确规定，但确有必要予以保护的，法律也应当予以保护。民事权利及其他合法权益受法律保护，就要求任何组织或者个人不得侵害。不得侵害就是任何组织或者个人不得非法侵占、限制、剥夺他人的民事权利及其他合法权益，也不得干涉他人正常行使民事权利及其他合法权益。当然，这并非意味着民事主体的民事权利可以毫无限制，是绝对自由的。相反，民事主体行使民事权利要受到法律、公序良俗的约束，民事主体不得滥用民事权利，且国家基于公共利益的需要，在法律权限范围内经法定程序，在给予公平合理补偿的前提下，可以对民事主体的财产予以征收或者征用。

民法典不仅在总则编对保护民事权利作了规定，在其他各编中也都有配套的相关规定。如物权编中规定，国家、集体、私人的物权和其他权利人的物权受法律平等保护，任何组织或者个人不得侵犯；同时在第3章专门规定了物权保护制度。合同编规定，依法成立的合同,受法律保护。人格权编规定,民事主体的人格权受法律保护,任何组织或者个人不得侵害。继承编规定,国家保护自然人的继承权。

第四条　民事主体在民事活动中的法律地位一律平等。

【释义】 本条是关于平等原则的规定。

平等原则是指民事主体,无论法人、自然人还是非法人组织,无论法人规模大小、经济实力雄厚与否,无论自然人是男、女、老、少、贫、富,无论非法人组织经营什么业务,在从事民事活动时,他们相互之间在法律地位上都是平等的,他们的合法权益受到法律的平等保护。平等原则是民事法律关系区别于行政法律关系特有的原则,也是发展社会主义市场经济的客观要求。

我国宪法规定,中华人民共和国公民在法律面前一律平等。宪法规定的人人平等原则,需要在民法中加以落实。自民法通则第3条规定当事人在民事活动中的地位平等后,很多民商事单行法律也都规定了平等原则。如物权法第3条第3款规定,国家实行社会主义市场经济,保障一切市场主体的平等法律地位和发展权利。合同法第3条规定,合同当事人的法律地位平等,一方不得将自己的意志强加给另一方。消费者权益保护法第4条规定,经营者与消费者进行交易应当遵循平等原则。合伙企业法第5条规定,订立合伙协议、设立合伙企业应当遵循平等原则。

有些外国民法典也规定有平等原则。如《日本民法典》第2条规定,解释该法,应以个人尊严及两性实质性平等为宗旨。《俄罗斯联邦民法典》第1条第1款规定,民事立法的基本原则是确认民事立法所调整的关系的参加者一律平等,财产不受侵犯,合同自由,不允许任何人随意干涉私人事务,必须无阻碍地行使民事权利,保障恢复被侵犯的权利及其司法保护。

总则编作为民法典各分编和民商事单行法的统率性规定,在继承民法通则规定的基础上,总结吸收各民商事单行法的立法经验,在本条中规定了平等原则。

民事主体的法律地位一律平等。首先,体现为自然人的权利能力一律平等。权利能力就是自然人享有民事权利、承担民事义务的法律资格,这种法律资格,不因自然人的出身、身份、职业、性别、年龄、民族、种族等而不同,所有自然人在法律人格上而言都是平等的、没有差别的。其次,体现为所有民事主体在从事民事活动时,双方的法律地位平等。虽然国家行政机关在从事行政管理时,作为管理者与被管理的行政相对人的地位是不平等的,存在隶属关系或管理与被管理的关系;但是当机关法人与其他民事主体包括自然人、法人或者非法人组织从事民事交易时,二者的法律地位则是平等的。同样,如一个资产规模很大的跨国公司,在与一个资产很少的公司开展交易时,尽管二者经济实力悬殊,但在法律上二者是平等的,必须在平等协商的基础上达成交易条款,任何一方不得利用自己的优势地位向对方施加不当压力。民法为了维护和实现民事主体之间法律地位的平等性,确保民事主体之间能平等协商交易条款,还规定当事人一方利用优势地位强加给另一方的不公平的"霸王条款"无效。最后,还体现为所有民事主体的合法权益受到法律的平等保护。平等保护就是民事主体权利在法律上都是一视同仁地受到保护的。平等保护还意味着民事主体的权利受到侵害时,在法律适用上是平等的,能够获得同等的法律救济。正因如此,我国民事诉讼法规定,民事诉讼当事人有平等的诉讼权利,人民法院审理民事案件对当事人在适用法律上一律平等。

平等原则是民法的前提和基础,是国家立法规范民事法律关系的逻辑起点。民事主体法律地位的平等是民事主体自愿参与民事活动,自主决定民事活动的权利义务内容,实现意思自治的前提。只有民事活动的当事人之间的法律地位是平等的,当事人之间才能相互尊重对方的自由和意志,进而在平等对话、自由协商的基础上达成共识,实现公平交易。规定平等原则就是要确认所有民事主体法律地位的这种平等性,以排除特权,防止和避免民事活动当事人一方利用某种地位上的优势威胁、限制、压制交易相对方。民事主体之间如果没有平等的法律地位,就不可能有真正的自愿,更遑论实现公平交易。当事人之间地位平等是民法区别于其他部门法的最为重要的特征。

第五条　民事主体从事民事活动,应当遵循自愿原则,按照自己的意思设立、变更、终止民事法律关系。

【释义】　本条是关于自愿原则的规定。

自愿原则,也称意思自治原则,就是民事主体有权根据自己的意愿,自愿从事民事活动,按照自己的意思自主决定民事法律关系的内容及其设立、变更和终止,自觉承受相应的法律后果。自愿原则体现了民事活动最基本的特征。

民法通则第4条规定了自愿原则,民法典之前的不少民商事单行法也将自愿原则规定为基本原则。如合同法第4条规定,当事人依法享有自愿订立合同的权利,任何单位和个人不得非法干预。婚姻法第5条规定,结婚必须男女双方完全自愿,不许任何一方对他方加以强迫或任何第三者加以干涉。收养法第2条规定,收养应当有利于被收养的未成年人的抚养、成长,保障被收养人和收养人的合法权益,遵循平等自愿的原则,并不得违背社会公德。证券法第4条规定,证券发行、交易活动的当事人应当遵守自愿原则。劳动合同法第3条规定,订立劳动合同应当遵循平等自愿的原则。合伙企业法第5条规定,订立合伙协议、设立合伙企业,应当遵循自愿原则。商业银行法第5条规定,商业银行与客户的业务往来,应当遵循自愿的原则。

国外民法典也有合同自由、契约自由等类似规定。如《法国民法典》第1134条第1、2款规定,依法成立的契约在缔结契约的当事人之间有相当于法律的效力,仅得依当事人相互的同意或法律规定的原因取消之。《俄罗斯联邦民法典》第1条第2款规定,公民(自然人)和法人以其自己的意思并为了自己的利益取得和行使其民事权利,他们在以合同为基础确定自己的权利和义务方面以及在确定不与立法相抵触的任何合同条件方面是自由的。

总则编继续沿用了自愿原则的用法,自愿原则相当于意思自治原则。总则编规定,民事主体从事民事活动,应当遵循自愿原则,按照自己的意思设立、变更和终止民事法律关系,强调民事主体从事民事活动,不仅形式上要自愿,而且实质内容上也要自愿。

自愿原则,可以从以下四个方面来理解。首先,民事主体有权自愿从事民事活动。民事主体参加或不参加某一民事活动由其自己根据自身意志和利益自由决定,其他民事主体不得干预,更不能强迫其参加。其次,民事主体有权自主决定民事法律关系的内容。民事主体决定参加民事活动后,可以根据自己的利益和需要,决定与谁建立民事法律关系,并决定具体的权利、义务内容,以及民事活动的行为方式。例如,甲决定给自家买一台电视机,甲可以自主选择到哪个超市或电商选购,选购何种品牌、什么型号和价格的电视机,任何超市或电商都不能强迫甲必须购买其销售的电视机。再次,民事主体有权自主决定民事法律关系的变动。民事法律关系的产生、变更、终止应由民事主体自己根据本人意志自主决定。例如,甲乙双方签订买卖合同后,双方建立了买卖合同法律关系,之后如发生了合同解除事由,当事人即有权解除合同。最后,民事主体应当自觉承受相应法律后果。与民事主体自愿参加民事活动、自主决定民事法律关系相伴的是,民事主体需要自觉承受相应法律后果。自愿或者说意思自治的必然要求就是,每个人对自己的行为负责。自愿原则要求民事主体在行使权利的同时自觉履行约定或法定的义务,并承担相应的法律后果。

需要进一步说明的是,自愿或者意思自治不是毫无约束的绝对的自由与放任。民事主体实现自愿、自主或意思自治的前提就是民事主体之间的平等法律地位。因此,民事主体的自愿是建立在相互尊重的基础上,必须尊重其他民事主体的自主意志。民事主体的意思自治,还受到民法的公平原则、诚信原则、守法原则等基本原则的约束。这些原则要求民事主体从事民事活动，要公平合理、诚实守信，不得违反法律，不得违背公序良俗。

平等原则是民法的前提和基础，自愿原则即意思自治原则则是民法的核心。民法之所以称为“民”法，不仅是因为民法是根据人民的集体意志制定的法律，而且根据民法确立的自愿原则，民事主体在参加民事活动过程中有权根据个人意思确定民事法律关系的内容，且所决定的内容对民事活动的当事人而言具有法律约束力，是民事主体自己为自己定的“法”。可以说，不仅民法的制定要以人民的集体意志为基础，民法的实施同样也需要依赖于人民群众的个体意志才能实现。正因如此，民法上的大量规定都属于任意性规范，民事主体可以根据自己的需要而设定与法律任意性规定不同的具体权利和义务内容。民事主体根据自愿原则确定的民事权利义务关系，对当事人是具有法律效力的，当事人必须执行。民法学上的民事主体，在经济学领域被称为理性人。理性人意味着民事主体具有认知事物及其规律并为自己利益作出理性判断的能力，意味着民事主体具有在经济社会生活中与他人和平共处的理性和能力。民事主体的理性意味着民事主体作为民事活动的参与者是“三位一体”的，即民事主体是民事权利的享有者、民事义务的履行者、民事责任的承担者。

第六条　民事主体从事民事活动，应当遵循公平原则，合理确定各方的权利和义务。

【释义】 本条是关于公平原则的规定。

公平原则要求民事主体从事民事活动时要秉持公平理念，公正、平允、合理地确定各方的权利和义务，并依法承担相应的民事责任。公平原则体现了民法促进社会公平正义的基本价值，对规范民事主体的行为发挥着重要作用。

之前，我国不少民商事单行法都规定了公平原则。如民法通则第 4 条规定，民事活动应当遵循公平原则。合同法第 5 条规定,当事人应当遵循公平原则确定各方的权利和义务。劳动合同法第 3 条规定,订立劳动合同应当遵循公平原则。合伙企业法第 5 条规定,订立合伙协议、设立合伙企业应当遵循公平原则。商业银行法第 5 条规定,商业银行与客户的业务往来应当遵循公平原则。信托法第 5 条规定,信托当事人进行信托活动必须遵守法律、行政法规,遵循公平原则。证券投资基金法第 4 条规定,从事证券投资基金活动应当遵循公平原则。反不正当竞争法第 2 条规定,经营者在生产经营活动中应当遵循公平原则。消费者权益保护法第 4 条规定,经营者与消费者进行交易应当遵循公平原则。域外立法例中,有的国家和地区民法在分则相关编章中规定了公平的要求。《德国民法典》第 315 条规定,由合同当事人一方确定给付的,有疑义时,必须认为该项确定是依照公平裁量作出的,且所作出的确定只有合乎公平时,才对另一方有约束力。《法国民法典》第 1135 条规定,合同不仅仅依明示发生义务,根据合同的性质,发生公平原则、习惯或法律施加的义务。《荷兰民法典》第 3 编"财产法总则"第 1 章第 12 条规定,在确定合理性与公平性的要求时,必须参照公认的法律原则、荷兰当今的法律观点和相关的社会利益和私人利益。第 6 编"债法总则"第 1 章第 2 条规定:(1)债权人和债务人相互之间必须依合理和公平准则行事;(2)按照法律、习惯或法律行为对债权人和债务人有约束力的规则,在特定情形下,按照合理和公平准则为不能接受的,不予适用。公平原则也逐渐成为国际社会普遍认可的基本原则。如《欧洲合同法通则》第 1 篇总则第 1:103 条"诚实信用与公平交易"规定:(1)诚实信用与公平交易,是指一种行为准则。这一行为准则具有以下特征:诚实、公开并考虑到相关交易或法律关系的对方当事人的利益。(2)特别是,一方当事人违背对方当事人已经对之产生合理信赖的在先陈述或行为,从而损害对方当事人利益的,即构成对诚实信用与公平交易原则的违反。

公平原则首先要求民事主体在从事民事活动时,按照公平观念行使权利、履行义务,特别是对于双方民事法律行为,要求一方的权利和义务应当相适应，双方之间的权利和义务应当对等，不能一方承担义务而另一方只享有权利，也不能一方享受的权利和承担的义务相差悬殊。公平原则的这种要求在合同编中得到充分体现。如合同编第496条第2款规定，采用格式条款订立合同的，提供格式条款的一方应当遵循公平原则确定当事人之间的权利和义务。第497条第2项规定，提供格式条款一方不合理地免除或者减轻其责任、加重对方责任、限制对方主要权利的条款无效。公平原则还要求民事主体合理承担民事责任，在通常情况下适用过错责任，要求责任与过错的程度相适应；在特殊情况下，也可以根据公平原则合理分担责任。如侵权责任编第1186条规定，受害人和行为人对损害的发生都没有过错的，依照法律的规定由双方分担损失。

公平原则作为民法的基本原则，不仅仅是民事主体从事民事活动应当遵守的基本行为准则，也是人民法院审理民事纠纷应当遵守的基本裁判准则。如在山西省长治市某副食果品有限公司与某房地产开发有限公司合作开发房地产合同纠纷案中，由于当事人双方在合作开发房地产项目合同中并未约定有关开发项目新增面积所得利润的分配方式，双方因此引发纠纷。人民法院根据公平原则，参照双方在项目合作中最初约定的面积分配比例以及在合同履行过程中实际分配面积比例变化等项目情况，确定了新增面积利润的分配比例。

第七条　民事主体从事民事活动，应当遵循诚信原则，秉持诚实，恪守承诺。

【释义】 本条是关于诚信原则即诚实信用原则的规定。

诚信原则要求所有民事主体在从事任何民事活动时，包括行使民事权利、履行民事义务、承担民事责任时，都应该秉持诚实、善意，信守自己的承诺。诚实信用原则要求民事主体在行使权利、履行义务过程中，讲诚实、重诺言、守信用。这对建设诚信社会、规范经济秩序、引领社会风尚具有重要意义。

诚信原则是民法通则规定的基本原则之一。民法通则第 4 条规定,民事活动应当遵循诚实信用的原则。此后,大部分民商事单行法律都将诚信原则规定为基本原则之一。合同法第 6 条规定,当事人行使权利、履行义务应当遵循诚实信用原则。消费者权益保护法第 4 条规定,经营者与消费者进行交易应当遵循诚实信用原则。劳动合同法第 3 条规定,订立劳动合同应当遵循诚实信用原则。个人独资企业法第 4 条规定,个人独资企业从事经营活动必须遵守诚实信用原则。合伙企业法第 5 条规定,订立合伙协议、设立合伙企业应当遵循诚实信用原则。证券法第 4 条规定,证券发行、交易活动应当遵守诚实信用原则。保险法第 5 条规定,保险活动当事人行使权利、履行义务应当遵循诚实信用原则。票据法第 10 条规定,票据的签发、取得和转让应当遵循诚实信用的原则,具有真实的交易关系和债权债务关系。商业银行法第 5 条规定,商业银行与客户的业务往来应当遵循诚实信用原则。信托法第 5 条规定,信托当事人进行信托活动必须遵循诚实信用原则。证券投资基金法第 4 条规定,从事证券投资基金活动应当遵循诚实信用原则。担保法第 3 条规定,担保活动应当遵循诚实信用的原则。反不正当竞争法第 2 条规定,经营者在生产经营活动中,应当遵循诚信原则。拍卖法第 4 条规定,拍卖活动应当遵守诚实信用原则。招标投标法第 5 条规定,招标投标活动应当遵循诚实信用原则。不仅大量民事实体法规定了诚信原则,民事诉讼法也规定了诚信原则。民事诉讼法第 13 条规定,民事诉讼应当遵循诚实信用原则。

诚信原则也是大多数国家和地区民法规定的基本原则,有的在总则中规定诚信原则,有的则在分则相关编章中规定诚实信用的要求。《瑞士民法典》第 1 条第 1 款规定,任何人都必须以诚实、信用的方式行使其权利和履行其义务。《日本民法典》第 1 条第 2 款规定,行使权利及履行义务时,应恪守信义、诚实履行。《韩国民法典》第 2 条第 1 款规定,权利的行使及义务的履行,应恪守信义、诚实履行。加拿大《魁北克民法典》第1章第6条规定,任何人均应诚实信用地行使民事权利。第7条规定,任何人均不得以损害他人为目的或违背诚实信用的要求以过分且不合理的方式行使权利。我国台湾地区“民法”第148条第2款规定,行使权利、履行义务,应依诚实及信用方法。法国、德国等国的民法典则在分则中规定了诚实信用的要求。《法国民法典》第1134条第3款规定,契约应以善意履行之。《德国民法典》第157条规定,合同的解释,应遵守诚实和信用的原则,并考虑交易上的习惯。第242条规定,债务人应依诚实和信用,并参照交易上的习惯,履行给付。《荷兰民法典》第3编“财产法总则”第1章第11条规定,某种法律效力的产生要求一个人具有善意,如果该人知道此种善意必然涉及的事实或法律,或者在给定的情形下该人应当知道该事实或法理,则该人并非以善意行事。该人有合理理由怀疑的,即使无法查询亦并不妨碍其被视为应当知道该事实或法律的人。诚信原则也已成为国际社会普遍认可的基本原则。

在法律起草制定过程中,普遍赞同将诚信原则规定为民法的基本原则,仅在如何规定诚信原则的内容上,有少数不同看法。如有的意见提出,“从事民事活动”的表述过于宽泛,不太确定,建议修改为“行使权利、履行义务”。有的意见提出,权利不得滥用是诚信原则对权利行使的要求,将禁止权利滥用的内容规定在诚信原则中更为合适,建议规定为“民事主体从事民事活动,应当遵循诚实信用原则,不得滥用权利损害他人合法权益”。诚信原则的核心含义就是诚实不欺、善意、信守诺言。综合各方面意见,为更好地揭示诚信原则的内涵,本条规定,民事主体从事民事活动,应当遵循诚信原则,秉持诚实,恪守承诺。

诚信原则作为民法最为重要的基本原则,被称为民法的“帝王条款”,是各国民法公认的基本原则。通常认为,诚实信用原则要求民事主体从事民事活动应当讲诚信、守信用,以善意的方式行使权利、履行义务,不诈不欺,言行一致,信守诺言。具体而言,民事主体应当从以下几个方面遵循诚信原则:民事主体在着手与他人开展民事活动时即应当讲诚信，如实告知交易方自己的相关信息，表里如一，不弄虚作假。如合同编规定的缔约过失责任，针对的就是缔结合同时的不诚实的行为；民事主体在与他人建立民事法律关系后，应当信守诺言、恪守信用，按照自己作出的承诺行使权利、履行义务，言而有信；民事主体应当本着善意的原则，相互配合，保护对方的合理期待与信赖；民事主体应当尊重他人的合法权益，尊重社会公共利益；民事主体应当善意行使权利，不得滥用权利；民事主体不得规避法律，不得故意曲解合同条款，等等。诚信原则的内涵和外延都是概括性的、抽象的，因此诚信原则有很大的适用性，民事主体从事任何民事活动都应当遵守该原则。民事主体无论自己行使权利，还是在与他人建立民事法律关系之前、之中、之后都必须始终贯彻诚信原则，按照诚信原则的要求善意行事。诚信原则在其他各编中也有相应的规定。如合同编第 509 条第 2 款规定，当事人应当遵循诚信原则，根据合同的性质、目的和交易习惯履行通知、协助、保密等义务。

由于诚信原则具有高度抽象性和概括性，使诚信原则对于民事主体从事民事活动、司法机关进行民事裁判活动都具有重要作用。诚信原则为民事主体开展民事活动进行指导，是民事主体从事民事活动的行为规则，要求民事主体行使权利、履行义务都应善意不欺、恪守信用；同时，诚信原则对司法机关裁判民事纠纷也具有积极作用，在当事人没有明确约定或法律没有具体规定时，司法机关可以根据诚信原则填补合同漏洞、弥补法律空白，平衡民事主体之间、民事主体与社会之间的利益，进而实现社会的公平正义。

第八条　民事主体从事民事活动，不得违反法律，不得违背公序良俗。

【释义】　本条是关于守法与公序良俗原则的规定。

公序良俗是指公共秩序和善良习俗。守法和公序良俗原则要求自然人、法人和非法人组织在从事民事活动时,不得违反各种法律的强制性规定,不违背公共秩序和善良习俗。

守法和公序良俗原则,也是现代民法的一项重要基本原则。民法通则第6条规定民事活动必须遵守法律;第7条规定民事活动应当尊重社会公德,不得损害社会公共利益,扰乱社会经济秩序。此外,大多数单行民事法律也都规定有守法和公序良俗原则。合同法第7条规定,当事人订立、履行合同,应当遵守法律、行政法规,尊重社会公德,不得扰乱社会经济秩序,损害社会公共利益。物权法第7条规定,物权的取得和行使,应当遵守法律,尊重社会公德,不得损害公共利益和他人合法权益。收养法第2条规定,收养不得违背社会公德。保险法第4条规定,从事保险活动必须遵守法律、行政法规,尊重社会公德,不得损害社会公共利益。公司法第5条规定,公司从事经营活动,必须遵守法律、行政法规,遵守社会公德、商业道德,诚实守信,接受政府和社会公众的监督,承担社会责任。合伙企业法第7条规定,合伙企业及其合伙人必须遵守法律、行政法规,遵守社会公德、商业道德,承担社会责任。个人独资企业法第4条规定,个人独资企业从事经营活动必须遵守法律、行政法规,遵守诚实信用原则,不得损害社会公共利益。

公序良俗原则在大多数国家和地区的民法中也有规定。《法国民法典》第6条规定,任何人均不得以特别约定违反涉及公共秩序和善良风俗的法律。第1133条规定,如原因为法律所禁止或原因违反善良风俗或公共秩序时,此种原因为不法的原因。《德国民法典》第138条第1款规定,违反善良风俗的行为无效。第134条规定,除基于法律发生其他效果外,违反法律禁止规定的法律行为无效。《日本民法典》第90条规定,以违反公共秩序和善良风俗的事项为标的的法律行为无效。《荷兰民法典》第3编第40条第1、2款规定,内容或应有含义违反善良风俗或公共秩序的法律行为无效,违反强制性法律规定的法律行为无效。我国台湾地区“民法”第72条规定,法律行为,有悖于公共秩序或善良风俗者,无效。第 71 条规定,法律行为违反强制或禁止之规定者,无效。

守法和公序良俗原则又可以细分为两项具体要求:

一是民事主体从事民事活动不得违反法律。这里的法律不仅包括民事法律,还包括其他部门法。所谓不得违反法律,就是要求不违反法律的强制性规定。民事主体在从事民事活动时,只要法律未明文禁止,又不违背公序良俗,就可以根据自己的利益和需要创设权利、义务内容。民事主体在从事民事活动时享有较大的自主空间,实现充分的意思自治。由于民法的基本原则之一就是意思自治,民法在通常情况下不会干预民事主体的行为自由,民法的大多数规范都是任意性规范。对于任意性规范,民事主体可以结合自身的利益需要,决定是否纳入自己的意思自治范围。但是,任何人的自由并非毫无限制,民法同样需要维护社会基本的生产、生活秩序,需要维护国家的基本价值追求,法律的强制性规范就是为了实现这一目的而制定的,民事主体在从事民事活动时,应当遵守法律的强制性规定。

二是民事主体从事民事活动不得违背公序良俗。不得违背公序良俗原则,就是不得违背公共秩序和善良习俗。公共秩序,是指政治、经济、文化等领域的基本秩序和根本理念,是与国家和社会整体利益相关的基础性原则、价值和秩序,在以往的民商事立法中被称为社会公共利益,在英美法系中也被称为公共政策。善良习俗是指基于社会主流道德观念的习俗,也被称为社会公共道德,是全体社会成员所普遍认可、遵循的道德准则。善良习俗具有一定的时代性和地域性,随着社会成员的普遍道德观念的改变而改变。公共秩序强调的是国家和社会层面的价值理念,善良习俗突出的则是民间的道德观念,二者相辅相成,互为补充。

守法和公序良俗原则中的两项不同要求之间,首先要求民事主体从事民事活动不得违反法律。民事主体从事任何民事活动需要遵守法律的强制性规定;对于民法的任意性规定,民事主体是否按照任意性规定从事民事活动,法律并不强制要求,民事主体可以根据自己的利益作出相应的选择和判断。由于民事活动复杂多样,法律不可能预见所有损害社会公共利益、公共道德秩序的行为而作出详尽的禁止性规定。因此,有必要辅之以公序良俗原则,并明确规定违背公序良俗的民事法律行为无效,以弥补法律禁止性规定的不足,实现对民事主体意思自治的必要限制,以弘扬社会公共道德、维护社会公共秩序,实现民事主体的个体利益与社会公共利益的平衡。

第九条　民事主体从事民事活动,应当有利于节约资源、保护生态环境。

【释义】　本条是关于绿色原则的规定。

节约资源、保护生态环境的要求,在我国宪法和许多法律中都有规定。如宪法第9条第2款规定,国家保障自然资源的合理利用,保护珍贵的动物和植物,禁止任何组织或者个人用任何手段侵占或者破坏自然资源。民法通则第124条规定,违反国家保护环境防止污染的规定,污染环境造成他人损害的,应当依法承担民事责任。侵权责任法第8章专门规定了环境污染的民事法律责任,对举证责任分配、第三人过错等内容进行了明确规定。环境保护法第6条规定,一切单位和个人都有保护环境的义务;地方各级人民政府应当对本行政区域的环境质量负责;企业事业单位和其他生产经营者应当防止、减少环境污染和生态破坏,对所造成的损害依法承担责任;公民应当增强环境保护意识,采取低碳、节俭的生活方式,自觉履行环境保护义务。消费者权益保护法第5条规定,国家保护消费者的合法权益不受侵害;国家采取措施,保障消费者依法行使权利,维护消费者的合法权益;国家倡导文明、健康、节约资源和保护环境的消费方式,反对浪费。

绿色原则是贯彻宪法关于保护环境的要求,同时也是落实党中央关于建设生态文明、实现可持续发展理念的要求。将环境资源保护上升至民法基本原则的地位,具有鲜明的时代特征,将全面开启环境资源保护的民法通道,有利于构建生态时代下人与自然的新型关系,顺应绿色立法潮流。正如李建国同志在民法总则草案说明中所指出的,将绿色原则确立为基本原则,规定民事主体从事民事活动,应当有利于节约资源、保护生态环境,这样规定,既传承了天地人和、人与自然和谐共生的我国优秀传统文化理念,又体现了党的十八大以来的新发展理念,与我国是人口大国、需要长期处理好人与资源生态的矛盾这样一个国情相适应。

本条规定的绿色原则与其他原则的表述有所不同,其他原则使用了"应当遵循""不得违反"等表述,而本条使用的是"应当有利于"的表述。尽管有这种不同,但绿色原则作为民法典的基本原则,仍具有重要作用:一是确立国家立法规范民事活动的基本导向,即要以节约资源、保护生态环境作为重要的考量因素;二是要求民事主体本着有利于节约资源、保护生态环境的理念从事民事活动,树立可持续发展的观念;三是司法机关在审判民事案件,适用民事法律规定时,要加强对节约资源、保护生态环境的民事法律行为的保护。

绿色原则作为民法典新增的一项基本原则,在民法典各编中都得到了贯彻。如物权编第 346 条规定,设立建设用地使用权,应当符合节约资源、保护生态环境的要求,应当遵守法律、行政法规关于土地用途的规定,不得损害已经设立的用益物权。合同编第 509 条第 3 款规定,当事人在履行合同过程中,应当避免浪费资源、污染环境和破坏生态;第 625 条规定,依照法律、行政法规的规定或者按照当事人的约定,标的物在有效使用年限届满后应予回收的,出卖人负有自行或者委托第三人对标的物予以回收的义务。特别是在侵权责任编"环境污染和生态破坏责任"一章中,更是对环境污染和生态破坏的民事法律责任作了详细规定。

第十条　处理民事纠纷,应当依照法律;法律没有规定的,可以适用习惯,但是不得违背公序良俗。

【释义】 本条是关于处理民事纠纷的依据的规定。

处理民事纠纷的依据就是人民法院、仲裁机构在处理民事纠纷时据以作出裁判的规则。

不少国家和地区的民法都会对处理民事纠纷的裁判依据作出规定,以便为裁判机关提供指南。如《瑞士民法典》第1条“法律的适用”规定:(1)凡依本法文字或释义有相应规定的任何法律问题,一律适用本法。(2)无法从本法得出相应规定时,法官应依据习惯法裁判;如无习惯法时,依据自己如作为立法者应提出的规则裁判。(3)在前一款的情况下,法官应依据公认的学理和惯例。《韩国民法典》第1条规定,关于民事,如无法律规定,依习惯法;如无习惯法则依法理。《意大利民法典》第1~9条对民法的法律渊源作了详细的规定,该国民法的法律渊源包括法律(法律的制定和具有法律效力的政府命令由宪法性法律调整)、条例(总理制定条例的权力由宪法性法律规范。根据特别法的规定,其他权力机关应当在各自权限范围内行使制定条例的权力)、行业规则(行业条例、集体经济协定、集体劳动契约和劳动法院作出的有关集体争议的判决是行业规则)和惯例(在法律和条例调整的范围内,惯例只有在法律和条例援引的情况下才发生效力)。《西班牙民法典》第1条规定,西班牙法的渊源包括法律、惯例(惯例须已被广泛接受并不得违反公共秩序和善的道德规范,司法判例在不仅仅是意向声明的解释性实践时可视同惯例)和法的基本原则(法的基本原则在法律和惯例均欠缺时适用)。我国台湾地区“民法”第1条和第2条也对民法的法律渊源作了规定:民事,法律所未规定者,依习惯;无习惯者,依法理;民事所适用之习惯,以不悖于公共秩序或善良风俗者为限。我国澳门特别行政区民法典第1章“法之渊源”规定,法律为法的直接渊源;不违背善意原则习惯仅在法律有所规定时方予考虑;只有在法律容许、当事人有约定的法律未禁止约定或者当事人仲裁条款预先约定采用衡平原则的情况下,法院才可以按衡平原则处理案件。

在法律起草制定过程中,关于如何规定处理民事纠纷的依据的意见比较集中，主要是围绕处理民事纠纷的依据包括哪些，应当如何规定展开讨论，其中包括：“法律”的范围，即法律是否包括法律解释、行政法规、地方性法规、自治条例和单行条例、规章等；是否要规定习惯作为民法的法律渊源；是否应当规定法理作为判案的依据；是否保留国家政策的规定等。

综合各方面意见，本条规定，处理民事纠纷，应当依照法律；法律没有规定的，可以适用习惯，但是不得违背公序良俗。

本条是法律适用规则。在条文形成过程中，曾一度将“民事纠纷”修改为“处理民事关系”，最终条文又改回“民事纠纷”。这是考虑本条规定旨在为人民法院、仲裁机构等在处理民事纠纷时提供法律适用规则。至于民事主体之间处理民事法律关系，基于意思自治原则，当事人有很大的自主权，且民法规定很多为任意性规定，法律并未强制要求当事人适用。如合同法第 12 条规定，合同的内容一般包括当事人的名称或者姓名和住所，标的，数量，质量，价款或者报酬，履行期限、地点和方式，违约责任，解决争议的方法。至于当事人是否必须在合同中全面载明这些内容，并无硬性要求，合同的内容由当事人约定。在特定交易环境下，当事人甚至可以约定交易习惯优先于法律的适用。因此，处理民事法律关系的范围比处理民事纠纷的范围广阔许多，法律适用规则也不是完全一样的。

本条规定，人民法院、仲裁机构等在处理民事纠纷时，首先应当依照法律。这里的法律是指广义的法律，包括全国人大及其常委会制定的法律和国务院制定的行政法规，也不排除地方性法规、自治条例和单行条例等。根据我国立法法第 8 条第 8 项规定，民事基本制度只能由全国人大及其常委会制定的法律规定。行政法规可以根据法律的规定或经法律的授权，针对特定领域的民事关系作出具体的细化规定。此外，有的法律授权地方性法规对某种特定的民事关系作出具体规定。如农村土地承包法第 68 条规定，各省、自治区、直辖市人民代表大会常务委员会可以根据该法，结合本行政区域的实际情况，制定实施办法。

本条还规定,法律没有规定的,可以适用不违背公序良俗的习惯。习惯是指在一定地域、行业范围内长期为一般人确信并普遍遵守的民间习惯或者商业惯例。适用习惯受到两个方面的限制:一是适用习惯的前提是法律没有规定。所谓法律没有规定,就是相关的法律、行政法规、地方性法规对特定民事纠纷未作出规定。二是所适用的习惯不得违背公序良俗。因此,并非所有的习惯都可以作为处理民事纠纷的依据,只有不违背公序良俗的习惯才可以适用,当然适用习惯也不得违背法律的基本原则。

本条确认了习惯作为民事法律渊源,主要基于以下考虑:一是承认习惯的法源地位与我国现行立法是一致的。合同法、物权法等法律已明确规定习惯可以作为判断当事人权利义务的根据。二是承认习惯的法源地位也符合现实需要。民事生活纷繁复杂,法律很难做到面面俱到,习惯可以在一定程度上弥补法律的不足。在商事领域和社会基层,对将习惯作为法律渊源的需求较为强烈。三是根据习惯裁判更贴近社会生活,有利于定分止争,且在司法实践中有时确有必要根据习惯处理民事纠纷。

在特定民事领域需要遵从和适用习惯,在其他各编中也有相应的规定。如物权编第289条规定,法律、法规对处理相邻关系有规定的,依照其规定;法律、法规没有规定的,可以按照当地习惯。人格权编第1015条第2款规定,少数民族自然人的姓氏可以遵从本民族的文化传统和风俗习惯。

第十一条　其他法律对民事关系有特别规定的,依照其规定。

【释义】 本条是关于一般法与特别法的关系的规定。

关于一般法与特别法的关系,立法法对此有专门规定。立法法第92条规定,同一机关制定的法律,特别规定与一般规定不一致的,适用特别规定。在法律起草过程中,有的意见提出,立法法已经对特别法与一般法之间的关系作了规定,建议删除本条。考虑到我国制定了诸多民商事单行法,对特定领域的民事法律关系作出规范;民法典出台后将作为一般法,各民商事单行法作为特别法;根据立法法的规定,特别法的规定将优先适用。本条明确强调特别法优先的法律适用规则,也有助于减少认识上的分歧。

对于民法典的规范适用问题,需要注意的是:首先,总则编与物权编、合同编、人格权编、婚姻家庭编、继承编、侵权责任编之间的关系,总则编也是一般性规定,其他各分编中对相同问题有特殊规定的,应当先适用其他各分编的规定。比如关于民事法律行为的效力问题,总则编第 153 条规定,违反法律、行政法规的强制性规定的民事法律行为无效。但是,该强制性规定不导致该民事法律行为无效的除外。违背公序良俗的民事法律行为无效。第 154 条规定,行为人与相对人恶意串通,损害他人合法权益的民事法律行为无效。而合同编第 497 条规定,有下列情形之一的,该格式条款无效:(1)具有本法第 1 编第 6 章第 3 节和本法第 506 条规定的无效情形;(2)提供格式条款一方不合理地免除或者减轻其责任、加重对方责任、限制对方主要权利;(3)提供格式条款一方排除对方主要权利。由于总则编第 153 条、第 154 条属于一般规定,合同编第 497 条则属于特别规定,对于格式合同条款的效力问题,则应当优先适用合同编第 497 条的规定。其次,物权编、合同编、人格权编、婚姻家庭编、继承编、侵权责任编与其他民事单行法律的关系,相对于其他民事单行法律而言,民法典的各分编则属于一般性规定,在民事单行法律有特别规定时,需要优先适用民事单行法律。比如总则编第 188 条规定,向人民法院请求保护民事权利的诉讼时效期间为 3 年。法律另有规定的,依照其规定。最后,民法典中物权编、合同编、人格权编、婚姻家庭编、继承编、侵权责任编之间的相互关系,需要根据民法典的规定来确定适用的法律规范。比如合同编第 464 条第 2 款规定,婚姻、收养、监护等有关身份关系的协议,适用有关该身份关系的法律规定;没有规定的,可以根据其性质参照适用该编规定。人格权编第 1001 条规定,对自然人因婚姻家庭关系等产生的身份权利的保护，适用本法第 1 编、第 5 编和其他法律的相关规定；没有规定的，可以根据其性质参照适用该编人格权保护的有关规定。

第十二条　中华人民共和国领域内的民事活动，适用中华人民共和国法律。法律另有规定的，依照其规定。

【释义】　本条是关于民法的效力范围的规定。

民法的地域效力范围是指民法在什么空间领域内适用。本条规定，在中华人民共和国领域内的民事活动，适用中华人民共和国法律。中华人民共和国领域包括中华人民共和国领土、领空、领海，以及根据国际法视为我国领域的我国驻外使馆，国籍为中国的船舶、航空器等。在中华人民共和国领域内的民事活动，一般来说都得适用我国法律。

本条的但书规定，法律另有规定的，依照其规定。其中最为重要的就是涉外民事关系的法律适用问题，关于涉外民事关系的法律适用，涉外民事关系法律适用法有专门的规定。除此之外，有些单行民事法律也对涉外民事关系的法律适用进行了规定。根据这些涉外民事关系适用的特别规定，在中华人民共和国领域内的涉外民事活动，应当根据特定的民事法律关系类型不同而具体适用相应的法律规范，并非一概必须适用中国法律。在法律起草过程中，有的意见提出，应该规定在中华人民共和国领域外的民事活动，也可以适用中华人民共和国法律。对于中华人民共和国领域外的民事活动是否适用中华人民共和国法律，由于涉及国际私法的法律适用问题，各国国际私法具有相应的规定，且不同的民事法律关系所适用的法律有不同规定，法律适用情况比较复杂。故本条未对此作出规定，但这并不意味着在中华人民共和国领域外的民事活动，就不能适用中华人民共和国法律，需要根据具体情况和所在国法律的具体规定确定。如涉外民事关系法律适用法第 3 条规定，当事人依照法律规定可以明示选择涉外民事关系适用的法律。海商法第 269 条规定，合同当事人可以选择合同适用的法律，法律另有规定的除外。合同当事人没有选择的，适用与合同有最密切联系的国家的法律。

第二章　自　然　人

本章规定“自然人”这一民事主体。有关自然人的规定是世界各国和地区民法的基础和核心内容。自然人是最基本的民事主体。法律对自然人民事主体地位的确认，是自然人依法从事民事活动，享有民事权利、承担民事义务的前提。1986 年制定的民法通则根据当时的实际情况，对自然人作了较为妥善的规定，在实践中发挥了巨大作用。本章延续民法通则相关规定的基本结构和基本内容，同时根据实践发展的需要进行修改完善，具体内容有较大扩充。

本章分 4 节，共 44 条。第 1 节为民事权利能力和民事行为能力，主要规定了自然人的民事权利能力，自然人民事权利能力平等，自然人的出生时间、死亡时间，胎儿利益保护，成年人、未成年人年龄，完全民事行为能力人，限制民事行为能力人，无民事行为能力人，无民事行为能力人、限制民事行为能力人的认定及其法定代理人，自然人住所等。第 2 节为监护，主要规定了监护人的范围、遗嘱指定监护、协议监护、监护争议解决程序、意定监护、监护人的职责、监护人资格的撤销与恢复、监护终止等。第 3 节为宣告失踪和宣告死亡，主要规定了宣告失踪条件、下落不明的时间计算、失踪人的财产代管、失踪宣告撤销、宣告死亡条件、宣告死亡和宣告失踪的关系、被宣告死亡的人死亡日期确定、宣告死亡的法律效果、撤销死亡宣告及其法律效果等。第 4 节为个体工商户和农村承包经营户，主要规定了个体工商户、农村承包经营户的定义和个体工商户、农村承包经营户的债务承担。

第一节　民事权利能力和民事行为能力

第十三条　自然人从出生时起到死亡时止，具有民事权利能力，依法享有民事权利，承担民事义务。

【释义】　本条是关于自然人民事权利能力的规定。

民事权利能力是指民事主体参与民事法律关系，享有民事权利、承担民事义务的法律资格。法律规定了自然人的民事权利能力，也就确认了自然人的民事主体地位，这是自然人参与民事法律关系，依法享有民事权利、承担民事义务的前提。自然人的民事权利能力既包括自然人享有民事权利的资格，也包括自然人承担民事义务的资格。

"权利能力"是近代法学创造的概念。在古代罗马法中，并无"权利能力"概念。在罗马法中，要成为完全的权利义务主体，需要具有三种资格：自由权、市民权、家族权。当时尚未使用"权利能力"来概括这三种资格，而是用人格或者人格权来总称这三种资格。一般认为，《奥地利普通民法典》第一次在立法上规定了"权利能力"的含义，《萨克逊民法典》第一次在立法上明确使用了"权利能力"的概念，但权利能力的主体都限于自然人。德国民法将"权利能力"的概念发扬光大：一是进一步区分了权利能力和行为能力；二是将"人"抽象化形式化，不仅将权利能力赋予自然人，还将权利能力赋予法人，改变了唯有"自然人"才是"人"的观念。这两点在《德国民法典》中都有明确体现。

通常认为，民事权利能力具有不可剥夺的特征。民事权利能力始于出生，终于死亡。自然人生存期间，其民事权利能力不会丧失、消灭。法律不会对自然人的民事权利能力进行限制或者剥夺。自然人受到刑事处罚、丧失民事行为能力，即使在监狱服刑，或者被判处剥夺政治权利，也并不导致民事权利能力的减损或者消灭,自然人的民事权利能力这一法律资格不受影响。

民事权利能力与民事权利是既有联系又有区别的两个不同概念。第一,民事权利能力是一种法律资格,是自然人取得民事权利的前提。自然人享有民事权利能力,并不等同于取得实际的民事权利。第二,民事权利能力是法律规定的,民事权利是自然人依据民事法律行为、事实行为、法律规定的事件或者法律规定的其他方式所取得的。第三,民事权利能力与自然人不可分离。自然人一旦出生,即具有民事权利能力,死亡是自然人丧失民事权利能力的唯一法定事由,并且民事权利能力不得以任何方式予以转让,也不能抛弃或者继承。根据民事权利的类型不同,自然人与民事权利之间的关系存在一定差别。对于财产方面的具体民事权利,自然人可以选择享有、转让或者放弃。生命权、健康权等人身权,自然人一旦出生,即依法律规定当然享有,不可以转让,非依法律规定并经法定程序,不得进行限制或者剥夺。

依据本条规定,自然人的民事权利能力始于出生,终于死亡。出生是自然人脱离母体并生存的法律事实。一般认为,出生须具备两项要件:一是胎儿与母体分离。与母体分离之前为胎儿,分离之后即成为法律上的人。二是与母体分离之际保有生命。胎儿与母体分离之际无生命的,是死体。分离之际保有生命的,即是"出生",而无论其出生后生命延续的时间长短。

第十四条　自然人的民事权利能力一律平等。

【释义】 本条是关于自然人民事权利能力平等的规定。

自然人的民事权利能力一律平等,是一种法律资格的平等,指自然人的民事权利能力不因民族、种族、性别、职业、家庭出身、宗教信仰等而有差别。

自然人民事权利能力平等原则经过了漫长的历史发展演变,是人类法律文明进步的结果。在近现代之前,并不是所有的自然人都具有民事权利能力,往往因家族血缘、性别等身份因素的不同而存在差异,例如女性在很多情况下没有资格作为独立的民事主体,不能从事缔结合同等民事活动。现代国家普遍认可自然人的民事权利能力一律平等。

第十五条　自然人的出生时间和死亡时间,以出生证明、死亡证明记载的时间为准;没有出生证明、死亡证明的,以户籍登记或者其他有效身份登记记载的时间为准。有其他证据足以推翻以上记载时间的,以该证据证明的时间为准。

【释义】 本条是关于自然人出生时间和死亡时间的规定。

出生和死亡均是法律事件,能够引起一定的法律关系的产生、变更或者消灭。出生时间和死亡时间的确定具有重要的法律意义。例如,被继承人的死亡时间直接决定继承开始的时间,影响遗产的范围、继承人的范围等。

本条将出生证明、死亡证明记载的时间作为确定自然人出生时间、死亡时间的最基本依据。出生证明,即出生医学证明,记载有新生儿的姓名、性别、出生时间、父母姓名等。出生医学证明由国家卫生健康委员会统一印制,以省、自治区、直辖市为单位统一编号。国家卫生与健康部门主管全国出生医学证明工作,委托各级卫生行政部门负责辖区内出生医学证明的具体事务管理工作。出生医学证明必须由批准开展助产技术服务并依法取得母婴保健技术服务许可证的医疗保健机构签发,并遵循严格的程序规范。出生证明是记载出生时间的原始凭证,具有证明出生时间的准确性和规范性,因此本条将出生证明记载的时间作为确定自然人出生时间的最基本的依据。

死亡证明是指有关单位出具的证明自然人死亡的文书。主要包括以下几类:公民死于医疗单位的,由医疗单位出具死亡医学证明书;公民正常死亡但无法取得医院出具的死亡证明的,由社区、村(居)委会或者基层卫生医疗机构出具证明;公民非正常死亡或者卫生部门不能确定是否属于正常死亡的,由公安司法部门出具死亡证明;死亡公民已经火化的,由殡葬部门出具火化证明。死亡证明是记载死亡时间的原始凭证,具有证明死亡时间的准确性和规范性的作用,因此本条将死亡证明记载的时间作为确定自然人死亡时间的最基本的依据。

依据本条规定,没有出生证明、死亡证明的,以户籍登记或者其他有效身份登记记载的时间为准。户籍登记是国家公安机关按照国家户籍管理法律法规,对公民的身份信息进行登记记载的制度。关于出生登记,《中华人民共和国户口登记条例》第 7 条第 1 款规定:"婴儿出生后一个月以内,由户主、亲属、抚养人或者邻居向婴儿常住地户口登记机关申报出生登记。"第 2 款规定:"弃婴,由收养人或者育婴机关向户口登记机关申报出生登记。"在户主、亲属等持婴儿的出生医学证明向公安机关申报出生登记后,公安机关依据出生医学证明记载的婴儿的姓名、出生时间等信息,进行户籍登记。公民个人收养的婴儿未办理出生登记的,由收养人持民政部门出具的收养登记证向收养人常住户口所在地的公安派出所申报出生登记。社会福利机构抚养的查找不到生父母的弃婴、儿童,由该机构持婴儿、儿童基本情况证明等,向该机构所在地公安派出所申报出生登记。办理户籍登记应当遵循严格的法定程序,户籍登记记载的出生时间因此具有较强的法律效力。本条将户籍登记记载的出生时间,作为确定自然人出生时间的重要依据,没有出生证明的,以户籍登记记载的出生时间为准。

关于死亡登记,根据我国户籍管理制度,自然人死亡后,户主、亲属等应当在规定的时间内向公安机关申报死亡登记,注销户口。《中华人民共和国户口登记条例》第 8 条规定:"公民死亡,城市在葬前,农村在一个月以内,由户主、亲属、抚养人或者邻居向户口登记机关申报死亡登记,注销户口……"办理户籍登记应当遵循严格的法定程序,户籍登记记载的死亡时间因此具有较强的法律效力。本条将户籍登记记载的死亡时间,作为确定自然人死亡时间的重要依据,没有死亡证明的,以户籍登记记载的死亡时间为准。

本条规定的户籍登记以外的其他有效身份登记,包括我国公民居住证、港澳同胞回乡证、台湾居民的有效旅行证件、外国人居留证等。

(1)公民居住证。随着我国城镇化的快速推进,大量人口离开户籍地就业、就读。为了促进新型城镇化的健康发展,推进城镇基本公共服务和便利常住人口全覆盖,保障公民合法权益,国务院2015年颁布了《居住证暂行条例》,对居住证的申领条件、登载内容作了规定。该条例第2条规定:“公民离开常住户口所在地,到其他城市居住半年以上,符合有合法稳定就业、合法稳定住所、连续就读条件之一的,可以依照本条例的规定申领居住证。”第4条规定:“居住证登载的内容包括:姓名、性别、民族、出生日期、公民身份号码、本人相片、常住户口所在地住址、居住地住址、证件的签发机关和签发日期。”从各地的地方性法规来看,申请居住证需要提交居民身份证和居民户口簿,居住证记载的关于个人身份的基本内容都是来源于居民身份证和居民户口簿。因此,居住证记载的居民出生日期与户籍登记、身份证记载的出生日期是一致的。为了便利群众从事民事活动,满足实践需求,本条将居住证记载的出生时间也作为判断自然人出生时间的重要依据。

(2)港澳同胞回乡证、台湾居民的有效旅行证件、外国人居留证等。这些身份证件都是我国公安机关或者国家主管机关遵循法定程序签发的,可以作为判断自然人出生时间的重要依据。以外国人居留证件的办理及登记项目为例,出境入境管理法第30条规定:“外国人所持签证注明入境后需要办理居留证件的,应当自入境之日起三十日内,向拟居留地县级以上地方人民政府公安机关出入境管理机构申请办理外国人居留证件。申请办理外国人居留证件,应当提交本人的护照或者其他国际旅行证件,以及申请事由的相关材料,并留存指纹等人体生物识别信息。公安机关出入境管理机构应当自收到申请材料之日起十五日内进行审查并作出审查决定，根据居留事由签发相应类别和期限的外国人居留证件。外国人工作类居留证件的有效期最短为九十日，最长为五年；非工作类居留证件的有效期最短为一百八十日，最长为五年。”第 33 条规定：“外国人居留证件的登记项目包括：持有人姓名、性别、出生日期、居留事由、居留期限，签发日期、地点，护照或者其他国际旅行证件号码等。外国人居留证件登记事项发生变更的，持证件人应当自登记事项发生变更之日起十日内向居留地县级以上地方人民政府公安机关出入境管理机构申请办理变更。”外国人居留证件是我国公安机关出入境管理机构依照法定程序签发的，其记载的外国人出生时间可以作为判断该外国人出生时间的重要依据。

出生证明、死亡证明以及户籍登记或者其他有效身份登记记载的时间由于各种原因，也有可能出现记载错误的情况。如果有其他证据足以推翻出生证明、死亡证明以及户籍登记或者其他有效身份登记记载的时间的，应以该证据证明的时间为准。

第十六条　涉及遗产继承、接受赠与等胎儿利益保护的，胎儿视为具有民事权利能力。但是，胎儿娩出时为死体的，其民事权利能力自始不存在。

【释义】　本条是关于胎儿利益保护的规定。

自然人的民事权利能力始于出生，胎儿尚未与母体分离，不是独立的自然人，不能依据民事权利能力的一般规定进行保护。法律有必要对胎儿利益的保护作出特别规定。

（一）境外立法例

境外立法例主要有以下两类：

一是总括保护，即承认胎儿具有民事权利能力，总括地保护胎儿的利益。例如，《瑞士民法典》第 31 条规定，子女，只要其出生时尚生存，出生前即具有权利能力。《匈牙利民法典》规定，人，如活着出生，其权利能力应从受孕时算起，出生前 300 天作为受孕时间,但是允许证明受孕时间早于或者迟于300天,出生日包括在300天之内。我国台湾地区"民法"第7条规定,胎儿以将来非死产者为限,关于其个人利益之保护,视为既已出生。

二是个别保护,即原则上不承认胎儿具有民事权利能力,只在涉及赠与、遗产继承、损害赔偿等某些事项上对胎儿的利益进行保护。法国、德国、日本等采取这种立法例。《法国民法典》第906条规定,胎儿在赠与时已存在者,即有承受生前赠与的能力。胎儿在遗嘱人死亡时已存在者,即有受遗赠的能力,但赠与或者遗赠仅对于婴儿出生时能生存者,发生效力。第725条规定,必须在继承开始时生存之人,始能继承。因此,下列人不能继承:(1)尚未受胎者;(2)出生时未成活的婴儿。《德国民法典》第884条规定,在受害人被害当时,第三人尚未出生的胎儿,亦发生损害赔偿义务。第1923条规定,在继承开始时尚未出生但已孕育的胎儿,视为在继承开始之前出生。《日本民法典》第721条规定,胎儿,就损害赔偿请求权,视为已出生。第886条规定,胎儿就继承,视为已出生;前款规定,不适用于胎儿以死体出生情形。第965条还规定,胎儿继承能力的规定准用于受遗赠人。

与个别保护类似,《苏联民法典》规定民事权利能力始于出生止于死亡,没有总括规定胎儿有权利能力,但在继承法上,将胎儿视为"尚未出生的继承人",在分割遗产时,应当扣除属于胎儿的继承份额后才有权分配遗产,这实际上就是赋予胎儿生前就具有继承权。

在民法典制定以前,只在继承事项上对胎儿利益的保护作出规定。如继承法第28条规定:"遗产分割时,应当保留胎儿的继承份额。胎儿出生时是死体的,保留的份额按照法定继承办理。"除了继承事项之外,我国法律没有对胎儿利益保护的其他规定。

(二)胎儿利益保护与赋予民事权利能力

关于胎儿的利益保护与赋予胎儿民事权利能力的关系问题,国内学界存在不同的观点。

有的观点认为,对胎儿利益的保护并不必然以赋予胎儿民事权利能力为前提。承认胎儿民事权利能力的目的主要是解决在继承和侵权中如何保护胎儿利益的问题。在坚持自然人的民事权利能力始于出生,不承认胎儿的民事权利能力的法律框架内,也可以通过作出特别规定达到对胎儿利益保护的目的。第一,关于继承中的胎儿利益保护问题,有关为胎儿保留必要份额的规定可以达到保护胎儿利益的目的。第二,胎儿在未出生之前,其健康生存的利益受到侵害的,是侵权责任问题。胎儿在母体中遭受侵害,应当区分具体情况来加以考虑:如果胎儿出生后是活体的,则可以作为主体独立请求,有权就其受到的损害独立提出赔偿请求,但可以在时效方面作出特别规定,即在出生前诉讼时效中止;如果是死体,则由其母亲提出请求,把对于胎儿的侵害视为对母亲的侵害,母亲可以身体健康权受侵害为由进行主张。

有的观点认为,胎儿利益的保护力度与是否赋予胎儿民事权利能力具有直接的关系。赋予胎儿民事权利能力,胎儿就具有了享有民事权利的法律资格,就可以成为民事权利的主体,对于受到侵害的行为,就可以通过诉讼予以救济,有利于胎儿利益的保护。例如,如果胎儿在母亲怀胎期间遭受侵害,就可以行使损害赔偿请求权,向法院提起人身伤害的侵权之诉;如果在出生之前父亲死亡,胎儿就可以享有继承权,作为第一顺序继承人参与遗产分配,或者在继承权受侵害时,向法院提起侵害继承权的侵权之诉。

本条从法律上明确规定胎儿在特定情形下视为具有民事权利能力。依据本条规定,涉及遗产继承、接受赠与等胎儿利益保护的,胎儿视为具有民事权利能力。采用"视为"一词主要是与本法第 13 条的规定相对应。本法第 13 条规定:"自然人从出生时起到死亡时止,具有民事权利能力,依法享有民事权利,承担民事义务。"自然人的民事权利能力始于出生,胎儿尚未出生,本不具有民事权利能力,但又有必要在一定情形下对胎儿的利益进行保护,赋予胎儿民事权利能力,因此本条采用"视为"具有民事权利能力的表述。

（三）胎儿利益的保护范围

从境外立法例来看，瑞士、匈牙利和我国台湾地区对胎儿利益采取总括的保护方式，没有限定具体的范围。法国、德国、日本等只在涉及赠与、遗产继承、损害赔偿等某些事项上，对胎儿的利益进行保护。

本条将胎儿利益保护的范围规定为“涉及遗产继承、接受赠与等胎儿利益保护的”。在这些情形下，胎儿视为具有民事权利能力。此处的“遗产继承”不仅包括法定继承，也包括遗嘱继承、遗赠。胎儿是法定继承人的，按照法定继承取得相应的遗产份额；有遗嘱的，胎儿按照遗嘱继承取得遗嘱确定的份额。胎儿不是法定继承人的，被继承人也可以立遗嘱将个人财产赠与胎儿，将来按遗赠办理，胎儿取得遗产继承权。“接受赠与”指赠与人可以将财产赠与胎儿，胎儿此时视为具有民事权利能力，享有接受赠与的权利。除了遗产继承和接受赠与，实践中还有其他涉及胎儿利益保护的情况，因此本条用了一个“等”字，没有限定在继承范围以内，原则上也包括侵权等其他需要保护胎儿利益的情形。

（四）胎儿享有民事权利能力的条件

关于胎儿享有民事权利能力的条件，民法理论上存在两种不同的观点：

一是认为，胎儿在母亲怀胎期间，并无民事权利能力，在胎儿活着出生后，再向前追溯至怀胎期间具有民事权利能力。

二是认为，胎儿在母亲怀胎期间即具有民事权利能力，但是胎儿出生时为死体的，其民事权利能力则自始不存在。

本条的规定也经历了一些变化。在民法总则草案提交全国人大常委会进行初次审议之前，曾以征求意见稿的形式征求意见。征求意见稿的规定采用了上述第一种观点。征求意见稿第15条规定：“涉及胎儿利益保护，胎儿出生时为活体的，其出生前即视为具有民事权利能力。”有些意见提出，将“胎儿出生时为活体的”作为胎儿享有民事权利能力的必要条件，就要等待胎儿活着出生之后才可以向法院起诉。为了更周延地保护胎儿利益，胎儿自母亲怀孕之时起就应当被视为具有民事权利能力，无需待到其出生之时，即可行使继承权等。建议采用上述第二种观点，规定胎儿在母亲怀胎期间即具有民事权利能力，将“胎儿将来出生时为死体”作为溯及怀胎期间消灭其民事权利能力的条件。随后提交全国人大常委会初次审议的民法总则草案在一定程度上吸收了上述建议，对征求意见稿的规定作了修改。民法总则草案一审稿第 16 条规定：“涉及遗产继承、接受赠与等胎儿利益的保护，胎儿视为具有民事权利能力。但是，胎儿出生时未存活的，其民事权利能力自始不存在。”此后基本维持了这一规定，只是作了相关文字修改。民法典继续维持这一规定。

第十七条　十八周岁以上的自然人为成年人。不满十八周岁的自然人为未成年人。

【释义】 本条是关于成年人与未成年人年龄标准的规定。

随着年龄的增长，成年人已经具有了一定的阅历，也积累了较丰富的社会经验和知识，识别、判断能力较强，并能够充分预见到自己的行为后果，已经可以独立生活和工作。成年不仅意味着其可以独立行使更多的权利，更意味着要独立承担更多的义务，拥有更大自主权的同时，也要对自己的行为后果独立负责。各个国家和地区根据人们的生理、智力发育情况和社会生活状况等，对成年人年龄标准的规定各不相同。大部分国家和地区将 18 周岁作为成年人的标准。例如，法国、德国、瑞士、意大利等国家均规定年满 18 周岁为成年人。日本、韩国、我国台湾地区规定年满 20 周岁为成年人。近年来，日本拟将成年人的年龄下限从 20 周岁降低至 18 周岁，但是也有一些反对意见认为，18 周岁和 19 周岁的年轻人就可以在没有父母同意的情况下，签订贷款或者信用卡合同，将会导致受害消费者的低龄化。由此也可以看出，成年人年龄标准并不是随意确定的,既需要考虑人们的身心发育情况,也需要考虑社会的接受度等各方面因素。我国民法通则将成年人的年龄下限确定为18周岁,这次仍然延续了民法通则的规定,将成年人年龄确定为18周岁。这也与我国宪法的相关规定一致。我国宪法将选举权和被选举权这一重要的政治权利,赋予给年满18周岁的公民。宪法第34条规定:"中华人民共和国年满十八周岁的公民,不分民族、种族、性别、职业、家庭出身、宗教信仰、教育程度、财产状况、居住期限,都有选举权和被选举权;但是依照法律被剥夺政治权利的人除外。"

与"成年人"概念相对的是"未成年人",不满18周岁的自然人为未成年人。未成年人的身体、心智发育还没有完全成熟,各个国家和地区均对未成年人从法律上予以特殊保护,促进其健康成长。我国为了保护未成年人的身心健康,保障未成年人的合法权益,促进未成年人在品德、智力、体质等方面全面发展,制定了一系列关于未成年人保护的法律法规,如未成年人保护法等。国家、社会、学校和家庭都有义务促进未成年人健康成长,保障未成年人的合法权益不受侵犯。

在民法中区分成年人与未成年人的法律意义主要有以下几个方面:一是判断民事法律行为的效力。成年人可以独立实施民事法律行为,未成年人只可以独立实施部分民事法律行为,实施其他民事法律行为要经过法定代理人的同意或者追认。二是确定婚姻家庭关系中的权利义务。本法规定了父母、祖父母、外祖父母或者兄姐等近亲属对未成年人的抚养义务。例如,第1074条第1款规定:"有负担能力的祖父母、外祖父母,对于父母已经死亡或者父母无力抚养的未成年孙子女、外孙子女,有抚养的义务。"三是设立监护。为了保护未成年人的人身、财产权利及其他合法权益,对未成年人应当设立监护人。父母是未成年人的监护人,未成年人的父母已经死亡或者没有监护能力的,依法由其他有监护能力的人担任监护人。但法律只对丧失或者部分丧失民事行为能力的成年人设立监护,依法确定监护人。

第十八条　成年人为完全民事行为能力人，可以独立实施民事法律行为。

十六周岁以上的未成年人，以自己的劳动收入为主要生活来源的，视为完全民事行为能力人。

【释义】 本条是关于完全民事行为能力人的规定。

民事行为能力是指民事主体独立参与民事活动，以自己的行为取得民事权利或者承担民事义务的法律资格。民事行为能力与民事权利能力不同，民事权利能力是民事主体从事民事活动的前提，民事行为能力是民事主体从事民事活动的条件。所有的自然人都有民事权利能力，但不一定都有民事行为能力。自然人一经出生即当然享有民事权利能力，但要独立从事民事活动，实施民事法律行为，还必须具有相应的民事行为能力。自然人的辨识能力因年龄、智力、精神健康等因素不同而有差异。现在的规定延续了民法通则的做法，根据自然人辨识能力的不同，将自然人的民事行为能力分为完全民事行为能力、限制民事行为能力和无民事行为能力。学理上称之为“三分法”。完全民事行为能力人具有健全的辨识能力，可以独立进行民事活动；限制民事行为能力人只能独立进行与其辨识能力相适应的民事活动；无民事行为能力人应当由其法定代理人代理实施民事活动。

在起草过程中，有的建议将“三分法”改为“两分法”，取消“无民事行为能力”的分类，将民事行为能力分为完全民事行为能力和限制民事行为能力两类。理由是，虽然立法的本意是为了保护无民事行为能力人，但这种保护实际上却剥夺了他们融入社会的权利。人的生理、心理、智力等方面的成熟度存在差异，而且也时刻处在变化当中。限制民事行为能力制度极富弹性，有以下几个优点：一是既允许未成年人和成年精神障碍者独立实施一些与其年龄、智力和精神健康状况相适应的民事法律行为，又能通过限制性规定，给未成年人或成年精神障碍者提供适当的保护；二是兼顾了交易相对人的信赖保护，使得儿童从事简单的民事活动处于稳定的法律状态之中；三是避免了划定年龄界限过于僵化的弊病。

更多的意见是维持民事行为能力“三分法”的分类方式。理由是，民事行为能力的分类方式不仅是单纯的关于自然人意思能力状况的自然属性问题，更需要结合本国的文化传统、民事生活实践状况、群众接受度等社会因素予以考量。民法通则自1987年实施以来，“三分法”的分类方式已经深入司法实践，具备了较为坚实的司法实践基础，并且对社会形成了明确的导向，得到普遍的认可。此外，无民事行为能力制度有利于更好地保护儿童和严重精神障碍成年人的合法权益，没有充足的依据，不宜轻易改变。

对民事行为能力划分采用“三分法”或者“两分法”，均有相关境外立法例。例如，德国、俄罗斯、我国台湾地区即是采用“三分法”的划分方式，日本、韩国采用“两分法”的划分方式。

经研究，本条仍然延续了民事行为能力“三分法”的分类方式，但也考虑到对未成年人自主意识的尊重，适当下调了限制民事行为能力的未成年人的年龄下限。

依据本条第1款规定，成年人，即年满18周岁的自然人，具有完全民事行为能力，为完全民事行为能力人，可以独立实施民事法律行为，并独立对民事法律行为的法律后果负责。例如，成年人可以独立签订房屋租赁合同，行使合同约定的权利，履行合同约定的义务。但是，本条规定的成年人指辨认识别能力正常的成年人，对于辨认识别能力不足的成年人则根据具体情况的不同归为限制民事行为能力人或者无民事行为能力人，不属于本条规定的范围。

依据本条第2款规定，16周岁以上的未成年人，如果以自己的劳动收入为主要生活来源的，表明其已经具备成年人的辨识能力，可以独立实施民事法律行为，独立承担民事法律行为的后果，因此可以视为完全民事行为能力人。

在法律起草过程中，有的意见建议，将第2款中的16周岁下调到15周岁。理由是，考虑到儿童6周岁开始上小学以及义务教育法关于九年义务教育制度的规定，绝大部分未成年人未满16周岁即初中毕业。将第2款中的16周岁下调到15周岁，有利于保护这些未成年人的权益。我国1998年批准加入的《准予就业最低年龄公约》规定的最低就业年龄即为15周岁。

有的意见不赞成将本条第2款规定的16周岁下调为15周岁。理由是，本条第2款规定的16周岁是否应当下调，应当结合未成年人的最低就业年龄等问题综合考虑。我国现行劳动法规定的最低就业年龄为16周岁。《准予就业最低年龄公约》第1条规定，凡本公约对其生效的会员国，承诺执行一项国家政策，以保证有效地废除童工并将准予就业或工作的最低年龄逐步提高到符合年轻人身心最充分发展的水平。该公约的精神不是要降低最低就业年龄，而是要尽可能地逐步提高最低就业年龄，以有利于保护未成年人的身心健康发展。

经研究，本条第2款维持了16周岁的规定。

第十九条　八周岁以上的未成年人为限制民事行为能力人，实施民事法律行为由其法定代理人代理或者经其法定代理人同意、追认；但是，可以独立实施纯获利益的民事法律行为或者与其年龄、智力相适应的民事法律行为。

【释义】 本条是关于限制民事行为能力的未成年人的规定。

本条将限制民事行为能力的未成年人的年龄下限标准由民法通则规定的10周岁下调为8周岁。本条在起草过程中，引起了社会广泛关注。提交全国人大常委会审议的民法总则草案一审稿，将限制民事行为能力的未成年人的年龄下限规定为6周岁。在有关说明中提出，将民法通则规定的限制民事行为能力人的年龄下限标准从“10周岁”降到“6周岁”，主要考虑是：随着经济社会的发展和生活教育水平的提高，未成年人生理心理的成熟程度和认知能力都有所提高，适当降低年龄标准下限有利于其从事与其年龄、智力相适应的民事活动，更好地尊重这一部分未成年人的自主意识，保护其合法权益。这一调整也与我国义务教育法关于年满6周岁的儿童须接受义务教育的规定相呼应，实践中易于掌握、执行。

（一）各方面意见

一些全国人大常委会组成人员、全国人大代表、地方人大代表以及社会公众提出不同意见，认为将限制民事行为能力人的年龄下限从10周岁调整为6周岁，要有充足的依据。建议适当上调限制民事行为能力的未成年人的年龄下限。理由包括：一是，未成年人生理心理成熟程度和认知能力都有所提高的说法，有些片面。6周岁儿童有了一定的学习能力，开始接受义务教育，但认知能力和辨识能力仍然不足，不具备独立实施民事法律行为的基础。民法通则规定为10周岁有一定的科学依据和实践基础。10周岁的儿童一般进入小学高年级就读，受教育的程度与获取知识的能力有了提高，单独接触社会的机会相对较多，有了一定的社会阅历，能够初步了解自己行为的一般性质和相对后果。二是，未成年人生理、心理的承受程度和认知能力在城市和农村是存在差异的，特别是城市与那些社会环境相对封闭、教育水平相对低下的偏远农村牧区相比较，其差异是比较大的。三是，如果把6周岁作为限制民事行为能力的年龄下限，可能会不利于保护6周岁儿童及其家庭的合法权益，也给欺诈行为留下一定的空间。四是，降低限制民事行为能力的年龄下限标准不是单纯的儿童判断力提高问题，一方面可能将来要跟刑事责任能力对应起来，另一方面调低年龄对保护未成年人的利益是有利还是不利，利多还是利少，需要评估。

有的心理学专家认为，这些年来儿童认知能力有了很大提高，6周岁以上的儿童完全可以自主进行一定的民事活动，例如购买一些小商品等，他们是具有相应的辨别能力的。同时，现在儿童的权利意识也都很强，将限制民事行为能力的年龄下限调整为6周岁，既有利于尊重他们的自主意识，又有利于促进自主能力的培养。也有的心理学家认为,10 周岁的儿童与 6 周岁的儿童在认知能力和判断能力方面,存在一定的差距,建议对下调限制民事行为能力人的年龄标准慎重研究。

不少法学专家和教育学专家认为,1986 年民法通则将限制民事行为能力人的年龄下限规定为 10 周岁,应当是对当时儿童的身心发育情况进行了认真的研究论证,符合当时的实际情况。三十多年来,随着学前教育的普及、物质文化生活的极大丰富以及信息化社会的到来,儿童的身心发育情况与当年相比已经不可同日而语,儿童的认知能力、适应能力和自我承担能力都有了很大提高。下调限制民事行为能力的年龄下限是非常必要的。赞成调整为 6 周岁,或者入学 1 年后的年龄即 7 周岁。

有些社会与人口学专家认为,一是 6 周岁的儿童已经开始上学接受义务教育,在一些时间内脱离了父母,有一定独立处理日常生活事务的机会,自身也已经具有了一定的辨识能力,例如可以用零花钱购买冰棍、一些学习用品等,应当赋予 6 周岁以上的儿童从事一定民事法律行为的资格。二是对 6 周岁的儿童从事民事法律行为应当有一定的限制,草案将其范围限制为"与其年龄、智力相适应的民事法律行为"是合适的,从社会学角度来说,也是没有问题的。

(二)境外立法例

从境外立法例来看,也有一些国家和地区规定,年满 6 周岁或者 7 周岁的未成年人可以独立作出一定的意思表示,从事与其年龄相适应的一定法律行为,例如购买日常生活用品等法律行为。《德国民法典》第 106 条规定,满 7 周岁的未成年人依照第 107 条至第 113 条的规定为限制行为能力人。《俄罗斯联邦民法典》第 28 条第 2 款规定,年满 6 周岁不满 14 周岁的幼年人有权独立实施下列法律行为:(1)小额的日常生活性法律行为;(2)无需公证证明的或者无需进行任何国家登记的旨在无偿获利的法律行为;(3)为了一定的目的或者为了自由支配而处分由法定代理人提供的或者经法定代理人同意由第三人提供的资金的法律行为。《越南民法典》第22条第1款规定,年满6周岁不满18周岁的未成年人,设立、实施民事交易必须得到其法定代理人同意,但从事与其年龄相适应的为满足日常生活需要的交易者,不在此限。我国台湾地区"民法"第13条第2款规定,满7岁以上之未成年人,有限制行为能力。第77条规定,限制行为能力人为意思表示及受意思表示,应得法定代理人之允许。但纯获法律上之利益,或依其年龄及身份、日常生活所必需者,不在此限。

此外,一些国家和地区对自然人的民事行为能力采取"两分法",未成年人均为限制民事行为能力人,没有进一步区分年龄,未成年人可以独立从事一定的民事法律行为。《法国民法典》第388条规定,年龄未满18周岁的男或女是未成年人。第389-3条第1款规定,在所有民事行为中,法定代理人均代理未成年人,但法律或者习惯允许未成年人实施的民事行为除外。《荷兰民法典》第233条规定,未成年人是未满18周岁的人,不能登记结婚,也不能注册登记为合伙人。第234条第1款规定,未成年人经过法定代理人的许可,可以以自己的名义从事法律行为。第3款规定,未成年人所从事的法律行为,如果根据常理判断,被认为与其年龄相适应,视为经过法定代理人的许可。《日本民法典》第5条第3款规定,法定代理人以划定目的而允许处分的财产,在其目的范围内,未成年人可以任意处分。对于未划定目的而允许处分的财产进行处分时,亦同。《韩国民法典》第6条规定,法定代理人确定的一定范围内许可处分的财产,未成年人可任意处分。根据日本、韩国民法典的规定,如果父母给一个5周岁的儿童一定的零花钱,该儿童可以用这些零花钱独立从事购买商品等民事活动。

提交全国人大常委会审议的民法总则草案二审稿、三审稿以及最后提交全国人民代表大会审议的民法总则草案仍然维持了限制民事行为能力的未成年人的年龄下限为6周岁的规定。全国人大法律委员会在民法总则草案二审稿的修改情况汇报中提出,法律委员会、法制工作委员会就此听取了部分教育学、心理学、社会学等方面专家的意见，并进一步研究了境外相关立法情况。在此基础上，经反复研究，建议对草案的规定暂不作修改，继续研究。主要考虑：一是随着社会的进步和教育水平的提高，儿童的认知能力、适应能力和自我承担能力也有了很大提高，法律上适当降低限制民事行为能力的未成年人年龄下限标准，符合现代未成年人心理、生理发展特点，有利于未成年人从事与其年龄、智力相适应的民事活动，更好地尊重未成年人的自主意识，保护其合法权益。二是符合国际上的发展趋势。我国参加的《联合国儿童权利公约》规定，各国要采取措施尊重和保护儿童的自我意识。一些国家和地区将限制民事行为能力人的年龄下限规定为6周岁或者7周岁；还有一些国家和地区规定未成年人均为限制民事行为能力人。三是民事行为能力不同于刑事责任能力。我国民法通则和刑法对民事行为能力和刑事责任能力的要求就是不同的。民事行为能力的年龄变化并不必然导致刑事责任能力的年龄变化，刑事责任能力年龄标准的调整，应当根据刑事领域的具体情况来确定。

全国人民代表大会审议民法总则草案过程中，一些代表提出，6周岁的儿童虽然有一定的学习能力，开始接受义务教育，但认知和辨识能力仍然不足，在很大程度上还不具备实施民事法律行为的能力，建议改为8周岁为宜。也有的代表建议维持现行10周岁不变；还有的代表赞成下调为6周岁。全国人大法律委员会经研究，按照既积极又稳妥的要求，建议在现阶段将限制民事行为能力人的年龄下限修改为8周岁。因此，最终将限制民事行为能力人的年龄下限修改为8周岁。民法典维持了这一规定。

依据本条规定，8周岁以上的未成年人为限制民事行为能力人，心智发育仍然不够成熟，实施民事法律行为一般应当由其法定代理人代理，或者经其法定代理人同意、追认。同意是指事前同意，即限制民事行为能力的未成年人实施民事法律行为要经法定代理人的事前同意；追认指事后追认，即限制民事行为能力的未成年人实施的民事法律行为要经过法定代理人的事后追认，才能对该未成年人发生效力。但是,8 周岁以上的未成年人已经具有一定的辨认识别能力,法律应当允许其独立实施一定的民事法律行为。可以独立实施的民事法律行为包括两类:一类是纯获利益的民事法律行为,例如接受赠与等。限制民事行为能力的未成年人通常不会因这类行为遭受不利益,可以独立实施。另一类是与其年龄、智力相适应的民事法律行为,例如 8 周岁的儿童购买学习用品等。限制民事行为能力的未成年人对实施这类行为有相应的认知能力,可以独立实施。

第二十条　不满八周岁的未成年人为无民事行为能力人,由其法定代理人代理实施民事法律行为。

【释义】 本条是关于无民事行为能力的未成年人的规定。

无民事行为能力是指不具有以自己的行为取得民事权利或者承担民事义务的资格。8 周岁以下的未成年人,生理、心理发育仍然很不成熟,对自己行为的辨认识别能力以及行为后果的预见能力仍然非常不足,为了避免他们的权益受到损害,法律将其规定为无民事行为能力人。

依据本条规定,8 周岁以下的儿童不具有独立从事民事法律行为的资格,要由其法定代理人代理实施民事法律行为。例如,不满 8 周岁的儿童购买玩具的行为,都需要由父母等法定代理人代理实施。

在本条起草过程中,对 8 周岁以下的儿童是否可以独立实施纯获利益的民事法律行为,有的意见建议明确儿童可以独立实施纯获利益的民事法律行为,在本条增加但书规定“但纯获利益的民事法律行为除外”。理由是,8 周岁以下的儿童独立实施的纯获利益的民事法律行为,例如接受赠与、奖励等行为,对儿童的利益并无损害,相反是增加儿童利益,法律应当予以支持。《最高人民法院关于贯彻执行〈中华人民共和国民法通则〉若干问题的意见(试行)》第 6 条规定,无民事行为能力人接受奖励、赠与、报酬,他人不得以行为人无民事行为能力为由,主张以上行为无效。

也有的意见认为,8周岁以下的儿童辨认识别能力仍然非常欠缺,即使是纯获利益的民事法律行为,例如接受赠与的行为,也是需要对该行为以及行为后果有充分认识和判断的。要区分接受赠与的民事法律行为与接受赠与物的行为。低龄儿童接受了别人给的玩具,可以看作事实行为,不等同于儿童实施了接受赠与的民事法律行为。此外,有些纯获利益的行为往往要等到事后根据具体情况才能判断出来,如果所获得的收益远大于所承受的负担,就属于纯获利益。这类民事法律行为对儿童的辨识能力要求更高。如果8周岁以下的儿童可以独立实施这些民事法律行为,容易使这些儿童的合法权益受到侵害。从我国实践情况来看,8周岁以下的儿童处于父母或者其他监护人的全面保护之下,极少有独立实施民事法律行为的机会,由法定代理人全面代理实施民事法律行为是符合我国国情的。

经反复研究讨论,从有利于保护儿童合法权益的角度,本条没有规定8周岁以下的儿童可以独立实施纯获利益的行为。

第二十一条　不能辨认自己行为的成年人为无民事行为能力人,由其法定代理人代理实施民事法律行为。

八周岁以上的未成年人不能辨认自己行为的,适用前款规定。

【释义】 本条是关于无民事行为能力的成年人的规定。

有的自然人虽已年满18周岁,达到成年人的年龄,但因先天、疾病等原因,辨认识别能力不足,也不能正常预见自己行为的法律后果。为了保护这些辨认识别能力不足的成年人的合法权益,法律有必要对其实施民事法律行为作出特别规定。本法根据认识判断能力的不同,对这些成年人作了进一步的区分,分为两类:一是不能辨认自己行为的成年人;二是不能完全辨认自己行为的成年人。不能辨认自己行为的成年人指对普通的事物和行为欠缺基本的认识判断能力,也不能正常预见自己行为的法律后果的成年人。不能完全辨认自己行为的成年人是指对比较复杂的行为不能作出正确的认识判断,也不能完全预见到自己行为的法律后果的成年人。第一类成年人即为无民事行为能力人,由本条第1款作出规定。第二类成年人为限制民事行为能力人,由第22条作出规定。

需要注意的是,本条第1款中的“不能辨认自己行为”和第22条中的“不能完全辨认自己行为”,是指辨认识别能力不足处于一种持续的状态,不能是暂行性或者短暂的状态,例如因酗酒、滥用麻醉用品或者精神药品,对自己的行为暂时没有辨认识别能力的成年人,不属于本法所称的无民事行为能力人或者限制民事行为能力人。

民法通则规定的无民事行为能力或者限制民事行为能力的成年人的范围为“精神病人”。民法通则第13条第1款规定:“不能辨认自己行为的精神病人是无民事行为能力人,由他的法定代理人代理民事活动。”第2款规定:“不能完全辨认自己行为的精神病人是限制民事行为能力人,可以进行与他的精神健康状况相适应的民事活动;其他民事活动由他的法定代理人代理,或者征得他的法定代理人的同意。”《最高人民法院关于贯彻执行〈中华人民共和国民法通则〉若干问题的意见(试行)》第5条对此作出进一步规定:“精神病人(包括痴呆症人)如果没有判断能力和自我保护能力,不知其行为后果的,可以认定为不能辨认自己行为的人;对于比较复杂的事物或者比较重大的行为缺乏判断能力和自我保护能力,并且不能预见其行为后果的,可以认定为不能完全辨认自己行为的人。”该司法解释一方面对在司法实践中如何判断“不能辨认自己行为”“不能完全辨认自己行为”作了细化规定,另一方面对“精神病人”的范围作了扩张解释,明确将“痴呆症人”纳入“精神病人”的范围。

现实生活中,存在因一些疾病如阿尔茨海默病(老年痴呆症)

等导致不能辨认或者不能完全辨认自己行为的老年人。这些老年疾病不同于精神障碍疾病。如果将无民事行为能力人或者限制民事行为能力人的范围严格限制为“精神病人”，将这些因老年疾病导致不能辨认或者不能完全辨认自己行为的老年人排除在外，容易造成两方面的不利后果：一是对这些老年人将不能依法设定监护人，不利于保护其人身、财产及其他合法权益；二是对这些老年人从事的与其辨认识别能力不符合的民事法律行为，将不能依法被撤销或者认定为无效，损害这些老年人的合法权益。

为了回应实践需求，同时适应我国逐步进入老龄化社会、保护老年人利益的需要，法律在吸收司法解释规定的基础上，对无民事行为能力人和限制民事行为能力人的范围作了进一步扩张，包括了因先天、疾病等各种原因不能辨认、不能完全辨认自己行为的成年人，既包括智力障碍患者、严重精神障碍患者，也包括阿尔茨海默病患者等。需要注意的是，大部分精神障碍患者中，焦虑症、抑郁症、强迫症等常见精神障碍患者一般是有民事行为能力的。只有患精神分裂症等严重精神障碍者，才可能丧失部分或完全丧失民事行为能力。

本条第2款规定的不能辨认自己行为的8周岁以上的未成年人，指患有智力障碍、精神障碍或者因其他疾病等原因导致心智不能正常发育，辨识能力严重不足的未成年人。这些未成年人如果按照正常的年龄以及心智发育程度，可以归入限制民事行为能力人，但因其对自己行为欠缺基本的辨认识别能力，为了防止其合法权益受到侵害，本条第2款将其归入无民事行为能力人的范畴。

本条第1款和第2款规定的无民事行为能力人因对普通的事物和行为欠缺基本的认识判断能力，也不能正常预见自己行为的法律后果，不能独立实施民事法律行为，应当由其法定代理人代理实施民事法律行为。

第二十二条　不能完全辨认自己行为的成年人为限制民事行为能力人，实施民事法律行为由其法定代理人代理或者经其法定代理人同意、追认；但是，可以独立实施纯获利益的民事法律行为或者与其智力、精神健康状况相适应的民事法律行为。

【释义】　本条是关于限制民事行为能力的成年人的规定。

因智力障碍、精神障碍以及其他疾病导致不能完全辨认自己行为的成年人，均为限制民事行为能力人。限制民事行为能力的成年人对普通的事物和行为有基本的认识判断能力，但对于比较复杂的事物或者比较重大的行为缺乏判断能力和自我保护能力，并且不能预见其行为后果。限制民事行为能力的成年人实施民事法律行为一般由其法定代理人代理或者经其法定代理人同意、追认，但也可以独立实施一定的民事法律行为。

就可以独立从事的民事法律行为的范围来看，限制民事行为能力的成年人与限制民事行为能力的未成年人既有相同之处，又有不同之处。相同之处在于这两类限制民事行为能力的自然人均可以独立实施纯获利益的民事法律行为。不同之处在于，限制民事行为能力的未成年人可以独立实施与其年龄、智力相适应的民事法律行为，限制民事行为能力的成年人可以独立实施与其智力、精神健康状况相适应的民事法律行为。未成年人的年龄直接影响着其社会阅历和认知能力，其智力仍处于正常发育阶段，还没有完全发育成熟，年龄、智力是影响未成年人认知能力的两个最重要因素。与未成年人处于正常的智力发育阶段不同，限制民事行为能力的成年人实施民事法律行为需要考虑的智力因素，包括先天的智力障碍，在正常的智力发育期由于各种原因导致的智力低下，以及智力发育成熟后，由于疾病、意外事故等各种原因引起的智力损伤和老年期的智力明显衰退导致的痴呆等。限制民事行为能力的成年人实施民事法律行为需要考虑的精神健康因素主要指因精神疾病引起的认知判断能力不足的情况，不能正常参与民事活动,不能从事较为复杂的民事法律行为。

关于"与其智力、精神健康状况相适应"的认定,应当结合限制民事行为能力的成年人的智力、精神健康状况、行为的性质、标的数额等因素综合判断,具体情况具体分析,没有统一的标准。如果该成年人所从事的民事法律行为与其智力、精神健康状况不相适应,需经其法定代理人事前同意或者事后追认;如果该成年人所从事的民事法律行为与其智力、精神健康状况相适应,不需经其法定代理人同意或者追认,即为有效。

第二十三条　无民事行为能力人、限制民事行为能力人的监护人是其法定代理人。

【释义】　本条是关于无民事行为能力人、限制民事行为能力人的法定代理人的规定。

法律对具有监护资格的人、监护人的选任、监护的设立方式、监护职责等都作出了严格、明确的规定。将无民事行为能力人、限制民事行为能力人的监护人规定为法定代理人,有利于保护无民事行为能力人、限制民事行为能力人的人身、财产及其他合法权益。

代理无民事行为能力人、限制民事行为能力人实施民事法律行为是监护人履行监护职责的重要内容。监护人在保护被监护人的身心健康,照顾被监护人的生活,管理和保护被监护人的财产过程中,都必不可少地要代理被监护人从事一些民事法律行为,例如签订合同等。赋予监护人法定代理人资格,方便监护人更好地履行监护职责,同时也可以对这种代理行为按照本法关于代理的规定加以规范,更好地保护无民事行为能力人、限制民事行为能力人的利益。

第二十四条　不能辨认或者不能完全辨认自己行为的成年人,其利害关系人或者有关组织,可以向人民法院申请认定该成年人为无民事行为能力人或者限制民事行为能力人。

被人民法院认定为无民事行为能力人或者限制民事行为能力人的，经本人、利害关系人或者有关组织申请，人民法院可以根据其智力、精神健康恢复的状况，认定该成年人恢复为限制民事行为能力人或者完全民事行为能力人。

本条规定的有关组织包括：居民委员会、村民委员会、学校、医疗机构、妇女联合会、残疾人联合会、依法设立的老年人组织、民政部门等。

【释义】 本条是关于认定或者恢复某种民事行为能力状态相关法定程序的规定。

（一）制度设立的法律意义

本条规定针对的是不能辨认或者不能完全辨认自己行为的成年人。未成年人虽然也有无民事行为能力人或者限制民事行为能力人，但未成年人辨认识别能力不足主要是年龄的原因，随着年龄的增长，社会阅历和知识会不断增加，到了18周岁自然就成为完全民事行为能力人。而无民事行为能力或者限制民事行为能力的成年人辨认识别能力不足，往往是因为先天因素或者疾病、事故原因造成的，短时期内难以恢复，有的甚至是不可逆转的。将不能辨认或者不能完全辨认自己行为的成年人，认定为无民事行为能力人或者限制民事行为能力人，一是对该成年人就可以依照法定程序选任监护人，保护其人身权益、财产权益及其他合法权益。二是法定代理人可以通过主张该成年人所实施的民事法律行为无效，或者撤销该民事法律行为，避免该成年人的权益受到损害。三是有利于保护交易安全。交易相对人可以事先决定是否与该成年人进行交易。如果在不知情的情况下进行了交易，相对人也可以通过催告法定代理人及时予以追认或者依法撤销该民事法律行为，尽快确定民事法律行为的效力。

依据本条规定，该认定需要向法院提出申请，并需要由法院作出判决，主要原因是无民事行为能力或者限制民事行为能力的认定对成年人的权益影响重大。将成年人认定为无民事行为能力人或者限制民事行为能力人,既是对辨认识别能力不足的成年人的保护,也是对这些成年人自由实施民事法律行为的限制,因此必须通过法定程序进行。此外,这些成年人辨认识别能力缺失的程度也有所不同,一般人难以认定,宜由法院综合各方面情况作出判断。

需要注意的是,民法通则规定的是"宣告"为无民事行为能力人或者限制民事行为能力人,而本条采用的是"认定"为无民事行为能力人或者限制民事行为能力人。在本条起草过程中,对于是采用"认定",还是"宣告",存在不同意见。有意见认为,应当继续采用"宣告",而不是"认定"。主要理由是:第一,保护交易安全也是该制度的一个重要设立目的,应当采用"宣告"一词,便于第三人知悉。我国台湾地区曾就该问题进行讨论,最终仍然采用的是"宣告"一词。我国台湾地区"民法"第 14 条规定,对于因精神障碍或其他心智缺陷,致不能为意思表示或受意思表示,或不能辨识其意思表示之效果者,法院得因本人、配偶、四亲等内之亲属、最近一年有同居事实之其他亲属、检察官、主管机关或社会福利机构之声请,为监护之宣告。受监护之原因消灭时,法院应依前项声请权人之声请,撤销其宣告。第 15 条规定,受监护宣告之人,无行为能力。上述受监护宣告即相当于民法通则中的无民事行为能力宣告。第二,民事诉讼法"特别程序"规定认定公民无民事行为能力、限制民事行为能力案件,用的是"认定"。本法作为民事实体法,没有必要与民事诉讼法的规定相一致。"认定"无民事行为能力或者限制民事行为能力更多强调的是该制度的程序性,"宣告"无民事行为能力或者限制民事行为能力,本身是一种民事实体法律制度。

这种意见有其合理性。保护交易安全也的确是该制度的目的之一。但是,就无民事行为能力或者限制民事行为能力的认定而言,保护交易安全只是一个方面,更为重要的方面是保护无民事行为能力人或者限制民事行为能力人的正当权利和合法利益。无民事行为能力或者限制民事行为能力的确定,其三个方面的意义如前所述，由法院认定，就是因为涉及当事人权益与交易安全的复杂性、重要性，同时也是因为必需的公开性。为交易的安全着眼，无民事行为能力或者限制民事行为能力的确定，由法院判决，而判决是公开的。但是，这与房地产登记等广而告之的公开性应当是有区别的。保障残疾人生活正常化已经成为国际上对残疾人保护的新理念，对成年人的无民事行为能力或者限制民事行为能力状况通过法院进行宣告，不符合保护新理念，将会对成年人的日常生活、工作造成不必要的影响。对残疾人广而告之是没有必要的。同时，民法典在此问题上与民事诉讼法应当表述一致。虽然实体法与程序法是不同的，但毕竟说的是一件事。实体法与程序法所解决的问题不同，具体规定内容是不同的，但不是用“宣告”就是实体性，用“认定”就是程序性。1982 年民事诉讼法(试行)就用“认定”，1986 年民法通则用“宣告”，1991 年民事诉讼法及后来的三次修改至今，仍用“认定”。民法通则的“宣告”并没有改变民事诉讼法的“认定”程序。当然也不是因为一个是实体法而另一个是程序法而用词不同。实际上这只是个统一用词的问题。经过认真研究讨论，本条最终采用了“认定”一词。

（二）申请主体的范围

1. 利害关系人

利害关系人的情况比较复杂，其具体范围无法通过立法明确规定，应当具体情况具体分析。一般而言，对于第 1 款规定的“利害关系人”的范围，主要包括本人的近亲属、债权债务人等。对于第 2 款规定的“利害关系人”的范围，主要包括本人的监护人、债权债务人等。但具体案件中，这些主体是否都有资格向法院提出申请，也要在个案中根据实际情况作出判断。认定利害关系人是不是适格的申请主体，需要看本人的民事行为能力状况对其是否有重要意义或者影响。例如，本人的债务人如果不是为了确定民事法律行为的效力，也不得向法院申请认定其为无民事行为能力人、限制民事行为能力人。

2. 有关组织

民法通则第19条规定的申请人，只有“利害关系人”，没有规定“有关组织”。在立法过程中，有的意见提出，在现实生活中，有些老人、有精神疾病的人可能没有利害关系人，这就有可能会产生因没有人提出民事行为能力认定申请而造成这部分人虽然已经处于无民事行为能力或者限制民事行为能力的状态，但不能依法设立监护、确定监护人的情况，建议在向人民法院申请认定无民事行为能力人或者限制民事行为能力人的申请主体中也增加“有关组织”。在向法院申请恢复为限制民事行为能力人或者完全民事行为能力人时也会存在一些主观或者客观困难，例如本人没有利害关系人或者利害关系人不愿提出申请，但本人仍然没有能力独立提出申请、参加审理程序等，由有关群团组织或者民政部门等提出申请，有利于帮助这部分成年人实现自主意愿，保护这部分成年人的合法权益。因此建议申请恢复为限制民事行为能力人或者完全民事行为能力人的申请主体中增加“有关组织”。

这些意见是很有道理的。在申请认定无民事行为能力人或者限制民事行为能力人和申请恢复为限制民事行为能力或者完全民事行为能力两种情形中，都可能存在没有利害关系人的情况。但申请认定为无民事行为能力人或者限制民事行为能力人和申请恢复为限制民事行为能力或者完全民事行为能力这两种情形是有差别的。认定成年人为无民事行为能力人或者限制民事行为能力人，是对成年人意思能力和行为自由的重大限制，必须严格掌握申请主体的范围。认定恢复为限制民事行为能力或者完全民事行为能力，是对成年人民事行为能力状况的提升，在不同程度上解除了对成年人意思能力和行为自由的限制，是对成年人自主意识的尊重。在立法过程中，首先在申请恢复为限制民事行为能力或者完全民事行为能力的申请主体中增加规定了“有关组织”，以进一步征求意见。民法总则草案一审稿、二审稿以及三审稿中，均只是在第2款的申请主体中规定了“有关组织”，具体包括以下几种情况：由无民事行为能力人恢复为限制民事行为能力人、由限制民事行为能力人恢复为完全民事行为能力人、由无民事行为能力人恢复为完全民事行为能力人。申请的主体不仅包括利害关系人，还有“有关组织”。第 1 款的申请主体没有规定“有关组织”，仍然限于利害关系人。

征求意见过程中，专家学者、社会公众对申请恢复为限制民事行为能力人和完全民事行为能力人的申请主体增加“有关组织”是赞同的。同时，也提出申请认定成年人为无民事行为能力人或者限制民事行为能力人的申请主体也应增加“有关组织”。经过反复研究，本条规定吸收了该意见，在第 1 款的申请主体中增加了“有关组织”。但应当注意的是，认定成年人为无民事行为能力或者限制民事行为能力，对成年人的行为自由影响重大，原则上应当由利害关系人提出，对于“有关组织”向法院提出申请宜作严格掌握，必须是基于保护该成年人合法权益的迫切需要。民法典继续维持这一规定。

3. 有关组织的范围

本条第 3 款对“有关组织”的范围作出规定，包括居民委员会、村民委员会、学校、医疗机构、妇女联合会、残疾人联合会、依法设立的老年人组织、民政部门等。这些组织往往具有向法院申请认定成年人民事行为能力状况的意愿、能力或者条件。其中，居民委员会、村民委员会是基层群众性自治组织，负责办理本村或者本居住地区居民的公共事务和公益事业；妇女联合会、残疾人联合会是分别代表和维护妇女权益、残疾人权益的组织；一些依法设立的老年人组织也致力于维护老年人合法权益，这些组织具有保护相关辨识能力不足的成年人合法权益的意愿、能力。学校、医疗机构往往能及时发现了解学生、患者的智力、精神健康现状，具备向法院提出申请的条件，有些情况下，也具有向法院提出申请的意愿。民政部门作为政府重要职能部门，一个重要的职责就是负责社会救助和社会福利方面的工作，由民政部门提出申请符合其部门职责。

第二十五条　自然人以户籍登记或者其他有效身份登记记载的居所为住所；经常居所与住所不一致的，经常居所视为住所。

【释义】 本条是关于自然人住所的规定。

住所是指民事主体进行民事活动的中心场所或者主要场所。自然人的住所一般指自然人长期居住、较为固定的居所。自然人的住所对婚姻登记、宣告失踪、宣告死亡、债务履行地、司法管辖、诉讼送达等具有重要的法律意义。例如，甲与乙发生民间借贷纠纷，甲一般应当向乙方住所地人民法院提起诉讼，乙方住所地直接决定案件的管辖法院。居所指自然人实际居住的一定处所，其与住所的区别是，一个自然人可以同时有两个或者多个居所，但只能有一个住所。一般的居所都是自然人临时居住，为暂时性的，住所则为长期固定的。

依据本条规定，自然人以户籍登记或者其他有效身份登记记载的居所为住所。户籍登记是国家公安机关按照国家户籍管理法律法规，对公民的身份信息进行登记记载的制度。《中华人民共和国户口登记条例》第 6 条规定："公民应当在经常居住的地方登记为常住人口，一个公民只能在一个地方登记为常住人口。"依据该规定，公民应当在经常居住地的公安机关进行户籍登记，户籍登记记载的居所即是其长期居住、较为固定的居所。

本条中的"其他有效身份登记"主要包括居住证和外国人的有效居留证件等。随着城镇化推进，大量人口离开户籍地工作、学习，这些自然人进行民事活动的中心场所发生明显变化，经常居住地与户籍登记地发生偏离。完全以户籍登记记载的居所为标准判断公民的住所，已经不符合当前实际需要。为了促进新型城镇化的健康发展，推进城镇基本公共服务和便利常住人口全覆盖，保障公民合法权益，促进社会公平正义，国务院于 2015 年颁布了《居住证暂行条例》，对居住证的申领条件、记载内容等作出规定。该条例第 2 条规定："公民离开常住户口所在地，到其他城市居住半年以上,符合有合法稳定就业、合法稳定住所、连续就读条件之一的,可以依照本条例的规定申领居住证。”第4条规定:“居住证登载的内容包括:姓名、性别、民族、出生日期、公民身份号码、本人相片、常住户口所在地住址、居住地住址、证件的签发机关和签发日期。”依据该规定,居住证的持有人往往都在相关城市工作、生活居住半年以上。居住证记载的居住地住址也可以作为公民住所,这有利于促进公民正常从事民事活动,在出现民事纠纷时,便利公民起诉应诉。此外,对外国人、无国籍人等在中国的住所,可以根据我国主管机关遵循法定程序签发的有效居留证件等进行判断。

第二节　监　　护

第二十六条　父母对未成年子女负有抚养、教育和保护的义务。

成年子女对父母负有赡养、扶助和保护的义务。

【释义】 本条是关于父母子女之间法律义务的规定。

(一)关于父母子女之间法律义务

尊老爱幼是中华民族的传统美德,本条从弘扬中华民族的传统美德出发,根据宪法,在婚姻法、未成年人保护法、老年人权益保障法等法律有关规定的基础上,将父母子女之间的法律义务进一步明确化、法定化,强调了家庭责任,有利于促进家庭关系的和睦,从法律上倡导和落实社会主义核心价值观。

在起草过程中,有的意见提出,本条是关于亲属间扶养的权利义务内容,与监护制度并不完全相同,更适宜规定在婚姻家庭编中,建议删除本条。经研究认为,家庭是社会的细胞,是社会稳定的基础,家庭监护是我国监护制度的主要形式。父母对未成年子女的抚养、教育和保护义务,成年子女对父母的赡养、扶助和保护义务,是家庭监护的基础和前提。有必要在规定监护制度内容之前设制这一原则性的前提条款。

依据本条规定,父母对未成年子女的抚养、教育和保护义务,主要包括进行生活上的照料,保障未成年人接受义务教育,以适当的方式、方法管理和教育未成年人,保护未成年人的人身、财产不受到侵害,促进未成年人的身心健康发展等。婚姻法、未成年人保护法等对此作出了较为具体的规定。成年子女对父母的赡养、扶助和保护义务,主要包括子女对丧失劳动能力或生活困难的父母,要进行生活上的照料和经济上的供养,从精神上慰藉父母,保护父母的人身、财产权益不受侵害。本法婚姻家庭编、老年人权益保障法等对此作了较为具体的规定。

(二)关于亲权与监护的关系

父母基于身份关系对未成年子女进行教养、保护等权利义务的总和称作“亲权”。这是大陆法系国家和地区普遍采用的制度。亲权既是父母的权利,父母作为亲权人可以自主决定、处理有关保护教养子女的事项;亲权又是父母的法定义务,父母抚养、教育和保护未成年子女的义务不得抛弃。而监护的适用前提是亲权人死亡或者亲权人丧失管理权。例如,《德国民法典》第1773条规定,未成年人不在父母照顾之下,或父母在与人身有关的事务中和与财产有关的事务中均无权代理该未成年人的,该未成年人获得一个监护人。《法国民法典》第390条规定,在父母双亲均已去世,或者被剥夺亲权时,即设置监护。《日本民法典》第838条规定,监护于下列情况下开始:(1)未成年人没有对其行使亲权的人,或者行使亲权的人没有管理权;(2)已有监护开始的裁定。

在立法过程中,关于是否将亲权与监护分离,存在一定的争议。有的意见认为,亲权是基于亲子之间的血缘关系自然产生并受到法律确认的,监护是亲权制度不能发挥作用时的有效补充和延伸,亲权与监护的内容并不完全相同,建议从狭义上使用监护的概念,明确将监护与亲权分离。

经研究认为,在民法通则施行三十多年来,监护的内涵已在很多法律中得以巩固,深入社会管理和司法实践,影响到经济社会生活的方方面面,也已经获得群众的广泛接受。在这种情况下,不宜再改变监护的含义。因此,本法规定的"监护"是一个广义概念,既包括未成年人的父母担任监护人,也包括父母之外的其他人担任监护人。亲权与监护的差异,主要在于父母与子女之间的权利义务不完全等同于其他监护人与被监护人之间权利义务,属于亲权的相关内容也规定在婚姻家庭编中。

(三)监护制度在民法典中的位置

监护是保障无民事行为能力人和限制民事行为能力人的权益,弥补其民事行为能力不足的法律制度。被监护人包括两类:一类是未成年人;另一类是无民事行为能力和限制民事行为能力的成年人。据统计,全国目前智力残疾人和精神残疾人共有一千多万人。另外,有相当多的老年人意思能力衰退严重,也需要监护。

监护制度是我国基本的民事法律制度之一,在本编乃至整个民法典中都占有重要地位。监护制度与民事主体制度、婚姻家庭制度、民事法律行为制度、代理制度和民事责任制度等均有着密切的联系。本章的监护制度与本法婚姻家庭编、未成年人保护法、妇女权益保障法、老年人权益保障法等法律对监护的规定共同构建了我国的监护制度法律体系。本节贯彻落实了联合国《儿童权利公约》《残疾人权利公约》的原则和精神,借鉴了境外立法例,立足中国国情和实践,对监护制度作了较大程度的修改完善,构建起以家庭监护为基础、社会监护为补充、国家监护为兜底的监护制度。

民法通则将监护制度规定在"公民(自然人)"一章中,作为民事主体制度的重要内容。民法典总则编继承了民法通则的做法,在"自然人"一章中对监护制度作了规定。在立法过程中,就监护制度的立法体例,即监护制度应当放在民法典中的哪一部分,存在一定争议。以下是比较有代表性的三种意见:

第一种意见认为,民法通则把监护内容放在"公民(自然人)"

一章,是当时立法的权宜之计。从立法科学性、体系化看,总则编对监护只宜作简略性的规定,监护的主要内容应该放在婚姻家庭编中进行规定。主要理由如下:一是符合民法典的总分体例。总则编应当规定民法典中具有共性、总括性和普遍性的内容,监护作为弥补民事主体行为能力的一项制度,可以在总则编中用一个或者几个条文作出原则性规定,具体内容可在婚姻家庭编细化展开,既能保持监护制度的独立性,也维护了民法典的整体性和协同性。二是符合监护制度的双重法律属性。现代监护制度兼具私法和公法两种性质。一方面,监护的主体依然以亲属关系为主;另一方面,国家公权力作为监护制度的监督者和最后的责任承担者,确保未成年人和其他无民事行为能力人或者限制民事行为能力人权益的实现。三是符合大陆法系民法典的体系化传统。监护制度是亲权制度的延伸,与亲属法密切相关,很多国家和地区的民法均将监护的主要内容放在亲属编予以规定。四是有利于监护制度的完善与发展。监护制度涉及内容广泛,放在婚姻家庭编中,可以规定得更具体、更具有可操作性,克服总则编内容过于简约、原则的不足。

第二种意见认为,监护制度的核心功能在于对自然人行为能力进行补足。20 世纪中叶以后,人们把自然人放在更核心的地位,整个的规则是以对人的权利的尊重和救济为主要思路,将监护制度放在自然人一章中的行为能力之后,是合适的,具有理论基础性、体系逻辑性和制度衔接性。

第三种意见认为,将监护制度放在总则编的自然人部分,还是放在婚姻家庭编,从理论上和逻辑体系上看,都可以讲得通,也是行得通的,现在立法的关键是充实监护制度的内容,进一步健全并形成完善的监护制度。

经研究认为,监护制度本质在于弥补自然人民事行为能力的不足,但又与婚姻家庭制度存在一定交叉。在本编还是在婚姻家庭编对监护制度作出规定都是可以的。将监护制度放在总则编中的主要考虑是:第一,总则编第 2 章第 1 节规定了民事权利能力和民事行为能力，其中将民事行为能力分为完全民事行为能力、限制民事行为能力和无民事行为能力。监护是保障无民事行为能力人和限制民事行为能力人的权益，弥补其民事行为能力不足的法律制度，紧接着在自然人民事行为能力制度中对其作出规定，具有逻辑合理性。第二，我国的监护制度不仅包括家庭监护，还包括社会监护和国家监护。如果说在“自然人”一章规定监护制度存在体例问题，在婚姻家庭编中规定社会监护和国家监护也同样存在体例问题。所以，监护制度在总则编中作了规定，编纂民法典，没有再将其移到婚姻家庭编之中。

第二十七条　父母是未成年子女的监护人。

未成年人的父母已经死亡或者没有监护能力的，由下列有监护能力的人按顺序担任监护人：

（一）祖父母、外祖父母；

（二）兄、姐；

（三）其他愿意担任监护人的个人或者组织，但是须经未成年人住所地的居民委员会、村民委员会或者民政部门同意。

【释义】 本条是关于未成年人的监护人的规定。

本条第1款规定，父母是未成年子女的监护人。父母具有抚养、教育和保护未成年子女的法定义务，与未成年子女的关系最为密切，对未成年人的健康成长至关重要。基于此，父母无条件地成为未成年人的法定监护人。只有在父母死亡或者没有监护能力的情况下，才可以由其他个人或者有关组织担任监护人。

本条第2款对父母之外的其他个人或者组织担任监护人作出规定。第2款在民法通则相关规定的基础上，主要从两个方面进行了完善：一是规定父母之外具有监护能力的人“按顺序”担任监护人；二是增加了有关“组织”担任监护人的规定。

（一）关于“按顺序”担任监护人

实践中，有些情况下具有监护资格的人互相推脱，都不愿意担任监护人,导致监护无从设立,无民事行为能力人或者限制民事行为能力人的权益得不到保护。针对以上问题,本条明确具有监护资格的人按照顺序担任监护人,主要目的在于防止具有监护资格的人之间互相推卸责任。如果两个或者两个以上具有监护资格的人,都愿意担任监护人,也可以按照本条规定的顺序确定监护人,或者依照本法第 30 条规定进行协商;协商不成的,按照本法第 31 条规定的监护争议解决程序处理,由居民委员会、村民委员会、民政部门或者人民法院按照最有利于被监护人的原则指定监护人,不受本条规定的“顺序”的限制,但仍可作为依据。

依照本条规定的顺序应当担任监护人的个人认为自己不适合担任监护人,或者认为其他具有监护资格的人更适合担任监护人的,可以依照本法第 30 条规定进行协商;协商不成的,通过本法第 31 条规定的监护争议解决程序处理,由居民委员会、村民委员会、民政部门或者人民法院综合各方面情况,根据最有利于被监护人的原则在依法具有监护资格的人中指定监护人。例如,未成年人的祖父母作为第一顺位的监护人,认为自己年事已高,未成年人的姐姐各方面条件更好,由其姐姐担任监护人更有利于未成年人成长,可以先与其姐姐进行协商,协商不成的,依法通过监护争议程序解决。但在法院依法指定监护人前,未成年人的祖父母不得拒绝履行监护职责。

(二)关于愿意担任监护人的“组织”担任监护人

随着我国公益事业的发展,有监护意愿和能力的社会组织不断增多,由社会组织担任监护人是家庭监护的有益补充,也可以缓解国家监护的压力。本条第 2 款第 3 项以及第 28 条第 4 项规定的愿意担任监护人的“组织”是指这类社会组织。但是,监护不同于简单的生活照顾,还要对被监护人的财产进行管理和保护,代理被监护人实施民事法律行为,对未成年被监护人的侵权行为承担责任等,自愿担任监护人的社会组织要具有良好信誉、有一定的财产和工作人员等,这些条件都需要在实践中严格掌握,由未成年人住所地的居民委员会、村民委员会或者民政部门根据实际情况作出判断。

本条第2款第3项将民法通则规定的自愿担任监护人的"关系密切的其他亲属、朋友"修改为愿意担任监护人的"个人",进一步扩大了监护人的范围,尽量避免无人担任监护人的情况。依据本法规定,愿意担任监护人的"个人"成为监护人,也必须经过未成年人住所地的居民委员会、村民委员会或者民政部门同意,要具有监护能力,有利于未成年人健康成长。

本条在起草过程中,还有一个反映较多的意见,就是关于"监护能力"的界定。有的意见提出,监护一节多次提到"监护能力"一词,而且将监护能力作为是否具有担任监护人资格的重要标准,但是没有对"监护能力"作出明确的界定,在具体认定上可能会出现争议,建议明确监护能力的认定标准。

经研究认为,具有监护能力首先要具有完全民事行为能力,至于如何判断是否具有监护能力的其他条件,在实践中情况较为复杂,需要综合考虑多种因素,法律不可能一一作出界定,应在实践中根据具体情况进行判断。《最高人民法院关于贯彻执行〈中华人民共和国民法通则〉若干问题的意见(试行)》第11条对此作了相关规定,即"认定监护人监护能力,应当根据监护人的身体健康状况、经济条件,以及与被监护人在生活上的联系状况等因素确定"。

第二十八条　无民事行为能力或者限制民事行为能力的成年人,由下列有监护能力的人按顺序担任监护人:

(一)配偶;

(二)父母、子女;

(三)其他近亲属;

(四)其他愿意担任监护人的个人或者组织,但是须经被监护人住所地的居民委员会、村民委员会或者民政部门同意。

【释义】　本条是关于无民事行为能力或者限制民事行为能力的成年人的监护人的规定。

本条在民法通则规定的基础上，增加了具有监护资格的人“按顺序”担任监护人、愿意担任监护人的“组织”担任监护人的规定，并将愿意担任监护人的“关系密切的其他亲属、朋友”修改为愿意担任监护人的“个人”，扩大了监护人的范围。具体说明可以参见第 27 条规定的释义。

本条规定的需要设立监护的成年人为无民事行为能力人或者限制民事行为能力人，包括因智力、精神障碍以及因年老、疾病等各种原因，导致辨识能力不足的成年人。对成年人监护，要正确区分失能与失智的区别。失能是失去生活自理能力，失智即辨识能力不足。失能的成年人未必需要监护，只有失智的成年人需要监护。此外，还应当区分长期照护（护理）和监护的区别：从对象上看，照护的对象既包括失智成年人，也包括失能成年人；监护的对象针对失智成年人。从内容上看，照护仅限于生活上的照料和安全上的保护，不涉及人身权益保护的安排、财产的管理等事项；监护是对失智成年人人身、财产等各方面权益的保护和安排。

本条规定的前三项具有监护资格的人，都是成年被监护人的近亲属。近亲属往往与被监护人具有血缘关系、密切的生活联系和良好的情感基础，更有利于被监护人的身心健康，也更有利于尽职尽责地保护被监护人的合法权益，因此适宜担任监护人。依据本条规定，具有监护资格的人有以下几类：

一是配偶。成年男女达到法定婚龄，通过结婚登记程序，缔结婚姻关系，产生法律权利义务关系。本法婚姻家庭编中第 1059 条第 1 款规定：“夫妻有相互扶养的义务。”夫妻共同生活，具有相互的扶养义务，对共同的财产享有支配权，具有良好的感情基础，由配偶担任监护人有利于保护被监护人的人身、财产及其他合法权益。

二是父母、子女。父母子女之间既具有天然的情感，又具有法定的抚养、赡养关系，适宜担任监护人。

三是其他近亲属。这包括祖父母、外祖父母、孙子女、外孙子女、兄弟姐妹。本条将“其他近亲属”列为具有监护资格的范围，主要是基于血缘关系、生活联系，以及情感基础等因素，有利于保护被监护人的合法权益。

四是其他愿意担任监护人的个人或者组织，但是须经被监护人住所地的居民委员会、村民委员会或者民政部门同意。愿意担任监护人的“组织”主要指公益组织，其能否担任监护人，在实践中由被监护人住所地的居民委员会、村民委员会或者民政部门根据该组织的设立宗旨、社会声誉、财产或者经费、专职工作人员等情况进行判断。

第二十九条　被监护人的父母担任监护人的，可以通过遗嘱指定监护人。

【释义】 本条是关于遗嘱监护的规定。

父母与子女之间血缘关系最近，情感最深厚，父母最关心子女的健康成长与权益保护，应当允许父母选择自己最信任的、对于保护子女最有利的人担任监护人。遗嘱监护制度有助于满足实践中一些父母在生前为其需要监护的子女作出监护安排的要求，体现了对父母意愿的尊重，也有利于更好地保护被监护人的利益，立法应当予以认可。

依据本条规定，被监护人（包括未成年人、无民事行为能力或者限制民事行为能力的成年人）的父母可以通过立遗嘱的形式为被监护人指定监护人，但前提是被监护人的父母正在担任着监护人；父母如果因丧失监护能力没有担任监护人，或者因侵害被监护人合法权益被撤销监护人资格等不再担任监护人，则不宜再通过立遗嘱的形式为被监护人指定监护人。

境外很多立法例规定了遗嘱监护制度。例如，《德国民法典》第1776条规定：（1）被监护人的父母所指定为监护人的人，有做监护人的资格。（2）父亲和母亲已指定不同的人的，以最后死亡的父母一方的指定为准。《法国民法典》第403条规定，如父母二人中后去世的一方在其本人去世时仍然在行使亲权，选任监护人的个人权利,仍属于该后去世的父或者母,无论其选任的监护人是否是未成年人的亲属。(在这种情况下)指定监护人,只能以订立遗嘱或者以在公证人前作出特别声明的形式为之。由父或者母指定的监护人并无义务接受(负担)监护职责。《日本民法典》第 839 条第 1 款规定,对未成年人最后行使亲权的人,可以用遗嘱指定监护人。但没有管理权的人,不在此限。我国台湾地区“民法”第 1093 条规定,最后行使、负担对于未成年子女之权利、义务之父或母,得以遗嘱指定监护人。前项遗嘱指定之监护人,应于知悉其为监护人后 15 日内,将姓名、住所报告法院;其遗嘱未指定会同开具财产清册之人者,并应申请当地直辖市、县(市)政府指派人员会同开具财产清册。于前项期限内,监护人未向法院报告者,视为拒绝就职。我国澳门特别行政区民法典第 1785 条规定:(1)父母得为假使其于将来或成为无行为能力之情况,指定未成年子女之监护人;仅由父亲或者母亲单独行使亲权时,该指定监护人之权利属行使亲权之一方。(2)为未成年子女指定监护人之父亲或者母亲死亡后,如尚存之另一方未在行使亲权中废止该指定,则视该指定产生效力。监护人之指定及其废止,须在遗嘱、公文书或经认证之文书上作出,方为有效。

本条规定的遗嘱指定监护与这些立法例有相同点,也有不同点。相同点是,有权以遗嘱的形式指定监护人的主体仅限于父母,其他任何人都不能以遗嘱的形式指定监护人。不同之处在于,境外立法例仅限于为未成年子女指定监护人,但依据本条规定,父母既可以为未成年子女指定监护人,也可以为成年子女指定监护人。民法总则草案一审稿、二审稿均将遗嘱监护限定于为未成年人指定监护人。在调研中,有的意见提出,现实生活中,对无民事行为能力及限制民事行为能力的成年人,也存在由父母立遗嘱为其指定监护人的情形和立法需求,建议扩大遗嘱监护的适用范围,允许父母通过遗嘱为无民事行为能力及限制民事行为能力的成年人指定监护人。经研究,吸收了该意见。民法典继续维持这一规定。

关于遗嘱指定监护与法定监护的关系，一般来说，遗嘱指定监护具有优先地位。遗嘱指定监护是父母通过立遗嘱选择值得信任并对保护被监护人权益最为有利的人担任监护人，应当优先于本法第27条、第28条规定的法定监护。遗嘱指定监护指定的监护人，也应当不限于本法第27条、第28条规定的具有监护资格的人。但是，遗嘱指定的监护人应当具有监护能力，能够履行监护职责。如果遗嘱指定后，客观情况发生变化，遗嘱指定的监护人因患病等原因丧失监护能力，或者因出国等各种原因不能够履行监护职责，就不能执行遗嘱指定监护，应当依法另行确定监护人。

第三十条　依法具有监护资格的人之间可以协议确定监护人。协议确定监护人应当尊重被监护人的真实意愿。

【释义】　本条是关于协议确定监护人的规定。

协议监护是确定监护人的方式之一，具有一定的司法实践基础。《最高人民法院关于贯彻执行〈中华人民共和国民法通则〉若干问题的意见(试行)》第15条规定："有监护资格的人之间协议确定监护人的，应当由协议确定的监护人对被监护人承担监护责任。"本条在吸收司法实践经验的基础上，对协议监护制度作出规定。本法第27条、第28条分别对未成年人、无民事行为能力和限制民事行为能力的成年人规定了具有监护资格的人的范围。在法律已对具有监护资格的人作了严格限定的前提下，允许具有监护资格的人之间协议确定监护人，不会损害被监护人的合法权益。本法第27条、第28条规定了担任监护人的顺序，主要目的在于防止具有监护资格的监护人推卸责任，导致监护人缺位的情况出现。协议监护可以不按照第27条、第28条规定的顺序确定监护人。具有监护资格的人之间可以根据各自与被监护人的生活联系状况、经济条件、能够提供的教育条件或者生活照料措施等，在尊重被监护人意愿的基础上，经过充分协商，选择合适的监护人。这既是对具有监护资格的人共同意愿的尊重，也有利于保护被监护人的合法权益。法律对协议监护制度予以认可，既是对实践需求的回应，也有利于进一步规范协议监护制度。

依据本条规定，协议监护具有以下几个特点：第一，协议主体必须是依法具有监护资格的人，即本法第27条、第28条规定的具有监护资格的人。未成年人的父母有监护能力的，不得与其他人签订协议，确定由其他人担任监护人，推卸自身责任。对于未成年人，协议监护只限于父母死亡或者没有监护能力的情况，协议的主体为：(1)祖父母、外祖父母；(2)兄、姐；(3)经未成年人住所地的居民委员会、村民委员会或者民政部门同意的其他愿意担任监护人的个人或者有关组织。对于父母丧失监护能力的，父母可以不作为协议监护的主体，但对协议确定监护人也可以提出自己的意见，具有监护资格的人在协议确定未成年人的监护时，从有利于保护被监护人的利益出发，应当尽量予以尊重。对于无民事行为能力或者限制民事行为能力的成年人，协议的主体为：(1)配偶；(2)父母、子女；(3)其他近亲属；(4)经该成年人住所地的居民委员会、村民委员会或者民政部门同意的其他愿意担任监护人的个人或者有关组织。第二，协议确定的监护人必须从具有监护资格的人之间产生，不得在法律规定的具有监护资格的人之外确定监护人。在具有监护资格的人之外确定监护人的，协议监护无效。第三，协议监护是具有监护资格的人合意的结果，合意产生后，由协议确定的监护人担任监护人，履行监护职责。监护人一旦确定，即不得擅自变更，否则要承担相应的法律责任。

协议确定监护人对被监护人的利益影响重大，应当充分尊重被监护人的真实意愿。被监护人都是无民事行为能力人或者限制民事行为能力人，“尊重被监护人的真实意愿”不是简单的征求被监护人的意见，要结合多种情况进行综合考量判断，探求其内心真实的愿望。限制民事行为能力的未成年人和成年人已经具备了一定的认知判断能力以及较强的表达能力，协议确定监护人应当直接听取其意见，并对其意见是否反映其真实意愿，结合其他一些因素,例如是否受到胁迫等进行判断。无民事行为能力的被监护人,不具有独立的认知判断能力,但这不意味着这些被监护人没有真实意愿。对于无民事行为能力的被监护人,也应当结合各种情况,例如被监护人与哪一个具有监护资格的人生活联系最为密切等因素,去发现并充分尊重被监护人的真实意愿,这对于保护被监护人的身心健康,具有重要意义。

第三十一条　对监护人的确定有争议的,由被监护人住所地的居民委员会、村民委员会或者民政部门指定监护人,有关当事人对指定不服的,可以向人民法院申请指定监护人;有关当事人也可以直接向人民法院申请指定监护人。

居民委员会、村民委员会、民政部门或者人民法院应当尊重被监护人的真实意愿,按照最有利于被监护人的原则在依法具有监护资格的人中指定监护人。

依据本条第一款规定指定监护人前,被监护人的人身权利、财产权利以及其他合法权益处于无人保护状态的,由被监护人住所地的居民委员会、村民委员会、法律规定的有关组织或者民政部门担任临时监护人。

监护人被指定后,不得擅自变更;擅自变更的,不免除被指定的监护人的责任。

【释义】　本条是关于监护争议解决程序的规定。

本条共4款。第1款规定了对监护人的确定有争议情况下的两种解决途径:一是,由被监护人住所地的居民委员会、村民委员会或者民政部门指定监护人。该指定并没有终局效力。有关当事人对该指定不服的,可以向法院提出申请,由法院指定监护人。法院的指定具有终局效力,被指定的监护人应当履行监护职责,不得推卸。二是,有关当事人可以不经居民委员会、村民委员会或者民政部门的指定,直接向法院提出申请,由法院指定监护人。本款规定的“对监护人的确定有争议的”既包括争当监护人的情况,也包括推卸拒不担当监护人的情况,主要包括以下几类情形:一是,具有监护资格的人均认为自己适合担任监护人,争当监护人;二是,按照本法第27条、第28条规定的顺序应当担任监护人的,认为自己没有监护能力,无法履行监护职责或者认为其他具有监护资格的人更适宜担任监护人的;三是,后一顺序具有监护资格的人要求前一顺序具有监护资格的人依法履行监护职责的;四是,具有监护资格的人均推卸监护职责,拒不担当监护人的情况。对此,居民委员会、村民委员会或者民政部门应当介入,切实履行起指定监护的职责,依法指定监护人。本款中的两处"有关当事人"指对监护人的确定有争议的当事人。

民法通则第16条第3款和第17条第2款分别规定了未成年人监护和成年人监护发生争议时的诉前指定程序。民法通则规定,对担任监护人有争议的,由未成年人的父、母的所在单位(成年被监护人的所在单位)或者被监护人住所地的居民委员会、村民委员会在近亲属中指定。对指定不服提起诉讼的,由人民法院裁决。按照上述规定,对担任监护人有争议的案件,在向法院提起诉讼前,必须先经有关单位或者居民委员会、村民委员会进行指定。民法通则之所以规定由未成年人父母所在单位或者成年被监护人所在单位指定监护人,是因为当时个人与所在工作单位的关系较为稳定,所在工作单位比较了解本单位工作人员的家庭情况。但随着我国经济社会的发展,情况已经发生了很大变化。实践中,就业人员的流动越来越频繁,就业人员与单位的关系并不稳定,且这些单位与职工之间主要是劳动合同关系,单位一般也不了解职工的家庭情况、社会关系等,往往缺乏指定监护人的意愿和能力,已不适宜承担指定监护人的职责。同时,未成年人的父、母的所在单位(成年被监护人的所在单位),居民委员会,村民委员会不愿指定、迟迟不指定监护人的情况较为常见,导致监护人长期不确定,诉讼程序难以启动,给妥善解决监护争议增加了难度,不利于保护被监护人的权益。鉴于此,本法不再规定监护诉讼的指定前置程序。对监护人的确定有争议的,本法规定,由被监护人住所地的居民委员会、村民委员会或者民政部门指定监护人,有关当事人对指定不服的,可以向人民法院申请指定监护人。但有关当事人也可以不经指定,直接向人民法院提出申请,由人民法院指定。

本条相对于民法通则,增加了民政部门指定监护人的内容。开展社会救济和社会福利工作是民政部门的工作职责,有必要加强民政部门在监护中的职责和作用。民政部门在实际工作中,往往比较了解辖区内未成年人和丧失民事行为能力成年人的家庭关系、健康状况等,有能力指定合适的监护人,并且权威性较高,有利于促进监护争议的解决。

在立法过程中,也有意见提出,现在居民委员会、村民委员会承担的事务繁杂,辖区较大,难以全面掌握被监护人的家庭关系和社会关系,指定中存在较大的随意性和片面性,效果不佳,居民委员会、村民委员会工作人员也普遍缺乏专业的法律知识,建议删去由村民委员会、居民委员会指定监护人的规定。

根据调研中掌握的情况,村民委员会一般能够掌握被监护人的身体状况、家庭关系和社会关系等,居民委员会也在加强对辖区内无人监护的儿童或者精神障碍患者等的排查帮助工作,现阶段仍然不宜删除居民委员会、村民委员会指定监护人的规定。

本条第2款规定了居民委员会、村民委员会、民政部门或者人民法院指定监护人的原则:一是应当尊重被监护人的真实意愿;二是要按照最有利于被监护人的原则指定。“按照最有利于被监护人的原则”指定,是指居民委员会、村民委员会、民政部门或者人民法院指定监护人并不需要遵照本法第27条第2款、第28条规定的顺序,而应当结合具有监护资格的人与被监护人的生活情感联系、有无利害冲突,具有监护资格的人的品行、身体状况、经济条件以及能够为被监护人提供的教育水平或者生活照料措施等,综合进行判断,并尊重被监护人的真实意愿,选择最有利于被监护人健康成长或者健康恢复、最利于保护被监护人合法权益的人担任监护人。

本条第3款规定了临时监护制度。监护争议解决程序需要一定的时间，如果依照本条第1款规定指定监护人前，被监护人的人身权利、财产权利及其他合法权益处于无人保护状态，例如具有监护资格的人互相推诿、都不愿担任监护人，为了保护被监护人的合法权益，有必要设立临时监护制度。依据本条规定，临时监护人由被监护人住所地的居民委员会、村民委员会、法律规定的有关组织或者民政部门担任。本款中的“依据本条第一款规定指定监护人前”应当从宽理解，不能仅限于监护争议解决期间。从时间点上，应当包括以下两个期间：一是监护争议解决程序启动之后，即居民委员会、村民委员会、民政部门开始处理监护争议或者人民法院受理监护申请之后，至指定监护人之前的期间；二是监护争议解决程序启动之前，只要发现因无人履行监护职责，被监护人的合法权益处于无人保护状态的，就由本条规定的居民委员会、村民委员会、法律规定的有关组织或者民政部门担任临时监护人，随后再依法启动监护争议解决程序，指定监护人。

对于本条第3款规定的担任临时监护人的主体“法律规定的有关组织”，主要是指符合法定条件的公益组织。实践中，有监护意愿和能力的公益组织不断增多，为了吸引更多的主体参与监护事业，更好保护被监护人的合法权益，法律有必要为实践的发展留下一定的空间。当被监护人的合法权益处于无人保护状态时，临时监护人要能及时承担起监护职责，并充分履行好监护职责，因此有资格担任临时监护人的公益组织应当相对固定，并符合较高的履职条件。至于应当符合哪些具体条件，哪些公益组织有资格担任临时监护人，可以在将来由法律根据实践发展情况作出规定。

本条第4款规定了指定监护的法律效力。依照监护争议解决程序，由居民委员会、村民委员会、民政部门或者人民法院指定监护人后，被指定的监护人应当履行监护职责，不得推卸，不得擅自变更。如果擅自变更为由其他人担任监护人的，不免除被指定的监护人的责任。被监护人侵害他人的合法权益，或者被监护人自身受到损害的，被指定的监护人仍应当承担责任，擅自变更后的监护人也要根据过错程度承担相应的责任。

第三十二条　没有依法具有监护资格的人的，监护人由民政部门担任，也可以由具备履行监护职责条件的被监护人住所地的居民委员会、村民委员会担任。

【释义】　本条是关于民政部门或者居民委员会、村民委员会担任监护人的规定。

本条规定的"没有依法具有监护资格的人的"，主要指没有本法第27条、第28条规定的具有监护资格的人的情况，即被监护人的父母死亡或者没有监护能力，也没有其他近亲属，或者其他近亲属都没有监护能力，而且还没有符合条件的其他愿意担任监护人的个人或者组织。如果存在具有监护资格的人，但其拒绝担任监护人的，不适用本条规定。民法通则规定，没有依法具有监护资格的人的，由未成年人的父母所在单位、成年被监护人的所在单位或者被监护人住所地的居民委员会、村民委员会或者民政部门担任监护人。本条对此作出调整：一是删去了未成年人的父母所在单位、成年被监护人所在单位担任监护人的规定；二是强化了民政部门的职责，由民政部门担任兜底性的监护人；三是规定具备履行监护职责条件的居民委员会、村民委员会也可以担任监护人。

在立法过程中，有的意见认为，由居民委员会、村民委员会担任监护人在实践中难以落实，应当取消居民委员会、村民委员会担任监护人的职责。主要原因有：一是缺乏物质保障。随着经济发展和社会转型，与计划经济时代相比，目前居民委员会和村民委员会履行监护职责的作用和功能明显弱化，经费不足、工作人员数量少、任务重，严重制约了其承担监护职责。尤其是担任精神障碍患者的监护人，难以承担治疗费用以及被监护人致人损害后的赔偿费用。二是缺乏可操作性。监护工作本身较为专业，居民委员会、村民委员会没有担任监护人的专业能力。未成年人的监护人要承担对未成年人的保护、教育和抚养职责，但居民委员会、村民委员会无法承担教育职责。三是居民委员会和村民委员会作出决议程序性强，不能适应及时履行监护职责的要求。四是居民委员会、村民委员会是居民或村民自我管理、自我教育、自我服务的基层群众性自治组织，不属于政府职能部门，不宜成为承担监护职责的主体。

也有意见认为，不宜取消居民委员会、村民委员会担任监护人的职责。在现阶段，居民委员会、村民委员会还应与民政部门一起作为兜底的监护人。理由有：一是居民委员会、村民委员会遍布城乡。而如果单独由民政部门担任监护人，民政部门不一定能完全承担并履行监护职责。二是居民委员会、村民委员会可以不改变被监护人已适应的生活环境，采取寄养、代养等方式，最大限度地消除孤儿身份造成的心理阴影。三是实践中也有一些有能力有条件的居民委员会、村民委员会在履行监护职责且效果良好。四是监护职责落实问题，可以通过增加与履行监护职责相适应的财政资金补助等配套措施予以解决。

经研究认为，我国宪法、城市居民委员会组织法和村民委员会组织法规定，居民委员会、村民委员会是自我管理、自我教育、自我服务的基层群众性自治组织，办理本居住地区的公共事务和公益事业。居民委员会、村民委员会对居住地区的未成年人和成年被监护人的健康状况、家庭情况等比较了解，如果具备履行监护职责条件，就可以担任监护人。这样规定也符合居民委员会、村民委员会的性质和职责。实践中，居民委员会、村民委员会担任监护人的情形比较少，但也确实有一些具备履行监护职责条件的居民委员会、村民委员会担任监护人，对此法律上不宜“一刀切”而完全否定，因此本条在保留居民委员会、村民委员会担任监护人的基础上，规定没有依法具有监护资格的人的，在主要由民政部门兜底的前提下，监护人也可以由具备履行监护职责条件的居民委员会、村民委员会担任，作为承担监护职责的补充主体。

在立法过程中，有不少意见提出，第一，大部分情况下，居民委员会、村民委员会现实中很难承担监护职责，鉴于民政部门的定位及职能，建议以民政部门为主要的兜底监护人。第二，民法通则规定，由被监护人住所地的居民委员会、村民委员会或者民政部门承担兜底性的监护责任。该规定没有区分承担兜底性的监护责任的主次顺序，非常不利于保护被监护人的合法权益。第三，多年来，民政事业有了很大进步，民政部门有能力承担起兜底性的监护职责，事实上，民政部门已经承担起未成年人的兜底性监护职责，建议进一步加强民政部门的监护职责。

实践中，没有依法具有监护资格的人的情况比较复杂，有的是父母死亡成为孤儿；有的是父母长期服刑或者一方死亡一方失踪，成为事实上的孤儿；有的精神病人的父母因年老无力监护，其他近亲属因经济条件等各种原因也无力监护，等等。随着国家经济实力的增强和治理能力的提高，国家作为社会救助和保障的最后一道防线，应当强化监护职能，在监护人缺位时由政府民政部门担任兜底监护人，保证这些人的生活得到照料，使这些人的合法权益不至于受到侵害，也避免一些没有监护人的精神障碍患者危及他人。民政部门作为负责社会救济和社会福利的主要工作部门，应承担起更多的职责。综合各方面意见，经反复研究，本条规定民政部门承担主要的兜底性监护职责。

第三十三条　具有完全民事行为能力的成年人，可以与其近亲属、其他愿意担任监护人的个人或者组织事先协商，以书面形式确定自己的监护人，在自己丧失或者部分丧失民事行为能力时，由该监护人履行监护职责。

【释义】　本条是关于意定监护的规定。

我国当前人口老龄化趋势明显，单一的法定监护制度已经难以满足形势发展的需要。基于我国实际情况，并借鉴境外立法例，本条规定了意定监护制度，有利于成年人基于自己的意愿选任监护人。我国老年人权益保障法第 26 条第 1 款对意定监护制度作出规定："具备完全民事行为能力的老年人，可以在近亲属或者其他与自己关系密切、愿意承担监护责任的个人、组织中协商确定自己的监护人。监护人在老年人丧失或者部分丧失民事行为能力时，依法承担监护责任。"老年人权益保障法规定意定监护制度主要是考虑到老年人的智力有一个逐渐衰减的过程，在老年人清醒的时候，应当尊重老年人的意愿，允许其为自己选择丧失民事行为能力或者部分丧失民事行为能力时的监护人。民法典总则编在老年人权益保障法规定的基础上，进一步扩大了适用范围，将意定监护制度适用于具有完全民事行为能力的成年人。

为了适应高龄化社会和改善身心障碍者福利，境外一些立法例也对意定监护制度作出规定。例如，日本 1999 年制定了《关于任意监护合同的法律》，以特别法的形式创设了意定监护制度，对意定监护制度作出了系统规定。《关于任意监护合同的法律》第 2 条、第 4 条对任意监护合同作了界定。第 2 条规定，任意监护合同是指委托人就自己在因精神障碍不能完全辨识自己的行为时的生活、疗养看护及财产管理方面的全部或部分事务，授予受托人代理权的委托合同。合同自第 4 条第 1 款规定的任意监护监督人被选任之时起生效。第 4 条第 1 款规定，在任意监护合同已登记的情况下，当本人因精神障碍不能完全辨识自己的行为时，家庭法院根据本人、配偶或 4 代血亲内的亲戚或任意监护受托人的请求，选任任意监护监督人。法国 2007 年全面修改成年监护制度，也创立了意定监护制度。《法国民法典》专设一节规定"将来实行保护"的委托，对该项制度的适用情形、委托的生效、委托代理人的职责、委托终止等内容作出了全面规定。《法国民法典》第 477 条规定，任何没有受到监护的成年人或者解除亲权的未成年人，均可用委托书，写明在其本人出现意思能力有欠缺而不能维护其本人利益时，委托一人或数人为其代理。英美法系国家也有类似规定。例如，《英国持续性代理权授予法》第 2 条规定，持续性代理权是在本人意思能力丧失后得继续代理事务之意，需在法院登录注册。第4条第3项规定，本人在代理权授予证书上须言明，代理权在本人意思能力丧失后仍存续。《加拿大统一代理权法》第1条规定，若以书面授予代理权，在授权状中约定，即使嗣后授权者变为精神薄弱，代理权仍存续时，则承认其持续性代理权，且该书面约定必须有授予者本人及证人一人签名，代理人及代理人的配偶不得为证人。

意定监护是在监护领域对自愿原则的贯彻落实，是具有完全民事行为能力的成年人对自己将来的监护事务，按照自己的意愿事先所作的安排。依据本条规定，具有完全民事行为能力的成年人确定自己丧失或者部分丧失民事行为能力时的监护人，应当事先取得被选择方的认可，即经双方协商一致。意定监护对被监护人的权益影响很大，应以书面方式为宜，明确写明经双方认可的内容，对于其真实性、合法性加以保障，从根源上减少意定监护纠纷。

意定监护作为一种确定监护人的方式，是相对于法定监护来说的。意定监护是对成年人完全基于自己意愿选择监护人的尊重，自己意愿是决定性的；法定监护是基于法律规定的条件和程序确定监护人，本法第27条至第32条对此作了规定。需要注意的是，意定监护不同于本法第30条规定的协议确定监护人，后者仍然属于法定监护方式，协议的主体是具有监护资格的人。一般而言，意定监护优先于法定监护予以适用。法律设立意定监护制度即是要尊重成年人自己的意愿，当然具有优先适用的地位。只有在意定监护协议无效或者因各种原因，例如协议确定的监护人丧失监护能力，监护协议无法履行的情况下，才适用法定监护。

本条确立了意定监护制度，但规定较为原则。在立法过程中，也有一些意见建议对意定监护监督人、如何启动监护等作出更加具体的规定。意定监护制度作为一项较新的制度，在实践中具体如何落实仍有必要进一步研究探索。

第三十四条　监护人的职责是代理被监护人实施民事法律行为，保护被监护人的人身权利、财产权利以及其他合法权益等。

监护人依法履行监护职责产生的权利，受法律保护。

监护人不履行监护职责或者侵害被监护人合法权益的，应当承担法律责任。

因发生突发事件等紧急情况，监护人暂时无法履行监护职责，被监护人的生活处于无人照料状态的，被监护人住所地的居民委员会、村民委员会或者民政部门应当为被监护人安排必要的临时生活照料措施。

【释义】　本条是关于监护职责内容及临时生活照料的规定。

关于监护的性质问题，学术上存在争议，主要有“权利说”“义务或者职责说”“权利义务一致说”等。本条侧重于强调监护职责，同时也要保护因履行监护职责所产生的权利。

本条第1款规定了监护人的职责。弥补被监护人民事行为能力不足是监护制度设立的重要目的，被监护人往往不能独立实施民事法律行为，这就需要由监护人代理实施。本款将“代理被监护人实施民事法律行为”从监护职责中单列出来作强调。监护人保护被监护人的人身权利、财产权利以及其他合法权益的职责，主要包括：保护被监护人的身心健康，促进未成年人的健康成长，对成年被监护人也要积极促进其健康状况的恢复；照顾被监护人的生活；管理和保护被监护人的财产；对被监护人进行教育和必要的管理；在被监护人合法权益受到侵害或者与人发生争议时，代理其进行诉讼等。相关单行法也对监护人的监护职责作出较为具体的规定。例如，未成年人保护法专章对未成年人的父母或者其他监护人的监护职责作出具体规定。未成年人保护法第11条规定，父母或者其他监护人应当关注未成年人的生理、心理状况和行为习惯，以健康的思想、良好的品行和适当的方法教育和影响未成年人，引导未成年人进行有益身心健康的活动，预防和制止未成年人吸烟、酗酒、流浪、沉迷网络以及赌博、吸毒、卖淫等行为。第13条规定,父母或者其他监护人应当尊重未成年人受教育的权利,必须使适龄未成年人依法入学接受并完成义务教育,不得使接受义务教育的未成年人辍学。精神卫生法对精神障碍患者的监护人职责作出了规定。精神卫生法第30条、第31条规定,诊断结论、病情评估表明,就诊者为严重精神障碍患者并已经发生伤害自身的行为,或者有伤害自身的危险的,没有实施住院治疗而在家居住的,监护人应当做好看护管理。第49条规定,精神障碍患者的监护人应当妥善看护未住院治疗的患者,按照医嘱督促其按时服药、接受随访或者治疗。

本条第2款规定了监护人因履行监护职责所产生的权利。监护人在履行监护职责的过程中,也会因此享有一定的权利。例如,监护人为保护被监护人的人身权益,享有医疗方案的同意权;监护人为了保护被监护人财产权益,享有财产的管理和支配权;被监护人合法权益受到侵害或者与人发生争议时,代理被监护人参加诉讼的权利等。监护人享有这些权利,是为履行监护职责所需要,目的还是保护被监护人的人身、财产权利及其他合法权益。监护人行使这些权利时,其他人不得侵害或者剥夺。相关单行法也对监护人因履行监护职责所产生的权利作出规定。广告法第33条规定,广告主或者广告经营者在广告中使用无民事行为能力人、限制民事行为能力人的名义或者形象的,应当事先取得其监护人的书面同意。母婴保健法第19条规定,依照该法规定施行终止妊娠或者结扎手术,本人无行为能力的,应当经其监护人同意,并签署意见。

本条第3款规定了监护人的责任。被监护人都是未成年人或者辨识能力不足的成年人,监护人是否能履行好监护职责,对被监护人权益影响很大。监护人如果不履行监护职责或者侵害被监护人合法权益的,应当承担相应的责任,主要包括两个方面:一是对被监护人的侵权行为承担责任。本法第1188条规定,无民事行为能力人、限制民事行为能力人造成他人损害的,由监护人承担侵权责任。监护人尽到监护职责的,可以减轻其侵权责任。有财产的无民事行为能力人、限制民事行为能力人造成他人损害的,从本人财产中支付赔偿费用。不足部分,由监护人赔偿。二是监护人不履行监护职责或者侵害被监护人合法权益,造成被监护人人身、财产损害的,应当承担民事责任。本法第 179 条对承担民事责任的主要方式作出规定,包括停止侵害、赔偿损失等。

本条第 4 款规定了临时生活照料。因发生疫情等突发事件的紧急情况,监护人被隔离、治疗或者其他原因,暂时无法履行监护职责,此时被监护人的生活如果处于无人照料状态的,为了被监护人的利益,居民委员会、村民委员会或者政府部门就应当安排对被监护人进行临时生活照料。此次编纂民法典,在本条增加第 4 款规定:"因发生突发事件等紧急情况,监护人暂时无法履行监护职责,被监护人的生活处于无人照料状态的,被监护人住所地的居民委员会、村民委员会或者民政部门应当为被监护人安排必要的临时生活照料措施。"这里的"突发事件",是指突发事件应对法中规定的,突然发生,造成或者可能造成严重社会危害,需要采取应急处置措施予以应对的自然灾害、事故灾难、公共卫生事件和社会安全事件。

安排临时生活照料措施与民事监护中的临时监护制度不同。两者虽然都有临时生活照料的内容,但临时生活照料措施与临时监护制度适用的前提条件和内容存在很大差别。首先,在发生疫情等突发事件的紧急情况下,比如在新冠肺炎疫情期间,监护人被集中隔离、治疗,监护人还存在,其监护人的资格并没有被剥夺,这与临时监护制度发生的条件不同。临时监护制度的设立前提是没有监护人,而安排临时生活照料措施是因为监护人被隔离、治疗,只是暂时无法照料被监护人,不能履行监护职责,需要安排对被监护人进行临时生活照料。其次,对于临时监护,临时监护人的监护职责也有保护被监护人的人身权利、财产权利以及其他合法权益等许多方面,而安排临时生活照料措施只是安排人员照料被监护人的日常生活。最后,临时监护属于监护,临时监护人涉及许多行使权利和履行义务的情况，比如，享有财产管理和支配权、代理诉讼的权利，承担因被监护人侵权引起的法律责任等。而进行临时生活照料的人员是不可能享有这些权利并承担这些义务的。

因此，临时生活照料措施主要就是对被监护人进行生活照料，而临时监护则除了照料生活之外，还有许多情况需要处理，可能涉及一些被监护人的权利义务上的重大决定，这是临时生活照料措施解决不了的。采取临时生活照料措施，只是临时性生活照料，如果监护人因病去世，就应当及时确定新监护人。如果对确定新监护人发生异议难以确定，被监护人的人身、财产以及其他合法权益仍处于无人保护的状态，符合临时监护的适用条件，应由被监护人住所地的居民委员会、村民委员会、法律规定的有关组织或者民政部门担任临时监护人。

第三十五条　监护人应当按照最有利于被监护人的原则履行监护职责。监护人除为维护被监护人利益外，不得处分被监护人的财产。

未成年人的监护人履行监护职责，在作出与被监护人利益有关的决定时，应当根据被监护人的年龄和智力状况，尊重被监护人的真实意愿。

成年人的监护人履行监护职责，应当最大程度地尊重被监护人的真实意愿，保障并协助被监护人实施与其智力、精神健康状况相适应的民事法律行为。对被监护人有能力独立处理的事务，监护人不得干涉。

【释义】　本条是关于履行监护职责应当遵循的原则的规定。

监护人履行监护职责涉及被监护人人身、财产等各个方面，法律难以对所有具体履行职责的行为作出规范。通过确立监护人履行监护职责的重要原则，有利于指导监护人履行监护职责的行为，保护好被监护人的人身、财产权利及其他合法权益。本条确立了监护人履行监护职责的两项基本原则：一是最有利于被监护人的原则；二是尊重被监护人意愿的原则。

本条第1款确立了最有利于被监护人的原则。依据本款规定，对未成年人和成年被监护人的监护，均要遵循最有利于被监护人的原则，即监护人在保护被监护人的人身权利、财产权利及其他合法权益的过程中，要综合各方面因素进行权衡，选择最有利于被监护人的方案，采取最有利于被监护人的措施，使被监护人的利益最大化。例如，监护人要选择最有利于成年被监护人健康状况恢复的治疗方案、护理措施等；在将被监护人自住以外的房产出租时，选择合适的承租人，以市场价确定租金，并且租金收益归被监护人所有，监护人不得据为己有。本款还规定，除为维护被监护人利益外，监护人不得处分被监护人的财产。对被监护人财产的处分，必须是为维护被监护人的利益，如为了被监护人的生活、教育等，并且也要符合最有利于被监护人的原则。

本条第2款规定了尊重未成年人意愿的原则。联合国《儿童权利公约》规定了对儿童自主意识的尊重。《儿童权利公约》第12条第1款规定，缔约国应确保有主见能力的儿童有权对影响到其本人的一切事项自由发表自己的意见，对儿童的意见应按照其年龄和成熟程度给予适当的看待。未成年人保护法落实了《儿童权利公约》的这一原则。未成年人保护法第14条规定，父母或者其他监护人应当根据未成年人的年龄和智力发展状况，在作出与未成年人权益有关的决定时告知其本人，并听取他们的意见。本款吸收了《儿童权利公约》和未成年人保护法规定的精神，将尊重未成年人的真实意愿作为监护人履行监护职责的基本原则之一。依据本款规定，未成年人的监护人在作出与未成年人的利益有关的决定时，应当征求未成年人的意见，在未成年人提出自己的意见后，再根据未成年人的年龄、社会经验、认知能力和判断能力等，探求、尊重被监护人的真实意愿。

本条第3款规定了最大程度地尊重成年被监护人意愿的原则。与第2款的规定有所区别，对成年被监护人的意愿，要做到

"最大程度地"尊重。最大程度地尊重被监护人的真实意愿是成年人的监护人履行监护职责的基本原则,贯穿于履行监护职责的方方面面。如果某项民事法律行为,根据被监护人的智力、精神健康状况,被监护人可以独立实施,监护人不得代理实施,要创造条件保障、支持被监护人独立实施。监护人不得干涉被监护人有能力独立处理的事务,促进被监护人按照自己的意愿独立、正常生活。

本条第3款规定参考了境外立法例,顺应了当今国际上成年监护制度改革的趋势。从20世纪60年代开始,为了切实保护身心障碍者的利益,国际社会开始倡导"尊重自我决定权""维持生活正常化"的保护新理念。目的是充分利用和尊重身心障碍者的认知判断能力,允许其对与自身生活密切相关的事项进行"自治",在一定的范围内进行民事行为,以最大程度地尊重其作为一个"人"的基本权利。《残疾人权利公约》充分体现了这一保护理念。《残疾人权利公约》第3条规定,本公约的原则是:(1)尊重固有尊严和个人自主,包括自由作出自己的选择,以及个人的自立……(3)充分和切实地参与和融入社会。大陆法系主要国家或者地区为了顺应时代发展的需要,对成年监护制度进行了改革,将"尊重自我决定权""维持生活正常化"的保护新理念融入改革中。例如,德国于1990年颁布《成年照管法》,对包括民法典在内的几十种法律法规作出修改。修改后的民法典废除了禁治产制度,创立全新的"照管制度",经过1998年法律的再次修正,"照管"被称为"法律上的照管",代替原来的成年人监护和保佐制度,最大程度地保障成年被照管人"自我决定权"的实现。依据《德国民法典》第1901条、第1902条的规定,照管人要保障被照管人在其能力所及范围内按照自己的愿望和想法计划其生活的可能性,照管人必须满足被照管人的愿望,在了解重要事务之前,照管人应与被照管人进行商讨,但以这样做不违背被照管人的最佳利益为限。法国、日本民法典及我国台湾地区"民法"也都对成年监护制度进行了不同程度的改革,将"尊重自我决定权""维持生活正常化"的保护新理念贯彻其中。

《残疾人权利公约》是中国政府从倡导到起草、签批全程参与的一个人权公约,我国于2008年批准加入了这个公约,并且未作任何保留。《残疾人权利公约》第12条指出,缔约国应当确认残疾人在生活的各方面在与其他人平等的基础上享有法律权利能力。

在立法过程中,国内也有一些意见,建议参照《德国民法典》《日本民法典》的做法,从根本上对成年监护制度进行改革,贯彻国际保护新理念。

经过认真调查研究,反复讨论认为,成年监护制度的改革涉及很多方面,内容非常复杂,需要结合国情循序渐进。本法也在积极推进,本条第3款的规定确立了成年人的监护人履行监护职责的基本原则,下一步如何对成年监护制度进行改革,将根据中国国情,在实践探索的基础上作进一步研究。

第三十六条　监护人有下列情形之一的,人民法院根据有关个人或者组织的申请,撤销其监护人资格,安排必要的临时监护措施,并按照最有利于被监护人的原则依法指定监护人:

(一)实施严重损害被监护人身心健康的行为;

(二)怠于履行监护职责,或者无法履行监护职责且拒绝将监护职责部分或者全部委托给他人,导致被监护人处于危困状态;

(三)实施严重侵害被监护人合法权益的其他行为。

本条规定的有关个人、组织包括:其他依法具有监护资格的人,居民委员会、村民委员会、学校、医疗机构、妇女联合会、残疾人联合会、未成年人保护组织、依法设立的老年人组织、民政部门等。

前款规定的个人和民政部门以外的组织未及时向人民法院申请撤销监护人资格的,民政部门应当向人民法院申请。

【释义】 本条是关于撤销监护人资格的规定。

为了更好地保护被监护人的合法权益,根据司法实践情况,本条对撤销监护人资格诉讼的申请主体、适用情形等内容作出明确规定,并强化了民政部门的职责。

实践中,监护人严重侵害被监护人合法权益的行为时有发生,引起社会广泛关注。例如,媒体披露的父母吸毒,孩子在家里被饿死等。本条规定根据实践情况,在民法通则、未成年人保护法、反家庭暴力法和有关司法解释、部门规章等规定的基础上,对撤销监护人资格诉讼作出进一步明确的规定。民法通则第18条第3款规定,监护人不履行监护职责或者侵害被监护人的合法权益的,人民法院可以根据有关人员或者有关单位的申请,撤销监护人的资格。未成年人保护法第53条规定,父母或者其他监护人不履行监护职责或者侵害被监护的未成年人的合法权益,经教育不改的,人民法院可以根据有关人员或者有关单位的申请,撤销其监护人的资格,依法另行指定监护人。反家庭暴力法第21条第1款规定,监护人实施家庭暴力严重侵害被监护人合法权益的,人民法院可以根据被监护人的近亲属、居民委员会、村民委员会、县级人民政府民政部门等有关人员或者单位的申请,依法撤销其监护人资格,另行指定监护人。《最高人民法院关于贯彻执行〈中华人民共和国民法通则〉若干问题的意见(试行)》对可以申请撤销监护人资格的"有关人员或者有关单位"进行了明确,即指"民法通则规定的其他有监护资格的人或者单位"。民政部《生活无着的流浪乞讨人员救助管理机构工作规程》第43条赋予救助管理机构申请主体资格,规定流出地救助管理机构应当对受助未成年人的家庭监护情况进行调查评估,对拒不履行监护责任、经反复教育不改的,由救助管理机构向人民法院提出申请撤销其监护人资格,依法另行指定监护人。《最高人民法院、最高人民检察院、公安部、民政部关于依法处理监护人侵害未成年人权益行为若干问题的意见》对撤销监护人资格诉讼的适用情形、申请主体等内容作出了比较具体的规定。该意见第27条规定的有权向人民法院申请撤销监护人资格的主体主要有：未成年人的其他监护人，祖父母、外祖父母、兄、姐，关系密切的其他亲属、朋友；未成年人住所地的村（居）民委员会，未成年人父、母所在单位；民政部门及其设立的未成年人救助保护机构；共青团、妇联、关工委、学校等团体和单位。

本条第1款规定了撤销监护人资格诉讼的适用情形。一是实施严重损害被监护人身心健康行为的，例如性侵害、出卖、遗弃、虐待、暴力伤害被监护人等。二是怠于履行监护职责，或者无法履行监护职责且拒绝将监护职责部分或者全部委托给他人，导致被监护人处于危困状态的。例如，父母有吸毒、赌博等恶习，怠于履行监护职责，导致儿童面临严重危险等；父母外出打工，也没有将监护职责委托给他人，留下年龄较小的儿童独立在家生活，处于危困状态等。三是兜底性规定，只要有严重侵害被监护人合法权益行为的，均可以撤销监护人资格。例如，教唆、利用未成年人实施违法犯罪行为等。

在立法过程中，有的意见建议，在撤销监护人资格的情形中增加一项，即"实施严重损害被监护人财产的行为的"。经研究认为，本条对撤销监护人资格的情形采取了列举加兜底的形式。列举的两类情形是实践中反映较多、较突出的问题，并直接危及被监护人的健康成长与基本生存。将这两类情形单独进行列举规定，有利于积极回应司法实践的迫切需求，有针对性地解决监护实践中的突出问题。目前来看，司法实务中，关于实施严重损害被监护人财产行为的案件较少，反映的问题也不是特别突出，并且也已经包含在本条规定的兜底情形"实施严重侵害被监护人合法权益的其他行为"中，暂不单独列举，也不影响对该类型案件的处理，今后可根据司法实践的发展情况再作研究。

撤销监护人资格诉讼往往要持续一定的时间。在此期间内，如果被监护人的人身、财产等合法权益处于无人保护状态的，人民法院应当安排必要的临时监护措施。依据本法第31条第3款的规定，人民法院可以指定被监护人住所地的居民委员会、村民委员会、法律规定的有关组织或者民政部门担任临时监护人。

本条第2款对有权向法院申请撤销监护人资格的主体作出规定，包括其他依法具有监护资格的人，居民委员会、村民委员会、学校、医疗机构、妇女联合会、残疾人联合会、未成年人保护组织、依法设立的老年人组织、民政部门等。

“其他依法具有监护资格的人”主要依据本法第27条、第28条的规定确定。例如，配偶担任监护人的，其他依法具有监护资格的人，指本法第28条规定的父母、子女、其他近亲属、经被监护人住所地的居民委员会、村民委员会或者民政部门同意的其他愿意担任监护人的个人或者组织。

居民委员会、村民委员会是基层群众性自治组织，负责办理本村或者本居住地区居民的公共事务和公益事业。妇女联合会、残疾人联合会是分别代表和维护妇女权益、残疾人权益的组织。未成年人保护组织成立宗旨即保护未成年人合法权益。一些依法设立的老年人组织也致力于维护老年人合法权益。以上这些组织具有保护被监护人合法权益的意愿，也具有较强的提起诉讼的能力。学校、医疗机构往往能及时发现学生、患者受到侵害的情况，有些情况下也具有向法院提起诉讼的意愿。民政部门作为政府重要职能部门，负责社会救助和社会福利方面的工作，具有保护未成年人以及无民事行为能力人、限制民事行为能力人合法权益的职责。法律赋予这些主体提起撤销监护人资格诉讼的资格，符合这些组织的设立宗旨或者职能定位，有利于发挥好这些组织保护被监护人权益的作用。

本条第3款对兜底性的申请主体作出规定。实践中，对于一些严重侵害被监护人合法权益的行为，第2款规定的个人和民政部门以外的组织因各种原因未及时向人民法院提出撤销监护人资格的申请，导致被监护人的合法权益无法得到保护。由于国家是社会救助和保障的最后一道防线，在这些情况下，民政部门应当承担起向法院申请撤销监护人资格的职责。要正确理解本款与第2款赋予民政部门申请主体资格的关系。民政部门只要是发现具有严重侵害被监护人合法权益的情形，即可依据本条第2款规定，向法院申请撤销监护人资格，不需要等到其他个人或者组织都不向法院申请之后再行申请。如果其他个人或者组织都不向法院申请撤销监护人资格，此时，民政部门应当依照第3款规定，主动向法院提出申请。

第三十七条　依法负担被监护人抚养费、赡养费、扶养费的父母、子女、配偶等，被人民法院撤销监护人资格后，应当继续履行负担的义务。

【释义】　本条是关于法定扶养义务人继续负担扶养费的规定。

实践中，监护人往往由父母、子女、配偶等法定扶养义务人担任。监护人被撤销监护人资格后，就不能再继续履行监护职责。但法定扶养义务是基于血缘等关系确立的法律义务，该义务不因监护人资格的撤销而免除。

本编及本法婚姻家庭编确立的法定扶养义务主要有以下几类：

一是父母、子女之间的扶养、赡养义务。本法第26条规定："父母对未成年子女负有抚养、教育和保护的义务。成年子女对父母负有赡养、扶助和保护的义务。"第1067条规定："父母不履行抚养义务的，未成年子女或者不能独立生活的成年子女，有要求父母给付抚养费的权利。成年子女不履行赡养义务的，缺乏劳动能力或者生活困难的父母，有要求成年子女给付赡养费的权利。"

二是夫妻之间的扶养义务。本法第1059条规定："夫妻有相互扶养的义务。需要扶养的一方，在另一方不履行扶养义务时，有要求其给付扶养费的权利。"

三是祖父母、外祖父母与孙子女、外孙子女之间的抚养、赡养义务。本法第1074条规定："有负担能力的祖父母、外祖父母，对于父母已经死亡或者父母无力抚养的未成年孙子女、外孙子女，有抚养的义务。有负担能力的孙子女、外孙子女，对于子女已经死亡或者子女无力赡养的祖父母、外祖父母,有赡养的义务。"

四是兄、姐与弟、妹之间的扶养义务。本法第1075条规定:"有负担能力的兄、姐,对于父母已经死亡或者父母无力抚养的未成年弟、妹,有扶养的义务。由兄、姐扶养长大的有负担能力的弟、妹,对于缺乏劳动能力又缺乏生活来源的兄、姐,有扶养的义务。"

依据本条规定,在具有法定扶养义务的人担任监护人的情况下,监护人资格被撤销,不再担任监护人后,具有法定扶养义务的人,例如配偶、父母、子女等,仍应继续负担抚养费、赡养费、扶养费。未成年人保护法、反家庭暴力法已经针对各自的领域作出了相同规定。未成年人保护法第53条规定:"父母或者其他监护人不履行监护职责或者侵害被监护的未成年人的合法权益,经教育不改的,人民法院可以根据有关人员或者有关单位的申请,撤销其监护人的资格,依法另行指定监护人。被撤销监护资格的父母应当依法继续负担抚养费用。"反家庭暴力法第21条规定:"监护人实施家庭暴力严重侵害被监护人合法权益的,人民法院可以根据被监护人的近亲属、居民委员会、村民委员会、县级人民政府民政部门等有关人员或者单位的申请,依法撤销其监护人资格,另行指定监护人。被撤销监护人资格的加害人,应当继续负担相应的赡养、扶养、抚养费用。"与未成年人保护法、反家庭暴力法的规定相比,本条属于一般性规定,适用于所有具有法定扶养义务的人被撤销监护人资格的情形。只要具有法定扶养义务的人因严重侵害被监护人合法权益被撤销监护人资格的,均应继续履行负担抚养费、赡养费、扶养费的义务。

第三十八条　被监护人的父母或者子女被人民法院撤销监护人资格后,除对被监护人实施故意犯罪的外,确有悔改表现的,经其申请,人民法院可以在尊重被监护人真实意愿的前提下,视情况恢复其监护人资格,人民法院指定的监护人与被监护人的监护关系同时终止。

【释义】 本条是关于恢复监护人资格的规定。

实践中,有的监护人在资格被撤销后,确有悔改表现,有继续担任监护人的愿望。鉴于侵害被监护人合法权益的情形较为复杂,对于是否可以恢复监护人资格,法律不宜一概否定,有必要留下一定的空间。对于未成年人的监护人资格被撤销后的恢复,司法实践已经进行了一定的探索。《最高人民法院、最高人民检察院、公安部、民政部关于依法处理监护人侵害未成年人权益行为若干问题的意见》第40条规定,人民法院经审理认为申请人确有悔改表现并且适宜担任监护人的,可以判决恢复其监护人资格,原指定监护人的监护人资格终止。申请人具有下列情形之一的,一般不得判决恢复其监护人资格:(1)性侵害、出卖未成年人的;(2)虐待、遗弃未成年人6个月以上、多次遗弃未成年人,并且造成重伤以上严重后果的;(3)因监护侵害行为被判处5年有期徒刑以上刑罚的。本条在认真总结司法实践经验的基础上,对恢复监护人资格设定了非常严格的限制。

依据本条规定,恢复监护人资格必须要向法院申请,由人民法院决定是否予以恢复。父母与子女是最近的直系亲属关系,本条适用的对象仅限于被监护人的父母或者子女,其他个人或者组织的监护人资格一旦被撤销,即不再恢复。被监护人的父母或者子女被撤销监护人资格后,再恢复监护人资格还需要满足以下几个条件:一是没有对被监护人实施故意犯罪的情形,如对被监护人实施性侵害、虐待、遗弃等构成刑事犯罪的,不得恢复监护人资格。但对因过失犯罪,例如因过失导致被监护人受到伤害等被撤销监护人资格的,则可以根据具体情况来判断是否恢复监护人资格。二是确有悔改表现,即被监护人的父母或者子女不但要有悔改的意愿,还要有实际的悔改表现,这需要由人民法院根据具体情形予以判断。三是要尊重被监护人的真实意愿,如果被监护人不愿意父母或者子女继续担任监护人的,则不得恢复监护人资格。四是即使符合以上条件,法院也还需要综合考虑各方面情况,从有利于被监护人权益保护的角度,决定是否恢复监护人资格。

在立法过程中,本条规定的恢复监护人资格条件经过了一个逐步趋严的过程。民法总则草案一审稿第35条规定,原监护人被人民法院撤销监护人资格后,确有悔改情形的,经其申请,人民法院可以视情况恢复其监护人资格,人民法院指定的新监护人与被监护人的监护关系同时终止。依据该规定,原监护人均有可能恢复监护人资格。对此,有的意见提出,本条对恢复监护人资格规定得较为原则,"确有悔改情形"在司法实践中认定是有难度的;当原监护人被撤销资格,并产生新的监护关系后,这时如果恢复原监护人的资格,并终止新监护人的资格,监护秩序就会被再次打乱,对被监护人并不一定有利,还有可能挑起矛盾冲突。建议删除本条关于恢复监护人资格的规定,或者保留恢复监护人资格的制度,但应对恢复的条件作出进一步严格的限制。

民法总则草案二审稿对恢复监护人资格增加了两个限定条件:一是仅适用于被监护人的父母、子女;二是要尊重被监护人意愿。草案二审稿第36条规定,未成年人的父母被人民法院撤销监护人资格后,确有悔改情形的,经其申请,人民法院可以在尊重被监护人意愿的前提下,视情况恢复其监护人资格,人民法院指定的新监护人与被监护人的监护关系同时终止。对此,仍然有意见提出,被撤销监护人资格的情形,往往都是严重损害被监护人身心健康的情形,要非常慎重,要严格限定条件;对于实施性侵等严重伤害被监护人的情形,不得恢复监护人资格。经研究,对恢复监护人资格进一步增加了限制条件,即"除对被监护人实施故意犯罪的外"。民法典继续维持这一规定。

第三十九条　有下列情形之一的,监护关系终止:

(一)被监护人取得或者恢复完全民事行为能力;

(二)监护人丧失监护能力;

(三)被监护人或者监护人死亡;

(四)人民法院认定监护关系终止的其他情形。

监护关系终止后，被监护人仍然需要监护的，应当依法另行确定监护人。

【释义】 本条是关于监护关系终止的情形的规定。

监护关系产生于监护的设立，较为明确。对未成年人或者无民事行为能力、限制民事行为能力的成年人确定了监护人，监护即设立，监护关系即产生。但监护关系终止的情形较为复杂，法律有必要予以明确。

本条第1款对监护关系的终止列举了三类典型情形，并作了兜底性规定：

一是被监护人取得或者恢复完全民事行为能力。未成年人年满18周岁，成为成年人；或者年满16周岁，但以自己的劳动收入为主要生活来源，即取得完全民事行为能力。无民事行为能力或者限制民事行为能力的成年人的智力、精神健康状况恢复正常，即恢复完全民事行为能力。被监护人取得或者恢复完全民事行为能力，监护没有存在的必要，监护关系即终止，监护人不再履行监护职责。

二是监护人丧失监护能力。监护人具有监护能力，是具有监护资格的必要条件，如果丧失监护能力，也就不得再担任监护人，监护关系终止。监护人丧失监护能力的情形较为复杂，需要根据具体情况具体判断，例如监护人因疾病成为无民事行为能力人，即丧失了监护能力。

三是被监护人或者监护人死亡。被监护人或者监护人一方死亡，监护关系即自动终止。

四是人民法院认定监护关系终止的其他情形。包括监护人资格被人民法院撤销，有正当理由向法院申请变更监护人并得到法院许可等。

依据本条第2款规定，在有些监护关系终止的情形中，例如监护人死亡、丧失监护能力或者被撤销监护人资格等，被监护人仍然需要监护的，就应当根据具体情况，依据法律的规定另行确定监护人。对于监护人死亡或者丧失监护能力等情形,可以依照本法第27条至第32条重新确定监护人。对于撤销监护人资格的,由人民法院依照本法第36条的规定,按照最有利于被监护人的原则依法指定监护人。

第三节　宣告失踪和宣告死亡

第四十条　自然人下落不明满二年的,利害关系人可以向人民法院申请宣告该自然人为失踪人。

【释义】　本条是关于宣告失踪的条件的规定。

对宣告失踪和宣告死亡问题,民法通则是在第2章公民(自然人)第3节专节规定,共有6个条文。本法延续民法通则体例,在第2章第3节,也是专节规定宣告失踪和宣告死亡,以民法通则的规定为基础,基本制度没有大的修改,作了补充细化。主要是对司法解释多年来行之有效,为各方面普遍认可的内容加以修改完善,上升为法律,同时也反映了专家研究意见以及各方面意见和建议。

宣告失踪是指自然人下落不明达到法定的期限,经利害关系人申请,人民法院依照法定程序宣告其为失踪人的一项制度。自然人的失踪将使与其相关的法律关系处于不确定状态,法律设立宣告失踪制度,就是为了调整这种不确定状态,保护相关当事人的利益。通过设立宣告失踪制度,由人民法院宣告自然人失踪,以结束失踪人财产无人管理以及其应当履行的义务不能得到及时履行的不确定状态,保护失踪人和利害关系人的利益,维护社会经济秩序的稳定。

民法通则第20条第1款规定:"公民下落不明满二年的,利害关系人可以向人民法院申请宣告他为失踪人。"本条规定的宣告失踪的条件包含三个层次:

第一，自然人下落不明满 2 年。所谓下落不明，是指自然人持续不间断地没有音讯的状态。本法第 41 条规定，自然人下落不明的时间自其失去音讯之日起计算。战争期间下落不明的，下落不明的时间自战争结束之日或者有关机关确定的下落不明之日起计算。境外的立法一般也都将自然人下落不明作为法律上认定该自然人失踪的条件，但有的国家并未在法律中规定下落不明必须要达到多长时间，而是交由法官根据实际情况掌握，来作出自然人失踪的推定。有的国家则对此作了明确规定，如《意大利民法典》也规定下落不明满 2 年作为宣告失踪的条件。考虑到 1986 年制定的民法通则就规定宣告失踪须具备下落不明满 2 年的条件，多年来司法实践适用总体上也没有出现问题，在立法过程中，各方面对这一规定基本也没有提出意见。民法典延续了民法通则关于宣告失踪条件的规定。

第二，利害关系人向人民法院申请。对于可以向人民法院提出申请的"利害关系人"包括哪些人，《最高人民法院关于贯彻执行〈中华人民共和国民法通则〉若干问题的意见（试行）》第 24 条规定，申请宣告失踪的利害关系人，包括被申请宣告失踪人的配偶、父母、子女、兄弟姐妹、祖父母、外祖父母、孙子女、外孙子女以及其他与被申请人有民事权利义务关系的人。在立法过程中，各方面对最高人民法院这一司法解释基本没有争议，但普遍认为，为了保持灵活性，这一规定还是继续作为司法解释的内容较好。司法解释这一规定中的"包括"一词，使用得也很妥当，民事生活纷繁复杂，这样表述既明确了利害关系人的一般范围，也为特殊情况留有余地。依照民事诉讼法第 183 条的规定，公民下落不明满 2 年，利害关系人申请宣告其失踪的，向下落不明人住所地基层人民法院提出。申请书应当写明失踪的事实、时间和请求，并附有公安机关或者其他有关机关关于该公民下落不明的书面证明。

第三，由人民法院依据法定程序进行宣告。宣告失踪在法律效果上对自然人的财产利益产生重大影响，必须由司法机关经过严格程序来进行。因此,宣告失踪只能由人民法院作出,其他任何机关和个人无权作出宣告失踪的决定。依照民事诉讼法的规定,人民法院审理宣告失踪案件,适用特别程序。依照民事诉讼法第185条规定,人民法院受理宣告失踪案件后,应当发出寻找下落不明人的公告。宣告失踪的公告期间为3个月。公告期间届满,人民法院应当根据被宣告失踪的事实是否得到确认,作出宣告失踪的判决或者驳回申请的判决。《最高人民法院关于适用〈中华人民共和国民事诉讼法〉的解释》第347条规定:"寻找下落不明人的公告应当记载下列内容:(一)被申请人应当在规定期间内向受理法院申报其具体地址及其联系方式。否则,被申请人将被宣告失踪、宣告死亡;(二)凡知悉被申请人生存现状的人,应当在公告期间内将其所知道情况向受理法院报告。"

第四十一条　自然人下落不明的时间自其失去音讯之日起计算。战争期间下落不明的,下落不明的时间自战争结束之日或者有关机关确定的下落不明之日起计算。

【释义】　本条是关于下落不明的时间计算的规定。

民法通则第20条第1款规定,公民下落不明满2年的,利害关系人可以向人民法院申请宣告他为失踪人。第23条第1款第1项规定,公民下落不明满4年的,利害关系人可以向人民法院申请宣告他死亡。同时在第20条第2款和第23条第2款重复规定,"战争期间下落不明的,下落不明的时间从战争结束之日起计算"。但没有规定一般情况下自然人下落不明的时间如何计算。对此,《最高人民法院关于贯彻执行〈中华人民共和国民法通则〉若干问题的意见(试行)》作出了解释,其中第28条第1款规定:"民法通则第二十条第一款、第二十三条第一款第一项中的下落不明的起算时间,从公民音讯消失之次日起算。"考虑到下落不明的持续时间是利害关系人申请宣告自然人失踪或者死亡的重要条件,也是人民法院审理宣告失踪、宣告死亡案件的重要依据,其计算标准应当作为一般规则规定在民法典中。最高人民法院对此所作的司法解释,大体为司法实务和民法学界普遍接受。各种专家建议稿在此处与司法解释的规定大同小异,只是具体用词上,有的与司法解释类似,表述为“音讯消失之次日起计算”,有的表述为“音讯消失之日起计算”,有的表述为“次日开始计算”,等等。民法通则第 154 条规定,民法所称的期间按照公历年、月、日、小时计算。并规定,按照日、月、年计算期间的,开始的当天不算入,从下一天开始计算。这一规定的精神应当作为我国民法表述期间起算问题的标准和传统,本法在“期间计算”一章对此规定加以承继。民法通则第 20 条第 2 款和第 23 条第 2 款均规定,“战争期间下落不明的,下落不明的时间从战争结束之日起计算”,也即战争结束的当日不算入,从下一日开始计算之意。司法解释规定的“音讯消失之次日起算”,其意可察,唯于民法通则确立的表述传统,易生次日亦不算入之歧义。故此,本条规定表述为“自然人下落不明的时间自其失去音讯之日起计算”,失去音讯之日作为起算日不算入,从下一日开始计算。

本条还规定,战争期间下落不明的,下落不明的时间自战争结束之日或者有关机关确定的下落不明之日起计算。战争期间下落不明的,由于战争状态不同于平时,兵荒马乱,失踪人的行踪难以确定,因此应从战争结束时开始计算下落不明的时间。

“有关机关确定的下落不明之日”是在民法总则草案三审后加的。原来草案的条文是“战争期间下落不明的,下落不明的时间自战争结束之日起计算”,有的代表建议,将“战争结束之日”修改为“军队组织确定的下落不明之日”。讨论这条意见的过程中,有的提出,战争期间下落不明,如果是参加军事行动的人员,这个意见有合理之处,但本条规定的范围也包括战争期间的平民。因此,经研究将这一句修改为:“战争期间下落不明的,下落不明的时间自战争结束之日或者有关机关确定的下落不明之日起计算。”民法典延续了民法总则的这一规定。

需要说明的是,本条关于下落不明的时间如何计算的规定,虽然规定在宣告失踪条件的规定之后,但不仅适用于宣告失踪的情形,也适用于宣告死亡的情形,这是立法的本意。前文已述,民法通则在规定宣告失踪条件的第20条和宣告死亡条件的第23条都只规定了,“战争期间下落不明的,下落不明的时间从战争结束之日起计算”,没有规定一般情况下自然人下落不明的时间如何计算。于是,在民法总则草案提请常委会审议的一审稿中,一审稿第37条在民法通则的基础上作了补充,第1款规定:“自然人下落不明满二年的,利害关系人可以向人民法院申请宣告其为失踪人。”第2款规定:“自然人下落不明的时间,从失去该自然人音讯之日起计算。战争期间下落不明的,下落不明的时间自战争结束之日起计算。”同时,第42条第1款规定:“自然人有下列情形之一的,利害关系人可以向人民法院申请宣告其死亡:(一)下落不明满四年的;(二)因意外事件,下落不明满二年的。”第3款规定:“下落不明的时间计算,适用本法第三十七条第二款的规定。”一审后,有的意见认为应当删去第42条第3款,因为第37条第2款已经规定了下落不明如何计算,无需重复规定,不言自明。也有意见不赞成删去,认为第37条规定的是宣告失踪的问题,下落不明如何计算规定在第37条第2款,会让人以为只适用于宣告失踪的情形,在规定宣告死亡的第42条有必要另行交代。最后处理办法反映在草案二审稿,二审稿第38条规定:“自然人下落不明满二年的,利害关系人可以向人民法院申请宣告该自然人为失踪人。”第39条规定:“自然人下落不明的时间,从该自然人失去音讯之日起计算。战争期间下落不明的,下落不明的时间自战争结束之日起计算。”即将草案一审稿第37条第2款作文字修改后单列一条规定,同时二审稿第44条只规定宣告死亡的条件,不再规定下落不明的时间计算问题。这样既解决重复规定问题,又通过条文单列,解决只适用于宣告失踪的歧义,表明单列的这一条是民法关于下落不明的时间如何计算的一般规定。以后草案一直到通过,延续了这种模式。民法典继续延续民法总则的这一规定。

第四十二条　失踪人的财产由其配偶、成年子女、父母或者其他愿意担任财产代管人的人代管。

代管有争议，没有前款规定的人，或者前款规定的人无代管能力的，由人民法院指定的人代管。

【释义】 本条是关于失踪人的财产代管人的规定。

宣告失踪与宣告死亡不同，自然人被宣告为失踪人后，其民事主体资格仍然存在，尚存在返回的可能，并不产生婚姻关系解除和继承开始等法律后果。法律设立宣告失踪制度，主要目的就是结束失踪人财产无人管理以及其应当履行的义务不能得到及时履行的不确定状态，这既是对失踪人利益的保护，同时也是对失踪人的债权人等利害关系人合法权益的保护。这首先需要明确失踪人的财产由谁来代管。

本条规定是以民法通则第21条规定为基础，加以适当修改。民法通则第21条第1款规定："失踪人的财产由他的配偶、父母、成年子女或者关系密切的其他亲属、朋友代管。代管有争议的，没有以上规定的人或者以上规定的人无能力代管的，由人民法院指定的人代管。"

本条规定的"其他愿意担任财产代管人的人"，既包括民法通则第21条规定的"其他亲属、朋友"，也包括有关组织。

《最高人民法院关于贯彻执行〈中华人民共和国民法通则〉若干问题的意见（试行）》第30条第1款规定："人民法院指定失踪人的财产代管人，应当根据有利于保护失踪人财产的原则指定。没有民法通则第二十一条规定的代管人，或者他们无能力作代管人，或者不宜作代管人的，人民法院可以指定公民或者有关组织为失踪人的财产代管人。"第2款规定："无民事行为能力人、限制民事行为能力人失踪的，其监护人即为财产代管人。"《最高人民法院关于适用〈中华人民共和国民事诉讼法〉的解释》第343条规定："宣告失踪或者宣告死亡案件，人民法院可以根据申请人的请求，清理下落不明人的财产，并指定案件审理期间的财产管理人。

公告期满后,人民法院判决宣告失踪的,应当同时依照民法通则第二十一条第一款的规定指定失踪人的财产代管人。”在立法过程中,有的意见提出,可以将最高人民法院这一司法解释的精神上升为法律,即在人民法院判决宣告失踪的同时就指定失踪人的财产代管人。第一,可以在不影响“配偶、成年子女、父母或者其他愿意担任财产代管人的人”自愿协商的前提下,使财产代管人具体明确。第二,在逻辑上也与本法第44条相协调。本法第44条规定,财产代管人不履行代管职责、侵害失踪人财产权益或者丧失代管能力的,失踪人的利害关系人可以向人民法院申请变更财产代管人。同时,财产代管人有正当理由的,也可以向人民法院申请变更财产代管人。

第四十三条　财产代管人应当妥善管理失踪人的财产,维护其财产权益。

失踪人所欠税款、债务和应付的其他费用,由财产代管人从失踪人的财产中支付。

财产代管人因故意或者重大过失造成失踪人财产损失的,应当承担赔偿责任。

【释义】　本条是关于财产代管人职责的规定。

关于财产代管人的职责,民法通则只是在第21条第2款规定:“失踪人所欠税款、债务和应付的其他费用,由代管人从失踪人的财产中支付。”本条在此基础上作了补充完善。

本条第1款是对财产代管人维护失踪人权益的原则规定。法律规定财产代管人制度的目的之一就是保护失踪人在下落不明状态下的财产权益,因此财产代管人应当妥善保管失踪人的财产,维护失踪人的财产利益。财产代管人负有像对待自己事务一样的注意义务,来管理失踪人的财产,既包括对失踪人财产的保管,也包括作为代理人收取失踪人的到期债权。与其他有偿的法律关系不同,财产代管人管理失踪人的财产并非合同约定,而是直接来自法律的规定，代管财产的目的也不是从中获利，该种管理财产的行为通常是无偿的。因此，本条对此规定得也较为原则，财产代管人管理失踪人的财产，只要尽到善良管理人的义务，即能够像管理自己的事务一样管理失踪人的财产，就满足了法律规定的要求。

本条第 2 款是对财产代管人履行失踪人应当履行的义务的规定。财产代管人的职责不仅仅是维护失踪人的财产权益，还包括代失踪人履行义务，即依照本条规定，从失踪人的财产中支付失踪人所欠税款、债务和应付的其他费用。《最高人民法院关于贯彻执行〈中华人民共和国民法通则〉若干问题的意见（试行）》第 31 条规定，“其他费用”，包括赡养费、扶养费、抚育费和因代管财产所需的管理费等必要的费用。

本条第 3 款是对财产代管人造成失踪人财产损失，应当承担赔偿责任的规定。代管人应当根据有利于保护失踪人财产的原则管好失踪人的财产，不得滥用代管权对失踪人的财产挥霍浪费、挪用谋利或者将失踪人的财产据为己有，侵犯失踪人的财产权益。由于失踪人的代管人从事的是一种无偿的行为，故本条规定，只有在代管人故意或者重大过失造成失踪人的财产损失时，才应当承担赔偿责任，对于一般的过失造成的损失不承担赔偿责任。存在这种情形的，在失踪人失踪期间，失踪人的利害关系人可以向人民法院请求财产代管人承担民事责任，并可以依照本法第 44 条的规定，向人民法院申请变更财产代管人。

第四十四条　财产代管人不履行代管职责、侵害失踪人财产权益或者丧失代管能力的，失踪人的利害关系人可以向人民法院申请变更财产代管人。

财产代管人有正当理由的，可以向人民法院申请变更财产代管人。

人民法院变更财产代管人的，变更后的财产代管人有权请求原财产代管人及时移交有关财产并报告财产代管情况。

【释义】 本条是关于财产代管人变更的规定。

民法通则并未对财产代管人的变更问题作出规定，对此，司法解释作了规定。《最高人民法院关于贯彻执行〈中华人民共和国民法通则〉若干问题的意见（试行）》第35条第1款规定："失踪人的财产代管人以无力履行代管职责，申请变更代管人的，人民法院比照特别程序进行审理。"第2款规定："失踪人的财产代管人不履行代管职责或者侵犯失踪人财产权益的，失踪人的利害关系人可以向人民法院请求财产代管人承担民事责任。如果同时申请人民法院变更财产代管人的，变更之诉比照特别程序单独审理。"本条规定是在综合司法解释和专家建议稿相关内容的基础上作出的。

变更财产代管人需要有法定的事由。依照本条第1款的规定，如果出现财产代管人不履行代管职责、侵害失踪人财产权益或者丧失代管能力等事由，表明该财产代管人已经不再适格，则失踪人的利害关系人就可以向人民法院申请变更财产代管人。财产代管人不履行职责，既可以表现为不行使失踪人权利，比如不收取失踪人债权，也可以表现为不履行失踪人应当履行的义务，比如清偿债务、缴纳税款等。侵害失踪人财产权益，可以表现为不当处分失踪人的财产，滥用代管权对失踪人的财产挥霍浪费，与他人恶意串通侵夺失踪人的财产等。财产代管人丧失了代管能力，可以表现为财产代管人丧失了行为能力。出现上述情形，明显对失踪人不利，甚至会严重侵害失踪人的财产利益。因此，本条第1款规定这些情况下失踪人的利害关系人可以向人民法院申请变更财产代管人。这里的利害关系人既包括失踪人的近亲属，也包括其他利害关系人，如失踪人的债权人。

财产代管人确定后，一般情况下不得变更，如果有本条第1款情形的，失踪人的利害关系人可以向人民法院申请变更财产代管人。但实践中还会出现一种情况，就是财产代管人有正当理由，比如由于工作、学习等原因离开财产所在地，无法再继续履行财产代管职责，此时，应当允许其向人民法院申请变更财产代管人。本条第 2 款对此作了明确规定。

《最高人民法院关于适用〈中华人民共和国民事诉讼法〉的解释》第 344 条第 1 款规定:“失踪人的财产代管人经人民法院指定后,代管人申请变更代管的,比照民事诉讼法特别程序的有关规定进行审理。申请理由成立的,裁定撤销申请人的代管人身份,同时另行指定财产代管人;申请理由不成立的,裁定驳回申请。”第 2 款规定:“失踪人的其他利害关系人申请变更代管的,人民法院应当告知其以原指定的代管人为被告起诉,并按普通程序进行审理。”

根据本条第 1、2 款的规定人民法院变更财产代管人后,为了方便变更后的财产代管人及时了解财产状况,更好地管理失踪人的财产,本条第 3 款明确规定,其有权请求原财产代管人及时移交有关财产并报告财产代管情况。

第四十五条　失踪人重新出现,经本人或者利害关系人申请,人民法院应当撤销失踪宣告。

失踪人重新出现,有权请求财产代管人及时移交有关财产并报告财产代管情况。

【释义】　本条是关于失踪宣告撤销的规定。

民法通则第 22 条规定:“被宣告失踪的人重新出现或者确知他的下落,经本人或者利害关系人申请,人民法院应当撤销对他的失踪宣告。”本条在此基础上修改补充。

本条第 1 款规定的是失踪宣告撤销的条件。一是失踪人重新出现。自然人因失去音讯下落不明而被宣告失踪,失踪宣告的撤销自然就要以这种状态的消除为条件。民法通则规定的是“被宣告失踪的人重新出现或者确知他的下落”,在民法总则的立法过程中,有的意见提出,确知失踪人的下落,也可以理解为失踪人重新出现。立法机关采纳了这种意见。这里失踪人重新出现的含义,即是重新得到了失踪人的音讯,从而消除了其下落不明的状态。二是经本人或者利害关系人申请。这里利害关系人的范围应当与申请宣告失踪的利害关系人范围一致,包括被申请宣告失踪人的配偶、父母、子女、兄弟姐妹、祖父母、外祖父母、孙子女、外孙子女以及其他与失踪人有民事权利义务关系的人。申请也应当向下落不明人住所地基层人民法院提出。三是撤销失踪宣告应当由人民法院作出。自然人失踪只能由人民法院依据法定程序进行宣告,因此,该宣告的撤销也应当由人民法院通过法定程序来作出。

本条第2款规定的是失踪人重新出现后的法律效果。这一规定是吸收民法总则立法专家建议稿的意见作出的。民法典维持了民法总则这一规定。理由是宣告失踪一经撤销,原被宣告失踪的自然人本人就应当恢复对自己财产的控制,财产代管人的代管职责应当相应结束,停止代管行为,移交代管的财产并向本人报告代管情况。

第四十六条　自然人有下列情形之一的,利害关系人可以向人民法院申请宣告该自然人死亡:

(一)下落不明满四年;

(二)因意外事件,下落不明满二年。

因意外事件下落不明,经有关机关证明该自然人不可能生存的,申请宣告死亡不受二年时间的限制。

【释义】　本条是关于宣告死亡的条件的规定。

民法通则第23条第1款规定:“公民有下列情形之一的,利害关系人可以向人民法院申请宣告他死亡:(一)下落不明满四年的;(二)因意外事故下落不明,从事故发生之日起满二年的。”第2款规定:“战争期间下落不明的,下落不明的时间从战争结束之日起计算。”本条第1款基本延续民法通则规定的精神,略有修改。本法第41条单列一条,统一规定下落不明的时间如何计算,即“自然人下落不明的时间自其失去音讯之日起计算。战争期间下落不明的,下落不明的时间自战争结束之日或者有关机关确定的下落不明之日起计算”。该规定不仅适用于宣告失踪的情形,也适用于宣告死亡的情形,因此,相应地在本条中不作规定。本条第 2 款是依据民事诉讼法的相关规定所作的补充。

宣告死亡是自然人下落不明达到法定期限,经利害关系人申请,人民法院经过法定程序在法律上推定失踪人死亡的一项民事制度。自然人长期下落不明会使与其相关的财产关系和人身关系处于不稳定状态,通过宣告死亡制度,可以及时了结下落不明人与他人的财产关系和人身关系,从而维护正常的经济秩序和社会秩序。宣告自然人死亡,是对自然人死亡在法律上的推定,这种推定将产生与生理死亡基本一样的法律效果,因此,宣告死亡必须具备法律规定的条件,依照本条规定,这些条件是:

第一,自然人下落不明的时间要达到法定的长度。一般情况下,下落不明的时间要满 4 年。如果是因意外事件而下落不明,下落不明的时间要满 2 年。

本法第 40 条规定,自然人下落不明满 2 年的,利害关系人可以向人民法院申请宣告该自然人为失踪人。可以看出,法律规定的宣告死亡需要满足的下落不明时间长度要求高于宣告失踪时的要求,因为在宣告失踪的情况下,只产生失踪人的财产代管以及实现债权、偿还债务等法律后果,但宣告死亡以后,还会发生继承的开始、身份关系解除等。因此宣告死亡的条件应当比宣告失踪严格,下落不明的时间应当比宣告失踪时所要求的时间长。

依照本条第 1 款第 2 项的规定,自然人因意外事件下落不明满 2 年的,利害关系人可以向人民法院申请宣告该自然人死亡。自然人因意外事件下落不明,其生存的可能性明显小于一般情况下的下落不明,因此这种情况下宣告死亡,法律要求的下落不明时间长度应当短于一般情况下宣告死亡。关于这一项的内容,民法通则的用语是“因意外事故下落不明,从事故发生之日起满二年的”。在民法总则的立法过程中,有的意见提出,意外事件比意外事故涵盖面更广,如地震等天灾,一般语言习惯上不称为事故,另外,“意外事件”一词作为法律用语更加规范,且“意外”与“事故”在一定程度上存在语义重复,因此,本条采用“意外事件”的表述。还有的意见提出,有的意外事件过程并不止一天,可能在事件发生之日,当事人尚有音讯,之后才失去音讯,民法通则“事故发生之日”的规定并不妥当,还是适用下落不明的一般起算标准为好。因此,本条第1款第2项表述为“因意外事件,下落不明满二年”。民法典维持了民法总则的这一规定。

本条第2款是对第1款第2项的补充规定。依照这一规定,对于因意外事件下落不明的自然人,如果与该意外事件有关的机关证明该自然人不可能生存的,利害关系人就可以据此申请宣告该自然人死亡,而不必等到下落不明满2年。民法通则没有这一规定。1991年制定的民事诉讼法就已经对这种情形作了补充,民事诉讼法第184条第1款规定:“公民下落不明满四年,或者因意外事故下落不明满二年,或者因意外事故下落不明,经有关机关证明该公民不可能生存,利害关系人申请宣告其死亡的,向下落不明人住所地基层人民法院提出。”境外也有这种立法例,如《瑞士民法典》第34条规定,失踪的人,只要是在使他人对其死亡确信无疑的情况下失踪的,即使未发现其尸体,亦视其死亡已得证实。

第二,必须要由利害关系人提出申请。此处所说的利害关系人,可以参考宣告失踪制度中的利害关系人范围。总的来说,这里的利害关系人应当是与被宣告人是生存还是死亡的法律后果有利害关系的人。依照民事诉讼法第184条的规定,利害关系人申请宣告其死亡的,向下落不明人住所地基层人民法院提出。申请书应当写明下落不明的事实、时间和请求,并附有公安机关或者其他有关机关关于该公民下落不明的书面证明。

对于可以向人民法院申请宣告死亡的利害关系人,要不要有顺序上的限制,《最高人民法院关于贯彻执行〈中华人民共和国民法通则〉若干问题的意见(试行)》第25条第1款规定:“申请宣告死亡的利害关系人的顺序是:(一)配偶;(二)父母、子女;(三)兄弟姐妹、祖父母、外祖父母、孙子女、外孙子女；(四)其他有民事权利义务关系的人。”对于这一规定，历来存在争议。反对意见认为，法律不应当规定申请宣告死亡的顺序，因为如果顺序在先的当事人不申请，则失踪人长期不能被宣告死亡，使得与其相关的法律关系长期不能稳定，如继承不能发生、遗产不能分割等，对利害关系人的利益损害很大，与法律规定宣告死亡制度的初衷相悖。在立法过程中，这种意见较为普遍，因此，本章没有规定利害关系人申请宣告死亡的顺序。

第三，只能由人民法院经过法定程序，宣告自然人死亡。依照民事诉讼法的规定，人民法院审理宣告死亡案件，适用民事诉讼法关于特别程序的规定。人民法院受理宣告死亡案件后，应当发出寻找下落不明人的公告，公告期间为 1 年。因意外事故下落不明，经有关机关证明该公民不可能生存的，宣告死亡的公告期间为 3 个月。公告期间届满，人民法院应当根据被宣告死亡的事实是否得到确认，作出宣告死亡的判决或者驳回申请的判决。

第四十七条　对同一自然人，有的利害关系人申请宣告死亡，有的利害关系人申请宣告失踪，符合本法规定的宣告死亡条件的，人民法院应当宣告死亡。

【释义】　本条是关于宣告死亡和宣告失踪的关系的规定。

民法通则没有关于本条内容的规定。《最高人民法院关于贯彻执行〈中华人民共和国民法通则〉若干问题的意见(试行)》第 29 条规定：“宣告失踪不是宣告死亡的必经程序。公民下落不明，符合申请宣告死亡的条件，利害关系人可以不经申请宣告失踪而直接申请宣告死亡。但利害关系人只申请宣告失踪的，应当宣告失踪；同一顺序的利害关系人，有的申请宣告死亡，有的不同意宣告死亡，则应当宣告死亡。”宣告死亡和宣告失踪都是基于自然人下落不明，为了维护社会经济关系的稳定而设立的法律制度，二者都以被宣告人下落不明达到一定法定期间为前提，都需要利害关系人提出宣告申请,并且都由人民法院作出宣告的判决。但是,宣告死亡与宣告失踪在法律后果上又存在明显差异。一般来说,宣告死亡与自然死亡的法律效力相同,不但影响被宣告人财产的处分,而且也影响与其相关的身份关系,如夫妻关系与父母子女关系,同时,其遗产继承开始,其遗嘱也发生效力;宣告失踪的法律后果是为其设定财产代管人,只发生财产方面的影响而不会影响到身份关系的变化。最高人民法院司法解释体现的精神,多年来为各方面普遍接受,即宣告死亡并不以宣告失踪为前提。境外也有同样的立法例,如《意大利民法典》第58条第3款规定,即使没有经过宣告失踪程序也可以进行死亡宣告。因此,本条为明确宣告死亡和宣告失踪的关系,将相关司法解释的规定上升为法律。

第四十八条　被宣告死亡的人,人民法院宣告死亡的判决作出之日视为其死亡的日期;因意外事件下落不明宣告死亡的,意外事件发生之日视为其死亡的日期。

【释义】 本条是关于被宣告死亡的人死亡日期如何确定的规定。

民法通则没有关于本条内容的规定。宣告死亡是人民法院经利害关系人的申请,按照法定程序推定下落不明的公民死亡的法律制度。这种推定的一项重要内容,就是推定被宣告死亡人死亡的日期。一般来说,宣告死亡与自然死亡的法律效力相同,如何推定被宣告死亡的自然人的死亡日期涉及继承的开始、身份关系解除等,如遗产的具体范围、继承人的具体范围、遗嘱效力之发生时间以及代位继承是否发生等遗产继承有关重大事项,具有重要的法律意义,法律应当对此作出规定。

关于宣告死亡日期的推定,有不同的立法例。有的规定为申请宣告死亡所需的下落不明法定期间届满的时间,《日本民法典》、我国台湾地区"民法"属于这种情况;有的规定为死亡宣告作出的日期,如《西班牙民法典》规定,失踪者被宣告死亡则停止合法失踪的状态,但是推定失踪者存活至死亡宣告作出之时,除非有相反的调查结果。在立法过程中,学者提交的建议稿对这两种模式都有所采用,反映了民法学界在此问题上的不同意见。

《最高人民法院关于贯彻执行〈中华人民共和国民法通则〉若干问题的意见(试行)》第36条中规定:“被宣告死亡的人,判决宣告之日为其死亡的日期。”体现了前述第二种立法模式。有的意见提出,最高人民法院司法解释施行多年,如无重大理由,立法应当保持实务操作的延续性。而且,人民法院宣告死亡的判决具有很强的宣示性,易被接受。另外,很多情况是利害关系人多年之后才申请宣告死亡,这时如将被宣告人死亡日期推定为多年以前,物是人非,可能给相关法律关系带来不必要的扰动。因此,本条规定,被宣告死亡的人,人民法院宣告死亡的判决作出之日视为其死亡的日期。

本条分号后面一句,是在第十二届全国人民代表大会第五次会议审议《中华人民共和国民法总则(草案)》过程中,在建议表决稿上才增加的规定。民法总则草案三审稿第46条规定,被宣告死亡的人,人民法院判决确定的日期视为其死亡的日期;判决未确定死亡日期的,判决作出之日视为其死亡的日期。这一规定在提请第十二届全国人民代表大会第五次会议审议的《中华人民共和国民法总则(草案)》中未作改动。代表审议过程中,有的意见提出,被宣告死亡的人死亡日期的推定事关重大,法律的规定应当具体明确,不应当赋予法院过大的自由裁量权,况且被申请宣告死亡的人生不见人死不见尸,法院行使自由裁量权本身也缺乏说服力。因此,在提交法律委员会审议的草案修改稿中曾提出过一个方案,删去前面一句,直接规定“被宣告死亡的人,人民法院宣告死亡的判决作出之日视为其死亡的日期”。又有意见提出,这样规定太过绝对,没有一点灵活性也不好。因此,正式提出的供代表再次审议的草案修改稿又恢复了原来的规定。在审议草案修改稿过程中,有的意见提出,对于因意外事件下落不明宣告死亡的情形,被申请宣告死亡的人真正死亡的概率很大,这一点大家是有共识的,有一些境外立法例也规定,对于这种情形法院可以联系意外事件的发生时间来作出死亡日期的推定。2015年公布的《最高人民法院关于适用〈中华人民共和国保险法〉若干问题的解释(三)》第24条规定:"投保人为被保险人订立以死亡为给付保险金条件的保险合同,被保险人被宣告死亡后,当事人要求保险人按照保险合同约定给付保险金的,人民法院应予支持。被保险人被宣告死亡之日在保险责任期间之外,但有证据证明下落不明之日在保险责任期间之内,当事人要求保险人按照保险合同约定给付保险金的,人民法院应予支持。"这个规定在一定程度上也体现了这种精神。因此,草案建议表决稿就作出了本条的规定。最后,对是规定意外事件发生之日,还是规定意外事件结束之日曾有过讨论。有的意见提出,一些意外事件的过程并不止一日,应当规定意外事件结束之日。有的意见提出,意外事件发生之日与意外事件结束之日,被申请宣告死亡的人死亡概率差别并非悬殊,如规定意外事件结束之日,对于类似马航事件这种难下结论的意外事件来说,会生出何时作为意外事件结束之日的争论。因此,民法总则最终规定意外事件发生之日视为死亡的日期。民法典维持民法总则的这一规定不变。

第四十九条　自然人被宣告死亡但是并未死亡的,不影响该自然人在被宣告死亡期间实施的民事法律行为的效力。

【释义】　本条是关于被宣告死亡但并未死亡的自然人实施的民事法律行为效力的规定。

关于本条内容,民法通则第24条第2款规定:"有民事行为能力人在被宣告死亡期间实施的民事法律行为有效。"《最高人民法院关于贯彻执行〈中华人民共和国民法通则〉若干问题的意见(试行)》第36条第2款规定:"被宣告死亡和自然死亡的时间不一致的,被宣告死亡所引起的法律后果仍然有效,但自然死亡前实施的民事法律行为与被宣告死亡引起的法律后果相抵触的,则以其实施的民事法律行为为准。”

宣告死亡是人民法院经利害关系人的申请，按照法定程序推定下落不明的公民死亡的法律制度，因此，自然人被宣告死亡从本质上讲是一种拟制的死亡，有可能本人并没有自然死亡或者说真正死亡。这个被宣告死亡但并未真正死亡的自然人，可能在被宣告死亡期间还在从事民事活动，包括吃穿住行等各种活动。如果因为他已经被宣告死亡了，就不承认他所从事的民事法律行为的效力，无疑是不合情理的，也不利于维护交易安全和社会经济秩序。因此，本条规定，自然人被宣告死亡但是并未死亡的，不影响该自然人在被宣告死亡期间实施的民事法律行为的效力。

如果并未死亡的自然人从事的民事活动与被宣告死亡的法律后果不相关联，没有冲突的情况，则一般不会产生法律问题。比如，自然人被宣告死亡，其财产被依法继承，而该自然人并未死亡，生活在别处，购买食物，租住房屋，这些法律关系互不相干，皆属有效。但也有可能发生的情况是产生了冲突，相互抵触。如在并未死亡的自然人被宣告死亡期间，其配偶和本人都将同一房屋或者其他财产出卖。对此，按照前述司法解释提出的办法，本人实施的民事法律行为与被宣告死亡引起的法律后果相抵触的，以其实施的民事法律行为为准。立法过程中，在这个问题上存在争议，该问题涉及各种情况和因素，比较复杂。单就本人实施的民事法律行为与被宣告死亡引起的民事法律行为相抵触的情况来说，两种民事法律行为是否都应当有效，如果都属有效，哪一个优先，等等。有的还提出，在最高人民法院解决一般情况下一物二卖问题的有关司法解释中，涉及标的物的登记或者交付、价款的支付、合同订立的时间等多种因素，由宣告死亡引发的相关问题能否按照普通一物二卖的问题处理。鉴于对此问题争议较大，本条对此未作具体规定，留待司法实践继续总结经验。

第五十条　被宣告死亡的人重新出现，经本人或者利害关系人申请，人民法院应当撤销死亡宣告。

【释义】 本条是关于撤销死亡宣告的规定。

宣告死亡本是基于自然人生死不明的情况，经利害关系人申请，人民法院通过法定程序确定的一种拟制状态。被宣告死亡属于推定的死亡，在被宣告死亡的人确定没有死亡的情况下，宣告死亡的基础即不存在，撤销对其所作的死亡宣告，乃当然之理。

民法通则第24条第1款规定："被宣告死亡的人重新出现或者确知他没有死亡，经本人或者利害关系人申请，人民法院应当撤销对他的死亡宣告。"本条在此基础上只是作了文字修改。有的意见提出，"重新出现"已经包括了确知没有死亡的情况，从立法严谨角度无须重复规定。民事诉讼法第186条规定，被宣告死亡的公民重新出现，经本人或者利害关系人申请，人民法院应当作出新判决，撤销原判决。宣告死亡是人民法院经过法定程序作出的，具有宣示性和公信力，产生相应的法律后果。即使被宣告人事实没有死亡，也不能在重新出现后当然使得与其相关的民事法律关系恢复到原来的状态，而必须经本人或者利害关系人申请，同样由人民法院通过法定程序，作出新判决，撤销原判决。

第五十一条　被宣告死亡的人的婚姻关系，自死亡宣告之日起消除。死亡宣告被撤销的，婚姻关系自撤销死亡宣告之日起自行恢复。但是，其配偶再婚或者向婚姻登记机关书面声明不愿意恢复的除外。

【释义】 本条是关于宣告死亡与撤销死亡宣告对婚姻关系法律效果的规定。

关于本条内容，民法通则未作规定。《最高人民法院关于贯彻执行〈中华人民共和国民法通则〉若干问题的意见（试行）》第37条规定："被宣告死亡的人与配偶的婚姻关系，自死亡宣告之日起消灭。死亡宣告被人民法院撤销，如果其配偶尚未再婚的，夫妻关系从撤销死亡宣告之日起自行恢复；如果其配偶再婚后又离婚或者再婚后配偶又死亡的，则不得认定夫妻关系自行恢复。"最高人民法院这一司法解释精神,与境外多数立法例一致,也符合情理。少数国家如德国,规定被宣告死亡的人与配偶的婚姻关系,并不是自死亡宣告之日起消灭,而是自配偶再婚时消灭。对于死亡宣告被撤销,而其配偶又尚未再婚的,如果不规定婚姻关系自行恢复,那么想恢复的还要再办理结婚手续,考虑到宣告死亡制度与婚姻之基础并无多大关涉,而且还有尚未再婚的情形,这样处理既不合情理,也无必要,故不想恢复的应办理离婚手续。

民法总则草案征求意见稿第46条基本采纳司法解释的内容,规定:“被宣告死亡的人与配偶的婚姻关系,自死亡宣告之日起消灭。死亡宣告被撤销时,其配偶未再婚的,夫妻关系自撤销死亡宣告之日起自行恢复;其配偶再婚的,夫妻关系不自行恢复。”其后,有的意见提出,死亡宣告被撤销后,其配偶虽未再婚,如果日久年深,不愿意恢复婚姻关系,没有必要一定要先恢复,再去走离婚程序。因此,提请常委会审议的一审稿第47条就修改为:“被宣告死亡的人与配偶的婚姻关系,自死亡宣告之日起消灭。死亡宣告被撤销,其配偶未再婚的,夫妻关系自撤销死亡宣告之日起自行恢复,任何一方不愿意自行恢复的除外;其配偶再婚的,夫妻关系不自行恢复。”二审稿略作修改,第49条规定:“被宣告死亡的人的婚姻关系,自死亡宣告之日起消灭。死亡宣告被撤销的,夫妻关系自撤销死亡宣告之日起自行恢复,但其配偶再婚或者不愿意恢复的除外。”立法过程中各方面对二审稿这条规定提出一些意见,其中包括如何认定配偶不愿意恢复,很难把握,不好操作。于是三审稿第49条又修改为:“被宣告死亡的人的婚姻关系,自死亡宣告之日起消灭。死亡宣告被撤销的,夫妻关系自撤销死亡宣告之日起自行恢复,但是其配偶再婚或者向婚姻登记机关声明不愿意恢复的除外。”对此,又有意见提出,婚姻登记机关没有接受这种声明的程序,如何声明,似缺乏可操作性。为了回应这一意见,将这一条中的“声明”修改为“书面声明”。民法典维持民法总则的这一规定不变。

第五十二条　被宣告死亡的人在被宣告死亡期间，其子女被他人依法收养的，在死亡宣告被撤销后，不得以未经本人同意为由主张收养行为无效。

【释义】 本条是关于撤销死亡宣告后如何处理宣告死亡期间的收养关系的规定。

关于本条内容，民法通则未作规定。《最高人民法院关于贯彻执行〈中华人民共和国民法通则〉若干问题的意见（试行）》第 38 条规定："被宣告死亡的人在被宣告死亡期间，其子女被他人依法收养，被宣告死亡的人在死亡宣告被撤销后，仅以未经本人同意而主张收养关系无效的，一般不应准许，但收养人和被收养人同意的除外。"本条基本上就是将该司法解释的内容上升为法律。

本法第 1111 条规定，自收养关系成立之日起，养父母与养子女间的权利义务关系，适用本法关于父母子女关系的规定；养子女与养父母的近亲属间的权利义务关系，适用本法关于子女与父母的近亲属关系的规定。养子女与生父母以及其他近亲属间的权利义务关系，因收养关系的成立而消除。依法产生的收养关系受法律承认和保护，没有法定事由不得主张无效或者擅自解除。关于收养有效或无效的认定，第 1113 条规定，有本法第一编关于民事法律行为无效规定情形或者违反本编规定的收养行为无效。无效的收养行为自始没有法律约束力。第 1097 条规定，生父母送养子女，应当双方共同送养。生父母一方不明或者查找不到的，可以单方送养。被宣告死亡的人在被宣告死亡期间，在法律上与子女的亲权关系已经消灭，故不存在经其同意的问题。因此，本条规定，被宣告死亡的人在死亡宣告被撤销后，不得以未经本人同意为由主张收养关系无效。至于司法解释规定的收养人和被收养人同意的情况，已属于另外协商的问题。

第五十三条　被撤销死亡宣告的人有权请求依照本法第六编取得其财产的民事主体返还财产；无法返还的，应当给予适当补偿。

利害关系人隐瞒真实情况，致使他人被宣告死亡而取得其财产的，除应当返还财产外，还应当对由此造成的损失承担赔偿责任。

【释义】　本条是关于撤销死亡宣告后返还财产的规定。

民法通则第25条规定："被撤销死亡宣告的人有权请求返还财产。依照继承法取得他的财产的公民或者组织，应当返还原物；原物不存在的，给予适当补偿。"本条第1款与民法通则的规定大体一致。关于在被宣告死亡的人重新出现，死亡宣告被撤销后，取得其财产的人是否应当返还财产，在民法总则的立法过程中，有的意见认为，撤销死亡宣告的法律后果当然包括财产关系应当恢复原状，不管是因为继承、受遗赠，还是其他原因取得的财产，都应当向被撤销死亡宣告的人返还。有的意见认为，因宣告死亡而取得财产的人并无过错，其是依照法律规定合法取得了被宣告死亡人的财产，原则上应当以不返还为原则。比如，本法继承编规定，继承遗产应当清偿被继承人依法应当缴纳的税款和债务，这种财产本应支付，即使死亡宣告被撤销也无返还之理。再如，第三人从继承人那里合法取得原属被宣告死亡人所有的财产的，从维护交易秩序的角度，也不应要求其返还。《最高人民法院关于贯彻执行〈中华人民共和国民法通则〉若干问题的意见（试行）》第40条就规定："被撤销死亡宣告的人请求返还财产，其原物已被第三人合法取得的，第三人可不予返还。但依继承法取得原物的公民或者组织，应当返还原物或者给予适当补偿。"规定依继承法取得财产的人返还财产，主要是出于情理平衡双方的利益。一方面，被宣告死亡的人重新出现，财产可以继承的推定被推翻；另一方面，继承人乃是无偿取得财产，故而规定被撤销死亡宣告的人有权请求其返还财产。但是，进一步来说，继承人取得财产毕竟是因宣告死亡而起，属于合法取得，也自然将其作为自己的财产而使用、消费，乃至损毁，以致不能返还。如规定这种情况下继承人应当按原值折价补偿，于情理不合，甚至有的意见建议规定此时只应当返还财产的尚存利益。因此，本条第1款规定，被撤销死亡宣告的人有权请求依照本法第6编取得其财产的民事主体返还财产。无法返还的，应当给予适当补偿。

本条第2款源于《最高人民法院关于贯彻执行〈中华人民共和国民法通则〉若干问题的意见（试行）》第39条，该条规定："利害关系人隐瞒真实情况使他人被宣告死亡而取得其财产的，除应返还原物及孳息外，还应对造成的损失予以赔偿。"鉴于前述本条第1款规定的理由，如果自然人被宣告死亡乃是利害关系人隐瞒真实情况所导致，并且该利害关系人还因之获得利益，取得被宣告死亡人的财产，则该利害关系人存在过错，其取得财产带有非法性，不但不应受到利益上的保护，而且还应当承担相应的责任。因此，本条第2款规定，利害关系人隐瞒真实情况，致使他人被宣告死亡而取得其财产的，除应当返还财产外，还应当对由此造成的损失承担赔偿责任。

第四节　个体工商户和农村承包经营户

第五十四条　自然人从事工商业经营，经依法登记，为个体工商户。个体工商户可以起字号。

【释义】 本条是关于个体工商户的规定。

在民法总则起草过程中，对民法通则第2章第4节个体工商户和农村承包经营户的内容，在民法总则中是否继续作出规定，有不同意见。民法通则对"两户"的规定共有4条：第26条规定，公民在法律允许的范围内，依法经核准登记，从事工商业经营的，为个体工商户。个体工商户可以起字号。第27条规定，农村集体经济组织的成员,在法律允许的范围内,按照承包合同规定从事商品经营的,为农村承包经营户。第 28 条规定,个体工商户、农村承包经营户的合法权益,受法律保护。第 29 条规定,个体工商户、农村承包经营户的债务,个人经营的,以个人财产承担;家庭经营的,以家庭财产承担。

有的意见提出,个体工商户、农村承包经营户是历史的产物,是自然人以户的名义从事民事活动,将其作为单独的自然人主体类型没有必要,因此不应再规定"两户"的内容。

经研究认为,个体工商户和农村承包经营户是具有中国特色的民事主体。从改革开放四十多年的实践看,规定"两户"符合中国国情,个体工商户和农村承包经营户对解放生产力、促进我国经济社会发展及扩大就业发挥了重要作用。目前,我国登记的个体工商户数量庞大,截至 2019 年年底已达 8261 万余户,其在经济生活中扮演着重要角色,已成为大众创业的重要主体。农村承包经营户是我国实行家庭承包经营为基础、统分结合的双层经营体制的重要载体之一,其民事主体资格问题直接涉及 2.3 亿多农户的权益,且家庭承包经营是以家庭为生产经营单位,不同于一般的自然人主体,保留农村承包经营户这一民事主体仍具有重要的制度意义和现实意义。据此,民法总则中仍专节规定了个体工商户和农村承包经营户。

还有意见建议,在非法人组织一章规定个体工商户、农村承包经营户。经研究认为,就个体工商户而言,其与法人和非法人组织的最大区别就是不具有组织性。首先,个体工商户没有"设立"过程,不存在"出资"行为,法律也不要求个体工商户一定要具有"字号"或"名称"。其次,个体工商户经登记机关登记的经营场所只能为一处,不得设立分支机构。再次,个体工商户的经营形式仅包括个人经营和家庭经营,进行工商业经营的自然人本身须参与具体经营活动;在家庭经营的情况下,"家庭"不是作为进行经营活动的"组织"出现。最后,个体工商户缴纳的税种是个人所得税。就农村承包经营户而言,也不具有组织性。农村承包经营户不存在设立过程,没有出资行为,无须具有名称或字号,没有企业组织形式。农民个人不能自由组织形成农户,而只能依据血缘、婚姻等因素形成家庭,进而成为农村土地承包经营户。因此,个体工商户和农村承包经营户的非组织性使其不宜规定在“非法人组织”一章中。民法典维持了民法总则的规定。

(一)个体工商户的基本情况

2019年年底,全国实有个体工商户8261万户,其中本年新登记个体工商户1621.8万户。自2011年以来,全国个体工商户实现了户数、从业人员和资金的持续增长。

(二)个体工商户的登记

有经营能力的自然人,经市场监督管理部门登记,领取个体工商户营业执照,从事工商业经营的,可以成为个体工商户。

2016年2月6日修订的《个体工商户条例》和2019年8月8日国家市场监督管理总局修订的《个体工商户登记管理办法》对个体工商户的登记作了具体规定:

1. 登记机关

市场监督管理部门是个体工商户的登记管理机关。国家市场监督管理总局主管全国的个体工商户登记管理工作。省、自治区、直辖市市场监督管理部门和设区的市(地区)市场监督管理部门负责本辖区的个体工商户登记管理工作。县、自治县、不设区的市、市辖区市场监督管理部门为个体工商户的登记机关,负责本辖区内的个体工商户登记。登记机关可以委托其派出机构办理个体工商户登记。

2. 申请登记

国家对个体工商户实行市场平等准入、公平待遇的原则。申请办理个体工商户登记,申请登记的经营范围不属于法律、行政法规禁止进入的行业的,登记机关应当依法予以登记。个体工商户可以个人经营,也可以家庭经营。个人经营的,以经营者本人为申请人;家庭经营的,以家庭成员中主持经营者为申请人。申请登记为个体工商户,应当向经营场所所在地登记机关申请注册登记。申请人应当提交登记申请书、身份证明和经营场所证明。

3. 登记事项

个体工商户登记事项包括经营者姓名和住所、组成形式、经营范围、经营场所。个体工商户使用名称的,名称作为登记事项。

经营者姓名和住所,是指申请登记为个体工商户的公民姓名及其户籍所在地的详细住址。组成形式,包括个人经营和家庭经营。家庭经营的,参加经营的家庭成员姓名应当同时备案。经营范围,是指个体工商户开展经营活动所属的行业类别。登记机关根据申请人申请,参照《国民经济行业分类》中的类别标准,登记个体工商户的经营范围。经营场所,是指个体工商户营业所在地的详细地址。个体工商户经登记机关登记的经营场所只能为一处。申请注册登记或者变更登记的登记事项属于依法须取得行政许可的,应当向登记机关提交许可证明。

4. 办理登记

登记机关对申请材料依法审查后,按照下列规定办理:(1)申请材料齐全、符合法定形式的,当场予以登记,并发给申请人准予登记通知书;申请材料不齐全或者不符合法定形式要求的,当场告知申请人需要补正的全部内容。(2)需要对申请材料的实质性内容进行核实的,依法进行核查,并自受理申请之日起15日内作出是否予以登记的决定。(3)不符合个体工商户登记条件的,不予登记并书面告知申请人,说明理由,告知申请人有权依法申请行政复议、提起行政诉讼。予以注册登记的,登记机关应当自登记之日起10日内发给个体工商户营业执照。

5. 变更、注销登记

个体工商户登记事项变更的,应当向登记机关申请办理变更登记。个体工商户变更经营者的,应当在办理注销登记后,由新的经营者重新申请办理注册登记。家庭经营的个体工商户在家庭成员间变更经营者的,依照前款规定办理变更手续。个体工商户不再从事经营活动的,应当到登记机关办理注销登记。

（三）从事工商业经营的范围

对个体工商户从事“工商业经营”的范围应当从广义上理解。只要是不属于法律、行政法规禁止进入的行业，个体工商户均可进入并开展经营活动。实践中个体工商户从事经营的领域主要有：批发和零售业，住宿和餐饮业，居民服务、修理和其他服务业，制造业，农、林、牧、渔业，交通运输、仓储和邮政业，租赁和商务服务业，信息传输、软件和信息技术服务业，文化、体育和娱乐业，科学研究和技术服务业，建筑业，卫生和社会工作，房地产业，教育，采矿业，电力、热力、燃气及水生产和供应业，水利、环境和公共设施管理业，金融业等行业。

（四）个体工商户的名称与字号

个体工商户可以使用名称，也可以不使用名称。个体工商户决定使用名称的，应当向登记机关提出申请，经核准登记后方可使用。一户个体工商户只能使用一个名称。

个体工商户名称由行政区划、字号、行业、组织形式依次组成。个体工商户名称中的行政区划是指个体工商户所在县（市）和市辖区名称。行政区划之后可以缀以个体工商户经营场所所在地的乡镇、街道或者行政村、社区、市场名称。

经营者姓名可以作为个体工商户名称中的字号使用。个体工商户名称中的行业应当反映其主要经营活动内容或者经营特点。个体工商户名称组织形式可以选用“厂”“店”“馆”“部”“行”“中心”等字样，但不得使用“企业”“公司”“农民专业合作社”字样。

第五十五条　农村集体经济组织的成员，依法取得农村土地承包经营权，从事家庭承包经营的，为农村承包经营户。

【释义】 本条是关于农村承包经营户的规定。

本条规定在民法通则的基础上，根据土地承包经营权由合同性质及债权保护强化为物权性质及物权保护的演进，作了修改完善。

实行以家庭承包经营为基础、统分结合的双层经营体制，是我国改革开放历史新时期的重要标志性举措，是我国农村改革的重大成果，是我国宪法确立的农村基本经营制度。多年来的农村改革的实践证明，实行家庭承包经营，符合生产关系要适应生产力发展要求的规律，使农户获得了充分的经营自主权，充分调动了亿万农民的生产积极性，极大地解放和发展了农村生产力，实现了我国农业的巨大发展和农村经济的全面繁荣。

家庭承包经营是集体经济组织内部的一个经营层次，是双层经营体制的基础。实行家庭承包经营，符合农业生产的特点，可以使农户根据自然条件、市场需求和效益原则等因素，确定农业生产的品种、结构和项目，广泛采用农业新品种、新技术，进行农业结构调整，使农民成为农业生产经营的独立的市场主体。实行家庭承包经营，使农户的利益与生产发展密切相关，有效地激发了广大农民对土地长效投入的热情。改良土壤、兴建农田水利设施和购置农机具已成为农户的积极选择。有效利用土地，以科学技术发展生产已成为广大农民内在持久的动力，促进了我国农业的可持续发展。

保持农村土地承包关系稳定并长久不变，赋予农民更加充分而有保障的土地权利，关系到我国广大农民生存和发展的权利，关系到我国农业的持续发展、农村经济的繁荣和农村社会的和谐稳定。对于这样一个重大问题，无疑需要由法律制度来保障。

我国对土地承包经营权保护的立法有一个发展和完善的过程。改革开放后，根据改革开放和社会经济发展的实际情况，我国于1986年制定了民法通则。这部法律第一次在民事法律中作出了土地承包经营权受法律保护的规定，即公民、集体依法对集体所有的或者国家所有由集体使用的土地、森林、山岭、草原、荒地、滩涂、水面的承包经营权，受法律保护。承包双方的权利和义务，依照法律由承包合同规定。这一内容规定在“财产所有权和与财产所有权有关的财产权”一节中，但承包双方的权利和义务，仍由承包合同约定。此后颁布的土地管理法、农业法等其他法律对土地承包经营权所作的规定，也多局限于承包合同的角度。这些法律规定，对完善土地承包经营制度，规范承包关系双方的权利义务发挥了积极作用，但也不可避免地有着历史局限性，仍不能从根本上解决合同约束效力较低所带来的承包经营权容易受到侵害的问题。

1993年，党的十四届三中全会作出了建立社会主义市场经济体制的决定。1998年，党的十五届三中全会明确提出，要抓紧制定确保农村土地承包关系长期稳定的法律法规，赋予农民长期而有保障的土地使用权，为土地承包经营权保护方面的立法提供了指导方针。1999年的宪法修正案在1993年修正案的基础上进一步明确规定：“农村集体经济组织实行家庭承包经营为基础、统分结合的双层经营体制。”2002年8月，第九届全国人民代表大会常务委员会第二十九次会议审议通过了农村土地承包法。这部法律遵循社会主义市场经济的规律，按照党的十五届三中全会“赋予农民长期而有保障的土地使用权”的要求，以宪法为依据，从物权的角度对土地承包经营权作了规定。其内容涉及家庭承包发包方和承包方的权利和义务、承包的原则和程序、承包期限和承包合同、土地承包经营权的保护、土地承包经营权的流转，以及其他方式的承包、争议的解决和法律责任等方面。农村土地承包法的一系列规定，体现了土地承包经营权物权化的指导思想，但没有明确使用“用益物权”这个概念。

2007年3月16日，物权法经过第十届全国人民代表大会第五次会议审议通过。物权法在用益物权编中专章规定了土地承包经营权，将其作为物权中的重要权利。物权法将土地承包经营权作为用益物权，土地承包经营权人依法对其承包经营的耕地、林地、草地等享有占有、使用和收益的权利，有权从事种植业、林业、畜牧业等农业生产。土地承包经营权人在集体所有的土地上，对承包地享有占有、使用和收益的权利，体现了用益物权的基本特征和土地承包经营权人的基本权利。

党的十八大以来,以习近平同志为核心的党中央对稳定和完善农村基本经营制度、深化农村集体土地制度改革,提出一系列方针政策。2013 年 7 月,习近平总书记在武汉农村综合产权交易所调研时指出,深化农村改革,完善农村基本经营制度,要好好研究农村土地所有权、承包权、经营权三者之间的关系;在 2013 年的中央农村工作会议上指出,顺应农民保留土地承包权、流转土地经营权的意愿,把农民土地承包经营权分为承包权和经营权,实现承包权和经营权分置并行,这是我国农村改革的又一次重大创新。随后党中央、国务院出台了一系列关于三权分置的文件。根据中央政策精神,2018 年 12 月,第十三届全国人民代表大会常务委员会第七次会议通过了《关于修改〈中华人民共和国农村土地承包法〉的决定》,在法律中体现和落实了三权分置改革的精神。

农村土地承包法第 3 条明确规定:"国家实行农村土地承包经营制度。农村土地承包采取农村集体经济组织内部的家庭承包方式,不宜采取家庭承包方式的荒山、荒沟、荒丘、荒滩等农村土地,可以采取招标、拍卖、公开协商等方式承包。"第 5 条规定:"农村集体经济组织成员有权依法承包由本集体经济组织发包的农村土地。"第 16 条第 1 款规定:"家庭承包的承包方是本集体经济组织的农户。"从这些规定可以看出,家庭承包方式,是指以农村集体经济组织的每一个农户家庭全体成员为一个生产经营单位,作为承包人与发包人建立承包关系,承包耕地、林地、草地等用于农业的土地。

农村土地家庭承包的承包方是本集体经济组织的农户。农户是农村中以血缘和婚姻关系为基础组成的农村最基本的社会单位。它既是独立的生活单位,又是独立的生产单位。作为生产单位的农户,一般是依靠家庭成员的劳动进行农业生产与经营活动的。对农村土地实行家庭承包的,农户成为农村集体经济中一个独立的经营层次,是农村从事生产经营活动的基本单位。以户为生产经营单位，与一般的自然人个人作为民事主体有所区别，但又不同于非法人组织这类民事主体。因此法律对其单独进行规定，即农村集体经济组织的成员，依法取得农村土地承包经营权，从事家庭承包经营的，为农村承包经营户。

承包是以“户”为单位进行。土地承包合同由“户”的代表与发包方签订，土地承包经营权证书按户制作并颁发。在家庭承包的情况下，农户是交易活动的主体，其信用建立在家庭信用的基础上，发包方或交易相对一方也以农户家庭为对象，与其从事交易活动。农户也是以户的财产承担责任，以确保义务的履行。从这个角度讲，以户为经营单位符合我国农村的实际情况，有利于农村经济活动的进行。

需要进一步说明的是：第一，家庭承包中，是按人人有份分配承包地，按户组成一个生产经营单位作为承包方；第二，本集体经济组织的农户作为承包方，主要是针对耕地、草地和林地等适宜家庭承包的土地的承包；第三，农户内的成员分家析产的，单独成户的成员可以对原家庭承包的土地进行分别耕作，但承包经营权仍是一个整体，不能分割。

第五十六条　个体工商户的债务，个人经营的，以个人财产承担；家庭经营的，以家庭财产承担；无法区分的，以家庭财产承担。

农村承包经营户的债务，以从事农村土地承包经营的农户财产承担；事实上由农户部分成员经营的，以该部分成员的财产承担。

【释义】　本条是关于个体工商户、农村承包经营户债务承担的规定。

（一）个体工商户的债务承担

个体工商户既可以个人经营，也可以家庭经营。个体工商户的债务，个人经营的，以个人财产承担；家庭经营的，以家庭财产承担。对于实践中无法区分是个人经营还是家庭经营,应根据是个人投资还是家庭投资,是个人享用经营收益还是家庭共同享用经营收益,进而确定债务是以个人财产承担,还是以家庭财产承担,司法实践中一般有以下认定标准:一是以公民个人名义申请登记的个体工商户,用家庭共有财产投资,或者收益的主要部分供家庭成员享用的,其债务应以家庭共有财产清偿。二是夫妻关系存续期间,一方从事个体经营,其收入为夫妻共有财产,债务亦应以夫妻共有财产清偿。此外,个体工商户的债务,如以其家庭共有财产承担责任,应当保留家庭成员的生活必需品和必要的生产工具。

(二)农村承包经营户的债务承担

在承包期内,无论承包户内人口发生怎样的变化,是增是减,只要作为承包户的家庭还存在,承包户仍然是一个生产经营单位。在承包经营活动中,无论是全体家庭成员从事生产经营劳动和经营活动,还是部分家庭成员从事生产经营劳动和经营活动,另一部分家庭成员从事其他职业或者家务劳动,农户仍然是一个对外承担责任的主体。考虑到随着我国城乡经济结构的调整和城镇化的发展,农村剩余劳动力向城镇的转移会不断增加,有的家庭成员进城务工就业,分门立户,已完全不参与家庭土地承包经营,也不分享承包家庭的收益,在这种情况下,可以不再承担原所在家庭承包经营的债务。因此本条规定,"事实上由农户部分成员经营的,以该部分成员的财产承担"。需要指出的是,在实践中,这一规定要严格掌握,防止借本条规定逃避应承担的债务。

第三章　法　　人

法人是具有民事权利能力和民事行为能力,依法独立享有民事权利和承担民事义务的组织。法人制度是世界各国规范经济秩序和整个社会秩序的一项重要法律制度。

本章共分4节,45条。第1节为法人制度的一般规定,主要规定了法人的概念与特点,法人的成立,法人应具备的条件,法人的民事能力,法人的住所,法人的登记,法人的分支机构,法人的变更、终止与清算等。第2节为营利法人,主要规定了营利法人的定义和登记成立,登记机关颁发营业执照,营利法人制定法人章程,设立权力机构、执行机构、监督机构,营利法人出资人的法定权利和义务,以及营利法人从事经营活动所应遵守的道德和应承担的社会责任等。第3节为非营利法人,主要规定了非营利法人的定义和范围,事业单位法人、社会团体法人、捐助法人的定义、成立程序、组织机构,以及捐助人为维护所捐财产的安全而享有的监督权,为公益目的成立的非营利法人终止时剩余财产的处理等。第4节为特别法人,主要规定了特别法人的范围,机关法人的设立和终止,农村集体经济组织、城镇农村的合作经济组织依法取得法人资格,以及居民委员会、村民委员会取得基层群众性自治组织法人资格等。

本章的规定在民法通则的基础上,对法人制度作了进一步完善,特别是在法人分类方面,将法人分为营利性法人、非营利性法人、特别法人三类,改变了民法通则将法人分为企业法人、机关法人、事业单位法人和社会团体法人四类的分类方式,是一个重大的进步,适应了当前我国法人制度不断发展,类型更加多样化的需要。

随着我国经济社会的发展,法人的类型日益多样化,出现了民办学校、民办医院等民办非企业单位(社会服务机构),基金会、农村集体经济组织、城镇农村的合作经济组织等新型组织,不能被民法通则所规定的企业法人、机关法人、事业单位法人和社会团体法人这四种类型所涵盖。这些新型组织是否具有法人资格?如果有法人资格,是属于哪一类法人?对这些问题,需要作为民事基本法的民法典作出回应。民法典在民法通则的基础上，对法人制度的分类予以进一步完善，以适应实践发展的需要。

本章对法人分类的规定，具有重要的理论价值和现实意义：

一是通过明确营利法人和非营利法人的定义和范围，有利于清晰界定这两类法人的权利义务，使有关组织可以对号入座，明确其所属的法人类型，以利于这类组织自身的规范发展，并为国家实施对民办学校、民办医院等组织的分类管理改革提供法律依据。以民办学校为例，为了更好地促进民办教育的健康发展，2016 年修正的民办教育促进法明确规定了对民办学校实施分类管理改革，将民办学校分为非营利性民办学校和营利性民办学校，明确民办学校的举办者可以自主选择设立非营利性或者营利性民办学校。但是，不得设立实施义务教育的营利性民办学校。非营利性民办学校的举办者不得取得办学收益，学校的办学结余全部用于办学。营利性民办学校的举办者可以取得办学收益，学校的办学结余依照公司法等有关法律、行政法规的规定处理。此外，该法还规定，非营利性民办学校终止时，在清偿债务后的剩余财产继续用于其他非营利性学校办学；营利性民办学校清偿债务后的剩余财产，依照公司法的有关规定处理。上述规定明确了两类学校各自的权利义务，特别是明确了举办者是否可以取得办学收益，以及终止时剩余财产如何处理这样的重要问题，这样的规定与本章关于营利法人、非营利法人的相关规定是一致的。应该说，本章关于营利法人、非营利法人的分类规定，从民事基本法的角度为民办学校、民办医院等的分类管理改革提供了基础的制度依据和保障。

二是适应我国国情和实践发展的需要，创造了特别法人这个概念，将机关、农村集体经济组织、城镇农村的合作经济组织、村委会、居委会等城乡基层群众性自治组织，都纳入其中，承认了它们的法人资格，赋予其法人地位，有利于这些组织更好地开展活动，促进其不断发展壮大。

第一节 一般规定

第五十七条 法人是具有民事权利能力和民事行为能力，依法独立享有民事权利和承担民事义务的组织。

【释义】 本条是关于法人定义的规定。

根据本条的规定，法人是具有民事权利能力和民事行为能力，依法独立享有民事权利和承担民事义务的组织。这就是法人的定义。

（一）法人制度的由来

法人制度是世界各国规范经济秩序和整个社会秩序的一项重要法律制度。一般认为，法人制度的雏形始于罗马法。罗马法有关法人人格的理念主要体现在"团体"之类的组织中，"为了形成一个真正的团体，即具有法律人格的团体，必然有数个（至少为三人）为同一合法目标而联合并意图建立单一主体的人。"罗马法中对"团体"赋予法律人格，被认为是民法理论研究和制度设计中最富有想象力和技术性的创造。

随着资本主义的发展，从17世纪后期开始，对特许公司股东责任进行限定的做法开始兴起和发展。1662年，一项英国法律确认印度公司、皇家非洲公司、英国商业公司等特许公司中的股东，在公司出现亏损时，他们仅以持有股份的票面额为限，对外承担责任。之后，股东承担有限责任的特许公司开始大量出现。到了19世纪中叶，随着《英国有限责任法案》的颁布，公司股东对公司债务承担有限责任的制度最终得以确立，这也是法人制度在近现代社会发展的一个重要背景。通过法人制度的确立，可以使一个组织以其自己名义实施法律行为、拥有法律利益，进行诉讼与被诉讼，并拥有法律上可以独立存在的、与其成员或任何第三人不同的人格。

我国建立法人制度相对较晚。1986 年颁布、1987 年施行的民法通则首次引入了法人制度,对法人制度作了专章规定,明确了法人是具有民事权利能力和民事行为能力,依法独立享有民事权利和承担民事义务的组织,法人的民事权利能力和民事行为能力,从法人成立时产生,到法人终止时消灭。同时,民法通则还规定了法人应当具备的四项条件,包括依法成立,有必要的财产或者经费,有自己的名称、组织机构和场所,能够独立承担民事责任等,明确了法人的法定代表人、住所、终止清算等制度,并将法人分为企业法人、机关法人、事业单位法人和社会团体法人四类。应该说,民法通则对法人制度的规定,虽然比较简单,但却有着非常重要的里程碑意义,使我国的法人制度从无到有开始建立起来,对于促进我国经济的发展,规范经济社会秩序起到了积极的推动作用。经过三十多年的发展,我国的法人制度日益完善,本法正是在总结三十多年来的司法实践经验和法学理论研究的基础上,从立法层面对法人制度作了进一步的发展完善。

(二)法人的特点

一是法人不是自然人,属于社会组织,是一种集合体,由法律赋予该组织单独的法律人格。法人既可以是人的集合体,也可以是财产的集合体。

二是具有民事权利能力和民事行为能力。法人可以以自己的名义,通过自身的行为享有和行使民事权利,设定和承担民事义务。法人的民事权利能力和民事行为能力,从法人成立时产生,到法人终止时消灭。

三是依法独立享受民事权利、承担民事义务。法人有自己独立的民事主体地位,可以自己的名义独立从事民事活动,享有民事权利,承担民事义务。

四是独立承担民事责任。法人以其全部财产独立承担民事责任,能否独立承担民事责任,是区别法人组织和非法人组织的重要标志。

(三)法人的分类

根据本章的规定,法人分为营利法人、非营利法人和特别法人。以取得利润并分配给股东等出资人为目的成立的法人,为营利法人,包括有限责任公司、股份有限公司和其他企业法人等。为公益目的或者其他非营利目的成立,不向出资人、设立人或者会员分配所取得利润的法人,为非营利法人,包括事业单位、社会团体、基金会、社会服务机构等。机关法人、农村集体经济组织法人、城镇农村的合作经济组织法人、基层群众性自治组织法人,为特别法人。

从国际上对法人的分类情况看,大致有以下几种:一是公法人与私法人。公法人是指以社会公共利益为目的,由国家或者公共团体依公法设立的行使或者分担国家权力、政府职能的法人,如机关法人、某些事业单位法人等;私法人是指以私人利益为目的,由私人依私法而设立的不拥有公共权力的法人,如企业法人等。二是社团法人与财团法人。社团法人是以社员为基础的人的集合体,也称人的组合,公司、行业协会等是典型的社团法人。财团法人是指为一定目的而设立的,并由专门委任的人按照规定的目的使用的各种财产,也称财产组合,基金会、宗教活动场所、慈善组织等都是典型的财团法人。三是营利法人与非营利法人。营利法人是指以营利并将利润分配给其成员为目的的法人,如公司等企业法人;非营利法人不以营利为设立目的,同时所得利润不分配给设立人或者投资人,而是继续用于法人的发展,如事业单位法人、社会团体法人、捐助法人等。四是公益法人与非公益法人。公益法人是指以公益为其设立目的的法人,如学校、医院、慈善组织等;非公益法人,是不以公益为其设立目的的法人,如企业法人等。

(四)确立法人制度的意义

确立法人制度,可以使具备法人条件的组织取得独立的民事主体资格,在法律上拥有独立的人格,像自然人一样有完全的民事权利能力和民事行为能力,从而有利于社会组织实现自己所承担的任务。如对企业来说,通过法人制度的确立,有利于维护企业的自主权,发挥企业作为市场主体的积极作用。特别是对国有企业来说,法人制度的确立,有利于促进政企分开,使企业真正成为自主经营、自负盈亏的主体,以增强企业自身的活力,促进国有经济的发展。

第五十八条　法人应当依法成立。

法人应当有自己的名称、组织机构、住所、财产或者经费。法人成立的具体条件和程序,依照法律、行政法规的规定。

设立法人,法律、行政法规规定须经有关机关批准的,依照其规定。

【释义】 本条是关于法人成立的规定。

(一)法人应当依法成立

法人应当依法成立:一是,法人的成立必须合法,其设立目的和宗旨要符合国家利益和社会公共利益的要求,其组织机构、设立宗旨、经营范围、经营方式等要符合法律、法规等的要求;二是,法人成立的条件和程序应当符合法律、行政法规的规定。

(二)法人应当有自己的名称、组织机构、住所、财产或者经费

1. 名称

法人应该有自己的名称,通过名称的确定使自己与其他法人区别开来。有关法律、行政法规对法人的名称有明确的要求,如根据国务院批准颁布的《企业名称登记管理规定》的规定,企业的名称应依次由字号(或者商号)、行业或者经营特点、组织形式组成,并冠以企业所在地省、自治区、直辖市,或者市(包括州)、县(包括市辖区)行政区划名称。有一些特殊企业,经国家市场监督管理总局核准,可以不冠以企业所在地行政区划名称,包括全国性公司,国务院或其授权的机关批准的大型进出口企业,国务院或其授权的机关批准的大型企业集团,历史悠久、字号驰名的企业,外商投资企业,以及国家市场监督管理总局批准的其他企业。

《企业名称登记管理规定》中规定,企业名称应当使用汉字,民族自治地方的企业名称可以同时使用本民族自治地方通用的民族文字。企业使用外文名称的,其外文名称应当与中文名称相一致,并报登记主管机关登记注册。企业应当根据其组织结构或者责任形式,在企业名称中标明组织形式。所标明的组织形式必须明确易懂。全国性公司、国务院或其授权的机关批准的大型进出口企业、国务院或其授权的机关批准的大型企业集团,以及国家市场监督管理总局规定的其他企业,可以申请在企业名称中使用"中国"、"中华"或者冠以"国际"字词。同时,《企业名称登记管理规定》第9条明确规定,企业名称不得含有下列内容和文字:一是有损于国家、社会公共利益的;二是可能对公众造成欺骗或者误解的;三是外国国家(地区)名称、国际组织名称;四是政党名称、党政军机关名称、群众组织名称、社会团体名称及部队番号;五是汉语拼音字母(外文名称中使用的除外)、数字;六是其他法律、行政法规规定禁止的内容和文字。

作为机关法人、事业单位法人、社会团体法人等非企业法人的名称,应与其活动范围、活动内容等相适应。这类非企业法人的名称,有的是国家直接命名,如国家机关法人名称;有的则应根据活动性质命名,并依法进行登记,如社会团体法人依法由民政部门登记。根据《社会团体登记管理条例》第10条第2款的规定,社会团体的名称应当符合法律、法规的规定,不得违背社会道德风尚。社会团体的名称应当与其业务范围、成员分布、活动地域相一致,准确反映其特征。全国性的社会团体的名称冠以"中国""全国""中华"等字样的,应当按照国家有关规定经过批准,地方性的社会团体的名称不得冠以"中国""全国""中华"等字样。

2. 组织机构

法人是社会组织,法人的意思表示必须依法由法人组织机构来完成,每一个法人都应该有自己的组织机构,如股份有限公司法人的组织机构依法应由三部分组成:作为权力机构的股东大会、作为执行机构的董事会、作为监督机构的监事会。这三部分机构有机地构成公司法人的组织机构,代表公司进行相应的活动。如果没有组织机构,就不能够成为法人。

3. 住所

法人应有自己的住所。作为法人的住所,可以是自己所有的,也可以是租赁他人的。法人有自己的住所,主要是为了交易安全,同时也便于有关机关进行监督和管理。

4. 财产或者经费

法人作为独立的民事主体,要独立进行各种民事活动,并独立承担民事活动的后果。因此,法人应有必要的财产和经费。这是其享有民事权利和承担民事义务的物质基础,也是其得以独立承担民事责任的财产保障,否则,法人无法进行各种民事活动。所谓必要的财产或者经费,是指法人的财产或者经费应与法人的性质、规模等相适应。我国一些法律法规对有关法人的财产或者经费要求作了规定。如商业银行法第 13 条第 1 款中规定,设立全国性商业银行的注册资本最低限额为 10 亿元人民币;城市合作商业银行的注册资本最低限额为 1 亿元人民币;农村合作商业银行的注册资本最低限额为 5000 万元人民币。必要的财产或者经费是法人生存和发展的基础,也是法人独立承担民事责任的物质基础。因此,法人具备必要的财产或者经费是法人应具备的最重要的基础条件。

(三)法人成立的具体条件和程序,依照法律、行政法规的规定

法人成立还需要满足法律、行政法规规定的其他条件和程序。如公司法规定,设立有限责任公司,应当具备下列条件:一是股东符合法定人数;二是有符合公司章程规定的全体股东认缴的出资额;三是股东共同制定公司章程;四是有公司名称,建立符合有限责任公司要求的组织机构;五是有公司住所。股东认足公司章程规定的出资后,由全体股东指定的代表或者共同委托的代理人向公司登记机关报送公司登记申请书、公司章程等文件,申请

设立登记。设立公司,应当依法向公司登记机关申请设立登记。符合本法规定的设立条件的,由公司登记机关分别登记为有限责任公司或者股份有限公司;不符合本法规定的设立条件的,不得登记为有限责任公司或者股份有限公司,等等。再如,根据《社会团体登记管理条例》第10~12条的规定,成立社会团体,应当具备下列条件:(1)有50个以上的个人会员或者30个以上的单位会员;个人会员、单位会员混合组成的,会员总数不得少于50个;(2)有规范的名称和相应的组织机构;(3)有固定的住所;(4)有与其业务活动相适应的专职工作人员;(5)有合法的资产和经费来源,全国性的社会团体有10万元以上的活动资金,地方性的社会团体和跨行政区域的社会团体有3万元以上的活动资金;(6)有独立承担民事责任的能力。在设立程序上,应当先经过筹备设立,再正式设立。申请登记社会团体,发起人应当向登记管理机关提交下列文件:(1)登记申请书;(2)业务主管单位的批准文件;(3)验资报告、场所使用权证明;(4)发起人和拟任负责人的基本情况、身份证明;(5)章程草案。登记管理机关应当自收到上述全部有效文件之日起60日内,作出准予或者不予登记的决定;准予登记的,发给社会团体法人登记证书,不予登记的,应当向发起人说明理由。

(四)设立法人,法律、行政法规规定须经有关机关批准的,依照其规定

设立法人,如果相关法律、行政法规规定须经有关机关批准的,应当依照其规定。这里规定的"批准"是指行政许可。根据行政许可法的规定,行政许可是指行政机关根据公民、法人或者其他组织的申请,经依法审查,准予其从事特定活动的行为。直接涉及国家安全、公共安全、经济宏观调控、生态环境保护以及直接关系人身健康、生命财产安全等特定活动,需要按照法定条件予以批准的事项,有限自然资源开发利用、公共资源配置以及直接关系公共利益的特定行业的市场准入等,需要赋予特定权利的事项,提供公众服务并且直接关系公共利益的职业、行业,需要确定

具备特殊信誉、特殊条件或者特殊技能等资格、资质的事项,直接关系公共安全、人身健康、生命财产安全的重要设备、设施、产品、物品,需要按照技术标准、技术规范,通过检验、检测、检疫等方式进行审定的事项,企业或者其他组织的设立等,需要确定主体资格的事项,以及法律、行政法规规定可以设定行政许可的其他事项可以设立行政许可。据此,有些法律,如食品安全法、药品安全法规定设立食品、药品生产经营企业应当经过食品、药品主管部门的批准;又如,民办教育促进法规定,设立民办学校,应当经教育主管部门批准;再如,《医疗机构管理条例》中规定,设立医疗机构应当经卫生行政部门审查批准,等等。应当指出的是,根据行政许可法第 15 条第 2 款中的规定,地方性法规和省、自治区、直辖市人民政府规章,不得设定应当由国家统一确定的公民、法人或者其他组织的资格、资质的行政许可;不得设定企业或者其他组织的设立登记及其前置性行政许可。因此,本条规定,只有法律、行政法规可以对法人的设立设定行政许可。

第五十九条　法人的民事权利能力和民事行为能力,从法人成立时产生,到法人终止时消灭。

【释义】 本条是关于法人的民事权利能力和民事行为能力的规定。

法人的民事权利能力是法律赋予的,是法人作为一个独立的民事主体应当具备的基本资格。法人民事权利能力的获取意味着法人作为一个独立民事主体的成立,丧失这一权利能力则意味着法人的消灭。因而,法人的权利能力从成立时产生,至法人终止时消灭。

法人的民事行为能力是法人独立地实施民事行为,行使民事权利、承担民事义务的资格。法人的民事行为能力在时间上和民事权利能力相一致,始于法人成立,终于法人消灭,在法人存续期间始终存在。法人的民事行为能力和其民事权利能力在范围上一致,法人能够以自己的行为行使权利和承担义务的范围,即民事行为能力的范围不能超出其权利能力所限定的范围。

法人通过参与社会活动来实现一定经济利益或者公益目的,为确保经济秩序和交易的安全,国家要依法通过设立登记制度赋予法人以民事权利能力和民事行为能力。例如,企业法人设立时须经过市场监管部门登记,使企业成为独立民事主体,从而赋予其从事经营活动的能力与资格;同样,事业单位和社会团体等非营利法人的成立也应分别经编制部门、民政部门注册登记而具有法人资格,享有民事权利能力和民事行为能力。

作为法律上具有拟制人格的主体,法人的民事权利能力和民事行为能力与自然人有所不同:

一是在产生和消灭的时间上,自然人从出生之日起,即享有民事权利能力,但其民事行为能力会经历不同阶段的变化:8 周岁以下为无民事行为能力人,8 周岁到 18 周岁之间为限制民事行为能力人,18 周岁以上为完全民事行为能力人。此外,一个完全民事行为能力的成年人,可能会因为患有精神疾病而丧失或者部分丧失民事行为能力,成为无民事行为能力人或者限制民事行为能力人。与自然人不同,法人的民事行为能力与其民事权利能力一起产生、同时消灭,两者的开始与终止时间完全一致。

二是在范围方面,法人的民事权利能力与民事行为能力在范围上是一致的,不像自然人会由于年龄或者精神健康的原因而使其民事权利能力和民事行为能力在范围上有所不同。自然人中的完全民事行为能力人,其民事权利能力的范围与民事行为能力范围是相一致的,但对于无民事行为能力人或者限制民事行为能力人来说,其民事行为能力范围要小于民事权利能力范围,是不一致的。

三是在民事行为能力的实现方面,有完全民事行为能力的自然人,可以由自身来实现其民事行为能力,无须他人代表或者代理。但法人实施民事法律行为,一般是由法定代表人来进行的。法定代表人以法人的名义依法实施民事法律行为时,法定代表人所作的意思表示，就是法人的意思表示，应由法人承受其法定代表人意思表示的效果。

第六十条　法人以其全部财产独立承担民事责任。

【释义】　本条是关于法人独立承担民事责任的规定。

民事责任，是对民事法律责任的简称，是指民事主体在民事活动中，因实施了违法行为或者存在违约行为，根据民法所承担的对其不利的民事法律后果。民事责任属于法律责任的一种，是保障民事权利和民事义务实现的重要措施，主要是一种民事救济手段，旨在使受害人被侵犯的民事权益得以恢复。除民事责任外，法律责任中还包括行政责任和刑事责任。行政法律责任，包括行政处罚和处分。其中，处分是针对公职人员的，处分的对象是自然人。而对于法人来说，其承担的行政责任主要是行政处罚。就刑事法律来说，法人承担的刑事责任主要是因法人犯罪而给予的刑事处罚。刑法第 30 条规定，公司、企业、事业单位、机关、团体实施的危害社会的行为，法律规定为单位犯罪的，应当负刑事责任。

民事责任的构成要件一般来说包括四个方面：一是损害事实的客观存在。损害是指因行为人的行为，包括作为或者不作为，使民事主体的人身权利或者财产权利遭受某种不利的影响。权利主体只有在受损害的情况下才能够请求法律上的救济。二是行为人实施了违法行为或者违约行为。三是行为人有过错。行为人的过错是行为人在实施违法行为或者违约行为时所具备的心理状态，包括故意和过失，是构成民事责任的主观要件。需要说明的是，在严格责任的归责原则下，行为人即使没有过错，也要承担责任。如本法侵权责任编规定的高度危险责任，即属于严格责任，只要是从事高度危险作业造成他人损害的，即应当承担侵权责任。四是行为人的违法行为或者违约行为与损害事实之间存在因果关系。作为构成民事责任要件的因果关系，是指行为人的违法行为或者违约行为与损害事实之间所存在的因果必然联系。

根据本法第 179 条的规定，承担民事责任的方式主要有：(1) 停止侵害；(2) 排除妨碍；(3) 消除危险；(4) 返还财产；(5) 恢复原状；(6) 修理、重作、更换；(7) 继续履行；(8) 赔偿损失；(9) 支付违约金；(10) 消除影响、恢复名誉；(11) 赔礼道歉。法律规定惩罚性赔偿的，依照其规定。上述承担民事责任的方式，可以单独适用，也可以合并适用。

承担民事责任的主体既有自然人，也有法人、非法人组织，对于法人来说，是以其全部财产独立承担民事责任。这里强调两点：一是全部财产。法人作为独立的民事主体，要独立进行民事活动，独立承担民事活动的后果。因此，法人应有必要的财产和经费，这是其享有民事权利和承担民事义务的物质基础，也是其得以独立承担民事责任的财产保障。法人要以其全部财产承担民事责任，而不是只以部分财产承担民事责任。二是独立承担民事责任。“独立”的含义，即任何法人的债务只能由它自己承担，国家、投资者和法人组织内部的成员不对法人的债务负责。如有限责任公司是由股东出资设立的，而具有法人身份的公司在民事责任方面是与股东严格区分的，即便是股东出资设立这家公司，两者的责任也要严格区分，法人对外需要承担民事责任，要以自身的财产来承担，不能由投资设立该公司的股东以自己的财产来承担。但是，对于合伙企业、个人独资企业等不具备法人资格的组织，因为不能独立承担民事责任，当其财产不足以清偿债务时，要由出资人或者设立人承担无限责任。

第六十一条　依照法律或者法人章程的规定，代表法人从事民事活动的负责人，为法人的法定代表人。

法定代表人以法人名义从事的民事活动，其法律后果由法人承受。

法人章程或者法人权力机构对法定代表人代表权的限制，不得对抗善意相对人。

【释义】 本条是关于法人的法定代表人的规定。

(一)法定代表人的定义

依照法律或者法人章程的规定,代表法人从事民事活动的负责人,为法人的法定代表人。根据这一规定,法人的法定代表人由谁担任,是依据法律的规定或者法人章程的规定确定的。一是根据法律规定。有的法律,如公司法第 13 条规定了公司的法定代表人由谁担任:“公司法定代表人依照公司章程的规定,由董事长、执行董事或者经理担任,并依法登记。公司法定代表人变更,应当办理变更登记。”又如,民办教育促进法第 23 条规定:“民办学校的法定代表人由理事长、董事长或者校长担任。”二是如果没有法律规定,就要根据法人章程来确定法人的法定代表人。

总的来说,法人的法定代表人是代表法人行使职权的负责人,是代表法人进行民事活动的自然人。法定代表人只能是自然人,且该自然人只有代表法人从事民事活动时才具有这种身份。

(二)法定代表人以法人名义从事的民事活动,其法律后果由法人承受

法定代表人对外以法人名义进行民事活动时,其与法人之间并非代理关系,而是代表关系,且其代表职权来自法律的明确授权,故不需要有法人的授权委托书。因此,法定代表人对外的职务行为即为法人行为,其后果由法人承担。法人对法定代表人所负的责任,也包括越权行为的责任。本法第 504 条规定,法人的法定代表人或者非法人组织的负责人超越权限订立的合同,除相对人知道或者应当知道其超越权限外,该代表行为有效,订立的合同对法人或者非法人组织发生效力。需要说明的是,法人除了要对其法定代表人的职务行为承担责任外,还要对其工作人员的职务行为承担责任。本法第 1191 条中规定,用人单位的工作人员因执行工作任务造成他人损害的,由用人单位承担侵权责任。

(三)法人章程或者法人权力机构对法定代表人代表权的限制,不得对抗善意相对人

法人不得以法人章程等对法定代表人的内部职权限制对抗善意第三人。法人章程是指法人依法制定的,规定法人的经营活动范围、内部管理制度等重大事项的文件,是法人的自我管理规范,载明了法人组织和活动的基本准则。法人章程具有法定性、真实性、自治性和公开性的基本特征,是法人设立和运营的基础和依据。法人章程对法人来说非常重要,但作为法人内部的行为规范,在通常情况下不易被法人外部的人员所知道,所以在确定其外部效力方面,要考虑对善意相对人的权益保护。本条规定对法人章程的对外效力方面作了适当限制,以保护善意相对人的合法权益。

所谓"善意相对人",是指对法人章程或者法人权力机构对法定代表人代表权的限制,不知情或者不应当知情的权利人。法人章程或者法人权力机构对法定代表人的对外代表权限进行了限制,但该法定代表人超越了自己的权限与相对人签订了合同,或者实施了其他法律行为的,如果相对人不知道或者不应当知道该限制规定的,则法人不得以法定代表人的行为超越了其权限而主张不承担或免除其应承担的法律责任。如甲公司章程规定法定代表人在签订合同之前,应该通过董事会的授权,但该法定代表人在没有经董事会授权的情况下就与乙公司签订了合同,如果乙公司不知道或者不应当知道甲公司的章程规定,则属于善意相对人,在此情况下,乙公司仍有权要求甲公司履行该合同。

规定法人章程或者法人权力机构对法定代表人代表权的限制,不得对抗善意相对人,旨在保护交易中无过错一方的权利,维护交易安全。这里需要指出的是,判断相对方是否为善意,不仅要考量其事实上是否知道法人章程或者法人权力机构对法定代表人代表权的限制这一情况,还要考量其是否应当知道这一情况。"知道"是一种事实状况的判定,而"应当知道"则是对当事人是否存在过错的判定。如果乙公司在订立合同之前已经拿到了

甲公司章程，章程中对甲公司法定代表人的权限作了明确的限制，但因乙公司疏忽大意而没有认真查看甲公司的章程，则其就属于应当知道但因过错而没能知道，因而不是善意相对人，其与甲公司法定代表人超越权限订立的合同，对甲公司就不发生效力。

第六十二条　法定代表人因执行职务造成他人损害的，由法人承担民事责任。

法人承担民事责任后，依照法律或者法人章程的规定，可以向有过错的法定代表人追偿。

【释义】 本条是关于法定代表人职务侵权行为的责任承担的规定。

（一）法定代表人因执行职务造成他人损害的，由法人承担民事责任

法定代表人因执行职务造成他人损害的，属于职务侵权。法定代表人的职务侵权行为应该同时符合以下两个要素：一是法定代表人的行为构成对第三人的侵权，包括对第三人人身权和财产权的侵害；二是该侵权行为应为法定代表人执行职务的行为。例如，甲公司的法定代表人李某驾车出差途中，发生交通事故，将行人张某撞伤，即属于李某的职务侵权行为。由于法定代表人的职务行为是代表法人实施的，因而应由法人承担民事责任。但是，法定代表人的行为如果与执行职务无关，则不构成职务侵权。在上述例子中，如果作为甲公司法定代表人的李某是在自己休假旅行过程中发生交通事故，将行人张某撞伤，则不构成职务侵权，甲公司无需承担责任，要由李某本人承担责任。

法人的法定代表人是代表法人从事民事活动的负责人，其以法人名义从事的民事活动的法律后果由法人承受，所以法人的职务侵权行为亦应由法人来承担民事责任。需要指出的是，法人的法定代表人的职务侵权行为与法人一般工作人员的职务侵权行

为,在归责原则上,对外都是由法人承担责任。本法侵权责任编规定,用人单位的工作人员因执行工作任务造成他人损害的,由用人单位承担侵权责任。用人单位承担侵权责任后,可以向有故意或者重大过失的工作人员追偿。

从其他国家和地区的立法情况看,对于法定代表人因执行职务造成他人损害的,在对外承担责任的主体上,主要有两种立法例:一是规定法人原则上应对受害人承担侵权责任,但法定代表人有过错的,应与法人一起对受害人承担连带赔偿责任。如《日本民法典》规定,法人对其理事或其他代理人因执行职务致人损害承担赔偿责任。董事执行职务有恶意或重大过失时,该董事对第三人也负连带损害赔偿责任。二是法人应与法定代表人对受害人承担连带赔偿责任。如我国台湾地区“民法”规定,法人对于其董事或职员因执行职务所加于他人之损害,与该行为人连带负赔偿之责任。公司负责人,对于公司业务之执行,如有违反法令,致他人受有损害时,对他人应与公司负连带赔偿之责。本条对法人法定代表人职务侵权行为的归责原则的规定,不同于上述两种立法例,明确对外由法人单独承担民事责任,不论法定代表人本身是否有过错,对外不与法人承担连带责任。

(二)法人承担民事责任后,依照法律或者法人章程的规定,可以向有过错的法定代表人追偿

法人对外承担民事责任后,在对内责任方面,可以依照法律或者法人章程的规定,向有过错的法定代表人追偿。这一规定涉及法定代表人职务侵权行为的内部职责分担问题。在一般情况下,在职务侵权行为中,行为的法律后果完全由法人承担,法定代表人无需承担该行为的民事责任,但在以下两种情况下,法人可以向有过错的法定代表人追偿:

一是根据法律规定。如果有关法律法规明文规定了法定代表人对职务侵权行为应该承担相应的责任,那么在此种情形下,法人可以在对外赔偿后,依据相关法律法规的规定,向有过错的法定代表人进行追偿。

二是根据法人章程规定。如果法人的章程中明确规定法定代表人对职务侵权行为应该承担相应的责任,那么在此种情形下,法人可以在对外赔偿后,依据法人章程的规定,向有过错的法定代表人进行追偿。

需要指出的是,在法人对外承担民事责任后,对内向责任人进行追偿方面,法定代表人与一般工作人员是不同的。本法在侵权责任编规定,用人单位的工作人员因执行工作任务造成他人损害的,由用人单位承担侵权责任。用人单位承担侵权责任后,可以向有故意或者重大过失的工作人员追偿。根据这一规定,在法人对外承担民事责任后,对内向责任人进行追偿方面,法定代表人与一般工作人员是有区别的:一是对法定代表人进行追偿,必须依据有关法律的规定或者法人章程的规定,否则是不能向法定代表人进行追偿的。而法人向其他工作人员追偿,则不需要有法律的规定或者法人章程的规定这一前提,只要工作人员有故意或者重大过失都可以向其追偿。二是法定代表人和其他工作人员承担内部责任的过错程度要求不同。对于法定代表人来说,只要有过错,包括故意或者过失,即便是一般过失,也要对内承担责任,法人可以向其追偿。但对其他工作人员来说,其对内承担责任的过错程度要求比较高,应为故意或者重大过失,如果只是一般过失,则无需对内承担责任,法人也不能向其追偿。

第六十三条　法人以其主要办事机构所在地为住所。依法需要办理法人登记的,应当将主要办事机构所在地登记为住所。

【释义】 本条是关于法人住所的规定。

法人住所,是指法人主要办事机构所在地。确定法人的住所,对于确定法人主要办事机构所在地和诉讼管辖地、破产清算地等具有重要意义。此外,法人住所地的确定也可以在涉外法律关系上,决定准据法的适用。我国涉外民事关系法律适用法第 14

条明确规定:“法人及其分支机构的民事权利能力、民事行为能力、组织机构、股东权利义务等事项,适用登记地法律。法人的主营业地与登记地不一致的,可以适用主营业地法律。法人的经常居所地,为其主营业地。”许多国家主张以法人的住所地法作为法人的属人法。因此,在这些国家处理国际民商事纠纷时,如需要适用法人的属人法,就适用法人的住所地法。

目前,国际上确定法人的住所地主要有以下三种标准:

一是管理中心地主义,即以管理中心地为法人的住所地。法人的管理中心地,又称为法人的主事务所所在地或主要办事机构所在地,一般是法人的董事会所在地。以管理中心地作为法人住所地的考虑是,法人的主事务所是法人的首脑机构,决定法人活动的大政方针,所以应该以法人的主事务所所在地为法人的住所。例如,《日本民法典》规定,法人以其主事务所所在地为住所。目前,发达国家一般规定以法人的主事务所所在地,即法人主要办事机构所在地区为住所。根据本条的规定,我国确定法人的住所即是采取这一标准。

二是营业中心地主义,即以营业中心地为法人的住所地。营业中心地是法人进行生产、经营等活动的地方。以营业中心地作为法人住所的考虑是,法人进行营业活动的地方是其实现设立目的的地方,且相对来说比较稳定。但是,适用营业中心地主义的标准也面临一些问题,一些法人的营业范围往往涉及多个国家,因而有时难以确定其营业中心地。目前,一些发展中国家规定以营业中心所在地为法人的住所。

三是以法人章程所规定的住所地为主、管理中心地为辅。法人的章程对住所有规定的,以章程规定为准;章程没有规定的,以其管理中心地为其住所。

多数国家规定法人只能有一个住所,但也有少数国家如德国规定法人可以有几个住所。

本条规定,依法需要办理法人登记的,应当将主要办事机构所在地登记为住所。法人设立登记是法人依法成立,取得民事主体资格的要件。依据本法和《中华人民共和国企业法人登记管理条例》《中华人民共和国公司登记管理条例》《社会团体登记管理条例》《事业单位登记管理暂行条例》《民办非企业单位登记管理暂行条例》等的规定,企业法人、部分事业单位法人和绝大多数社会团体法人应当依法进行设立登记,登记的内容包括“法人的住所”一项。根据本条规定,依法需要办理法人登记的,都应当将主要办事机构所在地登记为住所。

第六十四条　法人存续期间登记事项发生变化的,应当依法向登记机关申请变更登记。

【释义】 本条是关于法人变更登记的规定。

法人变更登记是指法人存续期间登记事项发生变化的,应当依法将有关变化情况向登记机关报告,并申请办理变更手续。因登记而取得法人资格的法人,其登记事项的变更应进行变更登记,变更登记的机关为原登记机关。对于非因登记而取得法人资格的机关法人,以及部分社会团体法人和事业单位法人,其变更则不需要登记。

(一)企业法人的变更登记

企业法人变更登记的事项通常包括:合并与分立,变更组织形式,增设或者撤销分支机构及法人经营范围,注册资本、住所、法定代表人、经营方式的变动等。依据《中华人民共和国企业法人登记管理条例》及其施行细则的规定,企业法人改变名称、住所、经营场所、法定代表人、经济性质、经营范围、经营方式、注册资金、经营期限,以及增设或者撤销分支机构,应当申请办理变更登记。企业法人申请变更登记,应当在主管部门或者审批机关批准后30日内,向登记主管机关申请办理变更登记。企业法人分立、合并、迁移,应当在主管部门或者审批机关批准后30日内,向登记主管机关申请办理变更登记。

依据《中华人民共和国企业法人登记管理条例》及其施行细则

的规定,企业法人申请变更登记时,应提交下列文件、证件:(1)法定代表人签署的变更登记申请书;(2)原主管部门审查同意的文件;(3)其他有关文件、证件。企业法人实有资金比原注册资金数额增加或者减少超过 20%时,应持资金信用证明或者验资证明,向原登记主管机关申请变更登记。登记主管机关在核准企业法人减少注册资金的申请时,应重新审核经营范围和经营方式。企业法人在异地(跨原登记主管机关管辖地)增设或者撤销分支机构,应向原登记主管机关申请变更登记。经核准后,向分支机构所在地的登记主管机关申请开业登记或者注销登记。因分立或者合并而保留的企业应当申请变更登记;因分立或者合并而新办的企业应当申请开业登记;因合并而终止的企业应当申请注销登记。

依据《中华人民共和国企业法人登记管理条例》及其施行细则的规定,企业法人迁移(跨原登记主管机关管辖地),应向原登记主管机关申请办理迁移手续;原登记主管机关根据新址所在地登记主管机关同意迁入的意见,收缴企业法人营业执照,撤销注册号,开出迁移证明,并将企业档案移交企业新址所在地登记主管机关。企业凭迁移证明和有关部门的批准文件,向新址所在地登记主管机关申请变更登记,领取企业法人营业执照。企业法人因主管部门改变,涉及原主要登记事项的,应当分别情况,持有关文件申请变更、开业、注销登记。不涉及原主要登记事项变更的,企业法人应当持主管部门改变的有关文件,及时向原登记主管机关备案。

(二)其他法人的变更登记

除企业法人外,其他法人的登记事项需要变更的,也应当依法办理变更登记。依据《民办非企业单位登记管理暂行条例》的规定,民办非企业单位的登记事项需要变更的,应当自业务主管单位审查同意之日起 30 日内,向登记管理机关申请变更登记。民办非企业单位修改章程,应当自业务主管单位审查同意之日起 30 日内,报登记管理机关核准。依据《社会团体登记管理条例》的规定,社会团体的登记事项需要变更的,应当自业务主管单位审查同意之日起30日内，向登记管理机关申请变更登记。

此外，依据《事业单位登记管理暂行条例》及其实施细则的规定，事业单位的登记事项需要变更的，应当向登记管理机关申请变更登记。变更名称、法定代表人、宗旨和业务范围、经费来源的，应当自出现依法应当申请变更登记的情况之日起30个工作日内，向登记管理机关提出申请。变更住所的，应当在迁入新住所前向登记管理机关提出申请。开办资金比原登记的开办资金数额增加或者减少超过20%的，应当申请变更登记。事业单位申请变更登记，应当向登记管理机关提交法定代表人签署的事业单位法人变更登记申请书和事业单位法人证书副本复印件。因变更事项的不同，还应当提交其他相应文件：(1)变更名称的，提交审批机关批准文件；(2)变更住所的，提交新住所证明文件；(3)变更宗旨和业务范围且内容涉及资质认可或者执业许可的，出示相应的资质认可证明或者执业许可证明，并提交其复印件；(4)变更法定代表人的，提交事业单位法定代表人登记申请表、现任法定代表人免职文件、拟任法定代表人任职文件和居民身份证复印件或者其他身份证明文件；(5)变更经费来源的，提交经费来源改变的证明文件；(6)变更开办资金的，提交开办资金确认证明。事业单位因合并、分立改变登记事项的，应当申请变更登记。登记管理机关对事业单位变更登记申请应当自受理之日起30个工作日内办结。准予变更登记的，向其颁发变更后的事业单位法人证书，收缴变更前的事业单位法人证书，变更名称的还应当收缴变更前的单位印章。事业单位变更名称和法定代表人的，应当自领取事业单位法人证书之日起60个工作日内，将变更后的单位印章的印迹和新任法定代表人的签字及印章的印迹向登记管理机关备案。事业单位变更名称、住所、法定代表人等登记事项的，由登记管理机关予以公告。

第六十五条　法人的实际情况与登记的事项不一致的，不得对抗善意相对人。

【释义】 本条是关于法人实际情况与登记事项不一致不能对抗善意相对人的规定。

法人登记是对法人参与社会活动的一项管理制度，为保障法人的构成和运行合法，保持法人状态的相对稳定和被社会知情，国家依法设立专门机关对法人进行登记并公示管理。依据《中华人民共和国企业法人登记管理条例》《中华人民共和国公司登记管理条例》《社会团体登记管理条例》《事业单位登记管理暂行条例》《民办非企业单位登记管理暂行条例》及有关实施细则的规定，登记的事项包括：

一是企业法人登记事项。企业法人登记事项包括企业法人名称、住所、经营场所、法定代表人、经济性质、经营范围、经营方式、注册资金、从业人数、经营期限、分支机构。外商投资企业登记注册的主要事项有名称、住所、经营范围、投资总额、注册资本、企业类型、法定代表人、营业期限、分支机构、有限责任公司股东或者股份有限公司发起人的姓名或者名称。外商投资企业设立的分支机构登记注册的主要事项有名称、营业场所、负责人、经营范围、隶属企业。

二是社会团体登记事项。社会团体登记事项包括名称、住所、宗旨、业务范围、活动地域、法定代表人、活动资金和业务主管单位。

三是事业单位法人登记事项。事业单位法人登记事项包括名称、住所宗旨和业务范围、开办资金、法定代表人、经费来源（开办资金）等情况。

四是民办非企业单位（即社会服务机构）登记事项。民办非企业单位登记事项包括民办非企业单位的名称、住所、宗旨和业务范围、法定代表人或者负责人、开办资金和业务主管单位。

法人登记是法人确立民事权利能力和民事行为能力、变更民事权利能力和民事行为能力以及消灭民事权利能力的要件。法人登记不仅有利于保护相对人的利益，维护交易安全，同时也有利于国家职能部门掌握情况，实施监督管理。除依法不需要进行登记的法人以外,法人登记通常包括法人的设立登记、变更登记和注销登记。

如果法人的实际情况与上述登记的事项不一致,不得对抗善意相对人。例如,法定代表人登记事项与实际情况不符,导致在法人内部存在的运行体制与其在登记机关公示的内容不完全相符,在此种情况下,对善意相对人不发生法律效力。因为登记有一个基本的公示功能,登记事项系对相对人的事先告知,对法人和相对人同等发生效力,推定各方当事人共同认可登记内容。如果法人实际情形与登记不一致的,发生的法律后果由法人自行承担,对相对人不发生效力。对此,《德国商法典》也作了类似的规定,赋予经公告的登记事项以公信力,如果官方的公告宣布某一事项已在商业登记簿中进行了登记,那么信赖这一公告的第三人将受到保护,即使官方的公告或有关的登记事项虚假不实,只要有关的相对人对此既无责任也不知情就够了。但是,需要指出的是,如果法人在进行民事活动时主动告知相对人实际情形的,则相对人不属于善意相对人,不适用本条的规定。

第六十六条　登记机关应当依法及时公示法人登记的有关信息。

【释义】 本条是关于法人登记公示制度的规定。

法人登记公示制度是随着商业登记法律的产生而确立的一项制度,是商品经济发展到一定阶段的产物。德国于 1861 年颁布的《德国商法典》规定,在地方法院设置商业登记簿,由地方法院办理。随后,日本及欧洲诸国均加以仿效。日本于明治 32 年 3 月颁布的《日本商法典》规定,商业登记由商业营业所在地的法院设置商业登记簿,办理登记。就我国的情况来说,1950 年颁布了新中国成立后的第一部企业登记法规《私营企业暂行条例》,1962 年颁布了《工商企业登记管理试行办法》。党的十一届三中全会之后,又制定了一系列的法人登记法规,包括《中华人民共和国企业法人登记管理条例》《中华人民共和国公司登记管理条例》《社会团体登记管理条例》《事业单位登记管理暂行条例》《民办非企业单位登记管理暂行条例》及有关实施细则等。

法人登记事项经公示之后,即可产生两种法律效力——对抗力和公信力。通过赋予公示的登记事项以对抗力来保护登记人的合法权益,通过赋予公示的登记事项以公信力来保护善意第三人,从而维护交易安全。

第一,对抗力。登记事项公示之后,具有对抗力。所谓对抗力,是指对于某种权利的内容,可以向第三人主张的法律效力。凡应登记及公示的事项,而未经登记和公示,则其事实存在与否,第三人很难知悉,假如没有特别的理由,法律上推定第三人不知情,那么在登记公示之前,不能对抗善意第三人。在登记公示之后,登记事项对第三人发生效力,第三人应尽注意责任,否则,即使不知情,也可与之对抗。登记及公示的对抗力,在于经公示的登记事项,可以与第三人对抗。登记与公示,是对抗力的形式要件,实为向社会宣示其权利而排斥其他权利的侵害,从而保护登记人的合法权利。

第二,公信力。所谓公信力,亦称公信原则,是指对法人登记公示的内容赋予法律上的公信力,即使该内容有瑕疵,法律对信赖该内容的第三人也将加以保护。

确立对法人登记信息的公示制度,其意义在于:一是有利于保护交易安全。法人登记公示制度对交易安全的保护,集中表现在公示的效力上,即对抗力与公信力。公示的对抗力表现为已经公示,可以对抗;未经公示,不能对抗。公示的公信力表现为一旦公示,外界即可信赖该公示的内容,即使有瑕疵,对信赖该公示的善意第三人也将加以保护。二是有利于降低社会成本。公示制度的对抗力和公信力使当事人权利义务确定化、稳定化,与之交易的第三人不必花费大量的时间和金钱去辨别公示内容的真伪。因此,公示制度大大降低了市场交易成本,即信息收集、进行谈判、订立契约并检查、监督契约实施的费用。另外,公示制度明确了当事人的责任,无论在登记过程中,还是在交易过程中均需尽注意义务,在使当事人谨慎从事的同时,也可以减少纠纷,降低整个社会的司法成本。

登记机关应当依法及时公示法人登记的有关信息。依据《中华人民共和国企业法人登记管理条例》《中华人民共和国公司登记管理条例》《社会团体登记管理条例》《事业单位登记管理暂行条例》《民办非企业单位登记管理暂行条例》和有关实施细则的规定,法人的相关登记机关包括:一是市场监督管理部门,即原工商行政管理部门,是企业法人的登记机关。二是编制部门,是事业单位的登记机关。三是民政部门,是社会团体和民办非企业单位,即社会服务机构的登记机关。

根据本条的规定,登记机关应当依法及时公示法人登记的有关信息。这里的"依法"主要是指《中华人民共和国企业法人登记管理条例》《中华人民共和国公司登记管理条例》《事业单位登记管理暂行条例》《民办非企业单位登记管理暂行条例》及有关实施细则。上述这些法规、规章对登记机关公示法人登记信息作出了具体规定,包括设立登记、变更登记和注销登记信息都要对外进行公示。如《事业单位登记管理暂行条例实施细则》规定,事业单位设立登记的公告内容,应当包括名称、法定代表人、宗旨和业务范围、开办资金、住所及事业单位法人证书的证书号等。事业单位变更名称、住所、法定代表人等登记事项的,由登记管理机关予以公告。登记管理机关核准事业单位注销登记后,应当收缴被注销事业单位的事业单位法人证书的正、副本及单位印章,并发布注销登记公告。《民办非企业单位登记管理暂行条例》规定,民办非企业单位成立、注销以及变更名称、住所、法定代表人或者负责人,由登记管理机关予以公告。《中华人民共和国企业法人登记管理条例施行细则》规定,登记主管机关应当将企业法人登记、备案信息通过企业信用信息公示系统向社会公示;企业法人应当于每年1月1日至6月30日,通过企业信用信息公示系统向登记主管机关报送上一年度年度报告,并向社会公示。

第六十七条　法人合并的，其权利和义务由合并后的法人享有和承担。

法人分立的，其权利和义务由分立后的法人享有连带债权，承担连带债务，但是债权人和债务人另有约定的除外。

【释义】 本条是关于法人合并、分立后的相关权利义务的规定。

（一）法人合并的，其权利和义务由合并后的法人享有和承担

法人合并，是指由两个以上的法人合并为一个新法人，是法人在组织上的一种变更。法人合并分为新设合并和吸收合并。所谓新设合并，是指原法人资格随即消灭，新法人资格随即确立。所谓吸收合并，是指一个或多个法人归并到一个现存的法人中去，被合并的法人资格消灭，存续法人的主体资格仍然存在。法人发生合并，它的权利义务应当由合并后的法人享有和承担。

法人合并，应经主管机关批准，依法应当向登记机关办理登记并公告的，还应向登记机关进行登记，并应及时公告。法人合并的，因合并而消灭的法人办理注销登记，因合并而成立的法人办理设立登记，因合并而继续存在的法人办理变更登记。在新设合并中，被合并的法人都终止了，因此应当办理注销登记，而合并后的法人属于新设，应当办理设立登记。在吸收合并中，被吸收的法人终止了，因此办理注销登记，而吸收其他法人的法人仍然继续存在，但是却发生了变更，所以应当办理变更登记。

（二）法人分立的，其权利和义务由分立后的法人享有连带债权，承担连带债务，但是债权人和债务人另有约定的除外

法人分立，是指一个法人分成两个或两个以上的法人，是法人在组织上的一种变更。法人的分立分为新设式分立和派生式分立两种方式。所谓新设式分立，是指原法人分立为两个或者两个以上新的法人，原法人不复存在。所谓派生式分立，是指原法人仍然存在，但从原法人中分立出来一个新的法人，原法人的资格不变。

法人分立,因分立而保留的企业应申请变更登记;因分立而新开办的企业应申请开业登记。法人分立,应经主管机关批准,依法应当向登记机关办理登记并公告的,还应当向登记机关办理分立登记,并应及时公告。

法人发生分立,其权利和义务由分立后的法人享有连带债权,承担连带债务,但是债权人和债务人另有约定的除外。当事人分立后,不仅原有的一切债权债务依法由分立后的法人或者其他组织承担,而且原有的财产所有权、经营权、知识产权等也都转移给分立后的企业,因此,分立后的各法人对原债权享有连带债权,对原债务承担连带债务,但是债权人和债务人另有约定的,可以依照约定处理。

这里需要说明两点:

一是本法合同编对连带债权、连带债务作了明确的规定。债权人为 2 人以上,部分或者全部债权人均可以请求债务人履行债务的,为连带债权。债务人为 2 人以上,债权人可以请求部分或者全部债务人履行全部债务的,为连带债务。本法合同编中明确规定,连带债务人之间的份额难以确定的,视为份额相同。实际承担债务超过自己份额的连带债务人,有权就超出部分在其他连带债务人未履行的份额范围内向其追偿,并相应地享有债权人的权利,但是不得损害债权人的利益。其他连带债务人可以向该债务人主张对债权人的抗辩。被追偿的连带债务人不能履行其应分担份额的,其他连带债务人应当在相应范围内按比例分担。部分连带债务人履行、抵销债务或者提存标的物的,其他债务人对债权人的债务在相应范围内消灭;该债务人可以依法向其他债务人追偿。部分连带债务人的债务与债权人的债权同归于一人的,在扣除该债务人所应承担的份额后,债权人对其他债务人的债权继续存在。债权人对部分连带债务人的给付受领迟延的,对其他连带债务人发生效力。连带债权人之间的份额难以确定的,视为份额相同。实际受领债权的连带债权人,应当按比例向其他连带债权人返还。连带债权参照适用连带债务的有关规定。

二是关于法人合并、分立后的相关权利义务规定，公司法也作了与本条精神一致的规定，即公司合并时，合并各方的债权、债务，应当由合并后存续的公司或者新设的公司承继。公司分立前的债务由分立后的公司承担连带责任。但是，公司在分立前与债权人就债务清偿达成的书面协议另有约定的除外。

第六十八条　有下列原因之一并依法完成清算、注销登记的，法人终止：

（一）法人解散；

（二）法人被宣告破产；

（三）法律规定的其他原因。

法人终止，法律、行政法规规定须经有关机关批准的，依照其规定。

【释义】 本条是关于法人终止的规定。

（一）法人终止的法定条件

法人终止，是指法人权利能力的终止。本条第1款规定了法人终止的条件：

（1）具有法定事由，包括三种：一是法人解散。二是法人被宣告破产。法人不能清偿到期债务，并且资产不足以清偿全部债务或者明显缺乏清偿能力的，债权人可以向法院提出对债务人进行破产清算的申请。作为债务人的法人被法院依法宣告破产的，法人终止。从域外一些国家的立法看，也把破产作为法人终止的法定原因，如《德国民法典》规定，社团自破产开始，丧失权利能力。三是法律规定的其他原因。除前两项原因外，有法律规定的其他原因，法人也要终止。

（2）依法完成清算。在上述原因发生后，法人的主体资格并不立即消灭，只有经过清算，法人主体资格才归于消灭。法人清算，是指清算组织在法人终止时，依据职权清理并消灭法人的全部财产关系的程序。清算的形式有两种：一是依破产程序进行清算;二是非按破产程序,而是依民法、民事诉讼法等有关规定清算。清算一般在法人终止时进行,但在法人负债过重时,经法人机关决定,由主管部门批准,可以自动清算。人民法院也可以根据法人的债权人或其他利害关系人的申请责令法人清算。

清算的任务是清查法人财产,核实债权债务,编制资产负债表,依法或章程向有关部门移交财产,依法律规定的范围和程序清偿债务等。法人清算,一般由法人的董事、理事等执行机构或者决策机构的成员作为清算义务人,成立清算组进行清算。

(3)依法进行注销登记。法人注销登记是法人依法终止,消灭其民事主体资格的要件。清算终结,应由清算组织向登记机关办理注销登记并公告,完成注销登记和公告,法人即告消灭。法人注销登记机关与设立登记机关相同,法人注销登记应提交的文件因法人种类不同而不同。

根据《中华人民共和国企业法人登记管理条例》第 20 条、第 21 条的规定,企业法人歇业、被撤销、宣告破产或者因其他原因终止营业,应当向登记主管机关办理注销登记。企业法人办理注销登记,应当提交法定代表人签署的申请注销登记报告、主管部门或者审批机关的批准文件、清理债务完结的证明或者清算组织负责清理债权债务的文件。经登记主管机关核准后,收缴企业法人营业执照的正本及副本,收缴公章,并将注销登记情况告知其开户银行。

根据《事业单位登记管理暂行条例》第 13 条的规定,事业单位被撤销、解散的,应当向登记管理机关办理注销登记或者注销备案。事业单位办理注销登记前,应当在审批机关指导下成立清算组织,完成清算工作。事业单位应当自清算结束之日起 15 日内,向登记管理机关办理注销登记。事业单位办理注销登记,应当提交撤销或者解散该事业单位的文件和清算报告;登记管理机关收缴事业单位法人证书和印章。

根据《社会团体登记管理条例》第 19~21 条的规定,社会团体终止的,应当在业务主管单位审查同意后,向登记管理机关申请注销登记。社会团体在办理注销登记前，应当在业务主管单位及其他有关机关的指导下，成立清算组织，完成清算工作。清算期间，社会团体不得开展清算以外的活动。社会团体应当自清算结束之日起15日内向登记管理机关办理注销登记。办理注销登记，应当提交法定代表人签署的注销登记申请书、业务主管单位的审查文件和清算报告书。登记管理机关准予注销登记的，发给注销证明文件，收缴该社会团体的登记证书、印章和财务凭证。

根据《民办非企业单位登记管理暂行条例》第16条、第17条的规定，民办非企业单位需要注销登记的，应当向登记管理机关办理注销登记。民办非企业单位在办理注销登记前，应当在业务主管单位和其他有关机关的指导下，成立清算组织，完成清算工作。清算期间，民办非企业单位不得开展清算以外的活动。民办非企业单位法定代表人或者负责人应当自完成清算之日起15日内，向登记管理机关办理注销登记。办理注销登记，须提交注销登记申请书、业务主管单位的审查文件和清算报告。登记管理机关准予注销登记的，发给注销证明文件，收缴登记证书、印章和财务凭证。

（二）法人终止，法律、行政法规规定须经有关机关批准的，依照其规定

法人设立，法律、行政法规规定须经有关机关批准的，依照其规定。相应地，法人终止，法律、行政法规规定须经有关机关批准的，依照其规定。如《医疗机构管理条例》第21条第1款规定，医疗机构歇业，必须向原登记机关办理注销登记。经登记机关核准后，收缴医疗机构执业许可证。

第六十九条　有下列情形之一的，法人解散：

（一）法人章程规定的存续期间届满或者法人章程规定的其他解散事由出现；

（二）法人的权力机构决议解散；

（三）因法人合并或者分立需要解散；

（四）法人依法被吊销营业执照、登记证书，被责令关闭或者被撤销；

（五）法律规定的其他情形。

【释义】 本条是关于法人解散的规定。

法人解散是指已成立的法人基于一定的合法事由而使法人消灭的法律行为。本条规定了法人解散的五种情形：

一是法人章程规定的存续期间届满或者法人章程规定的其他解散事由出现。法人章程规定了法人的存续期间，如自成立之日起十年，那么到了第十年法人存续期间届满后，该法人即可以自行解散。此外，如果法人章程规定了其他解散事由，一旦该事由出现，则法人也可以解散。

二是法人的权力机构决议解散。根据本法的规定，营利法人应当设权力机构。权力机构行使修改法人章程、选举或者更换执行机构、监督机构成员以及法人章程规定的其他职权。法人的权力机构如股东大会，可以作出决议解散法人。

三是因法人合并或者分立需要解散。法人合并，两个以上的法人合并为一个新法人，被合并的法人解散。法人分立，一个法人分立为两个以上的新法人，原法人解散。

四是法人依法被吊销营业执照、登记证书，被责令关闭或者被撤销。在此种情况下，由于法人被依法给予行政处罚，失去了从事原活动的资格，所以法人也就被解散了。

吊销营业执照、登记证书和责令关闭都是行政处罚。行政处罚是指行政机关依照法定程序对公民、法人或者其他组织违反行政管理秩序的行为给予的处罚，是一种行政责任。行政处罚的种类包括警告、罚款、没收违法所得、没收非法财物、责令停产停业、暂扣或者吊销许可证、暂扣或者吊销执照、行政拘留，以及法律、行政法规规定的其他行政处罚。在上述处罚种类中，罚款和没收违法所得、没收非法财物属于财产罚。所谓财产罚，是指行政机关对违法的行政管理相对人给予的剥夺财产权的处罚种类，它是运用最广泛的一种行政处罚。警告属于申诫罚。申诫罚是指行政机关对违法的行政管理相对人给予的告诫或者通报批评。行政拘留属于人身罚,是指行政机关在一定期限内剥夺违法的行政管理相对人的人身自由的处罚,是最严厉的一种处罚。而本条规定的吊销营业执照、登记证书和责令关闭,属于行为罚。所谓行为罚,是指行政机关限制或剥夺违法的行政管理相对人从事某种活动的权利或者资格的制裁形式,它是仅次于人身罚的一种较为严厉的行政处罚措施。

吊销营业执照、登记证书是指行政机关依法剥夺违法者已经获得的从事某种活动的权利或资格。吊销营业执照、登记证书的处罚,主要用于已经取得行政机关的许可,但其在生产经营等活动中,因为违反了法律法规的规定,被行政机关依法进行处罚,吊销其营业执照、登记证书,从而失去了从事某种活动的合法资格。而责令关闭是指行政机关责令违法者关闭其未经批准而从事违法生产经营活动的场所。责令关闭主要用于行为人违反法律法规规定,未经许可而擅自从事某种依法应当经过行政机关的许可才可以从事的活动。如依据《医疗机构管理条例》的规定,开办医疗机构应当经过卫生行政部门的审批,如行为人未经审批即开办医疗机构,则由卫生行政部门依法对其进行处罚,责令其关闭非法开办的医疗机构。又如,根据食品安全法的规定,企业从事食品生产经营活动要取得食品安全监管部门的许可,对未经许可从事食品生产经营的违法者,要由食品安全监管部门责令其关闭从事非法食品生产经营活动的场所等。

法人依法被撤销,是指法人违反国家法律、法规的规定被主管部门撤销登记。根据《社会团体登记管理条例》第30条第1款的规定,社会团体有下列情形之一,情节严重的,由登记管理机关予以撤销登记:(1)涂改、出租、出借社会团体法人登记证书,或者出租、出借社会团体印章的;(2)超出章程规定的宗旨和业务范围进行活动的;(3)拒不接受或者不按照规定接受监督检查的;(4)不按照规定办理变更登记的;(5)违反规定设立分支机构、代表机构,或者对分支机构、代表机构疏于管理,造成严重后果的;(6)从事营利性的经营活动的;(7)侵占、私分、挪用社会团体资产或者所接受的捐赠、资助的;(8)违反国家有关规定收取费用、筹集资金或者接受、使用捐赠、资助的。此外,《民办非企业单位登记管理暂行条例》第25条第1款也规定,民办非企业单位有下列情形之一,情节严重的,由登记管理机关予以撤销登记:(1)涂改、出租、出借民办非企业单位登记证书,或者出租、出借民办非企业单位印章的;(2)超出其章程规定的宗旨和业务范围进行活动的;(3)拒不接受或者不按照规定接受监督检查的;(4)不按照规定办理变更登记的;(5)设立分支机构的;(6)从事营利性的经营活动的;(7)侵占、私分、挪用民办非企业单位的资产或者所接受的捐赠、资助的;(8)违反国家有关规定收取费用、筹集资金或者接受使用捐赠、资助的。

五是法律规定的其他情形。这是一项兜底的规定,除本条规定的上述4项情形外,如果符合其他法律规定的法人解散情形的,法人也应当解散。如公司法规定,公司经营管理发生严重困难,继续存续会使股东利益受到重大损失,通过其他途径不能解决的,持有公司全部股东表决权10%以上的股东,可以请求人民法院解散公司。

第七十条　法人解散的,除合并或者分立的情形外,清算义务人应当及时组成清算组进行清算。

法人的董事、理事等执行机构或者决策机构的成员为清算义务人。法律、行政法规另有规定的,依照其规定。

清算义务人未及时履行清算义务,造成损害的,应当承担民事责任;主管机关或者利害关系人可以申请人民法院指定有关人员组成清算组进行清算。

【释义】 本条是关于法人解散清算的规定。

(一)法人解散的,除合并或者分立的情形外,清算义务人应当及时组成清算组进行清算

法人清算,是指在法人解散时,清算义务人成立清算组,依据职权清理并消灭法人的全部财产关系的程序。法人除了因合并或者分立的情形而解散,不需要清算的外,因其他情形而解散的,都要依法进行清算。

清算的任务是:清查法人财产,核实债权债务,编制资产负债表,依法或章程向有关部门移交财产,依法律规定的范围和程序清偿债务等。法人清算必须由清算义务人指定清算组进行。清算终结,应由清算组向登记机关办理注销登记并公告,完成注销登记和公告,法人即告消灭。

(二)法人的董事、理事等执行机构或者决策机构的成员为清算义务人。法律、行政法规另有规定的,依照其规定

清算义务人,是指在法人解散后,负有清算责任的主体,也称清算人。清算义务人为法人的董事、理事等执行机构或者决策机构的成员。

1.董事

董事是指由法人权力机构选举产生的法人执行机构的成员,是公司内部治理的主要力量。根据公司法的规定,董事由股东大会选举产生,可以由股东或非股东担任。董事的任期,一般都应在公司内部细则中予以规定,有定期和不定期两种。定期把董事的任期限制在一定的时间内,每届任期不得超过3年。不定期是指从任期那天算起,满一定年限应当进行改选,但可连选连任。董事被解聘的原因有:任期届满而未能连任、违反股东大会决议、股份转让、本人辞职、丧失行为能力,或者公司破产等。公司董事为自然人。

根据公司法的规定,董事的职权为:一是出席董事会,并行使表决权;二是报酬请求权;三是签名权,即在以公司名义颁发的有关文件,如募股文件、公司设立登记文件等上签名;四是公司章程规定的其他职权。相应地,董事应当履行法定义务,包括遵守法

律、行政法规和公司章程,对公司负有忠实义务和勤勉义务等。

公司法对董事的任职资格作了一定的限制。根据公司法第146条第1款的规定,有以下情形的,不得担任股份有限公司的董事:一是无民事行为能力或限制民事行为能力者;二是因贪污、贿赂、侵占财产、挪用财产罪或者破坏社会主义市场经济秩序,被判处刑罚,执行期满未逾5年,或者因犯罪被剥夺政治权利,执行期满未逾5年;三是担任破产清算的公司、企业的董事或厂长、经理,并对该公司、企业的破产负有个人责任的,自该公司、企业破产清算完结之日起未逾3年;四是担任因违法被吊销营业执照、责令关闭的公司、企业的法定代表人,并负有个人责任的,自该公司、企业被吊销执照之日起未逾3年;五是个人所负数额较大的债务到期未清偿。

公司法规定,董事任期从股东大会决议通过之日起计算,至本届董事会任期届满时止。董事任期届满,连选可以连任。董事的提名办法一般由公司章程或相关办法规定。董事选任程序应规范,保证董事选任公平、公正、独立。董事候选人应在股东大会召开之前作出书面承诺,同意接受提名,承诺披露的董事候选人的资料真实、完整,并保证当选后切实履行董事职责。

2. 理事

理事是指在非营利法人中,由选举产生的管理法人事务的人员,是法人内部治理的主要力量,对内管理法人事务,对外代表法人进行活动。例如,根据民办教育促进法及其实施条例的规定,非营利民办学校理事会或者其他形式决策机构的负责人应当品行良好,具有政治权利和完全民事行为能力。国家机关工作人员不得担任民办学校理事会或者其他形式决策机构的成员。民办学校的理事会或者其他形式决策机构,每年至少召开1次会议。经1/3以上组成人员提议,可以召开理事会或者其他形式决策机构临时会议。

除了董事、理事为清算义务人外,法律、行政法规对清算义务人另有规定的,依照其规定。如根据公司法的规定,有限责任公司的清算义务人是全体股东。根据《社会团体登记管理条例》《事业单位登记管理暂行条例》和有关实施细则的规定，社会团体的清算义务人是其业务主管单位及其他有关机关；事业单位的清算义务人是其举办单位和其他有关机关。

（三）清算义务人未及时履行清算义务，造成损害的，应当承担民事责任；主管机关或者利害关系人可以申请人民法院指定有关人员组成清算组进行清算

法人解散后，应当由清算义务人成立清算组。公司法规定，公司应当在解散事由出现之日起15日内成立清算组，开始清算。清算义务人未及时履行清算义务，逾期不成立清算组进行清算，给债权人等造成损害的，应当承担民事责任。债权人可以申请人民法院指定有关人员组成清算组进行清算；人民法院应当受理该申请，并及时组织清算组进行清算。

第七十一条　法人的清算程序和清算组职权，依照有关法律的规定；没有规定的，参照适用公司法律的有关规定。

【释义】 本条是关于法人的清算程序和清算组职权的规定。

关于法人的清算程序和清算组职权，本条没有作具体规定，而是明确依照公司法律的有关规定。这里的公司法律的有关规定主要是指公司法、《社会团体登记管理条例》、《事业单位登记管理暂行条例》、《民办非企业单位登记管理暂行条例》及有关实施细则等。

（一）清算程序

公司法对公司法人的清算程序作出了明确的规定：法人应当在解散事由出现之日起15日内成立清算组，开始清算。有限责任公司的清算组由股东组成，股份有限公司的清算组由董事或者股东大会确定的人员组成。逾期不成立清算组进行清算的，债权人可以申请人民法院指定有关人员组成清算组进行清算。人民法院应当受理该申请，并及时组织清算组进行清算。清算组应当

自成立之日起 10 日内通知债权人，并于 60 日内在报纸上公告。债权人应当自接到通知书之日起 30 日内，未接到通知书的自公告之日起 45 日内，向清算组申报其债权。债权人申报债权，应当说明债权的有关事项，并提供证明材料。清算组应当对债权进行登记。在申报债权期间，清算组不得对债权人进行清偿。

《事业单位登记管理暂行条例实施细则》第 52 条第 2 款规定，清算组织应当自成立之日起 10 日内通知债权人，并于 30 日内至少发布 3 次拟申请注销登记的公告。债权人应当自第一次公告之日起 90 日内，向清算组织申报其债权。此外，根据《民办非企业单位登记管理暂行条例》和《社会团体登记管理条例》规定，民办非企业单位、社会团体在办理注销登记前，应当在业务主管单位和其他有关机关的指导下，成立清算组织，完成清算工作。

（二）清算组职权

公司法规定，清算组在清算期间行使下列职权：一是清理公司财产，分别编制资产负债表和财产清单。清算组在清理公司财产、编制资产负债表和财产清单后，应当制定清算方案，并报股东会、股东大会或者人民法院确认。二是通知、公告债权人。三是处理与清算有关的公司未了结的业务。四是清缴所欠税款以及清算过程中产生的税款。五是清理债权、债务。六是处理公司清偿债务后的剩余财产。公司财产在分别支付清算费用、职工的工资、社会保险费用和法定补偿金，缴纳所欠税款，清偿公司债务后的剩余财产，有限责任公司按照股东的出资比例分配，股份有限公司按照股东持有的股份比例分配。七是代表公司参与民事诉讼活动。

法律、行政法规等对公司以外的法人解散后清算的程序和清算组职权没有规定的，可以参照适用公司法的上述规定。本条规定的“参照适用公司法律的有关规定”，即是指参照适用公司法的有关规定。需要说明的是，参照适用不是全部适用，在适用公司法相关规定的基本原则的前提下，在一些具体规定上可以根据该类组织的特点作灵活处理，与公司法的规定不一定完全相同。

第七十二条　清算期间法人存续，但是不得从事与清算无关的活动。

法人清算后的剩余财产，按照法人章程的规定或者法人权力机构的决议处理。法律另有规定的，依照其规定。

清算结束并完成法人注销登记时，法人终止；依法不需要办理法人登记的，清算结束时，法人终止。

【释义】　本条是关于清算期间法人活动的要求、清算后剩余财产的处理以及法人终止的规定。

（一）清算期间法人存续，但是不得从事与清算无关的活动

清算期间，法人还继续存在，仍然具有民事权利能力和民事行为能力，但是其民事权利能力是受到限制的，不得从事与清算无关的活动，以保护债权人和其他人的利益。如果法人在清算期间，仍然继续从事经营活动，会产生新的债权债务关系，这势必会影响到原债权人的利益，同时在法人处于解散的状态下，再开展业务活动，对有关相对人的权益也会造成侵害。所以，清算期间法人虽然存续，但是不得从事与清算无关的活动。公司法、《社会团体登记管理条例》、《事业单位登记管理暂行条例》、《民办非企业单位登记管理暂行条例》等法律、行政法规，均规定法人在清算期间不得开展与清算无关的活动。对违反这一规定的，公司法还规定了相应的法律责任：公司在清算期间开展与清算无关的经营活动的，由公司登记机关予以警告，没收违法所得。

（二）法人清算后的剩余财产，按照法人章程的规定或者法人权力机构的决议处理。法律另有规定的，依照其规定

法人清算后的剩余财产，是指法人财产在分别支付清算费用、职工的工资、社会保险费用和法定补偿金，缴纳所欠税款，清偿公司债务后的剩余财产。对法人清算后的剩余财产，一般要根据法人章程的规定或者法人权力机构的决议来处理，但是法律另有规定的，依照其规定。如公司法第186条第2款规定，公司财产在分别支付清算费用、职工的工资、社会保险费用和法定补偿金，

缴纳所欠税款,清偿公司债务后的剩余财产,有限责任公司按照股东的出资比例分配,股份有限公司按照股东持有的股份比例分配。因此,对有限责任公司和股份有限公司法人在清算后的剩余财产的处理,要适用公司法的规定。此外,本法第 95 条对为公益目的成立的非营利法人剩余财产的处理也作了专门规定:为公益目的成立的非营利法人终止时,不得向出资人、设立人或者会员分配剩余财产。剩余财产应当按照法人章程的规定或者权力机构的决议用于公益目的;无法按照法人章程的规定或者权力机构的决议处理的,由主管机关主持转给宗旨相同或者相近的法人,并向社会公告。因此,为公益目的成立的非营利法人终止时剩余财产的处理,要遵守本法第 95 条的规定。

(三)清算结束并完成法人注销登记时,法人终止;依法不需要办理法人登记的,清算结束时,法人终止

在清算程序结束后,对经过登记设立的法人,还要再经过法人注销登记程序,法人才终止。注销登记是指登记主管机关依法对歇业、被撤销、宣告破产或者因其他原因终止营业的法人,取消法人资格的行为。根据公司法、《社会团体登记管理条例》、《事业单位登记管理暂行条例》、《民办非企业单位登记管理暂行条例》等法律、行政法规的规定,公司清算结束后,清算组应当制作清算报告,报股东会、股东大会或者人民法院确认,并报送公司登记机关,申请注销公司登记,公告公司终止。社会团体应当自清算结束之日起 15 日内向登记管理机关办理注销登记。办理注销登记,应当提交法定代表人签署的注销登记申请书、业务主管单位的审查文件和清算报告书。登记管理机关准予注销登记的,发给注销证明文件,收缴该社会团体的登记证书、印章和财务凭证。民办非企业单位法定代表人或者负责人应当自完成清算之日起 15 日内,向登记管理机关办理注销登记。办理注销登记,须提交注销登记申请书、业务主管单位的审查文件和清算报告。登记管理机关准予注销登记的,发给注销证明文件,收缴登记证书、印章和财务凭证。

事业单位应当自清算结束之日起15个工作日内,向登记管理机关申请注销登记并提交下列文件:(1)法定代表人签署的事业单位法人注销登记申请书;(2)撤销或者解散的证明文件;(3)有关机关确认的清算报告;(4)发布该单位拟申请注销登记公告的凭证;(5)事业单位法人证书正、副本及单位印章;(6)登记管理机关要求提交的其他相关文件。登记管理机关核准事业单位注销登记后,应当收缴被注销事业单位的事业单位法人证书正、副本及单位印章,并发布注销登记公告。经登记管理机关注销登记的事业单位,自核准注销登记之日起事业单位法人终止。

有些法人设立是依法不需要经过登记程序的,如根据工会法的规定,工会社团法人资格的取得是由工会法直接规定的,依法不需要办理法人登记。对这些法人在清算结束时,不需要进行注销登记,法人即终止。

第七十三条　法人被宣告破产的,依法进行破产清算并完成法人注销登记时,法人终止。

【释义】 本条是关于法人因破产而终止的规定。

破产,是指债务人因不能偿债或者资不抵债时,由债权人或债务人诉请法院宣告破产并依破产程序偿还债务的一种法律制度。狭义的破产制度仅指破产清算制度,广义的破产制度还包括重整与和解制度。

依据本条的规定,法人被人民法院宣告破产的,依法进行破产清算并完成法人注销登记时,法人终止。这里的"依法"主要是指企业破产法和其他规定了法人破产清算的法律,如农民专业合作社法、民办教育促进法等。

本条规定明确了法人因破产而终止的两个程序性规定:

(一)破产清算

破产清算制度,是对债务人宣告破产、清算还债的法律制度,即在债务人丧失清偿能力时,由法院强制执行其全部财产,公平清偿全体债权人的法律制度。根据企业破产法的规定,破产清算分为破产宣告、变价和分配、破产程序的终结三个环节。

一是破产宣告。企业破产法规定,人民法院宣告债务人破产的,应当自裁定作出之日起 5 日内送达债务人和管理人,自裁定作出之日起 10 日内通知已知债权人,并予以公告。债务人被宣告破产后,债务人称为破产人,债务人财产称为破产财产,人民法院受理破产申请时对债务人享有的债权称为破产债权。

破产宣告前,第三人为债务人提供足额担保或者为债务人清偿全部到期债务,或者债务人已清偿全部到期债务的,人民法院应当裁定终结破产程序,并予以公告。对破产人的特定财产享有担保权的权利人,对该特定财产享有优先受偿的权利。享有这一权利的债权人行使优先受偿权利未能完全受偿的,其未受偿的债权作为普通债权;放弃优先受偿权利的,其债权作为普通债权。

二是变价和分配。企业破产法规定,管理人应当及时拟订破产财产变价方案,提交债权人会议讨论。管理人应当按照债权人会议通过的或者人民法院依法裁定的破产财产变价方案,适时变价出售破产财产。变价出售破产财产应当通过拍卖进行。但是,债权人会议另有决议的除外。破产企业可以全部或者部分变价出售。企业变价出售时,可以将其中的无形资产和其他财产单独变价出售。按照国家规定不能拍卖或者限制转让的财产,应当按照国家规定的方式处理。

破产财产在优先清偿破产费用和共益债务后,依照下列顺序清偿:第一,破产人所欠职工的工资和医疗、伤残补助、抚恤费用,所欠应划入职工个人账户的基本养老保险、基本医疗保险费用,以及法律、行政法规规定应当支付给职工的补偿金。第二,破产人欠缴的除所欠职工的工资和医疗、伤残补助、抚恤费用,所欠应划入职工个人账户的基本养老保险、基本医疗保险费用,以及法律、行政法规规定应当支付给职工的补偿金以外的社会保险费用和破产人所欠税款。第三,普通破产债权。破产财产不足以清偿同一顺序的清偿要求的,按照比例分配。破产企业的董事、监事和高级管理人员的工资按照该企业职工的平均工资计算。破产财产的分配应当以货币分配方式进行。但是,债权人会议另有决议的除外。管理人应当及时拟订破产财产分配方案,提交债权人会议讨论。

破产财产分配方案应当载明下列事项:第一,参加破产财产分配的债权人名称或者姓名、住所;第二,参加破产财产分配的债权额;第三,可供分配的破产财产数额;第四,破产财产分配的顺序、比例及数额;第五,实施破产财产分配的方法。债权人会议通过破产财产分配方案后,由管理人将该方案提请人民法院裁定认可。破产财产分配方案经人民法院裁定认可后,由管理人执行。管理人按照破产财产分配方案实施多次分配的,应当公告本次分配的财产额和债权额。管理人实施最后分配的,应当在公告中指明,并载明:因管理人提存的分配额在最后分配公告日,生效条件未成就或者解除条件成就的,应当分配给其他债权人;在最后分配公告日,生效条件成就或者解除条件未成就的,应当交付给债权人的事项。对于附生效条件或者解除条件的债权,管理人应当将其分配额提存。管理人提存的分配额,在最后分配公告日,生效条件未成就或者解除条件成就的,应当分配给其他债权人;在最后分配公告日,生效条件成就或者解除条件未成就的,应当交付给债权人。债权人未受领的破产财产分配额,管理人应当提存。债权人自最后分配公告之日起满 2 个月仍不领取的,视为放弃受领分配的权利,管理人或者人民法院应当将提存的分配额分配给其他债权人。破产财产分配时,对于诉讼或者仲裁未决的债权,管理人应当将其分配额提存。自破产程序终结之日起满 2 年仍不能受领分配的,人民法院应当将提存的分配额分配给其他债权人。

三是破产程序的终结。破产人无财产可供分配的,管理人应当请求人民法院裁定终结破产程序。管理人在最后分配完结后,应当及时向人民法院提交破产财产分配报告,并提请人民法院裁定终结破产程序。人民法院应当自收到管理人终结破产程序的请求之日起15日内作出是否终结破产程序的裁定。裁定终结的,应当予以公告。自破产程序终结之日起2年内,发现有依法应当追回的财产,或者破产人有应当供分配的其他财产的,债权人可以请求人民法院按照破产财产分配方案进行追加分配,但财产数量不足以支付分配费用的,不再进行追加分配,由人民法院将其上交国库。破产人的保证人和其他连带债务人,在破产程序终结后,对债权人依照破产清算程序未受清偿的债权,依法继续承担清偿责任。

(二)注销登记

企业破产法规定,管理人应当自破产程序终结之日起10日内,持人民法院终结破产程序的裁定,向破产人的原登记机关办理注销登记。管理人于办理注销登记完毕的次日终止执行职务。但是,存在诉讼或者仲裁未决情况的除外。

需要说明的是,企业破产法第135条规定,其他法律规定企业法人以外的组织的清算,属于破产清算的,参照适用本法规定的程序。目前,农民专业合作社法和民办教育促进法已经对农民专业合作社和民办学校的破产清算作了规定,在破产财产的清偿顺序上突出了对农民和受教育者的保护,具体是:

农民专业合作社法第55条规定,农民专业合作社破产适用企业破产法的有关规定,但是破产财产在清偿破产费用和共益债务后,应当优先清偿破产前与农民成员已发生交易但尚未结清的款项。

民办教育促进法第58条、第59条规定,民办学校终止时,应当依法进行财务清算。民办学校自己要求终止的,由民办学校组织清算;被审批机关依法撤销的,由审批机关组织清算;因资不抵债无法继续办学而被终止的,由人民法院组织清算。对民办学校的财产按照下列顺序清偿:一是应退受教育者学费、杂费和其他费用;二是应发教职工的工资及应缴纳的社会保险费用;三是偿还其他债务。非营利性民办学校清偿上述债务后的剩余财产继续用于其他非营利性学校办学;营利性民办学校清偿上述债务后的剩余财产,依照公司法的有关规定处理。

第七十四条　法人可以依法设立分支机构。法律、行政法规规定分支机构应当登记的,依照其规定。

分支机构以自己的名义从事民事活动,产生的民事责任由法人承担;也可以先以该分支机构管理的财产承担,不足以承担的,由法人承担。

【释义】 本条是关于法人设立分支机构的规定。

法人分支机构作为法人的组成部分,由法人依法设立,在法人主要活动地点以外的一定领域内,实现法人的全部或部分职能。分支机构以自己的名义所从事的民事活动,对法人直接产生权利义务,并构成整个法人权利义务的一部分。

法人分支机构,在性质上属于法人的组成部分,不具有独立责任能力,其行为的效果仍由法人承担。公司法第14条第1款规定,公司可以设立分公司。设立分公司,应当向公司登记机关申请登记,领取营业执照。分公司不具有法人资格,其民事责任由所属法人承担。

法人的分支机构与有独立责任能力的子公司不同,具体体现在:一是设立方式不同。子公司一般由两个以上股东发起设立,是独立法人,独立承担民事责任,在其自身经营范围内独立开展各种业务活动;法人分支机构由设立公司在其住所地之外依法设立,设立时不要求注册资金,属于总公司的分支机构,虽然也可以独立开展业务活动,但应在公司授权范围内进行。二是名称和领取的营业执照不同。子公司在登记部门领取企业法人营业执照且名称中不冠以母公司的名字;而法人分支机构则领取的是营业执照,名称为总公司的分公司。三是法律责任能力不同。子公司由于是独立法人,其从事民事活动的法律后果由其自身承担,只能就其自身资产承担民事责任;而分支机构虽然也可以以自己的名义从事民事活动,但其不具有法人资格,自身没有承担法律责任的能力,要由设立它的法人承担,也可以先以该分支机构管理的财产承担,不足以承担的,由法人承担。

法人的分支机构虽然在法人授权范围内可以对外从事各种民事活动,但法人的分支机构属于法人的组成部分,其承担责任的能力有一定的限制,因此,法人的分支机构进行民事活动所承担的责任,要由法人承担,也可以先以该分支机构管理的财产承担,不足以承担的,由法人承担。在涉及分支机构的诉讼中,可以将法人的分支机构与法人一起列为共同被告。例如,企业法人的分支机构为他人提供担保,发生法律纠纷的,人民法院在审理过程中可以将该企业法人和分支机构列为共同被告参加诉讼。

本条规定,法人可以依法设立分支机构。这里的"依法"主要是指依据公司法、商业银行法、保险法、证券法、《中华人民共和国企业法人登记管理条例》、《社会团体登记管理条例》、《民办非企业单位登记管理暂行条例》、《基金会管理条例》等法律、行政法规的规定。例如,公司法规定,公司可以设立分公司。设立分公司,应当向公司登记机关申请登记,领取营业执照。又如,商业银行法第 19 条规定,商业银行根据业务需要可以在中华人民共和国境内外设立分支机构。设立分支机构必须经国务院银行业监督管理机构审查批准。在中华人民共和国境内的分支机构,不按行政区划设立。商业银行在中华人民共和国境内设立分支机构,应当按照规定拨付与其经营规模相适应的营运资金额。拨付各分支机构营运资金额的总和,不得超过总行资本金总额的 60%。再如,根据保险法第 67 条、第 74 条等规定,保险公司在中华人民共和国境内设立分支机构,应当经保险监督管理机构批准。保险公司分支机构不具有法人资格,其民事责任由保险公司承担。保险公司在中华人民共和国境外设立子公司、分支机构,应当经国务院保险监督管理机构批准,等等。

对于非企业法人来说,依据《社会团体登记管理条例》《民办非企业单位登记管理暂行条例》《基金会管理条例》等行政法规的规定,社会团体的分支机构是社会团体的组成部分,不具有法人资格,应当按照其所属的社会团体的章程规定的宗旨和业务范围,在该社会团体授权的范围内开展活动、发展会员。社会团体的分支机构不得再设立分支机构。社会团体不得设立地域性的分支机构。民办非企业单位不得设立分支机构。基金会可以依法设立分支机构,依据基金会的授权开展活动,不具有法人资格。

需要指出的是,关于法人设立分支机构是否需要登记,本条规定法律、行政法规规定分支机构应当登记的,依照其规定。根据这一规定,法人设立分支机构是否需要登记,要根据相关法律、行政法规的规定。根据《中华人民共和国企业法人登记管理条例》的规定,企业法人设立不能独立承担民事责任的分支机构,由该企业法人申请登记,经登记主管机关核准,领取营业执照,在核准登记的经营范围内从事经营活动。此外,《基金会管理条例》规定,基金会拟设立分支机构的,应当向原登记管理机关提出登记申请,并提交拟设机构的名称、住所和负责人等情况的文件。登记管理机关应当自收到前款所列全部有效文件之日起60日内作出准予或者不予登记的决定。准予登记的,发给基金会分支机构登记证书;不予登记的,应当书面说明理由。基金会分支机构的设立登记的事项包括名称、住所、公益活动的业务范围和负责人。

第七十五条　设立人为设立法人从事的民事活动,其法律后果由法人承受;法人未成立的,其法律后果由设立人承受,设立人为二人以上的,享有连带债权,承担连带债务。

设立人为设立法人以自己的名义从事民事活动产生的民事责任,第三人有权选择请求法人或者设立人承担。

【释义】　本条是关于设立人为设立法人而从事的民事活动的法律后果的规定。

法人的设立人是指申请设立法人,并在法人的设立过程中承担相应民事责任的人。在公司法中,一般称法人设立人为发起人。他们的主要民事活动是认缴、实缴出资、对出资评估作价和设立组织机构。在法人的设立过程中,设立人依法筹办法人设立的各种事务,其在法人设立过程中的行为,直接影响到法人能否成立以及成立以后法人的状况。所以设立人对设立法人应当承担法定的责任。

（一）设立人为设立法人从事的民事活动,其法律后果由法人承受

设立人在法人的设立过程中,应当履行好作为设立人的责任,使法人能够顺利地成立。法人成立后,将依法继受设立过程中所产生的权利义务。但是如果法人没有成立,在设立活动期间产生的民事责任义务,要由法人的设立人承担,因为设立中的法人还不具有民事权利能力和民事行为能力,不能承担民事责任。本条第 1 款规定的“法人未成立”是指设立人未能够完成设立法人行为,法人最终没有成立。法人无论因何种原因不能成立,设立人都应当对设立行为所产生的法律后果承担法律责任。设立人为 2 人以上的,享有连带债权,承担连带债务。

（二）设立人为设立法人以自己的名义从事民事活动产生的民事责任,第三人有权选择请求法人或者设立人承担发起人对自己过失行为应当承担的责任

由于信息不对称,第三人往往不知道设立人的行为目的,不知道设立人以自己的名义所从事的民事法律行为与之后成立的法人之间的关系。所以,为保护第三人的合法权益,本条规定,设立人为设立法人以自己的名义从事民事活动产生的民事责任,第三人有权选择,或者请求法人承担,或者请求设立人承担。

除本条的规定外,公司法也对公司发起人的法律责任作了明确规定,即公司不能成立时,发起人对设立行为所产生的债务和费用负连带责任;对认股人已缴纳的股款,负返还股款并加算银行同期存款利息的连带责任。根据这一规定,公司不能成立时,全体发起人都负有偿还因设立行为所产生的债务和费用的义务,也负有偿还认股人的股款及其银行同期存款利息的义务。对此拥有权利的债权人以及认股人等,可以要求发起人中的任何一个

人或者几个人予以清偿、缴付、返还,被要求的发起人不得拒绝。

设立行为所产生的债务和费用原则上应由成立后的公司承担,但当公司不能成立时,先前发生的与设立公司相关的费用及债务就失去了公司法人这一拟定的承担主体,只能改由实施设立行为的主体即发起人来承担。由于发起人之间的关系近似于合伙关系,因此各国公司立法一般都规定对此准用合伙的有关规定,即由发起人对设立行为所产生的费用和债务负连带赔偿责任。此外,公司法还规定,在公司设立过程中,由于发起人的过失致使公司利益受到损害的,应当对公司承担赔偿责任。在实践中,公司有权向发起人请求损害赔偿的情形主要有:发起人对公司所负担的设立费用因滥用而致使公司受损失;发起人因设立公司而得到特别利益或报酬,使公司利益减少;发起人用以抵作股款的财产估价过高而令公司受损等。

第二节 营利法人

第七十六条 以取得利润并分配给股东等出资人为目的成立的法人,为营利法人。

营利法人包括有限责任公司、股份有限公司和其他企业法人等。

【释义】 本条是关于营利法人定义和范围的规定。

本条第1款规定,以取得利润并分配给股东等出资人为目的成立的法人,为营利法人。这一规定强调了营利法人的两个特征:一是成立的目的是取得利润,即以营利为目的。二是取得利润后要分配给股东等出资人,即出资人取得利润。这两个特征同时具备是营利法人与其他法人的根本区别所在。

本条第2款规定,营利法人包括有限责任公司、股份有限公司和其他企业法人等。

首先,有限责任公司,简称有限公司。根据公司法的规定,是指由 50 个以下的股东出资设立,每个股东以其所认缴的出资额对公司承担有限责任,公司以其全部资产对其债务承担责任的经济组织。有限责任公司包括国有独资公司以及其他有限责任公司。

根据公司法的规定,有限责任公司有以下特点:一是股东仅以其出资额为限对公司承担责任。二是有限责任公司的股东人数为 50 个以下。三是有限责任公司不能公开募集股份,不能发行股票。四是有限责任公司由参加者投入的资本组成固定资本份额,给予参加者参与公司管理的权利,并按份额得到公司的部分利润,即分得红利,在公司破产时,得到破产份额,并依法享有其他权利。

有限责任公司(有限公司)是我国企业实行公司制最重要的一种组织形式。其优点是设立程序比较简单,不必发布公告,也不必公布账目,尤其是公司的资产负债表一般不予公开,公司内部机构设置灵活。其缺点是由于不能公开发行股票,筹集资金范围和规模一般都比较小,难以适应大规模生产经营活动的需要。因此,有限责任公司这种形式一般适用于中小企业。

其次,股份有限公司。股份有限公司是指公司资本为股份所组成的公司,股东以其认购的股份为限对公司承担责任的企业法人。股份公司产生于 18 世纪的欧洲,19 世纪后半期广泛流行于世界各国。目前,股份公司在欧美国国家占据统治地位。公司法规定,设立股份有限公司,应当有 2 人以上 200 人以下为发起人。由于所有股份公司均须是负担有限责任的有限公司(但并非所有有限公司都是股份公司),所以一般称为“股份有限公司”。公司的资本总额平分为金额相等的股份;公司可以向社会公开发行股票筹资,股票可以依法转让;法律对公司股东人数只有最低限制,无最高人数限定性规定。股东以其所认购股份对公司承担有限责任,公司以其全部资产对公司债务承担责任;每一股有一个表决权,股东以其所认购持有的股份享受权利、承担义务。此外,公司应当将经注册会计师审查验证过的会计报告公开。

股份有限公司具有以下特征:一是股份有限公司是独立的营利法人。二是股份有限公司的股东人数不得少于法律规定的人数。三是股份有限公司的股东对公司债务负有限责任,股份有限公司的股东对公司债务仅就其认购的股份为限承担责任,公司的债权人不得直接向公司股东提出清偿债务的要求。四是股东具有广泛性。股份有限公司通过向社会公众广泛地发行股票筹集资本,股份有限公司的全部资本划分为等额的股份,任何投资者只要认购股票和支付股款,都可成为股份有限公司的股东,没有资格限制。五是股份的公开、自由、可转让性。股份的发行和转让是部分公开、自由的。股份有限公司通常都以发行股票的方式公开募集资本,这种募集方式使股东人数众多,分散广泛。同时,为提高股份的融资能力和吸引投资者,股份必须有较高程度的流通性,股票必须能够自由转让和交易。六是公司的公开性。股份有限公司的经营状况不仅要向股东公开,还必须向社会公开。使社会公众了解公司的经营状况,这也是与有限责任公司的重要区别之一。公司账目须向社会公开,以便投资人了解公司情况,进行选择。七是公司设立和解散有严格的法律程序,手续复杂。股份有限公司是典型的"资合公司"。一个人能否成为公司股东取决于他是否缴纳了股款、购买了股票,而不取决于他与其他股东的人身关系,因此,股份有限公司能够迅速、广泛、大量地集中资金。证券市场上发行和流通的股票都是由股份有限公司发行的。

除有限责任公司、股份有限公司外,营利法人还包括其他企业法人等。根据《中华人民共和国企业法人登记管理条例》的规定,具备法人条件的下列企业,应当依照本条例的规定办理企业法人登记:(1)全民所有制企业;(2)集体所有制企业;(3)联营企业;(4)在中华人民共和国境内设立的中外合资经营企业、中外合作经营企业和外资企业(现统称为外商投资企业);(5)私营企业;(6)依法需要办理企业法人登记的其他企业。上述这些企业法人,如果不是按照公司法成立的公司法人,没有采用公司法人的组织结构，则属于本条所规定的“其他企业法人”。

第七十七条　营利法人经依法登记成立。

【释义】 本条是关于营利法人登记成立的规定。

营利法人经依法登记成立，“依法”是指公司法、《中华人民共和国公司登记管理条例》、《中华人民共和国企业法人登记管理条例》等法律、行政法规。公司法、《中华人民共和国公司登记管理条例》、《中华人民共和国企业法人登记管理条例》对设立有限责任公司、股份有限公司和其他企业法人等营利法人的条件和登记程序等作了明确的规定。

（一）设立有限责任公司的条件

根据公司法的规定，设立有限责任公司应当具备下列条件：(1)股东符合法定人数。(2)有符合公司章程规定的全体股东认缴的出资额。股东可以用货币出资，也可以用实物、知识产权、土地使用权等可以用货币估价并可以依法转让的非货币财产作价出资；但是，法律、行政法规规定不得作为出资的财产除外。对作为出资的非货币财产应当评估作价，核实财产，不得高估或者低估作价。法律、行政法规对评估作价有规定的，从其规定。股东应当按期足额缴纳公司章程中规定的各自所认缴的出资额。股东以货币出资的，应当将货币出资足额存入有限责任公司在银行开设的账户；以非货币财产出资的，应当依法办理其财产权的转移手续。股东不按照规定缴纳出资的，除应当向公司足额缴纳外，还应当向已按期足额缴纳出资的股东承担违约责任。有限责任公司成立后，发现作为设立公司出资的非货币财产的实际价额显著低于公司章程所定价额的，应当由交付该出资的股东补足其差额；公司设立时的其他股东承担连带责任。有限责任公司成立后，应当向股东签发出资证明书。有限责任公司的注册资本为在公司登记机关登记的全体股东认缴的出资额。法律、行政法规以及国务院决定对有限责任公司注册资本实缴、注册资本最低限额另有规定的,从其规定。(3)股东共同制定公司章程。(4)有公司名称,建立符合有限责任公司要求的组织机构。(5)有公司住所。

股东认足公司章程规定的出资后,由全体股东指定的代表或者共同委托的代理人向公司登记机关报送公司登记申请书、公司章程等文件,申请设立登记。

(二)设立股份有限公司的条件

根据公司法的规定,设立股份有限公司应当具备下列条件:

1. 发起人符合法定的资格,达到法定的人数

发起人的资格是指发起人依法取得的创立股份有限公司的资格。股份有限公司的发起人既可以是自然人,也可以是法人,但发起人中须有过半数的人在中国境内有住所。设立股份有限公司,必须达到法定的人数,应有2人以上200人以下的发起人。国有企业改建为股份有限公司的,发起人可以少于5人,但应当采取募集设立方式。规定发起人的最低限额,是设立股份有限公司的国际惯例。如果发起人的最低人数限额没有规定,一则发起人太少难以履行发起人的义务,二则防止少数发起人损害其他股东的合法权益。对发起人的最高人限额则无规定的必要。

2. 有符合公司章程规定的全体发起人认购的股本总额或者募集的实收股本总额

股份有限公司采取发起设立方式设立的,注册资本为在公司登记机关登记的全体发起人认购的股本总额。在发起人认购的股份缴足前,不得向他人募集股份。股份有限公司采取募集方式设立的,注册资本为在公司登记机关登记的实收股本总额。法律、行政法规以及国务院决定对股份有限公司注册资本实缴、注册资本最低限额另有规定的,从其规定。

3. 股份发行、筹办事项符合法律规定

股份发行、筹办事项符合法律规定,是设立股份有限公司必须遵循的原则。股份的发行是指股份有限公司在设立时为了筹集公司资本,出售和募集股份的法律行为。这里的“股份发行”是指设立发行,是设立公司的过程中,为了组建股份有限公司,筹集

组建公司所需资本而发行股份的行为。设立阶段的发行分为发起设立发行和募集设立发行两种。发起设立发行即所有股份均由发起人认购,不得向社会公开招募。募集设立发行即发起人只认购股份的一部分,其余部分向社会公开招募。

股份有限公司的资本划分为股份,每一股的金额相等。公司的股份采用股票的形式。股份的发行实行公开、公平、公正的原则,且必须同股同权、同股同利。同次发行的股份、每股的发行条件、发行价格应当相同。发起设立方式设立股份有限公司的,发起人应当书面认足公司章程规定其认购的股份,并按照公司章程规定缴纳出资。以募集设立方式设立股份有限公司的,发起人认购的股份不得少于公司股份总数的35%;但是,法律、行政法规另有规定的,从其规定。发起人向社会公开募集股份,必须公告招股说明书,并制作认股书,由依法设立的证券公司承销,签订承销协议认股书,应当同银行签订代收股款协议。

4. 发起人制定公司章程,并经创立大会通过

股份有限公司的章程,是股份有限公司重要的文件,其中规定了公司最重要的事项,它不仅是设立公司的基础,也是公司及其股东的行为准则。因此,公司章程虽然由发起人制定,但以募集设立方式设立股份有限公司的,必须召开由认股人组成的创立大会,并经创立大会决议通过。

5. 有公司名称,建立符合公司要求的组织机构

名称是股份有限公司作为法人必须具备的条件。公司名称必须符合企业名称登记管理的有关规定,股份有限公司的名称还应标明“股份有限公司”字样。

股份有限公司必须有一定的组织机构,对公司实行内部管理,并对外代表公司。股份有限公司的组织机构是股东大会、董事会、监事会和经理。股东大会作出决议,董事会是执行公司股东大会决议的执行机构,监事会是公司的监督机构,依法对董事、经理和公司的活动实行监督,经理是由董事会聘任,主持公司的日常生产经营管理工作,组织实施董事会决议。

6. 有公司住所

（三）设立企业法人的条件

根据《中华人民共和国企业法人登记管理条例》的规定，设立企业法人应当具备下列条件：一是名称、组织机构和章程；二是固定的经营场所和必要的设施；三是符合国家规定并与其生产经营和服务规模相适应的资金数额和从业人员；四是能够独立承担民事责任；五是符合国家法律、法规和政策规定的经营范围。

（四）设立登记程序

1. 公司的设立登记

公司法明确规定，设立公司，应当依法向公司登记机关申请设立登记。符合公司法规定的设立条件的，由公司登记机关分别登记为有限责任公司或者股份有限公司；不符合公司法规定的设立条件的，不得登记为有限责任公司或者股份有限公司。法律、行政法规规定设立公司必须报经批准的，应当在公司登记前依法办理批准手续。公众可以向公司登记机关申请查询公司登记事项，公司登记机关应当提供查询服务。

有关公司的设立登记程序，《中华人民共和国公司登记管理条例》作了以下具体规定：

一是设立有限责任公司，应当由全体股东指定的代表或者共同委托的代理人向公司登记机关申请设立登记。设立国有独资公司，应当由国务院或者地方人民政府授权的本级人民政府国有资产监督管理机构作为申请人，申请设立登记。法律、行政法规或者国务院决定规定设立有限责任公司必须报经批准的，应当自批准之日起90日内向公司登记机关申请设立登记；逾期申请设立登记的，申请人应当报批准机关确认原批准文件的效力或者另行报批。

申请设立有限责任公司，应当向公司登记机关，即市场监督管理部门提交下列文件：（1）公司法定代表人签署的设立登记申请书；（2）全体股东指定代表或者共同委托代理人的证明；（3）公司章程；（4）股东的主体资格证明或者自然人身份证明；（5）载明公司董事、监事、经理的姓名、住所的文件以及有关委派、选举或者聘用的证明;(6)公司法定代表人任职文件和身份证明;(7)企业名称预先核准通知书;(8)公司住所证明;(9)国家市场监督管理总局规定要求提交的其他文件。法律、行政法规或者国务院决定规定设立有限责任公司必须报经批准的,还应当提交有关批准文件。

二是设立股份有限公司,应当由董事会向公司登记机关申请设立登记。以募集方式设立股份有限公司的,应当于创立大会结束后 30 日内向公司登记机关申请设立登记。

申请设立股份有限公司,应当向公司登记机关提交下列文件:(1)公司法定代表人签署的设立登记申请书;(2)董事会指定代表或者共同委托代理人的证明;(3)公司章程;(4)发起人的主体资格证明或者自然人身份证明;(5)载明公司董事、监事、经理姓名、住所的文件以及有关委派、选举或者聘用的证明;(6)公司法定代表人任职文件和身份证明;(7)企业名称预先核准通知书;(8)公司住所证明;(9)国家工商行政管理总局(现为国家市场监督管理总局)规定要求提交的其他文件。以募集方式设立股份有限公司的,还应当提交创立大会的会议记录以及依法设立的验资机构出具的验资证明;以募集方式设立股份有限公司公开发行股票的,还应当提交国务院证券监督管理机构的核准文件。法律、行政法规或者国务院决定规定设立股份有限公司必须报经批准的,还应当提交有关批准文件。

此外,在公司设立登记程序中,还有公司名称预核准这样一个重要的环节。根据《中华人民共和国公司登记管理条例》的规定,设立有限责任公司,应当由全体股东指定的代表或者共同委托的代理人向公司登记机关申请名称预先核准;设立股份有限公司,应当由全体发起人指定的代表或者共同委托的代理人向公司登记机关申请名称预先核准。

申请名称预先核准,应当提交下列文件:(1)有限责任公司的全体股东或者股份有限公司的全体发起人签署的公司名称预先核准申请书;(2)全体股东或者发起人指定代表或者共同委托代理人的证明;(3)国家市场监督管理总局规定要求提交的其他文件。

预先核准的公司名称保留期为6个月。预先核准的公司名称在保留期内,不得用于从事经营活动,不得转让。

2. 其他营利法人的设立登记

除了有限公司、股份有限公司外,其他企业法人的登记适用《中华人民共和国企业法人登记管理条例》的相关规定。根据该条例的规定,企业法人办理开业登记,应当在主管部门或者审批机关批准后30日内,向登记主管机关提出申请;没有主管部门、审批机关的企业申请开业登记,由登记主管机关进行审查。登记主管机关应当在受理申请后30日内,作出核准登记或者不予核准登记的决定。

第七十八条　依法设立的营利法人,由登记机关发给营利法人营业执照。营业执照签发日期为营利法人的成立日期。

【释义】　本条是关于营利法人营业执照的规定。

营业执照是市场监督管理部门,即原工商行政管理部门发给企业等营利法人,准许其从事某项生产经营活动的凭证。营业执照的格式由国家市场监督管理总局统一规定。根据公司法的规定,公司营业执照应当载明公司的名称、住所、注册资本、经营范围、法定代表人姓名等事项。公司营业执照记载的事项发生变更的,公司应当依法办理变更登记,由公司登记机关换发营业执照。营业执照分为正本和副本,二者具有相同的法律效力。正本应当置于公司住所或营业场所的醒目位置,营业执照不得伪造、涂改、出租、出借、转让。

根据公司法和《中华人民共和国公司登记管理条例》、《中华人民共和国企业法人登记管理条例》及相关实施细则的规定,企业等营利法人经登记主管机关核准登记注册,领取企业法人营业执照后,企业即告成立。营业执照签发日期为营利法人的成立日期。企业法人营业执照是企业等营利法人取得法人资格和合法经营权的凭证。企业等营利法人凭据企业法人营业执照可以刻制公章、开立银行账户、签订合同,进行经营活动。登记主管机关可以根据企业法人开展业务的需要,核发企业法人营业执照副本。

第七十九条　设立营利法人应当依法制定法人章程。

【释义】 本条是关于营利法人应当依法制定章程的规定。

法人章程是指根据法人性质、任务和业务活动需要制定的关于法人的活动范围、组织机构以及内部成员之间的权利义务等的重要文件,是法人从事生产经营活动的行为准则。法人章程的内容可以分为绝对必要记载的事项和任意记载的事项。前者是指法律规定在章程中必须具备的内容,通常包括法人名称、住所、宗旨和经营范围、注册资金、投资数额、投资者的姓名和住所、投资者的权利义务、法人的组织机构和解散条件、利润分配和亏损承担等。章程一经登记就具有法律效力,成为法人的行为准则。

公司法规定,设立公司必须依法制定公司章程。公司章程对公司、股东、董事、监事、高级管理人员具有约束力。公司的经营范围由公司章程规定,并依法登记。公司可以修改公司章程,改变经营范围,但是应当办理变更登记。

有限责任公司的章程应当载明下列事项:公司名称和住所,公司经营范围,公司注册资本,股东的姓名或者名称,股东的出资方式、出资额和出资时间,公司的机构及其产生办法、职权、议事规则,公司法定代表人,以及股东会会议认为需要规定的其他事项。股东应当在公司章程上签名、盖章。修改有限责任公司的章程,必须由股东会决定。

股份有限公司的章程应当载明下列事项:公司名称和住所,公司经营范围,公司设立方式,公司股份总数、每股金额和注册资本,发起人的姓名或者名称、认购的股份数、出资方式和出资时间,董事会的组成、职权和议事规则,公司法定代表人,监事会的组成、职权和议事规则,公司利润分配办法,公司的解散事由与清算办法,公司的通知和公告办法,股东大会会议认为需要规定的其他事项。公司章程由创立大会通过。公司法规定,发行股份的股款缴足后,必须经依法设立的验资机构验资并出具证明。发起人应当自股款缴足之日起30日内主持召开公司创立大会。创立大会由发起人、认股人组成。

第八十条　营利法人应当设权力机构。

权力机构行使修改法人章程,选举或者更换执行机构、监督机构成员,以及法人章程规定的其他职权。

【释义】 本条是关于营利法人的权力机构及其职权的规定。

(一)营利法人应当设权力机构

营利法人设立权力机构是公司进行内部治理的需要,也是维护股东权益的需要。股东是公司财产的所有者,虽然他们不直接参与公司的经营管理,但对公司的经营管理,每个股东都有表达其意见的权利。股东会、股东大会就是由公司全体股东所组成的,对公司一系列重大问题发表意见,作出决议的公司最高决策机构。公司通过设立权力机构来决定公司的重大问题,包括公司的发展方向、经营规模和盈利分配等,既有利于加强对公司的内部治理,增强公司的核心竞争力,提高公司的经营业绩,实现公司的可持续发展,也有利于确保股东等投资人的合法权益。

根据公司法的规定,有限责任公司的权力机构是股东会,股份有限公司的权力机构是股东大会,由全体股东组成。国有独资公司不设股东会,由国有资产监督管理机构行使股东会职权。国有资产监督管理机构可以授权公司董事会行使股东会的部分职权,决定公司的重大事项,但公司的合并、分立、解散、增加或者减少注册资本和发行公司债券,必须由国有资产监督管理机构决定;其中,重要的国有独资公司合并、分立、解散、申请破产的,应当由国有资产监督管理机构审核后,报本级人民政府批准。

(二)权力机构的职权

根据本条第 2 款的规定,营利法人权力机构的职权有:

1. 修改法人章程

一般由董事会提出修改建议。董事会是公司的执行机构,对公司经营情况以及章程的执行和变化情况较为了解,能够对公司章程的修改提出具有积极意义的建议。根据公司法的规定,董事会召集股东(大)会。但是修改公司章程事关公司发展的大局,不得以会间的临时动议提出。

如果董事会怠于提出修改公司章程的提议,股东可以提出修改提议,并且在董事会不主持和召集股东(大)会情况下,股东可以自行召集和主持临时股东(大)会。有限责任公司代表 1/10 以上表决权的股东可以提议召开,并召集和主持临时股东会;股份有限公司单独或者合计持有公司 10%以上股份的股东,可以提议召开,并召集和主持临时股东(大)会。

公司章程修改属于股东(大)会会议审议事项。有限责任公司应当于会议召开 15 日前通知全体股东;股份有限公司应于会议召开 20 日前通知各股东,临时会应当于会议召开 15 日前通知各股东,发行无记名股票的,应当于会议召开 30 日前公告。负责通知义务的主体,一般是董事会。但是在监事会或者股东召集和主持股东(大)会时,则由其通知。

一般情况下修改公司章程需要股东(大)会决议。公司章程修改属于股东(大)会的法定职权。公司法规定了股东(大)会修改公司章程的职权。有限责任公司章程修改需经代表 2/3 以上表决权的股东通过,股份有限公司章程修改需经出席会议的股东所持表决权的 2/3 以上通过。

但是,有些情况下修改公司章程并不需要股东会决议。有限责任公司股东转让股权后,公司应当注销原股东的出资证明书,向新股东签发出资证明书,并相应修改公司章程。对公司章程的此项修改不需要再由股东会表决。

2. 选举或者更换执行机构、监督机构成员

对于有限责任公司、股份有限公司来说，其执行机构为公司董事会，监督机构为公司监事会，不设监事会的公司，监事为公司监督机构。公司法规定，股东会选举和更换非由职工代表担任的董事、监事，决定有关董事、监事的报酬事项。股东大会选举董事、监事，可以依照公司章程的规定或者股东大会的决议，实行累积投票制。累积投票制，是指股东大会选举董事或者监事时，每一股份拥有与应选董事或者监事人数相同的表决权，股东拥有的表决权可以集中使用。

根据公司法的规定，有限责任公司设董事会，其成员为3~13人；两个以上的国有企业或者两个以上的其他国有投资主体投资设立的有限责任公司，其董事会成员中应当有公司职工代表；其他有限责任公司董事会成员中可以有公司职工代表。董事会中的职工代表由公司职工通过职工代表大会、职工大会或者其他形式民主选举产生。董事会设董事长1人，可以设副董事长。董事长、副董事长的产生办法由公司章程规定。董事任期由公司章程规定，但每届任期不得超过3年。董事任期届满，连选可以连任。董事任期届满未及时改选，或者董事在任期内辞职导致董事会成员低于法定人数的，在改选出的董事就任前，原董事仍应当依照法律、行政法规和公司章程的规定，履行董事职务。

股份有限公司设董事会，其成员为5~19人。董事会成员中可以有公司职工代表。董事会中的职工代表由公司职工通过职工代表大会、职工大会或者其他形式民主选举产生。有限责任公司设监事会，其成员不得少于3人。股东人数较少或者规模较小的有限责任公司，可以设1~2名监事，不设监事会。监事会应当包括股东代表和适当比例的公司职工代表，其中职工代表的比例不得低于1/3，具体比例由公司章程规定。监事会中的职工代表由公司职工通过职工代表大会、职工大会或者其他形式民主选举产生。股份有限公司设监事会，其成员不得少于3人。监事会应

当包括股东代表和适当比例的公司职工代表,其中职工代表的比例不得低于1/3,具体比例由公司章程规定。监事会中的职工代表由公司职工通过职工代表大会、职工大会或者其他形式民主选举产生。根据上述规定,股东会或者股东大会作为有限责任公司或者股份有限责任公司的权力机构,其负责选举或者更换除职工代表以外的执行机构、监督机构成员。

除了修改法人章程,选举或者更换执行机构、监督机构成员以外,权力机构还行使法人章程规定的其他职权,如决定公司的经营方针和投资计划,审议批准董事会的报告,审议批准监事会或者监事的报告,审议批准公司的年度财务预算方案、决算方案,审议批准公司的利润分配方案和弥补亏损方案,对公司增加或者减少注册资本作出决议,对发行公司债券作出决议,对公司合并、分立、解散、清算或者变更公司形式作出决议等。

第八十一条　营利法人应当设执行机构。

执行机构行使召集权力机构会议,决定法人的经营计划和投资方案,决定法人内部管理机构的设置,以及法人章程规定的其他职权。

执行机构为董事会或者执行董事的,董事长、执行董事或者经理按照法人章程的规定担任法定代表人;未设董事会或者执行董事的,法人章程规定的主要负责人为其执行机构和法定代表人。

【释义】　本条是关于营利法人的执行机构和法定代表人的规定。

(一)营利法人应当设执行机构

营利法人设立了权力机构,就必须同时设立执行机构来执行权力机构的决定,否则权力机构的决定就会落空,法人也无法正常运转。根据本条的规定,营利法人的执行机构包括两种模式:一是执行机构为董事会或者执行董事;二是未设董事会或者执行董事的，执行机构为法人章程规定的主要负责人。

根据公司法的规定，有限责任公司、股份有限责任公司的执行机构为董事会。董事会是股东会或股东大会这一权力机构的执行机构，对公司股东会或股东大会负责并报告工作。股东会或股东大会所作的决定，董事会必须执行。董事会设董事长一人，可以设副董事长。

董事长召集和主持董事会会议，检查董事会决议的实施情况。副董事长协助董事长工作，董事长不能履行职务或者不履行职务的，由副董事长履行职务；副董事长不能履行职务或者不履行职务的，由半数以上董事共同推举1名董事履行职务。董事会每年度至少召开两次会议，每次会议应当于会议召开10日前通知全体董事和监事。代表1/10以上表决权的股东、1/3以上董事或者监事会，可以提议召开董事会临时会议。董事长应当自接到提议后10日内，召集和主持董事会会议。董事会召开临时会议，可以另定召集董事会的通知方式和通知时限。董事会会议应有过半数的董事出席方可举行。

董事会作出决议，必须经全体董事的过半数通过。董事会决议的表决，实行一人一票。董事会会议，应由董事本人出席；董事因故不能出席，可以书面委托其他董事代为出席，委托书中应载明授权范围。董事会应当对会议所议事项的决定作成会议记录，出席会议的董事应当在会议记录上签名。董事应当对董事会的决议承担责任。董事会的决议违反法律、行政法规或者公司章程、股东大会决议，致使公司遭受严重损失的，参与决议的董事对公司负赔偿责任。但经证明在表决时曾表明异议并记载于会议记录的，该董事可以免除责任。

（二）执行机构的职权

执行机构行使召集权力机构会议，决定法人的经营计划和投资方案，决定法人内部管理机构的设置，以及法人章程规定的其他职权。

一是召集权力机构会议。根据公司法的规定，有限责任公司设立董事会的,股东会会议由董事会召集,董事长主持;董事长不能履行职务或者不履行职务的,由副董事长主持;副董事长不能履行职务或者不履行职务的,由半数以上董事共同推举 1 名董事主持。有限责任公司不设董事会的,股东会会议由执行董事召集和主持。董事会或者执行董事不能履行或者不履行召集股东会会议职责的,由监事会或者不设监事会的公司的监事召集和主持;监事会或者监事不召集和主持的,代表 1/10 以上表决权的股东可以自行召集和主持。

公司法规定,股份有限公司的股东大会会议由董事会召集,董事长主持;董事长不能履行职务或者不履行职务的,由副董事长主持;副董事长不能履行职务或者不履行职务的,由半数以上董事共同推举 1 名董事主持。董事会不能履行或者不履行召集股东大会会议职责的,监事会应当及时召集和主持;监事会不召集和主持的,连续 90 日以上单独或者合计持有公司 10%以上股份的股东可以自行召集和主持。

二是决定法人的经营计划和投资方案。董事会等法人执行机构,有权按照股东会或者股东大会等法人权力机构确定的法人经营的重大决策,来决定法人自身的经营计划和对外投资方案,以实现法人的经营业绩,促进法人的发展。

三是决定法人内部管理机构的设置。为加强对法人的内部管理,使法人运营更加科学、合理,董事会等执行机构有权决定法人内部管理机构的设置,如设立有关生产、销售、人事、财务、办公室、后勤部门等。

四是法人章程规定的其他职权。除上述三项法定职权外,执行机构还行使法人章程规定的其他职权。例如,根据公司法的规定,董事会还负责制订公司的年度财务预算方案、决算方案,制订公司的利润分配方案和弥补亏损方案,制订公司增加或者减少注册资本以及发行公司债券的方案,制订公司合并、分立、解散或者变更公司形式的方案,决定聘任或者解聘公司经理及其报酬事项,并根据经理的提名决定聘任或者解聘公司副经理、财务负责人及其报酬事项，以及制定公司的基本管理制度等。

（三）法定代表人的担任

一是营利法人的执行机构为董事会或者执行董事的，董事长、执行董事或者经理按照法人章程的规定担任法定代表人。公司法规定，公司法定代表人依照公司章程的规定，由董事长、执行董事或者经理担任，并依法登记。公司法定代表人变更，应当办理变更登记。

二是营利法人未设董事会或者执行董事的，法人章程规定的主要负责人，既是其执行机构，也是其法定代表人。

第八十二条　营利法人设监事会或者监事等监督机构的，监督机构依法行使检查法人财务，监督执行机构成员、高级管理人员执行法人职务的行为，以及法人章程规定的其他职权。

【释义】　本条是关于营利法人的监督机构及其职权的规定。

（一）营利法人的监督机构

营利法人的监督机构为公司监事会，不设监事会的公司，监事为公司的监督机构。

营利法人设立监督机构旨在加强对法人执行机构的监督，防止公司董事会滥用权力，维护法人和股东的财产安全，是加强法人内部治理的重要机制。公司股东为防止董事会滥用职权，违反法律和公司章程、损害股东的利益，客观上就要求对董事会的活动及其经营管理的公司业务进行监督。但是，由于股东在管理公司方面受到知识、能力和时间等限制，需要由作为公司监督机构的监事会代表股东大会来监督公司业务执行，并对股东大会负责。

公司法规定，有限责任公司设监事会，其成员不得少于 3 人。股东人数较少或者规模较小的有限责任公司，可以设 1～2 名监事，不设监事会。监事会应当包括股东代表和适当比例的公司职工代表，其中职工代表的比例不得低于 1/3，具体比例由公司章程规定。监事会中的职工代表由公司职工通过职工代表大会、职工大会或者其他形式民主选举产生。监事会设主席1人,由全体监事过半数选举产生。监事会主席召集和主持监事会会议;监事会主席不能履行职务或者不履行职务的,由半数以上监事共同推举1名监事召集和主持监事会会议。董事、高级管理人员不得兼任监事。监事的任期每届为3年。监事任期届满,连选可以连任。监事任期届满未及时改选,或者监事在任期内辞职导致监事会成员低于法定人数的,在改选出的监事就任前,原监事仍应当依照法律、行政法规和公司章程的规定,履行监事职务。事会每年度至少召开1次会议,监事可以提议召开临时监事会会议。监事会的议事方式和表决程序,除公司法有规定的外,由公司章程规定。监事会决议应当经半数以上监事通过。监事会应当对所议事项的决定作成会议记录,出席会议的监事应当在会议记录上签名。监事会、不设监事会的公司的监事行使职权所必需的费用,由公司承担。

股份有限公司设监事会,其成员不得少于3人。监事会应当包括股东代表和适当比例的公司职工代表,其中职工代表的比例不得低于1/3,具体比例由公司章程规定。监事会中的职工代表由公司职工通过职工代表大会、职工大会或者其他形式民主选举产生。监事会设主席1人,可以设副主席。监事会主席和副主席由全体监事过半数选举产生。监事会主席召集和主持监事会会议;监事会主席不能履行职务或者不履行职务的,由监事会副主席召集和主持监事会会议;监事会副主席不能履行职务或者不履行职务的,由半数以上监事共同推举1名监事召集和主持监事会会议。董事、高级管理人员不得兼任监事。监事会行使职权所必需的费用,由公司承担。监事会每6个月至少召开1次会议。监事可以提议召开临时监事会会议。监事会的议事方式和表决程序,除公司法有规定的外,由公司章程规定。监事会决议应当经半数以上监事通过。监事会应当对所议事项的决定作成会议记录,出席会议的监事应当在会议记录上签名。

需要指出的是,营利法人设立权力机构和执行机构是法律的强制性要求,但设立监督机构不是法律强制性的规定。这主要是考虑到营利法人的范围比较宽,除有限责任公司、股份有限公司外,还有非公司的企业法人。这些企业法人没有实行公司的治理模式,没有设立监督机构,所以本条没有像前两条一样,规定营利法人应当设立监督机构,而是规定"营利法人设监事会或者监事等监督机构的",监督机构依法履行相应的职权。

(二)监督机构的职权

营利法人的监督机构的职权为:检查公司财务,监督执行机构成员、高级管理人员执行法人职务的行为,以及法人章程规定的其他职权。

一是检查公司财务。监事会、不设监事会的公司的监事发现公司经营情况异常,可以进行调查;必要时,可以聘请会计师事务所等协助其工作,费用由公司承担。

二是对董事、高级管理人员执行公司职务的行为进行监督。监事可以列席董事会会议,并对董事会决议事项提出质询或者建议,同时对违反法律、行政法规、公司章程或者股东会决议的董事、高级管理人员提出罢免的建议。

三是法人章程规定的其他职权,包括:当董事、高级管理人员的行为损害公司的利益时,要求董事、高级管理人员予以纠正;提议召开临时股东会会议,在董事会不履行公司法规定的召集和主持股东会会议职责时,召集和主持股东会会议;向股东会会议提出提案;依法对董事、高级管理人员提起诉讼等。

第八十三条　营利法人的出资人不得滥用出资人权利损害法人或者其他出资人的利益;滥用出资人权利造成法人或者其他出资人损失的,应当依法承担民事责任。

营利法人的出资人不得滥用法人独立地位和出资人有限责任损害法人债权人的利益;滥用法人独立地位和出资人有限责任,逃避债务,严重损害法人债权人的利益的,应当对法人债务承担连带责任。

【释义】 本条是关于营利法人的出资人不得滥用权利、法人独立地位和出资人有限责任的规定。

（一）营利法人的出资人不得滥用出资人权利损害法人或者其他出资人的利益

营利法人的出资人，对于公司法人来说，是指有限责任公司或者股份有限公司的股东。股东作为股东会或者股东大会的组成人员，应当遵守公司法等法律、行政法规和公司章程的规定，依法合理行使作为出资人的权利。根据公司法的规定，股东权利可分为两类：财产权和参与管理权。其中，财产权是核心，是股东出资的目的所在；参与管理权则是手段，是保障股东实现其财产权的必要保障。股东权利具体包括：

一是股东身份权。公司法规定，有限责任公司成立后，应当向股东签发出资证明书；有限责任公司应当置备股东名册。

二是参与决策权。公司法规定，有限责任公司股东会由全体股东组成，股东会是公司的权力机构。股东会会议由股东按照出资比例行使表决权；但是，公司章程另有规定的除外。股东会会议作出修改公司章程、增加或者减少注册资本的决议，以及公司合并、分立、解散或者变更公司形式的决议，必须经代表 2/3 以上表决权的股东通过。股份有限公司股东大会由全体股东组成。股东大会是公司的权力机构。股东出席股东大会会议，所持每一股份有一份表决权。股东大会作出决议，必须经出席会议的股东所持表决权过半数通过。但是，股东大会作出修改公司章程、增加或者减少注册资本的决议，以及公司合并、分立、解散或者变更公司形式的决议，必须经出席会议的股东所持表决权的 2/3 以上通过。

三是选择管理者权。公司法规定，股东会、股东大会选举和更换非由职工代表担任的董事、监事，决定有关董事、监事的报酬事项。股东通过参加股东会、股东大会，行使表决权来参与选择管理者。股东大会选举董事、监事，可以依照公司章程的规定或者股东大会的决议，实行累积投票制。所谓累积投票制，是指股东大会选举董事或者监事时,每一股份拥有与应选董事或者监事人数相同的表决权,股东拥有的表决权可以集中使用。

四是资产收益权。公司法规定,公司分配当年税后利润时,应当提取利润的10%列入公司法定公积金。公司法定公积金累计额为公司注册资本的50%以上的,可不再提取。公司的法定公积金不足以弥补以前年度公司亏损的,在依照规定提取法定公积金之前,应当先用当年利润弥补亏损。公司从税后利润中提取法定公积金后,经股东会决议,可以从税后利润中提取任意公积金。公司弥补亏损和提取公积金后所余利润,有限责任公司按照股东的出资比例分配,股份有限公司按照股东持有的股份比例分配。

五是退股权。公司法规定有以下情形可以请求公司收购其股份:公司连续5年不向股东分配利润,而公司该5年连续盈利,并符合公司法规定的分配利润条件的;公司合并、分立、转让主要财产的;公司章程规定的营业期限届满或其他解散事由出现,股东会会议通过决议修改章程使公司存续的。

六是知情权。公司法规定,股东有权查阅公司章程、股东名册、公司债券存根、股东大会会议记录、董事会会议决议、监事会会议决议、财务会计报告,对公司的经营提出建议或者质询。股东可以要求查阅公司会计账簿。股东要求查阅公司会计账簿的,应当向公司提出书面请求,说明目的。公司有合理根据认为股东查阅会计账簿有不正当目的,可能损害公司合法利益的,可以拒绝提供查阅,并应当自股东提出书面请求之日起15日内书面答复股东并说明理由。公司拒绝提供查阅的,股东可以请求人民法院要求公司提供查阅。

七是提议、召集、主持股东会临时会议权。公司法规定,董事会不能履行或者不履行召集股东大会会议职责的,监事会应当及时召集和主持;监事会不召集和主持的,连续90日以上单独或者合计持有公司10%以上股份的股东可以自行召集和主持。

八是优先受让和认购新股权。公司法规定,经股东同意转让的股权,在同等条件下,其他股东有优先购买权;公司新增资本时，股东有权优先按照实缴的出资比例认缴出资。此外，股东持有的股份可以依法转让。股东转让其股份，应当在依法设立的证券交易场所进行或者按照国务院规定的其他方式进行。

九是向侵犯公司或股东利益的人提起诉讼权。公司法规定，董事、监事、高级管理人员执行公司职务时违反法律、行政法规或者公司章程的规定，给公司造成损失的，有限责任公司的股东、股份有限公司连续180日以上单独或者合计持有公司1%以上股份的股东，可以书面请求监事会或者不设监事会的有限责任公司的监事向人民法院提起诉讼；监事有违反法律、行政法规或者公司章程的规定，给公司造成损失的情形的，前述股东可以书面请求董事会或者不设董事会的有限责任公司的执行董事向人民法院提起诉讼。监事会、不设监事会的有限责任公司的监事，或者董事会、执行董事收到股东书面请求后拒绝提起诉讼，或者自收到请求之日起30日内未提起诉讼，或者情况紧急、不立即提起诉讼将会使公司利益受到难以弥补的损害的，股东有权为了公司的利益以自己的名义直接向人民法院提起诉讼。他人侵犯公司合法权益，给公司造成损失的，股东可以依法向人民法院提起诉讼。董事、高级管理人员违反法律、行政法规或者公司章程的规定，损害股东利益的，股东可以向人民法院提起诉讼。

十是分配公司利润，取得公司剩余财产权。获得分红是股东出资设立公司的原动力，股东可以依法分配取得相应的营业利润。股东分多少、公司留多少，股东按什么分配比例以及什么时间进行利润分配等问题公司法均不加以干涉，由股东通过公司章程自行约定。当公司因各种原因决定解散或者被主管部门撤销需要解散的，公司完成清算程序后就可以注销从而终止其民事主体资格，而股东在公司注销前有权依照出资比例，分配公司的剩余财产。

十一是请求法院解散公司的权利。公司法针对公司僵局作出了股东可以请求强制解散公司的规定，公司经营管理发生严重困难，继续存续会使股东利益受到重大损失，通过其他途径不能解决的,持有公司全部股东表决权10%以上的股东,可以请求人民法院解散公司。

如果股东滥用上述法定权利,损害法人或者其他出资人,即其他股东的利益,给法人或者其他出资人造成损失的,应当依法承担民事责任。这里应当指出的是,股东滥用权利的构成要件包括:一是以损害法人或其他出资人利益为目的行使权利。比如,控股股东通过决议向关联公司输送利益,这一行为的目的在于损害法人或其他出资人利益。二是法人或其他出资人遭受了实际损失。如上述控股股东通过决议向关联公司输送利益的行为给公司和其他股东的权益造成了损失。三是因果关系。股东滥用权利的行为与法人或者其他股东权益受损之间存在因果关系。符合上述三个要素的,行为人应当承担民事责任。

(二)营利法人的出资人不得滥用法人独立地位和出资人有限责任损害法人债权人的利益

法人以自己的财产独立承担民事责任。公司法规定,公司是企业法人,有独立的法人财产,享有法人财产权。公司以其全部财产对公司的债务承担责任。有限责任公司的股东以其认缴的出资额为限对公司承担责任;股份有限公司的股东以其认购的股份为限对公司承担责任。如果公司出现经济纠纷需要赔偿,或者亏损甚至因资不抵债而破产,股东的损失仅限于投资,不涉及个人和家庭的财产,这是对出资人的保护。需要指出的是,这里所说的出资不是实际出资,而是认缴的出资,也就是股东承诺的出资,写在法人章程里,是法人登记的数额,即使股东出资没有完全到位,也要按照当初承诺认缴的数额承担责任。

营利法人的出资人不得滥用法人独立地位和出资人有限责任损害法人债权人的利益。滥用法人独立地位和出资人有限责任,逃避债务,严重损害法人债权人的利益的,应当对法人债务承担连带责任。公司法的法理基础,就是利用法人独立地位和出资人有限责任充分发挥其作用,提高效率,发展生产力。如果滥用法人独立地位和出资人有限责任,则应对法人债务承担连带责任，这一规则被称为“揭开公司的面纱”，又叫“法人人格否认”。这里的否认，并非否认法人资格，而是否认其独立地位，需出资人承担无限连带责任，保护债权人利益。针对股东采用转移公司财产、将公司财产与本人财产混同等手段，造成公司可以用于履行债务的财产减少，严重损害公司债权人利益的行为，“揭开公司面纱”规则也应运而生。“揭开公司面纱”是在英美国家的司法实践中发展起来的判例规则，意为在具体案例中忽视公司的法人人格，责令背后的股东或公司的内部人员对公司债权人直接承担责任。公司法引入了这一规则，规定公司股东应当遵守法律、行政法规和公司章程，依法行使股东权利，不得滥用公司法人独立地位和股东有限责任损害公司债权人的利益。适用这一规则要符合以下三个要素：一是公司股东滥用公司法人独立地位和股东有限责任，逃避债务；二是债权人的利益受到严重损害；三是公司股东滥用公司法人独立地位和股东有限责任的行为与债权人的利益受到损害之间存在因果关系。符合上述三个要素的，则可认定股东滥用法人独立地位和出资人有限责任，逃避债务，严重损害法人债权人的利益，应当对法人债务承担连带责任。

第八十四条　营利法人的控股出资人、实际控制人、董事、监事、高级管理人员不得利用其关联关系损害法人的利益；利用关联关系造成法人损失的，应当承担赔偿责任。

【释义】　本条是关于营利法人的控股出资人、实际控制人、董事、监事、高级管理人员不得利用其关联关系损害法人利益的规定。

根据公司法的规定，控股股东，是指其出资额占有限责任公司资本总额50%以上或者其持有的股份占股份有限公司股本总额50%以上的股东，或者出资额或者持有股份的比例虽然不足50%，但依其出资额或者持有的股份所享有的表决权已足以对股东会、股东大会的决议产生重大影响的股东。实际控制人，是指虽不是公司的股东,但通过投资关系、协议或者其他安排,能够实际支配公司行为的人。高级管理人员,是指公司的经理、副经理、财务负责人,上市公司董事会秘书和公司章程规定的其他人员。上述人员和作为公司权力机构成员的股东,以及作为公司监督机构成员的监事,不得利用其关联关系损害法人的利益。

根据公司法的规定,关联关系是指公司控股股东、实际控制人、董事、监事、高级管理人员与其直接或者间接控制的企业之间的关系,以及可能导致公司利益转移的其他关系。但是,国家控股的企业之间不仅因为同受国家控股而具有关联关系。公司法规定,公司的控股股东、实际控制人、董事、监事、高级管理人员不得利用其关联关系损害公司利益。违反这一规定,给公司造成损失的,应当承担赔偿责任。上市公司董事与董事会会议决议事项所涉及的企业有关联关系的,不得对该项决议行使表决权,也不得代理其他董事行使表决权。该董事会会议由过半数的无关联关系董事出席即可举行,董事会会议所作决议须经无关联关系董事过半数通过。出席董事会的无关联关系董事人数不足3人的,应将该事项提交上市公司股东大会审议。

本条在公司法的基础上,进一步明确所有的营利法人的控股出资人、实际控制人、董事、监事、高级管理人员利用关联关系给法人造成损失的,应当承担赔偿责任,以维护法人的合法权益。

第八十五条　营利法人的权力机构、执行机构作出决议的会议召集程序、表决方式违反法律、行政法规、法人章程,或者决议内容违反法人章程的,营利法人的出资人可以请求人民法院撤销该决议。但是,营利法人依据该决议与善意相对人形成的民事法律关系不受影响。

【释义】 本条是关于营利法人的出资人可以请求撤销法人权力机构、执行机构违法或者违反章程作出的决议的规定。

营利法人的权力机构、执行机构违反法律、行政法规或者违反法人章程作出的决议包括两种情况：一是程序违反法律、行政法规或者法人章程；二是内容违反法人章程。就第一种情况来说，又包括两种情形：一是作出决议的会议召集程序违反法律、行政法规或者法人章程；二是作出决议的会议表决方式违反法律、行政法规或者法人章程。

（一）会议召集程序违反法律、行政法规或者法人章程

公司法对作为有限责任公司、股份有限责任公司权力机构、执行机构的股东会、股东大会、董事会会议的召集程序作出了明确的规定。根据公司法的规定，有限责任公司的首次股东会会议由出资最多的股东召集和主持。有限责任公司设立董事会的，股东会会议由董事会召集，董事长主持；董事长不能履行职务或者不履行职务的，由副董事长主持；副董事长不能履行职务或者不履行职务的，由半数以上董事共同推举一名董事主持。有限责任公司不设董事会的，股东会会议由执行董事召集和主持。董事会或者执行董事不能履行或者不履行召集股东会会议职责的，由监事会或者不设监事会的公司的监事召集和主持；监事会或者监事不召集和主持的，代表1/10以上表决权的股东可以自行召集和主持。召开股东会会议，应当于会议召开15日前通知全体股东；但是，公司章程另有规定或者全体股东另有约定的除外。股东会应当对所议事项的决定作成会议记录，出席会议的股东应当在会议记录上签名。董事会会议由董事长召集和主持；董事长不能履行职务或者不履行职务的，由副董事长召集和主持；副董事长不能履行职务或者不履行职务的，由半数以上董事共同推举一名董事召集和主持。

对于股份有限公司来说，股东大会会议由董事会召集，董事长主持；董事长不能履行职务或者不履行职务的，由副董事长主持；副董事长不能履行职务或者不履行职务的，由半数以上董事共同推举一名董事主持。董事会不能履行或者不履行召集股东大会会议职责的，监事会应当及时召集和主持；监事会不召集和

主持的,连续90日以上单独或者合计持有公司10%以上股份的股东可以自行召集和主持。公司法第104条规定,公司法和公司章程规定公司转让、受让重大资产或者对外提供担保等事项必须经股东大会作出决议的,董事会应当及时召集股东大会会议,由股东大会就上述事项进行表决。董事会设董事长一人,可以设副董事长。董事长和副董事长由董事会以全体董事的过半数选举产生。董事长召集和主持董事会会议,检查董事会决议的实施情况。副董事长协助董事长工作,董事长不能履行职务或者不履行职务的,由副董事长履行职务;副董事长不能履行职务或者不履行职务的,由半数以上董事共同推举一名董事履行职务。董事会每年度至少召开两次会议,每次会议应当于会议召开10日前通知全体董事和监事。代表1/10以上表决权的股东、1/3以上董事或者监事会,可以提议召开董事会临时会议。董事长应当自接到提议后10日内,召集和主持董事会会议。董事会召开临时会议,可以另定召集董事会的通知方式和通知时限。

除公司法等法律、行政法规对股东会、股东大会、董事会的召集程序作出规定外,公司的章程也可能对本公司的股东会、股东大会、董事会在召集程序方面作出一些具体的规定。如果公司的股东会、股东大会、董事会作出决议的会议在召集程序上违反了公司法等法律、行政法规的规定,或者违反了公司章程的规定,股东作为公司的出资人可以请求人民法院撤销该会议所作出的决议。

(二)会议表决方式违反法律、行政法规或者法人章程

公司法规定,股东会会议作出修改公司章程、增加或者减少注册资本的决议,以及公司合并、分立、解散或者变更公司形式的决议,必须经代表2/3以上表决权的股东通过。董事会应当对所议事项的决定作成会议记录,出席会议的董事应当在会议记录上签名。董事会决议的表决,实行一人一票。上市公司董事与董事会会议决议事项所涉及的企业有关联关系的,不得对该项决议行使表决权,也不得代理其他董事行使表决权。该董事会会议由过

半数的无关联关系董事出席即可举行，董事会会议所作决议须经无关联关系董事过半数通过。出席董事会的无关联关系董事人数不足 3 人的，应将该事项提交上市公司股东大会审议。

公司法规定，公司向其他企业投资或者为他人提供担保，依照公司章程的规定，由董事会或者股东会、股东大会决议；公司章程对投资或者担保的总额及单项投资或者担保的数额有限额规定的，不得超过规定的限额。公司为公司股东或者实际控制人提供担保的，必须经股东会或者股东大会决议，该股东或者实际控制人支配的股东，不得参加该事项的表决。该项表决由出席会议的其他股东所持表决权的过半数通过。股东会会议由股东按照出资比例行使表决权；但是，公司章程另有规定的除外。股东会的议事方式和表决程序，除公司法有规定的外，由公司章程规定。股东会会议作出修改公司章程、增加或者减少注册资本的决议，以及公司合并、分立、解散或者变更公司形式的决议，必须经代表 2/3 以上表决权的股东通过。

董事会的议事方式和表决程序，除公司法有规定的外，由公司章程规定。董事会应当对所议事项的决定作成会议记录，出席会议的董事应当在会议记录上签名。董事会决议的表决，实行一人一票。股东出席股东大会会议，所持每一个股份有一份表决权。但是，公司持有的本公司股份没有表决权。股东大会作出决议，必须经出席会议的股东所持表决权过半数通过。但是，股东大会作出修改公司章程、增加或者减少注册资本的决议，以及公司合并、分立、解散或者变更公司形式的决议，必须经出席会议的股东所持表决权的 2/3 以上通过。股东可以委托代理人出席股东大会会议，代理人应当向公司提交股东授权委托书，并在授权范围内行使表决权。上市公司在一年内购买、出售重大资产或者担保金额超过公司资产总额 30% 的，应当由股东大会作出决议，并经出席会议的股东所持表决权的 2/3 以上通过。董事会会议应有过半数的董事出席方可举行。董事会作出决议，必须经全体董事的过半数通过。董事会决议的表决，实行一人一票。上市公司董事与董事会会议决议事项所涉及的企业有关联关系的,不得对该项决议行使表决权,也不得代理其他董事行使表决权。该董事会会议由过半数的无关联关系董事出席即可举行,董事会会议所作决议须经无关联关系董事过半数通过。出席董事会的无关联关系董事人数不足3人的,应将该事项提交上市公司股东大会审议。

公司法规定,股东会的议事方式和表决程序,除本法有规定的外,由公司章程规定。如果公司的股东会、股东大会、董事会作出决议的会议在表决方式上违反了公司法等法律、行政法规的规定,或者违反了公司章程的规定,股东作为公司的出资人可以请求人民法院撤销该会议所作出的决议。

(三)内容违反法人章程

法人的章程是法人的行为准则,对法人的权力机构、执行机构及其成员均具有约束力。如果股东会或者股东大会、董事会作出决议的内容违反了公司章程的规定,股东可以请求人民法院撤销该决议。

对于股东会或者股东大会、董事会的会议召集程序、表决方式违反法律、行政法规或者公司章程,或者决议内容违反公司章程的,营利法人的出资人可以请求人民法院撤销。公司法对此也作出了相应的规定:公司股东会或者股东大会、董事会的决议内容违反法律、行政法规的无效。股东会或者股东大会、董事会的会议召集程序、表决方式违反法律、行政法规或者公司章程,或者决议内容违反公司章程的,股东可以自决议作出之日起60日内,请求人民法院撤销。股东向法院提起撤销股东会或者股东大会、董事会的决议之诉的,人民法院可以应公司的请求,要求股东提供相应的担保。公司根据股东会或者股东大会、董事会决议已办理变更登记的,人民法院宣告该决议无效或者撤销该决议后,公司应当向公司登记机关申请撤销变更登记。

这里还需要指出两点:

第一,根据本条的规定,对于营利法人的权力机构、执行机构作出决议的会议在召集程序、表决方式方面违反法律、行政法规、法人章程，或者决议内容违反法人章程的，虽然营利法人的出资人可以请求人民法院撤销该决议，但是营利法人依据该决议与善意相对人形成的民事法律关系不受影响。这一规定旨在保护善意的、不知情的相对人。在民商事法律关系中，营利法人作为行为主体实施法律行为的过程可以分为两个方面：一是法人内部的意思形成，通常表现为法人权力机构、执行机构，即股东会、股东大会或董事会作出决议；二是法人对外作出意思表示，通常表现为法人对外作出的签订合同等民事法律行为。出于保护善意相对人和维护交易安全的考虑，在法人内部意思形成过程存在瑕疵的情况下，只要对外的意思表示行为不存在无效的情形，法人就应受其表示行为的制约。如转让股权的股东会决议因未经股权所有人同意而不成立，由此产生的股权转让属无权处分行为。如果股权受让人在受让股权时尽了合理的注意义务，且支付了合理对价，则属于善意相对人，可通过善意取得制度获得转让的股权。因此，法院虽然可以撤销法人权力、执行机构违反公司章程作出的决议，但并不意味着对法人与善意相对人形成的民事法律关系的必然否定。在营利法人的权力机构或者执行机构所作决议被人民法院的判决撤销后，营利法人依据该决议与相对人之间形成的法律关系是否受到影响，主要看该相对人是否为善意。如果相对人在与营利法人形成法律关系时不知道或者不应当知道作出决定的会议在召集程序、表决方式方面违反法律、行政法规或者法人章程的规定，或者决议内容违反法人章程的规定，则为善意相对人，其与营利法人依据该决议形成的民事法律关系不受影响；反之，如果相对人在与营利法人形成该法律关系时知道或者应当知道作出决定的会议在召集程序、表决方式方面违反法律、行政法规或者法人章程的规定，或者决议内容违反法人章程的规定，则不能成为善意相对人，无权根据本条规定主张相应的利益。

第二，在营利法人的权力机构、执行机构作出决议的内容方面,本条的规定只针对违反法人章程规定的情况,如果所作决议的内容违反的是法律、行政法规的强制性规定,依据本法第143条、第153条的规定,除了该强制性规定不导致民事法律行为无效的外,属于无效民事法律行为,不属于本条规定的可撤销的民事法律行为。无效民事法律行为与可撤销的民事法律行为不同,体现在:一是无效的民事行为一开始就没有法律效力,而可撤销的民事行为在被撤销前已经发生法律效力,但在被撤销后则自始无效。二是无效民事行为的无效可由任何人提出,而可撤销民事行为的撤销,应由撤销权人为之,且可撤销的民事行为的撤销权人对权利的行使拥有选择权,撤销权人既可以撤销该行为,也可以放弃行使撤销权。三是无效民事法律行为自始无效,而可撤销民事行为的效力消灭,以人民法院撤销该民事行为为前提。

第八十六条　营利法人从事经营活动,应当遵守商业道德,维护交易安全,接受政府和社会的监督,承担社会责任。

【释义】　本条是关于对营利法人从事经营活动所应承担的道德和社会责任的规定。

本条规定了营利法人从事经营活动所应承担的四项道德和社会责任:

一是应当遵守商业道德。商业道德是指道德规范在商业活动中的具体应用,是职业道德的一种,为人们提供了判断商务活动是否符合道德规范的行为准则。商业道德的基本要求包括文明经商、礼貌待客、遵纪守法、货真价实、买卖公平、诚实无欺、诚实信用、信守契约等。在商业道德中,诚实信用是市场经济活动的一项基本商业道德准则,也是现代法治社会的一项基本法律规则。诚实信用原则要求人们在民事活动中应当诚实、守信用,恪守诺言,诚实不欺,正当行使权利和履行义务,在追求自己正当利益的同时不损害他人和社会公共利益等。

二是维护交易安全。维护交易安全,保护善意的交易相对人利益是民事主体从事经营活动的基本准则。在市场经济条件下，很多交易是在陌生人的环境中进行的。当事人几乎没有可能彼此进行深入的了解，相互之间的交易主要是建立在相互信赖的基础上。对这种信赖的保护，在法律上表现为对善意相对人利益的保护。如果善意相对人的利益不能得到很好的保护，则整个交易链可能就会断裂，交易秩序就会受到损害。所以，营利法人从事经营活动，应当注重维护交易安全，不侵害与之交易的善意相对人的权利，以维护整个交易秩序。维护交易安全同时也是民事法律制度的一项重要任务，通过民事法律规范来维护交易安全，保护善意相对人的利益，形成良好的营商法治环境。

三是接受政府和社会的监督。营利法人要自觉接受政府和社会的监督。政府的监督，更多地体现在行政监管责任上，市场监督管理等有关部门要依据法定职责，对营利法人的经营行为进行监督，发现营利法人存在侵害国家利益、社会公共利益等违法行为的，要依法进行查处。营利法人在经营活动中也要自觉接受政府的监督，对有关部门的执法活动予以积极配合。此外，营利法人还要自觉接受社会的监督，包括新闻媒体的监督、公众的监督等。

四是承担社会责任。作为营利法人，企业不仅仅是谋取自身利益最大化的经济体，同时也是国家经济发展、社会文明进步的重要推动者。企业在发展过程中，不仅要关注自身的利益，同时也要承担好应尽的社会责任。一般来说，企业的社会责任可以表现为对消费者权益负责、注重生态环境保护、热心公益宣传和慈善捐助、帮助社会中需要帮助的弱势群体，等等。特别是在国家发生自然灾害、传染病疫情等突发事件时，能积极响应政府号召捐款捐物、积极参加救灾抗疫活动等，都体现了企业等营利法人的社会责任。

总之，营利法人从事经营活动，必须遵守法律、行政法规，遵守社会公德、商业道德，诚实守信，维持交易安全，接受政府和社会公众的监督，承担社会责任。

第三节 非营利法人

第八十七条 为公益目的或者其他非营利目的成立,不向出资人、设立人或者会员分配所取得利润的法人,为非营利法人。

非营利法人包括事业单位、社会团体、基金会、社会服务机构等。

【释义】 本条是关于非营利法人的定义和范围的规定。

(一)非营利法人的定义

非营利法人是为公益目的或者其他非营利目的成立,不向出资人、设立人或者会员分配所取得利润的法人。一个法人是否为非营利法人取决于两个因素:一是成立目的的非营利性;二是不分配利润。

一是成立目的的非营利性。非营利法人是为公益目的或者其他非营利目的成立的。公益目的,是指法人所从事的活动属于社会公益事业。根据公益事业捐赠法的规定,公益事业是指非营利的下列事项:(1)救助灾害、救济贫困、扶助残疾人等困难的社会群体和个人的活动;(2)教育、科学、文化、卫生、体育事业;(3)环境保护、社会公共设施建设;(4)促进社会发展和进步的其他社会公共和福利事业。

除了公益目的外,为其他非营利目的而成立的法人也属于非营利法人。如行业协会,是社会中介组织,它的产生和发展是社会分工和市场竞争日益加剧的结果,反映了同一行业的企业自我服务、自我协调、自我监督、自我保护的意识和要求。具体说来,行业协会的成立必须以同行业的企业为主体,建立在自愿原则的基础上。行业协会的成立以谋取和增进全体会员企业的共同利益为宗旨,不属于公益目的,但属于本条规定的其他非营利目的,也属于非营利法人。

二是不分配利润。非营利法人也可以取得利润,但是不得向出资人、设立人或者会员分配所取得利润。这也是与这类法人设立的目的为非营利相一致的,因为出资人、设立人成立这类法人的目的本身不是赚钱,而是公益目的或者为会员服务,所以法人取得的利益是不能向出资人、设立人或者会员分配的。

(二)非营利法人的范围

非营利法人的范围包括事业单位、社会团体、基金会、社会服务机构等。

一是事业单位。事业单位是指由政府利用国有资产设立的,从事教育、科技、文化、卫生等活动的社会服务组织,如政府举办的学校、医院、科研机构等。事业单位一般是国家设置的带有一定公益性质的机构,但不属于行使公权力的机构,不同于机关法人。根据国家事业单位分类改革精神,事业单位不再分为全额拨款事业单位、差额拨款事业单位,而分为公益一类事业单位、公益二类事业单位。

二是社会团体。社会团体是指中国公民自愿组成,为实现会员共同意愿,按照其章程开展活动的非营利性社会组织,包括行业协会以及科技、文化、艺术、慈善事业等社会群众团体。成立社会团体,应当经其业务主管单位审查同意,并依照《社会团体登记管理条例》的规定进行登记。社会团体为非营利法人,不得从事营利性经营活动。

三是基金会。基金会是指利用自然人、法人或者其他组织捐赠的财产,以从事公益事业为目的,依法成立的非营利性法人。基金会分为面向公众募捐的基金会和不得面向公众募捐的基金会。面向公众募捐的基金会,即公募基金会按照募捐的地域范围,分为全国性公募基金会和地方性公募基金会。根据《基金会管理条例》的规定,基金会应当在民政部门登记,就其性质而言是一种民间非营利组织。

四是社会服务机构。社会服务机构,也称为民办非企业单位,是指自然人、法人或者其他组织为了提供社会服务,利用非国有资产设立的非营利性法人,如民办非营利学校、民办非营利医院等。民办教育促进法规定,民办学校的举办者可以自主选择设立非营利性或者营利性民办学校,非营利性民办学校的举办者不得取得办学收益,学校的办学结余全部用于办学,非营利性民办学校即为非营利法人。成立社会服务机构,应当经其业务主管单位审查同意,并依法进行登记。社会服务机构不得从事营利性经营活动。

"社会服务机构"这一概念来自慈善法。慈善法规定,慈善组织,是指依法成立、符合本法规定,以面向社会开展慈善活动为宗旨的非营利性组织。慈善组织可以采取基金会、社会团体、社会服务机构等组织形式。与之相衔接,本法也沿用了"社会服务机构"这一概念,作为与事业单位、社会团体、基金会并列的一种非营利法人。

第八十八条　具备法人条件,为适应经济社会发展需要,提供公益服务设立的事业单位,经依法登记成立,取得事业单位法人资格;依法不需要办理法人登记的,从成立之日起,具有事业单位法人资格。

【释义】　本条是关于事业单位法人资格取得的规定。

事业单位是国家为了为适应经济社会发展需要,提供公益服务而设立的法人组织,由国家机关举办或者其他组织利用国有资产举办,从事教育、科研、文化、卫生、体育、新闻出版、广播电视、社会福利、救助减灾、统计调查、技术推广与实验、公用设施管理、物资仓储、监测、勘探与勘察、测绘、检验检测与鉴定、法律服务、资源管理事务、质量技术监督事务、经济监督事务、知识产权事务、公证与认证、信息与咨询、人才交流、就业服务、机关后勤服务等活动。事业单位具有如下两个特点:一是公益性。成立事业单位的目的在于提供教育、科学、文化、卫生等公益服务,这些服务属于政府应当向社会提供的公共产品。政府通过设立事业单位，如学校、医院、科研机构、文化机构等向社会提供这些领域的公益服务，以满足社会发展和公众的需求。二是知识密集性。事业单位中的科研和其他专业人员比较集中，主要利用科技文化知识为社会提供公益服务，属于知识密集性单位。

根据本条的规定，成立事业单位在程序上分为两种：一是具备法人条件，依法经登记取得事业单位法人资格；二是具备法人条件，依法不需要办理法人登记的，从成立之日起，具有事业单位法人资格。

（一）具备法人条件，依法经登记取得事业单位法人资格

《事业单位登记管理暂行条例》及其实施细则对事业单位的设立条件、程序作出了明确的规定。事业单位经县级以上各级人民政府及其有关主管部门批准成立后，应当依法登记或者备案。县级以上各级人民政府机构编制管理机关所属的事业单位登记管理机构负责实施事业单位的登记管理工作。

事业单位实行分级登记管理。国家事业单位登记管理局负责下列事业单位的登记管理：（1）中央直属事业单位；（2）中央国家机关各部门举办的事业单位；（3）直接或者间接使用中央财政经费的社会团体举办的事业单位；（4）中央国有资产监督管理机构履行出资人职责的企业和国有重点金融机构举办的事业单位；（5）上述事业单位举办的事业单位；（6）依照法律或者有关规定，应当由国家事业单位登记管理局登记管理的其他事业单位。

省、自治区、直辖市登记管理机关负责下列事业单位的登记管理：（1）省、自治区、直辖市直属事业单位；（2）省、自治区、直辖市国家机关各部门举办的事业单位；（3）直接或者间接使用省级财政经费的社会团体举办的事业单位；（4）省、自治区、直辖市国有资产监督管理机构履行出资人职责的企业举办的事业单位；（5）上述事业单位举办的事业单位；（6）国家事业单位登记管理局授权登记管理的事业单位；（7）依照法律或者有关规定，应当由省级登记管理机关登记管理的其他事业单位。不同层级单位联合

举办的事业单位,由其中层级高的单位举办的事业单位的登记管理机关登记管理;同一层级、不同行政区域单位联合举办的事业单位,由其各自行政区域登记管理机关共同的上级登记管理机关登记管理。地方登记管理机关不得登记名称冠“中国”“全国”“国家”“中华”等字样的事业单位。

申请事业单位法人登记,应当具备下列条件:(1)经审批机关批准设立。(2)有自己的名称、组织机构和场所。事业单位名称是事业单位的文字符号,是各事业单位之间相互区别并区别于其他组织的首要标志,应当由以下部分依次组成:一是字号,表示该单位的所在地域,或者举办单位,或者单独字号的字样;二是所属行业,表示该单位业务属性、业务范围的字样,如数学研究、教育出版、妇幼保健等;三是机构形式,表示该单位属于某种机构形式的字样,如院、所、校、社、馆、台、站、中心等。事业单位名称应当使用符合国家规范的汉字,民族自治地方的事业单位名称可以同时使用本自治地方通用的民族文字。事业单位名称不得使用含有损于国家、社会公共利益或者可能造成欺骗或者引起误解,以及其他法律、法规禁止的内容的文字。申请登记的事业单位名称不得与已登记的事业单位名称和注销登记未满3年的事业单位名称相同或者相近似。(3)有与其业务活动相适应的从业人员。(4)有与其业务活动相适应的经费来源。事业单位的经费来源包括财政补助和非财政补助两类。事业单位的开办资金包括举办单位或者出资人授予事业单位法人自主支配的财产和事业单位法人的自有财产,不包括代为管理的公共基础设施和资源性资产,关系国家秘密、公共安全、公共保障,不能进入流通领域的资产;借贷款、合同预收款、合同应付款;职工福利费、保险金、住房公积金等专用基金;规定了使用方向,不能用于民事赔偿的他人资助的资金,以及按照法律、法规规定不能用于民事赔偿的其他资产。(5)能够独立承担民事责任。

申请事业单位法人登记,应当向登记管理机关提交下列文件:(1)登记申请书;(2)审批机关的批准文件;(3)场所使用权证明;(4)经费来源证明;(5)其他有关证明文件。登记管理机关应当自收到登记申请书之日起30日内依照《事业单位登记管理暂行条例》的规定进行审查,作出准予登记或者不予登记的决定。准予登记的,发给事业单位法人证书;不予登记的,应当说明理由。事业单位法人登记事项包括名称、住所、宗旨和业务范围、法定代表人、经费来源(开办资金)等情况。经登记的事业单位,凭事业单位法人证书刻制印章,申请开立银行账户。事业单位应当将印章式样报登记管理机关备案。事业单位的登记事项需要变更的,应当向登记管理机关办理变更登记。

(二)具备法人条件;依法不需要办理法人登记的,自成立之日起,具有事业单位法人资格

根据《事业单位登记管理暂行条例》及其实施细则的规定,法律规定具备法人条件、自批准设立之日起即取得法人资格的事业单位,不再办理事业单位法人登记,由有关主管部门按照分级登记管理的规定向登记管理机关备案。县级以上各级人民政府设立的直属事业单位直接向登记管理机关备案。对备案的事业单位,登记管理机关应当自收到备案文件之日起30日内发给事业单位法人证书。

第八十九条　事业单位法人设理事会的,除法律另有规定外,理事会为其决策机构。事业单位法人的法定代表人依照法律、行政法规或者法人章程的规定产生。

【释义】 本条是关于事业单位法人组织机构的规定。

事业单位设立理事会作为其决策机构,是建立和完善事业单位法人治理结构的重要举措,有利于创新事业单位体制机制,实现管办分离。本条明确了理事会作为事业单位决策机构的法律地位,有利于加强事业单位的法人治理,进一步激发事业单位的活力,促进事业单位的健康发展。

(一)事业单位的决策机构

事业单位法人设理事会的,除法律另有规定外,理事会为其

决策机构。根据国务院办公厅2011年发布的《关于建立和完善事业单位法人治理结构的意见》规定，理事会一般由政府有关部门、举办单位、事业单位、服务对象和其他有关方面的代表组成。直接关系人民群众切身利益的事业单位，本单位以外人员担任的理事要占多数。根据事业单位的规模、职责任务和服务对象等方面特点，兼顾代表性和效率，合理确定理事会的构成和规模。要吸收事业单位外部人员参加决策层，扩大参与事业单位决策和监督的人员范围，进一步规范事业单位的行为，确保公益目标的实现。

《关于建立和完善事业单位法人治理结构的意见》中指出，面向社会提供公益服务的事业单位要探索建立和完善法人治理结构。不宜建立法人治理结构的事业单位，要继续完善现行管理模式。根据这一精神，本条对事业单位设立理事会没有作强制性的统一要求。根据本条的规定，不是所有事业单位的决策机构都是理事会，只有设立理事会的，理事会才为其决策机构，但法律另有规定的除外。

关于理事会的职责。《关于建立和完善事业单位法人治理结构的意见》中规定，理事会依照法律法规、国家有关政策和本单位章程开展工作，接受政府监管和社会监督。理事会负责本单位的发展规划、财务预决算、重大业务、章程拟订和修订等决策事项，按照有关规定履行人事管理方面的职责，并监督本单位的运行。

关于理事的产生方式。《关于建立和完善事业单位法人治理结构的意见》中规定，结合理事所代表的不同方面，采取相应的理事产生方式，代表政府部门或相关组织的理事一般由政府部门或相关组织委派，代表服务对象和其他利益相关方的理事原则上推选产生，事业单位行政负责人及其他有关职位的负责人可以确定为当然理事。

同时，为了加强对理事的监督，《关于建立和完善事业单位法人治理结构的意见》还规定，要明确理事的权利义务，建立理事责任追究机制,也可以探索单独设立监事会,负责监督事业单位财务和理事、管理层人员履行职责的情况。

根据本条的规定,有的法律已经明确规定了有关事业单位的决策机构的,要依据其规定。如高等教育法规定,国家举办的高等学校实行中国共产党高等学校基层委员会领导下的校长负责制。中国共产党高等学校基层委员会按照《中国共产党章程》和有关规定,统一领导学校工作,支持校长独立负责地行使职权,其领导职责主要是:执行中国共产党的路线、方针、政策,坚持社会主义办学方向,领导学校的思想政治工作和德育工作,讨论决定学校内部组织机构的设置和内部组织机构负责人的人选,讨论决定学校的改革、发展和基本管理制度等重大事项,保证以培养人才为中心的各项任务的完成。根据上述规定,国家举办的高等学校的决策机构为中国共产党高等学校基层委员会。

(二)事业单位的法定代表人

事业单位法人的法定代表人依照法律、行政法规或者法人章程的规定产生。事业单位法定代表人是按照法定程序产生,代表事业单位行使民事权利、履行民事义务的责任人。事业单位法定代表人的产生,要依照有关法律、行政法规或者法人章程的规定。如高等教育法规定,高等学校的校长为高等学校的法定代表人。

此外,事业单位法定代表人的产生还应当遵守《事业单位登记管理暂行条例》及其实施细则的相关规定。根据该条例和其实施细则的规定,事业单位法定代表人应当具备下列条件:(1)具有完全民事行为能力的自然人;(2)该事业单位的主要行政负责人。违反法律、法规和政策规定产生的事业单位主要行政负责人,不得担任事业单位法定代表人。事业单位的拟任法定代表人,经登记管理机关核准登记,方取得事业单位法定代表人资格。事业单位变更法定代表人的,应当自出现依法应当申请变更登记的情况之日起30个工作日内,向登记管理机关提出申请。

第九十条　具备法人条件，基于会员共同意愿，为公益目的或者会员共同利益等非营利目的设立的社会团体，经依法登记成立，取得社会团体法人资格；依法不需要办理法人登记的，从成立之日起，具有社会团体法人资格。

【释义】　本条是关于社会团体法人资格取得的规定。

社会团体，是指基于会员共同意愿，为公益目的或者会员共同利益等非营利目的设立的社会组织。根据这一规定，社会团体包括两种：一是为公益目的而设立的，如中国红十字会、中华慈善总会等；二是为会员共同利益设立的，如行业协会、商会等。

根据本条的规定，社会团体在设立程序上分为两种：一是经依法登记成立，取得法人资格；二是依法不需要办理法人登记，一经成立即具有法人资格。

（一）经依法登记成立，取得法人资格

根据《社会团体登记管理条例》的规定，社会团体应当具备法人条件。成立社会团体，应当经其业务主管单位审查同意，并依照该条例的规定进行登记。

社会团体的登记机关为民政部门。社会团体登记实行分级管理：全国性的社会团体，由国务院的登记管理机关，即民政部负责登记管理；地方性的社会团体，由所在地人民政府的登记管理机关，即地方政府民政部门负责登记管理；跨行政区域的社会团体，由所跨行政区域的共同上一级人民政府的民政部门负责登记管理。登记管理机关、业务主管单位与其管辖的社会团体的住所不在一地的，可以委托社会团体住所地的登记管理机关、业务主管单位负责委托范围内的监督管理工作。

社会团体登记应当符合法定的条件和程序：首先是成立条件。根据《社会团体登记管理条例》第10条的规定，成立社会团体，应当具备下列条件：一是有50个以上的个人会员或者30个以上的单位会员；个人会员、单位会员混合组成的，会员总数不得少于50个。二是有规范的名称和相应的组织机构。社会团体的名称应当符合法律、法规的规定，不得违背社会道德风尚。社会团体的名称应当与其业务范围、成员分布、活动地域相一致，准确反映其特征。全国性的社会团体的名称冠以“中国”“全国”“中华”等字样的，应当按照国家有关规定经过批准，地方性的社会团体的名称不得冠以“中国”“全国”“中华”等字样。三是有固定的住所。四是有与其业务活动相适应的专职工作人员。五是有合法的资产和经费来源，全国性的社会团体有 10 万元以上活动资金，地方性的社会团体和跨行政区域的社会团体有 3 万元以上活动资金。六是有独立承担民事责任的能力。

其次是成立程序。根据《社会团体登记管理条例》的规定，申请成立社会团体，应当经其业务主管单位审查同意，由发起人向登记管理机关申请登记。筹备期间不得开展筹备以外的活动。申请登记社会团体，发起人应当向登记管理机关提交下列文件：一是登记申请书；二是业务主管单位的批准文件；三是验资报告、场所使用权证明；四是发起人和拟任负责人的基本情况、身份证明；五是章程草案。登记管理机关应当自收到上述所列全部有效文件之日起 60 日内，作出准予或者不予登记的决定。准予登记的，发给社会团体法人登记证书；不予登记的，应当向发起人说明理由。社会团体登记事项包括：名称、住所、宗旨、业务范围、活动地域、法定代表人、活动资金和业务主管单位。社会团体的法定代表人，不得同时担任其他社会团体的法定代表人。

经登记机关审查，发现申请登记的社会团体有下列情形之一的，登记管理机关不予登记：一是有根据证明申请登记的社会团体的宗旨、业务范围不符合《社会团体登记管理条例》规定的；二是在同一行政区域内已有业务范围相同或者相似的社会团体，没有必要成立的；三是发起人、拟任负责人正在或者曾经受到剥夺政治权利的刑事处罚，或者不具有完全民事行为能力的；四是在申请登记时弄虚作假的；五是有法律、行政法规禁止的其他情形的。

(二)依法不需要办理法人登记,一经成立即具有法人资格

对于依法不需要办理法人登记的,从成立之日起,具有社会团体法人资格。根据《社会团体登记管理条例》第3条的规定,以下社会团体不需要办理法人登记,一经成立即具有法人资格:

1. 参加中国人民政治协商会议的人民团体

目前,参加中国人民政治协商会议的人民团体共有8个,包括:

(1)中华全国总工会。中华全国总工会(简称全总),是全国各地方总工会和各产业工会全国组织的领导机关,成立于1925年5月1日。根据工会法的规定,中华全国总工会及其各工会组织代表职工的利益,依法维护职工的合法权益。维护职工合法权益是工会的基本职责。工会在维护全国人民总体利益的同时,代表和维护职工的合法权益。中华全国总工会根据独立、平等、互相尊重、互不干涉内部事务的原则,加强同各国工会组织的友好合作关系。

(2)中国共产主义青年团。中国共产主义青年团(简称共青团,曾用名中国社会主义青年团、中国新民主主义青年团),是中国共产党领导的先进青年的群众组织,成立于1922年5月。共青团是中国共产党领导的先进青年的群众组织,是广大青年在实践中学习中国特色社会主义和共产主义的学校,是中国共产党的助手和后备军。

(3)中华全国妇女联合会。中华妇女联合会(简称全国妇联)成立于1949年4月,是中国共产党领导的全国各族女职工、女农民、女知识分子和其他劳动妇女、拥护社会主义的爱国妇女和拥护祖国统一的爱国妇女的群众组织。全国妇联的基本职能是代表和维护妇女利益,促进男女平等。根据妇女权益保障法的规定,中华全国妇女联合会和地方各级妇女联合会代表妇女积极参与国家和社会事务的民主决策、民主管理和民主监督。

(4)中国科学技术协会。中国科学技术协会是中国科学技术工作者的群众组织,是中国共产党领导下的人民团体,是党和政

府联系科学技术工作者的桥梁和纽带，是国家推动科学技术事业发展的重要力量。中国科协的前身是中华全国自然科学专门学会联合会（简称全国科联）和中华全国科学技术普及协会（简称全国科普）。1958 年 9 月全国科联和全国科普合并，举行第一次代表大会，正式成立了中国科学技术协会。

（5）中华全国归国华侨联合会。中华全国归国华侨联合会（简称中国侨联），成立于 1956 年 10 月。中国侨联在维护全国人民总体利益的同时，依法维护归侨、侨眷和海外侨胞在国内的合法权利和利益，关心海外侨胞的正当权利和利益。

（6）中华全国台湾同胞联谊会。中华全国台湾同胞联谊会（简称全国台联），是台湾各族同胞的爱国民众团体，以团结联络广大台湾同胞、促进两岸人民交流为己任，为祖国和平统一大业贡献力量，是中国共产党和政府联系台湾同胞的桥梁和纽带。全国台联于 1981 年 12 月在北京成立。

（7）中华全国青年联合会。中华全国青年联合会（简称全国青联），成立于 1949 年 5 月 4 日，是以中国共产主义青年团为核心的各青年团体的联合组织，是中国各族各界青年广泛的爱国统一战线组织。

（8）中华全国工商业联合会。中华全国工商业联合会（简称全国工商联），成立于 1953 年 11 月，是中国共产党领导的具有统一战线性质的人民团体和民间商会。

2. 由国务院机构编制管理机关核定，并经国务院批准免于登记的团体

由国务院机构编制管理机关核定，并经国务院批准免于登记的团体共有 14 个，包括：

（1）中国文学艺术界联合会。中国文学艺术界联合会（简称中国文联），是由全国性文学艺术家协会，各省、自治区、直辖市文学艺术界联合会和全国性的产业文学艺术工作者联合会组成的人民团体，成立于新中国诞生前夕的 1949 年 7 月。

（2）中国作家协会。中国作家协会成立于 1949 年 7 月 23

日。中国作家协会在中国共产党的领导下，坚持文艺为人民服务、为社会主义服务的方向，贯彻执行"百花齐放、百家争鸣"的方针，充分尊重文学艺术规律，发扬文艺民主，保证创作自由，团结和组织全国各民族作家进行创造性劳动，发展和繁荣具有中国特色的社会主义文学。

(3)中华全国新闻工作者协会。中华全国新闻工作者协会(简称中国记协)，是中国共产党领导的中国新闻界的全国性人民团体，是党和政府同新闻界密切联系的桥梁和纽带。中国记协前身为1937年11月8日在上海成立的中国青年新闻记者协会。1954年成立了中华全国新闻工作者联谊会。1957年3月14日，联谊会召开中国新闻工作者第一次代表会议，宣布正式成立中华全国新闻工作者协会。

(4)中国人民对外友好协会。中国人民对外友好协会是全国性民间外交团体，1954年5月3日在北京成立，原名中国人民对外文化协会，1966年改为现称。该会以发展中国人民同世界各国人民之间的了解和友谊，促进相互经济、社会、文化、科技、教育等方面的交流与合作，维护世界和平为宗旨。

(5)中国人民外交学会。中国人民外交学会成立于1949年12月15日，其宗旨为研究国际问题和外交政策，进行国际交流，开展人民外交活动。

(6)中国国际贸易促进委员会。中国国际贸易促进会(简称中国贸促会)成立于1952年。中国贸促会的宗旨是，根据中华人民共和国的法律、法规和政策，开展促进对外贸易、利用外资、引进外国先进技术及各种形式的中外经济技术合作等活动，促进中国同世界各国的贸易和经济技术关系的发展，增进中国人民同世界各国人民和经济贸易界的相互了解与友谊。

(7)中国残疾人联合会。中国残疾人联合会(简称中国残联)，成立于1988年3月。根据残疾人保障法的规定，中国残疾人联合会及其地方组织，代表残疾人的共同利益，维护残疾人的合法权益，团结教育残疾人，为残疾人服务。中国残疾人联合会及其地方组织依照法律、法规、章程或者接受政府委托，开展残疾人工作，动员社会力量，发展残疾人事业。

(8)中国宋庆龄基金会。中国宋庆龄基金会于1982年5月29日在北京成立。该会宗旨是继承和发扬宋庆龄毕生致力的少年儿童文教、科技和福利事业，促进少年儿童身心健康发展，增进国际友好，维护世界和平，实现祖国统一。

(9)中国法学会。中国法学会是中国共产党领导的人民团体，是中国法学界、法律界的全国性群众团体和学术团体和政治战线的重要组成部分，是党和政府联系和团结广大法学、法律工作者的桥梁和纽带，是加强社会主义民主法治建设、推进全面依法治国、建设社会主义法治国家的重要力量。该学会成立于1949年6月，目前组织网络已覆盖全国各省、自治区和直辖市。

(10)中国红十字会。中国红十字会始建于1904年，建会后一直从事救护伤兵、救助难民和赈济灾民活动，并积极参加人道主义救援活动。1950年8月改组，1952年恢复在红十字会与红新月会国际联合会的合法席位。中国红十字会以保护人的生命和健康，发扬人道主义精神，促进和平进步事业为宗旨。我国已有基层红十字组织7万多个，会员2000多万人。

(11)中国职工思想政治工作研究会。中国职工思想政治工作研究会成立于1983年1月，致力于密切联系改革开放和社会主义现代化建设实践，开展思想政治工作研究，为全面提高职工队伍素质服务，为促进社会生产力的发展服务。

(12)欧美同学会。欧美同学会成立于1913年10月。该会宗旨是继承爱国主义的传统，团结留学欧美等国归国同学，广泛联系海外同学、亲友，修学、敦谊，相互切磋，共同为振兴中华、统一祖国的大业作出贡献。

(13)黄埔军校同学会。黄埔军校同学会是1984年6月16日在纪念黄埔军校建校60周年时，由黄埔军校校友组织成立的爱国团体。黄埔军校同学会的宗旨是发扬黄埔精神，联络同学感情，促进祖国统一，致力于振兴中华。

(14)中华职业教育社。中华职业教育社是主要由教育界、经济界、科技界从事和关心支持职业教育的人士组成的全国性的人民教育团体,总部设在北京,1917年5月在上海创立。该教育社是以倡导、研究和实施职业教育为职志的全国性群众团体,曾先后在上海、昆明等地开办职业补习学校、职业指导所等。1941年,职教社参加发起组织中国民主政团同盟(后改称中国民主同盟)。1945年,又联合迁川工厂联合会等发起成立了民主建国会。中华人民共和国成立后,总会由上海迁驻北京。

根据《社会团体登记管理条例》的规定,自批准成立之日起即具有法人资格的社会团体,应当自批准成立之日起60日内向登记管理机关提交批准文件,申领社会团体法人登记证书。登记管理机关自收到文件之日起30日内发给社会团体法人登记证书。

需要说明三点:一是社会团体凭社会团体法人登记证书申请刻制印章,开立银行账户。社会团体应当将印章式样和银行账号报登记管理机关备案。二是社会团体的分支机构、代表机构是社会团体的组成部分,不具有法人资格,应当按照其所属于的社会团体的章程所规定的宗旨和业务范围,在该社会团体授权的范围内开展活动、发展会员。社会团体的分支机构不得再设立分支机构。三是社会团体不得设立地域性的分支机构。

第九十一条　设立社会团体法人应当依法制定法人章程。

社会团体法人应当设会员大会或者会员代表大会等权力机构。

社会团体法人应当设理事会等执行机构。理事长或者会长等负责人按照法人章程的规定担任法定代表人。

【释义】 本条是关于社会团体法人章程和组织机构的规定。

(一)社会团体法人应当制定章程

章程是设立社会团体法人的法定必备文件,是调整社会团体内部关系,规范内部成员行为,明确法人活动准则的重要依据,对社会团体法人具有重要意义。所以,本条规定设立社会团体法人应当依法制定法人章程。

根据《社会团体登记管理条例》第 14 条的规定,社会团体的章程应当包括下列事项:一是名称、住所;二是宗旨、业务范围和活动地域;三是会员资格及其权利、义务;四是民主的组织管理制度,执行机构的产生程序;五是负责人的条件和产生、罢免的程序;六是资产管理和使用的原则;七是章程的修改程序;八是终止程序和终止后资产的处理;九是应当由章程规定的其他事项。

(二)社会团体的权力机构

社会团体法人应当设会员大会或者会员代表大会等权力机构,一般会员人数相对较少的社会团体实行会员大会制度,由全体会员组成的会员大会作为该团体的决策机构。而会员人数相对较多的社会团体则实行会员代表大会制度,由全体会员选出代表他们的意志行事的一部分人召开大会,行使会员赋予的权利,对会员负责,作为该社会团体的决策机构,会员大会或者会员代表大会一般应当根据章程定期召开。例如,中国红十字会的章程明确规定:中国红十字会的最高权力机关是全国会员代表大会。全国会员代表大会每 5 年召开 1 次,2/3 以上代表出席,会议有效。全国会员代表大会由中国红十字会理事会召集,如遇特殊情况可提前或延期召开,提前或延期的时间不得超过 1 年。全国会员代表大会的代表由总会和地方红十字会推选的会员代表以及与有关部门协商产生的代表和特邀代表组成。代表比例由常务理事会根据会员人数和红十字事业发展需要决定。全国会员代表大会决议由到会代表半数以上表决通过后生效。

社会团体的会员大会或者会员代表大会的职责在该社会团体的章程中作出规定,一般包括选举产生该社会团体的理事会、监事会;修改该社会团体的章程;审议批准理事会、监事会的工作报告;审议批准理事会提交的工作规划;决定该社会团体的重大事项等。

（三）社会团体的执行机构

社会团体法人应当设理事会等执行机构。理事长或者会长等负责人按照法人章程的规定担任法定代表人，理事会在全国会员大会或者代表大会闭会期间执行其决议。

理事会的任期及职责等由社会团体的章程规定。例如，中国红十字会的章程中明确规定：理事会任期5年，下一次全国会员代表大会召开时换届。理事会会议每年至少召开1次。2/3以上理事出席，会议有效。理事会决议由到会理事半数以上表决通过后生效。必要时可以通信方式召开理事会会议。理事会的职责是：（1）聘请名誉会长、名誉副会长；（2）选举常务理事；（3）选举会长、常务副会长、副会长；（4）根据会长提名，决定秘书长；（5）增补、更换或罢免理事、常务理事；（6）审定中国红十字会工作报告、事业发展规划和年度工作计划、财务收支等报告；（7）审议下一届理事会组成方案；（8）决定其他重大事项。

（四）社会团体的法定代表人

社会团体的理事长或者会长等负责人按照法人章程的规定担任法定代表人。社会团体的法定代表人，不得同时担任其他社会团体的法定代表人。

需要指出的是，在立法过程中，有的意见建议规定社会团体还应当设立监督机构，以监督理事会等执行机构依法行使职权。经研究认为，社会团体是否设立监督机构，应属其会员自治范畴，由社会团体法人自行决定，本法不必对此作出强制性的统一规定。

第九十二条　具备法人条件，为公益目的以捐助财产设立的基金会、社会服务机构等，经依法登记成立，取得捐助法人资格。

依法设立的宗教活动场所，具备法人条件的，可以申请法人登记，取得捐助法人资格。法律、行政法规对宗教活动场所有规定的，依照其规定。

【释义】 本条是关于捐助法人的定义和范围的规定。

(一)捐助法人的定义和范围

根据本条的规定,捐助法人的定义是为公益目的,以捐助财产设立的非营利法人。根据这一规定,捐助法人的特点有两个:一是为公益目的设立;二是法人的财产全部来自捐助。

捐助法人的范围主要包括基金会、社会服务机构、宗教活动场所等。

(二)捐助法人登记

基金会、社会服务机构、宗教活动场所等组织具备法人条件,经依法登记,取得捐助法人资格。

1. 基金会

(1)登记主管机关。根据《基金会管理条例》的规定,国务院民政部门和省、自治区、直辖市人民政府民政部门是基金会的登记管理机关。基金会登记实行分级管理。国务院民政部门负责下列四项基金会、基金会代表机构的登记管理工作:一是全国性公募基金会;二是拟由非内地居民担任法定代表人的基金会;三是原始基金超过 2000 万元,发起人向国务院民政部门提出设立申请的非公募基金会;四是境外基金会在中国内地设立的代表机构。省、自治区、直辖市人民政府民政部门负责本行政区域内地方性公募基金会和不属于上述四项规定情况的,发起人向国务院民政部门提出设立申请的非公募基金会的登记管理工作。

(2)设立基金会的条件。根据《基金会管理条例》的规定,设立基金会应当具备下列条件:一是为特定的公益目的而设立;二是全国性公募基金会的原始基金不低于 800 万元人民币,地方性公募基金会的原始基金不低于 400 万元人民币,非公募基金会的原始基金不低于 200 万元人民币;原始基金必须为到账货币资金;三是有规范的名称、章程、组织机构以及与其开展活动相适应的专职工作人员;四是有固定的住所;五是能够独立承担民事责任。

(3)设立登记。根据《基金会管理条例》的规定,申请设立基金会,申请人应当向登记管理机关提交下列文件:一是申请书;二是章程草案;三是验资证明和住所证明;四是理事名单、身份证明以及拟任理事长、副理事长、秘书长简历;五是业务主管单位同意设立的文件。登记管理机关应当自收到全部有效文件之日起60日内,作出准予或者不予登记的决定。准予登记的,发给基金会法人登记证书;不予登记的,应当书面说明理由。基金会设立登记的事项包括名称、住所、类型、宗旨、公益活动的业务范围、原始基金数额和法定代表人。

关于基金会的设立登记,根据《基金会管理条例》的规定,还需要指出三点:

第一,基金会拟设立分支机构、代表机构的,应当向原登记管理机关提出登记申请,并提交拟设机构的名称、住所和负责人等情况的文件。登记管理机关应当自收到上述全部有效文件之日起60日内作出准予或者不予登记的决定。准予登记的,发给基金会分支(代表)机构登记证书;不予登记的,应当书面说明理由。基金会分支机构、基金会代表机构设立登记的事项包括名称、住所、公益活动的业务范围和负责人。基金会分支机构、基金会代表机构依据基金会的授权开展活动,不具有法人资格。

第二,境外基金会在中国内地设立代表机构,应当经有关业务主管单位同意后,向登记管理机关提交下列文件:一是申请书;二是基金会在境外依法登记成立的证明和基金会章程;三是拟设代表机构负责人身份证明及简历;四是住所证明;五是业务主管单位同意在中国内地设立代表机构的文件。登记管理机关应当自收到全部有效文件之日起60日内,作出准予或者不予登记的决定。准予登记的,发给境外基金会代表机构登记证书;不予登记的,应当书面说明理由。境外基金会代表机构设立登记的事项包括名称、住所、公益活动的业务范围和负责人。境外基金会代表机构应当从事符合中国公益事业性质的公益活动。境外基金会对其在中国内地代表机构的民事行为,依照中国法律承担民事责任。

第三,基金会、境外基金会代表机构依法登记后,应当依法办理税务登记。基金会、境外基金会代表机构,凭登记证书依法申请组织机构代码、刻制印章、开立银行账户。基金会、境外基金会代表机构应当将组织机构代码、印章式样、银行账号以及税务登记证件复印件报登记管理机关备案。

2. 社会服务机构

社会服务机构进行法人登记,目前适用《民办非企业单位登记管理暂行条例》第8条的规定。该条例明确规定了社会服务机构(民办非企业单位)登记的管理机关,社会服务机构的设立条件和设立登记程序。

(1)登记管理机关。根据《民办非企业单位登记管理暂行条例》的规定,国务院民政部门和县级以上地方各级人民政府民政部门是本级人民政府的民办非企业单位登记管理机关。国务院有关部门和县级以上地方各级人民政府的有关部门、国务院或者县级以上地方各级人民政府授权的组织,是有关行业、业务范围内民办非企业单位的业务主管单位。法律、行政法规对民办非企业单位的监督管理另有规定的,依照有关法律、行政法规的规定执行。

(2)设立条件。根据《民办非企业单位登记管理暂行条例》第8条的规定,申请登记民办非企业单位,应当具备下列条件:一是经业务主管单位审查同意;二是有规范的名称、必要的组织机构;三是有与其业务活动相适应的从业人员;四是有与其业务活动相适应的合法财产;五是有必要的场所。民办非企业单位的名称应当符合国务院民政部门的规定,不得冠以“中国”“全国”“中华”等字样。

(3)设立登记。申请民办非企业单位登记,举办者应当向登记管理机关提交下列文件;一是登记申请书;二是业务主管单位的批准文件;三是场所使用权证明;四是验资报告;五是拟任负责人的基本情况、身份证明;六是章程草案。登记管理机关应当自收到成立登记申请的全部有效文件之日起60日内作出准予登记或者不予登记的决定。有下列情形之一的,登记管理机关不予登记,并向申请人说明理由:一是有根据证明申请登记的民办非企业单位的宗旨、业务范围不符合《民办非企业单位登记管理暂行条例》第4条规定的;二是在申请成立时弄虚作假的;三是在同一行政区域内已有业务范围相同或者相似的民办非企业单位,没有必要成立的;四是拟任负责人正在或者曾经受到剥夺政治权利的刑事处罚,或者不具有完全民事行为能力的;五是有法律、行政法规禁止的其他情形的。

这里需要指出两点:一是社会服务机构不得设立分支机构。二是社会服务机构凭登记证书申请刻制印章,开立银行账户。民办非企业单位应当将印章式样、银行账号报登记管理机关备案。

3. 宗教活动场所

宗教活动场是指开展宗教活动的寺院、宫观、清真寺、教堂及其他固定处所。本条第2款规定,依法设立的宗教活动场所,具备法人条件的,可以申请法人登记,取得捐助法人资格。目前,关于宗教场所的规定,主要是国务院的行政法规《宗教事务条例》和国家宗教事务局制定的《宗教活动场所设立审批和登记办法》。

(1)宗教活动场所设立审批。根据《宗教事务条例》的规定,设立宗教活动场所应当具备下列条件:一是设立宗旨不违背该条例关于宗教团体、宗教院校、宗教活动场所和信教公民应当遵守宪法、法律、法规和规章,践行社会主义核心价值观,维护国家统一、民族团结、宗教和睦与社会稳定;任何组织或者个人不得利用宗教进行危害国家安全、破坏社会秩序、损害公民身体健康、妨碍国家教育制度,以及其他损害国家利益、社会公共利益和公民合法权益等违法活动;任何组织或者个人不得在不同宗教之间、同一宗教内部以及信教公民与不信教公民之间制造矛盾与冲突,不得宣扬、支持、资助宗教极端主义,不得利用宗教破坏民族团结、分裂国家和进行恐怖活动;各宗教坚持独立自主自办的原则,宗教团体、宗教院校、宗教活动场所和宗教事务不受外国势力的支配;宗教团体、宗教院校、宗教活动场所、宗教教职人员在相互尊重、平等、友好的基础上开展对外交往;其他组织或者个人在对外经济、文化等合作、交流活动中不得接受附加的宗教条件等的规定。二是当地信教公民有经常进行集体宗教活动的需要。三是有拟主持宗教活动的宗教教职人员或者符合本宗教规定的其他人员。四是有必要的资金,资金来源渠道合法。五是布局合理,符合城乡规划要求,不妨碍周围单位和居民的正常生产、生活。

筹备设立宗教活动场所,由宗教团体向拟设立的宗教活动所所在地的县级人民政府宗教事务部门提出申请。县级人民政府宗教事务部门应当自收到申请之日起 30 日内提出审核意见,报设区的市级人民政府宗教事务部门。设区的市级人民政府宗教事务部门应当自收到县级人民政府宗教事务部门报送的材料之日起 30 日内,对申请设立其他固定宗教活动处所的,作出批准或者不予批准的决定;对申请设立寺观教堂的,提出审核意见,报省、自治区、直辖市人民政府宗教事务部门审批。省、自治区、直辖市人民政府宗教事务部门应当自收到设区的市级人民政府宗教事务部门报送的材料之日起 30 日内,作出批准或者不予批准的决定。宗教活动场所的设立申请获批准后,方可办理该宗教活动场所的筹建事项。

(2)宗教活动场所设立登记。宗教活动场所经批准筹备并建设完工后,应当向所在地的县级人民政府宗教事务部门申请登记。县级人民政府宗教事务部门应当自收到申请之日起 30 日内对该宗教活动场所的管理组织、规章制度建设等情况进行审核,对符合条件的予以登记,发给宗教活动场所登记证。宗教活动场所符合法人条件的,经所在地宗教团体同意,并报县级人民政府宗教事务部门审查同意后,可以到民政部门办理法人登记。宗教活动场所终止或者变更登记内容的,应当到原登记管理机关办理相应的注销或者变更登记手续。

本法赋予宗教活动场所以法人资格,有利于其对外从事民事活动,更好地维护其合法权益,也有利于加强其内部治理,保护正常的宗教活动。

这里需要指出三点:一是宗教活动场所的法人登记以具备法

人条件为前提。考虑到不同宗教的做法不同,依法设立的宗教活动场所是否登记为法人,由其自行申请。二是法律、行政法规对宗教活动场所有规定的,依照其规定。本条的规定不影响国家依法对宗教活动场所进行规范和管理。宗教活动场所从事各类活动必须符合《宗教事务条例》等法规的规定,接受宗教管理部门依法对其进行的监督管理。三是赋予宗教活动场所法人资格不影响其与宗教团体的关系。根据《宗教事务条例》第8条的规定,宗教团体具有协助人民政府贯彻落实法律、法规、规章和政策,维护信教公民的合法权益;指导宗教教务,制定规章制度并督促落实;从事宗教文化研究,阐释宗教教义教规,开展宗教思想建设;开展宗教教育培训,培养宗教教职人员,认定、管理宗教教职人员;法律、法规、规章和宗教团体章程规定的其他职能。宗教团体具备法人条件的,可以依法登记为社会团体法人。赋予宗教活动场所法人资格不影响其与宗教团体的关系。

第九十三条　设立捐助法人应当依法制定法人章程。

捐助法人应当设理事会、民主管理组织等决策机构,并设执行机构。理事长等负责人按照法人章程的规定担任法定代表人。

捐助法人应当设监事会等监督机构。

【释义】 本条是关于捐助法人章程和组织机构的规定。

(一)设立捐助法人应当依法制定法人章程

根据慈善法、《基金会管理条例》、《民办非企业单位登记管理暂行条例》、《宗教事务条例》的规定,设立基金会、社会服务机构、宗教活动场所应当制定章程。

基金会的章程必须明确基金会的公益性质,不得规定使特定自然人、法人或者其他组织受益的内容。基金会章程应当载明下列事项:(1)名称及住所;(2)设立宗旨和公益活动的业务范围;(3)原始基金数额;(4)理事会的组成、职权和议事规则,理事的资格、产生程序和任期;(5)法定代表人的职责;(6)监事的职责、资格、产生程序和任期;(7)财务会计报告的编制、审定制度;(8)财产的管理、使用制度;(9)基金会的终止条件、程序和终止后财产的处理。

社会服务机构(民办非企业单位)的章程应当包括下列事项:(1)名称、住所;(2)宗旨和业务范围;(3)组织管理制度;(4)法定代表人或者负责人的产生、罢免的程序;(5)资产管理和使用的原则;(6)章程的修改程序;(7)终止程序和终止后资产的处理;(8)需要由章程规定的其他事项。

(二)捐助法人应当设理事会、民主管理组织等决策机构,并设执行机构、监事会等监督机构

为了加强对捐助法人的内部治理,本条规定捐助法人应当设理事会、民主管理组织等决策机构,并设执行机构、监督机构。理事长等负责人按照法人章程的规定担任法定代表人。

1. 基金会

根据《基金会管理条例》的规定,基金会设理事会,是基金会的决策机构。理事为5~25人,理事任期由章程规定,但每届任期不得超过5年。理事任期届满,连选可以连任。用私人财产设立的非公募基金会,相互间有近亲属关系的基金会理事,总数不得超过理事总人数的1/3;其他基金会,具有近亲属关系的不得同时在理事会任职。在基金会领取报酬的理事不得超过理事总人数的1/3。理事会设理事长、副理事长和秘书长,从理事中选举产生,理事长是基金会的法定代表人。

理事会依法行使章程规定的职权。理事会每年至少召开两次会议。理事会会议须有2/3以上理事出席方能召开;理事会决议须经出席理事过半数通过方为有效。下列重要事项的决议,须经出席理事表决,2/3以上通过方为有效:一是章程的修改;二是选举或者罢免理事长、副理事长、秘书长;三是章程规定的重大募捐、投资活动;四是基金会的分立、合并。理事会会议应当制作会议记录,并由出席理事审阅、签名。

基金会理事长、副理事长和秘书长不得由现职国家工作人员兼任。基金会的法定代表人,不得同时担任其他组织的法定代表人。公募基金会和原始基金来自中国内地的非公募基金会的法定代表人,应当由内地居民担任。因犯罪被判处管制、拘役或者有期徒刑,刑期执行完毕之日起未逾5年的,因犯罪被判处剥夺政治权利正在执行期间或者曾经被判处剥夺政治权利的,以及曾在因违法被撤销登记的基金会担任理事长、副理事长或者秘书长,且对该基金会的违法行为负有个人责任,自该基金会被撤销之日起未逾5年的,不得担任基金会的理事长、副理事长或者秘书长。担任基金会理事长、副理事长或者秘书长的香港居民、澳门居民、台湾居民、外国人以及境外基金会代表机构的负责人,每年在中国内地居留时间不得少于3个月。

基金会设监事。监事任期与理事任期相同。理事、理事的近亲属和基金会财会人员不得兼任监事。监事依照章程规定的程序检查基金会财务和会计资料,监督理事会遵守法律和章程的情况。监事列席理事会会议,有权向理事会提出质询和建议,并应当向登记管理机关、业务主管单位以及税务、会计主管部门反映情况。

基金会理事遇有个人利益与基金会利益关联时,不得参与相关事宜的决策;基金会理事、监事及其近亲属不得与其所在的基金会有任何交易行为。监事和未在基金会担任专职工作的理事不得从基金会获取报酬。

2. 社会服务机构

目前,对社会服务机构法人的组织机构还没有统一的法律、行政法规的规定,但有的法律、行政法规对有关社会服务机构的组织机构作出了规定,如《中华人民共和国民办教育促进法实施条例》规定,民办学校理事会、董事会或者其他形式决策机构的负责人应当品行良好,具有政治权利和完全民事行为能力。国家机关工作人员不得担任民办学校理事会、董事会或者其他形式决策机构的成员。民办学校的理事会、董事会或者其他形式决策机构,每年至少召开1次会议。经1/3以上组成人员提议,可以召开理事会、董事会或者其他形式决策机构临时会议。民办学校的理事会、董事会或者其他形式决策机构讨论下列重大事项,应当经2/3以上组成人员同意方可通过:一是聘任、解聘校长;二是修改学校章程;三是制定发展规划;四是审核预算、决算;五是决定学校的分立、合并、终止;六是学校章程规定的其他重大事项。民办学校内部组织机构的设置方案由校长提出,报理事会、董事会或者其他形式决策机构批准,等等。

3. 宗教活动场所

根据《宗教事务条例》的规定,宗教活动场所应当成立管理组织,实行民主管理。宗教活动场所管理组织的成员,经民主协商推选,并报该场所的登记管理机关备案。

第九十四条　捐助人有权向捐助法人查询捐助财产的使用、管理情况,并提出意见和建议,捐助法人应当及时、如实答复。

捐助法人的决策机构、执行机构或者法定代表人作出决定的程序违反法律、行政法规、法人章程,或者决定内容违反法人章程的,捐助人等利害关系人或者主管机关可以请求人民法院撤销该决定。但是,捐助法人依据该决定与善意相对人形成的民事法律关系不受影响。

【释义】　本条是关于捐助人权利的规定。

捐助人出于从事慈善活动的目的,向基金会、社会服务机构、宗教活动场所等捐助法人捐赠财产。为了保护捐助人的权益和捐助财产的安全,使捐助财产真正用于慈善事业,本条明确了捐助人对所捐助财产使用、管理情况的监督权,以及捐助法人对捐助人行使这一权利的相应配合义务。

第一,捐助人的监督权。捐助人有权向捐助法人查询捐助财产的使用、管理情况,并提出意见和建议。慈善法、《基金会管理条例》也作了类似的规定。慈善法规定,捐赠人有权查询、复制其捐赠财产管理使用的有关资料,慈善组织应当及时主动向捐赠人反馈有关情况。慈善组织违反捐赠协议约定的用途,滥用捐赠财产的,捐赠人有权要求其改正;拒不改正的,捐赠人可以向民政部门投诉、举报或者向人民法院提起诉讼。《基金会管理条例》规定,捐赠人有权向基金会查询捐赠财产的使用、管理情况,并提出意见和建议。对于捐赠人的查询,基金会应当及时如实答复。基金会违反捐赠协议使用捐赠财产的,捐赠人有权要求基金会遵守捐赠协议或者向人民法院申请撤销捐赠行为、解除捐赠协议。

捐赠协议属于本法合同编规定的赠与合同。赠与合同是赠与人将自己的财产无偿给予受赠人,受赠人表示接受赠与的合同。赠与可以附义务,受赠人应当按照约定履行义务。如果捐赠人在捐赠协议中对捐助财产的用途提出明确的要求,受赠的捐助法人需要严格按协议的规定使用捐助的财产。如果捐助法人违反协议的规定滥用捐赠财产,属于不履行赠与合同约定义务的行为,捐助人可以向人民法院提起诉讼,要求撤销赠与,也可以依法向有关部门投诉、举报。例如,捐助人向某一非营利民办学校捐赠了一笔财产,并通过捐助协议明确规定该笔财产只能用于学校建图书馆。根据本条的规定,捐助人有权向该学校查询这笔捐助财产的使用、管理情况,并提出意见和建议,受捐助的学校应当及时、如实答复。如果捐助人发现该学校违反了捐助协议关于捐赠财产用途的规定,没有将这笔财产用于建图书馆,在此情况下,该捐助人有权要求该学校改正;拒不改正的,捐助人可以向有关部门投诉、举报或者向人民法院提起诉讼,请求撤销捐赠行为。需要指出的是,根据本法合同编关于赠与合同的规定,捐助人行使撤销权,请求撤销赠与的,应当自知道或者应当知道撤销事由之日起1年内行使。

第二,捐助法人对捐助人行使监督权的配合义务。对于捐助人行使对所捐财产的监督权,捐助法人应当予以积极配合:当捐助人查询所捐财产的使用、管理情况时,应当积极提供有关财务资料;对于捐助人提出的有关意见、建议,应当认真听取、研究,并及时作出解释、回应,对合理化建议应当及时采纳;对于捐助人的查询,应当及时如实答复,不能拖延、敷衍,更不能弄虚作假,欺骗捐助人。

第三,捐助人可以请求撤销捐助法人违法、或者违反章程规定的决定,具体分为两种情况:一是决定程序违反法律、行政法规或者法人章程。捐助法人的决策机构、执行机构或者法定代表人作出决定的程序应当符合法律、行政法规、法人章程的规定。如根据《基金会管理条例》的规定,理事会会议须有 2/3 以上理事出席方能召开;理事会决议须经出席理事过半数通过方为有效。涉及章程的修改,选举或者罢免理事长、副理事长、秘书长,章程规定的重大募捐、投资活动,基金会的分立、合并等重要事项的决议,须经出席理事表决,2/3 以上通过方为有效。理事会会议应当制作会议记录,并由出席理事审阅、签名。如果基金会的理事会所作决定违反了这一程序性规定,捐助人等利害关系人或者主管机关可以请求人民法院撤销该决定。二是决定内容违反法人章程的规定。捐助法人的决策机构、执行机构或者法定代表人作出决定的内容应当符合法人章程的规定。法人章程是设立法人的重要依据,也是法人应当遵循的基本准则,对法人的决策机构、执行机构或者法定代表人均具有拘束力。如果捐助法人的决策机构、执行机构或者法定代表人作出决定的内容违反了章程的规定,如违反了章程规定的设立该法人的宗旨,以捐助财产从事了营利性的活动,那么作为捐助人等利害关系人或者法人的主管机关是有权请求人民法院撤销该决定的,以维护所捐助财产的安全。

这里需要指出两点:一是虽然法院依法撤销了该捐助法人所作的违法或者违反法人章程的决定,但捐助法人依据该决定与善意相对人形成的民事法律关系不受影响,这也是保护善意相对人的权益,维护交易安全的需要。如某一捐助法人的理事会,违反法律规定的程序作出一项决定,将获得捐助的一处房产卖掉。虽然该决定因违反法定程序而被人民法院撤销，但是如果买房人因为在购房时为善意，对该法人所作决定违法或者违反章程规定的事实为不知情或者不应当知情，在此情况下，该买房人为善意相对人，可以取得该房产的所有权。二是关于捐助法人的决策机构、执行机构、法定代表人作出决定的内容方面，本条的规定，只针对违反法人章程规定的情况，如果所作决定的内容违反的是法律、行政法规的强制性规定的，依据本法第143条、第153条的规定，除该强制性规定不导致民事法律行为无效的外，属于无效民事法律行为，不属于本条规定的可撤销的民事法律行为。

第九十五条　为公益目的成立的非营利法人终止时，不得向出资人、设立人或者会员分配剩余财产。剩余财产应当按照法人章程的规定或者权力机构的决议用于公益目的；无法按照法人章程的规定或者权力机构的决议处理的，由主管机关主持转给宗旨相同或者相近的法人，并向社会公告。

【释义】　本条是关于为公益目的成立的非营利法人终止时剩余财产处理的规定。

为公益目的成立的非营利法人，包括捐助法人和事业单位法人，以及部分社会团体法人。这些法人的财产，要么来自捐助财产，要么来自国有资产，所以在这些法人终止时，其剩余财产的处理是受到限制的。

一是剩余财产不得向出资人、设立人或者会员分配。剩余财产是指法人解散清算完成后所剩余的法人财产。这些财产不能向出资人、设立人或者会员分配，这是营利法人与非营利法人的重要区别。对于营利法人来说，剩余财产是可以向出资人、设立人分配的，而非营利法人，其来源是国有资产或者捐助财产，在存续期间还享受了国家在财政、税收、土地等方面的优惠政策，所以在终止时，其财产需要继续用于公益事业，不得向出资人、设立人或者会员分配。

二是剩余财产应当按照法人章程的规定或者权力机构的决议用于公益目的。非营利法人的剩余财产应当按照法人章程的规定或者理事会等权力机构的决议继续用于公益目的。非营利法人的章程中一般会规定法人终止后剩余财产的处理,主要是转给其他宗旨相同或者相近的非营利法人,如非营利性民办学校终止后,其剩余财产转给其他的非营利性民办学校。如果法人章程中没有规定,也可以由理事会等法人权力机构作出决议,将剩余财产继续用于公益事业。需要说明的是,非营利法人终止后的剩余财产只能按照法人章程的规定或者权力机构的决议用于公益事业,不能用于营利活动。

三是剩余财产无法按照法人章程的规定或者权力机构的决议处理的,由主管机关主持转给宗旨相同或者相近的法人,并向社会公告。如果法人终止后,其剩余财产的处理,没有法人章程的规定,理事会等权力机构也没有作出相关决议,在此情况下,要由主管机关主持转给宗旨相同或者相近的法人,并向社会公告。如一家非营利的民营医院终止后,其剩余财产,可以由主管机关主持转给另外一家非营利的民营医院,并向社会公告。

慈善法、民办教育促进法、《基金会管理条例》、《宗教事务条例》均明确规定了这几类非营利法人在终止后剩余财产的处理原则。慈善法规定,慈善组织清算后的剩余财产,应当按照慈善组织章程的规定转给宗旨相同或者相近的慈善组织;章程未规定的,由民政部门主持转给宗旨相同或者相近的慈善组织,并向社会公告。民办教育促进法规定,非营利性民办学校清偿上述债务后的剩余财产继续用于其他非营利性学校办学。《基金会管理条例》规定,基金会注销后的剩余财产应当按照章程的规定用于公益目的;无法按照章程规定处理的,由登记管理机关组织捐赠给与该基金会性质、宗旨相同的社会公益组织,并向社会公告。《宗教事务条例》规定,宗教团体、宗教院校、宗教活动场所注销或者终止的,应当进行财产清算,清算后的剩余财产应当用于与其宗旨相符的事业。

需要指出的是,由于非营利法人的范围比较宽,包括捐助法人和事业单位法人,以及部分社会团体法人。对各类非营利法人剩余财产的处理,如果其他法律另有规定的,要依照其规定。另外,事业单位终止后剩余财产的处理,原则上要符合国有资产管理的有关规定。

第四节　特别法人

第九十六条　本节规定的机关法人、农村集体经济组织法人、城镇农村的合作经济组织法人、基层群众性自治组织法人,为特别法人。

【释义】 本条是关于特别法人范围的规定。

通过特别法人制度将机关法人、基层群众性自治组织、农村集体经济组织、城镇农村的合作经济组织等涵盖在内,赋予这些组织以特别法人资格,有利于这些组织更方便地参与民事活动,保护其自身及其成员的合法权益,同时也保护与其从事民事活动的相对人的合法权益。

本条规定了特别法人所包括的具体范围,即机关法人、农村集体经济组织法人、城镇农村的合作经济组织法人、基层群众性自治组织法人四种。

机关法人、农村集体经济组织法人、城镇农村的合作经济组织法人、基层群众性自治组织法人这四种法人,既不同于营利法人,也不同于非营利法人,有其自身的特殊性,所以本节将其统归于特别法人。

(一)机关法人

机关法人是指依法行使国家权力,并因行使国家权力的需要而享有相应的民事权利能力和民事行为能力的国家机关。在进行民事活动时,国家机关以法人身份出现,与作为其相对人的自然人、法人或者非法人组织一样是平等的民事主体,不是行政主体。

机关法人包括政党机关、人大机关、政协机关、行政机关、监察机关、司法机关、军事机关等,具体包括各级中国共产党委员会及其所属各部门,各级人民代表大会机关,各级人民政府及其所属各工作部门,各级政治协商会议机关,各级监察机关,各级人民法院、检察院机关,各民主党派机关,军事机关等。

机关法人成立的方式为依据宪法和法律的规定,为履行法定职能而特许设立,无需经专门机构核准登记。同时,机关法人的经费纳入国家预算,由国家财政拨给。机关法人可以以法人资格与其他民事主体进行民事活动,如购置办公用品等。正是由于机关法人的上述特点,使其既不是营利法人,也不是非营利法人,属于特殊法人。在国际上,一般将机关法人称为公法人。

(二)农村集体经济组织法人

农村集体经济组织产生于20世纪50年代初的农业合作化运动,是为实行社会主义公有制改造,在自然乡村范围内,由农民自愿联合,将其各自所有的生产资料(土地、较大型农具、耕畜)投入集体所有,由集体组织农业生产经营,农民进行集体劳动,实行各尽所能、按劳分配的农业社会主义经济组织。农村集体经济组织是农村集体资产经营管理的主体,依法代表农民集体行使农村集体资产所有权。农村集体经济组织作为一类特殊的组织,既有对外的营利性,又有对内的集体利益保障性,既不同于营利法人,也不同于非营利法人,属于特别法人。

(三)城镇农村的合作经济组织法人

城镇农村的合作经济组织是按照自愿互利、民主管理、协作服务原则组建的农村经济组织,主要是指供销合作社等。供销合作社地位性质特殊,既体现党和政府政策导向,又承担政府委托的公益性服务,既有事业单位和社团组织的特点,又履行管理社有企业的职责,既要办成以农民为基础的合作经济组织,又要开展市场化经营和农业社会化服务,具有不同于营利法人、非营利法人的特殊性，属于特别法人。

（四）基层群众性自治组织法人

基层群众性自治组织是指在城市和农村按居民、村民的居住地区建立起来的居民委员会和村民委员会。居民委员会、村民委员会是建立在我国社会的最基层并与群众直接联系的组织，是在自愿的基础上由群众按照居住地区自己组织起来管理自己事务的组织。“基层群众性自治组织”这一概念，首次见于1982年宪法，规定：“城市和农村按居民居住地区设立的居民委员会或者村民委员会是基层群众性自治组织。”根据宪法的规定，我国分别于1989年、1998年制定了居民委员会组织法、村民委员会组织法。

居民委员会和村民委员会具有如下特点：一是群众性。基层群众性自治组织不同于国家政权组织和其他政治、经济等社会组织，是居住于一定范围内的居民、村民基于社会生活的共同需要而建立，目的是处理居住地范围内的公共事务、公益事业等事务，如社会治安、公共卫生等。二是自治性。基层群众性自治组织不是国家机关，也不是国家机关的下属或者下级组织，具有自身组织上的独立性。三是基层性。基层群众性自治组织只存在于居住地范围的基层社区，所从事的工作都是居民、村民居住范围内的公共事务和公益事业。正是因为居民委员会和村民委员会具有上述不同于其他法人的特点，所以有必要赋予其单独的一类法人资格。

第九十七条　有独立经费的机关和承担行政职能的法定机构从成立之日起，具有机关法人资格，可以从事为履行职能所需要的民事活动。

【释义】 本条是关于机关法人的规定。

根据本条的规定，机关法人包括两类：一是有独立经费的机关；二是有独立经费的承担行政职能的法定机构。

一是有独立经费的机关。机关法人的经费来自财政拨款。

机关法人的设立依据是宪法和国务院组织法、地方各级人民代表大会和地方各级人民政府组织法、监察法、人民法院组织法、人民检察院组织法等法律,其设立的目的是代表国家行使公权力,履行法定的职责。因此,必须有独立的经费作为机关法人履行职责和对外承担民事责任的基础。机关法人的独立经费,来自国家的财政拨款。

机关法人在对外从事民事活动时必然要面临责任承担的问题,其享有独立的经费就成为其对外承担责任的基础。机关作为预算单位享有独立经费,确保其可以对外承担民事法律责任。

二是有独立经费的承担行政职能的法定机构。行政职能是指行政管理职能,是行政主体作为国家管理的执法机关,在依法对国家政治、经济和社会公共事务进行管理时应承担的职责和所具有的功能,如行政许可、行政处罚等,但不涉及立法、司法和军事等国家职能。行政职能一般由国家的行政机关行使,包括各级人民政府及政府有关部门,均享有行政管理职能。除了行政机关以外,一些法定机构依据法律、行政法规的授权也享有行政管理职能,这些法定机构在行使法定行政职能时,享有与行政机关相同的行政主体地位,具有机关法人资格。相比民法通则关于机关法人的规定,本条的这一规定在范围上有所扩大,将有独立经费的承担行政职能的法定机构也作为机关法人,适应了实践发展的需要。

承担行政职能的法定机构,主要是指依法承担行政管理职能的有关事业单位,中国证券监督管理委员会、中国银行保险监督管理委员会等机构依据证券法、商业银行法、保险法等法律的规定,对证券期货市场、金融、保险行业实施监督管理,这样的机构虽然性质为事业单位,但因其履行行政职能,因而具有机关法人资格。

行政许可法、行政处罚法等法律均规定,法律、行政法规授权的组织享有行政许可权、行政处罚权等权力。如行政许可法规定,法律、法规授权的具有管理公共事务职能的组织,在法定授权范围内,以自己的名义实施行政许可。被授权的组织适用本法有关行政机关的规定。行政处罚法规定,法律、法规授权的具有管理公共事务职能的组织可以在法定授权范围内实施行政处罚。相应地,这些法定机构实施行政管理职能时如果违反了法律、行政法规的规定,行政相对人可以依据行政诉讼法的规定,对其提起行政诉讼。

需要指出的是,有独立经费的机关和承担行政职能的法定机构从成立之日起,即具有机关法人资格,不需要进行设立登记。

机关法人可以从事为履行职能所需要的民事活动。机关法人履行法定职能所从事的活动包括两种:一种是公法意义的活动,如行政管理活动;另一种则是私法意义上的活动,即民事活动,如购买办公用品等。本条规定,机关法人从其成立之日起即具有法人资格,可以从事为履行职能所需要的民事活动。换言之,如果所从事的民事活动与该机关法人的履行职能不相符,就不具有合法性,是不被允许的,如机关法人不能从事经营性的活动等。

第九十八条　机关法人被撤销的,法人终止,其民事权利和义务由继任的机关法人享有和承担;没有继任的机关法人的,由作出撤销决定的机关法人享有和承担。

【释义】　本条是关于机关法人终止的规定。

机关法人被撤销的,法人终止。机关法人成立后,可能会因为机构改革等原因而被撤销,这样该机关法人在法律上予以终止。法人终止后,其民事权利和民事义务由继任的机关法人享有和承担。如根据最新的党和国家机构改革方案,组建国家市场监督管理总局,不再保留国家工商行政管理总局、国家质量监督检验检疫总局、国家食品药品监督管理总局。那么,国家工商行政管理总局这一机关法人终止,其民事权利、民事义务由继任的国家市场监督管理总局享有和承担。如国家工商行政管理总局在被撤销前与另一个民事主体签订了民事合同，其根据该合同享有的权利、义务均由继任的国家市场监督管理总局享有和承担。

如果机关法人被撤销后，没有继任的机关法人的，则由作出撤销决定的机关法人享有和承担被撤销机关法人的民事权利和义务。

第九十九条　农村集体经济组织依法取得法人资格。

法律、行政法规对农村集体经济组织有规定的，依照其规定。

【释义】 本条是关于农村集体经济组织依法取得法人资格的规定。

农村集体经济组织，产生于20世纪50年代初的农业合作化运动，是为实行社会主义公有制改造，在自然乡村范围内，更多的是在一个生产队范围内，由农民自愿联合，将其各自所有的包括土地、较大型农具、耕地在内的生产资料，投入集体所有，由集体组织农业生产经营，农民进行集体劳动，各尽所能、按劳分配的农业社会主义经济组织。改革开放以后，农村集体经济组织进行了改革，生产大队改成了行政村，设立村委会，生产队一般改成自然村，设置村民小组，由行政村统一管理各自然村。由于各地在农村集体经济组织改革过程中采取的政策不同，有的地方以自然村为一个农村集体经济组织，有的地方则以行政村为一个集体经济组织。

农村集体经济组织作为重要的农村社会主体，多年来一直在我国农村的改革和发展中发挥着重要作用。来自农业部的数据显示，到2017年，全国农村集体经济组织拥有土地等资源66.9亿亩，各类账面资产2.86万亿元，总收入达4627.6亿元。

农村集体经济组织是农村集体资产经营管理的主体，依法代表农民集体行使农村集体资产所有权。明确农村集体经济组织的法人地位，有利于其更方便地从事民事活动，增强农村集体经济的发展活力。

农村集体经济组织具有自身的独特性:一是属于经济组织,具有营利性。二是具有集体利益保障性。作为农村集体组织成员的村民以承包地等资产加入农村集体经济组织,通过该组织的经营活动取得分红等收入,所以该组织具有保障成员利益的功能和责任。三是组织成员具有相对封闭性。农村集体经济组织的成员是该组织所覆盖的社区的村民,这些村民以承包地等资产加入农村集体经济组织,成为组织成员,所以集体经济组织的成员资格与村民作为土地承包经营权人的身份密不可分,具有相对封闭性,所在社区以外的人员一般不能成为农村集体经济组织的成员。

正是由于农村集体经济组织的上述特点,使其既不同于企业法人,又不同于农民专业合作组织,也不同于社会团体。例如,集体土地的所有权虽然可以被纳入农村集体经济组织的财产中,但却不能够以其承担民事责任。如果将集体土地的所有权用于清偿债务,该集体经济组织成员将会失去其赖以生存的根基,难以维持其基本生计,也与我国的土地制度不符。解决农村集体经济组织的对外经营问题,只能依据农村土地承包法和本法物权编关于农村承包地"三权分置"的原则,通过土地经营权的依法流转来实现。又如,农村集体经济组织一般也不能破产,一旦破产,该组织即不再存在,这与设立农村集体经济组织的初衷相背。因此,农村集体经济组织虽然已经在法律上具备了市场经济主体地位,但其只能属于特殊的法人类型,需要专门的立法加以规定。

由于民法通则没有明确赋予农村集体经济组织的法人资格,其权利义务关系不明确,不利于其对外从事民事活动。长期以来,由于性质不清,登记五花八门,我国的农村集体经济组织存在底数不清、权属不明、经营不畅等多种问题。本法赋予农村集体经济组织法人资格,有利于其以自己的名义对外从事经营等民事活动,对发展农村经济,提高农民收入,实现乡村振兴具有重要意义。

2016 年,《中共中央、国务院关于稳步推进农村集体产权制度改革的意见》指出:“健全适应社会主义市场经济体制要求、以公平为核心原则的农村产权保护法律制度。抓紧研究制定农村集体经济组织方面的法律,赋予农村集体经济组织法人资格,明确权利义务关系,依法维护农村集体经济组织及其成员的权益,保证农村集体经济组织平等使用生产要素,公平参与市场竞争,同等受到法律保护。”目前,农村集体经济组织立法已经列入十三届全国人大常委会立法规划的第三类项目,有关方面正在研究论证。本法作为民事基本法,明确了农村集体经济组织的法人地位,有关农村集体经济组织如何取得法人资格,可以通过农村集体经济组织的专项立法作出具体规定。所以,本条规定农村集体经济组织依法取得法人资格。此外,本条第 2 款还规定,法律、行政法规对农村集体经济组织有规定的,依照其规定。

从 2018 年开始,农业农村部落实中央决策部署,对全国各级农村集体经济组织着手进行规范登记,并赋予全国统一的社会信用代码。有了统一身份证的农村集体经济组织,不仅具有法人地位,还可以开设银行账户、从事经营管理活动。截至 2018 年 11 月,全国已有超过 13 万个农村集体经济组织完成产权制度改革,确认集体成员 2 亿多人,累计向农民股金分红 3251 亿元。

这里还要指出一点,即关于农村集体经济组织成员的资格问题。在立法过程中,有的意见建议对如何认定农村集体经济组织成员资格作出具体规定,以解决实践中各地在认定农村集体经济组织成员资格方面做法不一的问题。但也有的意见提出,各地农村的情况差别很大,各农村集体经济组织的历史形成、成员构成、资产组成的情况也不相同,如果由法律统一规定成员资格的认定标准,很难适应全国各地的不同情况。经研究认为,根据中央关于农村集体产权制度改革的意见,应当按照尊重历史、兼顾现实、程序规范、群众认可的原则,统筹考虑户籍关系、农村土地承包关系、对集体积累的贡献等因素,协调平衡各方利益,确认农村集体经济组织成员身份。目前,各地正在按照这一原则和精神进行试点。可以在试点工作结束后,在总结试点经验的基础上,通过农村集体经济组织的专项立法,对农村集体经济组织成员的资格认定问题作出具体规定。

第一百条　城镇农村的合作经济组织依法取得法人资格。

法律、行政法规对城镇农村的合作经济组织有规定的,依照其规定。

【释义】　本条是关于城镇农村的合作经济组织依法取得法人资格的规定。

城镇农村的合作经济组织是按照自愿互利、民主管理、协作服务原则组建的经济组织,主要是指供销合作社等。供销合作社是为农服务、以农民为主体的集体所有制合作经济组织,是党和政府密切联系农民群众的桥梁纽带和做好农业、农村、农民工作的重要载体。

供销合作社分为基层供销合作社,县级、市级、省级供销合作社联合社,中华全国供销合作总社。截至2016年年底,这五级供销合作社共计3.17万余个,其中基层供销合作社2.9万余个,覆盖全国近93%的乡镇;除中华全国供销合作总社外,全国有32个省级联合社,335个地市级联合社,2400余个县级联合社。在供销合作社系统中,上级社对下级社有指导、协调、监督、服务、教育培训等职责。

中华全国供销合作总社是国务院领导下的全国供销合作社的联合组织,负责领导全国供销合作事业发展。总社财产属于集体所有。总社理事会是总社集体财产的所有权代表和管理者。总社依法具有独立的法人地位,其合法权益受国家法律保护。总社实行团体社员制,对成员社承担指导、协调、监督、服务、教育培训的职责。总社实行开放办社,根据申请,可接纳承认本章程、自愿加入的社会经济组织作为成员社。

供销合作社的历史,可以上溯到民主革命时期。早在中华苏维埃共和国时期就有消费合作社组织，毛泽东同志曾多次论述过合作社问题。抗日战争、解放战争时期，根据地有各类合作社，如茶叶合作社、盐务合作社等。这类合作社通常是我党倡导、群众集资兴办的，将当地土特产收集起来，到敌占区换取解放区需要的生产生活用品，为革命战争、解放区经济发展作出过积极贡献。

中华人民共和国成立后，党和政府把发展合作社作为促进农村经济发展、解决农民问题的重要措施，切实给予引导、支持和推动。1950 年 7 月成立了中华全国合作社联合总社，统一领导和管理全国的供销、消费、信用、生产、渔业和手工业合作社，1954 年 7 月更名为中华全国供销合作总社，建立了全国统一的供销合作社系统，从而使之在全国得到迅速发展，形成了一个上下连接、纵横交错的全国性流通网络，不仅成为满足农民生产生活需要、组织农村商品流通的主渠道，而且成为联结城乡、联系工农、沟通政府与农民的桥梁和纽带，对恢复国民经济、稳定物价、保障供给、促进农业和农村经济发展发挥了重要作用。

1958 年后，中华全国供销合作总社与国家商业部两次合并。在农村，供销社将民间个体商业户全部纳归管理，计划经济时期的紧缺物资，如煤油、火柴、卷烟、白酒、白糖、食盐、布匹、化肥等，一律由供销社独家供应，棉花等至关国计民生的农产品也由供销社独家收购，这种状况一直延续到改革开放后的一段时间。在此期间，由于供销社在乡镇处于独家经营状态，事业得到了较大发展，为我国农业农村和国民经济的发展作出了很大贡献。

近年来，党和国家着力深化供销社改革，把这一改革作为加强党在农村基层执政基础的战略需要，也是抓好精准扶贫、实现全面小康的重要保障，是深化农业供给侧结构性改革的重要举措。2015 年 3 月颁布的《中共中央、国务院关于深化供销社综合改革的决定》明确提出："确立供销合作社的特定法律地位。在长期的为农服务实践中，供销合作社形成了独具中国特色的组织和服务体系，组织成分多元，资产构成多样，地位性质特殊，既体现党和政府政策导向，又承担政府委托的公益性服务，既有事业单位和社团组织的特点，又履行管理社有企业的职责，既要办成以农民为基础的合作经济组织，又要开展市场化经营和农业社会化服务，是党和政府以合作经济组织形式推动‘三农’工作的重要载体，是新形势下推动农村经济社会发展不可替代、不可或缺的重要力量。为更好发挥供销合作社独特优势和重要作用，必须确立其特定法律地位，抓紧制定供销合作社条例，适时启动供销合作社法立法工作。”2019 年《中共中央、国务院关于坚持农业农村优先发展做好“三农”工作的若干意见》指出，继续深化供销合作社综合改革，制定供销合作社条例。

根据上述规定精神，供销合作社具有特殊的法律地位，既不同于企业法人等营利法人，又不同于事业单位、社会团体等非营利法人，属于本节规定的特殊法人类型，可以通过制定《供销合作社条例》这样的专门立法，来明确供销合作社如何取得法人资格的具体规定。所以，本条第 1 款规定，城镇农村的合作经济组织依法取得法人资格。这里的“依法”是指有关供销合作社的专门立法，可以是法律，也可以是行政法规。同时，本条第 2 款还规定，法律、行政法规对城镇农村的合作经济组织有规定的，依照其规定。

第一百零一条　居民委员会、村民委员会具有基层群众性自治组织法人资格，可以从事为履行职能所需要的民事活动。

未设立村集体经济组织的，村民委员会可以依法代行村集体经济组织的职能。

【释义】　本条是关于居民委员会、村民委员会具有基层群众性自治组织法人资格的规定。

（一）居民委员会

1. 居民委员会的定义

根据居民委员会组织法的规定，居民委员会是居民自我管理、自我教育、自我服务的基层群众性自治组织。不设区的市、市辖区的人民政府或者它的派出机关对居民委员会的工作给予指导、支持和帮助。居民委员会协助不设区的市、市辖区的人民政府或者它的派出机关开展工作。

2. 居民委员会的任务

居民委员会组织法规定了居民委员会的九项任务：一是宣传宪法、法律、法规和国家的政策，维护居民的合法权益，教育居民履行依法应尽的义务，爱护公共财产，开展多种形式的社会主义精神文明建设活动；二是办理本居住地区居民的公共事务和公益事业；三是调解民间纠纷；四是协助维护社会治安；五是协助人民政府或者它的派出机关做好与居民利益有关的公共卫生、计划生育、优抚救济、青少年教育等项工作；六是向人民政府或者它的派出机关反映居民的意见、要求和提出建议；七是应当开展便民利民的社区服务活动，可以兴办有关的服务事业；八是管理本居民委员会的财产，任何部门和单位不得侵犯居民委员会的财产所有权；九是多民族居住地区的居民委员会，应当教育居民互相帮助，互相尊重，加强民族团结。

3. 居民委员会的设立和组成

居民委员会根据居民居住状况，按照便于居民自治的原则，一般在100~700户的范围内设立。居民委员会的设立、撤销、规模调整，由不设区的市、市辖区的人民政府决定。

居民委员会由主任、副主任和委员共5~9人组成。多民族居住地区，居民委员会中应当有人数较少的民族的成员。居民委员会主任、副主任和委员，由本居住地区全体有选举权的居民或者由每户派代表选举产生；根据居民意见，也可以由每个居民小组选举代表2~3人选举产生。居民委员会每届任期5年，其成员可以连选连任。居民委员会根据需要设人民调解、治安保卫、公共卫生等委员会。居民委员会成员可以兼任下属的委员会的成员。居民较少的居民委员会可以不设下属的委员会，由居民委员会的成员分工负责有关工作。居民委员会可以分设若干居民小组，小组长由居民小组推选。

(二)村民委员会

1. 村民委员会的定义

根据村民委员会组织法的规定,村民委员会是村民自我管理、自我教育、自我服务的基层群众性自治组织,实行民主选举、民主决策、民主管理、民主监督。村民委员会办理本村的公共事务和公益事业,调解民间纠纷,协助维护社会治安,向人民政府反映村民的意见、要求和提出建议。村民委员会向村民会议、村民代表会议负责并报告工作。

2. 村民委员会的设立和组成

根据村民委员会组织法的规定,根据村民居住状况、人口多少,按照便于群众自治,有利于经济发展和社会管理的原则设立村民委员会。村民委员会的设立、撤销、范围调整,由乡、民族乡、镇的人民政府提出,经村民会议讨论同意,报县级人民政府批准。村民委员会可以根据村民居住状况、集体土地所有权关系等分设若干村民小组。

村民委员会由主任、副主任和委员共3~7人组成。村民委员会成员中,应当有妇女成员,多民族村民居住的村应当有人数较少的民族的成员。对村民委员会成员,根据工作情况,给予适当补贴。

村民委员会根据需要设人民调解、治安保卫、公共卫生与计划生育等委员会。村民委员会成员可以兼任下属委员会的成员。人口少的村的村民委员会可以不设下属委员会,由村民委员会成员分工负责人民调解、治安保卫、公共卫生与计划生育等工作。

3. 村民委员会的任务

村民委员会组织法规定了村民委员会的七项任务:一是村民委员会应当支持和组织村民依法发展各种形式的合作经济和其他经济,承担本村生产的服务和协调工作,促进农村生产建设和经济发展。二是村民委员会依照法律规定,管理本村属于村农民集体所有的土地和其他财产,引导村民合理利用自然资源,保护和改善生态环境。三是村民委员会应当尊重并支持集体经济组织依法独立进行经济活动的自主权,维护以家庭承包经营为基础、统分结合的双层经营体制,保障集体经济组织和村民、承包经营户、联户或者合伙的合法财产权和其他合法权益。四是村民委员会应当宣传宪法、法律、法规和国家的政策,教育和推动村民履行法律规定的义务、爱护公共财产,维护村民的合法权益,发展文化教育,普及科技知识,促进男女平等,做好计划生育工作,促进村与村之间的团结、互助,开展多种形式的社会主义精神文明建设活动。五是村民委员会应当支持服务性、公益性、互助性社会组织依法开展活动,推动农村社区建设。六是多民族村民居住的村,村民委员会应当教育和引导各民族村民增进团结、互相尊重、互相帮助。七是村民委员会及其成员应当遵守宪法、法律、法规和国家的政策,遵守并组织实施村民自治章程、村规民约,执行村民会议、村民代表会议的决定、决议,办事公道,廉洁奉公,热心为村民服务,接受村民监督。

4. 村民委员会的工作原则和民主监督

村民委员会组织法规定,村民委员会应当实行少数服从多数的民主决策机制和公开透明的工作原则,建立健全各种工作制度。村民委员会实行村务公开制度。村民委员会应当及时公布下列事项,接受村民的监督:一是由村民会议、村民代表会议讨论决定的事项及其实施情况;二是国家计划生育政策的落实方案;三是政府拨付和接受社会捐赠的救灾救助、补贴补助等资金、物资的管理使用情况;四是村民委员会协助人民政府开展工作的情况;五是涉及本村村民利益,村民普遍关心的其他事项。上述规定事项中,一般事项至少每季度公布一次;集体财务往来较多的,财务收支情况应当每月公布一次;涉及村民利益的重大事项应当随时公布。村民委员会应当保证所公布事项的真实性,并接受村民的查询。村民委员会不及时公布应当公布的事项或者公布的事项不真实的,村民有权向乡、民族乡、镇的人民政府或者县级人民政府及其有关主管部门反映,有关人民政府或者主管部门应当负责调查核实,责令依法公布;经查证确有违法行为的,有关人员应当依法承担责任。

(三)居民委员会、村民委员会具有基层群众性自治组织法人资格,可以从事为履行职能所需要的民事活动

关于居民委员会、村民委员会的法人地位的问题,在立法过程中,有的部门、地方和一些基层干部群众代表提出,居民委员会、村民委员会是基层群众性自治组织,为履行其职能需要从事一些民事活动。现行法律没有规定其民事主体地位,致使其在一些情况下不能顺利从事民事活动,所以有必要明确赋予居民委员会、村民委员会法人资格。经研究,采纳了该意见,在本条中明确规定,居民委员会、村民委员会具有基层群众性自治组织法人资格。明确居民委员会、村民委员会具有法人资格,有助于进一步确定居民委员会、村民委员会的权、责、利,帮助其更好地开展民事活动,也有利于保护其成员和与其进行民事活动相对人的合法权益。居民委员会、村民委员如果没有法人地位,参与民事活动将十分不便,交易秩序和安全也有很大的不确定性。法律明确了居民委员会、村民委员会的法人资格,有利于让它们承担更多的责任,更好地依法办事,更好地履行职能,也有助于促进基层的社会治理和经济发展。

(四)未设立村集体经济组织的,村民委员会可以依法代行村集体经济组织的职能

农村集体经济组织的职责主要是组织本集体成员参加生产活动,利用本经济组织的生产资料、生产工具等从事生产经营活动。根据本条第2款的规定,未设立村集体经济组织的,村民委员会可以依法代行村集体经济组织的职能。这是考虑到目前还有的地方并未设立农村集体经济组织,而是由村委会代行农村集体经济组织职责。针对这一实际情况,本条第2款作了这样的规定。

第四章　非法人组织

本章对非法人组织作了专章规定。民事主体制度是民事法律制度的基石之一,是民法进行社会关系调整需要规范的重要内容。在民事主体的分类上,民法通则采取的是公民、法人二元民事主体结构,本法在民法通则的基础上,吸纳了我国改革开放四十多年来民事立法、民事司法和民法理论研究的成果,将民事主体分为自然人、法人和非法人组织的三元民事主体结构,将非法人组织作为自然人、法人以外的第三类民事主体,是我国民事主体制度的重大创新,具有重要的理论价值和现实意义。

本章共有7条,对非法人组织的定义、范围和非法人组织的民事责任,非法人组织代表人,非法人组织解散、清算等作了规定。对本节没规定的有关非法人组织的其他方面内容,可以参照适用本编第3章第1节有关法人组织的一般性规定。

第一百零二条　非法人组织是不具有法人资格,但是能够依法以自己的名义从事民事活动的组织。

非法人组织包括个人独资企业、合伙企业、不具有法人资格的专业服务机构等。

【释义】 本条是关于非法人组织的定义和范围的规定。

(一)非法人组织的定义

非法人组织,是指不具有法人资格但可以以自己的名义进行民事活动的组织,亦称非法人团体。非法人组织,在日本包括非法人社团和非法人财团,在我国台湾地区称为非法人团体。

(二)非法人组织的特点

一是虽然不具有法人资格,但能够依法以自己的名义从事民事活动。这类组织没有法人资格,不能独立承担民事责任,是介于自然人和法人之间的一种社会组织。但该类组织具有民事权利能力和民事行为能力,能够以自己的名义从事民事活动。

二是依法成立。非法人组织在设立程序上须履行法定的登记手续,经有关机关核准登记,这是非法人组织的合法性要件。只有依法成立,才具有民事权利能力和民事行为能力。

三是有一定的组织机构。即拥有符合法律规定的名称、固定的从事生产经营等业务活动的场所,以及相应的组织管理机构和负责人,使之能够以该组织的名义对外从事相应的民事活动。

四是有一定的财产或经费。虽然非法人组织不能独立承担民事责任,也不要求其有独立的财产,但由于它是经依法登记的组织,可以以自己的名义对外从事民事活动,享受民事权利、承担民事义务,因此它应该有与其经营活动和经营规模相适应的财产或者经费,作为其参与民事活动,享受民事权利、承担民事义务的物质基础和财产保证。应当指出的是,非法人组织的财产或经费,与法人的财产或经费不同,即它不是独立的,而是其所属法人或公民财产的一个组成部分,归该法人或公民所有。

五是不具有独立承担民事责任的能力。由于非法人组织没有独立的财产或经费,因而它不具有独立承担民事责任的能力。该类组织与法人的最大区别,就是不能独立承担民事责任,当其因对外进行民事活动而需要承担民事责任时,如其自身所拥有的财产能够承担责任,则由其自身承担;如其自身所拥有的财产不足以承担责任时,则由其出资人或设立人承担连带责任。

(三)非法人组织的范围

非法人组织的范围包括个人独资企业、合伙企业、不具有法人资格的专业服务机构等。

1. 个人独资企业

根据个人独资企业法的规定,个人独资企业,是指依照该法在中国境内设立,由一个自然人投资,财产为投资人个人所有,投资人以其个人财产对企业债务承担无限责任的经营实体。

设立个人独资企业应当具备下列条件：一是投资人为一个自然人；二是有合法的企业名称；三是有投资人申报的出资；四是有固定的生产经营场所和必要的生产经营条件；五是有必要的从业人员。个人独资企业投资人可以自行管理企业事务，也可以委托或者聘用其他具有民事行为能力的人负责企业的事务管理。投资人委托或者聘用他人管理个人独资企业事务，应当与受托人或者被聘用的人签订书面合同，明确委托的具体内容和授予的权利范围。受托人或者被聘用的人员应当履行诚信、勤勉义务，按照与投资人签订的合同负责个人独资企业的事务管理。投资人对受托人或者被聘用的人员职权的限制，不得对抗善意第三人。

2. 合伙企业

根据合伙企业法的规定，合伙企业，是指自然人、法人和其他组织依照该法在中国境内设立的普通合伙企业和有限合伙企业。合伙企业分为普通合伙企业和有限合伙企业。普通合伙企业由普通合伙人组成，合伙人对合伙企业债务承担无限连带责任。法律对普通合伙人承担责任的形式有特别规定的，从其规定。有限合伙企业由普通合伙人和有限合伙人组成，普通合伙人对合伙企业债务承担无限连带责任，有限合伙人以其认缴的出资额为限对合伙企业债务承担责任。国有独资公司、国有企业、上市公司以及公益性的事业单位、社会团体不得成为普通合伙人。合伙协议依法由全体合伙人协商一致、以书面形式订立。

设立普通合伙企业，应当具备下列条件：一是有 2 个以上合伙人。合伙人为自然人的，应当具有完全民事行为能力；二是有书面合伙协议；三是有合伙人认缴或者实际缴付的出资；四是有合伙企业的名称和生产经营场所；五是法律、行政法规规定的其他条件。合伙人应当按照合伙协议约定的出资方式、数额和缴付期限，履行出资义务。以非货币财产出资的，依照法律、行政法规的规定，需要办理财产权转移手续的，应当依法办理。

以专业知识和专门技能为客户提供有偿服务的专业服务机构，可以设立为特殊的普通合伙企业。一个合伙人或者数个合伙人在执业活动中因故意或者重大过失造成合伙企业债务的，应当承担无限责任或者无限连带责任，其他合伙人以其在合伙企业中的财产份额为限承担责任。合伙人在执业活动中非因故意或者重大过失造成的合伙企业债务以及合伙企业的其他债务，由全体合伙人承担无限连带责任。合伙人执业活动中因故意或者重大过失造成的合伙企业债务，以合伙企业财产对外承担责任后，该合伙人应当按照合伙协议的约定对给合伙企业造成的损失承担赔偿责任。特殊的普通合伙企业应当建立执业风险基金、办理职业保险。执业风险基金用于偿付合伙人执业活动造成的债务。执业风险基金应当单独立户管理。

有限合伙企业由2个以上50个以下合伙人设立；但是，法律另有规定的除外。有限合伙企业至少应当有一个普通合伙人。有限合伙人可以用货币、实物、知识产权、土地使用权或者其他财产权利作价出资。有限合伙人不得以劳务出资。有限合伙人应当按照合伙协议的约定按期足额缴纳出资；未按期足额缴纳的，应当承担补缴义务，并对其他合伙人承担违约责任。

3. 不具有法人资格的专业服务机构

不具有法人资格的专业服务机构，主要是指律师事务所、会计师事务所等。这类事业服务机构一般多采用合伙制，不具有法人资格，所从事的活动为提供律师、会计师等专业服务。

律师法规定，律师事务所是律师的执业机构，包括合伙律师事务所和个人律师事务所。设立律师事务所应当具备下列条件：一是有自己的名称、住所和章程；二是有符合本法规定的律师；三是设立人应当是具有一定的执业经历，且3年内未受过停止执业处罚的律师；四是有符合国务院司法行政部门规定数额的资产。设立合伙律师事务所，还应当有3个以上合伙人，设立人应当是具有3年以上执业经历的律师。合伙律师事务所可以采用普通合伙或者特殊的普通合伙形式设立。合伙律师事务所的合伙人按照合伙形式对该律师事务所的债务依法承担责任。设立个人律师事务所，设立人还应当是具有5年以上执业经历的律师。设立人对律师事务所的债务承担无限责任。

注册会计师法规定，会计师事务所可以由注册会计师合伙设立。合伙设立的会计师事务所的债务，由合伙人按照出资比例或者协议的约定，以各自的财产承担责任。合伙人对会计师事务所的债务承担连带责任。会计师事务所符合下列条件的，可以是负有限责任的法人：一是不少于 30 万元的注册资本；二是有一定数量的专职从业人员，其中至少有 5 名注册会计师；三是国务院财政部门规定的业务范围和其他条件。负有限责任的会计师事务所以其全部资产对其债务承担责任。根据上述规定，只有合伙设立的会计师事务所才是本条规定的不具有法人资格的专业服务机构，公司制的会计师事务所具有法人资格，是营利法人。

除律师事务所、会计师事务所外，法律规定从事专业服务机构的还有资产评估机构等。资产评估，是指评估机构及其评估专业人员根据委托对不动产、动产、无形资产、企业价值、资产损失或者其他经济权益进行评定、估算，并出具评估报告的专业服务行为。资产评估法规定，评估机构应当依法采用合伙或者公司形式设立。合伙制的评估机构，属于不具有法人资格的专业服务机构。合伙形式的评估机构，应当有两名以上评估师；其合伙人 2/3 以上应当是具有 3 年以上从业经历且最近 3 年内未受停止从业处罚的评估师。评估机构的合伙人为两名的，两名合伙都应当是具有 3 年以上从业经历且最近 3 年内未受停止从业处罚的评估师。

第一百零三条　非法人组织应当依照法律的规定登记。

设立非法人组织，法律、行政法规规定须经有关机关批准的，依照其规定。

【释义】 本条是关于非法人组织设立程序的规定。

设立非法人组织的程序包括两种：一是设立登记，即设立非法人组织应当依法进行登记；二是设立审批，即设立非法人组织须依法经有关机关批准。如果法律、行政法规规定应当经过批准才能设立某一非法人组织的,则依照其规定,经批准设立。如律师法、注册会计师法均规定,设立律师事务所、会计师事务所应当分别经作为主管部门的司法部门、财政部门的批准。

个人独资企业法、合伙企业法、律师法、注册会计师法、资产评估法等法律对个人独资企业、合伙企业、不具有法人资格的专业服务机构的设立程序作出了具体规定。

(一)个人独资企业的设立程序

根据个人独资企业法的规定,设立个人独资企业,应当向负责企业登记的市场监督管理部门进行登记。申请设立个人独资企业,应当由投资人或者其委托的代理人向个人独资企业所在地的登记机关提交设立申请书、投资人身份证明、生产经营场所使用证明等文件。委托代理人申请设立登记时,应当出具投资人的委托书和代理人的合法证明。个人独资企业不得从事法律、行政法规禁止经营的业务;从事法律、行政法规规定须报经有关部门审批的业务,应当在申请设立登记时提交有关部门的批准文件。

个人独资企业设立申请书应当载明下列事项:(1)企业的名称和住所;(2)投资人的姓名和居所;(3)投资人的出资额和出资方式;(4)经营范围。个人独资企业的名称应当与其责任形式及从事的营业相符合。登记机关应当在收到设立申请文件之日起15日内,对符合法律规定条件的,予以登记,发给营业执照;对不符合法律规定条件的,不予登记,并应当给予书面答复,说明理由。个人独资企业的营业执照的签发日期,为个人独资企业成立日期。在领取个人独资企业营业执照前,投资人不得以个人独资企业名义从事经营活动。个人独资企业存续期间登记事项发生变更的,应当在作出变更决定之日起的15日内依法向登记机关申请办理变更登记。

个人独资企业设立分支机构,应当由投资人或者其委托的代理人向分支机构所在地的登记机关申请登记,领取营业执照。分支机构经核准登记后,应将登记情况报该分支机构隶属的个人独资企业的登记机关备案。分支机构的民事责任由设立该分支机构的个人独资企业承担。

（二）合伙企业的设立程序

根据合伙企业法的规定，申请设立合伙企业，应当向企业登记机关，即市场监督管理部门提交登记申请书、合伙协议书、合伙人身份证明等文件；合伙企业的经营范围中有属于法律、行政法规规定的，在登记前须经批准的项目的，该项经营业务应当依法经过批准，并在登记时提交批准文件。申请人提交的登记申请材料齐全、符合法定形式，企业登记机关能够当场登记的，应予当场登记，发给营业执照。企业登记机关应当自受理申请之日起 20 日内，作出是否登记的决定。予以登记的，发给营业执照；不予登记的，应当给予书面答复，并说明理由。合伙企业的营业执照签发日期，为合伙企业成立日期。合伙企业领取营业执照前，合伙人不得以合伙企业的名义从事合伙业务。

合伙企业设立分支机构，应当向分支机构所在地的企业登记机关申请登记，领取营业执照。合伙企业登记事项发生变更的，执行合伙事务的合伙人应当自作出变更决定或者发生变更事由之日起 15 日内，向企业登记机关申请办理变更登记。

（三）不具有法人资格的专业服务机构的设立程序

一是律师事务所。根据律师法的规定，设立律师事务所，实行行政许可，应当经过司法行政部门批准后才能设立。律师法规定，申请设立律师事务所，应当提交下列材料：（1）申请书；（2）律师事务所的名称、章程；（3）律师的名单、简历、身份证明、律师执业证书；（4）住所证明；（5）资产证明。设立合伙律师事务所，还应当提交合伙协议。设立律师事务所，应当向设区的市级或者直辖市的区人民政府司法行政部门提出申请，受理申请的部门应当自受理之日起 20 日内予以审查，并将审查意见和全部申请材料报送省、自治区、直辖市人民政府司法行政部门。省、自治区、直辖市人民政府司法行政部门应当自收到报送材料之日起 10 日内予以审核，作出是否准予设立的决定。准予设立的，向申请人颁发律师事务所执业证书;不准予设立的,向申请人书面说明理由。

二是会计师事务所。设立会计师事务所,与设立律师事务所一样,也实行行政许可,经省、自治区、直辖市人民政府财政部门批准,才能设立。注册会计师法规定,申请设立会计师事务所,申请者应当向审批机关报送下列文件:(1)申请书;(2)会计师事务所的名称、组织机构和业务场所;(3)会计师事务所章程,有合伙协议的并应报送合伙协议;(4)注册会计师名单、简历及有关证明文件;(5)会计师事务所主要负责人、合伙人的姓名、简历及有关证明文件;(6)负有限责任的会计师事务所的出资证明;(7)审批机关要求的其他文件。审批机关应当自收到申请文件之日起30日内决定批准或不批准。省、自治区、直辖市人民政府财政部门批准的会计师事务所,应当报国务院财政部门备案。国务院财政部门发现批准不当的,应当自收到备案报告之日起30日内通知原审批机关重新审查。会计师事务所设立分支机构,须经分支机构所在地的省、自治区、直辖市人民政府部门批准。

三是资产评估机构。设立资产评估机构应当向市场监督管理部门申请办理登记。评估机构应当自领取营业执照之日起30日内向有关评估行政管理部门备案。评估行政管理部门应当及时将评估机构备案情况向社会公告。

第一百零四条　非法人组织的财产不足以清偿债务的,其出资人或者设立人承担无限责任。法律另有规定的,依照其规定。

【释义】 本条是关于非法人组织承担民事责任的规定。

非法人组织不具有法人资格,不能独立承担民事责任。所以,虽然非法人组织有自己的财产,但当其财产不足以对外清偿债务的,其出资人或者设立人应当以其个人或者家庭财产承担无限责任。

(一)个人独资企业

根据个人独资企业法的规定,投资人以其个人财产对企业债务承担无限责任。个人独资企业财产不足以清偿债务的,投资人应当以其个人的其他财产予以清偿。个人独资企业投资人在申请企业设立登记时明确以其家庭共有财产作为个人出资的,应当依法以家庭共有财产对企业债务承担无限责任。

(二)合伙企业

根据合伙企业法的规定,普通合伙企业的合伙人对合伙企业债务承担无限连带责任。合伙企业不能清偿到期债务的,合伙人承担无限连带责任。合伙人由于承担无限连带责任,清偿数额超过法律规定的亏损分担比例的,有权向其他合伙人追偿。所谓"亏损分担比例",是指合伙企业的利润分配、亏损分担,按照合伙协议的约定办理;合伙协议未约定或者约定不明确的,由合伙人协商决定;协商不成的,由合伙人按照实缴出资比例分配、分担;无法确定出资比例的,由合伙人平均分配、分担。

(三)不具有法人资格的专业服务机构

律师法、注册会计师法等法律对律师事务所、会计师事务所的民事责任承担作了规定。一是律师事务所。合伙律师事务所可以采用普通合伙或者特殊的普通合伙形式设立。合伙律师事务所的合伙人按照合伙形式对该律师事务所的债务依法承担责任。二是会计师事务所。合伙设立的会计师事务所的债务,由合伙人按照出资比例或者协议的约定,以各自的财产承担责任。合伙人对会计师事务所的债务承担连带责任。

需要指出的是,对非法人组织的民事责任问题,如果其他法律另有规定的,要依照其规定,而不适用本条的规定。例如,合伙企业法对特殊的普通合伙企业的民事责任问题作了特别规定:一个合伙人或者数个合伙人在执业活动中因故意或者重大过失造成合伙企业债务的,应当承担无限责任或者无限连带责任,其他合伙人以其在合伙企业中的财产份额为限承担责任。合伙人在执业活动中非因故意或者重大过失造成的合伙企业债务以及合伙企业的其他债务,由全体合伙人承担无限连带责任。合伙人执业活动中因故意或者重大过失造成的合伙企业债务,以合伙企业财产对外承担责任后，该合伙人应当按照合伙协议的约定对给合伙企业造成的损失承担赔偿责任。因此，对特殊的普通合伙企业的民事责任要依据这一规定来适用。又如，合伙企业法规定，有限合伙企业由普通合伙人和有限合伙人组成，普通合伙人对合伙企业债务承担无限连带责任，有限合伙人以其认缴的出资额为限对合伙企业债务承担责任。因此，对有限合伙的民事责任承担问题要适用这一特别规定。再如，律师法规定，个人律师事务所的设立人对律师事务所的债务承担无限责任。国家出资设立的律师事务所，依法自主开展律师业务，以该律师事务所的全部资产对其债务承担责任。这些规定也不同于本条的规定，属于法律的特别规定，要优先适用。

第一百零五条　非法人组织可以确定一人或者数人代表该组织从事民事活动。

【释义】　本条是关于非法人组织代表人的规定。

（一）非法人组织代表人的概念

非法人组织代表人，是指非法人组织根据其章程、协议或者经共同决定，来确定由其代表该组织对外从事民事活动的人。非法人组织的代表人可以是一个人，也可以是多个人。

根据合伙企业法的规定，按照合伙协议的约定或者经全体合伙人决定，可以委托一个或者数个合伙人对外代表合伙企业，执行合伙事务。作为合伙人的法人、其他组织执行合伙事务的，由其委派的代表执行。合伙企业委托一个或者数个合伙人执行合伙事务的，其他合伙人不再执行合伙事务。根据上述规定，代表合伙企业执行合伙事务的人，即为合伙企业的代表人。

（二）非法人组织代表人的职责

非法人组织代表人的职责主要是对外代表非法人组织从事民事活动，并按照组织章程的规定履行报告相关情况。非法人组织代表人对外从事民事活动而产生的民事权利和民事义务由非法人组织承担。

合伙企业法规定,由一个或者数个合伙人执行合伙事务的,执行事务合伙人应当定期向其他合伙人报告事务执行情况以及合伙企业的经营和财务状况,其执行合伙事务所产生的收益归合伙企业,所产生的费用和亏损由合伙企业承担。

合伙人为了解合伙企业的经营状况和财务状况,有权查阅合伙企业会计账簿等财务资料。不执行合伙事务的合伙人有权监督执行事务合伙人执行合伙事务的情况。受委托执行合伙事务的合伙人不按照合伙协议或者全体合伙人的决定执行事务的,其他合伙人可以决定撤销该委托。

(三)发生争议的处理

关于非法人组织代表人对外从事民事活动而产生争议的处理,合伙企业法等法律作了规定。合伙企业法规定,合伙人分别执行合伙事务的,执行事务合伙人可以对其他合伙人执行的事务提出异议。提出异议时,应当暂停该项事务的执行。如果发生争议,按照合伙协议约定的表决办法办理。合伙协议未约定或者约定不明确的,实行合伙人一人一票并经全体合伙人过半数通过的表决办法。

第一百零六条　有下列情形之一的,非法人组织解散:

(一)章程规定的存续期间届满或者章程规定的其他解散事由出现;

(二)出资人或者设立人决定解散;

(三)法律规定的其他情形。

【释义】　本条是关于非法人组织解散的规定。

非法人组织解散,意味着该组织民事主体资格的消灭,不再具有民事权利能力和民事行为能力。非法人组织解散的事由有以下三种:

(一)章程规定的存续期间届满或者章程规定的其他解散事由出现

如果非法人组织在其章程中明确规定了该组织的存续期间，那么该期间一旦届满，该组织没有继续存续的意愿，即可以解散。如章程规定了非法人组织的存续期间为自成立之日起8年，那么到了8年存续期满后，该组织可以解散。此外，如果非法人组织的章程规定了其他解散事由，一旦该事由出现，则该组织也可以解散。

(二)出资人或者设立人决定解散

非法人组织的出资人或者设立人可以根据该组织的经营情况等，自行决定解散该组织，即使非法人组织章程规定的存续期间没有届满，出资人或者设立人也可以决定解散该组织。如章程规定了非法人组织的存续期间为自成立之日起8年，那么到了第5年，其出资人或者设立人不想继续经营了，也可以决定解散该组织。

(三)法律规定的其他情形

除上述两项情形外，如果有关法律规定了非法人组织的解散情形的，一旦这些法定情形出现，该组织也应解散。如合伙企业法规定了合伙企业解散的七种法定情形，包括：(1)合伙期限届满，合伙人决定不再经营；(2)合伙协议约定的解散事由出现；(3)全体合伙人决定解散；(4)合伙人已不具备法定人数满30日；(5)合伙协议约定的合伙目的已经实现或者无法实现；(6)依法被吊销营业执照、责令关闭或者被撤销；(7)法律、行政法规规定的其他原因。这些情形中，既有本条规定的法定解散情形，也有本条没有规定的解散情形，如全体合伙人决定解散，合伙人已不具备法定人数满30日，合伙协议约定的合伙目的已经实现或者无法实现，依法被吊销营业执照、责令关闭或者被撤销等，就属于本条第3项规定的“法律规定的其他情形”。又如，律师法规定，律师事务所有下列情形之一的，应当终止：(1)不能保持法定设立条件，经限期整改仍不符合条件的；(2)律师事务所执业证书被依法吊销的；(3)自行决定解散的；(4)法律、行政法规规定应当终止的其他情形。个人独资企业法规定，个人独资企业有下列情形之一时，应当解散：(1)投资人决定解散；(2)投资人死亡或者被宣告死亡，无继承人或者继承人决定放弃继承；(3)被依法吊销营业执照；(4)法律、行政法规规定的其他情形。根据上述规定，这两部法律也规定了这类非法人组织解散的其他法定情形，包括律师事务所不能保持法定设立条件，经限期整改仍不符合条件的，以及律师事务所执业证书被依法吊销的；个人独资企业的投资人死亡或者被宣告死亡，无继承人或者继承人决定放弃继承，以及被依法吊销营业执照等。

第一百零七条　非法人组织解散的，应当依法进行清算。

【释义】 本条是关于非法人组织解散清算的规定。

非法人组织符合本法第106条规定的解散情形的，即可以解散，解散应当依法进行清算。个人独资企业法、合伙企业法等法律对个人独资企业、合伙企业的解散清算作了规定，本条规定的"应当依法进行清算"中的"依法"即是指依据上述这些法律的规定。

一是个人独资企业。个人独资企业法规定，个人独资企业解散，由投资人自行清算或者由债权人申请人民法院指定清算人进行清算。投资人自行清算的，应当在清算前15日内书面通知债权人，无法通知的，应当予以公告。债权人应当在接到通知之日起30日内，未接到通知的应当在公告之日起60日内，向投资人申报其债权。个人独资企业解散的，财产应当按照下列顺序清偿：(1)所欠职工工资和社会保险费用；(2)所欠税款；(3)其他债务。

清算期间，个人独资企业不得开展与清算目的无关的经营活动。在清偿债务前，投资人不得转移、隐匿财产。个人独资企业清算结束后，投资人或者人民法院指定的清算人应当编制清算报告，并于15日内到登记机关办理注销登记。

二是合伙企业。合伙企业法规定,合伙企业解散,应当由清算人进行清算。清算人由全体合伙人担任;经全体合伙人过半数同意,可以自合伙企业解散事由出现后15日内指定一个或者数个合伙人,或者委托第三人,担任清算人。自合伙企业解散事由出现之日起15日内未确定清算人的,合伙人或者其他利害关系人可以申请人民法院指定清算人。

清算人在清算期间执行下列事务:一是清理合伙企业财产,分别编制资产负债表和财产清单;二是处理与清算有关的合伙企业未了结事务;三是清缴所欠税款;四是清理债权、债务;五是处理合伙企业清偿债务后的剩余财产;六是代表合伙企业参加诉讼或者仲裁活动。清算期间,合伙企业存续,但不得开展与清算无关的经营活动。

清算人自被确定之日起10日内将合伙企业解散事项通知债权人,并于60日内在报纸上公告。债权人应当自接到通知书之日起30日内,未接到通知书的自公告之日起45日内,向清算人申报债权。债权人申报债权,应当说明债权的有关事项,并提供证明材料。清算人应当对债权进行登记。合伙企业财产在支付清算费用和职工工资、社会保险费用、法定补偿金以及缴纳所欠税款、清偿债务后的剩余财产,依照法律规定进行分配。

清算结束,清算人应当编制清算报告,经全体合伙人签名、盖章后,在15日内向企业登记机关报送清算报告,申请办理合伙企业注销登记。

第一百零八条　非法人组织除适用本章规定外,参照适用本编第三章第一节的有关规定。

【释义】　本条是关于非法人组织参照适用本编第3章有关法人规定的规定。

非法人组织除适用本节关于该类组织的专门性规定,包括设立、民事责任承担、解散、清算等的规定外,对于本节未作规定的,可以参照适用本编第 3 章第 1 节有关法人的一般规定。非法人组织相比于法人组织,最主要的区别在于没有独立的财产或者经费,对外不能独立承担民事责任,其出资人或者设立人要对非法人组织的债务承担无限责任。鉴于此,本节重点对非法人组织在设立、民事责任承担、解散、清算等方面作了专门规定,对非法人组织的其他方面,由于与法人组织没有大的区别,所以总体上可以参照适用法人组织的一般规定,这样处理在立法技术上比较简洁。

这里应当指出的是,“参照适用”不是完全适用,对于法人的一般性规定,非法人组织能够适用的,就适用;不能够完全适用的,可以参照相关规定的原则、精神,在适用上作灵活处理。

第五章　民 事 权 利

尊重和保障人民合法权益,是我国宪法的基本要求,是建设社会主义法治国家的基本原则。保护民事权利是民法的重要任务,从这个角度讲,不少学者称民法典为“权利法典”。改革开放以来,我国高度重视对民事权利的保护。民法通则设专章对民事主体的人身权利、财产权利作了规定。此后制定的合同法、物权法、侵权责任法等法律对民事权利的保护也作了相应规定。党的十八届四中全会通过的《中共中央关于全面推进依法治国若干重大问题的决定》提出了“依法保障公民权利,加快完善体现权利公平、机会公平、规则公平的法律制度,保障公民人身权、财产权、基本政治权利等各项权利不受侵犯,保障公民经济、文化、社会等各方面权利得到落实,实现公民权利保障法治化”的要求。党的十九大报告和十九届二中全会报告更进一步提出,要加强对人民人身权、财产权、人格权的保护。民法典立足人民属性,坚持以人民为中心,全方位保障人民民事权利。为了凸显对民事权利的尊重，加强对民事权利的保护，同时也为民法典各分编和民商事特别法律具体规定民事权利提供依据，总则编继承了民法通则的做法，做好民事权利制度的顶层设计，设专章全面系统地规定了民事主体享有的民事权利的种类和内容、权利的取得和行使等。本法典的多数规定基本上都是对本章规定的具体化和落实，例如人格权编是对本章第109~111条所规定的人格权制度的具体化；物权编是对本章第113~117条所规定的物权制度的具体化；合同编是对本章第118条、第119条、第121条、第122条所规定的合同、无因管理和不当得利三种债权制度的具体化；婚姻家庭编是对本章第112条所规定的婚姻家庭制度的具体化；继承编是对本章第124条所规定的继承权制度的具体化；侵权责任编则是对本章第120条所规定的侵权行为制度的具体化。

在编纂过程中，对总则编是否应该单独规定“民事权利”一章有不同意见。有的提出，民法通则规定“民事权利”一章是特定历史时期的产物，合同法、物权法等单行法律已分别规定，民事权利由分则规定即可，建议删除本章。经研究认为，民法通则设专章规定了民事权利，是我国民事立法的重大成就，凸显了对民事权利的尊重和保护，被称为权利宣言书，影响深远。总则编应该继承这一做法，专章规定民事权利。

在编纂过程中，对总则编是否设专章规定民事权利客体也有不同意见。有的意见认为，应在总则编中专章规定民事权利的客体。理由是从民法体系化、科学化的角度讲，权利客体必不可少，且规定新型权利客体可以为民法的发展留出空间，规定权利客体与国际也是接轨的。但也有意见提出，各种权利的客体不完全相同，差异较大，难以归纳出一般性规则，且多数规定基本上都是概念性、宣示性条款，不能解决实际问题，将物等权利客体放在物权编等民法典的各分编规定更好一些。经研究认为，是否专章规定权利客体实质上涉及总则编到底规定哪些规则的问题。总则编是民法典的纲，纲举目张，统领民法典各编并普遍适用于民法的各个部分。一般来说，总则编应主要规定民法的基本原则和一般性规则,具体规则宜由民法典的各分编和民商事特别法规定。各种民事权利客体不完全相同,差异性较大,很难归纳出一般性规则,如物权的客体是物,债权的客体是行为,知识产权的客体主要是智力成果。有的民事权利客体可以在总则编中作原则性规定,但具体内容还是在民法典的物权编、合同编等各分编和著作权法、专利法、商标法等单行法中规定更为合适。

此外,关于章名、体例和结构。在编纂过程中,有的建议将本章章名修改为“民事权利的种类”。有的建议本章按照民事权利种类或者按照民事权利种类、民事权利的取得和行使分节规定。经研究认为,民法通则分为民事权利和民事责任两章的体例结构已经被广大人民群众和法律工作者普遍接受和熟悉,总则编延续了民法通则规定民事权利和民事责任两章的做法。

本章共 24 条,主要规定了民事主体的人格权、身份权、物权、债权、知识产权、继承权、股权和其他投资性权利、其他民事权利和利益,对数据、网络虚拟财产的保护,对未成年人、老年人、残疾人、妇女、消费者等的民事权利的特别保护,民事权利的取得和行使等。

第一百零九条　自然人的人身自由、人格尊严受法律保护。

【释义】 本条是关于自然人的人身自由、人格尊严受法律保护的规定。

人身自由,包括身体行动的自由和自主决定的自由,是自然人自主参加社会各项活动、参与各种社会关系、行使其他人身权和财产权的基本保障,是自然人行使其他一切权利的前提和基础。人格尊严,既包括静态和消极的人格尊严,也包括动态和积极的人格尊严,亦即人格形成和人格发展,涉及姓名权、名誉权、荣誉权、肖像权、隐私权等方面。人格尊严不受侵犯,是自然人作为人的基本条件之一,也是社会文明进步的一个基本标志。由于人身自由和人格尊严的含义非常广泛,所以也能够包含通常所说的人格独立和人格平等。所有的人格权都以人身自由和人格尊严为价值基础,是这两种价值的具体表现,是以维护和实现人身自由和人格尊严为目的。人身自由和人格尊严是人格权获得法律保护的价值依据,是自然人自主参加社会各项活动、参与各种社会关系、行使其他人身权和财产权的基本保障,是自然人行使其他一切权利的前提和基础。我国宪法对人身自由、人格尊严高度重视,专门作了规定。第37条规定,中华人民共和国公民的人身自由不受侵犯。任何公民,非经人民检察院批准或者决定或者人民法院决定,并由公安机关执行,不受逮捕。禁止非法拘禁和以其他方法非法剥夺或者限制公民的人身自由,禁止非法搜查公民的身体。第38条规定,中华人民共和国公民的人格尊严不受侵犯。禁止用任何方法对公民进行侮辱、诽谤和诬告陷害。

一些国家和地区的民法也对人格尊严或者人身自由作了相关规定。如《法国民法典》第16条规定,法律确保人的至上地位,禁止对人之尊严的任何侵犯,并且保证每一个人自生命开始即受到尊重。《日本民法典》第2条规定,该法须以个人的尊严及男女两性本质性平等为宗旨进行解释。我国台湾地区"民法"第17条第2款规定,自由之限制,以不悖于公共秩序和善良风俗者为限。我国澳门特别行政区民法典第72条第1款规定,任何人均享有自由权。人身自由、人格尊严是自然人的重要权利。

基于此,本法在"民事权利"章专门对此予以规定,明确"自然人的人身自由、人格尊严受法律保护"。以此为基础,本法专设人格权编对人格权制度作了详细规定,将宪法规定的人身自由、人格尊严在民事领域予以具体化,围绕民事主体所享有的生命权、身体权、健康权、姓名权、名称权、肖像权、名誉权、荣誉权、隐私权和个人信息受保护这些人格权益,以及所产生的民事法律关系作出规定。人格权在民法典中独立成编是我国民事立法的一个制度创新,也是我国民法典的一个亮点。人格权单独成编可以更好地体现宪法精神,更好地落实中央的精神,对于确保公民的人身自由、人格尊严不受侵犯，充分体现我国在人格权保护领域所取得的进步具有十分重要的意义。

第一百一十条　自然人享有生命权、身体权、健康权、姓名权、肖像权、名誉权、荣誉权、隐私权、婚姻自主权等权利。

法人、非法人组织享有名称权、名誉权和荣誉权。

【释义】　本条是关于民事主体人格权的规定。

人格权是存在于民事主体人格上的权利，是民事主体对其特定的人格利益享有的权利，关系到每个人的人格尊严和人身自由，是民事主体最基本、最重要的权利。1986 年民法通则设专节规定了人身权，其中大部分内容都是关于人格权的规定。从人格权的主体看，民法通则区分了自然人的人格权和法人的人格权。本条继承了民法通则的规定和做法，同时根据近四十年的发展，进一步丰富了具体人格权的类型。

(一) 自然人的人格权

本条第 1 款是对自然人所享有的人格权种类的规定。依据本款规定，自然人主要享有以下人格权：

1. 生命权

生命权，是指自然人享有的以维护生命安全和生命尊严为内容的权利，其以自然人的生命安全利益为内容，以生命安全和生命维持为客体，以维护人的生命活动延续为基本内容。生命权是自然人享有的最基本的人格权。民法通则第 98 条规定，公民享有生命健康权。因为生命权和健康权在权利内容上存在区别，侵权责任法已经将生命权和健康权区分为两种不同的民事权利予以规定，民法典编延续侵权责任法的规定，区分规定生命权和健康权。人格权编第 2 章对生命权的内涵和外延作了进一步细化规定，自然人享有生命权，自然人的生命安全和生命尊严受法律保护。任何组织或者个人不得侵害他人的生命权。需要注意的是，生命权是自然人享有的一种民事权利。自然人享有生命权，并不意味着自然人有以自杀等方式决定自己生命的权利,任意地决定自己的生命是违背公序良俗的,也是我国现行法律所不允许的。

2. 身体权

身体权,是指自然人享有的以维护身体完整和行动自由为内容的权利,其是自然人保持其身体组织完整并支配其肢体、器官和其他身体组织的权利。作为生命的载体,自然人的身体受法律保护,任何人不得非法侵害。身体包括头颈、躯干、四肢、器官以及毛发、指甲等。民法典首次规定身体权作为民事权利。身体权与生命权、健康权密切相关,侵害自然人的身体往往导致对自然人健康的损害,甚至剥夺自然人的生命。但生命权、健康权和身体权所保护的自然人的具体人格利益有区别,生命权以保护自然人生命的延续为内容,健康权以保护身体各组织及整体功能正常为内容,身体权以保护身体组织的完整及对身体组织的支配为内容。当他人侵害自然人的身体已经达到使自然人的组织和功能不正常时,侵害的是自然人的健康权,而非身体权。当他人侵害自然人的身体,但未侵害自然人的组织和功能正常时,侵害的仅是自然人的身体权,而非健康权。如甲未经乙同意突然将乙的长头发剪断,此时乙的身体组织和功能正常并未受到侵害,但甲侵害了乙对自己身体组织完整及对身体组织的支配,侵害了乙的身体权。

3. 健康权

健康权,是指自然人享有的以维护自己的身心健康为内容的权利,其是以自然人维护其机体生理机能正常运作和功能完善发挥为内容的权利。健康是维持人体正常生命活动的基础,健康权是自然人重要的人格权。人格权编规定,自然人享有健康权,自然人的身心健康受法律保护。任何组织或者个人不得侵害他人的健康权。本条规定的健康权仅仅是民事权利,而非宪法和社会性权利。例如,基本医疗卫生与健康促进法第4条规定,国家和社会尊重、保护公民的健康权。国家实施健康中国战略,普及健康生活,优化健康服务,完善健康保障,建设健康环境,发展健康产业,提升公民全生命周期健康水平。国家建立健康教育制度,保障公民获得健康教育的权利,提高公民的健康素养。基本医疗卫生与健康促进法规定的健康权是社会性的权利,并非民法典总则编和人格权编规定的民事权利。

4. 姓名权

姓名权,是指自然人享有的依法决定、使用、变更或者许可他人使用自己姓名的权利。民法通则第 99 条第 1 款规定,公民享有姓名权,有权决定、使用和依照规定改变自己的姓名,禁止他人干涉、盗用、假冒。人格权编在民法通则和本条规定的基础上,对姓名权的内容和保护作了较为详细的规定。人格权编规定,自然人应当随父姓或者母姓,但是有下列情形之一的,可以在父姓和母姓之外选取姓氏:(1)选取其他直系长辈血亲的姓氏;(2)因由法定扶养人以外的人扶养而选取扶养人姓氏;(3)有不违背公序良俗的其他正当理由。少数民族自然人的姓氏可以遵从本民族的文化传统和风俗习惯。任何组织或者个人不得以干涉、盗用、假冒等方式侵害他人的姓名权或者名称权。自然人决定、变更自己的姓名,或者法人、非法人组织决定、变更、转让自己的名称的,应当依法向有关机关办理登记手续,但是法律另有规定的除外。民事主体变更姓名、名称的,变更前实施的民事法律行为对其具有法律约束力。此外,人格权编还规定,具有一定社会知名度,被他人使用足以造成公众混淆的笔名、艺名、网名、译名、字号、姓名和名称的简称等,参照适用姓名权和名称权保护的有关规定。

5. 肖像权

肖像权,是指自然人享有的依法制作、使用、公开或者许可他人使用自己肖像的权利,其体现在自然人对自己的肖像上体现的精神利益和物质利益所享有的权利。肖像是通过影像、雕塑、绘画等方式在一定载体上所反映的特定自然人可被识别的外部形象。1986 年民法通则就对肖像权的保护作了规定。民法通则第 100 条规定,公民享有肖像权,未经本人同意,不得以营利为目的使用公民的肖像。人格权编则对肖像权制度作了较为详细的规定。人格权编规定,任何组织或者个人不得以丑化、污损,或者利用信息技术手段伪造等方式侵害他人的肖像权。未经肖像权人同意,不得制作、使用、公开肖像权人的肖像,但是法律另有规定的除外。未经肖像权人同意,肖像作品权利人不得以发表、复制、发行、出租、展览等方式使用或者公开肖像权人的肖像。

6. 名誉权

名誉是对民事主体的品德、声望、才能、信用等的社会评价。名誉权,是指自然人、法人和非法人组织就其品德、声望、才能、信用等所获得的社会评价,所享有的保有和维护的权利,也就是说其是自然人就其自身属性和价值所获得的社会评价,所享有的保有和维护的权利。民法通则第101条规定,公民、法人享有名誉权,公民的人格尊严受法律保护,禁止用侮辱、诽谤等方式损害公民、法人的名誉。人格权编规定,民事主体享有名誉权。任何组织或者个人不得以侮辱、诽谤等方式侵害他人的名誉权。

7. 荣誉权

荣誉是国家和社会对在社会生产生活中作出突出贡献或者有突出表现的民事主体所给予的积极的正式评价。荣誉的外在表现形式既可以是物质奖励,如奖金、奖杯、奖牌;也可以是精神奖励,如光荣称号等。授予荣誉的主体既可以是政府,也可以是单位,还可以是社会组织。荣誉权,是指民事主体对自己所获得的荣誉及其利益所享有的保持、支配的权利。民法通则第102条规定,公民、法人享有荣誉权,禁止非法剥夺公民、法人的荣誉称号。人格权编规定,民事主体享有荣誉权。任何组织或者个人不得非法剥夺他人的荣誉称号或者诋毁、贬损他人的荣誉。

8. 隐私权

隐私权,是指自然人享有的私人生活安宁与不愿为他人知晓的私密空间、私密活动、私密信息等依法受到保护,不受他人刺探、侵扰、泄露和公开的权利。隐私权有以下特点:一是隐私权的内容具有隐秘性,权利人不愿公开或者不希望他人非法干涉。二是隐私权的内容具有真实性,是客观存在的事实。这就把侵犯名誉权的行为和侵犯隐私权的行为区别开来。在隐私权侵权案件中,加害人不能因其所公开的事实为真而免责。捏造歪曲事实,损害他人形象的,属于侵犯名誉权。散布当事人不愿公开的属实情况,则属于侵犯隐私权。三是隐私权与其他民事权利一样,其保护要受公共利益的限制。隐私权保护不能违反法律、行政法规的强制性规定,不能违背社会的公序良俗,不得损害他人的利益。

9.婚姻自主权

婚姻自主权,是指自然人享有的结婚、离婚自由不受他人干涉的权利。民法通则第103条规定,公民享有婚姻自主权,禁止买卖、包办婚姻和其他干涉婚姻自由的行为。婚姻法第3条第1款规定,禁止包办、买卖婚姻和其他干涉婚姻自由的行为。禁止借婚姻索取财物。

人格权编在本条规则的基础上,对前述具体人格权的内容、权利边界和保护方式等具体内容基本上都设专章作了较为详细的规定。婚嫁家庭编则对婚姻自主权的具体内容作了较为详细的规定。

(二)法人、非法人组织的人格权

本条第2款是对法人、非法人组织人格权的规定。依据本款规定,法人、非法人组织主要享有以下人格权:

一是名称权。名称权是指法人和非法人组织享有的依法决定、使用、变更、转让或者许可他人使用自己名称的权利。

二是名誉权。名誉权是指就其品德、声望、才能、信用等所获得的社会评价,所享有的保有和维护的权利。

三是荣誉权。荣誉权是指法人、非法人组织对其获得的荣誉及其利益所享有的保持、支配的权利。

与自然人享有的人格权益相比,法人和非法人组织不能享有生命权、身体权、健康权等专属于自然人的权利。此外,对自然人的人格权保护具有充分的伦理价值,而法人和非法人组织享有一定范围的人格权,更多是基于现实的法律技术的需要,更多涉及财产利益，或者间接地保护组织背后的自然人，不是基于人身自由和人格尊严而产生的。因此，本法对法人、非法人组织的人格权种类是严格限制的，只限于本条所规定的三类情形，也正是因为这样的考虑，本条第2款删除了民法总则关于“等权利”的表述，明确了法人和非法人组织只享有名称权、名誉权和荣誉权三种人格权；而自然人所享有人格权种类则具有开放性，随着实践的发展和需要，还会有新的自然人所享有的具体人格权纳入其中，所以本条第1款在对自然人的具体人格权进行列举后，还加了一个“等”字，这能够回应社会发展所产生的新型人格权益保护需求，避免具体列举人格权所产生的封闭性，使人格权益保护的体系更为完全，保护的范围也更为周延，适应社会的不断发展，发挥对人格权益进行兜底性保护的功能，保持人格权制度发展的开放性。

第一百一十一条　自然人的个人信息受法律保护。任何组织或者个人需要获取他人个人信息的，应当依法取得并确保信息安全，不得非法收集、使用、加工、传输他人个人信息，不得非法买卖、提供或者公开他人个人信息。

【释义】　本条是关于自然人的个人信息受法律保护的规定。

在民法典编纂过程中，有的常委委员、部门、法学教学研究机构和社会公众提出，实践中，一些组织和个人非法获取公民个人信息，出售或者非法向他人提供公民个人信息，社会危害严重，建议进一步强调对个人信息的保护。经研究认为，个人信息权利是公民在现代信息社会享有的重要权利，明确对个人信息的保护对于保护公民的人格尊严，使公民免受非法侵扰，维护正常的社会秩序具有现实意义。据此，总则编在民事权利章单列一条，对自然人的个人信息受法律保护和其他民事主体对自然人个人信息保护的义务作出明确规定。人格权编则在本条规定的基础上对个人信息保护的基本原则和一般规则作了规定，为下一步个人信息保护法的制定提供了依据，奠定了基本框架。

(一)自然人的个人信息受法律保护

1. 关于个人信息

信息社会，人的存在不仅涉及生物体征方面的信息，如身高、性别等；还涉及人作为社会成员的基本社会文化信息，如姓名、职业、宗教信仰、消费倾向、生活习惯等。

根据网络安全法第 76 条第 5 款的规定，自然人的个人信息，是指以电子或者其他方式记录的能够单独或者与其他信息结合识别自然人个人身份的各种信息，包括但不限于自然人的姓名、出生日期、身份证件号码、个人生物识别信息、住址、电话号码等。就法律上的名称而言，欧盟国家多采用“个人数据”，日本、俄罗斯、韩国采用“个人信息”，我国台湾地区“个人资料”与“个人数据”两个概念并用。虽然“个人信息”、“个人资料”与“个人数据”名称有所不同，但实质含义基本类似，都侧重信息的“可识别性”。如欧盟有关个人数据自动化处理的保护协定，将其界定为“已识别或可识别的个人相关的任何信息”。《日本个人信息保护法》第 2 条规定，个人信息指活着的自然人的相关信息，根据该信息所包含的姓名、出生年月及其他内容，能够识别出该特定自然人。我国台湾地区“电脑处理个人资料保护法”第 3 条第 1 款规定，个人资料，指自然人之姓名、出生年月日、身份证统一编号、特征、指纹、婚姻、家庭、教育、职业、健康、病例、财务情况、社会活动及其他足以识别该个人之资料。

个人信息保护成为法律关注的问题，始于 20 世纪 60 年代信息技术的广泛使用，部分西方国家于 20 世纪 70 年代陆续出台相关法律。至 20 世纪 90 年代末，随着互联网技术的进一步发展，快捷的信息处理与新的通信技术、多媒体技术相结合，个人信息呈现多元化的特点，越来越多的国际组织、国家与地区着眼于个人信息安全，相继立法。除上述以“可识别性”作为个人信息的界定标准外，还有一些国家、地区和国际组织把“隐私”作为个人信息立法的保护客体，即以“隐私”界定应受保护的个人信息，认为个人信息属于个人隐私。如1974年《美国隐私权法》规定,凡与任何私人有关的,而与其他群体并无必然实质性利害关系的所有数据资料都属于个人隐私权的对象,任何利用计算机系统收集、存储、控制及使用与私人有关的数据资料,都可能构成对私人隐私权的侵害;与之类似的规定还有《加拿大隐私法》、《加拿大个人信息和电子档案法》、《澳大利亚隐私法》以及《亚太经合组织电子商务隐私权保护规则》(该文件同时使用"个人数据"与"隐私"两个概念);此外,我国香港特别行政区个人资料(私隐)条例,也在法名中同时使用上述两个概念。

2. 关于个人信息与隐私权

个人信息与隐私权的概念存在一定的重合。隐私权,是指自然人享有的私人生活安宁与私人生活信息依法受到保护,不受他人侵扰、知悉、使用、披露和公开的权利。一些国家和地区对个人信息与隐私权有不同的内涵、外延的界定。

美国法以隐私权作为个人信息保护立法的理论基础,主要原因在于美国法中的隐私权范围极广,几乎囊括了私人活动的各个领域,而不仅局限于私生活秘密。隐私权范围的扩展,有一个演变的过程。作为一个独立的法律概念,最早源于1890年美国学者沃伦和布兰戴斯发表在《哈佛法学评论》上的《论隐私权》一文。起初该权利被界定为"生活的权利"和"不被打扰的权利",半个多世纪后该权利在1965年被美国联邦最高法院扩展为一项"与生命权、财产权并列的宪法权利"。总体看,目前美国法中的隐私权主要涉及四项内容:一是信息隐私权,涉及信用、诊疗与政府档案中个人数据的收集和处理;二是身体隐私权,涉及保护个人身体,免于基因测试、药品测试以及堕胎干预等方面的侵犯;三是通信隐私权,涉及通信、电话、电邮和其他形式的通信安全;四是地域隐私权,涉及保护个人不受非法搜查、非法取证等行为的侵犯等。隐私权的范围日益宽泛,因此有学者认为该权利在美国已经发展为一项宪法意义的一般人格权。

任何概念都具有文化与制度上的相对性,与美国宽泛的隐私权不同,欧洲国家对隐私权的理解较窄,多认为是“私生活秘密权”或者“私生活受尊重的权利”。在 20 世纪 70~90 年代,美国隐私权理论对许多国家的立法影响甚大。如德国早期移植了美国的隐私权理论,1977 年《德国联邦个人资料保护法》第 1 条规定,个人信息保护的目的即个人隐私之保护。但由于美德两国对“隐私权”的界定相差甚远,德国宪法法院在 1983 年人口普查案的判决中明确,法律在何种情况下对个人信息进行保护,不能以是否触及隐私而论。1990 年德国修订了 1977 年《德国联邦个人资料保护法》,明确立法目的在于防止因个人信息的传输而造成人格权的侵害,事实上明确了个人信息不是隐私之下的概念,进而确立了以一般人格权作为个人信息保护的理论基础。总的来看,在主要欧洲国家,隐私权一般仅限于个人私生活,与姓名权、肖像权、名誉权并列属于具体的一项人格权;而个人信息因其具有的信息人格利益,被视为一般意义的人格权,属于基本人权的范畴,其内涵与外延都已经超出了私法领域隐私权的范畴。

隐私与个人信息二者的范围有交叉,重合部分可以称为隐私信息,即权利主体不愿为他人知晓的个人信息,如病史、犯罪记录等,但个人信息不仅包括不愿为外人知晓的隐私信息,还包括可以公开的非隐私信息,如姓名、性别等。并且,隐私带有主观色彩,如身高、住址、电话号码等个人信息,有些人视为隐私,有些人视为可公开信息。我国现有法律制度中涉及的隐私权,是与生命权、健康权、姓名权、名誉权、荣誉权、肖像权等并列的概念,范围比美国法窄得多。一些侵犯个人信息的行为,未必构成侵犯隐私。如自然人的姓名,当然属于个人信息,但却不是隐私权的保护客体;又如肖像也属于个人信息,但不当利用他人肖像,构成对肖像权而非隐私权的侵害;再如不当删除、不完整记录或者错误记录他人信息,或者根据不实信息对他人信用作出错误评级等,这些都属于侵犯他人信息权利的行为,但一般不涉及侵犯隐私。

就权利内容和救济方式而言,隐私权作为一种私生活受尊重的权利,多表现为消极被动和防御性的特点,它以侵害行为或侵害可能为前提,以维护人格尊严为目的,一般不具有财产利益。而个人信息得到保护的权利,从境外主要国家和地区的立法来看,表现为一种积极主动的请求权,不仅包括个人信息不受非法收集、处理的内容,还包括权利主体对其个人信息的积极控制,如权利人有权决定其个人信息能否被他人收集、处理和利用以及如何利用,有权要求信息处理者修改不正确、不完整的个人信息以保证信息质量,有权针对商业目的的个人信息利用获取报酬等。

3. 我国法律对个人信息保护的相关规定

立法机关高度重视对自然人个人信息的保护,不断完善保护个人信息的法律规定。目前,对个人信息的保护涉及多部法律。侵权责任法从传统民事权利的角度,明确规定了姓名权、名誉权、肖像权、隐私权属于受法律保护的民事权利,侵犯上述民事权利的,应当依法承担侵权责任。《全国人民代表大会常务委员会关于加强网络信息保护的决定》对互联网上的公民信息保护作了较为系统和全面的规定,对网络服务提供者和其他企业事业单位收集、使用公民个人电子信息应当遵循的原则、保密义务及法律责任,有关部门依法应当履行的职责作了具体规定。消费者权益保护法第14条规定,消费者在购买、使用商品和接受服务时,享有人格尊严、民族风俗习惯得到尊重的权利,享有个人信息依法得到保护的权利。消费者权益保护法第50条规定,经营者侵害消费者的人格尊严、侵犯消费者人身自由或者侵害消费者个人信息依法得到保护的权利的,应当停止侵害、恢复名誉、消除影响、赔礼道歉,并赔偿损失。消费者权益保护法第56条对侵害消费者个人信息的经营者,除承担民事责任外,还规定了行政责任,加大了对违法行为的惩罚力度,如警告、没收违法所得、罚款及吊销营业执照等。网络安全法就网络运营者对个人信息保护的义务和责任作了具体规定。此外,还有多部法律也有对自然人个人信息保护的规定,如商业银行法第29条规定的银行对存款人存款信息的保护,执业医师法第22条规定的医师对患者隐私的保护,居民身份证法第19条规定国家机关或者有关单位不得泄露公民的个人身份信息等。这些法律及决定从不同角度对各自领域的自然人隐私权和个人信息进行保护。一方面在侵犯自然人隐私权和个人信息行为较为严重的领域,明确当事人各方的权利义务;另一方面规定了侵犯隐私权和个人信息的民事责任、行政责任及刑事责任,加大惩罚力度。

(二)其他民事主体对自然人个人信息保护的义务

本条规定了其他民事主体对自然人个人信息保护的义务。根据本条规定,其他民事主体对自然人个人信息保护有以下义务:

一是任何组织和个人需要获取他人个人信息的,有依法取得并确保信息安全的义务。民事主体在正常的生活或者经营中不可避免地会取得一些他人的个人信息,如银行业、保险业、快递业经营者从事的经营业务以客户提供个人信息为前提。民事主体取得个人信息后,有义务采取技术措施和其他必要措施,确保信息安全,防止个人信息泄露、丢失。

二是不得非法收集、使用、加工、传输他人个人信息,不得非法买卖、提供或者公开他人个人信息。此义务既针对依法取得自然人个人信息的组织和个人,也针对非依法取得个人信息的组织和个人。没有得到法律授权或者个人信息主体同意,任何组织和个人不得收集、使用、加工、传输个人信息,不得非法买卖、提供或者公开个人信息。

违反个人信息保护义务的,应当依法承担民事责任、行政责任甚至刑事责任。其他法律对其他民事主体对自然人个人信息保护的义务有具体规定。网络安全法第 42 条规定,网络运营者不得泄露、篡改、毁损其收集的个人信息;未经被收集者同意,不得向他人提供个人信息。但是,经过处理无法识别特定个人且不能复原的除外。网络运营者应当采取技术措施和其他必要措施,确保其收集的个人信息安全,防止信息泄露、毁损、丢失。在发生或者可能发生个人信息泄露、毁损、丢失的情况时,应当立即采取补救措施,按照规定及时告知用户并向有关主管部门报告。消费者权益保护法第29条第1款、第2款规定,经营者收集、使用消费者个人信息,应当遵循合法、正当、必要的原则,明示收集、使用信息的目的、方式和范围,并经消费者同意。经营者收集、使用消费者个人信息,应当公开其收集、使用规则,不得违反法律、法规的规定和双方的约定收集、使用信息。经营者及其工作人员对收集的消费者个人信息必须严格保密,不得泄露、出售或者非法向他人提供。经营者应当采取技术措施和其他必要措施,确保信息安全,防止消费者个人信息泄露、丢失。在发生或者可能发生信息泄露、丢失的情况时,应当立即采取补救措施。刑法还规定了侵犯公民个人信息罪。刑法第253条之一第1~3款规定,违反国家有关规定,向他人出售或者提供公民个人信息,情节严重的,处3年以下有期徒刑或者拘役,并处或者单处罚金;情节特别严重的,处3年以上7年以下有期徒刑,并处罚金。违反国家有关规定,将在履行职责或者提供服务过程中获得的公民个人信息,出售或者提供给他人的,依照前款的规定从重处罚。窃取或者以其他方法非法获取公民个人信息的,依照第1款的规定处罚。

(三)人格权编关于个人信息保护的规定

本条为人格权编规定个人信息保护问题提供了基本指引。人格权编明确规定,自然人的个人信息受法律保护。个人信息是以电子或者其他方式记录的能够单独或者与其他信息结合识别特定自然人的各种信息,包括自然人的姓名、出生日期、身份证件号码、生物识别信息、住址、电话号码、电子邮箱、健康信息、行踪信息等。个人信息中的私密信息,适用有关隐私权的规定。处理自然人个人信息的,应当遵循合法、正当、必要原则,不得过度处理,并应当符合以下条件:(1)征得该自然人或者其监护人同意,但是法律、行政法规另有规定的除外;(2)公开处理信息的规则;(3)明示处理信息的目的、方式和范围;(4)不违反法律、行政法规的规定和双方的约定。个人信息的处理包括个人信息的收集、存储、使用、加工、传输、提供、公开等。人格权编还规定,自然人可以依法向信息处理者查阅或者复制其个人信息;发现信息有错误的,有权提出异议并请求及时采取更正等必要措施。自然人发现信息处理者违反法律、行政法规的规定或者双方的约定处理其个人信息的,有权要求信息处理者及时删除。处理自然人个人信息,有下列情形之一的,行为人不承担民事责任:(1)在该自然人或者其监护人同意的范围内合理实施的行为;(2)合理处理该自然人自行公开的或者其他已经合法公开的信息,但是该自然人明确拒绝或者处理该信息侵害其重大利益的除外;(3)为维护公共利益或者该自然人合法权益,合理实施的其他行为。信息处理者不得泄露或者篡改其收集、存储的个人信息;未经自然人同意,不得向他人非法提供其个人信息,但是经过加工无法识别特定个人且不能复原的除外。信息处理者应当采取技术措施和其他必要措施,确保其收集、存储的个人信息安全,防止信息泄露、篡改、丢失;发生或者可能发生个人信息泄露、篡改、丢失的,应当及时采取补救措施,按照规定告知自然人并向有关主管部门报告。

第一百一十二条　自然人因婚姻家庭关系等产生的人身权利受法律保护。

【释义】 本条是关于自然人因婚姻家庭关系等产生的人身权利受法律保护的规定。

民法典主要保护民事主体的人身权和财产权。人身权由人格权和身份权组成。总则编第109~111条和人格权编调整人格权,而本条和婚姻家庭编调整身份权。自然人因婚姻家庭关系等产生的人身权利主要包括以下内容:

(一)自然人因婚姻关系产生的人身权利

男女双方通过结婚形成婚姻关系,夫妻之间因为婚姻关系产生一些人身权利,如夫妻双方的扶养权利和义务。婚姻法第20条规定,夫妻有互相扶养的义务。一方不履行扶养义务时,需要扶养的一方,有要求对方付给扶养费的权利。婚姻家庭编第1059条延续了这一规定,同时婚姻家庭编还规定,夫妻在婚姻家庭关系中地位平等。

(二)自然人因家庭关系产生的人身权利

自然人因家庭关系产生一些人身权利。如父母对子女的亲权和履行监护职责产生的权利。本法第27条第1款规定,父母是未成年子女的监护人。第34条第2款规定,监护人依法履行监护职责产生的权利,受法律保护。

(三)自然人因收养关系产生的人身权利

收养,是指将他人未成年子女收为自己子女的行为。收养将本无血缘关系的自然人拟制为亲子关系,因此,收养者与被收养者之间具有拟制血亲关系。收养者为养父母,被收养者为养子女。收养制度是婚姻家庭制度的重要组成部分。婚姻家庭编在收养法的基础上,对收养的条件和程序、收养的效力等收养制度的内容作了较为详细的规定。根据婚姻家庭编第1111条的规定,自收养关系成立之日起,养父母与养子女间的权利义务关系,适用本法关于父母子女关系的规定;养子女与养父母的近亲属间的权利义务关系,适用本法关于子女与父母的近亲属关系的规定。

在编纂过程中,有的意见提出自然人因婚姻家庭关系等产生的财产权利也应受保护,建议在人身权利后增加规定财产权利。经研究认为,本条是对自然人因婚姻家庭关系等产生的人身权利受法律保护的规定,自然人因婚姻家庭关系等产生的财产权利按照财产权利的权利种类纳入本章其他规范财产权利的条文进行保护,因此未增加规定财产权利。同时,考虑到身份权利和人格权利虽然不同,但是两者存在密切的关系。建立和维持与他人之间的身份关系,本身就是人格发展的必要条件,婚姻家庭关系的发挥和尊严是个人发展和尊严的特别表现形式,保护身份权利往往同时就是保护个人利益。两种权利都不可转让,具有极强的道德性等相似的属性。本法第2条、第3条等条文也将这两种权利统称为“人身关系”和“人身权利”。据此,为完善身份权利的保护,体现民法典编纂的体系性,本法人格权编第1001条还规定,对自然人因婚姻家庭关系等产生的身份权利的保护，适用本法总则编、婚姻家庭编和其他法律的相关规定；没有规定的，可以根据其性质参照适用人格权编人格权保护的有关规定。

第一百一十三条　民事主体的财产权利受法律平等保护。

【释义】　本条是关于民事主体的财产权利受法律平等保护的规定。

民事主体的财产权利受法律平等保护是由民法调整的社会关系的性质决定的。本法第2条规定，民法调整平等主体的自然人、法人和非法人组织之间的人身关系和财产关系。第4条规定，民事主体在民事活动中的法律地位一律平等。平等集中反映了民事法律关系的本质属性，是民事法律关系区别于其他法律关系的主要标志。本条在本法规定平等原则的基础上，单列一条规定民事主体的财产权利受法律平等保护。

本条的核心是"平等保护"。民事主体的财产权利受法律平等保护也是市场经济的内在要求。宪法规定，国家实行社会主义市场经济。公平竞争、平等保护、优胜劣汰是市场经济的基本法则。在社会主义市场经济条件下，各种所有制经济形成的市场主体都处于平等地位，享有相同权利，遵守相同规则，承担相同责任。如果不对民事主体的财产权利进行平等保护，解决纠纷的办法、承担的法律责任不一样，就不可能发展社会主义市场经济，也不可能坚持和完善社会主义基本经济制度。如对不同民事主体的财产权利进行不平等保护，势必损害民事主体依法创造、积累财产的积极性，不利于民富国强、社会和谐。

本条是在民法总则草案三审稿两条规定的基础上修改的。民法总则草案三审稿第112条规定，自然人的私有财产权利受法律保护。第116条规定，民事主体的物权受法律平等保护，任何组织或者个人不得侵犯。在编纂过程中，有的意见认为，第112条规定自然人私有财产权利受法律保护，与基本原则的相关规定重复,建议删除。有的意见认为,第116条只规定物权受法律平等保护不妥,其他民事权利也应当受法律平等保护。经研究认为,民法的任务之一是保护我国宪法规定的基本经济制度下民事主体的财产权,中央一再强调,对各种民事主体所享有的财产权利应当给予平等保护。党的十八届三中全会提出,要完善产权保护制度,公有制经济财产权不可侵犯,非公有制经济财产权同样不可侵犯。国家保护各种所有制经济的产权和合法权益,保证各种所有制经济同等受法律保护。党的十八届四中全会明确提出,要实现公民权利保障的法治化。《中共中央、国务院关于完善产权保护制度依法保护产权的意见》和中央经济工作会议明确提出,加强产权保护制度建设,平等保护各种所有制组织的财产权和自然人的财产权。民法总则落实了中央的上述要求,结合各方面意见,将三审稿第112条修改为"民事主体的财产权利受法律平等保护",并删除了民法总则草案三审稿第116条。民法典维持了这一规定。

第一百一十四条　民事主体依法享有物权。

物权是权利人依法对特定的物享有直接支配和排他的权利,包括所有权、用益物权和担保物权。

【释义】 本条是关于物权的特征及类型的规定。

(一)物权的特征

物权,是对物的权利。物权是一种财产权,财产权主要有物权、债权、继承权和知识产权中的财产权。财产可分为有形财产和无形财产,物权是对有形财产的权利。

物权是民事主体依法享有的一项重要的财产权利。这种权利是权利人在法律规定的范围内对特定的物享有的直接支配和排他的权利。由于物权是直接支配物的权利,因而物权又被称为"绝对权";物权的权利人享有物权,任何其他人都不得非法干预,物权的权利人以外的任何人都是物权的义务人,因此物权又被称为“对世权”。在权利性质上，物权与债权不同。债权的权利义务限于当事人之间，如合同的权利义务限于订立合同的各方当事人；债权是要求债务人作为或者不作为的权利，债权人也只能要求债务人作为或者不作为，不能要求与其债权债务关系无关的人作为或者不作为；债权依赖于债务人而存在，债权的行使要基于相对人的意思和行为。正因如此，债权被称为“相对权”“对人权”。

物权的权利人对物享有直接支配的权利，是物权的主要特征之一。各种物权均以直接支配物作为其基本内容。“直接”即权利人实现其权利不必借助他人，在法律规定的范围内，完全可以按照自己的意愿行使权利。“支配”有安排、利用的意思，包括占有、使用、收益和处分的权能总和。“直接支配”指的是对于物不需要他人的协助、配合，权利人就能对物自主利用。对于所有权来说，权利人可以按照自己的意愿行使占有、使用、收益和处分的权利。直接支配还有排除他人干涉的含义，其他人负有不妨碍、不干涉物权人行使权利的义务。物权的排他性，是指一物之上不能有相互冲突的物权，如所有权，一物之上只能有一个所有权，此物是我的就不是你的；即使一物之上可以设定若干个抵押权，但由于是按照抵押权设定的先后顺序优先受偿，其间也不存在冲突。本法物权编在本条规定的基础上对物权中的基本规则、所有权、用益物权、担保物权和占有等各项具体制度作了较为详细的规定。

（二）物权的类型

物权包括所有权、用益物权和担保物权。

1. 所有权

所有权，是指权利人依法对自己的不动产和动产享有全面支配的权利。所有权具有四项权能，即占有、使用、收益和处分。“占有”是对于财产的实际管领或控制，拥有一个物的一般前提就是占有，这是财产所有者直接行使所有权的表现。“使用”是权利主体对财产的运用，发挥财产的使用价值。拥有物的目的一般是为了使用。“收益”是通过财产的占有、使用等方式取得的经济效益。使用物并获益是拥有物的目的之一。“处分”是指财产所有人对其财产在事实上和法律上的最终处置。民法典物权编对国家所有权、集体所有权和私人所有权的内容作了较为详细的规定。

2. 用益物权

用益物权，是指权利人对他人所有的不动产或者动产，依法享有占有、使用和收益的权利。物权编在物权法的基础上规定了土地承包经营权、建设用地使用权、宅基地使用权、地役权、居住权这几种用益物权。用益物权是以对他人所有的不动产或者动产为使用、收益的目的而设立的，因而被称作“用益”物权。用益物权制度是物权法律制度中一项非常重要的制度，与所有权制度、担保物权制度一同构成了物权制度的完整体系。

(1)用益物权人的基本权利

用益物权人对他人所有的不动产或者动产，依照法律规定享有的权利包括以下几个方面：

一是占有的权利。用益物权作为以使用收益为目的的物权，以权利人对物的实际占有为前提。利用他人的物为使用收益，必然要对物予以实际支配。没有占有就不能实现对物的直接利用。

二是使用的权利。权利人可以根据物的自然属性、法定用途或者约定的方式，对物进行实际上的利用。比如在集体所有的宅基地上自建房屋以供居住。

三是收益的权利。权利人可以通过对物的利用而获取经济上的收入或者其他利益。比如，在集体所有的土地上从事种植业、林业、畜牧业等农业生产，出售出产物而获得收益；在国家所有的土地上建造商品房用以出售以取得收益等。

(2)用益物权的特征

用益物权作为物权体系的重要组成部分，具备物权的一般特征，同时还具有自身的特性，主要有以下几个方面：

第一，用益物权是由所有权派生的物权。所有权是权利人对自己的不动产或者动产,依法享有占有、使用、收益和处分的权利,包括在自己的财产上设立用益物权或担保物权的权利。用益物权则是在他人所有的财产上设立的权利,即对他人的财产享有占有、使用和收益的权利。因此,用益物权被称作"他物权",以相对于所有权的"自物权"。

第二,用益物权是受限制的物权。相对于所有权而言,用益物权是不全面的、受一定限制的物权。因此,用益物权属于"定限物权",以区别于所有权的"完全物权"。主要体现在三个方面:一是所有权是物权种类中最完全、最充分的权利。用益物权的权利人享有的是对财产占有、使用和收益的权利。虽然权利人依法可以将其享有的用益物权予以转让、抵押等,但不具有对财产的所有权进行处分的权利。二是所有权具有恒久性,只要所有物存在,所有权人对所有物便享有永久的权利。而用益物权则具有期限性。虽然设定的期限往往较长,但不是永久期限,期限届满时,用益物权人应将占有、使用的财产返还给所有权人,或者申请续期。三是用益物权人必须根据法律的规定以及合同的约定正确行使权利。用益物权人应当保护和合理利用所有权人的不动产和动产,按照法定或者约定的用途和使用方法利用所有权人的财产,不得损害所有权人的权益。

第三,用益物权是一项独立的物权。用益物权虽由所有权派生,以所有权为权源,但用益物权一经设立,便具有独立于所有权而存在的特性。主要体现在两个方面:一是用益物权使所有权对物的支配力受到约束,对物占有、使用和收益的权能由用益物权人行使,所有权人不得干涉。所有权人不得随意收回其不动产或者动产,不得妨碍用益物权人依法行使权利。同时,用益物权的义务人包括任何第三人,用益物权可以对抗所有第三人的侵害。二是在所有权人的不动产或者动产被征收、征用致使所有权消灭或者影响所有权行使的,应当依法给予所有权人补偿。与此同时,导致用益物权消灭或者影响用益物权行使的,用益物权人也有权依法获得相应的补偿。

第四,用益物权一般以不动产为客体。用益物权多以不动产尤其是土地为使用收益的对象。由于不动产特别是土地的稀缺性、不可替代性且价值较高,以及土地所有权依法不可转让性,如国家所有和集体所有的土地,单位和个人不能取得所有权,这就使在土地这一不动产上设立用益物权成为经济社会发展的必然要求。而动产的特性决定了通常可以采用购买、租赁、融资租赁等方式获得其所有权和使用权。对一些价值较高、使用年限较长的动产,当事人也可以采用设立用益物权的方式,以稳定动产的利用关系。

3. 担保物权

担保物权是为了确保债务履行而设立的物权,当债务人不履行债务时,债权人就担保财产依法享有优先受偿的权利。担保物权对保证债权实现、维护交易秩序、促进资金融通,具有重要作用。根据物权编的规定,我国的担保物权包括抵押权、质权和留置权。物权编第 4 分编对我国的担保物权制度作了详细规定。

(1) 抵押权

抵押权是为了确保债务履行而设立的一种担保物权,指债务人自己继续占有不动产或者动产,将该财产抵押给债权人,当债务人不履行债务时,债权人就抵押财产依法享有优先受偿的权利。比如以房产抵押设定的抵押权。

(2) 质权

质权包括动产质权和权利质权。动产质权,是指债务人将其动产交由债权人占有,当债务人不履行债务时,债权人就该动产依法享有优先受偿的权利,如将字画古董出质设定的质权。权利质权,是指债务人将其拥有的财产权利凭证交由债权人占有,或者通过登记制度将该权利出质给债权人,当债务人不履行债务时,债权人就该财产权利依法享有优先受偿的权利,如以仓单、存款单出质设立的质权。

(3) 留置权

留置权是当债务人不履行债务时,债权人依法留置已经合法占有的债务人的动产,并就该动产享有优先受偿的权利。比如,存货人不支付仓储费,仓储人依法有权留置仓储物,在法定期限内存货人仍不支付仓储费,仓储人有权变卖仓储物以获取仓储费。

第一百一十五条　物包括不动产和动产。法律规定权利作为物权客体的,依照其规定。

【释义】 本条是关于物权客体的规定。

法律上所指的物,主要是不动产和动产。"不动产"是不可移动的物,如土地以及房屋、林木等土地附着物。"动产"是不动产以外的可移动的物,如机动车、电视机等。不动产和动产是物权法上对物的分类,之所以进行这样的分类,主要是便于根据不动产和动产各自的特点分别予以规范。物权法律制度上的物,是指有体物或者有形物,有体物或者有形物是物理上的物,包括固体、液体、气体,也包括电等没有形状的物。所谓有体物或者有形物,主要是与精神产品相对而言的,著作、商标、专利等是精神产品,是无体物或者无形物,精神产品通常不是物权制度规范的对象。同时,并非所有的有体物或者有形物都是物权制度规范的对象,能够作为物权制度规范对象的还必须是人力所能控制、有利用价值的物。随着科学技术的发展,一些原来无法控制且无法利用的物也可以控制和利用了,也就纳入了物权制度的调整范围,物权制度规范的物的范围也在不断扩大。

精神产品不属于物权制度的调整范围,但是在有些情况下,财产权利可以作为担保物权的标的,比如可以转让的注册商标专用权、专利权、著作权等知识产权中的财产权,可以出质作为担保物权的标的,形成权利质权,由此权利也成了物权的客体。因此,本条规定,法律规定权利作为物权客体的,依照规定。

第一百一十六条　物权的种类和内容,由法律规定。

【释义】 本条是关于物权法定原则的规定。

物权法定是物权法律制度的基本原则之一。物权法定中的“法”,指法律,即全国人大及其常委会制定的法律,除法律明确规定可以由行政法规、地方性法规规定的外,一般不包括行政法规和地方性法规。需要说明的是,物权法定中的法律,既包括物权法,还包括其他法律,如土地管理法、城市房地产管理法、矿产资源法、草原法、森林法、海域使用管理法、渔业法、海商法、民用航空法等,这些法律中都有对物权的规定。

物权法定,有两层含义:一是物权由法律规定,当事人不能自由创设物权;二是违背物权法定原则,所设“物权”没有法律效力。本条规定:“物权的种类和内容,由法律规定。”其一是设立哪些物权的种类,只能由法律规定,当事人之间不能创立。物权的大的种类分为所有权、用益物权和担保物权;用益物权还可分为土地承包经营权、建设用地使用权、宅基地使用权和地役权;担保物权还可分为抵押权、质权和留置权。其二是物权的权利内容,一般也只能由法律规定。物权的内容指物权的权利义务,如土地承包经营权的承包期多长,承包经营权何时设立,承包经营权的流转权限,承包地的调整、收回、被征收中的权利义务,等等。物权法的许多规定都是强制性规范,当事人应当严格遵守,不能由当事人约定排除,除非法律规定了“有约定的按照约定”“当事人另有约定的除外”这些例外情形。

物权是一项重要的民事权利,是一种直接支配权,被称为“绝对权”“对世权”,指的是权利人不需要他人的协助、配合,就能对物自主利用。因此,物权关系的义务人不同于债权关系的义务人,债权的实现在多数情况下需要债务人的积极配合,而物权关系的义务人最基本的义务是不妨碍、不干涉物权人行使权利。只要义务人不妨碍、不干涉,物权人就能实现其权利,达到对物的利用并享受收益的目的。物权不同于债权,债权的权利义务发生在当事人之间,遵循自愿原则,具体内容由当事人约定,比如合同是当事人之间的协议,对合同内容如何约定原则上由当事人决定。物权的权利人行使权利,对所有其他人都有约束力,物权人以外的任何人都是义务人,都有尊重物权不干涉权利人行使物权的义务。物权调整的权利人和义务人之间的关系与合同当事人之间的权利义务关系不同,其间的权利义务不能由权利人单方面决定,也难以由某个权利人和若干个义务人决定,权利人和义务人之间的权利义务必须由法律决定,对权利人和义务人之间的规范也只能由法律规定。

物权法定是一项原则,这项原则是否有松动余地,即能否有灵活性,是学术界多年来一直争论的问题,坚守原则性和赞成有灵活性的都有道理。从实务层面看,这个问题的矛盾并不突出。物权制度虽然不断完善、发展,但绝大多数是在法定框架内的完善、发展。在当年物权法起草过程中,曾有意见认为,物权法定作为一条原则是对的,但如果法律没有规定的就不具有物权效力,限制太严,随着实践的发展还会产生新的物权,应该开个口子,以适应实践发展的需要。根据这一意见,物权法草案曾规定,物权的种类和内容,由法律规定;法律未作规定的,符合物权性质的权利,视为物权。之后,在物权法审议过程中,有的意见提出,依照这条规定,哪些权利可以视为物权,谁来认定"符合物权性质"都不够清楚,建议删去例外规定。法律委员会认为:这一规定的本意是随着实践的发展为物权的种类留下一定空间,实际上哪些权利"符合物权的性质"还需要通过立法解释予以明确。考虑到依照立法法的规定,法律解释与法律具有同等效力,而且从一些国家和地区的实际情况看,新出现的物权种类并不多见。因此,物权法删去了这一规定。在民法典物权编编纂过程中,仍有人提出同样的意见,最终考虑到对这一问题争议较大,且物权法立法时对该问题已有明确的说法,目前还没有足够的理由推翻这一说法。

第一百一十七条　为了公共利益的需要,依照法律规定的权限和程序征收、征用不动产或者动产的,应当给予公平、合理的补偿。

【释义】 本条是关于征收、征用的规定。

征收是国家以行政权取得集体、单位和个人的财产所有权的行为。征收的主体是国家，通常是政府以行政决定的方式从集体、单位和个人手中取得土地、房屋等财产。在物权法上，征收是物权变动的一种特殊情形，涉及所有权人的所有权丧失。征用是国家为了抢险、救灾等公共利益需要，在紧急情况下强制性地使用单位、个人的不动产或者动产。征用的目的只在获得使用权，征用不导致所有权移转，被征用的不动产或者动产使用后，应当返还被征用人。征收、征用是政府行使行政权，属于行政关系，不属于民事关系，但由于征收、征用是对所有权或者使用权的限制，同时又是国家取得所有权或者使用权的一种方式，因此民法通常都从这一民事角度对此作原则规定。

需要说明的是，征收和征用是两个不同的法律概念。征收，是指为了公共利益需要，国家将他人所有的财产强制地征归国有；征用，是指为了公共利益需要而强制性地使用他人的财产。征收和征用的共同之处在于，都是为了公共利益需要，都要经过法定程序，并都要给予补偿。不同之处在于，征收主要是所有权的改变，征用只是使用权的改变。征收是国家从被征收人手中直接取得所有权，其结果是所有权发生了移转；征用则主要是在紧急情况下对他人财产的强制使用，一旦紧急情况结束，被征用的财产应返还原权利人。

（一）征收和征用应当遵循的原则

征收和征用，应当遵循以下三个原则：

1. 公共利益需要的原则

实施征收、征用，必须是出于公共利益的需要，这是征收、征用的前提条件。公共利益，通常是指全体社会成员的共同利益和社会的整体利益，是不特定多数人的利益。在实践中判断是否属于社会公共利益，一是要同商业利益相区别。商业利益是个人和企业获取利润的利益，商业利益直接服务于个人或者企业，不能为了商业利益的需要而强行征收、征用他人的不动产和动产。二是要同部门、单位和小集体的利益相区别。部门、单位和小集体的利益，其受益人是特定的少数人，与公共利益有着本质的区别。为了谋求商业利益或者单位的利益而需要他人转让其不动产或动产的，应当通过平等协商、公平买卖的办法解决，而不是借助国家强制力来实现。

基于公共利益的需要，是征收、征用应当遵循的一项原则，但公共利益的界定在不同领域、不同情形下的表现是不同的，情况复杂难以统一，对公共利益作出具体界定，宜分别由单行法律作出具体规定。为了规范国有土地上房屋征收与补偿活动，维护公共利益，保障被征收房屋所有权人的合法权益，《国有土地上房屋征收与补偿条例》第 8 条规定，为了保障国家安全、促进国民经济和社会发展等公共利益的需要，有下列情形之一，确需征收房屋的，由市、县级人民政府作出房屋征收决定：(1)国防和外交的需要；(2)由政府组织实施的能源、交通、水利等基础设施建设的需要；(3)由政府组织实施的科技、教育、文化、卫生、体育、环境和资源保护、防灾减灾、文物保护、社会福利、市政公用等公共事业的需要；(4)由政府组织实施的保障性安居工程建设的需要；(5)由政府依照城乡规划法有关规定组织实施的对危房集中、基础设施落后等地段进行旧城区改建的需要；(6)法律、行政法规规定的其他公共利益的需要。这一规定即为对公共利益的具体界定，主要适用于在城市国有土地上对单位、个人房屋的征收。

2. 依照法定程序的原则

征收、征用在一定程度上限制了他人的财产权。为了防止其滥用，平衡他人财产保护和公共利益需要的关系，依法保护权利人的财产权利，征收、征用必须严格依照法律规定的程序进行。相较而言，征收是所有权的改变，并且事先有较充分的准备，因此程序上要求比较严格；征用一般都是在紧急情况下采取的措施，通常是临时性的，程序上相对比较简便。

依照《国有土地上房屋征收与补偿条例》的规定，国有土地上房屋的征收与补偿应当遵循决策民主、程序正当、结果公开的原则。按照以下程序进行:房屋征收部门拟定征收补偿方案,报市、县级人民政府。市、县级人民政府应当组织有关部门对征收补偿方案进行论证并予以公布,征求公众意见。征求意见期限不得少于30日。市、县级人民政府应当将征求意见情况和根据公众意见修改的情况及时公布。因旧城区改建需要征收房屋,多数被征收人认为征收补偿方案不符合该条例规定的,市、县级人民政府应当组织由被征收人和公众代表参加的听证会,并根据听证会情况修改方案。市、县级人民政府作出房屋征收决定后应当及时公告。公告应当载明征收补偿方案和行政复议、行政诉讼权利等事项。被征收人对市、县级人民政府作出的房屋征收决定不服的,可以依法申请行政复议,也可以依法提起行政诉讼。房屋征收部门与被征收人依照该条例的规定,就补偿方式、补偿金额和支付期限、用于产权调换房屋的地点和面积、搬迁费、临时安置费或者周转用房、停产停业损失、搬迁期限、过渡方式和过渡期限等事项,订立补偿协议。补偿协议订立后,一方当事人不履行补偿协议约定的义务的,另一方当事人可以依法提起诉讼。

3. 依法给予补偿的原则

尽管征收和征用是为了公共利益需要,但都不能采取无偿剥夺的方式,必须依法给予补偿。补偿的方式应视财产的类别而区别对待。征收的对象一般都是不动产,并且是所有权的改变,一般都要给予金钱补偿、相应的财产补偿或者其他形式的补偿。在征用过程中,如果是非消耗品,使用结束后,原物还存在的,应当返还原物,对于物的价值减少的部分要给予补偿;如果是消耗品,通常要给予金钱补偿。补偿的原则,宪法规定的是要依照法律规定给予补偿。本法原则规定要给予公平、合理的补偿。至于按什么标准补偿,需要在有关法律中根据不同情况作出具体规定。此外,补偿应当及时,补偿延误将给被征收、征用人造成损失。补偿是在事前给予,还是在征收、征用过程中给予,或是在事后给予,需要根据具体情况确定。即便在紧急情况下的征用,在事后给予补偿,也并不意味着可以任意拖延,而应在使用后尽快给予补偿。

（二）征收和征用的补偿

国家对他人的财产可以实行征收、征用，是为了公共利益的需要；而给予补偿，又是对他人财产的一种保护，有利于平衡和协调他人财产保护和公共利益需要之间的关系。

1. 关于征收集体土地的补偿

本法对补偿原则即给予公平合理的补偿作了明确规定。在征收集体土地时，对所有权人即农民集体和用益物权人即承包经营权人给予补偿，应当依照土地管理法等有关法律的规定，确定具体的补偿标准和补偿办法，并应当把握以下几点：

一是征地补偿和安置补助的原则是保证被征地农民的生活水平不因征收土地而降低。征收土地后通过补偿和采取各项安置措施，要使被征地农民的生活水平达到征地前的生活水平。如果达不到，应当采取相应的措施，包括提高补偿标准。

二是按照被征收土地的原用途给予补偿。原来是耕地的按耕地的标准补偿，原来是林地的按林地补偿，原来是草地的按草地补偿。

三是征收耕地的补偿费用包括土地补偿费、安置补助费、地上附着物补偿费和青苗补偿费。土地补偿费是给予土地所有人和用益物权人（承包人）的投入及造成损失的补偿，应当归土地所有人和用益物权人所有。安置补助费用于被征地农户的生活安置，如果是农民自谋职业或自行安置的，应当为农民个人所有。地上附着物和青苗补偿费归地上附着物、青苗的所有人（多为承包人）所有。

四是依据前述标准支付的土地补偿费和安置补助费不能保证被征地农民的原有生活水平的，经省级人民政府批准，可以提高补偿标准。根据社会、经济发展水平，在特殊情况下，国务院可以提高征收耕地的土地补偿费和安置补助费标准。

五是征收其他土地的土地补偿费和安置补助费，是指征收耕地以外其他土地，如林地、草地、建设用地等应当给予的补偿。其具体标准由各省、自治区、直辖市参照征收耕地的土地补偿费和安置补助费的标准规定。

2. 关于国有土地上房屋征收的补偿

因城市建设、旧城改造等而征收房屋,应当依照《国有土地上房屋征收与补偿条例》的规定给予补偿。该条例规定,为了公共利益的需要,征收国有土地上单位、个人的房屋,应当对被征收房屋所有权人给予公平补偿。作出房屋征收决定的市、县级人民政府对被征收人给予的补偿包括:(1)被征收房屋价值的补偿;(2)因征收房屋造成的搬迁、临时安置的补偿;(3)因征收房屋造成的停产停业损失的补偿。对被征收房屋价值的补偿,不得低于房屋征收决定公告之日被征收房屋类似房地产的市场价格。被征收房屋的价值,由具有相应资质的房地产价格评估机构按照房屋征收评估办法评估确定。被征收人可以选择货币补偿,也可以选择房屋产权调换。被征收人选择房屋产权调换的,市、县级人民政府应当提供用于产权调换的房屋,并与被征收人计算、结清被征收房屋价值与用于产权调换房屋价值的差价。因征收房屋造成搬迁的,房屋征收部门应当向被征收人支付搬迁费;选择房屋产权调换的,产权调换房屋交付前,房屋征收部门应当向被征收人支付临时安置费或者提供周转用房。房屋征收部门与被征收人在征收补偿方案确定的签约期限内达不成补偿协议,或者被征收房屋所有权人不明确的,由房屋征收部门报请作出房屋征收决定的市、县级人民政府依照该条例的规定,按照征收补偿方案作出补偿决定,并在房屋征收范围内予以公告。实施房屋征收应当先补偿、后搬迁。

2016年11月4日,《中共中央、国务院关于完善产权保护制度依法保护产权的意见》指出,完善土地、房屋等财产征收征用法律制度,合理界定征收征用适用的公共利益范围,不将公共利益扩大化,细化规范征收征用法定权限和程序。遵循及时合理补偿原则,完善国家补偿制度,进一步明确补偿的范围、形式和标准,给予被征收征用者公平合理补偿。本条的规定,贯彻了上述中央精神,体现了维护公共利益和对财产所有权人的保护。

第一百一十八条　民事主体依法享有债权。

债权是因合同、侵权行为、无因管理、不当得利以及法律的其他规定，权利人请求特定义务人为或者不为一定行为的权利。

【释义】 本条是关于民事主体依法享有债权的规定。

债是因合同、侵权行为、无因管理、不当得利以及法律的其他规定，特定当事人之间发生的权利义务关系。首先，债是一种民事法律关系，是民事主体之间以权利义务为内容的法律关系。其次，债是特定当事人之间的法律关系。债的主体各方均为特定当事人。再次，债是特定当事人之间得请求为或者不为一定行为的法律关系。享有权利的人是债权人，负有义务的人是债务人。债是以请求权为特征的法律关系，债权人行使债权，只能通过请求债务人为或者不为一定行为得以实现。最后，债是因合同、侵权行为、无因管理、不当得利以及法律的其他规定而发生的法律关系。本章规定的是民事权利，因此从权利角度对债作了规定。债权是因合同、侵权行为、无因管理、不当得利以及法律的其他规定，权利人请求特定义务人为或者不为一定行为的权利。债权是现代社会生活中民事主体的一项重要财产权利。根据本条规定，债的发生原因包括以下几种情况：

一是合同。合同是民事主体之间设立、变更、终止民事法律关系的协议。合同依法成立后，即在当事人之间产生债权债务关系。基于合同所产生的债为合同之债。债权人有权按照合同约定，请求合同义务人履行合同义务。合同之债是民事主体为自己利益依自己意思自行设定的，合同之债属于意定之债。民法典合同编对合同之债的规则作了详细的规定。

二是侵权行为。侵权行为，是指侵害他人民事权益的行为。本法第 3 条规定，民事主体的人身权利、财产权利以及其他合法权益受法律保护，任何组织或者个人不得侵犯。在民事活动中，民事主体的合法权益受法律保护，任何人都负有不得侵害的义务。行为人侵害他人人身权利、财产权利以及其他合法权益的，应依法承担民事责任。民事权益受到侵害的，被侵权人有权请求侵权人承担侵权责任。因侵权行为，侵权人与被侵权人之间形成债权债务关系。侵权行为之债不是侵权人所愿意发生的法律后果，法律确认侵权行为之债的目的在于通过债权和民事责任使侵权行为人承担其不法行为所造成的不利后果，给被侵权人救济，从而保护民事主体的合法民事权益。民法典侵权责任编对侵权行为之债作了较为详细的规定。

三是无因管理。无因管理，是指没有法定的或者约定的义务，为避免他人利益受损失而进行管理的行为。无因管理行为虽为干预他人事务，但却是以避免他人利益受损失为目的，有利于社会的互助行为。法律为鼓励这一行为赋予管理人请求受益人偿还因管理行为支出的必要费用的权利。因无因管理产生的债称为无因管理之债。无因管理之债并不是基于当事人的意愿设定的，而是根据法律的规定，为法定之债。

四是不当得利。不当得利，是指没有法律根据，取得不当利益，造成他人损失的情形。在社会生活中，任何民事主体不得没有法律根据，取得利益而致他人损害，因此，法律规定受损失的人有权请求取得不当得利的人返还不当利益。不当得利为债的发生原因，基于不当得利而产生的债称为不当得利之债。不当得利之债既不同于合同之债，也不同于无因管理之债。不当得利不是当事人双方间的合意，并非是当事人寻求的法律目的，也不以当事人的意志为转移，而是法律为纠正不当得利，直接赋予当事人的权利义务，也是法定之债。民法典合同编第3分编对无因管理之债和不当得利之债的规则作了详细的规定。

五是法律的其他规定。合同、侵权行为、无因管理、不当得利是债的发生的主要原因，除此之外，法律的其他规定也会引起债的发生，使民事主体依法享有债权。

在编纂过程中，有的意见提出，应该将单方允诺规定为债权的发生原因之一。单方允诺，是指行为人向相对人作出的为自己设定某种义务,使相对人取得某种权利的意思表示。单方允诺一般向社会上不特定的人发出,如悬赏广告。民法总则草案一审稿曾将单方允诺规定为债权的发生原因之一。在征求意见过程中,有的意见提出,对单方允诺的性质,理论上有要约说和单方行为说。要约说认为单方允诺是行为人以不特定多数人为对象发出完成某种义务而取得某种权利的要约,只要某个人完成了指定义务,即构成承诺,双方成立合同。完成指定义务的人享有请求单方允诺行为人履行承诺义务的请求权,行为人应按照允诺履行义务。单方行为说认为单方允诺是单方法律行为,行为人作出单方允诺,法律行为即生效,对完成特定行为的人负有履行允诺义务的义务。其他国家和地区对单方允诺的性质也有不同规定。如德国、意大利采用单方行为说,日本和瑞士采用要约说,我国台湾地区"民法"1999 年"债编"修正时将单方允诺性质从单方行为说改为要约说。我国最高人民法院合同法相关司法解释、《民事案件案由规定》以及最高人民法院公报案例对悬赏广告已采合同说,建议删除单方允诺。由于尚有争议,本条最终删除了单方允诺的规定。

本法合同编对合同之债作了详细规定,同时专设准合同分编对无因管理、不当得利之债作了具体规定;侵权责任编对侵权行为之债也作了较为详细的规定。还需说明的是,考虑到本法合同编通则分编已基本涵盖了关于债的一般规则,本法未再单独设立债权编,所以合同编通则的规定不仅适用于合同之债,多数规定还可以适用于无因管理、不当得利和侵权行为之债。基于此,本法合同编第 468 条特别规定,非因合同产生的债权债务关系,适用有关该债权债务关系的法律规定;没有规定的,适用合同编通则的有关规定,但是根据其性质不能适用的除外。

第一百一十九条　依法成立的合同,对当事人具有法律约束力。

【释义】 本条是关于依法成立的合同对当事人具有法律约束力的规定。

合同是产生债权债务关系的一种重要原因。合同之债是当事人在平等基础上自愿设定的,是民事主体主动参与民事活动,积极开展各种经济交往的法律表现。合同是最常见的债的发生原因,合同之债在社会经济生活中占有重要的地位。

根据自愿原则,是否订立合同、与谁订立合同、合同的内容如何等,由当事人自愿约定。但是,合同依法成立以后,对当事人就具有了法律约束力。所谓法律约束力,是指当事人应当按照合同的约定履行自己的义务,非依法律规定或者取得对方同意,不得擅自变更或者解除合同。如果不履行合同义务或者履行合同义务不符合约定,应当承担违约责任。只有依法成立的合同才能产生合同之债。合同编第465条规定,依法成立的合同,受法律保护。如果一方当事人未取得对方当事人同意,擅自变更或者解除合同,不履行合同义务或者履行合同义务不符合约定,使对方当事人的权益受到损害,受损害方向人民法院起诉要求维护自己的权益时,法院就要依法维护,擅自变更或者解除合同的一方当事人应当承担违约责任。

第一百二十条　民事权益受到侵害的,被侵权人有权请求侵权人承担侵权责任。

【释义】 本条是关于民事权益受到侵害的被侵权人的请求权的规定。

侵权责任法律制度的基本作用,一是保护被侵权人,二是减少侵权行为。保护被侵权人是建立和完善侵权责任法律制度的主要目的。本章规定了民事主体的各种人身权利、财产权利以及其他合法权益。法律规定的民事主体的民事权益受到侵害怎么办,就要通过侵权责任法律制度保护被侵权人。本法侵权责任编对侵权责任的具体规则作了详细规定。被侵权人在其民事权益被侵权人侵害构成侵权时,有权请求侵权人承担侵权责任。这种权利是一种请求权,所谓请求权,是指请求他人为一定行为或者不为一定行为的权利。请求权人自己不能直接取得作为该权利内容的利益,必须通过他人的特定行为间接取得。在侵权人的行为构成侵权,侵害了被侵权人的民事权益时,被侵权人有权请求侵权人承担侵权责任。被侵权人可以直接向侵权人行使请求权,也可以向法院提起诉讼,请求法院保护自己的合法权益。

(一)关于请求权的主体

侵权法律关系中,在民事主体的合法权益受到侵害时,被侵权人有权请求侵权人承担侵权责任,如果进行诉讼,则为原告。这里的被侵权人指的是侵权行为损害后果的直接承受者,是因侵权行为而使民事权益受到侵害的人。被侵权人可以是所有具有民事权利能力的民事主体,只要具有实体法上的民事权利能力,又因侵权行为而使其民事权益受到侵害的人,就具有被侵权人的资格,包括自然人、法人和非法人组织。被侵权人的资格不在于其是否具有民事行为能力,但是有无民事行为能力关系到其是否可以自己行使请求侵权人承担侵权责任的权利。有完全民事行为能力的被侵权人,可以自己行使请求权,请求侵权人承担侵权责任;无民事行为能力或者限制民事行为能力的被侵权人,自己不能行使请求权,应当由其法定代理人代其行使请求权。在被侵权人死亡时,其近亲属有权请求侵权人承担侵权责任。侵权责任编第1181条规定,被侵权人死亡的,其近亲属有权请求侵权人承担侵权责任。被侵权人为组织,该组织分立、合并的,承继权利的组织有权请求侵权人承担侵权责任。

被侵权人可能是单个主体也可能是多个主体。在一个侵权行为有多个被侵权人的情况下,所有的被侵权人都享有请求侵权人承担侵权责任的权利,都可以提起侵权之诉,被侵权人的权利相互独立,一些被侵权人不提出请求不影响其他被侵权人提出请求权,被侵权人也可以提起共同诉讼。

我国一些现有司法解释对请求权的主体也有规定。《最高人民法院关于确定民事侵权精神损害赔偿责任若干问题的解释》第7条规定:“自然人因侵权行为致死,或者自然人死亡后其人格或者遗体遭受侵害,死者的配偶、父母和子女向人民法院起诉请求赔偿精神损害的,列其配偶、父母和子女为原告;没有配偶、父母和子女的,可以由其他近亲属提起诉讼,列其他近亲属为原告。”《最高人民法院关于审理人身损害赔偿案件适用法律若干问题的解释》第1条第2款规定:“本条所称‘赔偿权利人’,是指因侵权行为或者其他致害原因直接遭受人身损害的受害人、依法由受害人承担扶养义务的被扶养人以及死亡受害人的近亲属。”

(二)关于侵权人

在侵权法律关系中,侵权人是承担侵权责任的主体,在诉讼中为被告。《最高人民法院关于审理人身损害赔偿案件适用法律若干问题的解释》第1条第3款规定:“本条所称‘赔偿义务人’,是指因自己或者他人的侵权行为以及其他致害原因依法应当承担民事责任的自然人、法人或者其他组织。”侵权人一般是直接加害人,直接加害人是直接实施侵权行为,造成被侵权人损害的人。直接加害人分为单独的加害人和共同的加害人,共同加害人的侵权责任根据本法共同侵权的相关规定承担。在替代责任形式的特殊侵权责任中,直接造成损害的行为人不直接承担侵权责任,承担侵权责任的主体是替代责任的责任人。如侵权责任编规定,用人单位的工作人员因执行工作任务造成他人损害的,由用人单位承担侵权责任。

(三)关于侵权责任

侵权人承担侵权责任有多种方式。根据本法第179条的规定,承担民事责任的方式主要有:停止侵害;排除妨碍;消除危险;返还财产;恢复原状;修理、重作、更换;继续履行;赔偿损失;支付违约金;消除影响、恢复名誉;赔礼道歉。法律规定惩罚性赔偿的,依照其规定。承担民事责任的方式,可以单独适用,也可以合并适用。

第一百二十一条　没有法定的或者约定的义务，为避免他人利益受损失而进行管理的人，有权请求受益人偿还由此支出的必要费用。

【释义】　本条是关于无因管理的规定。

无因管理，是指没有法定的或者约定的义务，为避免他人利益受损失而进行管理的行为。管理他人事务的人为管理人，因管理人管理其事务而受益的人为受益人。无因管理制度作为债的发生原因之一，在管理人和受益人之间产生了债权债务关系。无因管理行为虽为干预他人事务，但却是以为避免他人利益受损失为目的，有利于社会的互助行为。法律为鼓励这一行为，赋予管理人请求受益人偿还因管理行为而支出的必要费用的权利。因无因管理产生的债称为无因管理之债。不少国家和地区对无因管理也有相关规定。例如《德国民法典》在第2编债务关系法第8章债务关系中专列一节规定了无因管理。第677条规定了管理人的义务，规定为他人处理事务而未受他人委托，或对他人无权以其他方式为之处理事务的人，必须在照顾本人真实或可推知的意思的情况下，以本人的利益所要求的方式管理该事务。第683条规定了费用的偿还，规定事务管理的承担符合本人的利益和本人真实或可推知的意思的，管理人可以像受托人一样，请求偿还其费用。《日本民法典》专列一章规定无因管理。第697条规定，没有义务而为他人开始管理事务的人，须按其事务的性质，以最适于本人利益的方法管理其事务。管理人已知本人的意思或可以推测到其意思时，须按其意思进行事务管理。第702条规定，管理人已支出的对本人有益的费用，可以向本人请求偿还。管理人已负担对本人有益的债务时，准用第650条第2项的规定。管理人违反本人意思进行管理时，只于本人所得现实利益的限度内，适用前两项的规定。我国台湾地区"民法"第2编债的第1章通则之第1节债的发生中专款规定了无因管理。第172条规定了无因管理之要件，规定未受委任，并无义务，而为他人管理事务者,其管理应依本人明示或可得推知之意思,以有利于本人之方法为之。我国1986年民法通则就对无因管理制度作了规定,本条延续了民法通则的规定,对无因管理作了原则性规定。本法合同编在此基础上,还设专章对无因管理制度的具体规则作了规定。根据本法的规定,构成无因管理,有以下几个要件:

一是管理他人事务。管理他人事务,即为他人进行管理,这是成立无因管理的首要条件。如将自己的事务误认为他人事务进行管理,即使目的是为他人避免损失,也不能构成无因管理。

二是为避免他人利益受损失。一般来说,在既无法定义务又无约定义务的情况下,管理他人的事务,属于干预他人事务的范畴。而法律规定的无因管理,是为避免他人利益受损失而进行管理的行为。符合助人为乐、危难相助的道德准则的行为,应该得到鼓励和受到保护。

三是没有法定的或者约定的义务。无因,指没有法定的或者约定的义务。没有法定的或者约定的义务是无因管理成立的重要条件。如果行为人负有法定的或者约定的义务进行管理,则不能构成无因管理。

根据本条规定,符合以上三个要件,构成无因管理的,无因管理发生后,管理人依法享有请求受益人偿还因管理行为支出的必要费用的权利,受益人有偿还该项费用的义务。需要注意的是,符合以上三个要件的无因管理只是原则上享有费用返还请求权,但管理人管理事务的行为不符合受益人的真实意愿的,根据本法合同编关于"无因管理"第979条的规定,管理人不享有前款规定的权利,但是,受益人的真实意思违反法律或者违背公序良俗的除外。

需要说明的是,民法通则第93条对无因管理的规定为,没有法定的或者约定的义务,为避免他人利益受损失进行管理或者服务的,有权要求受益人偿付由此而支付的必要费用。在编纂过程中,有的意见提出,"管理"能够包括"服务","服务"也可包括"管理",不易区分。因此,本条将民法通则规定的"管理或者服务的"

修改为“管理的”。

第一百二十二条　因他人没有法律根据，取得不当利益，受损失的人有权请求其返还不当利益。

【释义】　本条是关于不当得利的规定。

不当得利，是指没有法律根据，取得不当利益，造成他人损失的情形。不当得利制度对民事主体之间的财产流转关系有调节作用，目的在于恢复民事主体之间在特定情形下所发生的非正常的利益变动。因不当得利产生的债称为不当得利之债。本条规定，因他人没有法律根据，取得不当利益，受损失的人有权请求其返还不当利益。不当得利在民法中产生的情况主要有以下几种：一是民事法律行为不成立、无效及被撤销所产生的不当得利；二是履行不存在的债务所引起的不当得利；三是因合同解除产生的不当得利；四是基于受益人、受害人或第三人行为而产生的不当得利；五是基于事件而产生的不当得利。作为一种较为普遍的债的产生原因，不少国家和地区的民法典对不当得利都有相关规定。《德国民法典》第 812 条规定，无法律上的原因，因他人的给付或以其他方式使他人蒙受损失而自己取得利益的人，有义务向他人返还所取得的利益。即使法律上的原因后来消失，或依法律行为的内容而为的给付所欲达到的结果并未出现，该项义务也存在。《瑞士债务法》第 62 条规定，任何人以不正当的行为从他人的财产上获取收益的，应当将该利益返还。取得利益没有任何有效依据或者依据未生效或者依据已经不复存在的，应当返还。《荷兰民法典》第 203 条规定，无法律依据给予他人财产的人，有权向不当受领人请求返还该财产。无因偿付涉及一定数额金钱的，可以请求返还同等数额的金钱。无法律依据实施上述无因偿付以外的给付的，也有权请求受领人返还该给付。《日本民法典》第 703 条规定，无法律上原因，由他人的财产或劳务而得到利益，为此致使他人遭受损失的人，在其利益存在的限度内负有返还义务。我国台湾地区“民法”第 179 条规定,无法律上之原因而受利益,致他人受损害者,应返还其利益。虽有法律上之原因,而其后已不存在者,亦同。

我国也在 1986 年于民法通则中就对不当得利制度作了原则性规定,本法延续了民法通则的规定,于总则编作了概括性规定,于合同编单独专章对该制度的具体规则作了规定。根据本法的规定,构成不当得利,有以下几个要件:

一是民事主体一方取得利益。取得利益,是指财产利益的增加。既包括积极的增加,即财产总额的增加;也包括消极的增加,即财产总额应减少而未减少,如本应支付的费用没有支付等。

二是民事主体他方受到损失。受到损失,是指财产利益的减少。既包括积极损失,即财产总额的减少;也包括消极损失,即应当增加的利益没有增加。

三是一方取得利益与他方受到损失之间有因果关系。一方取得利益与他方受到损失之间有因果关系,是指他方的损失是因一方获得利益造成的。

四是没有法律根据。没有法律根据是构成不当得利的重要要件。如果一方取得利益和他方受到损失之间有法律根据,民事主体之间的关系就受到法律的认可和保护,不构成不当得利。

需要说明的是,民法通则第 92 条规定,没有合法根据,取得不当利益,造成他人损失的,应当将取得的不当利益返还受损失的人。民法总则一审稿曾延续民法通则第 92 条的规定。在编纂过程中,有的意见提出,合法根据强调是否违法性,而不当得利的适用前提是指没有“法律的规定和当事人的约定”,建议将“合法根据”改为“法律根据”。有的意见提出,本章规定的是民事权利,本条从取得不当利益的人应当有返还损失的义务的角度写有所不妥,应当从受损失的人有权请求返还损失的权利的角度写。因此,民法总则本条最终修改为:“因他人没有法律根据,取得不当利益,受损失的人有权请求其返还不当利益。”民法典维持了民法总则这一规定。

第一百二十三条　民事主体依法享有知识产权。

知识产权是权利人依法就下列客体享有的专有的权利：

（一）作品；

（二）发明、实用新型、外观设计；

（三）商标；

（四）地理标志；

（五）商业秘密；

（六）集成电路布图设计；

（七）植物新品种；

（八）法律规定的其他客体。

【释义】　本条是关于民事主体依法享有知识产权的规定。

知识产权是国际上广泛使用的一个法律概念，是民事主体对其具有创造性的客体依法享有的专有权利。设立知识产权的目的在于调动人们从事智力创作和科学技术研究的积极性，从而创造出更多、更好的精神财富。民法通则将知识产权作为民事主体的基本民事权利之一予以规定，适应了我国改革开放和知识产权国际保护的需要。1982 年通过商标法，1984 年通过专利法，1990 年通过著作权法，国务院也颁布实施了著作权法实施条例、专利法实施细则、商标法实施条例等。知识产权有以下特征：一是知识产权是一种无形财产权。二是知识产权具有财产权和人身权的双重属性，如作者享有发表权、署名权、修改权等人身权。三是知识产权具有专有性。本条规定，知识产权是权利人依法就下列客体享有的专有的权利。法律规定知识产权为权利人专有，除权利人同意或法律规定外，权利人以外第三人不得享有或者使用该项权利，否则为侵害他人的知识产权。四是知识产权具有地域性，法律确认和保护的知识产权，除该国与他国条约或参加国际公约外，只在一国领域内发生法律效力。五是知识产权具有时间性，各国法律对知识产权的保护都有严格的时间限制。丧失效力的知识产权客体进入公有领域，成为全人类共有的财富。根据本

条规定,知识产权是权利人依法就下列客体所享有的专有权利:

(一)作品

对作品的知识产权保护主要规定在著作权相关法律法规中。著作权法第3条规定,本法所称的作品,包括以下列形式创作的文学、艺术和自然科学、社会科学、工程技术等作品:(1)文字作品;(2)口述作品;(3)音乐、戏剧、曲艺、舞蹈、杂技艺术作品;(4)美术、建筑作品;(5)摄影作品;(6)电影作品和以类似摄制电影的方法创作的作品;(7)工程设计图、产品设计图、地图、示意图等图形作品和模型作品;(8)计算机软件;(9)法律、行政法规规定的其他作品。

权利人依法就作品享有的专有权利是著作权。根据著作权法的规定,著作权,是指著作权人对其作品享有的人身权和财产权,包括发表权、署名权、修改权、保护作品完整权、复制权、发行权、出租权、展览权、表演权、放映权、广播权、信息网络传播权、摄制权、改编权、翻译权、汇编权和应当由著作权人享有的其他权利。

(二)发明、实用新型、外观设计

对发明、实用新型、外观设计的知识产权保护主要规定在专利权相关法律法规中。专利法第2条规定,本法所称的发明创造是指发明、实用新型和外观设计。发明,是指对产品、方法或者其改进所提出的新的技术方案。实用新型,是指对产品的形状、构造或者其结合所提出的实用的新的技术方案。外观设计,是指对产品的形状、图案或者其结合以及色彩与形状、图案的结合所作出的富有美感并适于工业应用的新设计。

权利人依法就发明、实用新型、外观设计享有的专有权利是专利权。专利权,是指专利权人依法就发明、实用新型、外观设计所享有的专有权利,任何组织或者个人未经专利权人许可,不得实施其专利。根据专利法第60条的规定,未经专利权人许可,实施其专利,即侵犯其专利权,引起纠纷的,由当事人协商解决;不愿协商或者协商不成的,专利权人或者利害关系人可以向人民法院起诉,也可以请求管理专利工作的部门处理。

(三)商标

对商标的知识产权保护主要规定在商标权相关法律法规中。商标法第 3 条第 1~3 款规定,经商标局核准注册的商标为注册商标,包括商品商标、服务商标和集体商标、证明商标。该法所称集体商标,是指以团体、协会或者其他组织名义注册,供该组织成员在商事活动中使用,以表明使用者在该组织中的成员资格的标志。该法所称证明商标,是指由对某种商品或者服务具有监督能力的组织所控制,而由该组织以外的单位或者个人使用于其商品或者服务,用以证明该商品或者服务的原产地、原料、制造方法、质量或者其他特定品质的标志。

权利人依法就商标享有的专有权利是商标专用权。商标专用权是商标专用权人在核准商品上使用注册商标的专有权利。商标法第 3 条第 1 款规定,商标注册人享有商标专用权,受法律保护。商标法第 57 条规定,有下列行为之一的,均属侵犯注册商标专用权:(1)未经商标注册人的许可,在同一种商品上使用与其注册商标相同的商标的;(2)未经商标注册人的许可,在同一种商品上使用与其注册商标近似的商标,或者在类似商品上使用与其注册商标相同或者近似的商标,容易导致混淆的;(3)销售侵犯注册商标专用权的商品的;(4)伪造、擅自制造他人注册商标标识或者销售伪造、擅自制造的注册商标标识的;(5)未经商标注册人同意,更换其注册商标并将该更换商标的商品又投入市场的;(6)故意为侵犯他人商标专用权行为提供便利条件,帮助他人实施侵犯商标专用权行为的;(7)给他人的注册商标专用权造成其他损害的。

(四)地理标志

地理标志,是指标示某商品来源于某地区,该商品的特定质量、信誉或者其他特征,主要由该地区的自然因素或者人文因素所决定的标志。权利人依法就地理标志享有专有权。目前我国没有专门的法律法规对权利人依法就地理标志享有的专有权利作出规定,对地理标志享有的专有权利分散规定在商标法、农业法、《中华人民共和国商标法实施条例》等法律法规中。《中华人民共和国商标法实施条例》第4条第1款规定,商标法第16条规定的地理标志,可以依照商标法和该条例的规定,作为证明商标或者集体商标申请注册。农业法第23条第3款规定,符合国家规定标准的优质农产品可以依照法律或者行政法规的规定申请使用有关的标志。符合规定产地及生产规范要求的农产品可以依照有关法律或者行政法规的规定申请使用农产品地理标志。农业法第49条第1款规定,国家保护植物新品种、农产品地理标志等知识产权,鼓励和引导农业科研、教育单位加强农业科学技术的基础研究和应用研究,传播和普及农业科学技术知识,加速科技成果转化与产业化,促进农业科学技术进步。

就地理标志享有专有权利的权利人有其特殊性。由于地理标志是标识商品产自某地区的特定质量、信誉或者其他特征,商品符合使用该地理标志条件的自然人、法人或者非法人组织都可以使用地理标志。《中华人民共和国商标法实施条例》第4条第2款规定,以地理标志作为证明商标注册的,其商品符合使用该地理标志条件的自然人、法人或者其他组织可以要求使用该证明商标,控制该证明商标的组织应当允许。以地理标志作为集体商标注册的,其商品符合使用该地理标志条件的自然人、法人或者其他组织,可以要求参加以该地理标志作为集体商标注册的团体、协会或者其他组织,该团体、协会或者其他组织应当依据其章程接纳为会员;不要求参加以该地理标志作为集体商标注册的团体、协会或者其他组织的,也可以正当使用该地理标志,该团体、协会或者其他组织无权禁止。商标法第16条第1款规定,商标中有商品的地理标志,而该商品并非来源于该标志所标示的地区,误导公众的,不予注册并禁止使用;但是,已经善意取得注册的继续有效。

在民法总则编纂过程中,有的意见提出,根据商标法第16条和《中华人民共和国商标法实施条例》第4条的相关规定,地理标志可以作为证明商标或者集体商标申请注册，地理标记已被包含在商标的范畴中，建议删除本项。有的意见提出，与贸易有关的知识产权协议已将地理标志单列为知识产权的一种，即地理标记标示出某商品来源于某成员地域内，或来源于该地域中的某地区或某地方，该商品的特定质量、信誉或其他特征，主要与该地理来源相关联。因此，有必要在本条中将地理标记规定为知识产权的客体之一。最后，民法总则采纳了后一种意见。民法典延续了民法总则的这一规定。

（五）商业秘密

商业秘密，是指不为公众所知悉、能为权利人带来经济利益、具有实用性并经权利人采取保密措施的技术信息和经营信息。权利人依法对商业秘密享有专有权。目前我国没有专门的法律法规对权利人依法就商业秘密享有的专有权利作出规定，对商业秘密专有权利的保护分散规定在反不正当竞争法、合同法等法律中。反不正当竞争法第 9 条规定，经营者不得实施下列侵犯商业秘密的行为：(1)以盗窃、贿赂、欺诈、胁迫、电子侵入或者其他不正当手段获取权利人的商业秘密；(2)披露、使用或者允许他人使用以前项手段获取的权利人的商业秘密；(3)违反保密义务或者违反权利人有关保守商业秘密的要求，披露、使用或者允许他人使用其所掌握的商业秘密；(4)教唆、引诱、帮助他人违反保守义务或者违反权利人有关保守商业秘密的要求，获取、披露、使用或者允许他人使用权利人的商业秘密。经营者以外的其他自然人、法人和非法人组织实施前款所列违法行为的，视为侵犯商业秘密。第三人明知或者应知商业秘密权利人的员工、前员工或者其他单位、个人实施第 1 款所列违法行为，仍获取、披露、使用或者允许他人使用该商业秘密的，视为侵犯商业秘密。民法典合同编第 501 条规定，当事人在订立合同过程中知悉的商业秘密或者其他应当保密的信息，无论合同是否成立，不得泄露或者不正当地使用；泄露、不正当地使用该商业秘密或者信息，造成对方损失的，应当承担损害赔偿责任。

（六）集成电路布图设计

集成电路布图设计，是指集成电路中至少有一个是有源元件的两个以上元件和部分或者全部互联线路的三维配置，或者为制造集成电路而准备的上述三维配置。权利人依法对集成电路布图设计享有专有权。科学技术进步法第 20 条第 1 款使用“集成电路布图设计专有权”的提法，对集成电路布图设计专有权利的保护主要由《集成电路布图设计保护条例》规范。《集成电路布图设计保护条例》第 7 条规定，布图设计权利人享有下列专有权：(1)对受保护的布图设计的全部或者其中任何具有独创性的部分进行复制；(2)将受保护的布图设计、含有该布图设计的集成电路或者含有该集成电路的物品投入商业利用。

（七）植物新品种

植物新品种，是指经过人工培育的或者对发现的野生植物加以开发，具备新颖性、特异性、一致性和稳定性并有适当命名的植物品种。对植物新品种的知识产权保护主要规定在种子法、农业法、《中华人民共和国植物新品种保护条例》等相关法律法规中。种子法第 25 条规定，国家实行植物新品种保护制度。对国家植物品种保护名录内经过人工选育或者发现的野生植物加以改良，具备新颖性、特异性、一致性、稳定性和适当命名的植物品种，由国务院农业、林业主管部门授予植物新品种权，保护植物新品种权所有人的合法权益。植物新品种权的内容和归属、授予条件、申请和受理、审查与批准，以及期限、终止和无效等依照种子法、有关法律和行政法规规定执行。国家鼓励和支持种业科技创新、植物新品种培育及成果转化。取得植物新品种权的品种得到推广应用的，育种者依法获得相应的经济利益。农业法第 49 条第 1 款规定，国家保护植物新品种、农产品地理标志等知识产权，鼓励和引导农业科研、教育单位加强农业科学技术的基础研究和应用研究，传播和普及农业科学技术知识，加速科技成果转化与产业化，促进农业科学技术进步。

权利人对植物新品种依法享有的专有权是植物新品种权。

种子法第28条规定,完成育种的单位或者个人对其授权品种,享有排他的独占权。任何单位或者个人未经植物新品种权所有人许可,不得生产、繁殖或者销售该授权品种的繁殖材料,不得为商业目的将该授权品种的繁殖材料重复使用于生产另一品种的繁殖材料;但是该法、有关法律、行政法规另有规定的除外。

(八)法律规定的其他客体

除了本条明确列举的知识产权的客体,本条第8项规定了“法律规定的其他客体”。本项规定实际上为未来知识产权客体的发展留出了空间。

在编纂过程中,关于本条,对以下几个问题争议较大:

一是关于知识产权的权利特征。草案三审稿曾将知识产权规定为“专属的和支配的权利”。有的意见提出,“专属的和支配的权利”未能提示出知识产权的本质属性。知识产权是法律人为创设的制约他人行为的权利模式,所有权是所有权人对所有权客体所享有的最为典型的专属权和支配权。知识产权最重要的特征是排他性,所有权虽也有排他性,但是在所有权人直接支配所有物基础上的排他,是基于所有物自然属性的排他,而知识产权的排他,是法律人为创设的排他。通过界定所有权的方式界定知识产权,容易让人按照理解所有权的方式理解知识产权,难以准确把握知识产权的本质和特征。知识创造和使用有非排他性,但知识产权人无法专属其权利客体。知识产权客体一旦公开,任何人都可以学习、研究、欣赏,使其成为自己知识体系的一部分。即使未公开的商业秘密,他人也可通过独立研发或者反向工程获得。知识产权人也无法支配其权利客体。支配是权利人依照自己的意志,通过物理力量对特定动产或者不动产予以占有、使用、收益或者处分。知识产权的客体是没有物理形态的知识,不同于具有物理形态的有形物,无法凭借物理力量占有,也无法像处分有形物那样进行处分。知识的使用也不像有形物那样,会发生消耗。知识使用的非消耗性决定了发生知识产权侵权行为时,知识本身不会受到任何损害,侵权行为仅仅表现为未经知识产权人许可,也无法定事由,利用其知识产权排他范围内的知识。最后,本条将“专属的和支配的”修改为“专有的”。

二是关于是否在本条明确规定科学发现作为知识产权的客体。科学发现,是指个人或者组织在探索阐明自然现象、特性或者规律的科学研究中,取得前人未知的、对科技发展有重大意义的成果。有的意见提出,《建立世界知识产权组织公约》第2条第8项明确将科学发现规定为知识产权的客体,我国作为该公约成员国,将科学发现剔除出知识产权客体范围,与公约规定不符。将科学发现列举为知识产权客体范围,并不意味着必须给科学发现者配置财产,知识产权本身包括财产权和人身权,科学发现者享有的只是发现者身份权。科学发现的激励问题,可以通过财政支持、税收减免、奖励等方式解决。有的意见提出,科学发现的权利,实际上是解决谁是第一发现者,谁是后来的证明者等问题,与法律上讲的知识产权不是一回事,科学发现不属于知识产权保护客体。民法总则草案二审稿曾规定科学发现,经研究,三审稿删除了科学发现,相关法律对与科学发现有关的知识产权有明确规定的,可以纳入本条第8项进行调整。

三是关于知识产权的客体。草案征求意见稿曾将最后一项即兜底项规定为“法律、行政法规规定的其他智力成果”。有的意见提出,“智力成果”的范围过窄,知识产权的客体是否都是智力成果存在一定争议,无法涵盖商标、商号等工商业标记。经研究,采纳了这一意见。同时,考虑到现行行政法规涉及的知识产权的客体,民法总则都已全部纳入,如植物新品种、集成电路布图设计等,且知识产权客体以后由法律规定为宜,所以删除了“行政法规”。最后,将本条最后一项规定为“法律规定的其他客体”。

第一百二十四条　自然人依法享有继承权。

自然人合法的私有财产,可以依法继承。

【释义】 本条是关于自然人依法享有继承权的规定。

（一）自然人依法享有继承权

继承权，是指自然人依照法律的规定或者被继承人生前立下的合法有效的遗嘱而取得被继承人遗产的权利。继承权是自然人的一项基本民事权利。宪法第 13 条第 2 款规定，国家依照法律规定保护公民的私有财产权和继承权。宪法作为根本大法，确立了关于保护公民私有财产权和继承权的原则。民法通则第 76 条规定，公民依法享有财产继承权。根据宪法规定，为保护公民的私有财产的继承权，1985 年我国出台了继承法，调整继承法律关系。我国其他法律对自然人的继承权的保护也有所规定。物权法第 65 条第 2 款规定，国家依照法律规定保护私人的继承权及其他合法权益。未成年人保护法第 52 条第 1 款规定，人民法院审理继承案件，应当依法保护未成年人的继承权和受遗赠权。妇女权益保障法第 34 条第 1 款规定，妇女享有的与男子平等的财产继承权受法律保护。在同一顺序法定继承人中，不得歧视妇女。

本法总则编在本章单列一条，明确规定自然人依法享有继承权。本法继承编以本条规定为依据，在继承法和其他法律的基础上对继承的具体规则作了详细规定。对自然人继承权的保护，是保护自然人个人财产所有权的必然要求。当自然人死亡时，将其生前个人所有的合法财产，依法转移给他的继承人，有利于提高自然人参加经济建设的积极性，为社会、家庭和个人积累财富，满足人们日益增长的物质生活和文化生活的需要。

（二）自然人合法的私有财产，可以依法继承

依照我国法律规定，自然人享有继承权，自然人可以继承的被继承人的财产的范围为被继承人合法的私有财产。本条第 2 款的规定是对自然人合法的私有财产权在继承制度上的保护。宪法第 13 条第 1 款、第 2 款规定，公民的合法的私有财产不受侵犯。国家依照法律规定保护公民的私有财产权和继承权。民法典物权编第 266 条规定，私人对其合法的收入、房屋、生活用品、生产工具、原材料等不动产和动产享有所有权。物权编第 267 条

规定,私人的合法财产受法律保护。在自然人生存时,这主要通过对其所享有的物权、债权、知识产权、股权等一系列民事权利的保护来实现。在自然人死亡后,其合法的私有财产可以作为遗产,由继承人依法继承,实现对自然人合法私有财产保护的目的。根据继承法第3条的规定,遗产是公民死亡时遗留的个人合法财产,包括:公民的收入;公民的房屋、储蓄和生活用品;公民的林木、牲畜和家禽;公民的文物、图书资料;法律允许公民所有的生产资料;公民的著作权、专利权中的财产权利;公民的其他合法财产。考虑到自继承法实施以来,社会物质财富极大丰富,老百姓所享有的财产也越来越多样,对可继承财产进行一一列举已不可能,难免挂一漏万,基于此,本法继承编对可以继承的财产没有再采取列举的方法,而是用概括规定的方式,明确规定,遗产是自然人死亡时遗留的个人合法财产。

第一百二十五条　民事主体依法享有股权和其他投资性权利。

【释义】 本条是关于民事主体依法享有股权和其他投资性权利的规定。

(一)股权

股权,是指民事主体因投资于公司成为公司股东而享有的权利。根据行使目的和方式的不同,股权可分为自益权和共益权两部分。自益权,是指股东基于自身利益诉求而享有的权利,可以单独行使,包括资产收益权、剩余财产分配请求权、股份转让权、新股优先认购权等。共益权,是指股东基于全体股东或者公司的利益诉求而享有的权利,包括股东会表决权、股东会召集权、提案权、质询权、公司章程及账册的查阅权、股东会决议撤销请求权等。

民事主体通过投资于公司成为公司股东后依法享有股权。根据本条规定,民事主体依法享有股权。公司法第4条规定,公司股东依法享有资产收益、参与重大决策和选择管理者等权利。公司法还区分不同的公司形式，对民事主体投资于公司成为公司股东后的权利作了详细规定。

（二）其他投资性权利

其他投资性权利，是指民事主体通过投资享有的权利。如民事主体通过购买证券、基金、保险等进行投资而享有的民事权利。根据本条规定，民事主体依法享有其他投资性权利。这些投资性权利的具体权利内容根据证券法等具体法律规定依法享有。

在制定民法总则时，民法总则一审稿第 91 条曾规定，民事主体依法享有股权或者其他民事权利。一审稿未规定其他投资性权利。在编纂过程中，有的意见提出，民事主体购买基金和其他有价证券的权利也应受到保护，建议将“股权”修改为“投资权”。有的意见建议，将本条修改为：“民事主体依法享有的股权及其他投资性权利受法律保护。”根据各方面意见，本条最终规定：“民事主体依法享有股权和其他投资性权利。”

第一百二十六条　民事主体享有法律规定的其他民事权利和利益。

【释义】 本条是关于民事主体享有的民事权益的兜底性规定。

本编专章规定了民事主体的民事权利，具体规定了民事主体的人格权、身份权、物权、债权、知识产权、继承权、股权和其他投资性权利。考虑到民事权利和利益多种多样，立法难以穷尽，而且随着社会、经济的发展，还会不断有新的民事权益纳入法律的保护范围，因此，本条对民事主体享有的民事权利和利益作了兜底性规定。

在编纂过程中，有的意见提出，应在本章增加规定如下权利种类：

一是土地承包经营权。有的意见提出，民法通则第 28 条规定,个体工商户、农村承包经营户的合法权益,受法律保护。根据民法通则第 80 条第 2 款的规定,公民、集体依法对集体所有的或者国家所有由集体使用的土地的承包经营权,受法律保护。对以农耕为主的农民而言,土地承包经营权是重要权利,虽然物权法和民法典物权编将土地承包经营权规定为用益物权的一种,本法第 114 条也规定了民事主体依法享有物权,但土地承包经营权有其特殊性和特色,建议在民事权利一章中予以明确。有的意见认为,总则编规定民事权利一章仅规定大的权利种类,目前的体例结构按照人格权、身份权、物权、债权、知识产权、继承权、股权和其他投资性权利、其他民事权利的顺序排列。对于民法典各分则编规定的具体权利,总则编没有展开规定。土地承包经营权是民事权利中的一项重要权利,其权利属性属于物权中用益物权的一种,物权编在第 3 分编用益物权中单列一章规定了土地承包经营权。如果将土地承包经营权在总则编民事权利物权项下规定,从体例结构上看,建设用地使用权、宅基地使用权、地役权等其他用益物权,所有权和担保物权等物权权利种类下的其他民事权利也应在民事权利一章中规定,与目前总则编的体例不符。因此,土地承包经营权作为物权的一种,宜由民法典物权编作出规定。本章最终没有明确列举农村土地承包经营权。

二是环境权。有的意见认为,环境是公民作为生物个体生存的基本物质条件和空间场所,是人类生存的必要条件,环境资源已经成为重要的民事权利客体,应该规定环境权。有的意见认为,环境权是一种复合型的权利,其内容大致包括三个方面,即公众的环境知情权、环境决策参与权以及公众诉权。公众的环境知情权是公众实施其他环境权的基础和前提,只有公众获得了有关环境方面的情报资料,才有可能积极有效地行使环境决策参与权。公众诉讼与一般的侵权诉讼不同。一般的环境侵权诉讼是公民、法人等主体自身的利益受到他人侵害而提起的诉讼,而公众诉讼在性质上属于公益诉讼。公益诉讼的目的往往不是直接保护某个公民的个体利益,而是防止侵权人对不特定多数人的利益造成损害,或者督促政府积极履行某些保护公共利益的法定职责。环境权的公益性是其显著的特征,而民事主体行使民事权利的主要目的是保护自身的利益。环境权是环境法确认和保护的社会权,而非由民法确认和保护的私权。从境外的立法看,不少国家和地区并不在民法典规定环境权,而是在宪法或者专门的环境法中规定这种权利。例如《俄罗斯联邦宪法》第 42 条规定,每个人都有享受良好的环境和获得关于环境状况的信息的权利。美国一些州宪法中对环境权作了具体的规定,包括清洁空气权、清洁水权、免受过度噪音干扰权等。对因污染环境造成公民个人人身、财产权益损害的,不少国家和地区一般是通过规定环境侵权的民事责任来实现的。如美国以环境专门立法的形式确立严厉的行政控制制度以及环境侵权民事责任。德国、日本陆续出台了多部环境保护法律,并规定因环境侵权需承担的民事责任。从我国目前的立法看,多部法律中已对环境侵权问题作了规定。因破坏环境生态损害民事主体人身财产权益的,民事主体可以依据侵权责任法主张权利。例如,侵权责任法第 8 章专章规定了环境污染责任。第 65 条规定,因污染环境造成损害的,污染者应当承担侵权责任。对污染环境损害社会公共利益的行为,民事诉讼法规定了公益诉讼制度。民法典侵权责任编第 7 章在侵权责任法的基础上,专门规定了环境污染和生态破坏责任。民事诉讼法第 55 条第 1 款规定,对污染环境损害社会公共利益的行为,法律规定的机关和有关组织可以向人民法院提起诉讼。此外,环境保护法、大气污染防治法、水污染防治法等环境法对此也作了规定。目前理论界和实务界对环境权是否属于民事权利存在很大争议。本法最终没有明确规定环境权。

三是受教育权等权利。有的意见提出,宪法里列举了 28 种权利,民法典总则编列举的权利数量还不如宪法多。人民法院审判时不能援引宪法,宪法权利只有转化为民事权利才能获得更好的保护,建议进一步贯彻落实宪法精神,把宪法中已列举出来的权利尽可能地在民法中体现出来,转化为民事权利,如人的表达自由、受教育权、社会权。有的意见提出,宪法规定的公民权利与民事权利有本质区别。从权利性质上看,宪法规定的基本权利反映的是国家机关与公民之间的关系,是公民针对国家所享有的权利,属于一种社会性质的权利,公民可以据此要求国家作为或者不作为;民事权利则是民事主体之间存在的私权利。从权利内容上看,宪法权利既包括生命、自由、安全等自然权利宪法化的权利,也包括选举权、被选举权、创制权、表决权与罢免权等体现民主价值的公民政治权利,还包括社会安全的权利、工作的权利、休息的权利、受教育的权利、达到合理生活水准的权利和参与文化生活的权利等公民社会经济权利;而民事权利是平等主体之间的人身权利和财产权利。本法最终没有明确规定受教育权等权利。

第一百二十七条　法律对数据、网络虚拟财产的保护有规定的,依照其规定。

【释义】 本条是关于数据和网络虚拟财产的保护的规定。

随着互联网和大数据技术的快速发展,数据、网络虚拟财产等各种新型财产出现。但在编纂过程中,对于民法典总则编是否规定和如何规定数据和网络虚拟财产,存在较大争议。有的意见认为,数据和网络虚拟财产是民事权利的客体之一。但数据和网络虚拟财产是新兴事务,其概念范畴、保护范围、权利属性、权利和义务的内容等都较为复杂,理论和实践中对这些问题存在较大争议,其他国家和地区对数据和网络虚拟财产的保护也仍然处于探索阶段。民法典总则编未针对民事权利的客体作专门规定,可以将数据和网络虚拟财产纳入现有的各种民事权利中予以保护。有的意见认为,为了适应信息社会和互联网快速发展的新情况,体现民法典总则编的时代性,总则编有必要对数据和网络虚拟财产等新型民事权利客体作出规定。这有助于解决实践纠纷,对互联网未来发展提供保障支持。但鉴于数据和网络虚拟财产的复杂性,限于民法典总则编的篇章结构,如何界定数据和网络虚拟财产,如何具体规定数据和网络虚拟财产的权利属性和权利内容,应由专门法律加以规定。

经研究,最后本条对数据和网络虚拟财产的保护作了原则性规定,即规定"法律对数据、网络虚拟财产的保护有规定的,依照其规定"。一方面,确立了依法保护数据和网络虚拟财产的原则;另一方面,鉴于数据和网络虚拟财产的权利性质存在争议,需要对数据和网络虚拟财产的权利属性作进一步深入研究,进一步总结理论和司法实践的经验,为以后立法提供坚实基础。

在民法总则的制定过程中,民法总则草案一审稿曾将数据和网络虚拟财产分开规定。草案一审稿第104条规定,物包括不动产和动产。法律规定具体权利或者网络虚拟财产作为物权客体的,依照其规定。草案一审稿第108条第2款规定,知识产权是指权利人依法就下列客体所享有的权利:……(8)数据信息;(9)法律、行政法规规定的其他内容。针对上述规定,有的意见提出,互联网的高速发展在便利人们生活的同时,对个人隐私、个人信息也造成了严重威胁,建议进一步明确网络虚拟财产的性质。有的意见提出,网络虚拟财产的财产属性毋庸置疑,但究竟属于何种财产权利客体,应待司法实践与法学研究进一步提炼,建议将"网络虚拟财产"修改为"其他无形物"。有的意见提出,网络虚拟财产权利不符合物权的特征。有的意见提出,对于数据信息的保护,应当着眼于数据信息所承载的对象,分析其对应的权利类型,综合运用物权、债权、著作权、商标权、隐私权等进行保护,不宜都作为知识产权。有的建议将"数据信息"规定在民事法律关系的客体之中,不规定在知识产权客体之中。有的意见建议,只规定加工后的数据信息,排除原始数据信息。有的意见提出,能够成为数据专有权的,是经过加工的衍生数据,建议将"数据信息"修改为"衍生数据"。有的意见建议,将"数据信息"修改为"数据库"。鉴于对数据和网络虚拟财产的概念范畴、保护范围、权利属性、权利和义务内容存在较大争议,草案二审稿将数据和网络虚拟财产单列一条作出规定,规定"法律对数据、网络虚拟财产的保护有规定的,依照其规定”,最终通过的民法总则保持了这一规定。民法典总则编维持了民法总则的这一规定。

(一)关于数据

随着信息技术和网络的快速发展与应用,各类数据信息迅猛增长,数据交易日益增多,各地大数据交易所应运而生。关于数据的一系列法律问题如数据的法律属性、保护模式等引起广泛讨论。如何界定数据的内涵和外延,数据的权利属性和权利人对数据享有哪些权利都存在较大争议。根据本条规定,法律对数据的保护有规定的,依照其规定。目前存在的与数据相关联的法律概念中,联系最密切的是汇编作品和数据库。具有独创性的数据构成汇编作品受著作权法保护,我国未专门规定对数据库的保护。欧盟《关于数据库法律保护的指令》第1条规定,数据库是指经系统或有序的安排,并可通过电子或其他手段单独加以访问的独立的作品、数据或其他材料的集合。世界知识产权组织1996年提出的《数据库知识产权条约》(草案)对数据库的定义与欧盟关于数据库法律保护的指令基本相同。

随着数据交易日益增多,各地大数据交易所或者交易平台应运而生,目前我国各地成立了多个大数据交易所或者交易平台。2012年12月,中关村大数据交易产业联盟成立,是国内首个面向数据交易的产业组织。2014年2月,中关村数海大数据交易平台正式上线运行,为客户提供大数据交易服务,交易对象为原始的或经处理后的数字化信息。2015年2月,工信部将贵阳正式列为全国唯一的大数据产业发展试点示范区。2015年4月14日,全国首家大数据交易所贵阳大数据交易所正式挂牌运营。截至2015年年底,已实现半年交易额逾6000万元。2015年7月,武汉东湖大数据交易中心宣告成立。12月,河北大数据交易中心在京启动,该交易中心是全国第一家开展数据资产证券化的服务机构。12月,华东江苏大数据交易中心平台在江苏省盐城市正式上线运营。2016年4月,上海数据交易中心落户静安区。同时,浙江日报报业集团与桐乡市政府举行签约仪式,约定由浙报传媒投资建设浙江大数据交易中心，拟落户桐乡乌镇。

根据现有法律，对数据可以分别情况依据著作权、商业秘密来保护。我国著作权法第14条规定了汇编作品。具有独创性是作品受著作权法保护的前提，具有独创性的数据如果构成汇编作品，受著作权法的保护。反不正当竞争法第9条规定了对商业秘密的保护。第9条第4款规定，该条所称的商业秘密，是指不为公众所知悉、具有商业价值并经权利人采取相应保密措施的技术信息、经营信息等商业信息。符合上述条件的技术信息和经营信息等数据，可以作为商业秘密保护。

有的意见提出，清晰的权利归属和权利内容是交易的前提与基础。随着数据产业发展和数据交易实践的进行，数据法律属性问题成为人们关注且必须解决的问题之一。数据法律属性关系到以数据为客体所形成的法律关系类型及法律关系调整问题。数据法律问题，不仅关系到数据开发者的利益，而且关系到社会公众获取信息，影响数据产业的生存和发展。但对数据的保护，需要规定一系列的制度，包括构成数据保护的情形、主体和客体、权利的内容、权利的限制、享有权利的期限、法律责任等。民法典总则编的定位和篇章结构无法对这一系列制度作系统详细的规定，宜对数据的保护作原则性和指引性规定。此外，对数据的保护应以保护民事主体个人信息权益为前提。在数据时代，收集利用数据信息很容易侵犯民事主体的个人信息权益。属于他人个人信息权益范畴的信息，其权利主体为用户个人所有，其使用和经营，须经过用户的许可，否则为侵权。

（二）关于网络虚拟财产

网络虚拟财产是计算机信息技术发展的产物，随着网络的普及发展，网络与人们生活的联系越来越紧密，围绕网络虚拟财产权利义务的各种纠纷时有发生，网络虚拟财产的法律属性等问题也引起了广泛争论。有的意见认为，广义的网络虚拟财产，是指一切存在于网络虚拟空间内的虚拟财产，包括电子邮箱、网络账户、虚拟货币、网络游戏中虚拟物品及装备、经注册的域名等。狭义的网络虚拟财产,是指网络游戏中存在的虚拟财产,包括游戏账号的等级、游戏货币、游戏人物等。网络游戏中,玩家投入大量时间、精力和金钱参与网络游戏,通过练级等个人劳动、购买游戏卡等真实财物付出、买卖装备等市场交易获得网络虚拟财产,从各种网络虚拟财产的得失中获得感官和精神上的享受,达到娱乐身心的目的,价值不言而喻。他们在虚拟空间从事创造的所得可以转化为现实的财富,网上、网下进行的交易充分彰显网络虚拟财产的交换价值。网络用户通过账号密码设置防止他人修改、增删自己的网络虚拟财产,通过一定的程序买卖、使用、消费网络虚拟财产,实现对网络虚拟财产的占有和处分。

1. 我国网络虚拟财产纠纷的情况

随着网络与生活的联系越来越紧密,围绕网络虚拟财产的纠纷也越来越多。目前我国网络虚拟财产纠纷主要有以下几种情况:一是网络虚拟财产被盗纠纷。深圳市南山区人民法院审理了国内首例网络虚拟财产盗窃案,该案中被告人窃取了大量QQ号码的密码保护资料并出售给他人,因此承担了刑事责任及民事赔偿责任。二是网络虚拟财产交易纠纷。网络游戏中网络虚拟财产的交易行为大量存在,有的还价值不菲,有的交易发生欺诈行为,在交易双方间产生纠纷。三是网络虚拟财产权属确认纠纷。一些网络虚拟财产几经转手后,归属关系错综复杂,致使玩家与运营商之间、玩家与玩家之间因网络虚拟财产权属确认发生纠纷。四是网络游戏服务合同纠纷。例如,合同履行期尚未届满,运营商提前终止服务;运营商未履行网络监管义务导致玩家的装备或数据丢失;因客户端协议的某些霸王条款使游戏服务合同显失公平等纠纷。在北京市朝阳区人民法院审理的国内首例网络虚拟财产争议案中,原告在游戏中积累和购买的虚拟的生物武器被另一玩家盗走,但运营商拒绝将盗号者资料交给原告。原告以运营商未履行服务义务造成他的私人财产损失为由,将运营商告上了法庭。五是因运营商对“外挂”等行为封号引发的玩家与运营商之间的纠纷。某些运营商对“私服”(私人服务器)、“外挂”

(一种模拟键盘和鼠标运动修改客户端内存数据的作弊程序)的玩家进行处理,未尽告知义务、扩大处理范围或者处理不当,错误查封正常玩家的账号或者删除游戏装备的纠纷。

2. 我国关于网络虚拟财产法律属性的主要观点

关于网络游戏中存在的网络虚拟财产的法律属性,主要有以下几种观点:

(1)无形财产说。该说回避网络虚拟财产的权利属性,认为尽管网络虚拟财产的存在形式是保存在服务器上的一些字符或者数据,但和现实中的货币可以互相联系,有的职业玩家以网络游戏为生,付出劳动获取游戏装备,换取现实中的货币,其既有使用价值又有交换价值,具备商品的一般属性。由于网络虚拟财产最本质的特征是无形性,应作为无形财产受到法律的保护。北京市朝阳区人民法院审理李某晨诉北京某科技公司一案,法院判决认为,关于丢失装备的价值,虽然虚拟装备是无形的,且存在于特殊的网络游戏环境中,但并不影响虚拟物品作为无形财产的一种而获得法律上的适当评价和救济。

(2)知识产权说。该说认为,网络虚拟财产应属于智力成果,列入知识产权范畴。有的意见认为,网络虚拟财产属于网络游戏软件开发者的智力成果,应为著作权范畴。玩家购买或通过游戏活动获取网络虚拟财产,实际上是获取著作权中的使用权。有的意见认为,玩家在游戏过程中耗费了大量的时间和精力,其中伴随着智力性的劳动投入,因而获取的虚拟财产是玩家的创造性智力成果,应当对其享有知识产权。

(3)新型财产权类型说。该说认为,网络虚拟财产具有虚拟性、预先设定性、一定程度的复制性、交易空间的特定性等特点,且无法以客观的形态表现出来,既不属于债权、物权,也不属于知识产权,目前的权利类型不足以规制这一新兴的权利,应当设定一个全新的权利类型即网络财产权,指民事主体通过网络活动在特定网络环境中享有的能够自由处分的具有一定经济价值的权利。

(4)物权说。该说认为,只要具有法律上的排他支配或管理的可能性及独立的价值性,就可以被认定为法律上的物。网络虚拟财产本质上是电磁记录数据,是玩家付出了精力、时间等投入或者直接通过货币购买取得的,其表现形式客观存在,且具有价值性和可支配性,具有物权客体的法律特征,应该作为物权的客体看待。物权说又分为所有权说和用益物权说两种。所有权说认为,网络虚拟财产属于网络环境中的动产,具备占有、使用、处分、收益的特征,权利人对网络虚拟财产享有所有权。用益物权说认为,网络虚拟财产是事先存在于运营商服务器上的电子数据,可以被视为动产,玩家与运营商之间是网络游戏服务合同关系,玩家基于合同关系取得对网络虚拟财产的用益物权而不是所有权。

(5)债权说。该说从游戏运营商与玩家是服务合同关系出发,认为网络虚拟财产本质上从属于一种债权关系。

一是网络虚拟财产不是物权。物权的核心是直接支配性,是物权人可以依自己的意思,无需他人意思或行为的介入,对标的物管领、处分,实现权利内容。网络虚拟财产是虚拟环境中的财产,玩家对网络虚拟财产的管领、支配,享受其利益,必须基于运营商的介入。

二是玩家与游戏运营商之间是游戏服务合同关系。在这种服务合同关系中,运营商和玩家是消费者和服务提供者的法律关系,游戏本身和游戏中的各种辅助功能都是运营商提供服务的一部分,不存在所有权交易。服务提供者提供符合约定的服务,玩家接受服务并支付对应款项。游戏提供者不是以转移游戏及游戏中的辅助功能的所有权为目的,玩家购买游戏中的装备和物品的目的也是在游戏中运用。玩家支付价格购买的是服务而不是物,网络虚拟财产是玩家对运营商的债权凭证,可以凭电磁数据记录要求运营商提供特定水平的服务。

三是网络虚拟财产的转让是一种债权凭证的转让。现实社会中存在大量网络虚拟财产的网下交易,使人们觉得玩家对网络虚拟财产如同对一件真正的物品行使物权的权能，其实是一种假象。所有权是物交易的前提，也是物交易的结果，更是物交易的实质。如果人们在现实中交易一把刀，所有权人对这把刀享有的是占有、使用、收益、处分的绝对权。物权的存在和让渡无需他人的承认或协助。网络虚拟财产的转让则不同，虽然玩家可对网络虚拟财产或卖或赠，但是这种买卖或赠与是一种不完全的处分行为，其来源于运营商的允许或授权，并受到游戏服务合同的限制。网络虚拟财产的转让所体现的不是物的所有权的转让，而是债权的转让，是对运营商服务行为请求权的转让。如玩家甲向玩家乙转让一把具有十点攻击力的游戏宝刀，实际上是甲将向运营商要求增加十点攻击力的请求权让给了乙，乙拥有了这把宝刀，就拥有了请求增加攻击力的权利。

目前，关于网络虚拟财产的法律属性，多数主张物权说或者债权说，但在很多问题上还有很大争议，尚无定论。本条对此只强调网络虚拟财产应当依法予以保护，对其性质并没有作明确规定，留待司法实践进一步探索。

第一百二十八条　法律对未成年人、老年人、残疾人、妇女、消费者等的民事权利保护有特别规定的，依照其规定。

【释义】　本条是关于弱势群体民事权利的特别保护的衔接性规定。

未成年人、老年人、残疾人、妇女、消费者等民事主体，由于其心理、生理或者市场交易地位原因，可能在民事活动中处于弱势地位。为保护整体上处于弱势地位的民事主体的民事合法权益，我国不少法律对未成年人、老年人、残疾人、妇女、消费者等特殊群体所享有的民事权利有特别保护规定。如消费者权益保护法通过规定消费者的权利和经营者的义务来保护消费者的合法权益，规定消费者的知情权、选择权等权利，规定经营者负有保障消费者安全、质量保证、告知和召回等义务。未成年人保护法、老年人权益保障法、残疾人保障法、妇女权益保障法对未成年人、老年人、残疾人、妇女的民事权利有特别保护规定。本条是对弱势群体民事权利的特别保护的衔接性规定。根据本条规定,法律对未成年人、老年人、残疾人、妇女、消费者等的民事权利有特别保护规定的,依照其规定。

第一百二十九条　民事权利可以依据民事法律行为、事实行为、法律规定的事件或者法律规定的其他方式取得。

【释义】 本条是关于民事权利的取得方式的规定。

民事权利的取得,是指民事主体依据合法的方式获得民事权利。根据本条规定,民事权利可以依据民事法律行为、事实行为、法律规定的事件或者法律规定的其他方式取得。

(一)民事法律行为

民事法律行为,是指民事主体通过意思表示设立、变更、终止民事法律关系的行为,民法理论一般称为法律行为。如订立买卖合同的行为、订立遗嘱、放弃继承权、赠与等。民法典总则编第6章专章规定了民事法律行为,对民事法律行为的概念、成立、效力等作了规定。民事法律行为以意思表示为核心要素,没有意思表示则没有民事法律行为。意思表示,是指行为人为了产生一定民法上的效果而将其内心意思通过一定方式表达于外部的行为。根据本法第143条的规定,具备下列条件的民事法律行为有效:(1)行为人具有相应的民事行为能力;(2)意思表示真实;(3)不违反法律、行政法规的强制性规定,不违背公序良俗。民事权利可以依据民事法律行为取得。如订立合同是民事法律行为,合同一方可以通过订立合同取得合同约定的权利。

(二)事实行为

事实行为,是指行为人主观上没有引起民事法律关系发生、变更或者消灭的意思,而依照法律的规定产生一定民事法律后果的行为。如自建房屋、拾得遗失物、无因管理行为、劳动生产等。

事实行为有合法的,也有不合法的。拾得遗失物等属于合法的事实行为,侵害他人的人身、财产的侵权行为是不合法的事实行为。民事权利可以依据事实行为取得,如民事主体因无因管理行为取得对他人的无因管理债权等。

(三)法律规定的事件

法律规定的事件,是指与人的意志无关而根据法律规定能引起民事法律关系变动的客观情况,如自然人的出生、死亡,自然灾害,生产事故,果实自落以及时间经过等。民事权利可以依据法律规定的事件取得,如民事主体因出生取得继承权等。

(四)法律规定的其他方式

除了民事法律行为、事实行为、法律规定的事件,民事权利还可以依据法律规定的其他方式取得。如物权编第229条规定,因人民法院、仲裁机构的法律文书或者人民政府的征收决定等,导致物权设立、变更、转让或者消灭的,自法律文书或者征收决定等生效时发生效力。第243条第1款规定,为了公共利益的需要,依照法律规定的权限和程序可以征收集体所有的土地和组织、个人的房屋以及其他不动产。

第一百三十条　民事主体按照自己的意愿依法行使民事权利,不受干涉。

【释义】 本条是关于民事主体按照自己的意愿依法行使民事权利的规定。

本条规定是自愿原则在民事权利行使中的体现。本法第5条规定了自愿原则:"民事主体从事民事活动,应当遵循自愿原则,按照自己的意思设立、变更、终止民事法律关系。"自愿原则是民法的一项基本原则,贯穿整个民法典。本条是自愿原则在行使民事权利中的体现,民事主体按照自己的意愿依法行使民事权利,不受干涉体现在:一是民事主体有权按照自己的意愿依法行使民事权利或者不行使民事权利;二是民事主体有权按照自己的意愿选择依法行使的民事权利内容;三是民事主体有权按照自己的意愿选择依法行使民事权利的方式。民事主体按照自己的意愿行使权利,任何组织和个人不得非法干涉。

我国其他法律对民事主体按照自己的意愿依法行使民事权利有相关规定。例如,合同法第4条规定,当事人依法享有自愿订立合同的权利,任何单位和个人不得非法干预。婚姻法第5条规定,结婚必须男女双方完全自愿,不许任何一方对他方加以强迫或任何第三者加以干涉。民法典婚姻家庭编第1046条延续了婚姻法的这一规定。其他国家和地区对民事主体按照自己的意愿依法行使民事权利也有规定。例如,《俄罗斯联邦民法典》第1条第2款规定,公民(自然人)和法人以自己的意志和为自己的利益取得和行使民事权利。他们在根据合同确定自己的权利和义务方面及在规定任何不与立法相抵触的合同条件方面享有自由。

第一百三十一条　民事主体行使权利时,应当履行法律规定的和当事人约定的义务。

【释义】　本条是关于民事主体行使权利应当履行义务的规定。

民事主体依法享有的民事权利和承担的民事义务是民事法律关系的内容。在民事法律关系中,民事权利和民事义务是相互对立、相互联系的。民事权利的内容要通过相应的民事义务表现,民事义务的内容由相应的民事权利限定。在很多情况下,民事主体享有权利的同时,负担法律规定的或者当事人约定的义务。如合同双方当事人一般相互约定各自的权利义务,一方当事人享有合同权利的同时,也负有约定的合同义务。民事主体行使权利时,应当履行法律规定的和当事人约定的义务。

在民法总则制定过程中,民法总则草案一审稿曾将本条作为民事主体合法的民事权益受法律保护这一条的第2款,规定在第1章“基本原则”中,表述为“民事主体行使权利的同时,应当履行法律规定的或者当事人约定的义务,承担相应责任”。编纂过程中,有的意见提出,只有违反了义务,才会带来不利的法律后果,才要承担民事责任。规定行使权利、履行义务就要承担责任,在逻辑上不通。权利与义务相对应,责任属于违反义务的后果,三者不宜并列,因为行使权利,如果履行了义务,责任是不会发生的。建议删掉最后一句“承担相应责任”。草案三审稿删除了“承担相应责任”,规定“民事主体行使权利的同时,应当履行法律规定的或者当事人约定的义务”。又有意见提出,强调民事主体在享有权利的同时必须注重对义务的承担,教育公民正确行使权利,诚信履行义务,对建立法治社会、践行社会主义核心价值观具有重要现实意义,但放在基本原则一章不合适,应作为权利行使的规则在本章进行规定。最终,将本条放在民事权利一章中,作为民事权利行使的规则进行规定。民法典总则编维持了民法总则这一规定。

第一百三十二条　民事主体不得滥用民事权利损害国家利益、社会公共利益或者他人合法权益。

【释义】　本条是关于民事主体不得滥用民事权利的规定。

不得滥用民事权利,指民事权利的行使不得损害国家利益、社会公共利益或者他人合法权益。每一个民事主体都有权行使自己所享有的权利,法律也鼓励民事主体行使自己的权利,但是权利的行使有一定界限,行使民事权利损害国家利益、社会公共利益或者他人合法权益的,为滥用民事权利。民法一方面鼓励权利主体正当地行使权利,另一方面为权利的行使划定了明确的界限,即不得滥用民事权利损害国家利益、社会公共利益或者他人合法权益。滥用民事权利损害国家利益、社会公共利益或者他人合法权益可构成侵权。滥用民事权利和侵权存在区别:权利滥用的前提是有正当权利存在,且是权利行使或与权利行使有关的行为,侵权行为一般事先没有正当权利存在;权利不得滥用原则是对民事主体行使民事权利的一定限制,通过限制民事主体不得滥用权利损害国家利益、社会公共利益或者他人合法权益,达到民事权利与国家利益、社会公共利益、他人合法权益的平衡,而侵权责任制度的目的是保护民事主体的权利。

从比较法的角度看,不少国家和地区的民法典都对不得滥用权利原则有规定。《德国民法典》第 226 条规定,权利人不能仅仅以损害他人为目的行使权利。《瑞士民法典》第 2 条第 2 款规定,显系滥用权利时,不受法律保护。《日本民法典》第 1 条第 3 款规定,禁止权利滥用。《韩国民法典》第 2 条第 2 款规定,权利不得滥用。我国台湾地区"民法"第 148 条第 1 款规定,权利之行使,不得违反公共利益,或以损害他人为主要目的。《西班牙民法典》第 7 条规定,权利应善意行使。法律不保护滥用权利或利用权利从事反社会的行为。任何作为或不作为的意图、企图达到的目的和结果,明显地超越权利行使的范围,对第三人造成损害的,均应对其作出相应的赔偿,并通过司法或行政管理措施制止其继续滥用权利。《荷兰民法典》第 13 条规定,权利人不得滥用其权利。滥用权利,是指行使权利完全出于损害他人利益的意图或为达到非设定权利的目的,或者权利人未能合理地决定其权利的行使,致使其行使权利所生的利益和所致的损害失衡。权利性质要求不得滥用。加拿大《魁北克民法典》第 7 条规定,任何人均不得以损害他人为目的或违背诚实信用的要求以过分且不合理的方式行使权利。

我国法律对权利不得滥用原则有相关规定。宪法第 51 条规定,中华人民共和国公民在行使自由和权利的时候,不得损害国家的、社会的、集体的利益和其他公民的合法的自由和权利。权利不得滥用是宪法上的一项基本原则。合同法第 7 条规定,当事人订立、履行合同,应当遵守法律、行政法规,尊重社会公德,不得扰乱社会经济秩序,损害社会公共利益。本法第 7 条规定,民事主体从事民事活动,应当遵循诚信原则,秉持诚实,恪守承诺。第

8条规定，民事主体从事民事活动，不得违反法律，不得违背公序良俗。第9条规定，民事主体从事民事活动，应当有利于节约资源、保护生态环境。这些规定实际上都是民事主体行使权利应当遵守的最基本原则，本条所规定的权利不得滥用规则也是这些原则的具体化。

关于不得滥用民事权利是否是民法的基本原则，在编纂过程中有不同意见。有的意见认为，权利不得滥用是中国宪法上的一项基本原则，根据合宪性解释方法，权利不得滥用也当然是民法的基本原则。禁止权利滥用原则不是对个别权利的限制性规定，而是对一切民事权利的行使给予限制的一般条款，反映了人类生存及人类社会可持续发展之根本利益高于个人自由的现代民法思想，在民法的基本价值体系中具有越来越重要的地位，将其作为基本原则更符合现代法的精神。考虑到权利不得滥用原则的重要性，且考虑到实践中权利滥用现象，规定该原则具有现实意义。从司法实践看，权利滥用原则也曾发挥弥补法律漏洞的作用，需要在基本原则中规定此项原则。有的意见认为，禁止权利滥用原则仅为违反诚实信用原则的效果，是程序性、救济性原则，为权利行使的原则，是公序良俗原则的组成部分，非民法的基本原则，不宜在基本原则中规定，但可以在民事权利一章作为民事权利行使规范加以规定。在民法总则编纂过程中，本条根据各方意见不断进行修改完善。草案一审稿在第1章基本原则中规定一条，民事主体从事民事活动，应当遵守法律，不得违背公序良俗，不得损害他人合法权益。二审稿将这一条修改为，民事主体从事民事活动，不得违反法律，不得违背公序良俗，不得滥用权利损害他人合法权益。三审稿将权利不得滥用原则移至本章，规定民事主体不得滥用民事权利损害他人合法权益。最终通过的民法总则规定，民事主体不得滥用民事权利损害国家利益、社会公共利益或者他人合法权益。民法典总则编维持了民法总则这一规定。

第六章 民事法律行为

民事法律行为是对合同行为、婚姻行为、遗嘱行为等一系列能够产生具体权利义务关系的行为的抽象和概括，是民事主体在民事活动中实现自己意图的一项重要民事制度。在民法典中规定民事法律行为制度具有重要意义。

第一，民事法律行为是民事主体实现意思自治的最重要手段和工具。自愿原则即意思自治原则，是民法的核心原则之一，体现了民事活动最基本的特征，其实质是民事主体根据自己的意愿自主从事民事活动，承担相应的法律后果。本法第5条规定，民事主体从事民事活动，应当遵循自愿原则，按照自己的意思设立、变更和终止民事法律关系。民事法律行为就是民事主体按照自己的意愿设立、变更和终止民事法律关系的行为。首先，民事法律行为的核心要素是意思表示。在社会经济生活中，平等的民事主体之间主要通过意思表示来体现自己的意图，实现民事权利义务关系设立、变更和终止的目的。其次，民事主体对自己的行为承担法律后果，这决定了民事法律行为规则大多数是任意性规则。所谓任意性规则，是指可以由民事主体通过约定加以排除的规则，即民事主体的约定优先于法律规定的任意性规范。这在合同领域中体现得极为明显。最后，民法关于合同自由、婚姻自由、家庭自治、遗嘱自由等基本理念，需要通过民事法律行为制度加以落实。

第二，民事法律行为制度是社会主义市场经济的内在要求。社会主义市场经济本质上是法治经济。完善社会主义市场经济法律制度，是社会主义市场经济运行规律的客观要求，也是保障经济持续健康发展的现实需要。党的十八届四中全会提出，使市场在资源配置中起决定性作用，必须以保护产权、维护契约、统一市场、平等交换、公平竞争等为基本导向。如何使市场在资源配置中起决定性作用？一个重要的前提就是要让民事主体在市场交易活动中依法自主决定是否交易、与谁交易、如何交易，任何单位和个人不得非法干预，即使是国家也不得随便介入民事主体之间的交易活动，除非有法律、行政法规明确的授权。而民事法律行为制度的本质就是允许民事主体通过其意思表示决定是否设立民事权利义务关系，通过意思表示决定是否变更、消灭其民事权利义务关系。这可以极大地发挥民事主体的积极性和主动性，激发市场的创造力和活力。所以，从这个角度讲，发展和完善社会主义市场经济离不开民事法律行为制度。

第三，民事法律行为制度有利于实现社会治理。在社会主义市场经济条件下，政府要到位而不越位，让社会的归社会，市场的归市场，政府的归政府。对于老百姓等民事主体在社会生产、生活中的事情，只要不触犯公共利益、公共道德和他人的合法权益，原则上都应由民事主体自主决定，按自己的意愿设立、变更和终止民事法律关系，政府不加以干涉。而在总则编中规定民事法律行为制度，可以有效实现民事主体的自我管理、自我约束，为促使政府依法行政，构建服务型政府奠定了坚实的法律基础。

第四，民事法律行为制度是构建体例科学、逻辑严密的民事法律体系所必不可少的。总则编是民法典的开篇，在民法典中起统领性作用。总则编规定民事活动必须遵循的基本原则和一般性规则，统领民法典各分编。总则编是以民事主体、民事权利（包含了民事客体）、民事法律行为、民事责任为主线来构建的，这展现了民法的基本逻辑关系，而民事法律行为是这一逻辑体系中的重要组成部分，不可或缺。没有民事法律行为制度，自愿原则无法体现，民事行为能力制度失去了存在的基础，代理制度也缺乏存在的前提。可以说，正是由于民事法律行为制度的设立，使散见在民法各个部分的意思表示行为有了共性的东西，为合同行为、婚姻行为、遗嘱行为、收养行为等制度提供了依据，从而形成了一个有机统一的整体。

本章便是关于民事法律行为的规定,共分4节,28条。第1节为一般规定,主要规定了民事法律行为的定义、成立、形式和生效时间等。第2节为意思表示,主要规定了意思表示的生效、方式、撤回和解释等。第3节为民事法律行为的效力,主要规定了民事法律行为的有效要件,具体类型的无效、可撤销、效力待定的民事法律行为,无效的或者可撤销的民事法律行为自始无效,部分无效的民事法律行为,民事法律行为无效、被撤销以及确定不发生效力的后果等。第4节为民事法律行为的附条件和附期限,主要规定了附条件和附期限的民事法律行为、民事法律行为条件成就和不成就的拟制等。

第一节 一般规定

第一百三十三条　民事法律行为是民事主体通过意思表示设立、变更、终止民事法律关系的行为。

【释义】 本条是关于民事法律行为定义的规定。

理解民事法律行为,就必须先了解法律行为的概念。法律行为这个概念来源于德国民法典。其后,这一概念对其他国家和地区的民法立法产生了深远的影响,日本、意大利、荷兰、俄罗斯等国家民法典和我国台湾地区"民法"基本上都采用了这一概念,并作为一种重要的民事制度加以规定。传统民法理论也是采用法律行为这一概念。学理上对法律行为的含义通常表述为:民事主体作出的意图发生一定法律效果的意思表示行为。1986年制定的民法通则没有采用法律行为这一表述,而是采用了民事法律行为和民事行为这两个概念。根据民法通则第4章的规定,民事法律行为是公民或者法人设立、变更、终止民事权利和民事义务的合法行为。与传统的法律行为概念相比,民法通则规定的"民事法律行为"有两个特点:一是突出了合法性,只包括合法的法律行为,不涵盖无效、可撤销和效力待定的行为。为此,民法通则还规定了一个概念"民事行为",以涵盖无效和可撤销行为。二是没有强调法律行为中的核心要素意思表示。

在立法过程中,对是继续采用"民事法律行为"这一概念,还是借鉴境外立法例,采用"法律行为"的概念,有不同意见。有的意见提出,应当将民法通则的"民事法律行为"改为"法律行为",主要理由有两个:一是民事法律行为和民事行为的概念不周延。民事法律行为限于合法行为,不能涵盖无效行为、可撤销行为和效力待定的法律行为。虽然民法通则还规定了一个民事行为的概念以涵盖无效和可撤销行为,但二者均不能涵盖效力待定的法律行为。二是民事法律行为和民事行为的概念无法体现当事人意思自治的核心内涵,在实践中也无法判定无效或者可撤销的民事行为能否适用意思表示的一系列规则。据此,建议参考其他国家和地区的立法,采用"法律行为"的表述。也有的意见提出,民法通则规定的民事法律行为和民事行为概念虽然在理论上存在不周延的问题,但在实践中问题不大,且"民事法律行为"的用法已约定俗成,符合我国的表述习惯,建议继续延用民法通则的相关表述。

经反复研究,仍采用了"民事法律行为"的表述,但对其内涵作了调整,使其既包括合法的法律行为,也包括无效、可撤销和效力待定的法律行为,同时强调了民事法律行为是民事主体通过意思表示设立、变更、终止民事法律关系的行为,突出了"意思表示"这一核心要素。也就是说,"民事法律行为"这个用语延续了下来,但内涵发生了变化。作出这样调整的主要考虑:一是法律行为的核心要素是意欲达到一定法律效果的意思表示,无论是合法行为、无效行为、可撤销行为,还是效力待定行为,本质上都是基于意思表示实施的法律行为。从这个角度讲,民法通则规定的"民事法律行为"确有内涵不周延的地方,应当修改。同时,考虑到"民事法律行为"的用法已约定俗成,符合我国的表述习惯,可以在保留"民事法律行为"用语的同时,借鉴其他国家和地区的立法,重新界定其内涵,使其既包括合法有效的法律行为,也包括无效、可撤销和效力待定的法律行为。二是这样规定既表明了当事人在民事活动中可以按照自己的意愿设立、变更、终止民事权利义务关系,同时也强调了当事人在按照自己的意愿从事民事活动时,还应当承担相应的法律后果。民事法律行为无效的,应当承担无效的法律后果;民事法律行为被撤销的,应当承担被撤销的法律后果。这实际上是对当事人从事民事活动提出了要求,可以说具有更强的规范性。三是可以和其他领域的法律行为相区分。法律行为虽是传统民法领域的特有术语,但自从其被引入我国以来,已被广泛应用于其他法学领域,如刑法领域的刑事法律行为、行政法领域的行政法律行为。所以,在立法过程中,其他法律领域的学者提出,为了和其他领域的法律行为区别开来,建议民事领域采用民事法律行为的表述。

基于前述考虑,本条规定,民事法律行为,是指自然人、法人或者非法人组织通过意思表示设立、变更、终止民事权利和民事义务关系的行为。根据本条的规定,民事法律行为具有以下几个特征:

一是民事法律行为是民事主体实施的行为。民事法律行为作为一种法律事实,其必须是由自然人、法人和非法人组织这些民事主体实施的行为,非民事主体实施的行为不是民事法律行为,如司法机关作出的裁决、行政机关作出的处罚决定等也会产生法律后果,但其不是以民事主体身份作出的行为,因而裁决和处罚决定不属于民事法律行为。这里需要说明的是,总则编第3章第4节特别法人中专门规定了机关法人。之所以要规定机关法人,是因为机关在履行公共管理职能过程中可能会进行一些民事活动,如行政机关购买办公用品、修建办公大楼等,需要赋予其在一定情况下享有民事主体资格。机关在从事这些活动时是以机关法人的民事主体身份进行的,其实施的行为也属于民事法律行为。

二是民事法律行为应当是以发生一定的法律效果为目的的

行为。民事主体在社会生产生活中会从事各种各样的活动,但并非任何行为都是民事法律行为。根据本条的规定,只有以设立、变更、终止民事法律关系为目的的行为才是民事法律行为,其最终结果是让民事主体具体地享受民事权利、承担民事义务。所谓设立民事法律关系,是指民事主体通过民事法律行为形成某种法律关系,例如在合同领域,双方当事人通过要约和承诺形成的买卖关系、租赁关系、委托关系等合同关系。所谓变更民事法律关系,是指民事主体在保持原有民事法律关系效力的基础上,通过民事法律行为对其内容作出一些调整。这里需要注意的是,如果民事主体改变了原有民事法律关系的效力,就不属于这里的变更,而是消灭了原有民事法律关系,设立了一个新的民事法律关系。所谓消灭民事法律关系,是指民事主体通过民事法律行为消灭原民事法律关系,终止其效力。这里需要强调的是,民事法律行为虽然是民事主体期望发生一定法律效果为目的的行为,但并非任何民事法律行为都能最终产生民事主体所期望的法律效果。民事主体所从事的民事法律行为既可能是合法的,也可能是非法的,这与民法通则关于民事法律行为的规定有很大的不同。根据本章第3节关于民事法律行为效力的规定,合法有效的民事法律行为能产生民事主体所期望发生的法律效果,但是非法的民事法律行为则不一定能产生民事主体所期望的法律效果。例如,无效的民事法律行为就确定地不发生民事主体所希望发生的法律效果;如果当事人提出撤销的申请,可撤销的民事法律行为也不能实现民事主体所希望的法律效果。非法的民事法律行为虽然可能不能实现民事主体意欲实现的法律效果,但是都可能产生一定的法律后果,例如根据本章的规定,欺诈、胁迫等民事法律行为是非法的,可能产生民事法律行为被撤销的法律后果;又如根据本章的规定,恶意串通损害他人合法权益的民事法律行为会产生无效的法律后果。

三是民事法律行为是以意思表示为核心要素的行为。意思表示,是指民事主体意欲发生一定法律效果的内心意思的外在表达,是民事法律行为最为核心的内容。民事法律行为之所以能对民事主体产生法律约束力,就是因为其是民事主体按照自己的意思作出的,这也是民事法律行为与事实行为最根本的区别。民事主体在社会生活中从事的一些行为,虽然也表达于外,但由于不符合民事法律行为中意思表示的要求,所以不属于民事法律行为。

民事法律行为作为民法中的一项重要法律制度,广泛适用于民法典的各个部分:

一是适用于合同行为。合同可以说是最为典型的民事法律行为,本法合同编部分规定的各种有名合同都是民事法律行为具体规则的体现,无名合同也可以适用本章关于民事法律行为的规定。

二是适用于婚姻、遗嘱、收养等身份关系。对于婚姻、遗嘱和收养行为,根据本法第464条的规定,婚姻、收养、监护等有关身份关系的协议,适用有关该身份关系的法律规定;没有规定的,可以根据其性质参照适用合同编规定。本法婚姻家庭编也不承认婚约的效力。这样规定的主要考虑是:民事主体在设立婚姻、继承和收养身份关系时,主要体现的是行为人的感情,这一点在设立婚姻关系中极为突出,对感情很难用一定标准加以判断,因此,法律对这一领域的调整要相当慎重。但是不承认婚姻、继承、收养是合同关系,并不意味着民事法律行为的规则不能适用于这些领域。根据婚姻家庭编的规定,许多制度可以适用民事法律行为的规则:(1)夫妻对财产的约定;(2)离婚协议;(3)无效婚姻和可撤销婚姻等。根据继承编的规定,许多制度可以适用民事法律行为的规则:(1)遗嘱;(2)遗赠扶养协议等。根据婚姻家庭编收养的有关规定,收养协议的成立、效力和解释等都可以根据民事法律行为的规则来判断。

三是在物权领域也有一定适用的空间。物权编虽没有规定物权行为的独立性和无因性,但这不能完全排除民事法律行为的适用。例如,许多用益物权和担保物权的设立都是通过订立合同来实现的，如签订抵押合同、质押合同、建设用地使用权合同，这些合同不但可以适用合同编的相关规定，也可以适用民事法律行为的相关规则。

四是适用于商事领域。我国实行民商合一的立法传统，公司法、票据法、信托法等民商事特别法也要适用民法典总则编的规定。商事领域的大量行为应当适用民事法律行为的规则，例如在设立公司的过程，设立协议的成立、效力和解释内容一般都需要按照民事法律行为的规则来解决；再如票据法领域的票据行为、信托领域的信托行为也要适用民事法律行为的相关规则。

第一百三十四条　民事法律行为可以基于双方或者多方的意思表示一致成立，也可以基于单方的意思表示成立。

法人、非法人组织依照法律或者章程规定的议事方式和表决程序作出决议的，该决议行为成立。

【释义】　本条是关于民事法律行为成立的规定。

依据不同的标准，民事法律行为可以有不同的分类。依据民事法律行为的行为人数的不同，可以分为单方民事法律行为、双方民事法律行为和多方民事法律行为。不同的民事法律行为，其成立要件和成立时间是不同的。本条第 1 款根据不同的民事法律行为类型对其不同的成立条件和成立时间作了规定。

第一，双方民事法律行为。双方民事法律行为，是指双方当事人意思表示一致才能成立的民事法律行为。双方民事法律行为是现实社会经济生活中存在最多、运用最广的民事法律行为。最为典型的双方民事法律行为是合同。双方民事法律行为与单方民事法律行为的最大区别是行为的成立需要双方的意思表示一致，仅凭一方的意思表示而没有经过对方的认可或者同意不能成立。

第二，多方民事法律行为。多方民事法律行为，是指根据两个以上的民事主体的意思表示一致而成立的行为。多方民事法律行为与双方民事法律行为的相同之处是都需要所有当事人的意思表示才能成立;不同之处是双方民事法律行为的当事人只有两个,而多方民事法律行为的当事人有两个以上。订立公司章程的行为和签订合伙协议的行为就是较为典型的多方民事法律行为。

第三,单方民事法律行为。单方民事法律行为,是指根据一方的意思表示就能够成立的行为。与双方民事法律行为不同,单方民事法律行为不存在相对方,其成立不需要其他人的配合或者同意,而是依据行为人自己一方的意志就可以产生自己所期望的法律效果。在现实生活中单方民事法律行为也不少,这些民事法律行为从内容上划分,主要可以分为两类:一是行使个人权利而实施的单方行为,如所有权人抛弃所有权的行为等,这些单方民事法律行为仅涉及个人的权利变动,不涉及他人的权利变动;二是涉及他人权利变动的单方民事法律行为,如立遗嘱,授予代理权,行使撤销权、解除权、选择权等处分形成权的行为。

除了本条第1款规定的多方民事法律行为、双方民事法律行为和单方民事法律行为,本条第2款还规定了一种较为特殊的民事法律行为,即决议行为。决议行为是两个或者两个以上的当事人基于共同的意思表示而意图实现一定法律效果而实施的行为,其满足民事法律行为的所有条件,是一种民事法律行为。但是与多方民事法律行为、双方民事法律行为和单方民事法律行为相比,其又具有特殊性,这种特殊性体现在三个方面:一是双方民事法律行为或者多方民事法律行为需要所有当事人意思表示一致才能成立,决议行为一般并不需要所有当事人意思表示一致才能成立,而是多数人意思表示一致就可以成立。二是双方民事法律行为或者多方民事法律行为的设立过程一般不需要遵循特定的程序,而决议行为一般需要依一定的程序才能设立,根据本条的规定,决议行为的设立应当依照法律或者章程规定的议事方式和表决程序。三是双方民事法律行为或者多方民事法律行为适用的范围一般不受限制,而根据本条的规定,决议行为原则上仅适用于法人或者非法人组织内部的决议事项。

需要强调的是，民事法律行为的成立是其生效的前提，根据本法第136条的规定，民事法律行为自成立时生效，但是法律另有规定或者当事人另有约定的除外。也就是说，除法律另有规定或者当事人另有约定外，民事法律行为原则上在成立时就对当事人产生法律约束力，任何一方都不得擅自变更或者解除。

第一百三十五条　民事法律行为可以采用书面形式、口头形式或者其他形式；法律、行政法规规定或者当事人约定采用特定形式的，应当采用特定形式。

【释义】 本条是关于民事法律行为形式的规定。

民事法律行为的形式是民事法律行为的核心要素——意思表示的外在表现形式。对于民事法律行为应当采用什么形式，从理论上讲和境外的立法例来看，主要有两种模式：一种模式是对民事法律行为的形式要求较严格。支持这种立法模式的观点认为，民事法律行为的形式直接与交易安全密切相关，因此原则上都要求采用书面形式，有的甚至要求采用公证的形式。不采用书面形式或者采用公证等特殊形式，原则上民事法律行为不成立或者不发生效力。这种模式固然有利于交易安全，但严重限制了当事人选择民事法律行为形式的自由，也不利于民事法律行为的成立和生效。另一种模式是不对民事法律行为的形式作强制性要求，而是给予当事人较大的选择民事法律行为形式的自由。这种模式虽然可能导致当事人在民事活动中产生争议，交易安全得不到很好的保障，但是，由于可以最大程度地尊重当事人的选择自由，也可以最大限度地实现民事活动的方便和快捷，降低交易成本。所以，现在世界上大多数国家和地区都采用了这种立法例，也是理论界的主流观点。

从我国的民事立法来看，对民事法律行为的形式规定经历了一个发展变化的过程。我国已经废止的经济合同法、技术合同法和涉外经济合同法都对民事法律行为采取了较为严格的立法模式,如原经济合同法第3条规定,经济合同,除即时清结者外,应当采用书面形式。原涉外经济合同法第7条规定,当事人就合同条款以书面形式达成协议并签字,即为合同成立。我国参加国际公约,也往往对公约中不限定合同形式的规定予以保留。由于当时的法律对合同要求法定形式的规定中除了要求采用书面形式,没有对未采用书面形式的法律后果作出明确规定。因此,在司法实践中有不少未采用书面形式的合同被确定为无效,严重影响了交易效率,妨碍了交易活动的进行。基于此,民法通则改变了这一模式,对民事法律行为的形式采取了较为宽松的模式。民法通则第56条规定,民事法律行为可以采用书面形式、口头形式或者其他形式。法律规定用特定形式的,应当依照法律规定。1999年审议通过的合同法延续了民法通则的做法,在第10条规定,当事人订立合同,有书面形式、口头形式和其他形式。法律、行政法规规定采用书面形式的,应当采用书面形式。当事人约定采用书面形式的,应当采用书面形式。应当说民法通则和合同法的规定既充分尊重了当事人的选择自由,适应了当事人要求交易便捷和提高交易效率的现实需要,也提倡当事人尽量采取书面形式订立民事法律行为,避免口说无凭,使订立的民事法律行为规范化。从多年的实践效果来看,这些规定是好的。基于此,本条延续了民法通则和合同法的做法,明确规定,民事法律行为可以采用书面形式、口头形式或者其他形式;法律、行政法规规定或者当事人约定采用特定形式的,应当采用特定形式。

根据本条规定,民事法律行为可以采用书面形式、口头形式或者其他形式。所谓书面形式,是指以文字等可以有形形式再现民事法律行为内容的形式。书面形式明确肯定,有据可查,对于防止争议和解决纠纷、保障交易安全有积极意义。在现实生活中,对于重要的民事法律行为,为了避免争议,当事人一般愿意采用书面形式。书面形式的种类很多,根据本法第469条第2款、第3款的规定,书面形式是合同书、信件、电报、电传、传真等可以有形地表现所载内容的形式。以电子数据交换、电子邮件等方式能够有形地表现所载内容,并可以随时调取查用的数据电文,视为书面形式。随着互联网技术的发展,微信、QQ 等已成为人们社会交往的重要载体,也可以成为民事法律行为的载体,有的也属于书面形式的种类。所谓口头形式,是指当事人以面对面的谈话或者以电话交流等方式形成民事法律行为的形式。口头形式的特点是直接、简便和快捷,在现实生活中数额较小或者现款交易的民事法律行为通常都采用口头形式,如在自由市场买菜、在商店买衣服等。口头形式也是老百姓在日常生活中广泛采用的一种形式。口头形式虽然也可以适用于法人、非法人组织之间,但由于口头形式没有凭证,容易发生争议,发生争议后,难以取证,不易分清责任。除了书面形式和口头形式,本条还规定民事法律行为也可以采用其他形式。这是一项兜底性规定,主要是考虑到现实生活很复杂,民事法律行为的形式也多种多样,在某些情况下,当事人还可以采取书面形式和口头形式之外的方式形成民事法律行为。例如在合同领域,可以根据当事人的行为或者特定情形推定合同的成立,也被称为默示合同。此类合同是指当事人未用语言或者文字明确表示成立,而是根据当事人的行为推定合同成立。这类合同在现实生活中有很多,如租房合同的期限届满后,出租人未提出让承租人退房,承租人也未表示退房而是继续交房租,出租人也接受了租金。根据双方的行为,可以推定租赁合同继续有效。又如,乘客乘上公共汽车并到达目的地时,尽管乘车人和承运人之间没有形成书面形式或者口头形式的合同,但可以依当事人的行为推定双方的运输合同成立。

对于民事法律行为是采用书面形式、口头形式还是其他形式,由当事人自主选择,法律原则上不干涉,但在一些特殊情况下,出于保护交易安全、避免纠纷等考虑,有的法律、行政法规会对民事法律行为提出特殊要求,或者当事人会约定民事法律行为采用特定形式,在这种情况下,应当采用特定形式。例如,当事人约定民事法律行为采用公证形式的,则应当采用公证形式。对于未采用特殊形式的民事法律行为的后果问题,应当区分情况:一是如果法律、行政法规明确规定或者当事人明确约定不采用特殊形式的后果的,则民事法律行为的后果应遵从法律、行政法规的规定或者当事人的约定,例如当事人明确约定民事法律行为不采用公证形式就不成立的,若该民事法律行为没有采有公证形式就不成立。二是如果法律、行政法规只明确要求或者当事人约定采用特殊形式,但没有对不采用该形式的民事法律行为的后果作出明确规定的,则从鼓励交易的角度出发,原则上不宜轻易否定民事法律行为的效力。

第一百三十六条　民事法律行为自成立时生效,但是法律另有规定或者当事人另有约定的除外。

行为人非依法律规定或者未经对方同意,不得擅自变更或者解除民事法律行为。

【释义】　本条是关于民事法律行为生效时间的规定。

民事法律行为的生效,是指民事法律行为产生法律约束力。民事法律行为生效后,其法律拘束力主要体现在以下三个方面:一是对当事人产生法律拘束力。这种效力是民事法律行为的对内效力。一旦民事法律行为生效后,当事人应当依照民事法律行为的内容,按照诚信原则正确、全面地行使权利、履行义务,不得滥用权利,违反义务。在客观情况发生变化时,当事人必须依照法律规定或者取得对方同意后,才能变更或者终止民事法律行为。二是对当事人以外的第三人产生一定的法律拘束力,这种法律拘束力是民事法律行为的对外效力。民事法律行为一旦生效后,任何组织和个人不得侵犯当事人的权利,不得非法阻挠当事人履行义务。三是民事法律行为生效后的法律效果还表现在,当事人违反民事法律行为的,应当依法承担民事责任,必要时人民法院也可以采取强制措施要求当事人继续履行民事法律行为所规定的义务。这一点在合同领域体现得尤为明显。例如,本法第577条规定,当事人一方不履行合同义务或者履行合同义务不符合约定的,应当承担继续履行、采取补救措施或者赔偿损失等违约责任。

民事法律行为何时生效？对于这个问题,民法通则第 57 条规定,民事法律行为从成立时具有法律拘束力。本条规定延续了民法通则的规定,明确规定,民事法律行为自成立时生效。也就是说,民事法律行为的生效时间与民事法律行为的成立原则上是一致的。那么民事法律行为何时成立？根据本法第 134 条的规定,民事法律行为可以基于双方或者多方的意思表示一致成立,也可以基于单方的意思表示成立。法人、非法人组织依照法律或者章程规定的议事方式和表决程序作出决议的,该决议行为成立。需要强调两点:第一,成立时就生效的民事法律行为必须是具备一般有效要件的民事法律行为,就是说必须是依法成立的民事法律行为。根据本法第 143 条的规定,具备下列条件的民事法律行为有效:(1)行为人具有相应的民事行为能力;(2)意思表示真实;(3)不违反法律、行政法规的强制性规定,不违背公序良俗。也就是说,成立时就生效的民事法律行为的行为人应当具有相应的民事行为能力,意思表示应当真实,且不违反法律、行政法规的强制性规定,也不违背公序良俗。不具备一般有效要件的民事法律行为在成立时可能会有三种后果:一是无效,例如该民事法律行为违反法律、行政法规的强制规定的就无效;二是被撤销,例如该民事法律行为因一方当事人欺诈或者重大误解被撤销的,就发生被撤销的法律后果;三是效力待定,如限制民事行为能力人实施的超出其年龄、智力、精神健康状况的民事法律行为在被其法定代理人追认前处于效力待定状态。第二,一些特殊的民事法律行为即使具备一般有效要件,在成立时也不立即生效,只有满足特殊生效要件后才生效。例如,本章第 4 节规定的附生效条件和附生效期限的民事法律行为在成立时并不立即生效,只有在条件成就时或者期限届至时才生效。再如遗嘱行为只有在遗嘱人死亡后才生效。本法第 502 条第 2 款规定,法律、行政法规规定合同应当办理批准等手续的,依照其规定。此外,基于自愿原则,当事人对民事法律行为何时生效也可以约定。基于此,本条第1款规定,民事法律行为自成立时生效,但是法律另有规定或者当事人另有约定的除外。这里的“法律另有规定或者当事人另有约定的除外”就是指前面所讲的各种情形。

本条第2款规定,行为人非依法律规定或者未经对方同意,不得擅自变更或者解除民事法律行为。本款规定表达了两层意思:一是已成立生效的民事法律行为对当事人具有法律拘束力,这时的法律拘束力体现在当事人必须尊重该民事法律行为,并通过自己的行为全面履行民事法律行为所设定的义务。除非当事人另有约定或者法律另有规定,不允许任何一方当事人擅自解除或者变更民事法律行为。这时的法律拘束力对当事人来说既包括全面积极地履行民事法律行为所设定的义务,也包括履行不擅自解除或者变更民事法律行为的不作为义务。二是对于具备一般有效要件且成立,但还不具备特殊生效要件的民事法律行为,在特殊生效要件尚不具备前,除非当事人另有约定或者法律另有规定,任意一方当事人也不得擅自变更或者解除民事法律行为。例如,对于附条件的民事法律行为,在条件未成就前,其虽还没有生效,但任何一方当事人也不得擅自解除或者变更。这时的法律拘束力主要体现在当事人的这种不作为义务上。但这并不妨碍要求当事人履行一些使民事法律行为完全生效的附随义务,例如对于具备一般生效要件,但须满足登记这个特殊要件才能生效的民事法律行为,在未登记前虽暂未生效,但对当事人仍有一定的法律拘束力,当事人应当依诚信原则履行协助办理登记的义务,也不得擅自解除或者变更民事法律行为。

第二节　意思表示

第一百三十七条　以对话方式作出的意思表示,相对人知道其内容时生效。

以非对话方式作出的意思表示,到达相对人时生效。以非对话方式作出的采用数据电文形式的意思表示,相对人指定特定系统接收数据电文的,该数据电文进入该特定系统时生效;未指定特定系统的,相对人知道或者应当知道该数据电文进入其系统时生效。当事人对采用数据电文形式的意思表示的生效时间另有约定的,按照其约定。

【释义】 本条是关于有相对人的意思表示生效时间的规定。

意思表示,是指行为人为了产生一定民法上的效果而将其内心意思通过一定方式表达于外部的行为。意思表示中的"意思",是指设立、变更、终止民事法律关系的内心意图;"表示",是指将内心意思以适当方式向适当对象表示出来的行为。意思表示具有如下特征:一是意思表示的表意人具有使民事法律关系发生变动的意图。通过这种意图,表意人可以依据自己的主观意志发生法律关系,所以从这一角度来讲,意思表示是实现意思自治的工具。二是意思表示是一个将意思由内到外表示的过程。一个人内心可能有很多的主观意思,但是若不通过适当的方式表示出来,让他人知晓,其内心意思就没有任何法律意义。三是意思表示可以产生一定的法律效果。符合法定生效要件的意思表示可以发生当事人预期的法律效果。意思表示作为民事法律行为中最为核心的要素,对于确定民事法律行为的效力具有重要作用。这里需要指出的是,虽然意思表示是民事法律行为的核心要素,与民事法律行为关系密切,但二者仍有很大区别:一是意思表示只能是一方的意思表示,而民事法律行为既可能由一个意思表示构成,如单方民事法律行为,也可能由双方或者多方的意思表示构成,如双方民事法律行为和多方民事法律行为。二是意思表示与民事法律行为的生效要件不同。民事法律行为的一般生效要件包括当事人、意思表示和标的,而意思表示只是民事法律行为的组成部分。三是意思表示和民事法律行为的生效时间不同。根据本条的规定,以对话方式作出的意思表示是相对人知道其内容时生效;以非对话方式作出的意思表示,原则上是到达相对人时生效。第138条规定,无相对人的意思表示,表示完成时生效。法律另有规定的,依照其规定。第139条规定,以公告方式作出的意思表示,公告发布时生效。而民事法律行为为单方民事法律行为的,原则上以意思表示作出时间为生效时间;双方民事法律行为或者多方民事法律行为以各方当事人意思表示一致时成立生效;决议行为则要按照法律或者章程规定的程序和方式才能成立生效。如果法律规定或者当事人约定了特殊生效要件的,只有具备特殊生效要件时才能生效。基于此,有必要单独规定意思表示的类型、生效、解释等规则。

意思表示的类型很多,依据是否向相对人作出,意思表示可区分为有相对人的意思表示和无相对人的意思表示。所谓有相对人的意思表示,又称为需要受领的意思表示,是指向特定对象作出的意思表示。现实生活中这类意思表示是最普遍的,如订立合同的要约和承诺、行使撤销权的意思表示、行使解除权的意思表示等。有相对人的意思表示大多数是双方或者多方民事法律行为,如合同;也有一些是单方民事法律行为,如行使撤销权的意思表示,这些意思表示的生效虽不需要特定对象的同意,但需要该意思表示被特定对象所受领。所谓无相对人的意思表示,又称为无须受领的意思表示,是指无须向特定对象作出的意思表示。现实生活中这类意思表示也较多,如悬赏广告、遗嘱、抛弃权利的意思表示等。有相对人的意思表示和无相对人的意思表示的生效时间是不一样的。本法第137~139条根据意思表示有无相对人对其生效时间分别作了规定。

本条是对有相对人的意思表示生效时间的规定。对于此类情况,本条又根据是否采用对话方式作了不同规定:

一是以对话方式作出的意思表示。所谓以对话方式作出的意思表示,是指采取使相对方可以同步受领的方式进行的意思表示,如面对面交谈、电话等方式。在以这种方式进行的意思表示中,表意人作出意思表示和相对人受领意思表示是同步进行的,没有时间差。因此,表意人作出意思表示并使相对人知道时即发生效力。基于此,本条第1款规定,以对话方式作出的意思表示,相对人知道其内容时生效。

二是以非对话方式作出的意思表示。以非对话方式作出的意思表示,是表意人作出意思表示的时间与相对人受领意思表示的时间不同步,二者之间存在时间差。非对话的意思表示在现实生活中存在的形式多样,如传真、信函等。对于非对话的意思表示何时生效,其他国家和地区的立法有四种立法例:表示主义、发信主义、到达主义与了解主义。表示主义和发信主义对表意人有利,对相对人不利;了解主义对相对人有利,但对表意人不利;相较而言,到达主义兼顾了表意人和相对人的利益,所以现在大多数国家和地区的立法采用了到达主义。所谓到达主义,是指意思表示进入了相对人的实际控制范围内,至于相对人对意思表示是否了解不影响意思表示的生效时间。我国的民事立法对意思表示的生效时间的规定也采用了到达主义的模式。合同法规定,当事人的要约和承诺到达对方当事人时生效。本条延续了合同法的做法,规定以非对话方式作出的意思表示,到达相对人时生效。需要强调的是,这里“到达”并不意味着相对人必须亲自收到,只要进入相对人通常的地址、住所或者能够控制的地方(如信箱)即可视为到达,意思表示被相对人的代理人收到也可以视为“到达”。送达相对人时生效还意味着即使在意思表示送达相对人前相对人已经知道该意思表示内容的,该意思表示也不生效。

三是以非对话方式作出的采用数据电文形式的意思表示。随着科学技术的发展,人们除可以采用信件等传统的非对话方式作出意思表示外,还可以采取数据电文的方式作出意思表示。“数据电文”系指经由电子手段、电磁手段、光学手段或类似手段生成、发送、接收或存储的信息,这些手段包括但不限于电子数据交换、电子邮件、电报、电传或传真。随着互联网技术的发展,数据电文的范围还在扩展,如现在广泛应用于社会交往的文字型微信、微博等。采用数据电文方式作出的意思表示虽然也是以非对话方式进行的,但由于其发出和到达具有自动性、实时性等特点,意思表示发出即到达,其生效规则也与一般的非对话方式作出的意思表示的生效时间有所区别。那么以数据电文作出意思表示何时生效?合同法参考联合国国际贸易法委员会制定的《电子商务示范法》规定,要约到达受要约人时生效。采用数据电文形式订立合同,收件人指定特定系统接收数据电文的,该数据电文进入该特定系统的时间,视为到达时间;未指定特定系统的,该数据电文进入收件人的任何系统的首次时间,视为到达时间。本条第2款在延续合同法规定的基础上作了一定的发展,分三个层次对以数据电文形式作出的意思表示的生效时间作了规定:

第一,对以非对话方式作出的采用数据电文形式的意思表示,相对人指定特定系统接收数据电文的,该数据电文进入该特定系统时生效。这一规定与合同法的规定是一致的。这针对的是相对人指定了接收意思表示的特定信息系统的情况。在这种情况下,应当以意思表示进入该特定信息系统的时间作为意思到达的时间,也即生效的时间。这里的"特定系统",是指由某一方特别指定的接收系统。例如在合同领域,一项要约明确指定了承诺应当发回的系统。如果只是在文件中显示了电子邮件或者传真印件的地址,但没有特别指定,则不应视为明确指定的一个信息系统。"进入"概念用以界定数据电文的收到时间。所谓一项数据电文进入一个信息系统,其时间是在该信息系统内可投入处理的时间。至于进入该信息系统的数据电文是否能够为收件人所识读或者使用则不影响该数据电文意思表示的生效时间。

第二,未指定特定系统的,相对人知道或者应当知道该数据电文进入其系统时生效。这一规定与合同法的规定不完全相同。在这种情况下,合同法规定,该数据电文进入收件人的任何系统的首次时间,为生效时间,而不问相对人是否知道或者应当知道该数据电文进入其系统。鉴于我国加入的《联合国国际合同使用电子通信公约》明确规定,在这种情况下,以相对人了解到该数据电文已发送到相对人的任何系统的时间为生效时间。这里的"了解”即知道或者应当知道。为了与公约的规定相一致,本条按照公约的规定对合同法的规定作了相应修改。在实践中,可能存在的问题是“知道或者应当知道”的主观性相对较大,意思表示的表意人一般很难证明相对人是否知道或者应当知道。为了平衡表意人和相对人的利益,《联合国国际合同使用电子通信公约》规定,当数据电文抵达收件人的系统时,即应推定收件人能够知道该数据电文。也就是说,数据电文一旦进入相对人的系统,就视为相对人知道或者应当知道该意思表示。若相对人否认的,必须要承担自己不知道或者不应当知道的证明责任。

第三,当事人对采用数据电文形式的意思表示的生效时间另有约定的,按照其约定。这主要是为了尊重当事人对意思表示生效时间的约定,体现意思自治。在现实生活中,当事人可以约定数据电文形式意思表示的生效时间可以不是该意思表示进入特定系统的时间。有这种约定的,从其约定。

第一百三十八条　无相对人的意思表示,表示完成时生效。法律另有规定的,依照其规定。

【释义】 本条是关于无相对人的意思表示生效时间的规定。

正如前文所述,无相对人的意思表示由于不涉及意思表示的受领问题,所以一般自意思表示完成时就发生法律拘束力。基于此,本条规定,无相对人的意思表示在完成时生效,这是无相对人意思表示生效的一般性规则。但有时法律对无相对人的意思表示的生效时间会作出特别规定,例如,根据本法继承编的规定,遗嘱这种无相对人的意思表示自遗嘱人死亡时发生效力。所以,本条还规定,法律对无相对人意思表示的生效时间另有规定的,依照其规定。

第一百三十九条　以公告方式作出的意思表示,公告发布时生效。

【释义】 本条是关于以公告方式作出的意思表示生效时间的规定。

实践中,在意思表示有相对人的情况下,可能会发生意思表示的表意人不知道相对人的具体地址、相对人下落不明的情形。对表意人来说,要通过信函、邮件等方式送达相对人是困难的,其意思表示就有可能迟迟不能生效,影响其利益。例如,合同中的一方当事人根据法律或者当事人的约定行使解除权,但找不到另一方当事人,按照传统方式很难将意思表示送达到相对人,这就会严重影响该当事人行使撤销权。对此,必须允许表意人采取特殊方式送达其意思表示。基于此,本条借鉴民事诉讼法关于公告送达司法文书的规定,明确规定了表意人在这种情况下可以公告方式作出意思表示。本条规定,对于以公告方式作出的意思表示,公告发布时生效。这里的"公告方式"既可以是在有关机构的公告栏,例如人民法院的公告栏;也可以是在报纸上刊登公告的方式。以公告方式作出的意思表示,表意人一旦发出公告能够为社会公众所知道,就认为意思表示已经到达,即发生效力。理解本条还需要注意:本条所规定的表意人并不是在任何情况都可以采用公告方式作出意思表示,只有在表意人非因自己的过错而不知相对人的下落或者地址的情况下才可以采用公告方式作出意思表示,否则对相对人很不公平。在表意人知道相对人下落的情况下,表意人不得采用公告方式作出意思表示,除非相对人同意。

第一百四十条　行为人可以明示或者默示作出意思表示。

沉默只有在有法律规定、当事人约定或者符合当事人之间的交易习惯时,才可以视为意思表示。

【释义】 本条是关于作出意思表示的方式的规定。

在现实生活中,行为人作出意思表示的方式很多,归纳起来大体上可以分为两类:一是以明示的方式作出意思表示。所谓明示的意思表示,就是行为人以作为的方式使得相对人能够直接了解到意思表示的内容。以明示方式作出的意思表示具有直接、明确、不易产生纠纷等特征。所以,实践中,明示的意思表示是运用得最为广泛的一种形式。比较典型的是表意人采用口头、书面方式直接向相对人作出的意思表示。二是以默示方式作出的意思表示。这种方式又称为行为默示,是指行为人虽没有以语言或文字等明示方式作出意思表示,但以行为的方式作出了意思表示。这种方式虽不如明示方式那么直接表达出意思表示的内容,但通过其行为可以推定出其作出一定的意思表示。在现实生活中,以默示方式作出的意思表示也比较常见。例如,某人向自动售货机投入货币的行为即可推断其作出了购买物品的意思表示。又如,某人乘坐无人售票的公交车时,其投币行为就可以视为其具有缔结运输合同的意思表示。

意思表示原则上都需要以明示或者默示的方式作出。但是在现实生活中也会出现一种特殊情形,即行为人作出意思表示时既无语言等明示方式,也无行为等默示方式,在一定条件下仍可视为意思表示。这种情形就是以沉默的方式作出的意思表示。沉默是一种既无语言表示也无行为表示的纯粹的缄默,是一种完全的不作为,从法学理论和境外的立法例来看,原则上纯粹的不作为不能视为当事人有意思表示。也就是说,与明示和默示原则上可以作为意思表示的方式不同,沉默原则上不得作为意思表示的方式。只有在有法律规定、当事人约定或者符合当事人之间的交易习惯时,才可以视为意思表示。例如,本法第 638 条第 1 款规定,试用买卖的买受人在试用期内可以购买标的物,也可以拒绝购买。试用期间届满,买受人对是否购买标的物未作表示的,视为购买。在这条规定中,试用期间届满后,买受人对是否购买标的物未作表示就是一种沉默,但这种沉默就可以视为买受人作出了购买的意思表示。又如,在买卖合同订立的过程中,双方当事人约定,一方向另一方发出订立合同的要约后,只要另一方当事人在收到 3 日内没有回复的,就视为作出了接受要约内容的承诺,这种约定以沉默作出意思表示也是可以的。

第一百四十一条　行为人可以撤回意思表示。撤回意思表示的通知应当在意思表示到达相对人前或者与意思表示同时到达相对人。

【释义】 本条是关于意思表示撤回的规定。

意思表示的撤回,是指在意思表示作出之后发生法律效力之前,意思表示的行为人欲使该意思表示不发生效力而作出的意思表示。意思表示之所以可以撤回,是因为意思表示生效才能发生法律约束力,在其尚未生效之前,不会对意思表示的相对人产生任何影响,也不会对交易秩序产生任何影响,因此,在此阶段应当允许行为人使未发生法律效力的意思表示不产生预期的效力,这也是对行为人意思自由的充分尊重。基于此,本条规定,行为人可以撤回意思表示。

行为人可以撤回意思表示,但不是在任何情况下都可以撤回其意思表示,而是有条件的。根据本条的规定,撤回意思表示的通知应当在意思表示到达相对人前或者与意思表示同时到达相对人。如果撤回意思表示的通知在意思表示到达相对人之后到达的,该意思表示已经生效,是否能够使其失效,则取决于相对人是否同意。因此,行为人若要撤回意思表示,必须选择以快于意思表示作出的方式发出撤回的通知,使之能在意思表示到达之前到达相对人。如果意思表示的行为人作出意思表示以后又立即以比作出意思表示更快的方式发出撤回通知,按照通常情况,撤回的通知应当先于或者最迟会与意思表示同时到达相对人,但因为其他原因耽误了,撤回的通知在意思表示到达相对人后才到达相对人,在这种情况下,相对人应当根据诚信原则及时通知意思表示的行为人,告知其撤回的通知已经迟到,意思表示已经生效;如果相对人怠于通知行为人,行为人撤回意思表示的通知视为未迟到,仍发生撤回表示的效力。

理解本条需要注意以下两点：

一是意思表示的撤回原则上只有在该意思表示有相对人的情况下才有意义，若是无相对人的意思表示则不存在撤回不撤回的问题。这是因为根据本法第137条的规定，以对话方式作出的有相对人的意思表示，相对人知道其内容时生效。以非对话方式作出的有相对人的意思表示，到达相对人时生效。也就是说，在以对话方式作出的有相对人的意思表示，因为相对人知道其内容时就生效，相当于即时生效，行为人很难作出撤回的通知，这种情况下适用撤回的规定空间比较小。以非对话方式作出的有相对人的意思表示因是到达相对人时生效，则行为人发出撤回意思表示的通知，且该通知在意思表示到达之前或者同时到达相对人的，当然视为意思表示没有到达，所以可以适用本条撤回的规定。而根据本法第138条的规定，无相对人的意思表示，表示完成时生效。也就是说，无相对人的意思表示在表示作出时就发生效力，不可能撤回，只可能撤销。

二是意思表示的撤回与意思表示的撤销是不同的。根据本条的规定，意思表示的撤回是在意思表示未生效前使其不发生效力；而意思表示的撤销，是指在意思表示作出并生效之后，行为人又作出取消其意思表示的表示。由于意思表示在到达后已经生效，相对人已知悉了意思表示的内容，甚至可能已经对该意思表示产生了合理的信赖，因此，行为人能否在意思表示生效后取消其意思表示，需要考虑保障相对人合理信赖的问题。这与意思表示撤回中仅考虑保护意思表示行为人对其意思表示的自由处分权利存在较大区别。考虑到意思表示生效后，已经对行为人产生了法律约束力，能否撤销，要平衡行为人和相对人的利益，不宜泛泛规定行为人可以撤销意思表示。基于此，合同编第476条规定，要约可以撤销，但有下列情形之一的，要约不得撤销：(1)要约人以确定承诺期限或者其他形式明示要约不可撤销；(2)受要约人有理由认为要约是不可撤销的，并已经为履行合同做了合理准备工作。所以，总则编只规定了意思表示的撤回，未规定意思表示的撤销。

第一百四十二条　有相对人的意思表示的解释，应当按照所使用的词句，结合相关条款、行为的性质和目的、习惯以及诚信原则，确定意思表示的含义。

无相对人的意思表示的解释，不能完全拘泥于所使用的词句，而应当结合相关条款、行为的性质和目的、习惯以及诚信原则，确定行为人的真实意思。

【释义】　本条是关于意思表示解释的规定。

任何意思表示都是通过语言、文字、行为等一定外在表现形式体现出来的，而这些外在表现形式与表意人的内心真实意思表示是否一致，常常因表意人的表达能力或者表达方式的不同而出现差异，或者意思表示不清楚、不明确。这就导致在现实生活中，对表意人作出的意思表示，不同的人可能就会产生不同理解，甚至产生争议。为了定分止争，在对意思表示的含义产生争议时，就需要人民法院或者仲裁机构对意思表示进行解释。因此，所谓意思表示的解释，就是指因意思表示不清楚或者不明确发生争议时，由人民法院或者仲裁机构对意思表示进行的解释。解释的目的就是明确意思表示的真实含义。意思表示的解释具有以下特征：一是意思表示解释的对象是当事人已经表示出来的、确定的意思，而非深藏于当事人内心的意思。深藏于当事人内心的意思无法作为认识的对象，是无法解释的。二是这里的意思表示解释主体是人民法院或者仲裁机构，并不是任何机构或者个人都可以对意思表示作出有权解释。现实生活中其他机构或者个人自己对意思表示的解释不是有权解释，不会对当事人产生法律约束力，只有人民法院或者仲裁机构对意思表示作出的解释才是有权解释，才会对当事人产生法律约束力。三是人民法院或者仲裁机构对意思表示的解释不是任意的主观解释，而是必须遵循一定的规则进行解释，这些规则就是解释意思表示的方法。

在立法过程中,对意思表示的解释问题有两个争论点:第一,是规定意思表示的解释问题,还是规定民事法律行为的解释问题。有的意见认为,意思表示只是民事法律行为的一部分,在现实生活中,主要是对民事法律行为产生争议,规定民事法律行为的解释制度更有意义。经研究认为,意思表示与民事法律行为不完全相同,在有些情况下,只有意思表示,但其还不构成民事法律行为,如单纯的要约或者承诺;在有民事法律行为的情况,意思表示虽只是民事法律行为的一部分,但其是民事法律行为的核心内容,解释民事法律行为其实也主要是解释其中的意思表示的含义。因此,规定意思表示的解释问题涵盖更广,也更能准确地体现解释的真正对象。第二,是区分有相对人的意思表示和无相对人的意思表示分别规定不同的解释规则,还是不区分,规定统一的解释规则。这实际上代表了对意思表示解释的两种观点。总则编采纳了前一种观点,区分情形分别规定了意思表示的解释,分为有相对人的意思表示解释和无相对人的意思表示解释两种形式。有相对人的意思表示,是指对表意人向相对人发出的意思表示进行的解释。最为典型的是对订立合同的要约或者承诺进行解释,要约和承诺都是意思表示,但必须向相对人发出且到达相对人才产生效力。无相对人的意思表示解释就是对不需要相对人的意思表示进行的解释,如对遗嘱、悬赏广告等意思表示的解释。之所以作出这样的区分,主要是基于以下考虑:有相对人的意思表示中,需要有意思表示的受领人,所以意思表示必须到达受领人或者为受领人所了解才能发生效力;无相对人的意思表示不需要意思表示的受领人,则不存在意思表示需要到达某人或者为某人所了解才发生效力的问题。因此,有相对人的意思表示一旦为相对人所受领,相对人就会对此产生合理信赖。如果出现表意人的内心真实意思和外在表示出来的意思表示不一致的情况,就需要平衡保护相对人的信赖利益与保护表意人的内心真实意思;同时,在这种情况下还需要考虑相对人对意思表示的理解水平。而在无相对人的意思表示的情况下,因不存在受领人,就不会产生受领人信赖利益保护的问题,且在这种情况下,因无受领人,则不需要考虑受领人的理解水平问题。因此,对无相对人的意思表示的解释就是主要探究表意人的内心真实意思。

本条第1款对有相对人的意思表示的解释规则作了规定。在实践中,有相对人的意思表示主要存在于合同领域,所以对相对人的意思表示进行解释大多数情况下是对合同的解释。根据本条第1款的规定,对有相对人的意思表示的解释,应当遵循以下规则:

第一,首先要按照意思表示所使用的词句进行解释。法理上,这种解释方法又被称为文义解释。意思表示是由词句构成的,所以,解释意思表示必须首先从词句的含义入手。这些词句是由表意人和相对人双方形成的,对有相对人的意思表示的解释又涉及对相对人信赖利益的保护,因此绝不能抛开词句对意思表示进行完全的主观解释。对词句的解释应当按照一个合理人通常的理解来进行。也就是说,法官应当考虑一个合理的人在通常情况下对有争议的意思表示用语所能理解的含义作为解释词句含义的标准。对于何为"合理人"应当结合具体情况来判断,如果是一般的民事活动,则"合理人"就是社会一般的人,例如一个人到商场买一件衣服,对买卖合同的含义发生争议,对该买卖合同的理解就应当按照一个普通人的理解进行解释;如果是某种特殊交易,则"合理人"就是该领域内的人,例如医疗器械的买卖合同的解释就应当按照医疗界的人士的理解来解释该买卖合同的含义。

第二,如果按通常的理解对有相对人的意思表示所使用的词句进行解释比较困难或者不合理的,则应当结合相关条款、行为的性质和目的、习惯以及诚实信用原则,确定意思表示的含义。相关条款是意思表示的构成部分,与其他条款有着密切联系,因此不仅要从词句的含义去解释,还要结合相关条款对意思表示进行分析判断,而不是孤立地去看待某个条款。这一点在解释合同的含义时极为重要,对合同含义的解释一定要整体考虑合同的上下文,根据不同条款之间的关联性来进行解释。根据行为的性质和目的进行解释,是指在对意思表示进行解释时,应当根据当事人作出该意思表示所追求的目的,来对有争议的意思表示进行解释。按照自愿原则,民事主体可以在法律规定的范围内,为追求其目的而表达其意思,进而与相对人设立、变更、终止民事法律关系。因此,意思表示本身不过是行为人实现自己目的的手段。因此,在解释意思表示时,应当充分考虑行为人作出该意思表示的目的。如果意思表示的词句与当事人所明确表达的目的相违背,且行为人与相对人对该词句的含义发生了争议的,可以按照双方当事人的目的进行解释。按照习惯进行解释,是指在意思表示发生争议以后,应当根据当事人所知悉的生活和交易习惯来对意思表示进行解释。在运用习惯进行解释时,双方当事人应当对运用的习惯是否存在以及其内容进行举证证明,在当事人未举证的情况下,人民法院也可以主动适用习惯进行解释。依据诚信原则解释,是指根据诚信原则对有争议的意思表示进行解释。本法第 7 条将诚信原则作为民事基本原则,这一基本原则贯穿民事主体行使和履行义务的全过程,也是法官在解释意思表示时所应遵循的主要规则。它要求法官将自己作为一个诚实守信的当事人来理解、判断意思表示的内容,平衡双方当事人的利益,合理确定意思表示的内容。这里需要注意的是,诚信原则虽然很重要,但由于该原则是一个较为抽象的概念,只有在依据意思表示的词句、相关条款、目的或者性质、习惯等较为具体的解释规则无法对意思表示进行解释时,才可以适用诚信原则进行解释。这是为了增进司法公信力,同时也防止滥用司法裁量权。

本条第 2 款对无相对人的意思表示的解释规则作了规定。根据本款规定,无相对人的意思表示的解释,不能完全拘泥于所使用的词句,而应当结合相关条款、行为的性质和目的、习惯以及诚实信用原则,确定行为人的真实意思。对有相对人的意思表示解释,既需要考虑表意人的内心真实意思,即主观想法,更要考虑相对人的信赖利益,即客观情况,将二者结合起来考虑,学理上也称为主客观相结合解释主义。与有相对人的意思表示解释规则相比,无相对人的意思表示解释规则最大的不同就是,无相对人的意思表示无相对人,因此对这种意思表示的解释就主要探究表意人的内心真实意思,对客观情况考虑较少,学理上也称为主观解释主义。因此,对有相对人的意思表示的解释,本条强调了首先要按照意思表示所使用的词句进行解释,只有在按照所使用的词句进行解释还很困难时,才可以使用其他解释规则,实际上要以客观情况为主。对无相对人的意思表示的解释,本条则强调了不能完全拘泥于所使用的词句,而是要综合运用所使用的词句、相关条款、行为的性质和目的、习惯以及诚实信用原则探究表意人的内心真实意思。这里需要强调一点,对无相对人的意思表示的解释,不能完全拘泥于意思表示所使用的词句,但不是完全抛开意思表示所使用的词句,这主要是为了防止在解释这类意思表示时自由裁量权过大,影响当事人的利益。例如,在对遗嘱进行解释时,虽说主要是探究遗嘱人立遗嘱的真实意思,但也不能完全不考虑遗嘱本身的词句。

第三节　民事法律行为的效力

第一百四十三条　具备下列条件的民事法律行为有效:

(一)行为人具有相应的民事行为能力;

(二)意思表示真实;

(三)不违反法律、行政法规的强制性规定,不违背公序良俗。

【释义】 本条是关于民事法律行为有效要件的规定。

民事法律行为效力的有效发生,是当事人实现意思自治目的的关键。但是,民事法律行为并不是在任何情况下都能具备完全有效的条件。民事法律行为的效力可能因民事主体的民事行为能力是否健全、意思表示是否真实、是否违法及违背公序良俗等情形而受影响。因此,民事法律行为除有效外,还包括无效、可撤销、效力待定等其他效力形态。从其他国家和地区来看,明确规定民事法律行为有效要件的立法例并不多见。例如,德国、日本和我国台湾地区等的立法,均未明确规定法律行为的有效要件,而是从反向规定了影响法律行为效力状态的各种情形,法律行为如果不具备这些情形,则应当是有效的。但是,也有一些立法例从正面规定了有效要件。例如,《法国民法典》第 1108 条规定,下列四条件为契约有效成立的必要条件:负担债务当事人的同意;订立契约的能力;构成约束客体的确定标的;债的合法原因。《乌克兰民法典》第 194 条规定:(1)法律行为的合意不能违反法律、行政法规的当事人必须遵守的强制性规定以及社会的道德原则;(2)当事人应具有相应的民事能力;(3)当事人的意思表示自由,并与其内心意思一致;(4)法律行为应以符合法律规定的形式订立;(5)法律行为的当事人应追求法律行为本身的法律后果;(6)未成年人的父母或养父母订立的合同不能违背未成年人的利益。我国民法通则规定了民事法律行为应当具备的条件。民法通则第 55 条规定:"民事法律行为应当具备下列条件:(一)行为人具有相应的民事行为能力;(二)意思表示真实;(三)不违反法律或者社会公共利益。"民法通则的这一规定,清楚明确地从正面规定了民事法律行为需要具备的一般要件,为当事人通过民事法律行为实现私法目的提供了指引。从民法通则颁行以来的司法实务来看,法官在遇到法律对具体案件没有特别规定的情况下,也会经常援引本条作为裁判依据。

在立法过程中,对于是否应当正面规定民事法律行为的有效要件这一问题,有的观点认为,从世界主要国家和地区的立法例看,正面规定法律行为有效要件的属于少数。对于体现意思自治的法律行为制度而言,只要明确规定了法律行为的各种瑕疵类型及其效力,在这些之外的法律行为都应当是有效的。因此,不需要正面规定法律行为的有效要件。同时,正面规定有效要件的做法,会让人认为不符合这些要件的法律行为都是无效的,这明显与实际不符。也有的观点认为,我国民法通则曾经规定了民事法律行为的有效要件,实践中该规定发挥了引导行为人正确实施民事法律行为、实现意思自治的作用,应该继续保留这一规定。经反复研究,采纳了后一种观点,在民事法律行为的效力一节对行为的有效要件作了规定。其主要考虑是:第一,在民事法律行为的效力一节开宗明义地规定行为的有效要件,能够起到正确指引民事主体通过民事法律行为实现意思自治的目的,保障民事活动顺利开展的作用。法律作为社会治理的手段,不仅应当为司法提供裁判规范,还应当成为民事主体的行为规范。对民事法律行为的有效要件加以规定,可以引导民事主体从行为能力、意思表示、合法性等各个方面注意可能影响行为效力的要素,确保行为有效。第二,本条从主体的行为能力、意思表示、合法性三个方面对民事法律行为的有效要件作了规定,充分体现了民法在尊重当事人意思自治的同时也需要对民事法律行为施加必要的控制尤其是合法性控制,这体现了现代民法本身的要求,较好地处理了民法中意思自治与国家强制的关系。第三,民法通则规定了民事法律行为的有效要件,从三十多年施行的情况来看,这一规定展现了较好的实践价值,已成为判断民事法律行为效力的重要标准,应当继续予以坚持。第四,从正面规定民事法律行为的有效要件,并不意味着任何一项要件不具备,就必然导致行为无效。从逻辑角度来说,正确的推论应当是:同时符合这些条件的行为有效;行为如果不是完全有效(如无效、可撤销或者效力待定),必然有一项或者几项要件没有具备。事实上,本节接下来的一系列条文正是分别从不同要件欠缺的角度规定民事法律行为的不同效力形态。

根据本条规定,民事法律行为应当具备的有效条件包括:

第一,行为人具有相应的民事行为能力。民事行为能力是行为人通过自己行为参与民事活动,享有权利和承担义务的能力。与作为法律资格的民事权利能力相比,民事行为能力是行为人实施民事法律行为的相应保证。这里的“相应”,强调行为人所实施的民事法律行为应当与其行为能力相匹配:对于完全民事行为能力人而言,可以从事一切民事法律行为,其行为能力不受限制;对于限制行为能力人而言,只能实施与其年龄、智力、精神健康状况等相适应的民事法律行为,实施其他行为需要经过法定代理人的同意或者追认;而无行为能力人由于不具备行为能力,其实施的民事法律行为是无效的。

第二,意思表示真实。意思表示作为法律行为的核心要素,其真实性对于保证行为人正确实现行为目的至关重要。应当注意,此处的真实应作扩大解释,实际上还包含了传统民法理论意思表示自由的含义。例如,在因欺诈、胁迫实施民事法律行为的情形中,受欺诈人、受胁迫人的意思表示虽然从表面看是真实的,但实际上并非其内心自由意志的体现。在意思表示不真实的情况下,民事法律行为不能具备完全有效的效力。

第三,不违反法律、行政法规的强制性规定,不违背公序良俗。关于违法与行为效力的关系,民法通则、合同法的规定不尽一致。根据民法通则第 58 条第 1 款第 5 项的规定,违反法律或者社会公共利益的民事行为无效。根据合同法第 52 条第 5 项的规定,违反法律、行政法规的强制性规定的合同无效。与民法通则将一切违法行为均认定无效的规定相比,合同法将违反任意性规范的合同排除在无效范围之外,且将民法通则中的“法律”修改为“法律、行政法规”。《最高人民法院关于适用〈中华人民共和国合同法〉若干问题的解释(二)》在合同法规定的基础上,进一步对“强制性规定”作了限定,其第 14 条规定:“合同法第五十二条第(五)项规定的‘强制性规定’,是指效力性强制性规定。”无论从立法还是从司法的角度看,法律对于民事法律行为无效的认定都越来越趋于严格。这实际上体现了民法尊重意思自治、鼓励交易自由的精神。需要说明的是,在立法过程中,对于本项前半句的表述如何规定存在不同意见。有的意见认为,应当借鉴吸收司法解释的有益成果,将民事法律行为不违法的范围明确限定为“法律、行政法规的效力性强制性规定”。有的意见认为,司法解释使用“效力性强制性规定”的表述以来,实践中对于如何认定“效力性强制性规定”争议不断,建议不采用这一表述。经研究,仍采用了民事法律行为“不违反法律、行政法规的强制性规定”这一表述,既与现行法律的规定保持一致,也可避免争议。同时,对于违反法律、行政法规的强制性规定的行为效力问题规定在本法第153条,并在该条中对违法无效的行为作出限定。关于不违背公序良俗,民事法律行为除不得违反法律、行政法规的强制性规定外,还有不得违背公序良俗的要求。前者侧重于具体的法律规范对民事法律行为效力的要求,后者则是从公共秩序和善良习俗方面对民事法律行为提出的要求。

本条作为“民事法律行为的效力”一节的首条规定,明确了一项有效的民事法律行为需要具备的基本要件。相反,如果其中某项要件不具备,则民事法律行为的效力就可能受到影响。本节其他条文规定即从不同方面规定了民事法律行为的不同效力形态。

第一百四十四条　无民事行为能力人实施的民事法律行为无效。

【释义】 本条是关于无民事行为能力人实施的民事法律行为的效力的规定。

本节是关于民事法律行为效力的规定。其中第143条从民事法律行为有效条件的角度作了正面规定。从本条开始的本节其他条文,则分别从不同角度规定了民事法律行为的效力瑕疵及其相应的法律后果。本条首先规定的是无民事行为能力人所实施的民事法律行为的效力问题,即无民事行为能力人实施的民事法律行为无效。

本法总则编第二章第一节对自然人的民事权利能力和民事行为能力作了规定。自然人的民事权利能力始于出生,终于死亡,且一律平等。但自然人的民事行为能力却因年龄、智力、精神健康状况等划分为三种不同类型。其中,第一类是完全民事行为能力人,指的是年满 18 周岁的成年人。16 周岁以上的未成年人,以自己的劳动收入为主要生活来源的,视为完全民事行为能力人。完全民事行为能力人可以独立实施民事法律行为。第二类是限制民事行为能力人,包括 8 周岁以上的未成年人以及不能完全辨认自己行为的成年人。限制民事行为能力人可以独立实施纯获利益的民事法律行为或者与其年龄、智力、精神健康状况相适应的民事法律行为;实施其他民事法律行为由其法定代理人代理,或者经其法定代理人同意、追认。第三类是无民事行为能力人,包括不满 8 周岁的未成年人以及不能辨认自己行为的成年人。无民事行为能力人由其法定代理人代理实施民事法律行为。

无民事行为能力人尽管在民事权利能力方面同其他民事主体一律平等,但由于其不具备自己实施民事行为的能力,因此在法律上规定由其法定代理人代理其实施民事法律行为,而将其自身实施的民事法律行为一律规定为无效。这样规定,符合民事法律行为有效要件中"行为人具有相应的民事行为能力"的要求,也是许多国家和地区立法例的通行做法。如《德国民法典》第 105 条规定:(1)无行为能力人的意思表示无效。(2)在丧失知觉或暂时的精神错乱的状态下作出的意思表示亦无效。我国台湾地区"民法"第 75 条规定:无行为能力人之意思表示,无效;虽非无行为能力人,而其意思表示,系在无意识或精神错乱中所为者亦同。《俄罗斯联邦民法典》第一编总则第 171 条规定:(1)由于精神病而被确认为无行为能力的公民所实施的法律行为,自始无效。此类法律行为的每一方当事人均有义务将全部所得以实物返还给另一方当事人,而在不可能以实物返还所得时,有义务赔偿其全部所得的价值。此外,如果具有行为能力的一方当事人知悉或者应该知悉另一方当事人不具有行为能力,则具有行为能力的一方当事人有义务赔偿另一方当事人所遭受的实际损失。(2)因精神病而被确认为无行为能力的公民所实施的法律行为,如果法律行为的实施对该公民有利,则为了该公民的利益,依据其监护人的请求,可以由法院确认为有效。

关于无民事行为能力人实施的民事法律行为是否一律确认为无效,立法过程中曾有过争论。有的意见认为,无民事行为能力人实施的民事法律行为并非全部无效,如接受他人捐赠等纯获利益的民事法律行为应当认为是有效的。有的意见提出,无民事行为能力人实施的行为即使纯获利益也应无效,否则会导致概念不清晰,但可考虑通过日常行为有效的规定涵盖此类行为。经反复研究,最终本法总则编采纳了无民事行为能力人实施的民事法律行为无效的规定。主要考虑是:第一,这样规定符合自民法通则以来的立法传统。根据民法通则第 58 条中的规定,无民事行为能力人实施的民事行为无效。本条对无民事行为能力人实施民事法律行为效力的规定沿袭了民法通则的规定。第二,将无民事行为能力人实施的民事法律行为的效力规定为无效,与自然人民事行为能力三分法的逻辑相契合,概念和体系上更加清晰。第三,纯获利益的行为在实践中类型多样,并非一望便知、简单识别,总则规定无民事行为能力人实施此种行为无效,并不妨碍其代理人代理实施这种行为,实际上是给予无民事行为能力人的一种保护。

第一百四十五条　限制民事行为能力人实施的纯获利益的民事法律行为或者与其年龄、智力、精神健康状况相适应的民事法律行为有效;实施的其他民事法律行为经法定代理人同意或者追认后有效。

相对人可以催告法定代理人自收到通知之日起三十日内予以追认。法定代理人未作表示的,视为拒绝追认。民事法律行为被追认前,善意相对人有撤销的权利。撤销应当以通知的方式作出。

【释义】　本条是关于限制民事行为能力人实施的民事法律行为的效力的规定。

根据本法总则编确定的民事行为能力的三分法,自然人的民事行为能力分为完全民事行为能力、限制民事行为能力以及无民事行为能力。其中,限制民事行为能力人是指不能完全辨认自己行为的人,其民事行为能力介于完全民事行为能力人和无民事行为能力之间,包括8周岁以上的未成年人以及不能完全辨认自己行为的成年人。限制民事行为能力人由于具备一定的行为能力,因此法律上认可其从事一定民事法律行为的效力,而不像无民事行为能力人那样一概否定其行为效力。但是,限制民事行为能力人的行为能力又不像完全民事行为能力人那样完全、充分,因此法律又必须对其从事的民事法律行为的效力进行一定限制,这既是对限制民事行为能力人的保护,避免其因实施与行为能力不匹配的民事法律行为而利益受损,同时也有助于维护交易安全。

本条第1款是关于限制民事行为能力人从事的民事法律行为效力的规定,具体包括两层含义:

第一,原则上,限制民事行为能力人所从事的民事法律行为,须经法定代理人同意或者追认才能有效。对于限制民事行为能力人而言,监护人为其法定代理人。限制民事行为能力人实施的民事法律行为要具有效力,一个重要的条件就是要经过法定代理人的同意或者追认,经过同意或者追认,民事法律行为就具有法律效力。如果没有经过同意或者追认,民事法律行为即使成立,也并不实际生效,而处于效力待定状态。这里对法定代理人补正限制民事行为能力人的行为能力规定了两种方式:一种是同意,指的是法定代理人事先对限制民事行为能力人实施某种民事法律行为予以明确认可;另一种是追认,指的是法定代理人事后明确无误地对限制民事行为能力人实施某种民事法律行为表示同意。无论是事先的同意还是事后的追认,都是法定代理人的单方意思表示,无须行为相对人的同意即可发生效力。需要说明的是,法定代理人对限制民事行为能力人行为的同意或者追认应当采用明示的方式作出,同时应当为行为相对人所知晓才能发生效力。

第二,考虑到限制民事行为能力人并非完全没有民事行为能力,因此除原则上规定其行为须经法定代理人同意或者追认有效之外,本条还规定了部分民事法律行为无须经法定代理人同意或者追认即可有效。这些行为主要包括两类:一是纯获利益的民事法律行为。所谓“纯获利益”,一般是指限制民事行为能力人在某种民事法律行为中只享有权利或者利益,不承担任何义务,如限制民事行为能力人接受赠与、奖励、报酬等。限制民事行为能力人如果实施了此类行为,他人不得以其限制民事行为能力为由主张行为不发生效力。二是与限制民事行为能力人的年龄、智力、精神健康状态相适应的民事法律行为,这些民事法律行为多与日常生活相关,如对于8周岁以上的未成年人购买价值不高的学习用品、平日出行乘坐交通工具等;对于不能完全辨认自己行为的精神病人,在其健康状况允许时,可以实施某些民事法律行为,而不经其法定代理人追认。法律之所以认可限制民事行为能力人独立实施纯获利益或者与其年龄、智力、精神健康状况相适应的民事法律行为,是因为这些行为要么属于只给限制民事行为能力人增利获益的行为,要么属于限制民事行为能力人在其能力范围内可以独立实施、不致因行为能力欠缺而权益受损的行为。除此之外的其他民事法律行为,只有经过法定代理人的同意或者追认后,才能发生效力。

本条第2款是对法定代理人追认的有关规定。根据本款规定,限制民事行为能力人实施民事法律行为后,与其从事民事法律行为的相对人可以催告限制民事行为能力人的法定代理人在30日内予以追认。法定代理人未作表示的,视为拒绝追认。所谓催告,是指民事法律行为的相对人要求法定代理人在一定期限内就是否认可限制民事行为能力人所实施民事法律行为的效力作出表示,逾期不作表示的,视为法定代理人拒绝承认行为的效力。催告在民法理论上被称为“准法律行为”,因为尽管催告具有类似意思表示的行为外观,但其最终效力的发生却仍然来自于法律规定。限制民事行为能力人在其行为能力范围之外实施的民事法律行为属于效力待定,此种效力不确定的状态不应一直持续。立法赋予相对人以催告权,可以避免这种效力不确定的状态长期持续,从而保护相对人权益,维护交易安全。在相对人催告法定代理人对行为是否予以追认的期间内,如果法定代理人不对此作出表示,则意味着法定代理人对通过追认补足行为效力的态度是消极的、放任的,此时应视为其拒绝追认,因此该行为不发生效力。需要说明的是,相对人的催告应当以明示方式作出,期间也应从法定代理人收到通知之日起算。本条确定的期间为 30 日,法定代理人超过 30 日未作表示的,视为拒绝追认。

本条第 2 款除规定相对人的催告权外,还规定了善意相对人的撤销权,即民事法律行为被追认前,善意相对人有撤销的权利。民法中的撤销权有多种类型,如合同法中因债务人放弃到期债权或者无偿转让财产,对债权人造成损害的,债权人可以请求人民法院撤销债务人的行为;一方以欺诈、胁迫的手段或者乘人之危,使对方在违背真实意思的情况下订立的合同,受损害方有权请求人民法院或者仲裁机构撤销等。这里的撤销权,是指民事法律行为的相对人在法定代理人追认限制民事行为能力人实施的民事法律行为前,撤销自己在该民事法律行为中所作的意思表示。对于限制民事行为能力人实施的此类民事法律行为来说,如果仅规定法定代理人的追认权,相当于肯定或者否定行为效力的权利只交由法定代理人来行使,而在法定代理人对行为作出追认前,相对人无法根据自身利益对行为效力作出选择,只能被动地接受法定代理人的追认或者否认,这对于相对人尤其是善意相对人而言是不公平的。此处的撤销权在性质上属于形成权,即相对人可以直接通过自己的行为而无需借助他人即可行使的权利。本条撤销权的行使应注意以下几点:一是相对人撤销权的行使须在法定代理人追认之前,法定代理人一经追认,相对人不得再行使这一权利。二是仅善意相对人可行使撤销权。所谓善意,是指相对人实施民事法律行为时并不知晓对方为限制民事行为能力人,且此种不知晓不构成重大过失。三是相对人行使撤销权时,应当通过通知的方式作出，这种通知必须是明示的、明确的，不得通过默示的方式。

第一百四十六条　行为人与相对人以虚假的意思表示实施的民事法律行为无效。

以虚假的意思表示隐藏的民事法律行为的效力，依照有关法律规定处理。

【释义】　本条是关于以虚假意思表示实施的民事法律行为的效力以及隐藏行为效力的规定。

虚假意思表示又称虚伪表示，其法律概念源于德国民法，后被日本、韩国的民法和我国台湾地区“民法”所采用。所谓虚伪表示，是指行为人与相对人都知道自己所表示的意思并非真意，通谋作出与真意不一致的意思表示。虚伪表示的特征在于，双方当事人都知道自己所表示出的意思不是真实意思，民事法律行为本身欠缺效果意思，双方均不希望此行为能够真正发生法律上的效力。一般而言，虚伪表示在结构上包括内外两层行为：外部的表面行为是双方当事人共同作出与真实意思不一致的行为，也可称作伪装行为；内部的隐藏行为则是被隐藏于表面行为之下，体现双方真实意思的行为，也可称作非伪装行为。比如，双方名为买卖实为赠与，买卖并非双方的真实意思表示，属于表面行为或伪装行为；赠与是双方的真实意思表示，属于隐藏行为或者非伪装行为。尽管隐藏行为的存在与虚伪表示联系在一起，但虚伪表示与隐藏行为并不总是一一对应。具体而言，无虚伪表示就无所谓隐藏行为，有隐藏行为也就存在虚伪表示，但存在虚伪表示，并不一定有隐藏行为。比如，以逃避债务为目的假装财产赠与，赠与行为是虚伪表示，但并不存在隐藏行为。

本条第1款是对双方以虚假意思表示作出的民事法律行为效力的规定，即行为人与相对人以虚假的意思表示实施的民事法律行为无效。这一规定的含义是：双方通过虚假的意思表示实施的民事法律行为是无效的。之所以对通过虚伪表示实施的民事法律行为的效力予以否定,是因为这一“意思表示”所指向的法律效果并非双方当事人的内心真意,双方对此相互知晓,如果认定其为有效,有悖于意思自治的原则。本款虽未明确规定行为人与相对人须通谋而为虚假的意思表示,实际上双方对虚假意思表示达成一致的结果反映出二者必须有一个意思联络的过程。这也是虚伪表示区别于真意保留的重要一点,真意保留的相对人并不知晓行为人表示的是虚假意思。

大陆法系的不少国家和地区均对虚伪表示及其效力作了规定。《德国民法典》第117条第1款规定,须以他人为相对人而作出的意思表示,系与相对人通谋而只是虚伪地作出的,无效。《日本民法典》第94条规定,与相对人通谋而进行虚伪意思表示者,其意思表示为无效。前款意思表示的无效,不得以之对抗善意第三人。《韩国民法典》第108条规定,与相对人通谋而作出的虚伪意思表示无效。前项的意思表示无效,不得对抗善意第三人。我国台湾地区“民法”第87条第1款规定,表意人与相对人通谋而为虚伪意思表示者,其意思表示无效。但不得以其无效对抗善意第三人。

本条第2款是对隐藏行为效力的规定:以虚假的意思表示隐藏的民事法律行为的效力,依照有关法律规定处理。所谓隐藏行为,又称隐匿行为,是指在虚伪表示掩盖之下行为人与相对人真心所欲达成的民事法律行为。根据虚伪表示与隐藏行为的对应关系,有虚伪表示,未必存在隐藏行为;但有隐藏行为,则一定存在虚伪表示。前者如以逃避债务为目的的假赠与,赠与行为是通过虚伪表示而实施的行为,但并不存在隐藏行为;后者如名为赠与实为买卖,赠与行为是通过虚伪表示实施的行为,而买卖则是掩盖在虚伪表示之下的隐藏行为。根据本条规定,当同时存在虚伪表示与隐藏行为时,虚伪表示无效,隐藏行为并不因此无效,其效力如何,应当依据有关法律规定处理。具体来说,如果这种隐藏行为本身符合该行为的生效要件,那么就可以生效。如在名为赠与实为买卖的行为中,赠与行为属于双方共同以虚假意思表示实施的民事法律行为,无效;而隐藏于赠与形式之后的买卖则是双方共同的真实意思表示,其效力能否成就取决于其是否符合买卖合同有关的法律规定:如果符合买卖合同生效要件的法律规定,则为有效;反之,则无效。本款对隐藏行为的效力作出上述规定,主要考虑是:第一,实践中当存在虚伪表示时,往往同时存在隐藏行为。如果仅规定虚伪表示的效力规则而不对隐藏行为的效力作出规定,将导致大量隐藏行为的处理没有依据。第二,虚伪表示背后隐藏的民事法律行为,体现了双方当事人的真实意思表示,原则上不应否定其效力。但隐藏行为的效力最终如何,仍然应当根据该行为自身的效力要件予以判断,不宜不加限制地一律承认其效力。这既体现了对双方意思自治的充分认可,也对隐藏行为的效力发生施加了必要的限定,根据具体类型民事法律行为的有关规定予以判断。第三,从有关国家和地区的立法例来看,一些规定了虚伪表示的民事立法,也同时规定了隐藏行为及其效力规则。如《德国民法典》第 117 条第 2 款规定,另一法律行为被虚伪行为所隐藏的,适用关于被隐藏的法律行为的规定。我国台湾地区“民法”第 87 条第 2 款规定,虚伪意思表示,隐藏他项法律行为者,适用关于该项法律行为之规定。

第一百四十七条　基于重大误解实施的民事法律行为,行为人有权请求人民法院或者仲裁机构予以撤销。

【释义】 本条是关于基于重大误解实施的民事法律行为的效力规定。

重大误解,是我国民法自民法通则和合同法以来一直沿用的概念。民法通则第 59 条规定:“下列民事行为,一方有权请求人民法院或者仲裁机关予以变更或者撤销:(一)行为人对行为内容有重大误解的;(二)显失公平的。被撤销的民事行为从行为开始起无效。”合同法第 54 条第 1 款规定:“下列合同,当事人一方有权请求人民法院或者仲裁机构变更或者撤销:(一)因重大误解订立的;(二)在订立合同时显失公平的。”尽管民法通则和合同法均规定了重大误解制度,但对于如何界定重大误解,法律并未作出规定。《最高人民法院关于贯彻执行〈中华人民共和国民法通则〉若干问题的意见(试行)》第71条规定:“行为人因对行为的性质、对方当事人、标的物的品种、质量、规格和数量等的错误认识,使行为的后果与自己的意思相悖,并造成较大损失的,可以认定为重大误解。”根据这一规定,认定重大误解需满足以下几个条件:一是行为人主观上存在错误认识,这种错误可以是关于行为的性质,也可以是关于行为的相对人、交易标的的质量、数量等;二是行为的结果与行为人的意思相悖;三是行为人的错误认识与行为后果之间存在因果关系,即如果没有这种错误认识,将不会产生该行为后果;四是行为人在客观上遭受了较大损失,如果没有损失或者损失较小,也不能构成重大误解。

传统民法理论与重大误解相关的概念是错误。错误是指表意人非故意地使意思与表示不一致。按照意思表示本身的两个阶段,可以划分为意思形成阶段的错误和意思表达阶段的错误。其中,意思表达阶段的错误,是错误制度的主要规范对象,又可细分为表示错误与内容错误。所谓表示错误,是指表意人错误使用表示符号,该表示符号所表达的法律后果并非表意人内心的真实想法,典型的如将合同价款10000元写成1000元、误将A画当作B画取走等,可以通俗地理解为“说错”“写错”“拿错”等;所谓内容错误,不同于表示错误,它是指表意人使用的表示符号并没有错,但对该符号所表示的内容产生理解错误。典型的内容错误又可细分为同一性错误和行为类型错误。同一性错误如甲想和乙订立合同,却误将丙当作乙;A想买橘子,却指着橙子说:“买两斤这个。”行为类型错误如甲想把画卖给乙,对乙说:“我有一幅画,你要不要?”由于没有约定价格,乙理解为赠与而予以接受。此时,买卖合同因未形成合意而不成立,赠与因符合表示主义而成立。甲可以基于行为类型错误而主张撤销赠与合同。意思形成阶段的错误,是指表意人在形成意思表示时所产生的错误,也称为动机错误。原则上,法律行为的效力与动机错误无关。比如,当事人对相对人的履约能力是否符合自己需求产生错误认识,不应作为错误主张撤销。但是,动机错误一律不得作为错误予以撤销的原则也有例外,当有关人或物的性质错误被视为对交易具有重要作用时,这种情形下的动机错误视为内容错误,同样可以适用错误规则。性质错误的典型例子,如甲以为A赛马赢得过竞赛冠军,故以重金买下,但实际上赢得竞赛冠军的是B赛马。此时甲对A赛马是否赢得过竞赛冠军的能力产生错误认识,属于性质错误。

大陆法系国家和地区的民法对于错误及其效力规则的规定不尽相同。《德国民法典》第119条规定:(1)在作出意思表示时,就它的内容发生错误或根本无意作出这一内容的表示的人,如需认为他在知道事情的状况和合理地评价情况时就不会作出该表示,则可以撤销该表示。(2)关于在交易上被认为重要的人的资格或物的特性的错误,也视为关于表示内容的错误。《意大利民法典》第1428条规定:当错误是本质性的(参阅第1429条)并为缔约另一方可以识别(参阅第1431条)时,错误是契约得被撤销的原因。第1429条规定,下列错误是本质性的:(1)涉及契约的本质的(参阅第1322条)或者标的物(参阅第1346条)时;(2)涉及交付标的物的同一性(参阅第1346条)或者根据一般标准或有关情况应当由合意确认的同一标的物的质量时;(3)涉及由缔约方确认他方缔约人的身份或基本情况时;(4)涉及构成唯一或主要原因的法律错误时(参阅第624条、第787条、第1969条、第2732条)。《韩国民法典》第109条规定:(1)意思表示,于法律行为内容的重要部分有错误时,可撤销。但该错误是因表意人的重大过失而引起时,不得撤销。(2)前项的意思表示的撤销,不得对抗善意第三人。我国台湾地区"民法"第88条第1款规定,意思表示之内容有错误,或表意人若知其事情即不为意思表示者,表意人得将其意思表示撤销之。但以其错误或不知事情,非由表意人自己之过失者为限。第 2 款规定,当事人之资格或物之性质,若交易上认为重要者,其错误,视为意思表示内容之错误。同以上国家和地区立法将错误规定为可撤销不同,法国和日本采取了将错误规定为无效的立法例。《法国民法典》第 1110 条规定,错误仅于涉及契约标的物的本质时,始构成无效的原因。如错误涉及当事人一方愿与之订约的他方当事人个人时,错误不成为无效的原因,但他方当事人个人被认为契约的主要原因时,不在此限。《日本民法典》第 95 条规定,意思表示,于法律行为的要素有错误时,为无效。但是,表意人有重大过失时,不得自己主张其无效。

本条规定,基于重大误解实施的民事法律行为,行为人有权请求人民法院或者仲裁机构予以撤销。立法过程中,关于这一规定的意见及考虑主要有:第一,是否参照大陆法系国家和地区立法例采用"错误"概念。有的意见提出,总则编应当与大陆法系主要国家和地区的规定保持一致,在立法中采用"错误"概念,并尽量明确"错误"内涵。经研究,重大误解的概念自民法通则创立以来,实践中一直沿用至今,已经为广大司法实务人员以及人民群众所熟知并掌握,且其内涵经司法解释进一步阐明后已与大陆法系的"错误"的内涵比较接近,在裁判实务中未显不当,可以继续维持民法通则和合同法的规定。第二,是否在条文中详细列举重大误解的情形。有的意见提出,司法解释对如何认定重大误解作了规定,针对性强,实践效果不错,应当在总则编中加以规定。经研究认为,最高人民法院从法律适用的角度对民法通则中"重大误解"的认定加以规定是可行的,能够更加清晰地为裁判提供指引,防止自由裁量权的滥用,统一裁判尺度。但完全将目前司法解释的规定上升为法律是否能够涵盖重大误解的所有情形,仍存在疑问。随着民事法律行为理论以及实践类型的不断发展,重大误解制度的涵摄范围会有变化,但这本质上是一个司法问题,立法可以不对其作具体限定。第三,关于重大误解撤销权的行使。有的意见提出,重大误解行为人的撤销权属于形成权,其行使仅须行为人向相对人为之,无须采用诉讼或者仲裁的方式。经研究认为,撤销权的行使将彻底改变民事法律行为的效力,关涉当事人的重大利益,民法通则及合同法均规定撤销权须经诉讼或者仲裁,这样有利于维护正常的法律秩序,妥善保护当事人双方的合法权益。经长期实践证明,民法通则和合同法关于撤销权行使方式的规定符合中国实际,总则编予以维持。

第一百四十八条　一方以欺诈手段,使对方在违背真实意思的情况下实施的民事法律行为,受欺诈方有权请求人民法院或者仲裁机构予以撤销。

【释义】　本条是关于行为人以欺诈手段实施的民事法律行为的效力规定。

民法中的欺诈,一般是指行为人故意欺骗他人,使对方陷入错误判断,并基于此错误判断作出意思表示的行为。欺诈的构成要件一般包括四项:一是行为人须有欺诈的故意。这种故意既包括使对方陷入错误判断的故意,也包括诱使对方基于此错误判断而作出意思表示的故意。二是行为人须有欺诈的行为。这种行为既可以是故意虚构虚假事实,也可以是故意隐瞒应当告知的真实情况等。三是受欺诈人因行为人的欺诈行为陷入错误判断,即欺诈行为与错误判断之间存在因果关系。四是受欺诈人基于错误判断作出意思表示。

我国民法通则和合同法均对欺诈作了规定,但二者对欺诈的效力规范有所不同。根据民法通则第58条第1款第3项的规定,一方以欺诈、胁迫的手段或者乘人之危,使对方在违背真实意思的情况下所为的民事行为无效。合同法没有将因欺诈订立的合同一律认定无效,而是区分情况作了规定。根据合同法第52条第1项、第54条第2款的规定,一方以欺诈手段所订立的损害国家利益的合同无效;一方以欺诈的手段,使对方在违背真实意思的情况下订立的合同,受损害方有权请求人民法院或者仲裁机构变更或者撤销。对于欺诈的具体含义,民法通则和合同法没有作出规定。《最高人民法院关于贯彻执行〈中华人民共和国民法通则〉若干问题的意见(试行)》第68条规定:"一方当事人故意告知对方虚假情况,或者故意隐瞒真实情况,诱使对方当事人作出错误意思表示的,可以认定为欺诈行为。"

世界主要国家和地区的民事立法均对欺诈行为及其效力作了规定。其中,德国、日本、韩国的民法以及我国台湾地区"民法"的规定较为接近。《德国民法典》第123条第1款规定,因被恶意欺诈或被不法胁迫,致使作出意思表示的人,可以撤销该表示。《日本民法典》第96条第1款规定,因欺诈或胁迫而作出的意思表示,可以撤销。《韩国民法典》第110条第1款规定,因欺诈或胁迫而为的意思表示,可撤销。我国台湾地区"民法"第92条规定,因被诈欺或被胁迫而为意思表示者,表意人得撤销其意思表示。意大利民法同样将欺诈规定为可撤销的行为,其民法典第1439条第1款规定,在缔约一方实施欺骗致使另一方缔结了在未受欺骗时不会缔结的契约的情况下,诈欺是契约得被撤销的原因。第1440条规定,如果欺诈不是能够导致合意形成的欺诈,则尽管没有诈欺该契约会根据不同的条件缔结,但是契约有效;不过,恶意缔约人要承担损害赔偿责任(参阅第1337条)。与其他国家和地区的立法例不同,《法国民法典》将欺诈规定为无效行为,其民法典第1109条规定,如同意由于错误、胁迫或诈欺的结果,不得认为同意已有效成立。第1116条规定,如当事人一方不实施诈欺,他方当事人决不缔结契约者,此种诈欺构成契约无效的原因。诈欺不得推定,应证明之。从这些立法例的情况来看,将欺诈实施的法律行为规定为可撤销行为是比较通行的做法,能够最大限度地尊重受欺诈方的选择,保护其合法权益。

本条规定包括以下几点内容:第一,欺诈系由民事法律行为的一方当事人实施,而相对人因此欺诈行为陷入错误判断,并进而作出了意思表示。换言之,如果没有行为人的欺诈行为,相对人将不会作出这种意思表示,民事法律行为不会成立。第二,欺诈的构成并不需要受欺诈人客观上遭受损害后果的事实,只要受欺诈人因欺诈行为作出了实施民事法律行为的意思表示,即可成立欺诈。第三,欺诈的法律后果为可撤销,享有撤销权的是受欺诈人。关于欺诈的法律后果,民法通则规定的是无效,合同法则区分欺诈行为是否损害国家利益而分别规定,如损害国家利益,则无效;如不损害,则为可变更或者可撤销。应当说,合同法在民法通则规定的基础上,修正了凡欺诈一律无效的规定,考虑到了对受欺诈人意思自治的尊重和保护,是可取的。但其又区分合同是否损害国家利益将欺诈的法律后果分别规定为无效和可撤销,这既与传统民法理论及世界各国和地区的立法例不符,在实践中也难以把握,甚至容易导致裁判者滥用自由裁量权随意判定民事法律行为无效的情形,反而损害特定情形下受欺诈人对民事法律行为效力的自主选择权,因此不宜采纳。同时,将欺诈行为的法律后果规定为可撤销,也是立法中的多数意见,因此总则编采纳这一意见,将欺诈的后果规定为可撤销。

此外,还有两个问题需要说明。一是关于撤销权的行使。立法过程中,有的意见认为,撤销权性质上属于形成权,撤销权人可以通过自己的行为行使,无须借助诉讼或者仲裁的方式。经研究认为,撤销权人撤销权的行使与否,直接关涉民事法律行为的效力,也因此会对双方当事人的利益产生重大影响,应通过法院或者仲裁机构行使为宜。同时,通过法院或者仲裁机构行使撤销权,可以避免双方为此进一步滋生争议,也符合我国一直以来的立法传统和司法实际,应当予以坚持。二是关于是否保留变更权的规定。有的意见提出,合同法规定了欺诈相对人可以向法院或者仲裁机构申请变更或者撤销合同的权利,总则编应当维持合同法关于变更权的规定。经研究,总则编最终没有采纳这一意见。其主要理由包括:第一,从实践的情况来看,合同法虽然规定了变更权,但这一制度在实践中并未得到广泛适用,真正发挥作用的空间较小。绝大多数欺诈行为的相对人仍然选择通过撤销权的行使来保护其合法权益。第二,从各国和地区的立法的情况来看,也没有赋予欺诈相对人有权变更法律行为的立法例,赋予相对人变更权不符合国际上的立法趋势。第三，民事法律行为因欺诈被撤销后，如果行为人与相对人有意重新达成合意实施民事法律行为，法律并不禁止。但如果法院或者仲裁机构根据受欺诈人的申请对民事法律行为进行变更，则并不一定符合当事人包括受欺诈人的内心意思，反而容易形成公权力对私人权利领域的不当干扰，甚至导致自由裁量权的滥用。基于以上几点考虑，总则编没有延续合同法对欺诈行为可变更的规定。

第一百四十九条　第三人实施欺诈行为，使一方在违背真实意思的情况下实施的民事法律行为，对方知道或者应当知道该欺诈行为的，受欺诈方有权请求人民法院或者仲裁机构予以撤销。

【释义】　本条是关于第三人欺诈的民事法律行为的效力规定。

民法中的欺诈，一般是指行为人故意欺骗他人，使对方陷入错误判断，并基于此错误判断作出意思表示的行为。在这一过程中，受欺诈人一定是民事法律行为的一方当事人，其由于欺诈人的欺诈行为陷入错误判断，并据此作出意思表示；但实施欺诈行为的人除民事法律行为的当事人外，还有可能是第三人。这里的第三人，一般是指民事法律行为的双方当事人之外、与一方存在某种关系的特定人。当事人之外的第三人对其中一方当事人实施欺诈的目的，有可能是仅仅为了帮助对方当事人达成交易，如得知买受人欲购买朋友的二手汽车，便极力劝说，尽管知道该车性能不好、出过事故，但谎称该车性能良好，从未出过事故，买受人遂信以为真，购买了该二手汽车。第三人实施欺诈也有可能最终为实现自己的目的，如第三人为达到使A尽快偿还所欠其债务的目的，劝说B购买A所收藏的仿真画作，谎称该画作为真品，B信以为真，购买了该画作，A用所得的价款偿还了对第三人的债务。由于第三人欺诈的行为同样对受欺诈人的利益造成了损害，因此本条对此加以规制。

从民法通则及合同法的规定来看,现行法对于欺诈的规定,以民事法律行为的一方当事人实施欺诈为规范对象,并未规定第三人实施欺诈的情形。根据民法通则第58条第1款第3项的规定,一方欺诈手段,使对方在违背真实意思的情况下所为的民事行为无效。根据合同法第52条第1项规定,一方以欺诈手段订立的损害国家利益的合同无效;第54条第2款规定,一方以欺诈的手段,使对方在违背真实意思的情况下订立的合同,受损害方有权请求人民法院或者仲裁机构变更或者撤销。而从世界各国和地区的立法例来看,凡规定了欺诈行为的立法,也大多同时规定了第三人欺诈。如《德国民法典》第123条第2款规定,第三人已进行欺诈的,仅在相对人知道或应当知道欺诈时,须以他人为相对人而作出的表示才是可撤销的。该表示的作出所须相对的人以外的人已因该表示而直接取得权利的,如其知道或应当知道欺诈,则该表示对他是可撤销的。《日本民法典》第96条第2款规定,在对相对人的意思表示中有第三人实施诈欺时,以相对人知道其事实之时为限,可以撤销其意思表示。《韩国民法典》第110条第2款规定,对于有相对人的意思表示,第三人进行欺诈或胁迫情形,以相对人知道或应当知道该事实的情形为限,可撤销其意思表示。《意大利民法典》第1439条第2款规定,当欺诈是第三人所为时(参阅第1434条),如涉及缔约人的利益,则契约被撤销。

本条借鉴大陆法系多数国家和地区立法例,针对第三人欺诈的行为作了规定,主要内容包括:第一,当事人以外的第三人对一方当事人实施了欺诈行为,并致使该当事人陷入错误判断且据此作出了意思表示。欺诈行为的具体形式,有可能是故意告知虚假信息,或者故意隐瞒真实情况,也可能存在其他不同形式,但其根本目的在于使受欺诈人陷入错误认识,作出“若了解真实情况便不会作出的”意思表示。第二,受欺诈人享有对民事法律行为的撤销权,但该撤销权行使须满足一定条件。具体来说,第三人实施欺诈行为，只有在受欺诈人的相对方不属于善意时，受欺诈人才能行使撤销权。相对方的这种非善意表现为，对于第三人的欺诈行为，其知道或者应当知道。实践中，对于第三人实施的欺诈行为，受欺诈人的相对方既可能知情，也可能不知情。例如，在欺诈买受人购买朋友二手车的例子中，二手车的出卖人既可能知道交易的达成系其朋友欺诈买受人的结果，也可能对此并不知情，单纯认为买受人愿意购买自己的二手车。法律仅赋予相对方知情时受欺诈人撤销民事法律行为的权利，体现了对善意相对人的保护。第三，撤销权的行使仍须通过人民法院或者仲裁机构行使。

还有一个问题需要说明，有的意见提出，无论是一方当事人欺诈，还是第三人欺诈，都是对受欺诈人意思表示自由的侵害，均应当赋予受欺诈人撤销权，对此法律可不作区分。经研究认为，在一方当事人实施欺诈行为时，相对人对欺诈并不知情，由此陷入错误判断并作出意思表示。在此种情形下，相对人必然为善意，应当享有撤销权。而在第三人欺诈的情况下，仅赋予受欺诈人在相对方知道或者应当知道存在欺诈行为时的撤销权，同样体现了对善意相对人的保护，两种情况下的立法理念是一致的。此时，受欺诈人尽管不能通过行使撤销权的方式保护其自身权益，但如果其权益因此受损，并不妨碍其向实施欺诈的第三人主张赔偿。

第一百五十条　一方或者第三人以胁迫手段，使对方在违背真实意思的情况下实施的民事法律行为，受胁迫方有权请求人民法院或者仲裁机构予以撤销。

【释义】　本条是关于以胁迫手段实施的民事法律行为的效力的规定。

所谓胁迫，是指行为人通过威胁、恐吓等不法手段对他人思想上施加强制，由此使他人产生恐惧心理并基于恐惧心理作出意思表示的行为。在民法理论中,胁迫与欺诈一样,都属于意思表示不自由的情形。当事人因受胁迫而作出意思表示,其意思表示并没有产生错误,受胁迫人在作出符合胁迫人要求的意思表示时,清楚地意识到自己意思表示的法律后果,只是这种意思表示的作出并非基于受胁迫人的自由意志。胁迫的构成要件一般应当包括:一是胁迫人主观上有胁迫的故意,即故意实施胁迫行为使他人陷入恐惧以及基于此恐惧心理作出意思表示。二是胁迫人客观上实施了胁迫的行为,即以将要实施某种加害行为威胁受胁迫人,以此使受胁迫人产生心理恐惧。这种加害既可以是对受胁迫人自身的人身、财产权益的加害,也可以是对受胁迫人的亲友甚至与之有关的其他人的人身、财产权益的加害,客观上使受胁迫人产生了恐惧心理。三是胁迫须具有不法性,包括手段或者目的的不法性,反之则不成立胁迫。例如,出租人以向法院起诉为要挟,要求承租人按合同约定及时履行交付租金的义务,此种情形便不属于应受法律调整的胁迫行为。四是受胁迫人基于胁迫产生的恐惧心理作出意思表示。换言之,意思表示的作出与胁迫存在因果关系。此处因果关系的判断,应以受胁迫人自身而非其他人为标准。由于胁迫侵害了被胁迫人的自由意志,法律对通过胁迫手段实施的民事法律行为加以规制。

我国民法通则和合同法对胁迫及其效力作了规定,但未对胁迫的具体含义加以规定。根据民法通则第58条第1款第3项规定,一方以胁迫的手段,使对方在违背真实意思的情况下所为的民事行为无效。合同法并没有完全沿用民法通则对胁迫行为效力无效的规定,而是区分情况加以规定:根据合同法第52条第1项规定,一方以胁迫手段订立的损害国家利益的合同无效。根据合同法第54条第2款规定,一方以胁迫的手段,使对方在违背真实意思的情况下订立的合同,受损害方有权请求人民法院或者仲裁机构变更或者撤销。民法通则和合同法虽然没有明确规定胁迫的具体含义,但最高人民法院的相关司法解释却从司法认定的角度对胁迫作了规定。《最高人民法院关于贯彻执行〈中华人民共和国民法通则〉若干问题的意见(试行)》第 69 条规定:“以给公民及其亲友的生命健康、荣誉、名誉、财产等造成损失或者以给法人的荣誉、名誉、财产等造成损害为要挟,迫使对方作出违背真实的意思表示的,可以认定为胁迫行为。”从司法解释的这一规定来看,民法理论所要求胁迫应当具备的主观的故意、客观的行为、胁迫的不法性以及因果关系等条件都已经得到了体现。

由于胁迫对意思自治原则的侵害和对当事人利益的损害,世界各国和地区均通过立法对胁迫加以规制。有的立法仅使用了“胁迫”的概念并对其效力作出规定,如《德国民法典》第 123 条第 1 款规定,因被恶意欺诈或被不法胁迫,致使作出意思表示的人,可以撤销该表示。《日本民法典》第 96 条第 1 款规定,因欺诈或胁迫而作出的意思表示,可以撤销。《韩国民法典》第 110 条规定,因欺诈或胁迫而为的意思表示,可撤销。我国台湾地区“民法”第 92 条规定,因被诈欺或被胁迫而为意思表示者,表意人得撤销其意思表示。也有的立法除规定胁迫的行为效力外,还对其含义作了界定,如《法国民法典》第 1111 条规定,对债务人行使胁迫为无效的原因,纵使胁迫的行使出于取得合意利益人以外的第三人者亦同。第 1112 条规定,凡行为的性质足使正常之人产生印象,并使其发生自己身体或财产面临重大且迫切危害的恐惧者,成立胁迫。关于此问题,应考虑受胁迫人的性别、年龄及个人的情况。《意大利民法典》第 1434 条规定,胁迫是契约得撤销的原因,尽管其是由第三人实施的。第 1435 条规定,胁迫应当具有使一个明智的人感到不安并担心其人身或财产受到不法行为严重威胁的性质。其涉及年龄、性格和个人的情况。从上述立法例来看,将胁迫的效力规定为可撤销是多数国家和地区的立法选择。

本条规定包括以下内容:第一,民事法律行为的一方当事人或者第三人实施了胁迫行为。这种行为的具体方式,既可以是威胁对受胁迫人或其亲友的人身权益造成损害,如以损害受胁迫人的荣誉为要挟;也可以是威胁对受胁迫人或其亲友的财产权益造成损害,如不将房子出租给胁迫人,胁迫人就烧掉房子。实施胁迫行为的主体既包括民事法律行为的一方当事人,也可以是民事法律行为之外的第三人。第二,受胁迫人基于对胁迫行为所产生的恐惧作出了意思表示。受胁迫人尽管作出的意思表示是其真实意思的外在表达,但这种意思表示的作出系受到胁迫人胁迫行为的结果。第三,受胁迫人享有对民事法律行为的撤销权。胁迫是对受胁迫人意志自由的侵害,其效力不应得到法律的承认。从民法理论上讲,胁迫行为具有不法性,且构成对受胁迫人利益的侵害,应当认定因胁迫实施的民事法律行为无效。但考虑到民事活动的复杂性以及意思自治的民事基本原则,受胁迫人在其权益受损时,有权基于自身的利益衡量对民事法律行为的效力作出选择。因此,本条规定采用世界多数国家和地区立法例,将因胁迫实施的民事法律行为效力规定为可撤销,同时赋予受胁迫人以撤销权。

关于本条,还有两个问题需要进一步说明。一是有的意见提出,本条应当比照欺诈的规定,区分一方胁迫与第三人胁迫分别作出规定。在第三人实施胁迫时,应当仅在相对人知道或者应当知道存在胁迫时,受胁迫人才享有撤销权。经研究认为,胁迫相较于欺诈而言,对当事人意思自由的侵害更为严重,法律应当赋予受胁迫人程度更为严格的保护。同时,这也与世界各国和地区多数立法例的规定一致。因此,本条规定,无论是一方胁迫还是第三人胁迫,受胁迫人均享有对民事法律行为的撤销权。二是有的意见提出,本条应对胁迫的具体含义作出界定。经研究认为,最高人民法院相关司法解释对实践中较为常见的胁迫情形进行列举式规定,有助于法律的具体适用,是可行的。但是,考虑到民事活动的复杂性以及民事法律行为实践的不断发展,本条不宜对胁迫作出限定性的规定,而应为实践的发展留出空间。同时,自民法通则颁行以来的三十多年间,无论是理论界还是司法实务界,对于"胁迫"概念的内涵已经形成较为广泛的共识,总则编不对其含义进行规定并不影响这一制度的理解与适用。

第一百五十一条　一方利用对方处于危困状态、缺乏判断能力等情形，致使民事法律行为成立时显失公平的，受损害方有权请求人民法院或者仲裁机构予以撤销。

【释义】 本条是关于显失公平的民事法律行为的效力的规定。

显失公平这一概念在传统民法理论及我国的现行法中均有所体现，但二者的内涵并不完全相同。传统民法理论中的显失公平，需要同时具备客观和主观两项要件。客观上，双方的权利义务要达到显失均衡的状态；主观上，这种权利义务失衡的状态系由于一方利用对方缺乏经验和判断能力、急迫、轻率等不利的情境所最终达成的结果。这种主、客观条件须同时具备的“显失公平”又被称为暴利行为，为继受传统民法理论的部分国家和地区的立法例所采用。例如，《德国民法典》第 138 条第 2 款规定，某人利用他人处于急迫情势、无经验、欠缺判断能力或意志显著薄弱，以法律行为使该他人就某项给付向自己或第三人约定或给予与该项给付明显不相当的财产利益的，该法律行为尤其无效。我国台湾地区“民法”第 74 条规定，法律行为，系乘他人之急迫、轻率或无经验，使其为财产上之给付或为给付之约定，依当时情形显失公平者，法院得因利害关系人之声请，撤销其法律行为或减轻其给付。前项声请，应于法律行为后一年内为之。但是，也有部分国家的立法例仅从客观要件的角度对显失公平加以界定，如《法国民法典》第 1118 条规定，当事人双方债务有失公平因此一方遭受损失的事实，依本章第五节第七目规定，仅关于一定的契约和对于一定的当事人，得构成取消契约的原因。

我国民法通则和合同法均对显失公平作了规定。民法通则第 59 条第 1 款规定：“下列民事行为，一方有权请求人民法院或者仲裁机关予以变更或者撤销：(一)行为人对行为内容有重大误解的；(二)显失公平的。”合同法第 54 条第 1 款规定：“下列合同，当事人一方有权请求人民法院或者仲裁机构变更或者撤销：(一)因重大误解订立的;(二)在订立合同时显失公平的。”从民法通则和合同法的上述规定看,现行法律似乎仅从行为后果的角度界定显失公平,并不强调传统理论中显失公平的主观要件或者产生显失公平后果的原因。《最高人民法院关于贯彻执行〈中华人民共和国民法通则〉若干问题的意见(试行)》第72条规定:“一方当事人利用优势或者利用对方没有经验,致使双方的权利义务明显违反公平、等价有偿原则的,可以认定为显失公平。”司法解释的这一规定强调对显失公平的认定要考虑到主观方面的原因,即“一方当事人利用优势或者利用对方没有经验”,相比民法通则和合同法的规定,界定更为清晰,也与传统民法理论及多数立法例较为接近。与各国立法例不同,除显失公平外,我国民法通则和合同法还同时规定了乘人之危的民事法律行为。根据民法通则第58条第1款第3项的规定,一方乘人之危,使对方在违背真实意思的情况下所为的民事行为无效。根据合同法第54条第2款的规定,一方乘人之危,使对方在违背真实意思的情况下订立的合同,受损害方有权请求人民法院或者仲裁机构变更或者撤销。《最高人民法院关于贯彻执行〈中华人民共和国民法通则〉若干问题的意见(试行)》第70条同样对乘人之危的认定作了规定,即一方当事人乘对方处于危难之机,为牟取不正当利益,迫使对方作出不真实的意思表示,严重损害对方利益的,可以认定为乘人之危。与显失公平相比,乘人之危的概念更加强调行为人利用对方“处于危难之机”以及“牟取不正当利益”的主观要件,这一点与传统民法理论中显失公平的主观要件非常接近。因此,不少观点认为,我国法律中所规定的显失公平与乘人之危,事实上是传统民法理论中暴利行为一分为二的结果。

本条所规定的显失公平,采取了与传统民法理论以及德国、我国台湾地区关于暴利行为相类似的做法,须包括两项要件:一是主观上民事法律行为的一方当事人利用了对方处于危困状态、缺乏判断能力等情形。这意味着,一方当事人主观上意识到对方当事人处于不利情境,且有利用这一不利情境之故意。所谓危困状态,一般指因陷入某种暂时性的急迫困境而对于金钱、物的需求极为迫切等。例如,一方利用对方家有重病患者、为治疗病患出卖房产之机,以远低于市场价格购买该房产;所谓缺乏判断能力,是指缺少基于理性考虑而实施民事法律行为或对民事法律行为的后果予以评估的能力,如金融机构的从业人员向文化水平较低的老年人兜售理财产品,由于缺少判断能力,这些老年人以高昂价格购买了实际收益率较低的理财产品。二是客观上民事法律行为成立时显失公平。此处的显失公平是指双方当事人在民事法律行为中的权利义务明显失衡、显著不相称。至于"失衡""不相称"的具体标准,则需要结合民事法律行为的具体情形,如市场风险、交易行情、通常做法等加以判断。同时,需要说明的是,对于显失公平的判断时点,应以民事法律行为成立时为限。由于民事法律行为从成立到实际履行往往有一个过程,这一过程中的许多因素都可能对双方当事人的权利义务产生影响,如果不限定判断的时点,对于显失公平的判定将会缺少客观标准,也无法将原已存在的"权利义务失衡"结果与民事法律行为成立后当事人以外因素对权利义务产生的影响相区分。因此,本条采我国台湾地区以及合同法的立法例,将显失公平结果的判定限定为民事法律行为成立时。关于显失公平民事法律行为的效力,从尊重权益受损方意思自治的角度,本条将其规定为可撤销的民事法律行为。受损害方可以基于民事法律行为的具体情况,选择是否向法院或者仲裁机构撤销这一行为。

在立法过程中,有的意见提出,民法通则和合同法将乘人之危与显失公平分别规定,二者有不同的适用条件,总则编应延续这一做法。经研究认为,民法通则和合同法规定的显失公平与乘人之危虽各有侧重,但从相关司法实践对二者的界定来看,它们均在主观和客观两方面有相类似的要求,如显失公平中的"一方明显违反公平、等价有偿原则",即是严重损害了对方利益;"利用优势或者利用对方没有经验"与乘人之危的手段相近,均利用了对方的不利情境。基于此,总则编将二者合并规定,赋予显失公平以新的内涵,这既与通行立法例的做法一致,同时也便于司法实践从严把握,防止这一制度被滥用。

第一百五十二条　有下列情形之一的,撤销权消灭:

(一)当事人自知道或者应当知道撤销事由之日起一年内、重大误解的当事人自知道或者应当知道撤销事由之日起九十日内没有行使撤销权;

(二)当事人受胁迫,自胁迫行为终止之日起一年内没有行使撤销权;

(三)当事人知道撤销事由后明确表示或者以自己的行为表明放弃撤销权。

当事人自民事法律行为发生之日起五年内没有行使撤销权的,撤销权消灭。

【释义】 本条是关于撤销权消灭期间的规定。

民事法律行为因不同事由被撤销的,其撤销权应当在一定期间内行使。这一点是由撤销权的性质所决定的。在民法理论上,撤销权属于形成权,行为人可以通过自己的行为直接行使权利,实现权利目的。但是,撤销权的行使将使可撤销的民事法律行为效力终局性地归于无效,这将对相对人的利益产生重大影响,因此,享有撤销权的权利人必须在一定期间内决定是否行使这一权利,从而保护相对人的利益,维护交易安全。这一期间被称为除斥期间,除斥期间经过,撤销权终局性地归于消灭,可撤销的民事法律行为自此成为完全有效的民事法律行为。

由于导致民事法律行为可撤销的事由多样,因此不同情况下除斥期间的起算以及期间的长短也应有所不同。我国有关法律和司法解释对撤销权的除斥期间作了规定。《最高人民法院关于贯彻执行〈中华人民共和国民法通则〉若干问题的意见(试行)》第73条第2款规定:"可变更或者可撤销的民事行为,自行为成立时起超过一年当事人才请求变更或者撤销的,人民法院不予保护。"

合同法第 55 条规定:“有下列情形之一的,撤销权消灭:(一)具有撤销权的当事人自知道或者应当知道撤销事由之日起一年内没有行使撤销权;(二)具有撤销权的当事人知道撤销事由后明确表示或者以自己的行为放弃撤销权。”从上述规定看,司法解释所规定的期间起算点为“行为成立时”,并不考虑撤销权是否具备行使条件。这一期间属于客观期间,其优点是时间确定,便于计算,有利于法律关系的尽快稳定,但缺点是对于撤销权人不利,在撤销权人不知撤销事由存在时,极易因期间经过而丧失撤销权。合同法的规定修正了司法解释的缺陷,改采主观期间,将除斥期间的起算点规定为权利人知道或者应当知道撤销事由之日。这样规定,将撤销权人不知撤销事由从而导致期间经过的风险分配给相对人,有利于保护撤销权人。但是,民法关于撤销权除斥期间的规定,应当同时兼顾撤销权人与相对人的利益,不应仅仅强调一方的利益保护而忽略另一方。因此,应当结合两种期间起算的方式,在规定主观期间的同时,辅之以客观期间补充,以此实现二者利益的平衡保护。

从各国和地区的立法例看,除同时规定主观期间与客观期间外,有的还根据不同的撤销事由规定了不同长度的除斥期间以及不同的期间起算点。例如,《德国民法典》第 121 条规定,在第 119 条、第 120 条(注:指错误的意思表示)的情形下,撤销必须在撤销权人知悉撤销原因后,在没有有过错的迟延的情况下(不迟延地)为之。撤销的表示已被不迟延地发送的,对不在场者而为的撤销,视为已适时地为之。第 2 款规定,自意思表示作出时起已经过 10 年的,该项撤销即被排除。第 124 条规定:(1)依第 123 条(注:指被欺诈和被胁迫的意思表示的撤销)可撤销的意思表示,只能在 1 年的期间内撤销。(2)在恶意欺诈的情形下,撤销期间自撤销权人发现欺诈时起算,在胁迫的情形下,自急迫情势停止时起算。(3)自意思表示作出时起已经过 10 年的,该项撤销被排除。我国台湾地区“民法”第 93 条规定,前条之撤销(注:指被欺诈和被胁迫的意思表示的撤销),应于发现诈欺或胁迫终止后,1

年内为之。但自意思表示后,经过10年,不得撤销。《日本民法典》第126条规定,撤销权自可以追认时起,5年间不行使时,因时效而消灭。自行为时起,经过20年时,亦同。《韩国民法典》第146条规定,撤销权,应于可追认之日起3年内,自实施法律行为之日起10年内行使。《意大利民法典》第1442条规定,撤销契约的诉权5年届满而消灭。第2款规定,当撤销是基于意思瑕疵或者法律上的无能力而发生时,时效期间自被强迫中止之日、发现错误或者欺诈之日,或者禁治产或准禁治产终止之日,或者未成年人达到成年年龄之日起算。第3款规定,在其他情况下,期间自契约成立之日起算。

本条在民法通则和合同法规定的基础上,借鉴其他国家和地区的立法例,对撤销权的除斥期间作了以下规定:一是,撤销权原则上应在权利人知道或者应当知道撤销事由之日起1年内行使,但自民事法律行为发生之日起5年内没有行使的,撤销权消灭。将期间起算的标准规定为"权利人知道或者应当知道撤销事由之日"有利于撤销权人的利益保护,防止其因不知撤销事由存在而错失撤销权的行使。同时,辅之以"自民事法律行为发生之日起五年"的客观期间,有助于法律关系的稳定,稳定交易秩序,维护交易安全。二是,对于因重大误解享有撤销权的,权利人应在知道或者应当知道撤销事由之日起3个月内行使,否则撤销权消灭。同欺诈、胁迫、显失公平等影响意思表示自由的情形相比,重大误解权利人的撤销事由系自己造就,不应赋予其与其他撤销事由同样的除斥期间。因此,本条将重大误解的撤销权除斥期间单独确定为90日,并仍以权利人知道或者应当知道撤销事由之日起算。三是,对于因胁迫享有撤销权的,应自胁迫行为终止之日起1年内行使,否则撤销权消灭。同欺诈、重大误解等其他撤销事由相比,胁迫具有特殊性。受胁迫人在胁迫行为终止前,即使知道胁迫行为的存在,事实上仍然无法行使撤销权。考虑到这一特殊情况,本条将因胁迫享有撤销权的除斥期间起算规定为"自胁迫行为终止之日起",期间仍为1年。四是,对于权利人知道撤销事由后明确表示或者以自己的行为表明放弃撤销权的，撤销权消灭，不受1年期间的限制。权利人无论是明确表示还是通过行为表示对撤销权的放弃，均属于对自己权利的处分，依据意思自治的原则，法律予以准许。

第一百五十三条　违反法律、行政法规的强制性规定的民事法律行为无效。但是，该强制性规定不导致该民事法律行为无效的除外。

违背公序良俗的民事法律行为无效。

【释义】　本条是关于违反法律、行政法规的强制性规定以及违背公序良俗的民事法律行为的效力的规定。

在民事法律行为有效的三项要件中，不违反法律、行政法规的强制性规定以及不违背公序良俗是其中能够体现对个人意思自治与行为限制的一项重要条件。民事法律行为虽然是彰显意思自治、保障权利实现的主要制度，但这种自由必须限定在不损害国家利益、社会公共利益的范围之内。民事主体的民事法律行为一旦超越法律和道德所容许的限度，构成对国家利益、社会公共利益的侵害，其效力就必须被否定。而法律、行政法规的强制性规定以及公共秩序和善良习俗，即是对民事主体意思自治施加的限制。

由于强制性规定和公序良俗背后所体现的对国家利益、社会公共利益的维护，世界各国和地区的民事立法均将违反这些规定以及违背公序良俗的行为确定为无效。例如，《法国民法典》(2016年新债法)第1162条规定，合同内容或目的不得违背公序良俗，无论全体当事人是否知情。第1179条第1款，违反保护公共利益的规则时，绝对无效。《德国民法典》第134条规定，法律不另有规定的，违反法定禁止的法律行为无效。第138条第1款规定，违反善良风俗的法律行为无效。《瑞士债务法》第20条规定，合同内容不能、违法或违背公序良俗的，无效。《荷兰民法典》

第3:40条规定:(1)法律行为的内容或目的违背公共秩序或善良风俗的,无效。(2)除从法律规定的目的中得出其他结论者以外,违反法律强制规定的法律行为无效。加拿大《魁北克民法典》第1411条规定,合同原因为法律禁止或违反公共秩序的,合同无效。第1413条规定,合同标的为法律禁止或违反公共秩序的,合同无效。2013年《匈牙利民法典》第6:95条规定,违反法律或规避法律的合同无效。第6:96条规定,显然违背善良风俗的合同无效。除此之外,我国台湾地区"民法"第71条规定,法律行为违反强制或禁止之规定者,无效。但其规定并不以之为无效者,不在此限。第72条规定,法律行为有悖于公共秩序或善良风俗者,无效。我国澳门特别行政区民法典第273条第2款规定,违反公共秩序或侵犯善良风俗之法律行为无效。

本法第143条规定了民事法律行为的有效要件。其中,根据该条第3项规定,民事法律行为不得违反法律、行政法规的强制性规定,不得违背公序良俗。从立法技术和逻辑来看,应当同时从反面规定违反法律、行政法规以及违背公序良俗的民事法律行为的法律后果。本条即明确规定了违反法律、行政法规以及违背公序良俗的民事法律行为无效。相较而言,第143条属于对民事法律行为有效的一般性要求,而本条则属于可以直接判定行为效力的裁判性规范,即当民事法律行为具有违反法律、行政法规强制性规定或者违背公序良俗情形的,法院和仲裁机构可以依据本条规定确认该行为无效。从我国以往的民事立法来看,民法通则规定的是违反法律或者社会公共利益的民事行为无效;合同法规定的是违反法律、行政法规的强制性规定以及损害社会公共利益的合同无效。这些规定均在审判、仲裁实践中发挥了裁判性规范的作用。如果本条不对违反法律、行政法规的强制性规定以及违背公序良俗的法律后果直接作出规定,司法机关和仲裁机构就会丧失判定依据,导致裁决尺度不一,引发法律适用的混乱。

本条第1款规定,违反法律、行政法规的强制性规定的民事法律行为无效,但是,该强制性规定不导致该民事法律行为无效的除外。法律规范分为强制性规范与任意性规范。任意性规范的目的是引导、规范民事主体的行为,并不具备强制性效力,民事法律行为与任意性规范不一致的,并不影响其效力。任意性规范体现的是法律对主体实施民事法律行为的一种指引,当事人可以选择适用,也可以选择不适用。与任意性规范相对的是强制性规范,后者体现的是法律基于对国家利益、社会公共利益等的考量,对私人意思自治领域所施加的一种限制。民事主体在实施民事法律行为时,必须服从这种对行为自由的限制,否则会因对国家利益、社会公共利益等的侵害而被判定无效。但是,民事法律行为违反强制性规定无效有一种例外,即当该强制性规定本身并不导致民事法律行为无效时,民事法律行为并不无效。这里实际上涉及对具体强制性规定的性质判断问题。某些强制性规定尽管要求民事主体不得违反,但其并不导致民事法律行为无效。违反该法律规定的后果应由违法一方承担,对没有违法的当事人不应承受一方违法的后果。例如,一家经营水果的商店出售种子,农户购买了该种子,该商店违法经营种子,必须承担相应违法责任,但出于保护农户的目的,不宜认定该买卖行为无效。再如,我国台湾地区"民法"第 912 条规定,典权约定期限不得逾 30 年,逾 30 年者,缩短为 30 年。此种情形下,如果双方约定的典权超过 30 年,该约定并不无效,只是缩短为 30 年。

本条第 2 款规定,违背公序良俗的民事法律行为无效。公序良俗是公共秩序和善良习俗的简称,属于不确定概念。民法学说一般采取类型化研究的方式,将裁判实务中依据公序良俗裁判的典型案件,区别为若干公序良俗违反的行为类型。法院或者仲裁机构在审理案件时,如果发现待决案件事实与其中某一个类型相符,即可判定行为无效。这些类型包括但不限于:(1)危害国家政治、经济、财政、税收、金融、治安等秩序类型;(2)危害家庭关系行为类型;(3)违反性道德行为类型;(4)违反人权和人格尊重行为类型;(5)限制经济自由行为类型;(6)违反公平竞争行为类型;(7)违反消费者保护行为类型;(8)违反劳动者保护行为类型等。

同强制性规定一样,公序良俗也体现了国家对民事领域意思自治的一种限制。因此,对公序良俗的违背也构成民事法律行为无效的理由。

第一百五十四条　行为人与相对人恶意串通,损害他人合法权益的民事法律行为无效。

【释义】 本条是关于恶意串通的民事法律行为的效力的规定。

所谓恶意串通,是指行为人与相对人互相勾结,为牟取私利而实施的损害他人合法权益的民事法律行为。恶意串通的民事法律行为在主观上要求双方有互相串通、为满足私利而损害他人合法权益的目的,客观上表现为实施了一定形式的行为来达到这一目的。比如,甲公司生产的一批产品质量低劣,卖不出去,甲公司找到乙公司负责采购的业务人员向其行贿,二者相互串通订立该产品的买卖合同,乙公司将其以合格产品买入。在该例中,甲公司与乙公司采购人员相互勾结签订合同,损害乙公司利益的行为就属于恶意串通的民事法律行为。尽管民法的基本原则中包含自愿原则,即当事人可以按照自己的意思设立、变更、终止民事法律关系,但民事主体却不得滥用民事权利损害国家利益、社会公共利益或者他人合法权益。

我国民法通则和合同法都对恶意串通作了规定。根据民法通则第58条第1款第4项规定,恶意串通,损害国家、集体或者第三人利益的民事行为无效。根据合同法第52条第2项的规定,恶意串通,损害国家、集体或者第三人利益的合同无效。从民法通则到合同法,尽管不少情形下的民事法律行为的效力规定发生了变化,如不损害国家、集体利益的欺诈、胁迫、乘人之危等情形,民法通则规定为无效,而合同法规定为可撤销。但对于恶意串通的民事法律行为,无论是民法通则还是合同法,始终将其规定为无效。从各项制度的设立目的看,无论是欺诈、胁迫、重大误解还是显失公平,大多调整的是仅涉及双方当事人之间的利益关系,而在恶意串通的情形下,实际是双方共同损害他人的合法权益。在这种情况下,双方串通的直接目的就是通过损害他人来实现自己的利益,因此,法律上对这种恶意串通行为确定为无效的做法,能够最大限度地实现对第三方合法权益的保护。

本法总则编立法过程中,关于是否保留恶意串通无效的规定,一直存在不同意见。有的意见提出,民法通则当时所规定的恶意串通制度,主要规范的是行为人与国有企业的工作人员或者代理人等恶意串通,以低价贱卖国有资产,损公肥私的行为。但这种情况实际上可以通过代理制度中的相关规定,如本法第 164 条第 2 款(代理人和相对人恶意串通,损害被代理人合法权益的,代理人和相对人应当承担连带责任)的规定予以解决,无需再单独规定恶意串通。同时,恶意串通并非一种具体的行为样式,其在实践中可以表现为不同的行为类型,如欺诈、无权处分等,而这些行为都已经有具体的规则可以解决。因此,不需要在总则中继续规定恶意串通。有的意见则认为,恶意串通是自民法通则、合同法以来一直存在的制度,体现了我国民事立法的鲜明特色,能够最大化地体现对民事主体合法权益的保护,应当予以保留。经研究,我们在总则编中继续规定了恶意串通制度,主要考虑是:第一,行为人恶意串通损害他人合法权益的行为,多数情况下权益受损的人当时并不知情,如果不对这种行为科以无效后果,无法体现对其合法权益的有力保护。第二,民法通则、合同法规定恶意串通行为无效以来,为司法实践提供了明确的裁判指引,本法总则编应当继续沿用这一规定。第三,虽然总则编及其他民事法律对欺诈、无权处分等具体规则作了规定,但民事生活的复杂性决定了实践中仍有可能出现现有具体规则无法解决的情形。保留恶意串通的规定可以在没有具体规则可供适用时发挥规则填补的作用。

还有一个问题需要说明。本法第 146 条第 1 款规定了虚伪表示的民事法律行为无效。有的意见提出,虚伪表示和恶意串通存在重复,建议统一规定。经研究认为,在虚伪表示的民事法律行为中,行为人与相对人所表示出的意思均非真意,而恶意串通的双方当事人所表达的都是内心真意,二者尽管在法律后果上相同,但不可混淆。尽管在某些情况下,双方通谋的虚伪表示也表现为主观上的恶意,且同时损害了他人的合法权益,但二者的侧重点不同,不能相互替代。

第一百五十五条　无效的或者被撤销的民事法律行为自始没有法律约束力。

【释义】 本条是关于无效的或者被撤销的民事法律行为自始无效的规定。

民事法律行为的效力形态包括多种,如有效、无效、可撤销、效力待定等。对于无效和被撤销的民事法律行为来说,必然涉及其行为效力的问题。民事法律行为无效或者被撤销后,效力自然对将来不再发生。那么,这种状态是否可以溯及既往?本条即对此作出规定,无效或者被撤销的民事法律行为自始没有法律约束力。

我国民法通则和合同法对于无效以及被撤销的民事法律行为效力问题都作了规定。民法通则第58条第2款规定:“无效的民事行为,从行为开始起就没有法律约束力。”第59条第2款规定:“被撤销的民事行为从行为开始起无效。”合同法第56条规定:“无效的合同或者被撤销的合同自始没有法律约束力。合同部分无效,不影响其他部分效力的,其他部分仍然有效。”从上述规定来看,无效和被撤销的民事法律行为是自始无效的,具有溯及力。即使在身份行为当中,这一原则也在现行法律规定中得到了体现,如本法第1054条规定,无效的或者被撤销的婚姻自始没有法律约束力,当事人不具有夫妻的权利和义务;第1113条第2款规定,无效的收养行为自始没有法律约束力。这种自始无效意味着,民事法律行为一旦无效或者被撤销后,双方的权利义务状态应当恢复到这一行为实施之前的状态,已经履行的,应当恢复原状。

对无效以及被撤销的民事法律行为的效力作出规定,也是世界不少国家和地区立法例的做法。《德国民法典》第 142 条第 1 款规定,可撤销的法律行为被撤销的,必须视为自始无效。《日本民法典》第 121 条规定,可撤销的行为,视为自始无效。但限制行为能力人,以其因行为而受利益为限度,负偿还义务。《韩国民法典》第 141 条规定,撤销的法律行为,视为自始无效。但无能力人只于因其行为而得到的现存利益限度内,负偿还责任。我国台湾地区"民法"第 114 条规定,法律行为经撤销者,视为自始无效。当事人知其得撤销或可得而知者,其法律行为撤销时,准用前条之规定。从这些立法例可以看出,对无效或被撤销的民事法律行为规定为溯及既往地无效,也是各国和各地区的普遍选择。

关于本条,还有两点需要进一步说明。一是,无效的民事法律行为除自始无效外,还应当是当然无效、绝对无效。所谓当然无效,是指只要民事法律行为具备无效条件,其便当然产生无效的法律后果,无须经过特定程序的确认才无效;所谓绝对无效,是指这种民事法律行为的无效是绝对而非相对的,对包括当事人在内的其他任何人而言均是无效的。二是,有的意见提出,被撤销的民事法律行为自始无效的规定过于绝对,身份行为以及具有持续性的民事法律行为被撤销后,其无效的效果应仅向将来发生,不应溯及既往。经研究,我国婚姻法、收养法等法律规定已经对无效或被撤销婚姻、无效收养等身份行为的无效溯及既往作了规定,本条应当延续这一规定,对符合无效情形以及被撤销的此类行为,仍坚持无效溯及既往的规定。对于诸如劳动关系、合伙关系等特别领域中存在的某些持续性民事法律行为无效以及被撤销的效力问题,可以考虑在具体单行法中作出特别规定。

第一百五十六条　民事法律行为部分无效,不影响其他部分效力的,其他部分仍然有效。

【释义】 本条是关于民事法律行为部分无效的规定。

在传统民法理论中,根据民事法律行为无效原因与整体行为内容之间的关系,可以将民事法律行为的无效分为全部无效以及部分无效。如果无效原因及于整体的民事法律行为,则民事法律行为自然全部无效,这一点没有异议。但是,当无效原因只及于民事法律行为的部分内容,如何处置其他部分的民事法律行为的效力问题?本条对此作出规定,如果民事法律行为的部分无效不影响其他部分效力,其他部分仍然有效。具体来说,民事法律行为的无效事由既可以导致其全部无效,也可以导致部分无效。在部分无效时,如果不影响其他部分的效力,其他部分仍可有效。这意味着,只有在民事法律行为的内容效力可分且相互不影响的情况下,部分无效才不会导致其他部分同时无效。反之,当部分无效的民事法律行为会影响其他部分效力的,其他部分也应无效。

我国民法通则和合同法均对民事法律行为的部分无效作了规定。民法通则第60条规定:"民事行为部分无效,不影响其他部分的效力的,其他部分仍然有效。"合同法第56条规定:"无效的合同或者被撤销的合同自始没有法律约束力。合同部分无效,不影响其他部分效力的,其他部分仍然有效。"对于民事法律行为的部分无效,许多国家和地区的立法也有规定。《德国民法典》第139条规定,法律行为的一部分无效的,如不能认为除去无效的部分,该法律行为仍会被实施,则整个法律行为无效。我国台湾地区"民法"第111条规定,法律行为之一部分无效者,全部皆为无效。但除去该部分亦可成立者,则其他部分,仍为有效。《意大利民法典》第1419条规定,在契约如没有无效部分或者无效的个别条款缔约人将无法缔结契约的情况下,契约的部分无效或者个别条款的无效将导致整个契约的无效。第2款规定,当无效的个别条款依法被强制性规范所取代时,个别条款的无效不导致契约的无效。《俄罗斯联邦民法典》第180条规定,如果可以断定,法律行为即使不包括其无效部分也可以实施,则法律行为的部分无效不会导致法律行为其他部分的无效。

本条所规定的"民事法律行为部分无效,不影响其他部分效力"的情形,主要包括以下几种:一是民事法律行为的标的数量超过国家法律许可的范围。例如,遗嘱继承中,被继承人将其全部遗产均遗赠他人,并未给胎儿保留必要的遗产份额,违反了继承相关的法律规定。因此,在遗产的应继份范围内的那部分遗赠是无效的,但其他部分的遗赠仍然有效。二是民事法律行为的标的可分,其中一项或数项无效。比如,同一买卖合同的标的物有多个,其中一个或数个标的物因属于国家禁止流通物而无效,其他标的物的买卖仍为有效。三是民事法律行为的非根本性条款因违法或违背公序良俗而无效。例如,雇佣合同中有条款约定"工作期间发生的一切人身伤害,雇主概不负责"。这一条款因违反相关劳动法律以及公序良俗原则而无效,但雇佣合同的其他权利义务条款并不因此无效。

本条在民事法律行为无效部分与其他部分效力可分的情况下,规定部分无效在不影响其他部分效力的情况下,其他部分仍然有效。这实际上体现了民法尽可能尊重双方意思自治、承认民事法律行为效力的原则。当然,如果无效部分属于整体民事法律行为成立生效的必要条款,或者无效部分事实上与其他部分不可分割,那么这种部分无效当然会同时导致其他部分的无效,进而影响整体的行为效力。

第一百五十七条　民事法律行为无效、被撤销或者确定不发生效力后,行为人因该行为取得的财产,应当予以返还;不能返还或者没有必要返还的,应当折价补偿。有过错的一方应当赔偿对方由此所受到的损失;各方都有过错的,应当各自承担相应的责任。法律另有规定的,依照其规定。

【释义】　本条是关于民事法律行为无效、被撤销以及确定不发生效力的后果的规定。

民事法律行为无效、被撤销以及确定不发生效力后，意味着民事法律行为的目的不能实现，应当恢复到民事法律行为成立或实施之前的状态，就如同这一行为未曾发生一样。这其中包括三种情况：民事法律行为无效，即民事法律行为因具备无效条件而被确定为自始无效、当然无效、绝对无效；民事法律行为被撤销，是指民事法律行为因具备撤销事由，经撤销权人行使撤销权而无效。民事法律行为被撤销前属于有效行为，撤销以后则自始没有法律约束力；民事法律行为确定不发生效力，是指民事法律行为虽已成立，但由于生效条件确定无法具备而不能生效的情况。典型的情形包括两种：一是法律、行政法规规定须经批准生效的民事法律行为，因未经批准而无法生效；二是附条件生效民事法律行为，生效条件确定无法具备。这两种情况下，民事法律行为因双方合意一致已经成立，但却不能生效，属于确定不生效。

民事法律行为无效、被撤销以及确定不发生效力后，由于其法律效果相当于这一行为未曾实施，因此，需要恢复至各方当事人在民事法律行为实施前的状态。已经履行或者部分履行的，各方需要承担相应的法律后果。我国民法通则和合同法均对此作出过规定。民法通则第61条第1款规定："民事行为被确认为无效或者被撤销后，当事人因该行为取得的财产，应当返还给受损失的一方。有过错的一方应当赔偿对方因此所受的损失，双方都有过错的，应当各自承担相应的责任。"合同法第58条规定："合同无效或者被撤销后，因该合同取得的财产，应当予以返还；不能返还或者没有必要返还的，应当折价补偿。有过错的一方应当赔偿对方因此所受到的损失，双方都有过错的，应当各自承担相应的责任。"

本条在民法通则和合同法规定的基础上，规定了民事法律行为无效、被撤销以及确定不发生效力的如下几种法律后果：

一是返还财产。这是指民事法律行为被确认无效、被撤销或者确定不发生效力后，行为人因民事法律行为所取得的财产应当予以返还，相对人亦享有对已交付财产的返还请求权。民事法律行为无效、被撤销或者确定不发生效力后,行为人对所取得的财产已没有合法占有的根据,双方的财产状况应当恢复到民事法律行为实施前的状态。当然,返还财产主要适用于民事法律行为已经实际履行的情况,如果行为被宣告无效、被撤销或者确定不发生效力时尚未履行,或者财产并未交付,则不适用这种方式。这里需要说明的是,返还财产的目的在于使双方的财产关系恢复到民事法律行为实施前的状态,因此无论双方是否存在过错,都负有返还财产的义务。一方存在过错的,相对方可以通过主张损失的赔偿来维护其利益。返还财产包括单方返还和双方返还。单方返还适用于民事法律行为的一方当事人已经履行、另一方尚未履行的情况。此时仅接受对方交付财产的当事人负有向对方返还财产的义务。双方返还适用于民事法律行为无效、被撤销或者确定不发生效力后,双方均已实际履行的,应当互负返还财产的义务。例如,民事法律行为因重大误解被撤销的,双方当事人应当相互返还财产。对于返还财产,还有几点需要明确:首先,返还财产的范围应以对方实际交付的财产数额为标准予以确定。即使当事人返还时实际的财产已经减损甚至不存在了,仍应承担返还责任。其次,如果当事人接受交付的是实物或者货币,原则上应当返还原物或者货币,不能相互替代。最后,如果原物已经灭失,造成无法实际返还的,如果存在可以替代的种类物,则应返还同一种类物。

二是折价补偿。本条规定,对于不能返还财产,或者没有必要返还的,应当折价补偿。民事法律行为无效、被撤销或者确定不发生效力后,返还财产应当作为恢复原状的原则做法。但是,在有些情况下,返还财产并不具备现实条件或者没有必要,此时应当通过折价补偿的方式来达到使财产关系恢复原状的目的。所谓财产不能返还,包括法律上的不能返还和事实上的不能返还。法律上的不能返还主要是指财产返还受到善意取得制度的影响,即一方当事人将通过民事法律行为取得的财产转让给第三人,第三人取得财产时符合善意取得制度的各项要件,此时该第三人因善意取得制度成为财产的所有权人,该财产又是不可替代的。民事法律行为虽事后被确认无效、被撤销或者确定不发生效力,当事人也不能实际返还财产,只能依当时市价折价补偿给对方当事人。事实上的不能返还主要是指因标的物已经灭失,造成客观上无法返还,且原物又是不可替代物。此时,取得该财产的当事人应当依据原物的市价进行折价补偿。所谓没有必要返还财产的,主要包括以下两种情况:(1)如果当事人接受的财产是劳务或者利益,在性质上不能恢复原状,应以国家规定的价格计算,以金钱返还;没有国家规定的,按照市价或者同类劳务的报酬标准计算返还。(2)如果一方当事人是通过使用对方的知识产权获得的利益,因知识产权属于无形财产,此时应折价补偿对方当事人。

三是赔偿损失。根据本条规定,有过错的一方应当赔偿对方由此所受到的损失;各方都有过错的,应当各自承担相应的责任。民事法律行为无效、被撤销以及确定不发生效力后,一般而言都存在损失赔偿的问题。如果因无效、被撤销以及确定不发生效力而给对方造成损失,主观上有故意或者过失的当事人应当赔偿对方的损失;双方都有过错的,应当各自承担相应的赔偿责任。比如,一方以欺诈手段与对方订立合同,合同因欺诈被撤销后,在返还财产或者折价补偿之外,受欺诈方还可能为合同的履行实际支出了其他费用,这部分损失应当由欺诈方予以赔偿。需要指出的是,这里规定的损失赔偿是一种过错责任,行为人只有主观上对民事法律行为无效、被撤销以及确定不发生效力的情形存在过错时才予以承担。

本条除规定以上内容外,还在条文最后作了"法律另有规定的,依照其规定"的除外规定。这种情况主要是指,民事法律行为效力被否定后,并非在任何情况下都存在返还财产、折价补偿或者赔偿损失的责任问题。如在民事法律行为因违法被宣告无效后,并不存在双方当事人相互返还财产的问题,而是需要根据相关法律、行政法规的规定对其予以没收、收缴等。以毒品买卖为例,双方签订的买卖合同显然因违反法律、行政法规的强制性规定而无效。但此时,双方因毒品交易产生的非法所得则应根据禁毒法等法律的规定予以收缴,而不是返还给一方当事人。

第四节 民事法律行为的附条件和附期限

第一百五十八条 民事法律行为可以附条件,但是根据其性质不得附条件的除外。附生效条件的民事法律行为,自条件成就时生效。附解除条件的民事法律行为,自条件成就时失效。

【释义】 本条是关于附条件的民事法律行为的规定。

民事法律行为成立之后的效力问题,当事人之间可以自行约定,这也是意思自治原则的体现。民事法律行为中所附条件是指,当事人以未来客观上不确定发生的事实,作为民事法律行为效力的附款。所附条件具有以下特点:第一,条件系当事人共同约定,并作为民事法律行为的一部分内容。条件体现的是双方约定一致的意思,这是与法定条件最大的不同之处,后者是指由法律规定的、不由当事人意思决定并具有普遍约束力的条件。当事人不得以法定条件作为其所附条件。第二,条件是未来可能发生的事实。这意味着,已经过去的、现在的以及将来确定不会发生的事实不能作为民事法律行为的所附条件。如果是将来必然发生的事实,应当作为附期限。应当注意,这种条件事实发生的不确定性应当是客观存在的,如果仅仅是当事人认为事实发生与否不确定,但实际上必然发生或者不发生的,也不能作为所附条件。第三,所附条件是当事人用以限定民事法律行为效力的附属意思表示。应当将所附条件与民事法律行为中的供货条件、付款条件等相互区分,后者是民事法律行为自身内容的一部分而非决定效力的附属意思表示。第四,所附条件中的事实应为合法事实,违法事实不能作为民事法律行为的附条件。如不能约定以故意伤害他人作为合同生效的条件。

以所附条件决定民事法律行为效力发生或消灭为标准,条件可以分为生效条件和解除条件。所谓生效条件,是指使民事法律行为效力发生或者不发生的条件。生效条件具备之前,民事法律行为虽已成立但未生效,其效力是否发生处于不确定状态。条件具备,民事法律行为生效;条件不具备,民事法律行为就不生效。比如,甲、乙双方签订房屋买卖合同,约定甲将所居住的房产出卖给乙,其条件是甲出国定居,不在国内居住。当条件具备时,此房屋买卖合同才生效。所谓解除条件,又称消灭条件,是指对已经生效的民事法律行为,当条件具备时,该民事法律行为失效;如果该条件确定不具备,则该民事法律行为将继续有效。

在附条件的民事法律行为中,所附条件的出现与否将直接决定了民事法律行为的效力状态。附生效条件的民事法律行为,自条件成就时生效。附解除条件的民事法律行为,自条件成就时失效。需要特别指出的是,附条件的民事法律行为虽然在所附条件出现时才生效或失效,但在条件尚未具备时,民事法律行为对于当事人仍然具有法律约束力,当事人不得随意变更或者撤销。因此,可以将附条件的民事法律行为的效力分为条件成就前的效力和条件成就后的效力。对于附生效条件的民事法律行为来说,条件成就前的效力表现为当事人不得随意变更、撤销民事法律行为以及对于民事法律行为生效的期待权;对于附解除条件的民事法律行为来说,条件成就前的效力表现为条件具备后民事法律行为效力归于消灭的期待权。

我国民法通则和合同法均规定了附条件的民事法律行为。民法通则第62条规定:“民事法律行为可以附条件,附条件的民事法律行为在符合所附条件时生效。”合同法第45条第1款规定:“当事人对合同的效力可以约定附条件。附生效条件的合同,自条件成就时生效。附解除条件的合同,自条件成就时失效。”世界上其他国家和地区也都对附条件的行为作出了规定。《德国民法典》第 158 条规定:(1)法律行为系附停止条件而实施的,该停止条件所决定的效力在条件成就时发生。(2)法律行为系附解除条件而实施的,该法律行为的效力在条件成就时终止;原先的法律状态于此时恢复。《日本民法典》第 127 条规定:(1)附停止条件的法律行为,自条件成就时发生效力。(2)附解除条件的法律行为,自条件成就时丧失效力。(3)当事人已作出条件成就的效果溯及于成就之前的意思表示时,从其意思。《韩国民法典》以及我国台湾地区的规定同《日本民法典》的规定相类似。

民事法律行为以可以附条件为原则,这是意思自治原则的体现,但对于某些行为而言,则依其性质不得附条件。这主要是指,某些民事法律行为的性质要求其应当即时、确定地发生效力,不允许效力处于不确定状态,因此不得附条件。例如,票据行为,为保障其流通性,不得附条件;撤销权、解除权等形成权的行使,本身就是为了使不确定的法律关系尽快确定,如果允许其附条件,会使本不确定的法律关系更加不确定,因此不得附条件。

第一百五十九条　附条件的民事法律行为,当事人为自己的利益不正当地阻止条件成就的,视为条件已经成就;不正当地促成条件成就的,视为条件不成就。

【释义】 本条是关于民事法律行为条件成就和不成就拟制的规定。

在附条件的民事法律行为中,条件的成就与否直接关系到民事法律行为的效力状况。对于附生效条件的民事法律行为来说,条件成就,民事法律行为就开始生效;条件不成就,民事法律行为就确定不发生效力。对附解除条件的民事法律行为来说,条件成就,民事法律行为就失效,反之民事法律行为继续有效。尽管民事法律行为成立时,当事人可以对于民事法律行为的效力共同约定附条件,但自此之后,当事人却有可能从自己的利益出发,不正当地促成或者阻止条件成就,以达到对自己有利的结果。比如,在附生效条件的民事法律行为中，一方当事人希望行为尽快生效，就可能采取不正当手段促使条件成就；在附解除条件的民事法律行为中，一方当事人希望行为继续其效力，就可能以不正当手段阻止条件成就。在附条件的民事法律行为中，无论是生效条件还是解除条件，条件的成就与否都具有或然性。这种或然性恰恰体现了民事法律行为当事人的意思自治，应当予以尊重。当一方当事人为了自己的利益通过不正当手段人为促成或者阻止条件成就时，不仅对意思自治原则造成了侵害，更有可能损害对方当事人的利益，因此法律应当予以规范。

我国民法通则未对条件成就或不成就的拟制作出规定。合同法在规定了附条件合同的同时，也规定了条件成就或不成就的拟制。合同法第45条第2款规定："当事人为自己的利益不正当地阻止条件成就的，视为条件已成就；不正当地促成条件成就的，视为条件不成就。"世界各国和地区的立法例中，有不少也对此作出了规定。《德国民法典》第162条规定：(1)因条件的成就会受不利益的当事人违背诚实信用，阻止条件成就的，条件视为已成就。(2)因条件的成就会受利益的当事人违背诚实信用，促成条件成就的，条件视为不成就。《日本民法典》第130条规定，因条件成就而会受不利的当事人，故意妨害其条件成就时，相对人可以视为其条件已成就。《韩国民法典》第150条规定：(1)因条件成就而蒙受不利益的当事人，违反信义诚实而妨碍条件的成就时，相对人可主张视为条件已成就。(2)因条件的成就而应得到利益者，因违反信义诚实使条件成就时，相对人可主张视为该条件不成就。我国台湾地区"民法"第101条规定，因条件成就而受不利益之当事人，如以不正当行为阻其条件之成就者，视为条件已成就。因条件成就而受利益之当事人，如以不正当行为促其条件之成就者，视为条件不成就。

本条参考合同法以及世界上大多数国家和地区的立法例，对条件成就或不成就的拟制作了规定。根据本条规定，当事人为自己的利益不正当地阻止条件成就的，视为条件已经成就；不正当地促成条件成就的,视为条件不成就。对本条的把握应当注意以下几点:第一,当事人主观上有为自己利益人为改变条件状态的故意。换言之,当事人从自己利益的角度考虑,主观上具有使条件成就或者不成就的故意。第二,当事人为此实施了人为改变条件成就状态的行为。民事法律行为中所附条件,其成就与否本不确定。当事人为自己利益实施了促成或阻止条件成就的行为。第三,该行为具有不正当性。这主要是指当事人的此种行为违反了诚信原则,不符合事先约定。例如,甲和乙约定,当甲不在A公司工作时,就把位于A公司附近的自住房产出卖给乙。乙为了尽快得到甲的房产,暗中找到A公司的经理,让其辞退甲,从而使房屋买卖合同生效。

第一百六十条　民事法律行为可以附期限,但是根据其性质不得附期限的除外。附生效期限的民事法律行为,自期限届至时生效。附终止期限的民事法律行为,自期限届满时失效。

【释义】 本条是关于附期限的民事法律行为的规定。

当事人除可以通过附条件决定民事法律行为效力状态之外,还可通过对民事法律行为附期限的方式来决定民事法律行为的效力发生与终止,这同样体现了当事人意思自治的民事基本原则。与所附条件相比,民事法律行为所附期限具有以下特点:第一,条件的发生与否属于不确定的事实,但期限的到来则是确定发生的事实。因此,对于附期限的民事法律行为来说,其生效或失效本身并不具有或然性,是将来一定能够发生的事实。第二,附期限的民事法律行为体现了当事人对民事法律行为生效或失效的期限约定,所附期限属于民事法律行为的附属意思表示,体现了双方的意思自治。第三,期限的到来是必然确定的,但到来的具体时日却未必十分确定。比如,“等到下次天下雨时,我就把那批雨伞卖给你”,下次下雨是将来必定发生的事实,但具体哪一天会下雨则不能确定。

根据所附期限决定民事法律行为的生效或失效,期限可以分为生效期限和终止期限。所谓生效期限,是指决定民事法律行为效力发生的期限。期限届至,民事法律行为生效;期限届至前,民事法律行为虽已成立但并未生效。例如,甲对乙说"下次天下雨时,从你那里购买100把雨伞","下次天下雨"是将来必定发生的事实,且期限届至时,购买雨伞的买卖合同生效,因此这一期限属于生效期限。所谓终止期限,是指决定民事法律行为效力消灭的期限。期限届至,民事法律行为失效;期限届至前,民事法律行为始终有效。例如,甲对乙说"明年3月1日,把我租给你的房屋还给我","明年3月1日"是必然到来的事实,且期限届至时,房屋租赁合同失效。

我国民法通则未规定附期限的民事法律行为。《最高人民法院关于贯彻执行〈中华人民共和国民法通则〉若干问题的意见(试行)》第76条规定:"附期限的民事法律行为,在所附期限到来时生效或者解除。"合同法第46条规定:"当事人对合同的效力可以约定附期限。附生效期限的合同,自期限届至时生效。附终止期限的合同,自期限届满时失效。"一些国家和地区的民事立法规定了附期限的民事法律行为。《德国民法典》第163条规定,在法律行为实施时,已就其效力而限定始期或终期的,第158条、第160条、第161条关于停止条件的规定准用于限定始期的情形,第158条、第160条、第161条关于解除条件的规定准用于限定终期的情形。《日本民法典》第135条规定:(1)法律行为附始期时,不得于期限届至前,请求履行该法律行为。(2)法律行为附终期时,该法律行为的效力,于期限届至时消灭。《韩国民法典》第152条规定:(1)附始期的法律行为,自期限到来时起,发生其效力。(2)附终期的法律行为,自期限届满时起,始丧失其效力。我国台湾地区"民法"第102条规定,附始期之法律行为,于期限届至时,发生效力。附终期之法律行为,于期限届满时,失其效力。第100条之规定,于前二项情形准用之。

本条根据合同法及境外立法例,对附期限的民事法律行为作了规定。根据本条,附生效期限的民事法律行为,自期限届至时生效。附终止期限的民事法律行为,自期限届满时失效。关于本条,还有两点需要说明:一是附期限民事法律行为中的所附期限,不同于民事法律行为的履行期限。履行期限,是当事人对已生效民事法律行为的履行义务所施加的期限限制。这种情况下,民事法律行为已经生效,权利义务已经发生,只是由于履行期限尚未届至,当事人所负义务没有强制履行的效力。这就意味着,履行期限届至前,义务人可以不履行义务,权利人也不得强制义务人履行义务。但是,如果义务人提前履行且权利人同意,法律不作禁止。而对于附生效期限的民事法律行为而言,在期限到来前,民事法律行为并未生效,权利义务尚未生成,当事人当然不存在义务履行的问题。二是同附条件的民事法律行为一样,原则上,民事法律行为均可附期限。但是,依民事法律行为的性质不得附期限的除外。这样的行为主要包括身份上的行为,如结婚、收养等。

第七章　代　　理

代理是指代理人代被代理人实施民事法律行为,其法律效果直接归属于被代理人的行为。代理制度是调整被代理人、代理人和第三人之间关系的法律制度。19 世纪以来,民事活动中奉行意思自治,个人依自己的自由意思处理社会生活关系。随着经济发展速度越来越快、规模越来越大、交易范围越来越广,再加上社会分工的精细化、市场交易的信息化等需求,民事主体亲自从事民事法律行为越来越力不从心,代理制度由此应运而生,成为社会经济生活的重要组成部分。代理制度的产生和发展,对于意思自治的实现,具有重要意义。代理的功能主要体现在以下两个方面:一是扩张功能。有的被代理人由于时间、精力有限,很多事情难以亲自进行;有的被代理人受本身知识、经验等的限制,从事民事活动存在困难。代理制度使民事主体能够通过代理人的行为来实现自己的利益,从而更加广泛深入地参与民事活动。从这个意义上讲,代理制度扩张了民事主体意思自治的空间。二是辅助功能。完全民事行为能力人才能独立实施民事法律行为。对于无民事行为能力人和限制民事行为能力人来说,他们要参与民事活动,实现自己的利益,必须通过代理制度,由法定代理人来弥补其行为能力的不足。从这个意义上讲,代理制度是意思自治的补充。随着经济社会的发展,代理活动越来越广泛,也越来越复杂,为了保护被代理人、第三人的合法权益,维护交易安全,法律应当对代理行为予以规范。

2017 年民法总则制定前,我国法律中有关代理的规定主要集中在民法通则和合同法中。民法通则在第 4 章"民事法律行为和代理"中专门规定了一节"代理",共 8 条。合同法在第 3 章"合同的效力"中有些规定涉及代理问题,第 21 章专门规定了"委托合同"。另外,还有一些法律、行政法规、部门规章和司法解释对代理也作了规定。2017 年制定民法总则,在上述规定的基础上作了进一步的完善和补充,专门单独规定了"代理"一章。这次编纂民法典,内容基本保持不变。

本章分 3 节,共 15 条。第 1 节为一般规定,主要规定了代理的适用范围、效力、类型,代理人不当履职的民事责任及代理人和相对人恶意串通的民事责任等。第 2 节为委托代理,主要规定了授权委托书、共同代理、复代理、职务代理、无权代理和表见代理等。第 3 节为代理终止,主要规定了委托代理和法定代理的终止情形。

第一节　一般规定

第一百六十一条　民事主体可以通过代理人实施民事法律行为。

依照法律规定、当事人约定或者民事法律行为的性质，应当由本人亲自实施的民事法律行为，不得代理。

【释义】 本条是关于代理适用范围的规定。

代理作为一项独立的法律制度，有其特定的适用范围，对此，民法通则作了明确规定。民法通则第 63 条第 1 款规定：“公民、法人可以通过代理人实施民事法律行为。”第 3 款规定：“依照法律规定或者按照双方当事人约定，应当由本人实施的民事法律行为，不得代理。”本条规定在民法通则上述规定的基础上，作了进一步的完善。

本条第 1 款规定，民事主体可以通过代理人实施民事法律行为。民事法律行为是指民事主体通过意思表示设立、变更、终止民事法律关系的行为。代理的适用范围原则上限于民事法律行为。但一般认为，一些与合同密切相关的准民事法律行为、事实行为和程序行为，如要约邀请、要约撤回、订约时样品的交付和受领、办理合同公证等，也允许代理。

不是所有民事法律行为都允许代理。根据本条第 2 款的规定，下列三类民事法律行为不得代理：一是依照法律规定应当由本人亲自实施的民事法律行为。例如，本法婚姻家庭编第 1049 条规定：“要求结婚的男女双方应当亲自到婚姻登记机关申请结婚登记。”二是依照当事人约定应当由本人亲自实施的民事法律行为。当事人双方基于某种原因，约定某一民事法律行为必须由本人亲自实施的，当事人自然应当遵守这一约定，不得通过代理人实施该民事法律行为。三是依照民事法律行为的性质，应当由本人亲自实施的民事法律行为。这主要是指具有人身性质的身份行为，如结婚、离婚、收养、遗嘱、遗赠等。这些身份行为不得代理，有的法律中已作了明确规定，如上述本法婚姻家庭编第 1049 条的规定，有的法律中没有作出明确规定，但由于其人身性质不允许他人代理。

第一百六十二条　代理人在代理权限内，以被代理人名义实施的民事法律行为，对被代理人发生效力。

【释义】　本条是关于代理效力的规定。

一般民事法律行为只涉及行为人与相对人的关系。而民事主体通过代理人实施了民事法律行为，由此形成的代理法律关系则存在三个主体，即被代理人（本人）、代理人和相对人。该民事法律行为的效力就与一般民事法律行为存在区别，需要在法律中作出明确规定。根据本条规定，代理人在代理权限内，以被代理人名义实施的民事法律行为，对被代理人发生效力。这里的“对被代理人发生效力”，是指民事法律行为产生的法律效果归属于被代理人，即代理人实施的民事法律行为所设立、变更、终止民事法律关系的一切结果都归属于被代理人。一方面，代理的民事法律行为有效时，形成的权利义务应当由被代理人承受；另一方面，代理的民事法律行为无效时，引起的赔偿损失等民事责任也应当由被代理人承担。但代理人实施的民事法律行为并不都能发生代理的效力，根据本条规定，代理行为发生代理效力必须符合下列两个条件：

一是代理人在代理权限内实施民事法律行为。代理人超越代理权限实施民事法律行为的，除符合本法第172条规定的表见代理的构成要件外，为无权代理，须经被代理人追认才能对被代理人产生效力。代理分为法定代理和指定代理，法定代理中代理人的代理权限由法律直接作出规定，比如本法第34条第1款规定：“监护人的职责是代理被监护人实施民事法律行为，保护被监护人的人身权利、财产权利以及其他合法权益等。”这一条就是对监护人作为法定代理人时代理权限的规定。本法第43条第1款规定：“财产代管人应当妥善管理失踪人的财产，维护其财产权益。”这一条是对失踪人的财产代管人作为法定代理人时代理权限的规定。

委托代理中代理人的权限则由被代理人在授予代理人时确

定,该权限的范围原则上由被代理人自由决定。委托代理权限分为两类,即特别代理权和概括代理权。特别代理权是指授权代理人为一项或者一类特定行为,如授权代理人转让或者出租某物,授权代理人在一定数额内买卖股票等。概括代理权是指授权代理人为被代理人处理一切民事法律行为。如本法合同编第920条规定:“委托人可以特别委托受托人处理一项或者数项事务,也可以概括委托受托人处理一切事务。”划分特别代理权和概括代理权的意义在于,使代理人能够明确自己可以从事哪些代理活动,也使第三人知道代理人的身份和权限,使之有目的、有选择地与其共同实施订立合同等民事法律行为,以防止因代理权限不明确而引起不必要的纠纷。如果发生了纠纷,也便于根据代理权限确定当事人之间的相互责任。

二是代理人必须以被代理人的名义实施民事法律行为。代理人在实施民事法律行为时,必须以被代理人的名义进行,即明确向相对人表明是替被代理人来实施该民事法律行为。

在2017年民法总则制定过程中,对是否规定代理人必须以被代理人的名义来实施民事法律行为即显名代理,进而对是否在民法总则中规定隐名代理和间接代理,争议较大。显名代理是指代理人明确地以被代理人的名义实施民事法律行为,该民事法律行为的效力直接对被代理人发生。隐名代理是指代理人以自己的名义实施民事法律行为,但其代理人身份为相对人知悉,在这种情况下,也发生代理的效果,即该民事法律行为的效力直接对被代理人发生。显名代理和隐名代理合称直接代理。间接代理是指代理人以自己的名义实施民事法律行为,该民事法律行为的效力首先对代理人发生,再由代理人移转给被代理人。

代理要显名的主张,称为“显名主义”,是大陆法系主要国家的普遍要求。《德国民法典》第164条第1款规定,代理人在代理权限内以被代理人的名义作出的意思表示,直接为被代理人和对被代理人发生效力。《法国民法典》第1984条规定,委托或者代理是指一人授权另一人以委托人的名义,为委托人完成某种事务的行为。《意大利民法典》第1388条规定,由代理人以被代理人的名义并为其利益,在授权的范围内订立的契约,直接对被代理人发生效力。《俄罗斯联邦民法典》第182条第1款规定,基于委托书、法律规定或者被授权的国家机关或地方自治机关文件而产生的授权,一人(代理人)以他人(被代理人)名义所实施的法律行为,直接创设、变更和终止被代理人的民事权利和民事义务。《日本民法典》第99条第1款规定,代理人在其权限内为被代理人而为的意思表示,直接对被代理人发生效力。我国台湾地区"民法"第103条规定,代理人于代理权限内,以本人名义所为之意思表示,直接对本人发生效力。我国民法通则也是采纳了显名主义,第63条第2款规定:"代理人在代理权限内,以被代理人的名义实施民事法律行为。被代理人对代理人的代理行为,承担民事责任。"

大陆法系的显名主义,原则上要求必须公开被代理人的姓名,但在例外情况下,即使没有公开被代理人的姓名,但相对人已经知道代理人与被代理人之间的代理关系的,也能够产生代理的效果,这就是隐名代理。大陆法系国家和地区有的在民法中对隐名代理作了规定,有的并没有作出明确规定。《德国民法典》第164条第1款规定,该意思表示无论是明示以被代理人的名义作出,还是按照情况可以断定是以被代理人的名义作出的,均无区别。《日本民法典》第100条规定,代理人没有表示为被代理人而为的意思表示,视为自己所为。但是相对人已经知道或者应当知道其为被代理人而为时,准用前条第1款的规定。前条第1款规定是指意思表示直接对被代理人发生效力。我国台湾地区"民法"对隐名代理未作规定,司法实践中通过判例予以承认,代理人虽未以本人之名义为法律行为,而实际上有代理之意思,且为相对人所明知或可得而知者,即难谓不发生代理之效果,此即所谓之"隐名代理"。我国民法通则仅规定了显名代理,没有规定隐名代理。合同法在"总则"部分所规定的无权代理和表见代理等也都要求"以被代理人名义",但在第402条规定:"受托人以自己的名义,在委托人的授权范围内与第三人订立的合同,第三人在订立合同时知道受托人与委托人之间的代理关系的,该合同直接约束委托人和第三人,但有确切证据证明该合同只约束受托人和第三人的除外。”从内容来看,该条规定实际上规定了隐名代理。

大陆法系国家和地区所规定的代理一般都仅指直接代理。在间接代理中,代理人以自己的名义来实施民事法律行为,该行为的效力直接在代理人和相对人之间发生,然后再由代理人将取得的权利义务移转给被代理人,因而间接代理不会在被代理人和相对人之间直接设定任何权利义务关系。实际上,间接代理并非真正的代理,不会产生代理的三方关系。合同法所规定的行纪就是典型的间接代理。只有在某些情况下,为了交易活动的便捷,减少纠纷,法律特别规定具备一定条件的,间接代理可以发生直接代理的部分效力。但作为对代理显名主义的补充,此种情形应当是特殊的,适用范围是狭窄的。如合同法第 403 条规定:“受托人以自己的名义与第三人订立合同时,第三人不知道受托人与委托人之间的代理关系的,受托人因第三人的原因对委托人不履行义务,受托人应当向委托人披露第三人,委托人因此可以行使受托人对第三人的权利,但第三人与受托人订立合同时如果知道该委托人就不会订立合同的除外。受托人因委托人的原因对第三人不履行义务,受托人应当向第三人披露委托人,第三人因此可以选择受托人或者委托人作为相对人主张其权利,但第三人不得变更选定的相对人。委托人行使受托人对第三人的权利的,第三人可以向委托人主张其对受托人的抗辩。第三人选定委托人作为其相对人的,委托人可以向第三人主张其对受托人的抗辩以及受托人对第三人的抗辩。”

在民法总则制定过程中,有的意见建议,在民法总则中仅规定显名代理即可,隐名代理和间接代理应当在合同法中作规定;有的意见建议,在民法总则中规定显名代理和隐名代理;有的意见建议,合同法第 403 条规定的特殊情形的间接代理也应当在民法总则中明确规定。在民法总则草案前面三个审议稿中,采纳了第二种意见,对显名代理和隐名代理都作了规定。主要考虑是,间接代理不是真正的代理,只有在特殊情况下基于法律的特别规定才会发生代理的部分效力,在合同法分则中作出规定即可,民法总则没有必要专门作规定。第十二届全国人民代表大会第五次会议审议民法总则时,有的意见提出,隐名代理也没有必要规定在总则中,在合同法中规定即可。因此,最后通过的民法总则删除了隐名代理的规定。这次编纂民法典,对于这一做法没有做出变动,在合同编委托合同一章对隐名代理和间接代理作了规定。

第一百六十三条　代理包括委托代理和法定代理。

委托代理人按照被代理人的委托行使代理权。法定代理人依照法律的规定行使代理权。

【释义】 本条是关于代理类型的规定。

根据代理权产生依据的不同,代理可以分为委托代理和法定代理。民法通则第64条规定:"代理包括委托代理、法定代理和指定代理。委托代理人按照被代理人的委托行使代理权,法定代理人依照法律的规定行使代理权,指定代理人按照人民法院或者指定单位的指定行使代理权。"可见,民法通则将代理分为委托代理、法定代理和指定代理三种类型。在立法过程中,对指定代理是否为一种单独的代理类型,争议较大。经研究认为,指定代理只是法定代理的一种特殊形式,没有必要单独列为一种代理的类型,据此,本法将代理分为委托代理和法定代理两类。

(一)委托代理

本条第2款规定,委托代理人按照被代理人的委托行使代理权。根据这一规定,委托代理是指按照代理人的委托来行使代理权的代理,有的学者又称为"意定代理""授权代理"等。委托代理是代理的主要类型,本章设专节规定了委托代理。需要注意的是委托代理与委托合同的差异。一方面,委托合同所生的委托关系是委托代理的基础法律关系,但除委托合同外,基于劳动合同等也能产生委托代理,有的情况下甚至只有单纯的授权行为而无基础关系也能产生委托代理。另一方面,委托关系并不一定产生代理权。当事人之间可能仅存在委托合同而并无委托代理关系。

(二)法定代理

本条第2款规定,法定代理人依照法律的规定行使代理权。根据这一规定,法定代理是指依照法律的规定来行使代理权的代理。法定代理人的代理权来自于法律的直接规定,无须被代理人的授权,也只有在符合法律规定条件的情况下才能取消代理人的代理权。

民法通则将代理分为委托代理、法定代理和指定代理。本法取消了指定代理这一类型,本条规定的法定代理,涵盖了民法通则规定的法定代理和指定代理。在立法过程中,对指定代理是否为一种单独的代理类型,争议较大。一种意见认为,指定代理与法定代理有一定的区别,主要表现为以下几个方面:一是指定代理人需要人民法院或者法律规定的有关单位等特定机关来选定,而法定代理是基于法律的规定自动产生的。二是在指定代理中,即使由特定机关选定,在许多情况下还需要获得被指定人的同意或者征求其意见。比如,本法第31条第2款规定,居民委员会、村民委员会、民政部门或者人民法院应当尊重被监护人的真实意愿,按照最有利于被监护人的原则在依法具有监护资格的人中指定监护人。而法定代理却没有这种限制,法定代理的产生不需要被代理人的同意。三是在指定代理中,代理的事务是特别限定的,而法定代理的事务范围却比较宽泛。另一种意见认为,两者只是在确定具体的代理人时存在区别,法定代理由法律直接规定,指定代理由特定机关根据法律来指定。但无论是法定代理还是指定代理,其代理权都来源于法律的直接规定,代理人都是在法律规定的代理权限内来履行代理职责。指定代理相比法定代理,仅是多了一个指定程序,完全可以纳入法定代理的范畴。经研究认为,法定代理和指定代理的分类在学理上有一定的意义,毕竟它们在代理人的确定上存在不同。但是,两者代理权的来源都是法律规定,代理人必须根据法律的规定取得代理权并行使代理职责,在法律上和实务中区别意义不大,因此,本法取消了民法通则规定的“指定代理”这一类型,将其纳入法定代理的范围中加以规范。

对委托代理,本章设专节作了规定,法定代理则没有设专节规定,主要是考虑到法定代理的内容在本法其他章节以及其他法律中已经作了明确规定,各类法定代理其内容差异较大,难以也没有必要作出概括规定。根据本法和其他法律的规定,法定代理人的类型主要有:

(1)监护人。这包括未成年人的父母,无民事行为能力人、限制民事行为能力人在父母之外的监护人。本法第23条就明确规定:“无民事行为能力人、限制民事行为能力人的监护人是其法定代理人。”

(2)失踪人的财产代管人。本法第42条规定:“失踪人的财产由其配偶、成年子女、父母或者其他愿意担任财产代管人的人代管。代管有争议,没有前款规定的人,或者前款规定的人无代管能力的,由人民法院指定的人代管。”

(3)清算组。公司法第183条规定:“公司因本法第一百八十条第(一)项、第(二)项、第(四)项、第(五)项规定而解散的,应当在解散事由出现之日起十五日内成立清算组,开始清算。有限责任公司的清算组由股东组成,股份有限公司的清算组由董事或者股东大会确定的人员组成。逾期不成立清算组进行清算的,债权人可以申请人民法院指定有关人员组成清算组进行清算。人民法院应当受理该申请,并及时组织清算组进行清算。”

第一百六十四条　代理人不履行或者不完全履行职责,造成被代理人损害的,应当承担民事责任。

代理人和相对人恶意串通,损害被代理人合法权益的,代理人和相对人应当承担连带责任。

【释义】 本条是关于代理人不当履职的民事责任及代理人和相对人恶意串通的民事责任的规定。

代理是意思自治的扩张和补充，代理人行使代理权，应当基于被代理人利益的考虑，忠实履行代理职责，否则，就要承担相应的民事责任。对此，民法通则第 66 条第 2 款、第 3 款已有规定："代理人不履行职责而给被代理人造成损害的，应当承担民事责任。代理人和第三人串通、损害被代理人的利益的，由代理人和第三人负连带责任。"本条在民法通则规定的基础上作了进一步的完善。

本条第 1 款是关于代理人不当履行职责的民事责任的规定。代理人行使代理权完全是为了被代理人的利益，应当在代理权限内忠实履行代理职责，如果不履行或者不完全履行代理职责，造成被代理人的损害的，自应承担民事责任。关于代理人职责的内容，以及如何履行代理职责，在委托代理和法定代理情况下各有不同，本法没有作出统一规定。

委托代理时，被代理人对于代理事项、权限和期间等一般都有明确授权，代理人首先应当根据被代理人的授权来行使代理权，在授权范围内认真维护被代理人的合法权益，想方设法完成代理事项。有时，被代理人授予代理权的范围规定得并不十分具体明确，代理人就应当根据诚信原则来从事代理行为。法律为了保护被代理人的合法权益，还对一些滥用代理权的行为作了明确规制，代理人应当根据这些法律规定来行使代理权。比如，本法第 168 条规定："代理人不得以被代理人的名义与自己实施民事法律行为，但是被代理人同意或者追认的除外。代理人不得以被代理人的名义与自己同时代理的其他人实施民事法律行为，但是被代理的双方同意或者追认的除外。"第 169 条第 1 款规定："代理人需要转委托第三人代理的，应当取得被代理人的同意或者追认。"代理人越权行使代理权或者违反相关法律规定行使代理权，都属于不履行或者不完全履行代理职责，造成被代理人损害的，应当承担民事责任。

法定代理时，法律会对代理人的权限及相关职责作明确规定,代理人必须根据法律规定来行使代理权。如监护人作为法定代理人时的职责,本法第 34 条第 1 款明确规定:“监护人的职责是代理被监护人实施民事法律行为,保护被监护人的人身权利、财产权利以及其他合法权益等。”第 35 条进一步规定:“监护人应当按照最有利于被监护人的原则履行监护职责。监护人除为维护被监护人利益外,不得处分被监护人的财产。未成年人的监护人履行监护职责,在作出与被监护人利益有关的决定时,应当根据被监护人的年龄和智力状况,尊重被监护人的真实意愿。成年人的监护人履行监护职责,应当最大程度地尊重被监护人的真实意愿,保障并协助被监护人实施与其智力、精神健康状况相适应的民事法律行为。对被监护人有能力独立处理的事务,监护人不得干涉。”

本条第 2 款是关于代理人和相对人恶意串通的民事责任的规定。代理人和相对人恶意串通,损害被代理人合法权益时,代理人的行为属于本条第 1 款规制的范围,自应承担民事责任,但此时相对人也应承担责任。法律严格禁止这类损害被代理人利益的行为,据此,本款规定,代理人和相对人应当承担连带责任。根据本款规定,代理人和相对人承担连带责任的前提是恶意串通。恶意是指双方都明知或者应知其实施的行为会造成被代理人合法权益的损害还故意为之。串通是指双方在主观上有共同的意思联络。此处的恶意串通就是双方串通在一起,共同实施某种行为来损害被代理人的合法权益。如果双方当事人或者一方当事人不知且不应知其行为的损害后果,就不构成恶意串通,不能适用本款规定,应当根据各自的行为来承担相应的民事责任。

第二节　委托代理

第一百六十五条　委托代理授权采用书面形式的,授权委托书应当载明代理人的姓名或者名称、代理事项、权限和期限,并由被代理人签名或者盖章。

【释义】 本条是关于授权委托书的规定。

委托代理是指按照代理人的委托来行使代理权的代理。此时，代理人行使的代理权称为委托代理权，是基于被代理人的意思而产生的。被代理人授予代理人委托代理权的行为，称为授权行为。

关于授权行为的形式，民法通则第 65 条第 1 款规定："民事法律行为的委托代理，可以用书面形式，也可以用口头形式。法律规定用书面形式的，应当用书面形式。"在民法总则立法过程中，对于授予代理权的意思表示是否需要采取代理人实施民事法律行为所应采取的方式，有过不同意见。境外也有两种立法例：有的国家和地区要求授权行为必须采取代理人实施民事法律行为所采取的方式，如《意大利民法典》第 1392 条规定，如未采用与代理人应当订立合同的形式给予授权，则代理权是无效的。《路易斯安那州民法典》第 2993 条规定，代理合同不需要以特别形式订立。但是，如果法律对某行为规定了一定的形式，对该行为的代理授权必须以该形式作出。我国台湾地区"民法"第 531 条规定，为委任事务之处理，须为法律行为，而该法律行为，依法应以文字为之者，其处理权之授予，亦应以文字为之。其授予代理权者，代理权之授予亦同。我国澳门特别行政区民法典第 255 条第 2 款规定，授权方式须为就授权人因实施法律行为所要求的方式，但法律另有规定的除外。也有的国家不要求授权行为采取代理人实施民事法律行为所采取的方式，如《德国民法典》第 167 条规定，代理权的授予，应向代理人或者向其为代理行为之第三人为意思表示。前款意思表示不需要依照有关代理权的法律行为所规定的方式。经研究认为，法律不应当强行规定授予代理权的意思表示与代理人实施民事法律行为所采取的方式相同，因为两者的性质完全不同。只要法律、行政法规没有明确规定或者当事人没有专门约定，代理权的授予采取何种方式都应当是允许的。民法通则的规定是合理的，应当予以维持。之所以没有在本条体现民法通则第 65 条第 1 款的内容，是因为授权行为也为民事法律行为，关于民事法律行为的形式本法第 135 条已作了规定："民事法律行为可以采用书面形式、口头形式或者其他形式;法律、行政法规规定或者当事人约定采用特定形式的,应当采用特定形式。”本条没有必要再重复规定相关内容。

根据本法第135条的规定,在法律、行政法规没有特别规定或者当事人没有约定的情况下,委托代理授权可以采取书面形式、口头形式或者其他形式中的任何一种。其中,书面形式是最主要的一种授权形式,称为授权委托书。根据本条规定,授权委托书的内容包括代理人的姓名或者名称、代理事项、代理权限、代理期限等,被代理人还应当在授权委托书上签名或者盖章。本条规定是对授权委托书应当包括的内容作提示性规定,目的是减少实践中产生纠纷。

第一百六十六条　数人为同一代理事项的代理人的,应当共同行使代理权,但是当事人另有约定的除外。

【释义】 本条是关于共同代理的规定。

共同代理是指数个代理人共同行使一项代理权的代理。共同代理有如下几个特征:一是有数个代理人。如果只有一个代理人,属于单独代理,而不是共同代理。二是只有一个代理权。如果数个代理人有数个代理权,属于集合代理,而不是共同代理。例如,被代理人授权甲为其购买一台电视机、乙为其购买一台电冰箱,即为集合代理。被代理人授权甲、乙一起为其购买一台电视机和一台电冰箱,才属于共同代理。三是共同行使代理权。共同行使是指只有经过全体代理人的共同同意才能行使代理权,即数人应当共同实施代理行为,享有共同的权利义务。任何一个代理人单独行使代理权,均属于无权代理。如果数个代理人对同一个代理权可以单独行使,也属于单独代理,而不是共同代理。比如,被代理人授权甲、乙一起为其购买一台电视机和一台电冰箱,但谁买都可以,此种情况属于单独代理,而不是共同代理。

共同代理,应当由被代理人授权,但在被代理人就同一代理权指定了数个代理人,有约定的当然按约定处理,但如果没有明确约定是共同代理还是单独代理时,应当推定为共同代理还是单独代理,不同国家和地区的立法态度存在差别:一是推定为共同代理。例如,《奥地利民法典》第1011条规定,数个受任人如同时受任处理事务时,除委任状明白授予其中一个或者数人以全权者外,对有效处理该项事务,与对委任人成立一项义务,需要全体受任人之共同行为。《瑞士债务法》第403条第2款规定,数人接受一个委任的,数人受任人应当承担连带责任,只有他们的共同行为对委任人有约束力,但他们授权派代表对第三人行为的除外。我国台湾地区"民法"第168条规定,代理人有数人者,其代理行为应共同为之。但法律另有规定或者本人另有意思表示者,不在此限。二是推定为单独代理。例如,《意大利民法典》第1716条第2款规定,如果在委托人没有表示应当由数个受托人共同为其行为的情况下,受托人得各自完成该事项。在这种情况下,被告知结果的受托人应当立即通知其他受托人。在没有立即通知的情况下,委托人要承担因疏忽或者迟延而导致的损害赔偿责任。《荷兰民法典》第2编第6:110条规定,数个代理人有代理权限为同一本人为法律行为的,得单独为代理行为。三是没有作出明确规定,如德国、日本等。我国民法通则和合同法对此都没有作出明确规定。

为更好地保护被代理人的合法权益,减少实践纠纷,本法采纳了第一种立法例。根据本条规定,除非另有约定,被代理人就同一代理事项确定了数个代理人时,法律推定为共同代理,数个代理人应当共同行使代理权,任何一个代理人都不得擅自单独实施代理行为。

第一百六十七条　代理人知道或者应当知道代理事项违法仍然实施代理行为,或者被代理人知道或者应当知道代理人的代理行为违法未作反对表示的,被代理人和代理人应当承担连带责任。

【释义】 本条是关于代理违法的民事责任的规定。

被代理人、代理人利用委托代理关系从事的违法行为可分为两类:一是代理事项本身违法,如委托代理人销售假冒伪劣产品;二是代理事项不违法,但代理人实施的代理行为违法,如委托代理人销售合法产品,代理人将该产品贴上假冒商标进行销售。代理违法造成第三人损害的,自应承担民事责任,但由被代理人承担还是代理人承担应当区分不同情形加以确定:

第一,代理事项违法,但代理人不知道或者不应当知道该代理事项违法,此时应由被代理人承担民事责任。如甲将假冒伪劣产品委托乙代为销售,但乙不知道该产品为假冒伪劣产品,则由甲承担民事责任,乙不承担责任。

第二,代理事项违法,代理人知道或者应当知道该代理事项违法仍然实施了代理行为,此时代理人与被代理人应当承担连带责任。如甲将假冒伪劣产品委托乙代为销售,乙知道该产品为假冒伪劣产品仍然对外销售,则甲和乙承担连带责任。

第三,代理事项不违法,但代理人实施了违法的代理行为,被代理人不知道或者不应当知道该行为违法,或者知道后表示反对的,此时应由代理人承担民事责任。如甲委托乙销售合法产品,乙将该产品贴上假冒商标进行销售,甲对此毫不知情,则乙承担民事责任,甲不承担责任。

第四,代理事项不违法,但代理人实施了违法的代理行为,被代理人知道或者应当知道该行为违法未作反对表示的,此时被代理人应与代理人承担连带责任。如甲委托乙销售合法产品,乙将该产品贴上假冒商标进行销售,甲知道后装作不知情,则甲和乙承担连带责任。

以上四种情形中,第一种和第三种情形下的责任承担,与一般的违法民事法律行为没有区别,无须再作出特别规定。第二种和第四种情形下的责任承担,与一般的违法民事法律行为存在区别,需要在法律中作出特别规定。民法通则第67条对此已有规定:“代理人知道被委托代理的事项违法仍然进行代理活动的,或者被代理人知道代理人的代理行为违法不表示反对的,由被代理人和代理人负连带责任。”本条沿用了民法通则的这一规定,在文字表述上作了一定的修改完善。

第一百六十八条　代理人不得以被代理人的名义与自己实施民事法律行为,但是被代理人同意或者追认的除外。

代理人不得以被代理人的名义与自己同时代理的其他人实施民事法律行为,但是被代理的双方同意或者追认的除外。

【释义】 本条是关于禁止自己代理和双方代理的规定。

代理人行使代理权时,应当从被代理人的利益出发,忠实履行代理职责。但在某些特定情形下,可能会存在被代理人、代理人与相对人之间的利益冲突,代理人难免会厚己薄人或者厚此薄彼,此时,法律须作出规范,以保护被代理人的合法权益。最典型的情形就是自己代理和双方代理。

自己代理是指代理人以被代理人的名义与自己实施民事法律行为。实践中,自己代理主要有两种情况:一是代理人以自己的名义向被代理人发出要约且代理人以被代理人的名义予以承诺;二是代理人以被代理人的名义向自己发出要约且以自己的名义予以承诺。比如,甲授权乙销售一吨钢材,乙以甲的名义将钢材卖给自己,便构成自己代理。或者,甲授权乙购买一吨钢材,乙以甲的名义向自己购买钢材,也构成自己代理。

双方代理是指代理人同时代理被代理人和相对人实施同一民事法律行为。构成双方代理,必须符合两个条件:一是代理人必须既获得被代理人的委托代理授权,又获得相对人的委托代理授权。二是代理人同时代理双方为同一民事法律行为的当事人。比如,甲授权乙销售一吨钢材,丙授权乙购买一吨钢材,乙作为两方的代理人以甲和丙的名义签署一份钢材买卖合同,便构成双方代理。

大陆法系诸多国家和地区的立法大多明文限制自己代理和

双方代理。《德国民法典》第181条规定,除另有许可外,代理人不得以被代理人的名义与自己为法律行为,或者以被代理人的名义和作为第三人的代理人为法律行为;但该法律行为专为履行债务的,不在此限。《意大利民法典》第1395条规定,代理人为自己的利益或者作为另一方的代理人与自己缔结的合同,可以被撤销。但经被代理人特别授权的或者契约的内容被确认排除了利益冲突可能的,不在此限。异议只有被代理人可以提出。《日本民法典》第108条规定,任何人,不得就同一法律行为,任其相对人的代理人或当事人双方的代理人。但债务之履行,不在此限。《俄罗斯联邦民法典》第182条第3款规定,代理人不得以被代理人的名义与本人实施法律行为,也不得以被代理人的名义与他同时代理的其他人实施法律行为,但法律规定的情形除外。我国台湾地区"民法"第106条规定,代理人非经本人之许诺,不得为本人与自己之法律行为,亦不得既为第三人之代理人,而为本人与第三人之法律行为。但其法律行为,系专履行债务者,不在此限。我国1981年制定现已失效的经济合同法第7条第1款第3项曾对自己代理和双方代理作了规定,代理人超越代理权限签订的合同或以被代理人的名义同自己或者同自己所代理的其他人签订的合同无效。但民法通则和合同法都没有对自己代理和双方代理作出规定。

在自己代理的情形,代理人自己的利益可能会与被代理人的利益发生冲突,代理人往往更会注重自己的利益,从而损害被代理人的利益。在双方代理的情形,一个民事法律行为的双方当事人利益难免冲突,不免会厚此薄彼,很容易损害其中一方当事人的利益。因此,法律应当对自己代理和双方代理加以规制。根据本条规定,代理人不得以被代理人的名义与自己实施民事法律行为,也不得以被代理人的名义与自己同时代理的其他人实施民事法律行为,即原则上禁止自己代理和双方代理。

但是,法律禁止自己代理的目的是保护被代理人的利益,如果被代理人觉得没有损害其利益或者愿意承受这种不利益,法律没有必要强行干预。故本条第1款同时规定,但是被代理人同意或者追认的除外。即如果被代理人事先同意的,或者被代理人虽然没有事先同意,但事后经权衡后,追认了代理人的自己代理行为,法律自然要尊重被代理人的选择,认可自己代理行为的效力。

同理,法律禁止双方代理的目的是保护被代理人和相对人的利益,如果这两方都觉得没有损害其利益或者愿意承受这种不利益,法律也没有必要强行干预。因此,本条第2款规定,禁止双方代理,但是被代理的双方同意或者追认的除外。

第一百六十九条　代理人需要转委托第三人代理的,应当取得被代理人的同意或者追认。

转委托代理经被代理人同意或者追认的,被代理人可以就代理事务直接指示转委托的第三人,代理人仅就第三人的选任以及对第三人的指示承担责任。

转委托代理未经被代理人同意或者追认的,代理人应当对转委托的第三人的行为承担责任;但是,在紧急情况下代理人为了维护被代理人的利益需要转委托第三人代理的除外。

【释义】　本条是关于复代理的规定。

复代理,又称再代理、转代理或者次代理,是指代理人为了实施其代理权限内的行为,而以自己的名义为被代理人选任代理人的代理。与复代理相对的是本代理,或者称原代理,是指被代理人直接选任代理人而成立的代理。在复代理关系中,存在原代理人和复代理人两个代理人,存在原代理人对被代理人的代理和复代理人对被代理人的代理两层代理。

(一)复代理的特征

复代理具有以下几个特征:

(1)以本代理的存在为前提。必须有一个本代理,才能在其基础上产生复代理。没有本代理,复代理就无从谈起。

(2)复代理人是原代理人以自己的名义选任的代理人。原代理人以自己的名义选任复代理人是复代理的重要特征。如果是被代理人自己选任,当然就是本代理。如果原代理人以被代理人的名义选任另一个代理人,则不属于复代理,而是在该代理人与被代理人之间直接产生一个新的代理关系。

(3)复代理人行使的代理权是原代理人的代理权,但原代理人的代理权并不因此丧失。复代理人是由原代理人以自己名义选任的,其代理权直接来源于原代理人的代理权,而且权限范围不得大于原代理权的权限范围。同时,原代理人选任复代理人后,其代理权并不因此而消灭,仍然保有其代理人地位,其与被代理人之间的代理法律关系没有发生变化。如果代理人失去其代理权,而向被代理人推介他人接替自己担任代理人的,是向被代理人推介新代理人的行为,而不是选任复代理人的行为。

(4)复代理人是被代理人的代理人,而不是代理人的代理人。复代理人以被代理人的名义实施民事法律行为,其法律效果直接归属于被代理人。如果复代理人以代理人的名义实施民事法律行为,就不是复代理,而属于一般代理了。

(二)复代理的条件

在委托代理中,代理关系一般都是建立在被代理人对代理人一定的人身信任基础上,代理人是否合适,被代理人在委托授权时都会充分考虑。如果代理人自己擅自另行选任复代理人,其选任的复代理人不一定能够得到被代理人的信任,因此不能强加于被代理人。同时,如果代理人觉得自己不合适继续担任代理人,随时可以辞任,由被代理人另行选任其他代理人,而没有必要由代理人擅自选任复代理人。基于此,原则上应当不允许代理人选任复代理人。但在特殊情况下,允许代理人选任复代理人,有利于更好地保护被代理人的合法权益,不应一概否定复代理的存在。

大陆法系多数国家和地区对复代理也都原则禁止、例外允许。例如,《德国民法典》第664条第1款规定,有疑义时,受托人不得将委托的执行转托给第三人。转托被许可的,受托人仅对在转托时自己所犯的过错负责任。《瑞士债务法》第 398 条第 3 款规定,受托人应当自己完成委托事务,但其被授权或者由于客观情况不得已由第三人执行的或者劳务关系依习惯可以由第三人替代履行的除外。《日本民法典》第 104 条第 1 款规定,委托代理人非经本人同意或有不得已的事由,不得选任复代理人。《俄罗斯联邦民法典》第 187 条第 1 款规定,被授予委托书的人,应亲自实施授权给他的行为。如果委托书有相关授权或者为了维护委托人的利益而迫不得已时,可以转委托他人实施这些行为。我国台湾地区"民法"第 537 条规定,受任人应自己处理委任事务。但经委任人之同意或另有习惯或有不得已之事由者,得使第三人代为处理。我国民法通则和合同法对复代理也作了规定,民法通则第 68 条规定:"委托代理人为被代理人的利益需要转托他人代理的,应当事先取得被代理人的同意。事先没有取得被代理人同意的,应当在事后及时告诉被代理人,如果被代理人不同意,由代理人对自己所转托的人的行为负民事责任,但在紧急情况下,为了保护被代理人的利益而转托他人代理的除外。"合同法第 400 条规定:"受托人应当亲自处理委托事务。经委托人同意,受托人可以转委托。转委托经同意的,委托人可以就委托事务直接指示转委托的第三人,受托人仅就第三人的选任及其对第三人的指示承担责任。转委托未经同意的,受托人应当对转委托的第三人的行为承担责任,但在紧急情况下受托人为维护委托人的利益需要转委托的除外。"本条延续了民法通则和合同法的规定,明确只有在两种情况下才允许复代理:

(1)被代理人允许。被代理人的允许,包括事先同意和事后追认。本条第 1 款规定:"代理人需要转委托第三人代理的,应当取得被代理人的同意或者追认。"有的情况下,被代理人考虑到代理人独任代理存在一些困难,准许代理人便宜行事,选任复代理人协助其实施民事法律行为;有的情况下,代理人选任复代理人的行为事先没有征得被代理人同意,但被代理人经考虑事后追认了复代理的行为。在这两种情况下,被代理人基于自己利益等考虑同意复代理,法律自无再加禁止的理由。

(2)出现紧急情况。根据本条第3款的规定,在紧急情况下代理人为了维护被代理人利益的需要,可以转委托第三人代理。关于“紧急情况”,《最高人民法院关于贯彻执行〈中华人民共和国民法通则〉若干问题的意见(试行)》第80条作了一定的界定:“由于急病、通讯联络中断等特殊原因,委托代理人自己不能办理代理事项,又不能与被代理人及时取得联系,如不及时转托他人代理,会给被代理人的利益造成损失或者扩大损失的,属于民法通则第六十八条中的‘紧急情况’。”出现了紧急情况,从维护被代理人利益的需要出发,法律允许复代理的存在。

(三)复代理的法律效果

对于被代理人和复代理人而言,一方面,代理人经被代理人同意、追认或者紧急情况下选任了复代理人,复代理人就成为被代理人的代理人,可以被代理人的名义实施民事法律行为,该民事法律行为直接对被代理人发生效力。另一方面,复代理人是被代理人的代理人,被代理人就代理事务可以越过原代理人直接指示复代理人,复代理人应当按照被代理人的指示实施民事法律行为。

对于原代理人和复代理人而言,原代理人以自己的名义选任了复代理人,其可以基于自己的判断指示复代理人实施民事法律行为,即复代理人需要接受被代理人和原代理人的双重指示。当然,在被代理人和原代理人的指示不一致时,复代理人应当优先按照被代理人的指示来实施民事法律行为。

对于被代理人和原代理人而言,原代理人选任了复代理人后,复代理人所实施的民事法律行为的效力直接对被代理人发生,如果出现问题造成被代理人损害的,原则上原代理人不再承担任何责任。但根据本条第2款规定,在两种情况下原代理人仍然需要承担责任:一是原代理人在选任复代理人时存在过错,比如明知复代理人的品德或者能力难以胜任代理工作仍然选任其担任复代理人的;二是复代理人的行为是根据原代理人的指示来实施的。这两种情况下,原代理人也需要对被代理人承担责任。

还有一个问题需要注意。根据本条第 3 款的规定,在原代理人未经被代理人同意或者追认而选任复代理人时,复代理人实施的代理行为就构成无权代理,除非符合本法第 172 条规定的表见代理外,其行为对被代理人不发生效力,代理人应当对复代理人的行为承担责任。

第一百七十条　执行法人或者非法人组织工作任务的人员,就其职权范围内的事项,以法人或者非法人组织的名义实施的民事法律行为,对法人或者非法人组织发生效力。

法人或者非法人组织对执行其工作任务的人员职权范围的限制,不得对抗善意相对人。

【释义】 本条是关于职务代理的规定。

职务代理,顾名思义,是指根据代理人所担任的职务而产生的代理,即执行法人或者非法人组织工作任务的人员,就其职权范围内的事项,以法人或者非法人组织的名义实施的民事法律行为,无须法人或者非法人组织的特别授权,对法人或者非法人组织发生效力。职务代理能够弥补商事交易中法定代表人制度的不足,满足法人对外交易的需求,也能够增强交易结果的确定性和可预见性,使交易相对人能够迅速、准确地判断代理人是否有代理权,维护正常的交易秩序、降低交易成本、提高交易效率。我国法律中以前对职务代理没有作出明确规定,民法通则第 43 条规定:“企业法人对它的法定代表人和其他工作人员的经营活动,承担民事责任。”有的学者将其解释为对职务代理人代理权限的规定。侵权责任法第 34 条则对用人单位的责任和劳务派遣单位、劳务用工单位的责任作了规定:“用人单位的工作人员因执行工作任务造成他人损害的,由用人单位承担侵权责任。劳务派遣期间,被派遣的工作人员因执行工作任务造成他人损害的,由接受劳务派遣的用工单位承担侵权责任;劳务派遣单位有过错的,承担相应的补充责任。”直至2017年制定民法总则时，才专门规定了职务代理。

对职务代理的法律定位，学界有几种意见：一是将职务代理纳入委托代理的范畴，视为委托代理的一种具体类型；二是将职务代理纳入法定代理的范畴，因为其代理权来自法律的直接规定；三是认为应当将职务代理与委托代理、法定代理并列，作为一种独立的代理类型。经研究认为，委托代理本质上是指基于被代理人的意思而产生的代理，这种意思既可以体现于被代理人的授权行为，也可以体现于被代理人基于其与代理人之间的雇佣、劳动关系而对代理人的默示授权。在我国法律体系下，适当扩大委托代理的范围，将职务代理纳入委托代理的范畴加以规范，不仅理论上可行，而且符合实践的需要。但职务代理与一般的委托代理相比有其特殊性，理解职务代理制度，应注意以下几点：

一是被代理人须是法人或者非法人组织。法人是指具有民事权利能力和民事行为能力，依法独立享有民事权利和承担民事义务的组织。非法人组织是指不具有法人资格，但是能够依法以自己的名义从事民事活动的组织。法人、非法人组织作为被代理人时才能适用职务代理制度。如果被代理人是自然人，只能采用一般的委托代理。

二是代理人须是执行法人或者非法人组织工作任务的人员。执行法人或者非法人组织工作任务的人员，既包括基于劳动、雇佣关系而产生的法人、非法人组织的工作人员，如工厂采购员、商店售货员等；也包括其他执行法人或者非法人组织工作任务的人员，如劳务派遣单位派到用工单位的工作人员。

三是代理事项须是职权范围内的事项。法人或者非法人组织对执行其工作任务的人员，一般情况下都会确定一定的职权范围。超越职权范围实施民事法律行为的，就构成无权代理。职权范围有时由法律、行政法规或者规章规定，有时由法人或者非法人组织的内部规定来规定，有时法人或者非法人组织还会临时授予工作人员一定的职权。但应注意的是，本条第2款明确规定，法人或者非法人组织对执行其工作任务的人员职权范围的限制，不得对抗善意相对人。法人或者非法人组织对执行其工作的人员都赋予其一定的职权范围，有的情况下是对社会公开的，相对人可以知悉，但有的情况下相对人难以知道该职权的具体范围，只能依据公开信息或者交易习惯来判断。如果相对人是善意的，即对法人或者非法人组织对执行其工作任务的人员职权范围的限制，不知道也不应当知道，那么法律应当对这种合理信赖予以保护，以维护其合法权益。

第一百七十一条　行为人没有代理权、超越代理权或者代理权终止后，仍然实施代理行为，未经被代理人追认的，对被代理人不发生效力。

相对人可以催告被代理人自收到通知之日起三十日内予以追认。被代理人未作表示的，视为拒绝追认。行为人实施的行为被追认前，善意相对人有撤销的权利。撤销应当以通知的方式作出。

行为人实施的行为未被追认的，善意相对人有权请求行为人履行债务或者就其受到的损害请求行为人赔偿。但是，赔偿的范围不得超过被代理人追认时相对人所能获得的利益。

相对人知道或者应当知道行为人无权代理的，相对人和行为人按照各自的过错承担责任。

【释义】　本条是关于无权代理的规定。

广义上的无权代理，是指行为人（无权代理人）没有代理权仍以被代理人名义实施民事法律行为。代理权的存在是代理法律关系成立的前提，行为人只有基于代理权才能以被代理人的名义从事代理行为。一般来说，行为人没有代理权，其实施的民事法律行为对被代理人而言就不应当产生代理的效力。但实际情况错综复杂，无权代理发生的原因多种多样，简单地一概否定无权代理的效力，一方面，未必完全符合被代理人的利益；另一方面，也不能置善意地相信代理人有代理权的相对人的利益不顾，否则将对交易安全、便捷造成较大冲击。因此，各国和地区一般都区分情况，以有无代理权表象为标准，将无权代理分为表见代理和狭义上的无权代理两类，赋予其不同的法律效果。本条规定的就是狭义上的无权代理，即指行为人没有代理权，也不具有使相对人有理由相信其有代理权的外部表象的代理。下文提到的无权代理，如无特别指出，都仅指狭义上的无权代理。

（一）大陆法系主要国家和地区的立法例

无权代理制度涉及被代理人、代理人和相对人利益的调和，需要进行细致的制度建构，大陆法系有关国家和地区对此都作了明确具体的规定。

《德国民法典》第 177 条规定，无代理权而以他人名义订立合同的，对被代理人有利或者不利的合同的效力，依被代理人追认与否而定。相对人催告被代理人作出追认的意思表示的，该意思表示只能向相对人作出；在催告前向代理人所表示的追认或者拒绝追认，均为无效。追认仅得在收到催告后两星期内予以表示；不表示追认的，视为拒绝追认。第 178 条规定，合同在被被代理人追认之前，相对人有撤回的权利，但相对人在合同订立时已知道代理人没有代理权的除外。合同的撤回，也可以向代理人作出。第 179 条规定，以代理人身份订立合同的，如不能证明其有代理权，而被代理人又拒绝追认时，相对人有权选择要求代理人履行合同或者赔偿损失。代理人不知道自己没有代理权的，仅对因信其有代理权而受损毁的相对人承担赔偿的责任。但其赔偿额不得超过相对人在合同有效时可以得到的利益。相对人知道或者应当知道代理人没有代理权的，代理人不负责任。代理人的行为能力受有限制的，亦同。但经其法定代理人同意的行为，不在此限。

《意大利民法典》第 1398 条规定，无权代理或者超越代理权订立合同的人，要对第三人因相信合同效力而没有过错所遭受的损害负赔偿责任。第 1399 条规定，在前条规定的情况中，利害关系人可以按照规定的缔约形式对合同进行追认。追认具有溯及力,但不得侵害第三人的权利。第三人和作为代理人订立合同的人可以在追认前协议解除合同。第三人可以请求利害关系人在指定期间内追认。期间届满,利害关系人保持沉默的,视为拒绝追认。追认权可以转让给继承人。

《俄罗斯联邦民法典》第183条规定,未被授权而以他人名义实施的法律行为或者超越权限实施的法律行为,被认为是实施人以自己的名义和为自己的利益而实施的法律行为,但事后得到他人(被代理人)对该法律行为的追认的情形除外。被代理人事后对法律行为的追认,自法律行为实施之时起对该被代理人确立、变更和终止民事权利和义务。

《日本民法典》第113条规定,无代理权人作为他人代理人而订立的合同,非经被代理人追认,不对被代理人发生效力。追认或者拒绝追认,除非对相对人为之,不得以之对抗相对人。但相对人已知其事实时,不在此限。第114条规定,于前条情形,相对人可以定相当期间,催告被代理人于期间内,作出是否追认的确答。如被代理人于该期间内未作确答,则视为拒绝追认。第115条规定,无代理权人订立的合同,于被代理人未追认期间,相对人可以撤销。但是,相对人于订立合同的当时已知无代理权的事实时,不在此限。第116条规定,如无另外意思表示,追认溯及于订立合同时发生效力,但不得侵害第三人的权利。第117条规定,作为他人代理人订立合同者,如不能证明其代理权,且得不到被代理人追认时,应依相对人的选择,或履行合同,或承担损害赔偿责任。前款规定,不适用于相对人已知或因过失而不知无代理权情形或者作为代理人订立合同者无其能力情形。

我国台湾地区"民法"第110条规定,无代理权人,以他人之代理人名义所为之法律行为,对于善意之相对人,负损害赔偿之责。第170条规定,无代理权人以代理人之名义所为之法律行为,非经本人承认,对于本人不生效力。第170条之一规定,无代理权人以代理人之名义所为之法律行为,非经本人承认,对于本人不生效力。前项情形,法律行为之相对人,得定相当期限,催告本人确答是否承认。本人逾期末为确答者,视为拒绝承认。第171条规定,无代理权人所为之法律行为,其相对人于本人未承认前,得撤回之。但为法律行为时,明知其无代理权者,不在此限。

我国民法通则和合同法对无权代理都作了规定。民法通则第66条第1款规定:"没有代理权、超越代理权或者代理权终止后的行为,只有经过被代理人的追认,被代理人才承担民事责任。未经追认的行为,由行为人承担民事责任。本人知道他人以本人名义实施民事行为而不作否认表示的,视为同意。"第4款规定:"第三人知道行为人没有代理权、超越代理权或者代理权已终止还与行为人实施民事行为给他人造成损害的,由第三人和行为人负连带责任。"合同法第48条规定:"行为人没有代理权、超越代理权或者代理权终止后以被代理人名义订立的合同,未经被代理人追认,对被代理人不发生效力,由行为人承担责任。相对人可以催告被代理人在一个月内予以追认。被代理人未作表示的,视为拒绝追认。合同被追认之前,善意相对人有撤销的权利。撤销应当以通知的方式作出。"本条在民法通则和合同法规定的基础上,作了进一步的修改完善。

(二)无权代理的类型

本条将无权代理分为三种类型:

(1)没有代理权的无权代理。其是指行为人根本没有得到被代理人的授权,就以被代理人名义从事的代理。比如,行为人伪造他人的公章、合同书或者授权委托书等,假冒他人的名义实施民事法律行为,就是典型的无权代理。

(2)超越代理权的无权代理。其是指行为人与被代理人之间有代理关系存在,行为人有一定的代理权,但其实施的代理行为超出了代理范围的代理。例如,甲委托乙购买300台电视机,但是乙擅自与他人签订了购买500台电视机的合同;或者甲委托乙购买电视机,但是乙购买了电冰箱,这些都是超越代理权的无权代理。

(3)代理权终止后的无权代理。其是指行为人与被代理人之间原本有代理关系,由于法定情形的出现使代理权终止,但是行为人仍然从事的代理。法定情形主要指本法第173条规定的情形,包括代理期限届满、代理事务完成或者被代理人取消委托等。

(三)无权代理行为的效力

行为人没有代理权却以被代理人的名义实施民事法律行为,不符合被代理人的意愿,法律效果不能直接及于被代理人,本当无效。但是,考虑到行为人实施的民事法律行为并非都是对被代理人不利,有些对被代理人可能是有利的;而且,既然代理行为已经完成,行为人有为被代理人实施民事法律行为的意思表示,相对人有意与被代理人缔约,如果被代理人愿意事后承认,从鼓励交易、维护交易秩序稳定以及更好地保护各方当事人利益的角度出发,也没有必要一概否定其效力。因此,法律规定了一定的条件,如果符合法定条件的,允许行为人实施的民事法律行为对被代理人发生效力。大陆法系各国和地区的立法也都规定无权代理行为为效力待定的行为,即该行为是否发生效力尚未确定,有待于其他行为使之确定。我国民法通则、合同法和本法也采纳了这一做法。

根据本条规定,对于无权代理行为,被代理人可以追认该行为,使之确定地发生法律效力,也可以拒绝追认使之确定地不发生法律效力;善意相对人可以在被代理人追认前行使撤销权使之确定地不发生效力,如果相对人希望尽早确定其效力,可以催告被代理人予以追认。

(四)被代理人的追认权和拒绝权

无权代理发生后,根据本条规定,被代理人有追认和拒绝的权利。这里所指的"追认",是指被代理人对无权代理行为事后予以承认的一种单方意思表示。被代理人的追认应当以明示的意思表示向相对人作出,如果仅向行为人作出意思表示,也必须使相对人知道后才能产生法律效果。追认必须在相对人催告期限尚未届满前以及善意相对人未行使撤销权前行使。一旦被代理人作出追认,无权代理就变成有权代理,行为人实施的民事法律行为就从成立时起对被代理人产生法律效力。

追认权是被代理人的一项权利,被代理人既有权作出追认,也可以拒绝追认。被代理人行使拒绝权有两种方式:一是被代理人在知道无权代理行为后,明确地向相对人表示拒绝承认该无权代理行为;二是被代理人在收到相对人催告的通知之日起30日内未作表示的,则视为拒绝追认。被代理人拒绝追认后,无权代理行为便确定无效,因无权代理而实施的民事法律行为就不能对被代理人产生法律效力,由此而产生的责任就应该由行为人自己承担。

(五)相对人的催告权和善意相对人的撤销权

无权代理经被代理人追认即产生效力,拒绝追认便不产生效力,这是为了更好地保护被代理人的合法权益。但同时相对人的合法权益也应当予以妥善保护,基于此,法律赋予了相对人催告权和善意相对人撤销权。

所谓催告权,是指相对人催促被代理人在一定期限内明确答复是否承认无权代理行为。根据本条第2款的规定,催告权的行使一般需具备以下要件:一是要求被代理人在一定的期限内作出答复,本条第2款规定的期限为30日;二是催告应当以通知的方式作出;三是催告的意思必须是向被代理人作出。

为了维护当事人之间的利益平衡,本条第2款还规定善意相对人享有撤销权。这里的撤销权,是指相对人在被代理人未追认无权代理行为之前,可撤回其对行为人所作的意思表示。相对人撤销权的行使必须满足以下条件:一是必须在被代理人作出追认之前作出,如果被代理人已经对无权代理行为作出了追认,该民事法律行为就对被代理人产生了效力,相对人就不能再撤销其意思表示了;二是相对人在行为人实施民事法律行为时必须是善意的,也就是说,相对人在作出意思表示时,并不知道对方是无权代理的。如果明知对方是无权代理而仍与对方共同实施民事法律行为,那么相对人就无权撤销其意思表示;三是撤销应当以通知的方式作出。

（六）行为人（无权代理人）的责任

行为人实施的行为未被被代理人追认时，其实施的民事法律行为不能对被代理人发生效力，此时，行为人对相对人应当承担责任，但其承担何种内容的责任存在争议，从其他国家和地区的立法例来看，主要有三种做法：一是行为人承担损害赔偿责任，如意大利和我国台湾地区；二是行为人直接承担行为后果，如俄罗斯；三是允许相对人选择行为人直接承担行为后果或者损害赔偿责任。我国民法通则和合同法对此都仅规定"由行为人承担责任"，至于行为人承担何种内容的责任没有明确，这次专门对这一问题作了规定。

根据本条第 3 款、第 4 款的规定，行为人承担的责任基于相对人是否善意而有所区别。

(1) 相对人为善意时。本条第 3 款规定："行为人实施的行为未被追认的，善意相对人有权请求行为人履行债务或者就其受到的损害请求行为人赔偿。但是，赔偿的范围不得超过被代理人追认时相对人所能获得的利益。"根据本款规定，行为人实施的无权代理行为未被被代理人追认时，允许相对人选择，或者让行为人直接承担行为后果，或者让行为人承担损害赔偿责任。

在立法过程中，有的意见认为，让行为人承担行为后果不太妥当，善意相对人并无与行为人发生法律关系的意思，而且行为人一般不具备履行相应民事法律义务的能力，让行为人承担行为后果，既不现实，也无必要。但是经研究认为，为了更好地保护善意相对人的合法权益，赋予其更多的选择权未尝不可，由善意相对人根据实际情况自己判断采用何种方式更符合自己的利益。

需要注意的是，如果善意相对人要求行为人承担损害赔偿责任，本款对赔偿责任的范围作了一定的限制，即"赔偿的范围不得超过被代理人追认时相对人所能获得的利益"。也就是说，赔偿的范围不得超过履行利益。这主要是考虑到善意相对人对因无权代理而遭受损害也有一定的过失，不能因此而多获利益，应当对行为人的赔偿责任适当加以限制。

(2)相对人为恶意时。根据本条第 4 款的规定,相对人知道或者应当知道行为人无权代理的,相对人和行为人按照各自的过错承担责任。此时,行为人和相对人对无权代理都心知肚明,法律自无对哪一方加以保护的必要,双方应当根据各自的过错来确定相应的责任。

第一百七十二条　行为人没有代理权、超越代理权或者代理权终止后,仍然实施代理行为,相对人有理由相信行为人有代理权的,代理行为有效。

【释义】 本条是关于表见代理的规定。

所谓表见代理,是指行为人虽无代理权而实施代理行为,如果相对人有理由相信其有代理权,该代理行为有效。如前所述,无权代理非经被代理人追认,不对被代理人发生效力,这是法律为了保护被代理人的合法权益,维护其意思自治,不让其承担不测之损害。但在某些情况下,相对人是善意的且无过失,如果完全尊重被代理人的意思,强令代理行为无效,置善意相对人的利益于不顾,势必影响交易安全。要求相对人在任何情况下都必须详细考察被代理人的真正意思,不仅要花费很大的成本,实际中也很难做到。因此,只要相对人对行为人有代理权形成了合理信赖,即使实际情况相反,也应保护这种信赖利益,在一定程度上牺牲被代理人的利益,而将无权代理的效果归属于被代理人,以维护交易安全。本条便是基于以上理由,规定了表见代理制度。

根据本条规定,构成表见代理需要满足以下两个条件:

(1)行为人并没有获得被代理人的授权就以被代理人的名义与相对人实施民事法律行为。本条规定了没有代理权、超越代理权或者代理权终止三种情形。

(2)相对人在主观上必须是善意、无过失的。所谓善意,是指相对人不知道或者不应当知道行为人实际上是无权代理;所谓无过失,是指相对人的这种不知道不是因为其大意造成的。如果相对人明知或者应知行为人没有代理权、超越代理权或者代理权已终止,而仍与行为人实施民事法律行为,那么就不构成表见代理,而成为无权代理。

在本条的立法过程中,对于是否要求以被代理人的过错作为表见代理的构成要件,有不同意见。一种意见认为,应当以被代理人的过错作为表见代理的要件,否则对被代理人不公平。另一种意见认为,表见代理最重要的特征就是相对人有正当理由相信行为人有代理权,而不问被代理人是否有过错。本法采纳了第二种意见。一般来说,表见代理的产生与被代理人的过错有关,比如,因为被代理人管理制度的混乱,导致其公章、介绍信等被他人借用或者冒用;被代理人在知道行为人以其名义与第三人实施民事法律行为而不作否认表示等。这些都表明被代理人是有过错的。但是,设立表见代理制度的目的是保护交易的安全性,不至于使没有过失的相对人劳而无获。因此,相对人只要证明自己和行为人实施民事法律行为时没有过失,至于被代理人在行为人实施民事法律行为时是否有过失,相对人很多情况下难以证明。故在本条的规定中,对于行为人没有代理权、超越代理权或者代理权终止后,仍然以被代理人的名义实施代理行为的情况下,只要相对人有理由相信行为人有代理权的,代理行为就有效。

第三节　代理终止

第一百七十三条　有下列情形之一的,委托代理终止:

(一)代理期限届满或者代理事务完成;

(二)被代理人取消委托或者代理人辞去委托;

(三)代理人丧失民事行为能力;

(四)代理人或者被代理人死亡;

(五)作为代理人或者被代理人的法人、非法人组织终止。

【释义】 本条是关于委托代理终止的规定。

委托代理终止,是指被代理人与代理人之间的代理关系消灭。关于哪些情况下委托代理终止,民法通则第69条作了列举式规定:“有下列情形之一的,委托代理终止:(一)代理期间届满或者代理事务完成;(二)被代理人取消委托或者代理人辞去委托;(三)代理人死亡;(四)代理人丧失民事行为能力;(五)作为被代理人或者代理人的法人终止。”合同法对委托合同终止也作了相关规定。合同法第410条规定:“委托人或者受托人可以随时解除委托合同。因解除合同给对方造成损失的,除不可归责于该当事人的事由以外,应当赔偿损失。”第411条规定:“委托人或者受托人死亡、丧失民事行为能力或者破产的,委托合同终止,但当事人另有约定或者根据委托事务的性质不宜终止的除外。”第412条规定:“因委托人死亡、丧失民事行为能力或者破产,致使委托合同终止将损害委托人利益的,在委托人的继承人、法定代理人或者清算组织承受委托事务之前,受托人应当继续处理委托事务。”第413条规定:“因受托人死亡、丧失民事行为能力或者破产,致使委托合同终止的,受托人的继承人、法定代理人或者清算组织应当及时通知委托人。因委托合同终止将损害委托人利益的,在委托人作出善后处理之前,受托人的继承人、法定代理人或者清算组织应当采取必要措施。”本条在上述规定的基础上,明确有下列五种情形之一的,委托代理终止:

(1)代理期限届满或者代理事务完成。代理期限就是委托代理授权时确定的代理权的存续期限。如果授权时明确了具体的代理期限,期限届满,没有继续授权,委托代理就应当终止。同时,代理人完成了全部代理事务,即使代理期限没有届满,代理关系也已失去继续存在的理由,也应当终止。

(2)被代理人取消委托或者代理人辞去委托。被代理人授权代理人委托代理权,该委托代理权被代理人可以依法取消,代理人也可以依法辞去,此两种情形之下,委托代理终止。当然,如果因为被代理人取消委托或者代理人辞去委托造成损失的,行为人应当依法赔偿损失。

(3)代理人丧失民事行为能力。代理人要以被代理人的名义实施民事法律行为,必须具有行为能力。如果代理人丧失民事行为能力,委托代理当然终止。

(4)代理人或者被代理人死亡。委托代理关系是建立在被代理人与代理人之间信任的基础之上,具有严格的人身属性,如果代理人或者被代理人死亡,委托代理也应终止。但应注意的是,如果被代理人突然死亡,要求代理人随即停止所有的代理活动,客观上有时难以做到,而且可能会损害被代理人的继承人的利益,因此,本法第 174 条规定了一些例外情形,在这些情形下,代理人实施的代理行为仍然有效。

(5)作为代理人或者被代理人的法人、非法人组织终止。如果代理人或者被代理人是法人或者非法人组织的,该法人或者非法人组织由于种种原因终止,此时,委托代理也当然终止。

第一百七十四条　被代理人死亡后,有下列情形之一的,委托代理人实施的代理行为有效:

(一)代理人不知道且不应当知道被代理人死亡;

(二)被代理人的继承人予以承认;

(三)授权中明确代理权在代理事务完成时终止;

(四)被代理人死亡前已经实施,为了被代理人的继承人的利益继续代理。

作为被代理人的法人、非法人组织终止的,参照适用前款规定。

【释义】　本条是关于委托代理终止例外的规定。

本法第 173 条规定了委托代理终止的情形,其中规定被代理人死亡和作为被代理人的法人、非法人组织终止时,委托代理终止。但实践情况较为复杂,一概规定委托代理终止不太合理。《最高人民法院关于贯彻执行〈中华人民共和国民法通则〉若干问题的意见(试行)》第82条对此已有规定:“被代理人死亡后有下列情况之一的,委托代理人实施的代理行为有效:(1)代理人不知道被代理人死亡的;(2)被代理人的继承人均予承认的;(3)被代理人与代理人约定到代理事项完成时代理权终止的;(4)在被代理人死亡前已经进行、而在被代理人死亡后为了被代理人的继承人的利益继续完成的。”本条在借鉴司法解释有益经验的基础上,对一些例外情形作了规定。

根据本条第1款的规定,在下列情形下,被代理人死亡的,委托代理人实施的代理行为仍然有效:

(1)代理人不知道且不应当知道被代理人死亡。被代理人突然死亡,代理人不一定能及时知道,比如此时代理人正在外地忙于代理事务,被代理人没有继承人,被代理人的继承人不知道代理人的存在,被代理人的继承人没有及时通知代理人被代理人死亡,等等,种种原因使代理人不知道并且不应当知道被代理人死亡的,此时代理人仍然在继续实施代理行为。如果令代理行为无效,对代理人和相对人不甚合理。当然,如果代理人知道或者应当知道被代理人死亡的,代理关系终止,代理人就应当立刻停止实施代理行为。

(2)被代理人的继承人予以承认。被代理人死亡,其继承人知道代理人的存在后,对其代理人地位予以承认的,代理人可以继续实施代理行为。

(3)授权中明确代理权在代理事务完成时终止。被代理人的委托授权中明确了代理权直到代理事务完成时才终止的,即使被代理人死亡,也应当尊重其意思,代理人可以继续从事代理活动,其实施的代理行为仍然有效。

(4)被代理人死亡前已经实施,为了被代理人的继承人的利益继续代理。被代理人死亡前代理人已经实施了代理行为,被代理人死亡后,如果继续实施该代理行为有利于被代理人的继承人的利益,代理人应当完成该代理行为。

如果被代理人是法人、非法人组织,其终止类似于自然人的死亡,因此,本条第 2 款规定,作为被代理人的法人、非法人组织终止的,参照适用前款规定。

第一百七十五条　有下列情形之一的,法定代理终止:

(一)被代理人取得或者恢复完全民事行为能力;

(二)代理人丧失民事行为能力;

(三)代理人或者被代理人死亡;

(四)法律规定的其他情形。

【释义】　本条是关于法定代理终止的规定。

法定代理依法律规定的情形而产生,也应依法律规定的情形而终止。民法通则第 70 条规定:"有下列情形之一的,法定代理或者指定代理终止:(一)被代理人取得或者恢复民事行为能力;(二)被代理人或者代理人死亡;(三)代理人丧失民事行为能力;(四)指定代理的人民法院或者指定单位取消指定;(五)由其他原因引起的被代理人和代理人之间的监护关系消灭。"本条在民法通则规定的基础上,明确有下列四种情形之一的,法定代理终止:

(1)被代理人取得或者恢复完全民事行为能力。法定代理产生的一个重要原因,是被代理人为无民事行为能力人或者限制民事行为能力人,需要监护人作为其法定代理人,代理其实施民事法律行为。如果被代理人取得或者恢复完全民事行为能力,比如未成年人年满 18 周岁,或者健康障碍患者恢复健康,法定代理就没有存在的必要,自然终止。

(2)代理人丧失民事行为能力。代理人代理被代理人实施民事法律行为,当然必须具有行为能力。如果代理人丧失民事行为能力,法定代理当然终止。

(3)代理人或者被代理人死亡。代理人或者被代理人死亡的,法定代理当然终止。

(4)法律规定的其他情形。在上述三种情形之外,法律还规定了其他一些终止情形,比如,本法第 44 条第 1 款规定,财产代管人不履行代管职责、侵害失踪人财产权益或者丧失代管能力的,失踪人的利害关系人可以向人民法院申请变更财产代管人。如果财产代管人变更,原来的财产代管人与失踪人之间的代理关系自然终止。

第八章 民事责任

民事责任是保障民事权利实现的重要制度,是民法的重要组成部分。我国民法通则第 6 章专章规定了民事责任。在民法总则制定过程中,对于是否应当专章规定民事责任有不同意见。有的意见认为,违约责任和侵权责任的规则差异较大,很难抽象出共同性规则,建议由将来的合同编和侵权责任编规定为好。此外,在传统的民法典体系中,民事责任没有独立的地位,很少有国家专章规定民事责任。多数意见认为,民法总则应当延续民法通则的做法专章规定民事责任。许多学者提出,民法总则专章规定民事责任的一般概念和原则是必要的:一是可将各类责任抽象出一般的规则,从而使其普遍适用于各类民事责任;二是总则在规定了法律关系的主体、客体以及列举了各种民事权利之后规定民事责任,顺理成章,有利于体现民法总则体系的合理性、科学性;三是单独规定民事责任是民法通则的成功创举,这一经验应继续保留下来。有的意见认为,民法通则对民事责任专章规定,创立了民事权利、民事义务、民事责任"三位一体"的立法模式,这一有中国特色的立法模式有必要继承沿用,这也有利于民法典的系统化、科学化、规范化。此外,从总则与分则的关系来看,总则是对分则的统领,在分则无法穷尽规定全部民事责任的情况下,可以适用总则关于民事责任的一般性规定。对实践有着指导意义。从法律的功能上看,法律具有教育、规范和引导的功能。在总则中规定民事责任,可以使民事主体更好地了解其在民事活动中可能承担的民事责任，从而强化其责任意识，自觉按照法律规定实施民事法律行为。

经研究，民法总则专设一章规定了民事责任，主要考虑：一是民事责任是民事主体违反民事义务应承担的法律后果，是保障民事权利实现的措施，也是对不履行义务行为的一种制裁。基于总则和分则的关系，专章规定民事责任，建立民事责任这一上位概念，对分则、民事单行法中的具体民事责任制度具有统领、指引作用。二是民法通则对民事责任进行专章规定，在国际上创立了民事权利、义务和责任“三位一体”的立法模式。经过三十年的法治宣传教育和司法实践，这种立法模式已为广大人民群众和法律工作者普遍接受和熟悉。在规定了法律关系的主体、列举了各种民事权利之后规定民事责任，体系更加合理。明确法律责任，有利于引导民事主体强化自觉履行法定或者约定义务的意识，预防并制裁违反民事义务的行为，切实保护权利人的民事权益。民法总则关于民事责任的规定进一步完善了民事权利受到侵害后的救济渠道和方式。民法典维持了这种规定，专章规定民事责任。

本章共 12 条，主要规定了民事责任的承担，按份责任，连带责任，承担民事责任的方式，不可抗力，正当防卫，紧急避险，因保护他人民事权益而使自己受到损害的责任承担主体，因自愿实施紧急救助行为造成受助人损害的不承担民事责任，侵害英雄烈士等的姓名、肖像、名誉、荣誉，损害社会公共利益的民事责任，违约责任与侵权责任的竞合，财产优先承担民事责任等。

第一百七十六条　民事主体依照法律规定或者按照当事人约定，履行民事义务，承担民事责任。

【释义】　本条是关于民事主体依法承担民事责任的规定。

法律责任分为民事责任、行政责任和刑事责任。民事责任是指由于违反民事义务所应承担的责任。违反民事义务包括违反法律规定的民事义务和违反当事人约定的民事义务。

民事责任是民法上保护民事权利的重要措施。民事主体享有广泛的民事权利,民法典总则编的第 5 章以专章规定了自然人、法人、非法人组织享有哪些民事权利。民法保护民事主体的民事权利主要通过两个方面予以实现:一是赋予民事主体权利,使民事主体在权利受到损害的情况下依法采取自救措施,或者是请求有关部门、组织或者法院等给予保护;二是规定不依照法律规定或者当事人约定履行民事义务的民事主体承担一定的法律后果,以恢复被损害的权利。后者就是以不履行民事义务的主体承担民事责任的方式来保护民事权利。所以,民事责任是民事主体行使民事权利的保障,没有民事责任,享受民事权利就是一句空话。通过承担民事责任,使被侵害的民事权利得以恢复和赔偿,从而保护民事主体的民事权利,同时也能起到对违反民事义务的行为予以惩罚的作用。

民事责任的基本特征包括两个方面:

(1)民事责任是民事主体违反民事义务所应承担的责任,是以民事义务为基础的。法律规定或者当事人约定民事主体应当做什么和不应当做什么,即要求应当为一定的行为或者不为一定的行为,这就是民事主体的义务。法律也同时规定了违反民事义务的后果,即应当承担的责任,这就是民事责任。民事责任不同于民事义务,民事责任是违反民事义务的后果,而不是民事义务本身。

本条规定民事主体依照法律规定或者当事人约定履行民事义务,根据这一规定,民事义务分为两类:

一是法律直接规定的义务。例如,本法第 8 条规定:"民事主体从事民事活动,不得违反法律,不得违背公序良俗。""不得违反法律,不得违背公序良俗",就是每个民事主体的法律义务。

二是在法律允许的范围内民事主体自行约定的义务。例如,合同当事人双方在合同中约定的义务。本法第 464 条第 1 款规定:"合同是民事主体之间设立、变更、终止民事法律关系的协议。"第 465 条规定:"依法成立的合同,受法律保护。依法成立的合同,对当事人具有法律约束力,但是法律另有规定的除外。”第509条第1款规定:“当事人应当按照约定全面履行自己的义务。”民事主体无论违反哪一类义务都要依法承担民事责任。

(2)民事责任具有强制性。强制性是法律责任的重要特征。法律责任不同于道德责任,道德责任是社会对人们实施的不符合道德规范行为的谴责。这种谴责只能通过社会舆论和行为人自我良心的反省来实现,而不能通过国家强制力实现,因而不具有强制性。法律责任中的民事责任的强制性表现在对不履行民事义务的行为予以制裁,要求民事主体承担民事责任。因此,本条规定:“民事主体依照法律规定或者当事人约定,履行民事义务,承担民事责任。”

第一百七十七条　二人以上依法承担按份责任,能够确定责任大小的,各自承担相应的责任;难以确定责任大小的,平均承担责任。

【释义】 本条是关于按份责任的规定。

按份责任,是指责任人为多人时,各责任人按照一定的份额向权利人承担民事责任,各责任人之间无连带关系。也就是说,责任人各自承担不同份额的责任,不具有连带性,权利人只能请求属于按份责任人的责任份额。按份责任产生的前提,是二个以上的民事主体不依照法律规定或者当事人约定履行民事义务产生的民事责任。

适用本条规定应当符合下列构成要件:

(1)主体的复数性。不依照法律规定或者当事人约定履行民事义务的主体应当为二个或者二个以上的民事主体,可以是自然人,也可以是法人或者非法人组织。

(2)造成同一法律后果。二个或者二个以上的民事主体不依照法律规定或者当事人约定履行民事义务产生的民事责任是同一的,性质是相同的。

根据本条规定，二个或者二个以上的民事主体依法承担按份责任。每个民事主体应当承担的份额，又分两种情形：

(1)能够确定责任大小的。二个或者二个以上的民事主体没有依照法律规定或者当事人的约定履行民事义务，可以根据每个民事主体对造成损害的后果的可能性来确定责任份额。判断这种可能性，可以综合每个民事主体的过错程度、未依照法律规定或者当事人约定履行义务的具体行为与法律后果之间的因果关系的紧密程度、公平原则、诚信原则等因素。有的学者将这种可能性称为“原因力”，这是指在构成不依照法律规定或者当事人约定履行民事义务产生的共同原因中，每一个原因对于结果的发生或扩大所产生的作用力。法律不可能脱离具体案件，事先抽象出各种确定责任份额的标准，只能由人民法院、仲裁机构在具体案件中综合考虑各种因素来确定。

(2)难以确定责任大小的。责任分配的尺度有时很难有一个可以量化的标准，在某些情形下，由于案情复杂，很难分清每一个不依照法律规定或者当事人约定履行民事义务的行为对损害后果的作用力究竟有多大。针对这种情形，本条规定，难以确定责任大小的，每个行为人平均承担民事责任。其他国家和地区在确定每个民事主体责任内部份额时的做法也有类似规定，如《俄罗斯联邦民法典》第108条第2款规定，当过错程度不能确定时，份额应均等。《意大利民法典》第2055条第3款规定，在有疑问的情况下，推定所有人的责任相同。

第一百七十八条　二人以上依法承担连带责任的，权利人有权请求部分或者全部连带责任人承担责任。

连带责任人的责任份额根据各自责任大小确定；难以确定责任大小的，平均承担责任。实际承担责任超过自己责任份额的连带责任人，有权向其他连带责任人追偿。

连带责任，由法律规定或者当事人约定。

【释义】 本条是关于连带责任的规定。

连带责任,是指依照法律规定或者当事人的约定,两个或者两个以上当事人对共同产生的不履行民事义务的民事责任承担全部责任,并因此引起内部债务关系的一种民事责任。连带责任是一项重要的责任承担方式。连带责任可能基于合同产生,也可能基于侵权行为产生。司法实践中,连带责任是不履行义务的行为人承担责任的一种重要方式。连带责任的意义在于增加责任主体的数量,加强对受损害人的保护,确保受损害人获得赔偿。

连带责任的特征主要表现在:(1)连带责任对于违反民事义务的主体而言是一种比较严厉的责任方式。连带责任对外是一个整体的责任。连带责任中的每个主体都需要对被损害者承担全部责任。被请求承担全部责任的连带责任主体,不得因自己的过错程度而只承担自己的责任。(2)连带责任对被损害者的保护更为充分。连带责任给了被损害者更多的选择权,被损害者可以请求一个或者数个连带责任人承担全部或者部分的赔偿责任。(3)连带责任是法定责任,连带责任人之间不能约定改变责任的性质,对于内部责任份额的约定对外不发生效力。

在民法典之前,我国一些法律曾对连带责任作出了明确规定。例如,侵权责任法第 8 条规定,二人以上共同实施侵权行为,造成他人损害的,应当承担连带责任。第 13 条规定,法律规定承担连带责任的,被侵权人有权请求部分或者全部连带责任人承担责任。第 14 条规定,连带责任人根据各自责任大小确定相应的赔偿数额;难以确定责任大小的,平均承担赔偿责任。支付超出自己赔偿数额的连带责任人,有权向其他连带责任人追偿。

近几十年来,随着经济的不断发展和保险制度的日益完善,一些国家对连带责任制度的适用范围进行了反思。有的学者认为,连带责任与为自己行为负责之间可能存在矛盾,会造成连带责任中有经济赔偿能力但过错程度不重的人承担较重的责任,破坏了损害者之间的利益平衡。当某一损害者没有偿还能力时,已经承担了赔偿责任的损害者就无法行使追偿权,承担了超出其过错程度的责任。而且,连带责任制度会鼓励原告在诉讼中起诉“深口袋”,即以有偿付能力的损害者作为被告,即使这些人只有微小过错,仅仅因为他们比其他损害者有偿付能力,就需要对全部损失承担责任。但是,不能否认,连带责任有利于被损害者得到充分的救济,减轻了被损害者的举证责任,使被损害者不必因为部分共同损害者的赔付能力而妨碍得到全额的赔偿。而且,对于连带责任而言,这种责任方式也并非不公平,不履行民事义务的每一个行为人都应当对结果的发生具有预见性,因此,有理由让他们对结果的发生承担责任。连带责任内部的追偿制度也能导致最终责任的公平承担。在我国保险制度还不健全的情况下,连带责任所具有的担保价值,有利于充分保护被损害者的合法权益。因此,本法在现行法律和司法实践的基础上对连带责任作出规定:“二人以上依法承担连带责任的,权利人有权请求部分或者全部连带责任人承担责任。”据此,对于依法应当承担连带责任的,权利人向一个或者数个连带责任人请求的,被请求的连带责任人就应当承担全部责任。

连带责任人对外承担了责任后,通常需要在内部确定各自的责任。责任大小一般依据如下原则确定:一是根据各自的过错。大多数不履行民事义务的行为以过错为构成要件,以过错程度确定连带责任人之间的责任份额,能够体现公平,这也是我国司法实践的通常做法。确定责任份额时,应当对每个责任主体在不履行民事义务时的过错进行比较,有故意或者有重大过失等较大过错的,承担的责任份额较大;过错较小的,如只有轻微过失的,可以承担较少的责任份额。二是对原因力进行比较。原因力是指在构成不履行义务的多个原因中,每一个原因对于结果的发生或者扩大所起的作用。原因力也是确定连带责任人责任数额的一个方面,特别是在无过错责任的情况下,需要对各责任主体在不履行民事义务时所起的作用进行比较,所起的作用较大的,应当承担较大的责任份额;所起的作用较小的,应当承担较小的责任份额。三是平均分担责任份额。如果根据过错和原因力难以确定连带责任人责任大小的,可以视为各连带责任人的过错程度和原因力大小是相当的,在这种情况下应当由连带责任人平均承担责任份额。如 3 名连带责任人承担连带责任,那么每人分担责任份额的 1/3。需要指出的是,不能简单地、不加条件地让连带责任人平均分担责任份额,本条第 2 款"难以确定责任大小的,平均承担责任"的适用前提是,具有通过对过错、原因力等进行比较分析后,仍难以确定责任份额的情形。

在一个或者数个连带责任人清偿了全部责任后,实际承担责任的人有权向其他连带责任人追偿。连带责任中的追偿权在连带责任的内部关系中处于重要地位,能保障连带责任人内部合理分担风险。通过行使追偿权,实际承担民事责任的连带责任人也完成了角色的转化,从对外以不履行民事义务人的身份承担民事责任,转化为对内以债权人的身份请求公平分担责任。行使追偿权的前提是连带责任人实际承担了超出自己责任的份额,没有超出自己责任的份额,不得行使追偿权。对此本条第 2 款予以明确规定:"实际承担责任超过自己责任份额的连带责任人,有权向其他连带责任人追偿。"

在十二届全国人大五次会议审议民法总则草案的过程中,有的代表提出,连带责任是两个或者两个以上的债务人共同向债权人承担民事责任,是一种较为严厉的责任方式,除当事人有约定外,宜由法律作出规定。经研究,最后在本条增加一款作为第 3 款:"连带责任,由法律规定或者当事人约定。"民法典维持了这一规定。

第一百七十九条　承担民事责任的方式主要有:

(一)停止侵害;

(二)排除妨碍;

(三)消除危险;

(四)返还财产;

(五)恢复原状;

（六）修理、重作、更换；

（七）继续履行；

（八）赔偿损失；

（九）支付违约金；

（十）消除影响、恢复名誉；

（十一）赔礼道歉。

法律规定惩罚性赔偿的，依照其规定。

本条规定的承担民事责任的方式，可以单独适用，也可以合并适用。

【释义】 本条是关于承担民事责任方式的规定。

民事主体应当依照法律规定或者当事人约定履行民事义务。民事主体不履行或者不完全履行民事义务的，就要承担民事责任。承担民事责任的方式是民事责任的具体体现，没有承担民事责任的方式，民事责任就难以落实。

民法通则第134条第1款规定，承担民事责任的方式主要有：(1)停止侵害；(2)排除妨碍；(3)消除危险；(4)返还财产；(5)恢复原状；(6)修理、重作、更换；(7)赔偿损失；(8)支付违约金；(9)消除影响、恢复名誉；(10)赔礼道歉。司法解释对承担民事责任的方式的适用也作了具体规定。从民法通则多年的实施效果来看，这些责任方式对保护民事主体的民事权益发挥了积极作用。本条对承担民事责任方式的规定基本延续了民法通则的立法模式，这是对我国三十多年的民事立法和司法经验的总结和继承。同时，随着社会的发展，承担民事责任的方式也要适应发展的需要。此外，现代社会不履行或者不完全履行民事义务的形态也变得多样，这也要求对承担民事责任的方式作出多样化的规定。根据本条规定，承担民事责任的方式主要有：

(1)停止侵害。这主要是要求行为人不实施某种侵害。这种责任方式能够及时制止侵害，防止侵害后果的扩大。例如，某人正在散布谣言诽谤他人，受害人有权请求其停止侵害。采用这种责任方式以不履行民事义务正在进行或者仍在延续为条件,对于未发生或者已经终止的不履行义务的情形不适用。人民法院根据受害人的请求,依据案件的具体情况,可以在审理案件之前发布停止侵害令,或者在审理过程中发布停止侵害令,也可以在判决中责令行为人停止侵害。

(2)排除妨碍。这是指行为人实施的行为使他人无法行使或者不能正常行使人身、财产权益,受害人可以要求行为人排除妨碍权益实施的障碍。如果行为人不排除妨碍,受害人可以请求人民法院责令其排除妨碍。例如,某人在他人家门口堆放垃圾,妨碍他人通行,同时污染了他人的居住环境,受害人有权请求行为人将垃圾清除。受害人也可以自己排除妨碍,但排除妨碍的费用由行为人承担。

(3)消除危险。这是指行为人的行为对他人人身、财产权益造成现实威胁,他人有权要求行为人采取有效措施消除这种现实威胁。例如,某人的房屋由于受到大雨冲刷随时有倒塌可能,危及邻居的人身、财产安全,但房屋的所有人不采取措施。此时,邻居可以请求该房屋的所有人采取措施消除这种危险。适用这种责任方式可以有效防止现实损害的发生,充分保护他人的人身、财产安全。适用这种责任方式必须是危险确实存在,对他人人身、财产安全造成现实威胁,但尚未发生实际损害。

(4)返还财产。返还财产责任是因行为人无权占有他人财产而产生。没有法律或者合同根据占有他人财产,就构成无权占有,侵害了他人的财产权益,行为人应当返还该财产。例如,某人借用他人的电脑到期不还据为己有,构成了无权占有,电脑所有人有权要求无权占有人返还电脑。本法第 235 条规定:"无权占有不动产或者动产的,权利人可以请求返还原物。"有权请求返还财产的主体一般是该财产的所有人,但该财产被他人合法占有期间,被第三人非法占有的,该合法占有人也可以请求返还财产。适用返还财产责任方式的前提是该财产还存在,如果该财产已经灭失,就不可能适用该责任方式,受害人只能要求赔偿损失;该财产虽然存在,但已经损坏的,权利人可以根据自己的意愿,选择返还财产、恢复原状或者赔偿损失等责任方式。

(5)恢复原状。这是指行为人通过修理等手段使受到损坏的财产恢复到损坏发生前的状况的一种责任方式。采取恢复原状责任方式要符合以下条件:一是受到损坏的财产仍然存在且有恢复原状的可能性。受到损坏的财产不存在或者恢复原状不可能的,受害人可以请求选择其他责任方式如赔偿损失。二是恢复原状有必要,即受害人认为恢复原状是必要的且具有经济上的合理性。恢复原状若没有经济上的合理性,就不宜适用该责任方式。如果修理后不能或者不能完全达到受损前状况的,义务人还应当对该财产价值贬损的部分予以赔偿。

(6)修理、重作、更换。这主要是违反合同应当承担的民事责任形式,是违反合同后所采取的补救措施。修理包括对产品、工作成果等标的物质量瑕疵的修补,也包括对服务质量瑕疵的改善,这是最为普遍的补救方式。在存在严重的质量瑕疵,以致不能通过修理达到约定的或者法定的质量情形下,受损害方可以选择更换或者重作的补救方式。例如,修建的房屋不符合要求,义务人应当无偿地进行修理;加工制作的产品不符合约定,虽经修理也不能使用,义务人就应当重作。修理、重作、更换不是恢复原状,如果将损坏的财产修理复原,则是承担恢复原状的责任。

(7)继续履行。就是按照合同的约定继续履行义务。当事人订立合同都是追求一定的目的,这一目的直接体现在对合同标的的履行,义务人只有按照合同约定的标的履行,才能实现权利人订立合同的目的。所以,继续履行合同是当事人一方违反合同后应当承担的一项重要的民事责任。对合同一方当事人不能自觉履行合同的,另一方当事人有权请求违约方继续履行合同或者请求人民法院、仲裁机构强制违约当事人继续履行合同。例如,没有交付商品的,应当交付合同约定的商品;没有提供劳务的,应当继续提供合同约定的劳务。

(8)赔偿损失。这是指行为人向受害人支付一定数额的金钱以弥补其损失的责任方式,是运用较为广泛的一种责任方式。赔偿的目的,最基本的是补偿损害,使受到损害的权利得到救济,使受害人能恢复到未受到损害前的状态。

(9)支付违约金。违约金是当事人在合同中约定的或者由法律直接规定的一方违反合同时应向对方支付一定数额的金钱,这是违反合同可以采用的承担民事责任的方式,只适用于合同当事人有违约金约定或者法律规定违反合同应支付违约金的情形。违约金的标的物通常是金钱,但是当事人也可以约定违约金标的物为金钱以外的其他财产。违约金根据产生的根据可以分为法定违约金和约定违约金。法定违约金是由法律直接规定违约的情形和应当支付违约金的数额。只要当事人一方发生法律规定的违约情况,就应当按照法律规定的数额向对方支付违约金。如果违约金是由当事人约定的,为约定违约金。约定违约金是一种合同关系,有的称为违约金合同。约定违约金又被看成一种附条件合同,只有在违约行为发生的情况下,违约金合同才生效;违约行为不发生,违约金合同不生效。当事人约定违约金的,一方违约时,应当按照该约定支付违约金。如果约定的违约金低于造成的损失的,当事人可以请求人民法院或者仲裁机构予以增加;约定的违约金过分高于造成的损失的,当事人可以请求人民法院或者仲裁机构予以适当减少。如果当事人专门就迟延履行约定违约金的,该种违约金仅是违约方对其迟延履行所承担的违约责任,因此,违约方支付违约金后还应当继续履行义务。

(10)消除影响、恢复名誉。这是指人民法院根据受害人的请求,责令行为人在一定范围内采取适当方式消除对受害人名誉的不利影响,以使其名誉得到恢复的一种责任方式。具体适用消除影响、恢复名誉,要根据侵害行为所造成的影响和受害人名誉受损的后果决定。处理的原则是,行为人应当根据造成不良影响的大小,采取程度不同的措施给受害人消除不良影响。例如,在报刊上或者网络上发表文章损害他人名誉权的,就应当在该报刊或者网站上发表书面声明,对错误内容进行更正。消除影响、恢复名誉主要适用于侵害名誉权等情形,一般不适用侵犯隐私权的情形,因为消除影响、恢复名誉一般是公开进行的,如果适用于隐私权的保护,有可能进一步披露受害人的隐私,造成进一步的影响。

(11)赔礼道歉。这是指行为人通过口头、书面或者其他方式向受害人进行道歉,以取得谅解的一种责任方式。赔礼道歉主要适用于侵害名誉权、荣誉权、隐私权、姓名权、肖像权等人格权益的情形。赔礼道歉可以是公开的,也可以私下进行;可以口头方式进行,也可以书面方式进行,具体采用什么形式由法院依据案件的具体情况作出。口头道歉是由行为人直接向受害人表示,基本不公开进行;书面道歉以文字形式进行,可以登载在报刊上,或者张贴于有关场所。行为人不赔礼道歉的,人民法院可以判决按照确定的方式进行,产生的费用由行为人承担。

本条第2款规定,法律规定惩罚性赔偿的,依照其规定。惩罚性赔偿是指当侵权人(义务人)以恶意、故意、欺诈等的方式实施加害行为而致权利人受到损害的,权利人可以获得实际损害赔偿之外的增加赔偿。其目的是通过对义务人施以惩罚,阻止其重复实施恶意行为,并警示他人不要采取类似行为。为了充分保护处于弱势地位的消费者的合法权益,1993年10月制定的消费者权益保护法在我国首开先河规定了惩罚性赔偿,该法第49条规定,经营者提供商品或者服务有欺诈行为的,应当按照消费者的要求增加赔偿其受到的损失,增加赔偿的金额为消费者购买商品的价款或者接受服务的费用的1倍。2013年修改消费者权益保护法时,将这一条的内容规定在第55条并作了修改:经营者提供商品或者服务有欺诈行为的,应当按照消费者的要求增加赔偿其受到的损失,增加赔偿的金额为消费者购买商品的价款或者接受服务的费用的3倍;增加赔偿的金额不足500元的,为500元。法律另有规定的,依照其规定。经营者明知商品或者服务存在缺陷,仍然向消费者提供,造成消费者或者其他受害人死亡或者健康严重损害的,受害人有权要求经营者依照消费者权益保护法第49条、第51条等法律规定赔偿损失,并有权要求所受损失2倍以下的惩罚性赔偿。1993 年之后我国陆续有一些法律对惩罚性赔偿作出了规定,例如食品安全法第 148 条第 2 款规定,生产不符合食品安全标准的食品或者经营明知是不符合食品安全标准的食品,消费者除要求赔偿损失外,还可以向生产者或者经营者要求支付价款 10 倍或者损失 3 倍的赔偿金;增加赔偿的金额不足 1000 元的,为 1000 元。但是,食品的标签、说明书存在不影响食品安全且不会对消费者造成误导的瑕疵的除外。侵权责任法第 47 条规定,明知产品存在缺陷仍然生产、销售,造成他人死亡或者健康严重损害的,被侵权人有权请求相应的惩罚性赔偿。民法通则在承担民事责任的方式中没有规定惩罚性赔偿。民法总则审议中,有些意见建议,在民事责任中规定惩罚性赔偿。民法典保留了本款规定。考虑到惩罚性赔偿是赔偿损失的一种特别赔偿,因此本款规定适用惩罚性赔偿应当在法律有特别规定的情况下,依照法律的规定予以适用。

本条规定了 11 种承担民事责任的方式,各有特点,可以单独采用一种方式,也可以采用多种方式。例如,对单纯的财产损失,可以单独采用赔偿损失的方式;对侵害名誉权、隐私权等人格权的,既可以单独采用消除影响、恢复名誉的责任方式,也可以并用消除影响、恢复名誉和损害赔偿的责任方式。具体适用民事责任的方式应掌握的原则是,如果一种方式不足以救济权利人的,就应当同时适用其他方式。据此,本条第 3 款规定,本条规定的承担民事责任的方式,可以单独适用,也可以合并适用。

第一百八十条　因不可抗力不能履行民事义务的,不承担民事责任。法律另有规定的,依照其规定。

不可抗力是不能预见、不能避免且不能克服的客观情况。

【释义】 本条是关于不可抗力的规定。

(一)不可抗力的概念

各国和地区的立法对不可抗力概念的规定不尽相同,理论界、实务界对不可抗力的理解也莫衷一是。概括起来有“客观说”、“主观说”和“折中说”。“客观说”强调不能避免并不能抗拒的客观情况,“主观说”强调当事人虽尽最大努力仍不能预见的客观情况,“折中说”强调当事人尽最大谨慎也不能预见、不能防止的事件为不可抗力。本条第2款规定:“不可抗力是不能预见、不能避免且不能克服的客观情况。”

对“不可抗力”的理解,应是根据现有的技术水平,一般对某事件发生没有预知能力。人们对某事件的发生的预知能力取决于当代的科学技术水平。某些事件的发生,在过去不可预见,但随着科学技术水平的发展,现在就可以预见。例如,现在对天气预报的准确率已达到了90%以上,人们对狂风暴雨的规避能力已大大提高。

如何认识“不能避免且不能克服”,应是指当事人已经尽到最大努力和采取一切可以采取的措施,仍不能避免某种事件的发生并不能克服事件所造成的后果。“不能避免且不能克服”表明某个事件的发生和事件所造成的后果具有必然性。

(二)不可抗力情形下的民事责任

不可抗力是独立于人的行为之外,不受当事人意志所支配的现象,是人力所不可抗拒的力量。行为人完全因为不可抗力不能履行民事义务,表明行为人的行为与不履行民事义务之间不存在因果关系,同时也表明行为人没有过错,如果让行为人对自己无法控制的情形承担责任,对行为人来说是不公平的。因此,很多国家和地区都将不可抗力作为免除行为人承担民事责任的事由予以规定。

通常情况下,因不可抗力不能履行民事义务的,不承担民事责任。但法律规定因不可抗力不能履行民事义务,也要承担民事责任的则需要依法承担民事责任。故本条第1款规定:“因不可抗力不能履行民事义务的,不承担民事责任。法律另有规定的,依照其规定。”具体什么情况下应承担民事责任、承担责任的程度等要依照法律的规定确定。例如,根据民用航空法第160条的规定，民用航空器造成他人损害的，民用航空器的经营人只有能够证明损害是武装冲突、骚乱造成的，或者是因受害人故意造成的，才能免除其责任。因不可抗力的自然灾害造成的，不能免除民用航空器经营人的责任。举例来说，民用飞机在空中遭雷击坠毁，造成地面人员伤亡。航空公司不能以不可抗力为由，对受害人予以抗辩。又如，根据邮政法第 48 条的规定，因不可抗力造成的给据邮件损失，邮政企业不承担赔偿责任，但因不可抗力造成的保价的给据邮件的损失除外。再如，本法第 1237 条规定，民用核设施或者运入运出核设施的核材料发生核事故造成他人损害的，民用核设施的营运单位应当承担侵权责任；但是，能够证明损害是因战争、武装冲突、暴乱等情形或者受害人故意造成的，不承担责任。因不可抗力的自然灾害造成他人损害的，不免除核设施营运单位的责任。

第一百八十一条　因正当防卫造成损害的，不承担民事责任。

正当防卫超过必要的限度，造成不应有的损害的，正当防卫人应当承担适当的民事责任。

【释义】　本条是关于正当防卫的规定。

（一）正当防卫的概念

正当防卫，是指本人、他人的人身权利、财产权利遭受不法侵害时，行为人所采取的一种防卫措施。正当防卫作为行为人不承担责任和减轻责任的情形，其根据是行为的正当性、合法性，表明行为人主观上没有过错。正当防卫是法律赋予当事人自卫的权利，是属于受法律鼓励的行为，目的是保护当事人本人、他人不受侵犯。故本条规定“因正当防卫造成损害的，不承担民事责任”。在世界各国或地区的法律中，正当防卫均作为不承担责任和减轻责任的情形之一。如《德国民法典》第 227 条规定，正当防卫的行为不违法。正当防卫是指为避免自己或者他人受现时的不法侵害而进行的必要的防卫。

（二）正当防卫的要件

正当防卫应当同时具备以下六个要件：

（1）必须是为了使本人、他人的人身、财产权利免受不法侵害而实施的。本条规定基本传承了民法通则与侵权责任法的规定，对正当防卫的内容没有明确规定，即没有明确规定是为了谁的利益而采取防卫行为。民法通则第128条规定，因正当防卫造成损害的，不承担民事责任。正当防卫超过必要的限度，造成不应有的损害的，应当承担适当的民事责任。侵权责任法第30条规定，因正当防卫造成损害的，不承担责任。正当防卫超过必要的限度，造成不应有的损害的，正当防卫人应当承担适当的责任。采取这种立法模式的还有《俄罗斯联邦民法典》和《越南民法典》。例如，《俄罗斯联邦民法典》第1066条规定，正当防卫所致损害，如防卫行为未逾必要限度，不应予赔偿。《越南民法典》第617条规定，正当防卫造成他人损害的，加害人不向受害人赔偿损害。防卫过当造成他人损害的，加害人必须向受害人赔偿损害。

有些国家或地区的民法明确规定了正当防卫的内容，即将正当防卫界定为使本人或者他人的人身权利、财产权利免受正在进行的不法侵犯。《德国民法典》是典型的代表。除此之外，《意大利民法典》《日本民法典》《埃塞俄比亚民法典》等都作了类似规定。例如，《意大利民法典》第2044条规定，为自己或他人进行正当防卫所致损害的人，不承担责任。《欧洲侵权法基本原则（草案）》仅将正当防卫的内容界定为“保护自身的利益”，该草案第7-101条规定，下列情形构成一般侵权责任的抗辩事由：为保护自身利益防止非法侵犯；紧急避险；救济机关不能及时提供救济；取得受害方的同意；或受害方同意承担受损害的风险；合法授权，比如许可证。

我国刑法明确规定了正当防卫的内容。刑法第20条第1款规定，为了使国家、公共利益、本人或者他人的人身、财产和其他权利免受正在进行的不法侵害，而采取的制止不法侵害的行为，对不法侵害人造成损害的,属于正当防卫,不负刑事责任。

本条虽然没有对正当防卫的内容作出规定,但应与我国刑法的规定一致,正当防卫应是为了保护本人或者他人的人身、财产权利而实施的行为。

(2)必须有不法侵害行为发生。所谓"不法侵害行为",是指对某种权利或者利益的侵害为法律所明文禁止,既包括犯罪行为,也包括其他违法的侵害行为。

(3)必须是正在进行的不法侵害。正当防卫的目的是制止不法侵害,避免危害结果的发生,因此,不法侵害必须是正在进行的,而不是尚未开始,或者已经实施完毕,或者实施者确已自动停止。否则,就是防卫不适时,应当承担民事责任。

(4)必须是本人、他人的人身权利、财产权利遭受不法侵害,在来不及请求有关国家机关救助的情况下实施的防卫行为。

(5)必须是针对不法侵害者本人实行,即正当防卫行为不能对没有实施不法侵害行为的第三者(包括不法侵害者的家属)造成损害。

(6)不能明显超过必要限度造成损害。正当防卫是有益于社会的合法行为,但应受一定限度的制约,即正当防卫应以足以制止不法侵害为限。

只有同时满足以上六个要件,才能构成正当防卫,防卫人才能免予承担民事责任。

(三)正当防卫造成的损害

(1)遭受损害的主体。正当防卫一般仅指造成侵权人的损害。如《瑞士债务法》第52条第1项规定,实施正当防卫对侵害者造成损害的,不承担赔偿责任。我国刑法第20条规定,正当防卫是对"不法侵害人"造成的侵害。本条第一句"因正当防卫造成损害的",这里的"造成损害"仅是指对侵害人造成的损害。

(2)遭受损害的客体。本条第一句"因正当防卫造成损害的",这里的"造成损害"既包括对侵害人人身权利的损害,也包括对侵害人财产权利的损害。例如,甲在抢劫乙的过程中,乙抓伤了甲的脸,同时也撕坏了甲的衣服,乙对甲所造成的人身损失和财产损失都免予承担民事责任。

(四)防卫过当的责任

本条第2款规定,正当防卫超过必要的限度,造成不应有的损害的,正当防卫人应当承担适当的民事责任。

如何确定和理解正当防卫的必要限度,学术界有各种各样的学说。多数意见认为,从权衡各方利益的角度考虑,既要有利于维护防卫人的权益,也要考虑到对不法行为人的合法权益的保护,防卫行为应以足以制止不法侵害为必要限度。从防卫的时间上讲,对于侵害人已经被制伏或者侵害人已经自动停止侵害行为的,防卫人不得再进行攻击行为;从防卫手段来讲,能够用较缓和的手段进行有效防卫的情况下,不允许用激烈手段进行防卫。对于没有明显危及人身、财产等重大利益的不法侵害行为,不允许采取造成重伤等手段对侵害人进行防卫。

正当防卫超过必要限度,造成侵害人不应有的损害的,正当防卫人应当承担适当的民事责任。所谓"适当的民事责任",是指不对侵害人的全部损失赔偿,而是根据正当防卫人过错的程度,由正当防卫人在损失范围内承担一部分责任。

第一百八十二条　因紧急避险造成损害的,由引起险情发生的人承担民事责任。

危险由自然原因引起的,紧急避险人不承担民事责任,可以给予适当补偿。

紧急避险采取措施不当或者超过必要的限度,造成不应有的损害的,紧急避险人应当承担适当的民事责任。

【释义】　本条是关于紧急避险的规定。

(一)紧急避险的概念

紧急避险,是指为了使本人或者他人的人身、财产权利免受正在发生的危险,不得已采取的紧急避险行为,造成损害的,不承担责任或者减轻责任的情形。危险有时来自人的行为，有时来自自然原因。不管危险来自哪里，紧急避险人避让风险、排除危险的行为都有其正当性、合法性，因此在所有国家都是作为不承担责任和减轻责任的情形之一。例如，《德国民法典》第228条规定，为使自己或者他人避免紧急危险而损坏或者损毁他人之物的人，如果其损坏或者损毁行为系防止危险所必要，而且造成的损害又未超越危险程度时，其行为不为违法。如果行为人对危险的发生负有过失，则应负损害赔偿义务。故本条规定："因紧急避险造成损害的，由引起险情发生的人承担民事责任。危险由自然原因引起的，紧急避险人不承担民事责任，可以给予适当补偿。紧急避险采取措施不当或者超过必要的限度，造成不应有的损害的，紧急避险人应当承担适当的民事责任。"

（二）紧急避险的要件

1. 必须是为了使本人、他人的人身、财产权利免受危险的损害

本条基本延续了民法通则、侵权责任法的规定，对紧急避险的内容没有明确规定，即没有明确是为了谁的利益而采取紧急避险行为。民法通则第129条规定："因紧急避险造成损害的，由引起险情发生的人承担民事责任。如果危险是由自然原因引起的，紧急避险人不承担民事责任或者承担适当的民事责任。因紧急避险采取措施不当或者超过必要的限度，造成不应有的损害的，紧急避险人应当承担适当的民事责任。"侵权责任法第31条规定："因紧急避险造成损害的，由引起险情发生的人承担责任。如果危险是由自然原因引起的，紧急避险人不承担责任或者给予适当补偿。紧急避险采取措施不当或者超过必要的限度，造成不应有的损害的，紧急避险人应当承担适当的责任。"境外也有采取这种立法例的，例如《越南民法典》第618条规定，因紧急避险造成他人损害的，加害人不向受害人赔偿损害。超过紧急避险要求的限度造成他人损害的，加害人必须向受害人赔偿损害。引起危险情况发生从而导致损害的人，必须向受害赔偿损害。该规定没有

明确紧急避险是为了谁的利益而实施。

很多国家或地区的民法典则明确规定了紧急避险的内容,即将紧急避险界定为使本人或者他人的人身权利、财产权利免受正在发生的危险。除《德国民法典》有明确规定外,《俄罗斯联邦民法典》第1067条规定,紧急避险所致损害,是指为了排除对本人或者他人构成威胁的危险而造成的损害,如果该危险在当时情况下不可能以其他方法排除,紧急避险所致损害应由致害人赔偿。法院可以考虑致害情况,责成因损害人的行为而受有利益的第三人负赔偿责任,或者全部或部分免除第三人或者致害人的赔偿责任。

我国刑法第21条明确规定了紧急避险的内容,该条规定:"为了使国家、公共利益、本人或者他人的人身、财产和其他权利免受正在发生的危险,不得已采取的紧急避险行为,造成损害的,不负刑事责任。紧急避险超过必要限度造成不应有的损害的,应当负刑事责任,但是应当减轻或者免除处罚。第一款中关于避免本人危险的规定,不适用于职务上、业务上负有特定责任的人。"

本条虽然没有对紧急避险的内容作出明确规定,但是应当与我国刑法的规定相一致,紧急避险应当是使本人或者他人的人身、财产和其他权利免受正在发生的危险,不得已采取的避险行为。

2. 必须是对正在发生的危险采取的紧急避险行为

倘若危险已经消除或者尚未发生,或者虽然已经发生但不会对合法权益造成损害,则不得采取紧急避险措施。某人基于对危险状况的误解、臆想而采取紧急避险措施,造成他人利益损害的,应向他人承担民事责任。

3. 必须是在不得已情况下采取避险措施

所谓不得已,是指当事人面对突然而遇的危险,不得不采取紧急避险措施,以保全更大的利益,且这个利益是法律所保护的。

4. 避险行为不能超过必要的限度

所谓不能超过必要的限度,是指在面临紧急危险时,避险人须采取适当的措施，以尽可能小的损害保全更大的利益，即紧急避险行为所引起的损害应轻于危险所可能带来的损害。

只有同时满足以上四个要件，才能构成紧急避险。行为人（避险人）免予承担民事责任。

（三）紧急避险造成的损害

1. 遭受损害的主体

紧急避险行为可能造成第三人的损害。例如，甲、乙、丙是邻居，丙的房子因雷击失火，甲为了引消防车进入灭火，推倒了乙的院墙，使消防车进入后及时扑灭了丙家的大火。按照紧急避险的抗辩事由，甲对乙不承担责任，应由受益人丙对乙给予适当补偿。

本条规定的紧急避险行为也包括对避险人本人造成的损害。例如，甲、乙是邻居，乙的房子因雷击失火，甲为了引消防车进入灭火，而推倒了自己家的院墙，使消防车进入后及时扑灭了乙家的大火。按照紧急避险的抗辩事由，甲有权要求受益人乙给予补偿。

2. 遭受损害的客体

（1）有些国家规定紧急避险损害的是他人的财产权利。例如，《德国民法典》第 228 条规定，为使自己或者他人避免紧急危险而损坏或者损毁他人之物的人，如果其损坏或者损毁行为系防止危险所必要，而且造成的损害又未超越危险程度时，其行为不为违法。如果行为人对危险的发生负有过失，则应负损害赔偿义务。

（2）有些国家规定紧急避险也包括损害他人的人身权利。例如，《越南民法典》第 618 条第 1 款规定，因紧急避险造成他人损害的，加害人不向受害人赔偿损害。这里的“他人损害”，既包括他人财产权利的损害，也包括他人人身权利的损害。

本条第 1 款第 1 句“因紧急避险造成损害的”，这里的“造成损害”既包括对避险者本人、第三人财产权利的损害，也包括人身权利的损害。例如，甲为了接住从楼上坠下的小孩乙，在接住乙的瞬间将同行的丙撞伤在地。甲无须对丙的损害承担责任，而应由乙的监护人对丙给予补偿。

（四）紧急避险人的法律责任

（1）按照本条规定，紧急避险人造成本人或者他人损害的，由引起险情发生的人承担责任。例如，甲因在河堤上取土致使河堤决口。乙驾驶从丙处借来的农用车正巧从此经过，迫不得已将车推进决口处，决口被成功堵塞。丙的农用车的损失，应由甲承担赔偿责任。

（2）如果危险是由自然原因引起的，紧急避险人是为了他人的利益而采取了避险行为，造成第三人利益损害的，紧急避险人免予对第三人承担责任。例如，甲、乙、丙是邻居，丙的房子因雷击失火，甲为了引消防车进入灭火，推倒了乙的院墙，使消防车进入后及时扑灭了丙家的大火。按照紧急避险的抗辩事由，甲对乙不承担责任，应由受益人丙对乙给予适当的补偿。

（3）如果危险是由自然原因引起的，紧急避险人是为了本人的利益而采取了避险行为，造成第三人利益损害的，紧急避险人本人作为受益人，应当对第三人的损害给予补偿。例如，甲、乙是邻居，甲的房子因雷击失火，甲为了引消防车进入灭火，推倒了乙的院墙，使消防车进入后及时扑灭了自己家的大火。甲作为受益人对乙不承担责任，但应对乙给予适当的补偿。

（4）因紧急避险采取措施不当或者超过必要的限度，造成不应有的损害的，紧急避险人应当承担适当的责任。“紧急避险采取措施不当”是指在当时的情况下能够采取可能减少或者避免损害的措施而未采取，或者采取的措施并非排除险情所必需。例如，甲的汽车自燃，因燃油泄漏，火势加大。乙在帮助灭火时，采取往燃烧的汽车上浇水的措施，由于水与燃油气体混合，导致火势越来越大，将丙的房屋烧毁。由于乙采取的避险措施不当，对丙的损失，乙应承担适当的责任。

紧急避险“超过必要的限度”，是指采取紧急避险措施没有减轻损害，或者紧急避险所造成的损害大于所保全的利益。例如，甲家因雷击失火，甲的左邻乙家人帮助用水灭火。在大火已基本被扑灭的情况下，乙家人未观察火情，而是担心火势复燃，继续往废墟上浇水，导致大量污水流入甲的右邻丙家。由于乙采取的紧急避险行为超过必要的限度，对丙的损害，乙应承担适当的责任。

第一百八十三条　因保护他人民事权益使自己受到损害的，由侵权人承担民事责任，受益人可以给予适当补偿。没有侵权人、侵权人逃逸或者无力承担民事责任，受害人请求补偿的，受益人应当给予适当补偿。

【释义】　本条是关于因保护他人民事权益而使自己受到损害的责任承担主体的规定。

民法通则第 109 条规定："因防止、制止国家的、集体的财产或者他人的财产、人身遭受侵害而使自己受到损害的，由侵害人承担赔偿责任，受益人也可以给予适当的补偿。"侵权责任法第 23 条规定："因防止、制止他人民事权益被侵害而使自己受到损害的，由侵权人承担责任。侵权人逃逸或者无力承担责任，被侵权人请求补偿的，受益人应当给予适当补偿。"本条规定与上述规定精神一脉相承。《最高人民法院关于审理人身损害赔偿案件适用法律若干问题的解释》第 15 条规定："为维护国家、集体或者他人的合法权益而使自己受到人身损害，因没有侵权人、不能确定侵权人或者侵权人没有赔偿能力，赔偿权利人请求受益人在受益范围内予以适当补偿的，人民法院应予支持。"本法规定本条的目的，在于保护见义勇为者，鼓励见义勇为行为。在民法通则和侵权责任法规定的基础上，本条补充规定了没有侵权人时，受害人请求补偿的，受益人应当给予适当补偿的内容。

在日常生活中，为保护他人民事权益被侵害而使自己受到损害的情况为数不少。例如，为了防止被抢劫的人的人身、财产遭受损失，阻止抢劫者逃逸，被抢劫犯刺伤。又如，儿童不慎落水，见义勇为者在施救中受伤，等等。为了弘扬社会主义核心价值观，鼓励和支持舍己为人的高尚行为，不让见义勇为者流血又流泪,本条规定了因保护他人民事权益而受到损害者的请求权和承担民事责任的主体。

(1)因保护他人民事权益而使自己受到损害。这主要是指为了防止、制止国家、集体的财产或者他人的人身、财产权利遭受不法侵害而使自己受到损害。在此需要强调两点:一是,受到损害的人不是为了自己的民事权益,而是为了他人的民事权益不受侵害而为的行为;二是,受到的损害既包括人身受到伤害,也包括财产受到损害。

(2)由侵权人承担责任,受益者可以给予适当的补偿。由于受害人是为了保护他人的民事权益,防止、制止侵权人的侵权行为,因此,受害人所受到的损害,应由侵权人承担民事责任。考虑到受益人因受害人的付出,使自己的权益免受或者少受损害,对受害人因此所受到的损害,受益人可以给予适当的补偿。

(3)受益人应当给予适当补偿的情形。一是侵权人逃逸或者无力承担民事责任的情形。受害人是为了保护他人的民事权益不受非法侵害才遭受损害的,通常情况下,应当由侵权人承担民事责任。但是,有时会发生侵权人逃逸,根本找不到侵权人;或者虽然找到了侵权人,但是侵权人根本没有承担民事责任的能力等情形。为了公平起见,本条规定在侵权人逃逸或者侵权人无力承担民事责任的情况下,由受益人给受害人适当的补偿。这里需要注意以下几点:第一,侵权人逃逸确实找不到,或者侵权人确实没有承担民事责任的能力。这是受害人请求补偿的前提条件。如果侵权人没有逃逸,能够找到或者有承担民事责任的能力,受害人则不能向受益人提出补偿要求。第二,要有明确的受益人。如果没有明确的受益人,那么受害人就没有提出请求的对象。第三,受害人明确提出了受益人给予适当补偿的请求。补偿不是赔偿,赔偿一般是填平原则,即损失多少赔偿多少,而补偿仅是其中的一部分。本条规定是"给予适当补偿",表明是要根据受害人的受损情况和受益人的受益情况等因素确定补偿的数额。

按照承担民事责任的一般原理,受益人不是侵权责任人,对受害人而言不存在任何过错,对受害人所受到的损害也没有因果关系,因此不应当承担民事责任,而应当完全由侵权人承担民事责任。但是,如果不是为了受益人的利益,受害人也不会遭受损害。当侵权人逃逸,找不到或者侵权人根本无力承担民事责任时,受害人如果得不到任何赔偿或者补偿是不公平的,更不利于助人为乐、见义勇为良好社会风尚的形成,不符合公平正义精神,因此,为了较好地平衡利益、分担损失,让受益人适当给予受害人补偿是合情合理的。

二是没有侵权人的情形。因保护他人民事权益使自己受到损害的,有时并无侵权人,如舍身相救落水人员使自己受伤等。在这种情况下,受害人请求受益人给予适当补偿是合乎情理的,受益人给予适当补偿也是理所当然的。因此,本条规定体现了社会公平。目前,一些地方设立了见义勇为基金,用于鼓励见义勇为行为,也能在一定程度上弥补见义勇为者所受到的损害。

第一百八十四条　因自愿实施紧急救助行为造成受助人损害的,救助人不承担民事责任。

【释义】　本条是关于因自愿实施紧急救助行为造成受助人损害的,救助人不承担民事责任的规定。

民法总则出台前,我国法律对自愿实施紧急救助行为造成受助人损害的,救助人是否承担民事责任、如何承担民事责任没有明确规定。民法总则草案一审稿和二审稿也没有本条规定。在十二届全国人大常委会第二十四次会议对草案二审稿进行审议和二审稿征求意见过程中,一些常委委员、全国人大代表、有关部门和单位等提出,草案第178条对因保护他人民事权益使救助人自己受到损害的,由侵权人承担民事责任,受益人给予补偿的规定非常必要,但是社会生活中还有一种情况,即救助人为保护他人民事权益实施紧急救助行为造成受助人损害的,救助人是否应该承担民事责任,如何承担民事责任,建议草案对这一问题作出规定。还有的常委委员提出,为匡正社会风气,化解老人倒地无人敢扶等社会问题,需要强化对见义勇为的救助行为的鼓励和保护,建议根据公平原则和诚实信用原则,对救助行为可能对受助人造成的损害,作出相应的免责规定。有的常委委员建议,在第178条后增加一款作为第2款,为保护他人民事权益而实施的救助行为造成受助人损害的,除存在重大过失外,免予承担民事责任。经研究,在草案三审稿第187条增加规定:实施紧急救助行为造成受助人损害的,除有重大过失外,救助人不承担民事责任。

十二届全国人大常委会第二十五次会议对草案三审稿进行审议,并于会后向社会公开征求意见。有的常委委员和社会公众提出,为救助他人造成损害的,重大过失还要承担民事责任,与草案说明中关于弘扬社会主义核心价值观的规定相悖。有的意见提出,"重大过失"在实际生活中不好界定,也不利于弘扬正能量。有的意见提出,有的情况下救助人不一定很专业,也不一定懂得怎么去救助,不会救和有过失两者的关系很难说清楚。在紧急情况下为保护他人实施救助的时候,救助人没有时间去考虑可能会产生什么后果,也没有时间去考虑自己会不会有所谓的重大过失。有的意见提出,弘扬社会主义核心价值观,鼓励见义勇为,在法律上不要留下遗憾,建议删除"除有重大过失外"。现阶段立法还是应该更着重鼓励和保障大家做好事,倡导见义勇为。经研究,提交大会审议的民法总则草案进一步严格限制了救助人需要承担民事责任的条件,将三审稿的规定修改为:因自愿实施紧急救助行为造成受助人损害的,救助人不承担民事责任。但是救助人因重大过失造成受助人不应有的重大损害的,承担适当的民事责任。

在十二届全国人大五次会议审议民法总则草案的过程中,一些代表提出,这一条规定具有很强的针对性,对鼓励见义勇为,保护救助人,有着积极意义。但草案中"但书"的规定不能完全消除救助人的后顾之忧,对救助人的保护不够彻底,建议修改。经研究，草案修改稿从举证责任、是否有重大过失等方面对救助人在特殊情况下承担民事责任予以进一步严格限定，将这一条修改为：因自愿实施紧急救助行为造成受助人损害的，救助人不承担民事责任。受助人能够证明救助人有重大过失造成自己不应有的重大损害的，救助人承担适当的民事责任。对此，一些代表提出，草案修改稿本条的后一句规定较草案规定虽作了进一步严格限定，针对的是在实践中可能出现的特殊情况，但仍难以免除见义勇为者的后顾之忧，不利于倡导培育见义勇为、乐于助人的良好社会风尚，建议删除。经研究，民法总则最终删除了本条后一句的规定。民法典维持了民法总则本条现有的规定。

（一）自愿实施紧急救助行为的民事责任

本条规定，因自愿实施紧急救助行为造成受助人损害的，救助人不承担民事责任。本条规定包括以下几个方面：

1. 救助人自愿实施紧急救助行为

自愿实施紧急救助行为，是指一般所称的见义勇为或者乐于助人的行为，不包括专业救助行为。本条所称的救助人是指非专业人员，即一般所称的见义勇为或者乐于助人的志愿人员。专业救助人员通常掌握某一领域内的专业知识、专业技能，并根据其工作性质有义务救助并专门从事救助工作。专业救助人员经过专业学习或者训练，在实施紧急救助行为时应该有知识和能力避免因救助行为造成受助人不应有的损害。因此，为与专业救助人员实施救助行为相区别，本条明确了“自愿”的前提条件。

2. 救助人以救助为目的实施紧急救助行为

本条所称的救助行为应是在紧急情况下，救助人实施的救助他人的行为。救助人不承担民事责任的条件之一是救助人需以“救助”受助人为行为的主观目的。当受助人由于自身健康等原因处于紧急情况需要救助，救助人是以救助受助人为目的，为了受助人的利益实施的紧急救助行为。

3. 受助人的损害与救助人的行为有因果关系

实践中，虽然救助人是出于救助目的实施救助行为，但由于救助行为经常发生在受助人突发疾病等紧急状态,救助人一般未受过专业的救助训练,有的救助人不能很好地掌握专业救助技能,在某些情形下,可能发生因救助人的救助行为造成受助人损害的情形。适用本条规定,需受助人受到的损害与救助人的行为有因果关系,即在紧急救助过程中,因为救助人的救助行为造成受助人的损害。

4. 救助人对因救助行为造成受助人的损害不承担民事责任

根据本条规定,在紧急状况下,救助人自愿以救助为目的实施紧急救助行为,因该行为对受助人造成损害的,救助人对该损害不承担民事责任。

(二)一些国家和地区关于紧急救助行为的相关规定及做法

不同国家和地区对非专业救助人救助他人,造成受助人损害的是否应当承担民事责任,在法律规定和实际做法上有所差异。

1. 美国

美国很多州都有"好撒玛利亚人法",其主要目的是通过豁免见义勇为者在一些特定情况下的责任,鼓励见义勇为。"好撒玛利亚人法"保护的是采取"合适的措施"的救助者。如果因救助过程中有严重的疏忽导致被救助者伤病情况加重或死亡,救助者仍要承担民事责任。美国多数州的法律规定,虽然这种救助是自愿的、非强制的,但是一旦实施救助,就不能中途停止,必须满足三个目标方可离开:被救助者康复或脱离危险,有专职救护人员到达,救助者过度劳累已无法持续下去。如果不是这三个原因停止救助,都被视为"不合适的措施"而要承担民事责任。美国有的州的"好人法"因为实践中发生的案例而有了进展。2004年,美国加州有一名叫亚历山德拉的年轻女子发生车祸被卡在车里动弹不得。另外一名女子丽莎将其救出,但由于丽莎没有专业的施救技能,导致亚历山德拉车祸后瘫痪。2008年,亚历山德拉把丽莎告上法庭,称丽莎救助疏忽导致她瘫痪,所以丽莎要为她的瘫痪负责。2009年,加州议会以75:0票通过"好心人免责条款",规定类似丽莎这种疏忽导致受助人受到伤害的情况可以免责。

2. 加拿大

加拿大很多省都有自己的“好人法”，但各省叫法不一。其中一些省的法律规定，施救行为对一般疏忽造成的伤害不担责。《魁北克人权宪章》规定，任何人必须救助处于危险中的人，通过亲自救助或联系急救机构，为危险中的人提供必要的急救，认为救助过程会给自身或第三方身体造成伤害或有其他法律认可的理由除外。《2001 年安大略省好撒玛利亚人法案》第 2 章规定，如果救助者不收取任何报酬或奖赏而志愿提供救助，则不对救助中的疏忽造成的伤害担责，但严重疏忽除外。

3. 我国台湾地区

我国台湾地区曾发生过关于救助行为的典型案例。2000 年 9 月，台湾某高中二年级学生，热心帮助患有先天性成骨不全症(俗称玻璃娃娃)的同学下楼上体育课，因下雨楼梯湿滑，踩滑跌倒与受助者一起滚下楼梯，受助者当场死亡。救助者被法院判决有过失，赔偿死者家属 333 万元新台币。法官判决的理由是：如果因地震或雷劈而导致意外，那么责任不在救助者，但照顾残疾者需要专业能力，尤其是像救助本案受助者这样患有罕见疾病的人。救助者应该先衡量自己是否受过训练、有没有专业能力在雨天湿滑这种情况下抱受助者下楼。因此，救助者帮助他人没有“量力而为”，是有过失的，应当承担责任。

第一百八十五条　侵害英雄烈士等的姓名、肖像、名誉、荣誉，损害社会公共利益的，应当承担民事责任。

【释义】　本条是关于侵害英雄烈士等的姓名、肖像、名誉、荣誉的民事责任的规定。

民法总则草案一审稿、二审稿和三审稿没有对本条作出规定，在十二届全国人大五次会议审议民法总则草案时增加了这一规定。在十二届全国人大五次会议审议时，有的代表提出，现实生活中，一些人利用歪曲事实、诽谤抹黑等方式恶意诋毁侮辱英烈的名誉、荣誉等,损害了社会公共利益,社会影响很恶劣,应对此予以规范。法律委员会经研究认为,英雄和烈士是一个国家和民族精神的体现,是引领社会风尚的标杆,加强对英烈姓名、名誉、荣誉等的法律保护,对于促进社会尊崇英烈、扬善抑恶、弘扬社会主义核心价值观意义重大。建议在草案修改稿增加一条规定,侵害英雄烈士的姓名、肖像、名誉、荣誉等,损害社会公共利益的,应当承担民事责任。之后又有代表提出,英雄烈士的范围是否过窄。有的意见建议,在中国特色社会主义建设和保卫国家中作出巨大贡献、建立卓越功勋的杰出人士也应当包括在内。综合以上意见,最终本条规定:“侵害英雄烈士等的姓名、肖像、名誉、荣誉,损害社会公共利益的,应当承担民事责任。”本条特别规定英雄烈士等的人格权益保护,有利于弘扬社会主义核心价值观和英雄烈士精神,培养爱国主义精神,增强民族凝聚力,维护社会公共利益。民法典维持了这一规定。

(一)保护的对象是英雄烈士等

本条保护的对象“英雄烈士等”包括为了人民利益英勇斗争而牺牲,堪为楷模的人,还包括在保卫国家和国家建设中作出巨大贡献、建立卓越功勋,已经故去的人。《烈士褒扬条例》第8条第1款规定,公民牺牲符合下列情形之一的,评定为烈士:(1)在依法查处违法犯罪行为、执行国家安全工作任务、执行反恐怖任务和处置突发事件中牺牲的;(2)抢险救灾或者其他为了抢救、保护国家财产、集体财产、公民生命财产牺牲的;(3)在执行外交任务或者国家派遣的对外援助、维持国际和平任务中牺牲的;(4)在执行武器装备科研试验任务中牺牲的;(5)其他牺牲情节特别突出,堪为楷模的。《军人抚恤优待条例》第8条第1款、第2款规定,现役军人死亡,符合下列情形之一的,批准为烈士:(1)对敌作战死亡,或者对敌作战负伤在医疗终结前因伤死亡的;(2)因执行任务遭敌人或者犯罪分子杀害,或者被俘、被捕后不屈遭敌人杀害或者被折磨致死的;(3)为抢救和保护国家财产、人民生命财产或者执行反恐怖任务和处置突发事件死亡的;(4)因执行军事演习、战备航行飞行、空降和导弹发射训练、试航试飞任务以及参加武器装备科研试验死亡的;(5)在执行外交任务或者国家派遣的对外援助、维持国际和平任务中牺牲的;(6)其他死难情节特别突出,堪为楷模的。现役军人在执行对敌作战、边海防执勤或者抢险救灾任务中失踪,经法定程序宣告死亡的,按照烈士对待。

(二)是对英雄烈士等的人格利益的保护

本条的保护对象是英雄烈士等相关人格利益。民法总则出台前,我国法律未对死者人格利益的保护作出明确规定。《最高人民法院关于确定民事侵权精神损害赔偿责任若干问题的解释》第3条规定,自然人死亡后,其近亲属因下列侵权行为遭受精神痛苦,向人民法院起诉请求赔偿精神损害的,人民法院应当依法予以受理:(1)以侮辱、诽谤、贬损、丑化或者违反社会公共利益、社会公德的其他方式,侵害死者姓名、肖像、名誉、荣誉;(2)非法披露、利用死者隐私,或者以违反社会公共利益、社会公德的其他方式侵害死者隐私;(3)非法利用、损害遗体、遗骨,或者以违反社会公共利益、社会公德的其他方式侵害遗体、遗骨。

(三)侵害英雄烈士等的姓名、肖像、名誉、荣誉,损害社会公共利益的,应当承担民事责任

根据本条规定,侵害英雄烈士等的姓名、肖像、名誉、荣誉,损害社会公共利益的,应当承担民事责任。司法实践中有侵害英雄烈士等的人格权益,应当承担民事责任的相关案例。例如,2013年第11期《炎黄春秋》杂志刊发了洪振快撰写的《"狼牙山五壮士"的细节分歧》一文。"狼牙山五壮士"中的葛振林之子葛长生、宋学义之子宋福宝认为,《"狼牙山五壮士"的细节分歧》一文,以历史细节考据、学术研究为幌子,以细节否定英雄,企图达到抹黑"狼牙山五壮士"英雄形象和名誉的目的。葛长生、宋福宝分别起诉至北京市西城区人民法院,请求判决洪振快停止侵权、公开道歉、消除影响。北京市西城区人民法院经审理认为,葛振林、宋学义均是"狼牙山五壮士"这一系列英雄人物的代表人物,"狼牙山五壮士"这一称号在全军、全国人民中已经赢得了普遍的公众认

同,既是国家及公众对他们作为中华民族的优秀儿女在反抗侵略、保家卫国中作出巨大牺牲的褒奖,也是他们应当获得的个人名誉和个人荣誉。尤其是,“狼牙山五壮士”是中国共产党领导的八路军在抵抗日本帝国主义侵略伟大斗争中涌现出的英雄群体,是中国共产党领导的全民抗战并取得最终胜利的重要事件载体。这一系列英雄人物及其事迹,经由广泛传播,在抗日战争时期,成为激励无数中华儿女反抗侵略、英勇抗敌的精神动力之一;成为人民军队誓死捍卫国家利益、保障国家安全的军魂来源之一;在和平年代,“狼牙山五壮士”的精神,仍然是我国公众树立不畏艰辛、不怕困难、为国为民奋斗终生的精神指引。这些英雄人物及其精神,已经获得全民族的广泛认同,是中华民族共同记忆的一部分,是中华民族精神的内核之一,也是社会主义核心价值观的重要内容。而民族的共同记忆、民族精神乃至社会主义核心价值观,无论是从我国的历史来看,还是从现行法来看,都已经是社会公共利益的一部分。文章侵害的不仅是葛振林、宋学义的个人名誉和荣誉,还侵害了社会公共利益。文章虽然未使用侮辱性的语言,但作者采取的行为方式却是通过强调与主要事实无关或者关联不大的细节,引导读者对“狼牙山五壮士”这一英雄人物群体及其事迹产生质疑,从而否定主要事实的真实性,进而降低他们的英勇形象和精神价值。该文章经由互联网传播,在全国范围内产生了较大的影响,不仅损害了葛振林和宋学义的个人名誉和荣誉、原告的个人感情,而且在一定范围和程度上伤害了社会公众的民族和历史情感。由于“狼牙山五壮士”的精神价值已经内化为民族精神和社会公共利益的一部分,也损害了社会公共利益。北京市西城区人民法院判决被告构成侵权,承担相应的民事责任。

2017 年民法总则通过后,2018 年 4 月十三届全国人大常委会第二次会议全票表决通过了英雄烈士保护法。英雄烈士保护法规定,国家保护英雄烈士,对英雄烈士予以褒扬、纪念,加强对英雄烈士事迹和精神的宣传、教育,维护英雄烈士尊严和合法权益。全社会都应当崇尚、学习、捍卫英雄烈士。禁止歪曲、丑化、亵渎、否定英雄烈士事迹和精神。英雄烈士的姓名、肖像、名誉、荣誉受法律保护。任何组织和个人不得在公共场所、互联网或者利用广播电视、电影、出版物等,以侮辱、诽谤或者其他方式侵害英雄烈士的姓名、肖像、名誉、荣誉。任何组织和个人不得将英雄烈士的姓名、肖像用于或者变相用于商标、商业广告,损害英雄烈士的名誉、荣誉。以侮辱、诽谤或者其他方式侵害英雄烈士的姓名、肖像、名誉、荣誉,损害社会公共利益的,依法承担民事责任;构成违反治安管理行为的,由公安机关依法给予治安管理处罚;构成犯罪的,依法追究刑事责任。对侵害英雄烈士的姓名、肖像、名誉、荣誉的行为,英雄烈士的近亲属可以依法向人民法院提起诉讼。英雄烈士没有近亲属或者近亲属不提起诉讼的,检察机关依法对侵害英雄烈士的姓名、肖像、名誉、荣誉,损害社会公共利益的行为向人民法院提起诉讼。负责英雄烈士保护工作的部门和其他有关部门在履行职责过程中发现上述规定的行为,需要检察机关提起诉讼的,应当向检察机关报告。英雄烈士近亲属依照上述规定提起诉讼的,法律援助机构应当依法提供法律援助服务。

第一百八十六条　因当事人一方的违约行为,损害对方人身权益、财产权益的,受损害方有权选择请求其承担违约责任或者侵权责任。

【释义】　本条是关于违约责任与侵权责任竞合的规定。

如果一方当事人的违约行为侵害了对方的人身、财产权益,则同时构成侵权行为,即违约方的同一行为违反了两种法律义务。这时违约方既负有违约责任,也负有侵权责任,这就是违约责任与侵权责任的竞合。违约责任与侵权责任的竞合,是指义务人的违约行为既符合违约要件,又符合侵权要件,导致违约责任与侵权责任一并产生。从另一方面来说,受损害方既可以就违约责任行使请求权,也可以就侵权责任行使请求权。这就产生了两种请求权竞合的情况。在两种请求权同时存在的情况下,如果允许受损害方同时行使双重请求权,则使违约方承受双重责任,这对违约方来说显失公平;从受损害方说,受损害方获得双重补偿,又构成受损害方不当得利,也不合理。因此,根据公平原则,本条规定,受损害方可以在两种请求权中选择行使一种请求权。这意味着受损害方只能行使一种请求权,如果受损害方选择行使一种请求权并得到实现,那么另一种请求权即告消灭。但是,如果受损害方行使一种请求权未果,而另一种请求权并未因时效而消灭,则受损害方仍可行使另一种请求权。由于合同纠纷与侵权纠纷在管辖法院和适用法律方面存在区别,允许受损害方选择有利于自己的一种诉由提起诉讼,对受损害方比较方便,也有利于对受损害方的保护。对违约方来说,这两种责任无论对方要求其承担哪一种,都是合理的。

第一百八十七条　民事主体因同一行为应当承担民事责任、行政责任和刑事责任的,承担行政责任或者刑事责任不影响承担民事责任;民事主体的财产不足以支付的,优先用于承担民事责任。

【释义】　本条是关于财产优先承担民事责任的规定。

法律责任按照不同的标准可以作不同的分类,根据法律责任的类型,法律责任可以分为民事责任、行政责任和刑事责任。民事责任是自然人、法人或者非法人组织因违反民事法律、违约或者因法律规定的其他事由而依法承担的不利后果,包括侵权责任、违约责任等。行政责任是指因违反行政法律或行政法规而应当承担的法定的不利后果。刑事责任是指因违反刑事法律而应当承担的法定的不利后果。

(一)民事责任和行政责任、刑事责任的竞合

法律责任竞合,是指行为人的同一行为符合两个或两个以上

不同性质的法律责任的构成要件,依法应当承担多种不同性质的法律责任制度。民事责任、行政责任和刑事责任虽然是三种性质不同的法律责任,却可能因为同一法律行为而同时产生。一个行为既违反了民法又违反了行政法或者刑法,由此同时产生民事责任、行政责任或者刑事责任,即发生责任竞合。例如,缺陷产品的致害行为,既可能依侵权责任法承担民事责任,依产品质量法承担行政责任,构成犯罪的,还要依刑法承担刑事责任。由此,经营者的一个违法行为导致了民事、行政、刑事责任竞合的情形。

(二)民事主体的财产优先承担民事责任

通常情况下,民事责任、行政责任和刑事责任独立存在,并行不悖。但是在特定的情况下,某一责任主体的财产不足以同时满足承担民事赔偿责任和承担罚款、罚金及没收财产等行政或刑事责任时,三种责任就发生了冲突,难以同时承担,此时就产生哪一种责任优先适用的问题。民事责任优先原则就是解决这类责任竞合时的法律原则,即某一责任主体的财产不足以同时满足民事赔偿责任与行政责任或者刑事责任中的罚款、罚金时,优先承担民事赔偿责任,这也是本条规定的要旨所在。例如,一家企业生产伪劣产品,造成消费者人身、财产损害,并构成生产伪劣产品罪,其需要同时承担对消费者的民事责任以及生产伪劣产品罪的刑事责任,如果刑事责任包含罚金,其财产不足以同时支付对受害人的赔偿以及罚金时,对受害人的民事赔偿责任优先于罚金承担。

民事责任优先原则的确立有以下几个方面的原因:

1. 民事责任优先是实现法的价值的需要

民法、行政法、刑法虽然是三个不同的法律部门,有着各自的调整范围,但保护自然人、法人和非法人组织的合法权益却是共同的目标和任务,在同一责任主体的财产不足以同时承担民事赔偿责任和缴纳罚款、罚金、没收财产等行政、刑事责任时,如果先执行罚款、罚金或者没收财产,权利人的合法权益就难以得到有效的保护。国家和个体承受财产损失的能力差别很大,在不足以同时承担两种以上责任时，不缴纳罚款、罚金等行政、刑事责任，不会使国家发生经济上的困难，但如果不履行民事赔偿责任却可能使个体（如某个消费者）陷入极大的困难乃至绝境。民事责任优先原则，体现了三个法律部门在保护自然人、法人、非法人组织合法权益方面的一致性。在这些责任无法兼顾时，民事责任优先可以取得良好的社会效果，也更能体现法律的人道和正义。人道和正义是法的社会功能的体现，也是法所追求的主要价值所在。

2. 民事责任优先原则是维护市场经济秩序和交易安全的需要

民事主体在民事活动中依法取得的权利，应当具有法律保障。如果一方当事人对另一方当事人依法享有的损害赔偿请求权，因另一方当事人财产承担行政、刑事责任后丧失赔偿能力而无法实现，必然造成当事人在以后的民事活动中投入一定的注意力审查核对该当事人是否存在违法或犯罪行为，否则可能影响自己权利的实现，这样必然影响当事人之间进行交易的信心和速度，也不符合市场经济秩序和交易安全应具有法律保障性的要求。民事责任优先原则可以有效地克服这一弊端。

3. 罚款、罚金等行政责任、刑事责任体现的是国家对行为人的惩罚

民事责任主要是平等主体之间发生的一方依法向另一方承担的责任，目的在于弥补权利人因他人的民事违法行为而给其造成的经济损失，补偿性是民事责任的显著特征，这种补偿性的责任一旦不能承担，权利人的权利则难以实现。

4. 民事责任和行政责任、刑事责任的目的和功能不同

民事责任的主要目的是对受害人补偿损失、恢复其权利；行政责任和刑事责任的目的是惩罚行为人，维护社会秩序。在责任人的财产不足以承担两种以上责任时，不承担民事责任，民事责任的目的就无法实现。行政责任和刑事责任的责任形式涉及人身和财产，除财产性的罚款、罚金外，还可以对责任主体进行人身制裁。与民事责任单一的财产性赔偿特征相比，行政责任和刑事

责任具有人身性和财产性双重特征。在三者发生竞合时,即使民事责任优先适用,结果可能造成财产性的罚款、罚金等行政制裁或刑事制裁难以实现,但这并不影响责任人承担人身方面的行政责任和刑事责任。在一定程度上,行政责任、刑事责任还可以在对责任人人身制裁和财产制裁之间进行选择,以达到制裁责任人的最终目的。

因此,在民事责任与行政责任、刑事责任发生冲突时,应当优先承担民事责任。当然,民事责任优先原则的适用也是有条件的。第一,责任主体所承担的民事责任须合法有效,其发生的依据或者基于法律的规定或基于约定;第二,责任主体的财产不足以同时满足民事责任、行政责任和刑事责任,如果都能满足,则三种责任并行不悖,责任人同时承担三种责任,只有在财产不足以同时满足时,才出现民事责任优先的问题。

我国刑法、侵权责任法、食品安全法、产品质量法、消费者权益保护法、公司法、证券法、证券投资基金法等法律对民事责任优先原则都有所规定,规定了财产不足以同时支付民事责任、行政责任和刑事责任时民事责任优先适用。刑法第 36 条第 2 款规定:"承担民事赔偿责任的犯罪分子,同时被判处罚金,其财产不足以全部支付的,或者被判处没收财产的,应当先承担对被害人的民事赔偿责任。"侵权责任法第 4 条规定:"侵权人因同一行为应当承担行政责任或者刑事责任的,不影响依法承担侵权责任。因同一行为应当承担侵权责任和行政责任、刑事责任,侵权人的财产不足以支付的,先承担侵权责任。"食品安全法第 147 条规定:"违反本法规定,造成人身、财产或者其他损害的,依法承担赔偿责任。生产经营者财产不足以同时承担民事赔偿责任和缴纳罚款、罚金时,先承担民事赔偿责任。"消费者权益保护法第 58 条规定:"经营者违反本法规定,应当承担民事赔偿责任和缴纳罚款、罚金,其财产不足以支付的,先承担民事赔偿责任。"产品质量法第 64 条规定:"违反本法规定,应当承担民事赔偿责任和缴纳罚款、罚金,其财产不足以同时支付时,先承担民事赔偿责任。"公司法第214条规定:“公司违反本法规定,应当承担民事赔偿责任和缴纳罚款、罚金的,其财产不足以支付时,先承担民事赔偿责任。”证券法第220条规定:“违反本法规定,应当承担民事赔偿责任和缴纳罚款、罚金、违法所得,违法行为人的财产不足以支付的,优先用于承担民事赔偿责任。”证券投资基金法第150条规定:“违反本法规定,应当承担民事赔偿责任和缴纳罚款、罚金,其财产不足以同时支付时,先承担民事赔偿责任。”

第九章 诉讼时效

诉讼时效是指权利人在一定期间不行使权利,在该期间届满后义务人获得抗辩权,如在诉讼中提出抗辩则可以拒绝履行其义务的法律制度。诉讼时效制度的功能主要是促使权利人及时行使权利、稳定生活秩序、维护法律秩序和交易安全。同类制度,有的国家或者地区也称作“消灭时效”,如德国、日本的民法和我国台湾地区“民法”。

本章共12条,主要规定了普通诉讼时效期间及其起算规则、最长权利保护期间;分期履行债务诉讼时效期间的起算;无民事行为能力人或者限制民事行为能力人对其法定代理人的请求权的诉讼时效期间的起算;未成年人遭受性侵害的损害赔偿请求权的诉讼时效期间的起算;诉讼时效期间届满的法律效果;诉讼时效的援引;诉讼时效的中止及其效力;诉讼时效的中断及其效力;不适用诉讼时效的情形;诉讼时效的法定性及时效利益不得预先放弃;仲裁时效;除斥期间的一般规定等。

第一百八十八条　向人民法院请求保护民事权利的诉讼时效期间为三年。法律另有规定的,依照其规定。

诉讼时效期间自权利人知道或者应当知道权利受到损害以及义务人之日起计算。法律另有规定的,依照其规定。但是,自权利受到损害之日起超过二十年的,人民法院不予保护,有特殊情况的,人民法院可以根据权利人的申请决定延长。

【释义】 本条是关于普通诉讼时效期间及起算规则、最长权利保护期间的规定。

(一)普通诉讼时效期间

本条第1款规定了普通诉讼时效期间。在2017年民法总则立法过程中,关于普通诉讼时效期间究竟规定多长比较合适,一直存在不同的观点和认识。有的意见认为,为了保持法律的稳定性和持续性,建议维持民法通则第135条普通诉讼时效期间为2年的规定不变。其主要理由有:一是现代社会中,信息技术高度发展,个人与组织的身份、资格都很明确,财产变化与流转速度加快,2年的期间已经能够保障权利人实现权利。二是民法通则实施三十多年来,社会公众对民法通则规定的2年普通诉讼时效期间已经比较熟悉,实践中没有发现大的问题。三是诉讼时效制度应有利于稳定相关法律关系和社会秩序,减少法院诉累,延长普通诉讼时效期间不符合已经形成的法律观念和诉讼时效制度的价值目标,2年的普通诉讼时效期间能够督促权利人及时行使权利。有的意见认为,考虑到我国的实际情况,应将诉讼时效期间延长至5年。其主要理由是:民法总则草案一审稿至三审稿均规定普通诉讼时效期间为3年,这一规定具有进步性,但与实际需要相比还是较短,而诉讼时效期间的长短对权利人行使权利非常重要。时间太短,比较复杂的法律关系的权利人没有办法切实保护自己的合法权益,也不利于维护社会和谐稳定。有的意见认为,应当将普通诉讼时效期间延长到10年或者更长。其主要理由有:一是中国是熟人社会,实践中老百姓发现权利被侵害,往往不会马上到法院起诉。到决定起诉时,可能已经过了一两年的时间,再请律师准备诉讼材料又需要一段时间,3年的普通诉讼时效期间太短。二是诉讼时效期间过短会造成权益人的合法权利得不到充分保护,被义务人或者侵权者钻了法律的空子;也与我们提倡的"风正气顺"社会风气要求不符,不利于人与人之间的相互信任。

经研究认为,诉讼时效是权利人在法定期间内不行使权利,该期间届满后,发生义务人可以拒绝履行其给付义务效果的法律制度。该制度有利于促使权利人及时行使权利,维护交易秩序和安全。任何一种法律制度都需要符合一国的传统,考虑社会百姓的可接受程度,都要具体地、历史地进行分析。中国社会几千年的传统是避诉的,当事人为了维护亲情和友情,为了维持当前的社会关系,往往不愿提起诉讼,在婉转表达的权利要求不能实现时,才提起诉讼,这样时间上也会比较晚。此外,近年来,社会生活发生了深刻变化,交易方式与类型也在不断创新,权利义务关系日趋复杂,要求权利人在2年的普通诉讼时效期间内行使权利,已不适应中国社会的现状与司法实践,既不利于保护债权人的合法权益,也不利于建立诚信社会,因此适当延长普通诉讼时效期间是必要的。但是,同样应当看到,督促权利人在合理期间内行使权利,公平分配权利义务关系等都是诉讼时效制度的重要功能。诉讼时效期间过长,可能使权利人主观上产生错误认识,出现"躺在权利上睡大觉"的情况。在整个社会的宏观面上降低解决纠纷的效率,使权利义务关系较长时间地处于不稳定状态,对社会经济的健康发展是不利的。从境外的立法例来看,大多数国家和地区规定的一般诉讼时效期间往往都比较长。例如,法国规定诉讼时效期间一般为违法行为发生时起算30年;瑞士、意大利、墨西哥规定为10年;日本规定为5年;德国规定为3年,但允许当事人在3~30年自行约定;俄罗斯规定为3年。我国台湾地区、澳门特别行政区规定为15年。应当看到的是,这些国家和地区的民法制定于18、19世纪,其时代背景是自由资本主义发展时期。当时的立法理念和对经济生活的判断是从自由主义出发的,强调当事人对自己权利的行使和行为后果的承担,不太关注对债务人的保护。此后的一百年间,西方国家的民事立法在坚持自由主义的同时更加注重社会义务。例如,从20世纪20年代开始,德国民事立法注重在合同中保护弱势群体的利益,在劳动法中保护雇员的利益,在租赁合同法中保护承租人的利益。反映在诉讼时效制度上,就是重新分配双方所负担的权利义务,缩短普通诉讼时效期间,加强了对这部分人的保护。因此,2002年1月1日,《德国债法现代化法》将《德国民法典》规定的30年普通诉讼时效期间缩短为3年。经过反复研究和调研论证,民法总则将民法通则规定的普通诉讼时效期间从2年延长为3年,大部分全国人大代表、司法机关、法律专家学者等对此表示赞同。民法典维持民法总则的这一规定不变。

第1款规定的"法律另有规定的,依照其规定",是允许特别法对诉讼时效作出不同于普通诉讼时效期间的规定。市场经济要求加快经济流转,通信手段和交易方式的创新使得行使权利更加便利。在商事领域可能存在需要短于普通诉讼时效期间的情形。法律另有规定时,根据特别规定优于一般规定的原则,优先适用特别规定。

(二)普通诉讼时效期间的起算

本条第2款规定了普通诉讼时效期间的起算。普通诉讼时效期间的起算规则,主要有两种立法例。一种是客观主义起算规则,即从请求权可以行使时,诉讼时效期间开始起算。例如,《意大利民法典》第2935条规定,消灭时效自权利得主张时起算。我国台湾地区"民法"第128条规定,消灭时效,自请求权可行使时起算。以不行为为目的之请求权,自行为时起算。我国澳门特别行政区民法典第299条第1款规定,催告后时效受益人经过一段时间才须履行义务的,则诉讼时效期间在该段时间经过后起算。另一种是主观主义起算规则,即从权利人知道或者应当知道权利受侵害时,诉讼时效期间开始起算。例如,《德国民法典》第199条规定,普通消灭时效自满足下列两种情形时起算:(1)请求权产生的当年结束之时起;(2)债权人知道或在不具有重大过失的情形下应当知道产生请求权的事由及债务人时起。《俄罗斯联邦民法典》第200条第1款规定,诉讼时效期间自当事人获悉或者应该获悉自己的权利被侵犯之日起算。

民法通则第137条中规定,诉讼时效期间从知道或者应当知道权利被侵害时起计算。可见,民法通则采取了主观主义的起算模式。本条第2款规定延续了民法通则的立法模式,亦采取普通诉讼时效期间的主观主义起算模式,主要有两点考虑:

一是在立法技术上,诉讼时效期间与期间起算点相互影响,二者互为牵制,突出诉讼时效制度的正当性和各价值目标的平衡。客观主义起算点可以实现诉讼时效制度追求经济效益和社会安定性的价值目标,但在权利人不知道其权利受到损害、不知道向谁主张权利时,即开始时效的进行,不能为社会公众所接受,也有悖于诉讼时效制度督促权利人及时行使权利的目的。主观主义起算点权利人考虑权利人行使权利的可能性,能更好地保护权利人,但也存在权利义务双方的关系与法律地位过多依赖权利人的担忧,可能会削弱诉讼时效制度的可预期性与安定性。因此,各国在立法上往往采取两种组合,即采用较长普通诉讼时效期间的,配合以客观主义起算点;采用较短普通诉讼时效期间的,配合以主观主义起算点。这样能够最大程度地实现诉讼时效制度的各项目标。立法过程中,有的意见认为,3年普通诉讼时效期间仍不够长。采取主观主义的起算模式,可以在一定程度上延长这一期间。

二是"知道或者应当知道"是一种主观状态,很多情况下,当权利受到侵害时,受害人不一定能够马上知情。我国幅员广阔,人口众多,各地区社会经济生活差异较大。立法应当从中国的实际国情出发。采取主观主义起算点是较为公平的。因此,本款规定,诉讼时效期间自权利人知道或者应当知道权利受到损害以及义务人之日起计算。这里"知道或者应当知道权利受到损害"和"知道或者应当知道义务人"两个条件应当同时具备。

(三)最长权利保护期间

采用较短普通诉讼时效期间并配合以主观主义起算点的诉

讼时效制度立法模式中,考虑到如果权利人知悉权利受到损害较晚,以致诉讼时效过分迟延地不能完成,会影响制度的稳定性和宗旨。极端情况下,可能发生从权利被侵害的事实出现、到权利人知道这一事实,超过普通诉讼时效期间的情况。因此,有必要配套规定客观主义起算点的最长权利保护期间加以限制。应当指出,这种最长权利保护期间并非一种独立的期间类型,是制度设计上的一种补足,在性质上是不变期间。第 2 款规定的"自权利受到损害之日"即为客观主义的起算标准。"20 年"的最长权利保护期间,在民法通则第 137 条中已经有规定。考虑到一是民法通则颁布实施三十多年来,出现适用 20 年最长权利保护期间的情况极少。二是从民法典规定的普通诉讼时效期间长度、我国社会生活的实际及诉讼程序的客观情况来看,规定 20 年已经足够,第 2 款仍然延续了民法通则的规定,将最长权利保护期规定为 20 年。三是本条第 2 款规定有特殊情况的,20 年期间仍不够用,"人民法院可以根据权利人的申请决定延长"。适用最长权利保护期间时,需要根据当事人的申请,人民法院才能决定。

第一百八十九条　当事人约定同一债务分期履行的,诉讼时效期间自最后一期履行期限届满之日起计算。

【释义】　本条是关于分期履行债务诉讼时效期间起算规则的特殊规定。

民法理论界和司法实务界对当事人约定同一债务分期履行时诉讼时效期间从何时起算,一直有争议。有的主张,从每一期债务履行期限届满之日起算。有的主张,从最后一期债务履行期限届满之日起算。经研究认为,对于这个问题,应当首先明确何为"同一债务",即对定期履行债务和分期履行债务作出明确区分。

对非一次性完成的债务,根据发生的时间和给付方式的不同,可以分为定期履行债务和分期履行债务。定期履行债务是当事人约定在履行过程中重复出现、按照固定的周期给付的债务，如当事人约定房租3个月支付1次、工资1个月支付1次。债务人支付的每一期租金、用人单位支付的每一个月工资，都是其在一定时期内租赁房屋、用工的对价。定期履行债务的最大特点是存在多个债务，各个债务之间都是独立的。正是因为相互独立，每一个债务的诉讼时效期间应当自每一期履行期间届满之日起分别起算。

分期履行债务是按照当事人事先约定，分批分次完成一个债务履行的情况。分期付款买卖合同是最典型的分期履行债务。例如，甲、乙签订合同买卖机床，约定：总价款50万元；甲先交20万元后乙发货；乙安装调试完成后甲再交20万元；甲用该机床生产出质量合格产品后，再交剩余10万元。在这个例子中，当事人虽然约定分3次缴付50万元的总价款，但实际上是一个合同的完整履行。分期履行债务具有整体性和唯一性，系本条规定的“同一债务”。

对分期履行债务诉讼时效期间的起算，《最高人民法院关于审理民事案件适用诉讼时效制度若干问题的规定》第5条规定，当事人约定同一债务分期履行的，诉讼时效期间从最后一期履行期限届满之日起计算。该司法解释在实践中已经执行十余年，系最高人民法院在法律没有明确规定又存在现实需要的情况下作出的解释，取得了较好的司法效果，为法律相关制度的设计提供了实践资料。本条规定吸收了司法解释的内容，这样规定的主要理由是：

一是由同一债务的特性决定的。整体性和唯一性是“同一债务”的根本特性。在“同一债务”的履行过程中，当事人可以约定分期履行的期限和数额，可以约定每次履行的时间节点和履行条件，但无论如何分期，都是一个债务履行，债务的内容和范围在债务发生时就已经确定，不因分期偿还而发生变化，诉讼时效期间自该“同一债务”履行期限届满之日起计算。

二是符合诉讼时效制度的立法目的。诉讼时效制度的立法目的在于稳定交易秩序,而不是限制甚至剥夺权利人的权利。当事人约定分期履行债务的目的在于全面履行合同约定的义务。债权人之所以同意债务人分次偿还同一债务,有可能是当事人之间存在长期友好的合作关系或是比较熟悉的关系,债权人为了使债务人能够全面履行债务,给予债务人一定的宽限期;或者是债权人为了促成合同的达成与交易的顺利完成,同意债务人分期履行义务。债权人没有及时主张权利是出于与债务人之间的信赖关系,这种信赖关系能够产生经济利益。因此,法律应尽量维持当事人之间的债权债务关系和信任关系,促进双方的友好合作。如果对分期履行的每笔债务分别计算诉讼时效,有可能导致债权人因为担心债权"过期"而频繁主张权利,不仅不利于维持当事人之间债权债务关系的稳定,还可能损害信赖利益。规定从最后一期履行期限届满之日起算诉讼时效期间,可以保护权利人的合理信赖利益。

三是减少诉累、实现诉讼效率。规定诉讼时效期间从最后一期履行期限届满之日起算,符合现实中老百姓的社会认知,也符合商事交易习惯。法律的这一规定可以避免当事人为频繁主张权利而激化矛盾,避免频繁起诉,有利于节约司法资源,减少诉累,实现诉讼效率。例如,当事人双方对某一合同约定分十期履行,履行过程中第3~5期违约,如果法律规定每一期债务履行期间届满之日起分别起算诉讼时效期间,权利人在第3期违约时起诉1次、第4期违约时起诉1次、第5期违约时又起诉1次,3次起诉的事实基本相似,无疑给当事人造成诉累,也增加了法院的工作负担,浪费了有限的司法资源。因此,法律规定从最后一期履行期限届满之日起,计算同一债务分期履行的诉讼时效期间,具有明显的现实意义。

四是促进交易,增加社会财富。当事人订立分期履行合同,目的在于全面履行合同约定的义务。现代社会合同标的额越来越大,如房屋买卖合同,买受方很难一次性付清全部合同价款。此外,合同履行期也不断延长,如房屋装修合同,因装修复杂程度的不同，有的可能需要履行数月至1年的时间。因此，当事人约定同一债务分期履行，能够尽可能地促成交易达成、降低交易风险和交易成本，利用分期履行的机会检验合同履行的情况；还能够加快资金回笼，投入新一轮的生产中，这有利于市场交易的健康发展和加快社会财富的积累。法律对当事人约定同一债务分期履行的情况应当进行认可和保护，对其诉讼时效期间的起算作出明确规定。

第一百九十条　无民事行为能力人或者限制民事行为能力人对其法定代理人的请求权的诉讼时效期间，自该法定代理终止之日起计算。

【释义】　本条是关于无民事行为能力人或者限制民事行为能力人对其法定代理人的请求权的诉讼时效期间起算规则的特殊规定。

本条规定实质上旨在保障无民事行为能力人或者限制民事行为能力人对其法定代理人行使请求权。无民事行为能力人或者限制民事行为能力人须由法定代理人代为实施法律行为及行使权利。例如，某未成年人父母死亡后，人民法院在其近亲属范围内确定了一名监护人。该近亲属成为其法定代理人，在监护过程中，侵占被监护的未成年人的父母的遗产。这时被监护人与法定代理人之间出现纠纷，根据我国法律，无民事行为能力人或者限制民事行为能力人无法自己进行诉讼，需要由其法定代理人代为进行。法定代理人有可能会不承认自己侵占被代理人财产的事实，滥用代理权损害无民事行为能力人或者限制民事行为能力人的合法权益。实践中，法定代理人与被代理人之间一般是家庭近亲属关系，如父母、祖父母、配偶或者其他监护人。他们在生活中对无民事行为能力人或者限制民事行为能力人的照管上有一定优势，这种优势一方面有利于无民事行为能力人或者限制民事行为能力人的生活，但另一方面也会造成权利人无法主张其所享有的权利。在法定代理关系存续期间,无民事行为能力人的全部民事法律行为或者限制民事行为能力人主张权利的行为,本质上都依赖于法定代理人的意志。但是,他们自己主张权利在实际上是不可能的。此外,以诉讼方式主张请求权会妨害家庭团结及当事人之间的信赖关系,可能出现法定代理人不继续认真履行代理职责的情况,这对被代理人不利。当法定代理终止后开始计算诉讼时效期间不会害及无民事行为能力人或者限制民事行为能力人的利益。因此,立法有必要对这种特殊情形的请求权的诉讼时效期间起算作出特殊规定。

境外一些立法例规定了因法定代理关系存在而影响诉讼时效的情况。《法国民法典》第 2252 条规定,对于未解除亲权的未成年人以及受监护的成年人,时效停止进行;但第 2278 条所规定以及法律另有特别规定的,不在此限。第 2278 条规定,本节中规定的时效期间的计算,亦适用于未成年人与受监护的成年人,但他们有对其监护人求偿的权利。《德国民法典》第 207 条第 1 款规定,婚姻关系存续期间,配偶之间的请求权的消灭时效中止。此原则适用于子女未成年期间,父母与子女之间以及继父母一方与其子女之间的请求权,监护关系存续期间,监护人与被监护人之间的请求权等情形。《日本民法典》第 158 条第 2 款规定,未成年人或成年被监护人对管理其财产的父母或监护人享有的权利时,自其成为行为能力人或后任法定代理人就任时起 6 个月内,时效不完成。我国台湾地区“民法”第 142 条规定,无行为能力人或限制行为能力人,对于其法定代理人之权利,于代理关系消灭后 1 年内,其时效不完成。

本条规定参考借鉴了境外国家与地区的立法例。上述所举的立法例中,《法国民法典》的规定是诉讼时效停止进行制度。诉讼时效停止进行,是诉讼时效尚未开始起算,因障碍事由的出现而使时效不开始起算。这种诉讼时效停止,通常称为诉讼时效不开始或诉讼时效不进行。如果在法律规定的起算时间到来之前,当事人之间存在无法或不便行使请求权的情形,而在诉讼时效起算时间到来时,该情形仍然存在,开始诉讼时效的起算对权利人显然是不利的。我国台湾地区"民法"的规定,是诉讼时效不完成制度。诉讼时效不完成制度,是在诉讼时效开始进行后,在期间即将届满发生障碍事由时,时效并不停止进行,待障碍事由消除后,在一定期间内时效暂缓完成。这种诉讼时效停止,通常称为诉讼时效不完成。可见,诉讼时效不完成制度中,诉讼时效期间可能已经过去,但法律规定不发生时效期间届满的效果,诉讼时效于一定期间内暂缓完成,请求权人得于该期间内行使权利。如果不行使,则时效即告完成。

我国民法通则规定的诉讼时效中止制度,是时效进行过程中的中止,既不同于《法国民法典》中的诉讼时效开始前的中止(诉讼时效不进行),也不同于我国台湾地区的诉讼时效结束后的中止(诉讼时效不完成)。考虑到法律制度的规定是否具有迫切性、我国司法实践的发展情况以及社会公众对法律制度的接受程度等情况,民法典并未规定诉讼时效不进行、诉讼时效不完成等复杂的制度,而是延续了民法通则只规定诉讼时效进行过程中中止的制度。规定无民事行为能力人或者限制民事行为能力人对其法定代理人的请求权的诉讼时效期间,自该法定代理终止之日起计算,可以化复杂为简单,能够解决我国社会生活中存在的无民事行为能力人或者限制民事行为能力人对其法定代理人提起请求的现实问题。

本法第175条规定了法定代理关系终止的主要情形:被代理人取得或者恢复完全民事行为能力;代理人丧失民事行为能力;代理人或者被代理人死亡;法律规定的其他情形。认定本条规定的法定代理终止,应当依照本法第175条的规定。

第一百九十一条　未成年人遭受性侵害的损害赔偿请求权的诉讼时效期间,自受害人年满十八周岁之日起计算。

【释义】　本条是关于未成年人遭受性侵害的损害赔偿请求权的诉讼时效期间起算规则的特殊规定。

在2017年民法总则立法过程中，有的意见提出，当前社会存在一些未成年人遭受性侵害的情况。曾经出现过这样的案例：农村一名7周岁未成年少女的父母长期在外打工，该未成年少女由祖父母抚养。同村一名一直没有娶媳妇的单身汉，哄骗诱拐该未成年少女与其发生性关系。在有的案例中，未成年少女被性侵害，由于受社会传统观念影响，不少遭受性侵害的未成年人及其监护人有所顾忌，从未成年人名誉、声誉，健康成长，成年结婚等现实角度考虑，往往不愿、不敢公开寻求法律保护。受害人成年之后自己寻求法律救济，却往往已超过诉讼时效期间。这种情况虽然不多，但为了突出对未成年人的保护，给受性侵害的未成年人成年后提供寻求法律保护的机会，建议规定诉讼时效起算的特殊规则。为此，民法总则草案二审稿第184条增加规定，未成年人遭受性侵害的损害赔偿请求权的诉讼时效期间，自受害人年满18周岁之日起计算。

也有的意见提出，增加这一条规定，对于保护未成年人，特别是保护遭受性侵害的未成年人的权利确实很好。但是，单独把性侵害列出来既不全面，也有点突兀，范围较窄，未成年人可能遭受其他人身损害的情况。例如，实践中有一些养父母虐待养子女的人身侵害，被收养的子女小时候并不敢讲，这种情况是否也要考虑使用本条规定的诉讼时效期间的特殊起算规则。为保护未成年人的人身权利，建议把"性侵害"修改为"人身侵害"，或者把"未成年人遭受性侵害的损害赔偿请求权"修改为"未成年人遭受监护人侵害的损害赔偿请求权"。

还有的意见提出，从立法本意来说，本条突出强调了对遭受性侵害的未成年人的保护，延长受害人主张权利的诉讼时效期间，能够有效保护性犯罪受害人的民事权益。但是，本条不宜写入民法总则，建议删除。其理由是：第一，不符合立法定位。总则是从各分编中抽出来的、具有共通性的规则。本条规定过于具体，且仅局限于特定主体的特定情形，无法指导、运用到其他各编，不符合民法典总则应有的立法技术。第二，未能涵盖未成年人遭受其他人身侵害的情形。第三，在实践中举证困难难以运用。第四，与刑事诉讼的追诉时效不一致，提起刑事附带民事诉讼时，在程序法上无法适用。第五，我国已有未成年人保护法、侵权责任法等相关法律，建议将本条内容放在这些法律中规定。

经研究认为，一是为了保护未成年人利益，有必要对未成年人受性侵的损害赔偿请求权诉讼时效期间的起算作出特殊规定。世界上有些国家的民法典对这类请求权的诉讼时效期间的起算点明确作了特别规定。例如，《德国民法典》第 208 条规定，基于性的自主决定权受侵害的请求权，于受害人年满 21 周岁前，时效不开始进行。二是本条之所以限定较窄的适用范围，规定诉讼时效期间自未成年人年满 18 周岁之日起计算，其着眼点在实践中未成年人遭受性侵害后，其家庭或者法定代理人“不愿或者不敢”站出来主张权利，成年后脱离家庭了，或者有自主决定能力了，愿意或者敢于主张权利时，诉讼时效期间却已经完成，这是理解本条规定的核心。除遭受性侵害以外，未成年人还遭受的其他人身侵害，如交通事故、动物致害等情况，不会出现“不愿或者不敢”主张权利的情形，未成年人遭受监护人虐待的问题，可以依照本法第 36 条的规定，撤销其监护人资格；也可以依照本法第 190 条的规定，诉讼时效期间自法定代理关系终止之日起计算来解决。因此，不需要特别地用诉讼时效期间特殊起算规则的方式进行保护。三是本条规定是从时效制度方面加强对未成年人保护的。未成年人保护法等法律，作为特别法在保护未成年人合法权益方面发挥着重要作用。但是，法律体系是丰满的、多层次的，可以对权利在不同层次和不同角度上进行保护，这些规定不但不冲突，相反还可以互相呼应与支持。本法第 128 条规定，法律对未成年人、老年人、残疾人、妇女、消费者等的民事权利保护有特别规定的，依照其规定。在时效制度中专门规定对未成年人遭受性侵害的损害赔偿请求权的诉讼时效期间的特殊起算规则，即贯彻了第 128 条的规定，也是符合法律逻辑的。民法典维持民法总则的这一规定不变。

理解本条规定时还应注意两点：

一是，诉讼时效是权利人在法定期间内不行使权利，该期间届满后，义务人拒绝履行其给付义务的法律制度，即诉讼时效期间是权利人可以行使权利的“最晚”期间。在权利受到损害后、诉讼时效期间届满前的时间范围内，权利人都可以主张权利。因此，未成年人遭受性侵害的，在年满 18 周岁之前，其法定代理人当然可以代为行使请求权。此处的请求权应当认为是法定代理人代为向人民法院的请求，人民法院依法作出的生效判决具有既判力，受害人在年满 18 周岁之后对相关处理不满意要求再次处理的，应当符合民事诉讼法等法律的规定。如果年满 18 周岁之前，其法定代理人选择与侵害人“私了”的方式解决纠纷，受害人在年满 18 周岁之后，可以依据本条的规定请求损害赔偿。

二是，未成年人遭受性侵害的损害赔偿请求权的诉讼时效期间，自受害人年满 18 周岁之日起计算。其具体的诉讼时效期间，适用本法第 188 条 3 年的普通诉讼时效期间的规定，即从年满 18 周岁之日起计算 3 年；符合本法第 194 条、第 195 条诉讼时效中止、中断情形的，可以相应中止、中断。

第一百九十二条　诉讼时效期间届满的，义务人可以提出不履行义务的抗辩。

诉讼时效期间届满后，义务人同意履行的，不得以诉讼时效期间届满为由抗辩；义务人已经自愿履行的，不得请求返还。

【释义】　本条是关于诉讼时效期间届满法律效果的规定。

诉讼时效期间届满产生何种法律后果，成文法系主要国家和地区民法主要有三种立法例：一是实体权利消灭主义，即诉讼时效期间届满实体权利义务关系消灭。例如，甲欠乙 10 万元，诉讼时效期间届满后，甲欠钱的事实和法律关系直接消灭，债权债务关系不再存在。境外立法例采用这种模式的有日本、瑞士。如《日本民法典》第 167 条规定，债权，因 10 年间不行使而消灭。债权或所有权以外的财产权,因20年间不行使而消灭。《瑞士债务法》第127条规定,于联邦私法无特别规定时,一切债权因十年时效而消灭。二是诉权消灭主义,即诉讼时效期间届满后,实体权利义务本身仍然存在,仅诉权归于消灭,实体权利转为自然权利。例如,甲欠乙10万元,诉讼时效期间届满后,甲欠钱的事实和法律关系仍然存在,只是法院对乙的诉讼请求不再保护和支持,乙对甲的债权从受法律保护的债权转为不受法律保护的自然债权。此时,甲可以自觉履行还款义务,也可以不履行该义务,乙无法请求法院强制甲履行义务。境外立法例采用这种模式的以法国最为典型。《法国民法典》第2262条规定,一切对物或者对人的诉讼,时效期间均为30年。三是抗辩权产生主义,即诉讼时效期间届满后,义务人取得了拒绝履行义务的抗辩权,权利人的实体权利和诉权不消灭。例如,甲欠乙10万元,诉讼时效期间届满后,甲欠钱的事实和法律关系均存在,乙可以向法院请求甲还款,但因为诉讼时效期间届满,甲获得了在法庭上提出拒绝履行还款义务的抗辩的权利。采用这种模式立法例的代表有德国、俄罗斯等国和我国台湾地区。《德国民法典》第214条规定,消灭时效完成后,债务人有权拒绝给付。为清偿时效已经消灭的请求权而履行的给付,虽然不知时效已经消灭,也不得请求返还。债务人以合同予以承认或者提供担保的,亦同。《俄罗斯联邦民法典》第199条规定,关于维护被侵犯权利的请求,不论诉讼时效是否届满,法院均应受理。法院仅根据争议一方当事人在法院作出判决之前提出的申请适用诉讼时效。争议一方当事人申请适用的诉讼时效期限届满,是法院作出驳回诉讼请求的判决的依据。第206条规定,债务人或其他义务人,如在诉讼时效期限届满之后履行了义务,无权请求返还,即使在履行时不知道诉讼时效已经届满。我国台湾地区"民法"第144条规定,时效完成后,债务人得拒绝给付。请求权已经时效消灭,债务人仍为履行之给付者,不得以不知时效为理由,请求返还;其以契约承认该债务或提出担保者亦同。

需要说明的是,采取实体权利消灭主义的日本、瑞士,实际上并不是绝对的实体权利消灭。日本、瑞士都规定法官不得主动援用时效,必须当事人主张才可适用时效规则。例如,《瑞士债务法》第142条规定,非经当事人主张,法院不得适用时效抗辩。也就是说,如果义务人不引用时效规则,则权利人的实体权利是存在的,法律予以保护。采取诉权消灭主义的法国,实际上也并不是绝对的诉权消灭。《法国民法典》第2223条规定,法官不得依职权援用因时效所产生的方法。也就是说,如果当事人不以时效抗辩,则法院支持原先的诉讼请求,诉权当然就没有消灭。采取实体权利消灭主义和诉权消灭主义,在执行起来,与抗辩权产生主义的差别并不大。无论是实体权利消灭主义、诉权消灭主义或抗辩权产生主义,如果超过时效期间不能保护,都认为是自然债务。超过时效期间也并不消灭起诉权。同时也都规定当事人不以时效抗辩,法院不得主动引用。所以,虽然各国的规定不同,但实际执行的效果并非相去甚远,因为各国处理的是同样的问题。所以虽然理论、立法各异,但处理同样的问题,其结果都差不太多。法律要平衡各方的利益以达到社会公平公正的效果,这是现代民主国家立法所追求的共同目标。

对于诉讼时效期间届满的法律效果,具有不同的立法模式及其理论,是在不同历史时期、不同的社会、不同的法律文化背景下产生的。我们还是应当进行比较分析,借鉴符合我国国情和我国理论观念的模式。一般认为,诉权消灭主义立法模式比实体权利消灭主义的立法模式更具合理性。诉权消灭虽然使权利人的请求权丧失了法律上的救济力,不能获得法院的强制保护,但权利人的实体权利还存在,仍具有道德上的支持力,权利人可以运用道德力量唤醒义务人自觉履行义务的道德觉悟。在必要时,甚至可以采取一些非暴力的措施使义务人放弃时效利益。如果实体权利消失了,自然不能主张权利保护了。实际上,实体权利消灭主义只是法律规定和理论上的说法,实际司法实践中实体权利并没有消灭,如果义务人不提出时效抗辩,权利人的权利仍然能得到保护。当然,诉权消灭主义立法模式也有其弊端。所谓诉权消灭是指在诉讼上可能没有机会获得司法的保护,可能不能胜诉。但在实际的规定和执行上,也没有消灭起诉权,如果义务人不提出时效抗辩,权利人仍然能够胜诉。既然可以起诉,也可能胜诉,所谓诉权消灭就有些名不符实了。在理论上也很难自圆其说。

相较而言,抗辩权产生主义立法模式日渐成为学界的主流观点和民事立法的主流模式,具有明显优点。一是抗辩权产生主义理论严密、逻辑严谨,以抗辩权作为诉讼时效届满的法律后果概念清晰、精准,与我国法学界总结的胜诉权消灭有异曲同工之妙,所以很容易在理论与立法上得到认同。二是与诉讼时效制度的价值目标相符。诉讼时效制度本身并非为了追求限制权利人的权利或者消灭权利,而是在于实现促进效率、督促行使权利、维护社会公共利益等多种价值。诉讼时效本身不是目的,只是达到目的的手段。是否行使该手段,应由义务人决定。诉讼时效完成后,是否援引时效抗辩取决于义务人的态度。三是缓和了法律与道德的紧张关系。时效期间届满,义务人取得抗辩权,可以提出不履行义务的抗辩。但基于商业诚信或良心,有的仍然自愿履行。权利人的权利虽然失去了法律的强制保护,但在客观上仍然存在,其有权接受义务人的履行,从而使道德在法律之外有了一次调整人们行为的机会。四是体现了意思自治,平衡了权利人与义务人的利益。诉讼时效期间届满,义务人仅取得抗辩权,法院不予主动干涉,由义务人自己决定是否行使抗辩权,这符合意思自治的理念。所以,抗辩权产生主义的立法模式为大多数国家和地区所采纳。

民法通则未明确规定采取何种主义。结合民法通则和有关法律的规定以及有关的司法解释,过去我国学者认为我国采取的是胜诉权消灭主义,现在有的不少学者认为我国采取的是抗辩权产生主义。民法通则第138条规定,超过诉讼时效期间,当事人自愿履行的,不受诉讼时效限制。根据这一规定,《最高人民法院关于贯彻执行〈中华人民共和国民法通则〉若干问题的意见(试行)》第171条规定,过了诉讼时效期间,义务人履行义务后,又以超过诉讼时效为由翻悔的,不予支持。《最高人民法院关于审理民事案件适用诉讼时效制度若干问题的规定》就如何适用时效规则作出规定。该司法解释第3条规定,当事人未提出诉讼时效抗辩,人民法院不应主动适用诉讼时效的规定进行裁判。第22条规定,诉讼时效期间届满,当事人一方向对方当事人作出同意履行义务的意思表示或者自愿履行义务后,又以诉讼时效期间届满为由进行抗辩的,人民法院不予支持。《最高人民法院关于适用〈中华人民共和国民事诉讼法〉的解释》第219条规定:"当事人超过诉讼时效期间起诉的,人民法院应予受理。受理后对方当事人提出诉讼时效抗辩,人民法院经审理认为抗辩事由成立的,判决驳回原告的诉讼请求。"有人认为,最高人民法院的一系列司法解释的规定,使我国在诉讼时效期间届满的法律效果上,实际上已经采取了抗辩权发生主义的模式。该种立法模式意味着,如果义务人援引抗辩权,权利人的权利将转化为自然权利,法院不予保护;如果义务人不援引抗辩权,权利人仍然享有完整的权利,法院予以保护。

立法过程中,借鉴境外立法的经验和考虑国内的实践情况,也吸收了司法解释的有关规定,本条第1款规定,诉讼时效期间届满的,义务人可以提出不履行义务的抗辩。这就意味着,权利人享有起诉权,可以向法院主张其已过诉讼时效之权利,法院应当受理。如果义务人不提出时效完成的抗辩,法院将以公权力维护权利人的利益;如果义务人行使抗辩权,法院审查后会依法保护义务人的抗辩权,不得强制义务人履行义务。但是,义务人行使时效抗辩权不得违反诚实信用原则,否则即使诉讼时效完成,义务人也不能取得时效抗辩权。例如,在诉讼时效期间届满前,义务人通过与权利人协商,营造其将履行义务的假象,及至时效完成后,立即援引时效抗辩拒绝履行义务。该种行为违反诚实信用,构成时效抗辩权的滥用,不受保护。

本条第2款规定,诉讼时效期间届满后,义务人同意履行的,不得以诉讼时效期间届满为由抗辩;义务人已自愿履行的,不得请求返还。诉讼时效期间届满后,权利人虽不能请求法律的强制性保护,但法律并不否定其权利的存在。若义务人放弃时效利益自愿履行的,权利人可以受领并保持,受领不属于不当得利,义务人不得请求返还。诉讼时效期间届满后,义务人同意履行的,不得以诉讼时效期间届满为由抗辩。这是因为诉讼时效届满后,义务人可以处分自己的时效利益。此时义务人同意履行义务,属于对时效利益的放弃。义务人放弃时效利益的行为属于单方法律行为,并且是处分行为,自义务人放弃时效利益的意思表示到达权利人时即发生时效利益放弃的法律效果,不以权利人同意为条件。放弃的意思表示既可以是承认的明示方式,也可以是不主张时效利益的默示方式。对于义务人已自愿履行的情况,自愿履行意味着义务人自愿解除了债务的自然债务属性,恢复了原本可以获得司法强制执行的可能性,使权利人因时效完成而转化为自然权利回升为法律权利。因此,自愿履行的,不能再请求返还。

还应当注意的是,法律制度需要一系列的具体规定相配合。除本条规定外,也包括本法第193条规定的人民法院不得主动适用诉讼时效、第197条第2款规定的当事人对诉讼时效利益的预先放弃无效等具体规定。

第一百九十三条　人民法院不得主动适用诉讼时效的规定。

【释义】 本条是关于诉讼时效援用的规定。

一些主要国家和地区法律对法院主动援用诉讼时效持否定态度,规定了法院不得主动适用诉讼时效。例如,《法国民法典》第2223条规定,法官不得依职权援用因时效所产生的方法。《日本民法典》第145条规定,时效非经当事人援用,法院不能依时效裁判。《意大利民法典》第2938条规定,法官不得依职权提起没有主张的时效。《俄罗斯联邦民法典》第199条规定,关于维护被侵犯权利的请求,不论诉讼时效是否届满,法院均应受理。法院仅根据争议一方当事人在法院作出判决之前提出的申请使用诉讼时效。争议一方当事人申请适用的诉讼时效期间届满,是法院作出驳回诉讼请求的判决的根据。

我国民法通则未对诉讼时效由谁主张作出规定,司法实务界曾存在法官主动援用诉讼时效的规定进行裁判的情况。诉讼时效抗辩权本质上是义务人的一项民事权利,义务人是否行使,司法不应过多干预,这是民法意思自治原则的根本要求;义务人主张抗辩,属于自由处分权利的范畴,司法也不应过多干涉,这是民事诉讼处分原则的应有之义。因此,遵循上述意思自治原则和处分原则,在义务人不提出诉讼时效抗辩的情形下,人民法院不应主动援用时效规则进行裁判,这也与法院居中裁判的地位相适应。为此,《最高人民法院关于审理民事案件适用诉讼时效制度若干问题的规定》第3条中规定,当事人未提出诉讼时效抗辩,人民法院不应主动适用诉讼时效的规定进行裁判。

本法将诉讼时效产生的法律后果明确为抗辩权,诉讼时效期间届满的直接效果是义务人取得抗辩权。抗辩权属于私权的一种,可以选择行使,也可以选择不行使。义务人对时效利益的处分不违反法律的规定,也没有侵犯国家、集体及他人的合法权益,人民法院不应当主动干预。在借鉴世界有关立法例的经验和吸收最高人民法院司法解释的基础上,本法规定诉讼时效应由当事人自主选择是否行使,人民法院不得主动适用诉讼时效。

还有一个问题需要说明一下,即关于诉讼时效的释明。释明权又称为阐明权,诉讼过程中,当事人一方未提出诉讼时效抗辩,人民法院能否对诉讼时效问题进行释明,法律没有明确规定。在立法过程中,有的建议对此作出明确规定。对这个问题,各方面有不同的认识。有的意见提出,应当允许法官行使释明权。一是释明权名为权,实际上是法官负有的一项义务。当事人在陈述事实、权利主张不清楚不完整,或者忽略了对其有利的法律、事实根据,或者不正确地主张了有关权利时,法官可以进行说明、解释。

法官行使释明权,既有利于事实发现与查明,保护当事人的实体权利,又可以使庭审得以顺利进行。二是考虑到我国的司法实践情况,当事人法律知识比较少,大部分老百姓的诉讼经验都不足。在遇到诉讼时,有些人并不聘请律师而自己出庭应诉。这种情况下,很可能因为不知道时效抗辩权的存在而错失主张的机会。在诉讼过程中,允许法官说明何为诉讼时效抗辩权、主张权利的方式及后果,可以保障公平,是有必要的。三是我国坚持司法为民,在偏远地区当事人不知道诉讼时效为何物,不知道时效抗辩权为何物,根本不可能提起抗辩,这时候应该给当事人必要的释明。还有的意见提出,义务人在法院释明后一般都会主张诉讼时效抗辩权,将会使裁判结果较之其不主张诉讼时效抗辩权的情形发生根本性变化,即将导致法院对权利人的权利不予保护。特别是在义务人无主张诉讼时效抗辩权的意思表示的情形下,如果人民法院主动对诉讼时效问题进行释明,则无异于提醒和帮助义务人逃债,有违诚实信用的基本原则,也有违法院居中裁判的中立地位。这种观点已经被最高人民法院司法解释所采纳,《最高人民法院关于审理民事案件适用诉讼时效制度若干问题的规定》第3条中规定,当事人未提出诉讼时效抗辩,人民法院不应对诉讼时效问题进行释明。

鉴于该问题在实践中仍有较大争议,经过反复研究,本法没有规定人民法院是否可以行使释明权。宜待理论界再作深入探讨、实践,进一步摸索成熟后进行规定。

第一百九十四条　在诉讼时效期间的最后六个月内,因下列障碍,不能行使请求权的,诉讼时效中止:

(一)不可抗力;

(二)无民事行为能力人或者限制民事行为能力人没有法定代理人,或者法定代理人死亡、丧失民事行为能力、丧失代理权;

(三)继承开始后未确定继承人或者遗产管理人;

（四）权利人被义务人或者其他人控制；

（五）其他导致权利人不能行使请求权的障碍。

自中止时效的原因消除之日起满六个月，诉讼时效期间届满。

【释义】 本条是关于诉讼时效中止的规定。

（一）诉讼时效中止

诉讼时效中止，是因法定事由的存在使诉讼时效停止进行，待法定事由消除后继续进行的制度。在诉讼时效进行中的某一时间内，出现了权利人主张权利的客观障碍，导致权利人无法在诉讼时效期间内行使权利，可能产生不公平的结果，因此法律规定了诉讼时效中止制度。

诉讼时效制度的目的之一是督促权利人及时行使权利，但当事人主观上没有行使权利的怠慢，却受制于客观因素无法行使权利时，如果法律规定诉讼时效期间继续进行，会导致权利人因时效经过而受损，产生不公平的结果，也与诉讼时效制度的目的相悖。各国民法时效上均设有时效中止的制度。例如，《俄罗斯联邦民法典》第 202 条第 1 款规定了四种情况下诉讼时效中止。第 2 款规定，如果本条所列情况在时效期间最后 6 个月内发生或者继续存在时，诉讼时效期间的计算方可中止。而如果该时效期间等于或者少于 6 个月，则本条所列情况在时效期间内发生或者继续存在时，诉讼时效期间的计算可以中止。从该国规定可以看出，中止事由发生或持续消除之时，诉讼时效期间已经进行到"即将届满之时"。这是因为，如果不是在时效期间行将届满之时产生上述中止事由，在事由消除之后，权利人仍有足够时间行使权利，此时规定时效期间中止缺乏法律意义。

民法通则的立法即借鉴了这种诉讼时效期间即将届满之时才能发生中止的境外立法例经验，规定了诉讼时效中止制度。民法通则第 139 条规定，在诉讼时效期间的最后 6 个月内，因不可抗力或者其他障碍不能行使请求权的，诉讼时效中止。从中止时效的原因消除之日起,诉讼时效期间继续计算。民法通则的规定比较原则,为了在实践中加强应用,《最高人民法院关于审理民事案件适用诉讼时效制度若干问题的规定》第20条规定,有下列情形之一的,应当认定为民法通则第139条规定的“其他障碍”,诉讼时效中止:(1)权利被侵害的无民事行为能力人、限制民事行为能力人没有法定代理人,或者法定代理人死亡、丧失代理权、丧失行为能力;(2)继承开始后未确定继承人或者遗产管理人;(3)权利人被义务人或者其他人控制无法主张权利;(4)其他导致权利人不能主张权利的客观情形。该司法解释总结了我国司法实践中遇到的导致诉讼时效期间中止的情况,将民法通则第139条“其他障碍”类型化。本条规定既延续了民法通则的精神,又吸收了司法解释的规定。

(二)中止时效的原因消除之后的诉讼时效期间补足

立法过程中,有意见提出,民法通则规定在中止时效原因消除后,诉讼时效继续计算。如果剩余时效期间过短,权利人行使权利仍然很仓促,这有碍于保护权利人的权利,建议补足一段必要长度的诉讼时效期间。

经研究认为,民法通则规定了时效中止仅在时效期间进行中的最后6个月才能发生。从中止时效的原因消除之日起,诉讼时效期间继续计算,可能面临剩余诉讼时效期间不足以充分保证权利人行使权利时,民法通则并未规定如何处理。如果妨碍权利人行使权利的障碍消除后,剩余的诉讼时效期间过短,例如,在极端情况下仅剩1天的时间,要求权利人必须在1天内依法主张权利,否则诉讼时效将届满,这对权利人未免过于苛刻。诉讼时效中止制度设立的目的是将客观因素导致权利人无法行使权利的时间刨除在时效期间以外,从而保证权利人有足够的时间行使权利。如果因为剩余时效期间过短而无法行使权利,则要么会使诉讼时效制度空置,要么使该制度的效果大打折扣。考察境外立法情况,很多立法例都规定了导致诉讼时效中止的原因消除后,补足诉讼时效期间情况。例如,《日本民法典》第161条规定,于时效期间届满之际，因天灾或其他不能避免的事变，致不能中断时效时，自妨碍终止之时起两周内，时效不完成。《俄罗斯联邦民法典》第 202 条第 4 款规定，自作为中止计算诉讼时效期限的情节终止之日起，诉讼时效的期限继续计算。如果诉讼时效期限的剩余部分少于 6 个月，则将诉讼时效期限的剩余部分延长至 6 个月；而如果诉讼时效期限等于或者少于 6 个月，则将诉讼时效期限的剩余部分延长至诉讼时效期限。我国可以借鉴这些制度设计。同时，考虑到我国司法实践的情况、社会公众的法律知识及行使权利的需要，在不违背时效制度目标的前提下，尽可能给予权利人救济，对诉讼时效期间给予一定时间长度的补足。经过反复研究认为，规定自中止时效的原因消除之日起满 6 个月诉讼时效期间届满，是比较合适的，既能给权利人行使权力留下必要的准备时间，又不会造成诉讼的过分拖延和给义务人造成过分的负担。

（三）引起诉讼时效中止的障碍类型

根据本条第 1 款规定，引起诉讼时效中止的障碍类型主要有：

一是不可抗力。民法通则第 139 条即规定不可抗力为引起诉讼时效中止的法定事由。不可抗力指的是不能预见、不能避免并不能克服的客观情况，如自然灾害。适用本项规定应注意，需要发生不可抗力导致权利人在客观上不能行使权利，才能引起诉讼时效中止。虽然发生了不可抗力，但并没有足以影响到权利人行使权利的，诉讼时效不为中止。

二是无民事行为能力人或者限制民事行为能力人没有法定代理人，或者法定代理人死亡、丧失民事行为能力、丧失代理权。因为无民事行为能力人或者限制民事行为能力人不能独立实施民事法律行为，法定代理人缺位会对其行使权利造成客观障碍。境外不少立法例均规定这种情况下诉讼时效中止。例如，《德国民法典》第 210 条规定，如无行为能力人或者限制行为能力人欠缺法定代理人，则自其成为完全行为能力人或欠缺法定代理人的情况中止后6个月内,不论消灭时效对其有利或不利,消灭时效皆不完成。如消灭时效期间短于6个月,则以消灭时效的期间代替该6个月期间。《日本民法典》第158条第1款规定,在时效期间届满前6个月内,未成年人或成年被监护人无法定代理人时,自其成为行为能力人或法定代理人就任时起6个月内,时效不完成。我国台湾地区"民法"第141条规定,无行为能力人或限制行为能力人之权利,于时效期间终止前6个月内,若无法定代理人者,自其成为行为能力人或其法定代理人就职时起,6个月内,其时效不完成。《最高人民法院关于审理民事案件适用诉讼时效制度若干问题的规定》第20条第1项对此也有明确规定。为了更好地保护无民事行为能力人或者限制民事行为能力人,使其不会因时效期间届满而利益受损,本项在立法时参考了境外立法例和吸收了司法解释的规定。

三是继承开始后未确定继承人或者遗产管理人。未确定继承人时,继承财产的权利主体没有确定,无法有效地对被继承人的债务人行使权利,被继承人的债权人也不知道向谁主张权利,被暂时划定在继承财产中的他人的财产权利也无法主张。未确定遗产管理人的,遗产的权利不能分割。这些情况都属于非因主观原因而是由于权利人、义务人不存在的客观障碍导致权利无法行使,符合诉讼时效中止制度的要求。境外不少立法例对此均有规定。例如,《法国民法典》第2258条规定,有限责任继承人就继承遗产的债权,对该继承人,时效停止进行。《日本民法典》第160条规定,关于继承财产,自继承人确定、管理人选任或者破产宣告之时起6个月内,时效不完成。《最高人民法院关于审理民事案件适用诉讼时效制度若干问题的规定》第20条第2项对此也有明确规定。本项在立法时参考了境外立法例和吸收了司法解释的规定。

四是权利人被义务人或者其他人控制。例如,权利人被义务人以非法拘禁等方式限制人身自由,会导致其无法主张权利,这种障碍是客观的。又如,义务人和权利人之间存在代表与被代表的关系,义务人是权利人法定代表人。权利人欲提起诉讼,需要法定代表人的签字授权或者盖取公章,但法定代表人显然不会允许对自己提起诉讼进行授权或者同意盖章。再如,权利人是义务人的控股子公司。同理,子公司无法取得控股公司的诉讼授权。这些都属于客观障碍。《最高人民法院关于审理民事案件适用诉讼时效制度若干问题的规定》第20条第3项对此也有明确规定。本项在立法时吸收了司法解释的规定。

五是其他导致权利人不能行使请求权的障碍。法律充分考虑到,由于社会生活及司法实践的纷繁复杂,法律不可能逐一列举需要中止时效的事由。在列举规定类型化情形的同时,规定了兜底条款,为实践的发展留有余地,并赋予法官以一定的自由裁量权。

第一百九十五条　有下列情形之一的,诉讼时效中断,从中断、有关程序终结时起,诉讼时效期间重新计算:

(一)权利人向义务人提出履行请求;

(二)义务人同意履行义务;

(三)权利人提起诉讼或者申请仲裁;

(四)与提起诉讼或者申请仲裁具有同等效力的其他情形。

【释义】　本条是关于诉讼时效中断的规定。

诉讼时效期间中断,指诉讼时效期间进行过程中,出现了权利人积极行使权利等法定事由,从而使已经经过的诉讼时效期间归于消灭,重新计算期间的制度。

(一)诉讼时效中断的特征

权利人不行使权利是诉讼时效制度存在的事实基础,如果在诉讼时效期间内出现了与这一基础事实相反的事实,就必须使已经经过的时效期间归于无效,否则就背离了诉讼时效制度的设立宗旨。诉讼时效中断的特征表现为:一是发生于诉讼时效的进行中,诉讼时效尚未开始计算或者已经届满的情况下排除其适用。

二是发生了一定的法定事由导致诉讼时效存在的基础被推翻。三是它使已经进行的诉讼时效重新起算,以前经过的期间归于消灭。境外立法例均规定有诉讼时效中断制度。例如,《俄罗斯联邦民法典》第203条规定,按规定程序提起诉讼以及义务人实施证明他承认债务的行为,则诉讼时效期限中断。在诉讼时效期限中断结束之后,诉讼时效期限重新计算,在中断前的时间不计入新的诉讼时效期限。

民法通则规定了诉讼时效中断制度,第140条规定:"诉讼时效因提起诉讼、当事人一方提出要求或者同意履行义务而中断。从中断时起,诉讼时效期间重新计算。"这一规定比较原则,最高人民法院在总结司法实践经验的基础上,在《最高人民法院关于审理民事案件适用诉讼时效制度若干问题的规定》第10条、第13~19条分别对民法通则第140条的规定进行了细化。在立法过程中,对诉讼时效中断制度的设计,既延续了民法通则的规定,又借鉴了境外立法例,还吸收了司法解释的规定。

(二)引起诉讼时效中断的情形

根据本条规定,引起诉讼时效中断的情形主要有:

一是权利人向义务人提出履行请求。提出履行请求本身就意味着权利人在积极行使自己的权利,应当发生诉讼时效中断的结果。请求有诉讼请求和诉外请求两种,诉讼请求主要是起诉,诉外请求是权利人对其义务人在诉外行使权利的意思表示。这种意思表示可以表现为催促义务人履行义务,例如《最高人民法院关于审理民事案件适用诉讼时效制度若干问题的规定》第10条第1款规定,具有下列情形之一的,应当认定为民法通则第140条规定的"当事人一方提出要求",产生诉讼时效中断的效力:(1)当事人一方直接向对方当事人送交主张权利文书,对方当事人在文书上签字、盖章或者虽未签字、盖章但能够以其他方式证明该文书到达对方当事人的;(2)当事人一方以发送信件或者数据电文方式主张权利,信件或者数据电文到达或者应当到达对方当事人的;(3)当事人一方为金融机构,依照法律规定或者当事人约定从对方当事人账户中扣收欠款本息的;(4)当事人一方下落不明,对方当事人在国家级或者下落不明的当事人一方住所地的省级有影响的媒体上刊登具有主张权利内容的公告的,但法律和司法解释另有特别规定的,适用其规定。这种意思表示也可以表现为权利人主动抵消债权、行使同时履行抗辩权等情形。规定权利人向义务人提出履行请求作为诉讼时效中止的情形,符合我国社会避讼的法律文化传统,契合我国熟人社会的社会实践,能够减轻当事人的诉累和人民法院的压力。

二是义务人同意履行义务。这是权利人在诉讼外行使权利的一种形式。义务人同意履行义务,表明义务人知道权利人权利的存在,并且主观上承认该权利,很多情况下是权利人向义务人主张权利时义务人作出一种承诺。这种承诺是权利人积极履行权利才能取得的结果,使权利人与义务人之间的权利义务关系重新明确、稳定下来,义务人同意履行义务,引起权利人的信赖,权利人往往会给义务人必要的时间开始准备履行义务。总之,是权利人没有怠于行使权利,法律才规定该情形可以引起诉讼时效的中断。不少境外立法例规定了权利人诉外行使权利可以引起诉讼时效中断。例如,《法国民法典》第 2248 条规定,债务人或占有人如承认时效之进行于其不利之人的权利,中断时效。《德国民法典》第 212 条规定,债务人以分期付款、支付利息、提供担保或以其他方式向债权人承认请求权时,消灭时效重新起算。《最高人民法院关于审理民事案件适用诉讼时效制度若干问题的规定》第 16 条规定,义务人作出分期履行、部分履行、提供担保、请求延期履行、制定清偿债务计划等承诺或者行为的,应当认定为同意履行义务。该司法解释对实践中如何掌握认定义务人同意履行义务作了明确规定。

三是权利人提起诉讼或者申请仲裁。起诉是权利人在人民法院提起诉讼,请求法院强制义务人履行义务。民商事仲裁是平等主体的公民、法人和其他组织之间请求仲裁机构裁决合同纠纷和其他财产权益纠纷。劳动仲裁是当事人向劳动仲裁委员会请求裁决处理劳动争议纠纷。农村土地承包经营纠纷仲裁是就农村土地承包经营纠纷,向农村土地承包仲裁委员会申请裁决。提起诉讼、申请仲裁是权利人行使权利最有效、最强烈的方法,足以表明权利人积极行使权利,世界上主要国家和地区均把提起诉讼作为引起诉讼时效中断的事由进行规定。

关于在“提起诉讼”的情形下,诉讼时效期间应从何时中断,目前存在争议。经研究认为,我国民事诉讼法第120条规定,起诉应当向人民法院递交起诉状,并按照被告人数提出副本。书写起诉状确有困难的,可以口头起诉,由人民法院记入笔录,并告知对方当事人。权利人以提起诉讼的方式主张权利的,由于其请求保护权利的对象为人民法院,故只要提交起诉材料或者口头起诉,就应认定其向人民法院提出了权利主张,诉讼时效即时中断,而无须等待人民法院受理才中断。《最高人民法院关于审理民事案件适用诉讼时效制度若干问题的规定》第12条规定,当事人一方向人民法院提交起诉状或者口头起诉的,诉讼时效从提交起诉状或者口头起诉之日起中断。这一规定符合诉讼时效中断制度的目的。

四是与提起诉讼或者申请仲裁具有同等效力的其他情形。实践是复杂的、发展的,法律无法穷尽所有引起诉讼时效中断的情形的规定。除了第3项规定的情形外,权利人如果实施了在法律上与提起诉讼或者申请仲裁具有同样效力的其他行为,能够表明在积极行使权利而非怠于行使权利,也应当引起时效中止的效力。例如,调解是与提起诉讼或者申请仲裁具有同等效力的典型情形之一。《最高人民法院关于审理民事案件适用诉讼时效制度若干问题的规定》第14条规定,权利人向人民调解委员会以及其他依法有权解决相关民事纠纷的国家机关、事业单位、社会团体等社会组织提出保护相应民事权利的请求,诉讼时效从提出请求之日起中断。该条司法解释也认可了调解可以引起诉讼时效中断的效力。再如,控告也是一种与提起诉讼或者申请仲裁具有同等效力的情形,可以引起诉讼时效中断。该司法解释第15条第1

款规定,权利人向公安机关、人民检察院、人民法院报案或者控告,请求保护其民事权利的,诉讼时效从其报案或者控告之日起中断。此外,该司法解释第10条第1款、第13条规定的申请仲裁,申请支付令,申请破产、申报破产债权,为主张权利而申请宣告义务人失踪或死亡,申请诉前财产保全、诉前临时禁令等诉前措施,申请强制执行,申请追加当事人或者被通知参加诉讼,在诉讼中主张抵销等,都属于与提起诉讼或者申请仲裁具有同等效力的情形,可以引起诉讼时效中断。

(三)诉讼时效期间如何重新起算

民法通则规定,"从中断时起"诉讼时效期间重新计算。在立法过程中,有的意见提出,对于权利人向义务人提出履行请求、义务人同意履行等情况,民法通则的规定是可以的。但是对提起诉讼或者申请仲裁引起诉讼时效中断的情形,该规定有些简单。诉讼或者仲裁需要较长的时间,有些诉讼从起诉之日至终审判决作出需要数年之久。究竟是从起诉之日起诉讼时效期间重新起算,还是终审判决发生效力之日起诉讼时效期间重新起算,建议法律明确规定,以便于实践操作。

经研究认为,在重新计算诉讼时效期间的起算点上,应根据不同情况区别处理。以本条第1项规定的"权利人向义务人提出履行请求"、第2项规定的"义务人同意履行义务"等方式中断诉讼时效的,一旦履行请求到达义务人,或者义务人同意履行的意思表示到达权利人,即可发生时效中断的效果。因此,在这两款规定的情况下,诉讼时效期间从中断时起重新计算。以本条第3项规定的"权利人提起诉讼或者申请仲裁"、第4项规定的"与提起诉讼或者申请仲裁具有同等效力的其他情形"等方式中断诉讼时效的,权利人处于依据法律程序主张权利的状态。如果规定诉讼时效期间从起诉之日或者提起仲裁之日起重新计算,可能会因法律程序烦琐、耗费时日过长,出现法律程序尚未终结而诉讼时效期间已经届满的情况,这在我国的司法实践中并不算少见。这一情况有违诉讼时效中断制度的目的,为了避免制度上的缺陷,对这两项规定的情形，法律规定从有关程序终结时起，诉讼时效期间重新计算。

第一百九十六条　下列请求权不适用诉讼时效的规定：

（一）请求停止侵害、排除妨碍、消除危险；

（二）不动产物权和登记的动产物权的权利人请求返还财产；

（三）请求支付抚养费、赡养费或者扶养费；

（四）依法不适用诉讼时效的其他请求权。

【释义】　本条是关于不适用诉讼时效的情形的规定。

根据本条规定，不适用诉讼时效的请求权包括：

（一）请求停止侵害、排除妨碍、消除危险

请求停止侵害，指的是所有权人或者其他物权人请求对物权造成侵害的人停止侵害行为或者侵害状态的权利。

请求排除妨碍，指的是所有权人或者其他物权人请求妨碍人停止妨碍、去除妨碍的权利。

请求消除危险，指的是所有权人或者其他物权人请求造成危险状态的人消除该危险的权利。

停止侵害、排除妨碍和消除危险是所有权和其他物权的功能，其目的是解决对物权权能的障碍、发挥物的效用，回复权利人对权利客体的支配。根据物权的理论，无论经过多长时间，法律不可能任侵害物权的行为取得合法性。如果请求停止侵害、排除妨碍、消除危险的权利适用诉讼时效，将会发生物权人必须容忍他人对其行使物权进行侵害的结果，这对权利人不公平，也违反物权法基本理论，无论是民法学界还是司法实务界，均认为这三种请求权不应适用诉讼时效。

（二）不动产物权和登记的动产物权的权利人请求返还财产

物可以分为不动产和动产，相应地，物权可以分为不动产物权和动产物权。不动产物权价值重大、事关国计民生和整个社会稳定,一般用登记作为不动产物权享有和变动的公示方法。不动产登记部门是国家设立的,不动产一经登记具有强大的公示公信力,也就意味着不动产物权的权利人请求返还财产适用诉讼时效已不可能。原因在于,不动产登记簿上的记载就显示了物权的归属,任何人在与他人进行交易行为时,负有注意和谨慎义务,应关注不动产的登记情况。通常只要登记簿记载的权利人与实际占有不符,这就会使他人对占有人是否为真正物权人产生疑问,而且只要登记簿记载的权利人不改变,其无论经过多长期间都不会使他人对无权占有人产生信赖,认为其是合法物权人并与之发生民事法律关系。我国不动产物权采取登记生效主义,非经登记不发生效力。本法第 209 条第 1 款规定,不动产物权的设立、变更、转让和消灭,经依法登记,发生效力;未经登记,不发生效力,但是法律另有规定的除外。如在不动产登记制度条件下仍规定已登记的物权人请求返还财产适用诉讼时效,则必然导致时效制度与不动产登记制度的自相矛盾,动摇不动产登记制度的权威性。在民法总则立法过程中,草案一审稿至三审稿对本项的规定没有变化,均规定为"登记的物权人请求返还财产"。在民法总则草案提请十二届全国人大五次会议审议时,有的代表提出,目前,不少农村地区的房屋尚未办理不动产登记,为更好地保护农民的房屋产权,建议将不适用诉讼时效的范围扩大至所有不动产物权的返还请求权。法律委员会经研究,对这一项作出修改,明确不动产物权的权利人请求返还财产不适用诉讼时效。民法典维持民法总则的这一规定不变。

动产以占有和交付为所有权享有和变动的公示方法。理论上讲,他人无权占有动产后,动产即与所有人分离,动产物权的权利人如果长期不请求返还财产,他人基于占有公示产生的对抗力就越来越强,第三人随着时间推移越发相信无权占有人就是事实上物的所有人,进而基于这种信赖与之发生一定的法律关系。信赖利益是民法上的重要利益。法律对信赖利益进行保护,对维护新产生的民事法律关系的效力及整个社会经济秩序的稳定均有积极意义。但是,有的意见提出,如果规定动产物权的权利人请求返还财产一概不适用诉讼时效,在理论上似乎出现一个矛盾。例如,甲占有乙价值10元的物,又向乙借款100万元。如果规定所有的动产物权的权利人请求返还财产均不适用诉讼时效,乙对价值10元的物可以长期请求返还,但对于更大价值的100万元债权,却只能在普通诉讼时效期间的3年内主张,看似法律对价值小的法益保护更重。此外,在实践中,一律规定所有的动产物权的权利人返还财产请求权不适用诉讼时效,在操作上面临很多困难,也没有必要。一般动产价值小、流动大、易损耗,如果不适用诉讼时效的规定,多年后再提起诉讼,一是因年代久远存在举证困难,二是增加诉累,三是不利于矛盾的及时解决。综合考虑,可以规定这类普通动产适用诉讼时效。船舶、航空器和机动车等动产,价值较大,被称为"准不动产",准用不动产管理的很多规则,这类动产多进行物权登记。本法第225条规定,船舶、航空器和机动车等的物权的设立、变更、转让和消灭,未经登记,不得对抗善意第三人。由此可见,法律对船舶、航空器和机动车等动产的登记采取登记对抗主义。如果进行了登记,与不动产登记一样,产生强有力的公示公信效力,登记动产物权的权利人请求返还财产不适用诉讼时效。

综上考虑,本项规定,不动产物权和登记的动产物权的权利人请求返还财产的请求权,不适用诉讼时效的规定。

(三)请求支付抚养费、赡养费或者扶养费

抚养费指义务人基于抚养义务所支付的费用,支付对象一般是晚辈,如子女、孙子女、外孙子女等。赡养费指义务人基于赡养义务所支付的费用,支付对象一般是长辈,如父母、祖父母、外祖父母等。扶养费指义务人基于扶养义务所支付的费用,支付对象一般是平辈,如配偶、兄弟姐妹等。

受抚养、赡养或者扶养者一般都是年幼、年老或者缺乏劳动能力的人,抚养费、赡养费或者扶养费是这些人的生活来源,若无此等费用,将严重影响他们的生活。因此,法律规定,请求支付抚养费、赡养费或者扶养费的请求权,不适用诉讼时效的规定。

(四)依法不适用诉讼时效的其他请求权

本项属于兜底性条款。因为无法穷尽列举所有不适用诉讼时效的情形,法律中明确规定不适用诉讼时效的请求权,均属于本项规定的情形。

第一百九十七条　诉讼时效的期间、计算方法以及中止、中断的事由由法律规定,当事人约定无效。

当事人对诉讼时效利益的预先放弃无效。

【释义】 本条是关于诉讼时效法定性及时效利益不得预先放弃的规定。

(一)诉讼时效法定性

诉讼时效制度关系到法律秩序的清晰稳定,是对民事权利的法定限制,其规范目的具有公益性,以牺牲罹于时效的权利人的利益为代价,为交易关系提供安全保障,关乎社会公共利益及法律秩序的统一,这要求诉讼时效期间及其计算方法明确且为社会知晓,诉讼时效的中止、中断的事由只能由法律作出明确规定,不能属于当事人自行处分的事宜,权利人和义务人不可以自行约定。

首先是诉讼时效的期间和计算方法法定。该期间由法律明确规定,当事人必须按照法律规定的期间执行,不得改动。诉讼时效期间可以在一般法中规定,例如,本法第188条规定的"向人民法院请求保护民事权利的诉讼时效期间为三年",也可以在特别法中规定。再如,本法第594条规定:"因国际货物买卖合同和技术进出口合同争议提起诉讼或者申请仲裁的时效期间为四年。"当事人不得通过约定缩短或延长诉讼时效期间。如果允许当事人约定延长,一是对义务人不利,会危及现在和将来在当事人之间形成的财产秩序;二是第三人往往不知道当事人对诉讼时效延长的约定,基于对义务人财产状况合理的信赖而进行交易,这可能对第三人造成不可预知的潜在侵害；三是当事人约定延长诉讼时效期间，不利于督促义务人及时行使权利。因此，不应该允许当事人延长诉讼时效。如果允许当事人约定缩短，权利人可能没有必需的准备时间来行使权利，对权利人保护不利，另外与诉讼时效制度的设计也是不相吻合的。同时需要注意的是，诉讼时效法定还意味着只能由法律对诉讼时效作出规定，法规、规章都不得对此进行规定。

其次是诉讼时效中止、中断的事由法定。诉讼时效可以通过中止、中断进行法定变更，但相应情形由法律明确作出规定，当事人不可以创设法律没有规定的情形，使诉讼时效擅自变更。否则，诉讼时效便失去了确定性。

最后是当事人擅自约定诉讼时效的后果由法律明确规定。当事人违反本款规定，擅自对诉讼时效的期间、计算方法以及中止、中断的事由进行约定的，则约定无效。

（二）诉讼时效预先放弃无效

诉讼时效放弃可以分为两种：一种是时效届满前预先放弃，另一种是诉讼时效届满后放弃。诉讼时效利益不得在时效期间届满前预先放弃。如果允许预先放弃时效利益，权利人可能会利用强势地位，损害义务人的权利。从公平保护的角度，不应该允许当事人预先约定放弃时效利益，否则等于权利人可以无期限地行使权利，违反了诉讼时效制度的法定性，与诉讼时效制度设立的目的不相吻合，因此当事人对诉讼时效利益的预先放弃无效。但是，诉讼时效期间届满后，义务人取得拒绝履行义务的抗辩权。根据私法自治原则，当事人有权在法律规定的范围内，自由处分其权利或者利益，选择是否放弃诉讼时效利益。放弃诉讼时效是单方法律行为，自成立时发生法律效力；同时又是处分行为，须依意思表示为之。可以在诉讼中也可以在诉讼外作出；可以明示也可以默示。

基于公共利益考量，法律一方面需要强调诉讼时效的法定性，部分地限制意思自治原则；另一方面，如果过于强调诉讼时效的法定性,有可能会导致公权力对私权利的过分干预,进而破坏意思自治原则的根基。因此,需要尊重意思自治原则在民法体系中的重要地位,规定当事人不得预先放弃时效利益,但对时效期间届满的时效利益,是否提出诉讼时效抗辩乃是义务人的权利,可以自由处分。这种规定是立法在诉讼时效制度的法定性价值与意思自治原则的价值之间进行平衡。世界上主要国家和地区民法对诉讼时效的法定性和预先放弃无效多有规定。例如,《法国民法典》第 2220 条规定,时效不得预先抛弃;但在时效期间届满后得抛弃之。第 2221 条规定,抛弃时效或为明示的,或为默示的;由事实能够推定抛弃既得权利的,即为默示抛弃。《意大利民法典》第 2937 条规定,仅在时效期间届满的情况下可以放弃消灭时效。《瑞士债务法》第 114 条第 1 款规定,一方当事人不能实施事先放弃适用诉讼时效的规定。《日本民法典》第 146 条规定,时效的利益,不得预先放弃。《俄罗斯联邦民法典》第 198 条第 1 款规定,诉讼时效期限及其计算办法不得由双方当事人协议变更。我国台湾地区"民法"第 147 条规定,时效期间,不得以法律行为加长或减短之,并不得预先抛弃时效之利益。同时,有的立法例明确规定义务人抛弃诉讼时效利益、履行义务后,不能再要求返还。例如,《德国民法典》第 214 条第 2 款规定,对时效期间届满的请求进行给付的,不能要求返还,履行时不知道时效期间已经届满的亦然。意大利、俄罗斯和我国台湾地区也有类似规定。《最高人民法院关于审理民事案件适用诉讼时效制度若干问题的规定》第 2 条规定,当事人违反法律规定,约定延长或者缩短诉讼时效期间、预先放弃诉讼时效利益的,人民法院不予认可。本条规定借鉴了境外立法例和我国最高人民法院的司法解释。

第一百九十八条　法律对仲裁时效有规定的,依照其规定;没有规定的,适用诉讼时效的规定。

【释义】 本条是关于仲裁时效的规定。

在我国,仲裁主要包括民商事仲裁、劳动仲裁和农村土地承包经营纠纷仲裁三种。民商事仲裁是平等主体的公民、法人和其他组织之间请求仲裁机构裁决合同纠纷和其他财产权益纠纷。劳动仲裁是当事人向劳动仲裁委员会请求裁决处理劳动争议纠纷。农村土地承包经营纠纷仲裁是就农村土地承包经营纠纷,向农村土地承包仲裁委员会申请裁决。

仲裁法第74条规定,法律对仲裁时效有规定的,适用该规定。法律对仲裁时效没有规定的,适用诉讼时效的规定。关于仲裁时效的特别规定主要有:

一是劳动争议调解仲裁法对于劳动仲裁时效有明确规定。该法第27条规定:"劳动争议申请仲裁的时效期间为一年。仲裁时效期间从当事人知道或者应当知道其权利被侵害之日起计算。前款规定的仲裁时效,因当事人一方向对方当事人主张权利,或者向有关部门请求权利救济,或者对方当事人同意履行义务而中断。从中断时起,仲裁时效期间重新计算。因不可抗力或者有其他正当理由,当事人不能在本条第一款规定的仲裁时效期间申请仲裁的,仲裁时效中止。从中止时效的原因消除之日起,仲裁时效期间继续计算。劳动关系存续期间因拖欠劳动报酬发生争议的,劳动者申请仲裁不受本条第一款规定的仲裁时效期间的限制;但是,劳动关系终止的,应当自劳动关系终止之日起一年内提出。"

二是本法合同编对仲裁时效有明确规定。本法第594条规定:"因国际货物买卖合同和技术进出口合同争议提起诉讼或者申请仲裁的时效期间为四年。"

三是农村土地承包经营纠纷调解仲裁法对仲裁时效有明确规定。该法第18条规定:"农村土地承包经营纠纷申请仲裁的时效期间为二年,自当事人知道或者应当知道其权利被侵害之日起计算。"

除上述规定外,没有关于仲裁时效的特别规定。因此长期以来,我国仲裁时效适用民法通则有关诉讼时效期间、中止中断等有关规定。立法过程中，有的意见提出，这一方式在实践中得到了检验，是可行的，建议延续民法通则的立法模式。经过反复研究，认为该种意见可以采纳，因此明确规定，法律对仲裁时效有规定的，依照其规定；没有规定的，适用诉讼时效的规定。这一规定既为特别法对仲裁时效作规定留有接口，也为仲裁时效准用诉讼时效的规定提供依据。

第一百九十九条　法律规定或者当事人约定的撤销权、解除权等权利的存续期间，除法律另有规定外，自权利人知道或者应当知道权利产生之日起计算，不适用有关诉讼时效中止、中断和延长的规定。存续期间届满，撤销权、解除权等权利消灭。

【释义】 本条是关于除斥期间的一般规定。

2017 年民法总则起草过程中，在草案一审稿、二审稿曾设专节规定了“除斥期间”，即草案一审稿、二审稿第 9 章第 2 节“除斥期间”，与第 1 节“诉讼时效”并列。当时，“除斥期间”一节共有三个条文，分别是一审稿第 177 条（二审稿第 193 条）：“法律规定或者当事人约定的撤销权、解除权等权利的存续期间，为除斥期间。除斥期间届满，当事人的撤销权、解除权等权利消灭。”一审稿第 178 条（二审稿第 194 条）：“除斥期间自权利人知道或者应当知道权利产生之日起开始计算。法律另有规定的，依照其规定。”一审稿第 179 条（二审稿第 195 条）：“除斥期间不适用本法有关诉讼时效中止、中断和延长的规定。”

对于民法总则草案一审稿、二审稿的规定，有的意见提出，社会公众对除斥期间的概念较为生疏，草案关于“除斥期间”一节的规定学理性也较强，不宜在民法总则中规定。

经研究认为，除斥期间是民法中的一项重要制度，其目的在于促使法律关系早日确定，防止相对人因为消极等待而蒙受损害。民法理论通说认为，撤销权、解除权是适用除斥期间最典型的权利。撤销权是指民事法律行为成立时存在重大误解、欺诈、胁迫、显失公平等情形，一方当事人根据法律规定享有在一定期间内请求确认该民事法律行为自始无效的权利。解除权是指民事法律行为生效后，在出现法律规定或者当事人约定的特定事由时，当事人可以在一定期间内作出意思表示使该民事法律行为失去效力的权利。

除斥期间是民法中的重要制度。但考虑到“除斥期间”的表述确实理论性较强，一般老百姓不易理解。经过反复研究，民法总则仍保留了该制度，但在体例上进行了调整：从三审稿开始，删除“除斥期间”一节，将“除斥期间”的内容作原则性规定。经此调整后，民法总则草案一审稿、二审稿第 9 章“诉讼时效和除斥期间”仅剩“诉讼时效”一节内容，无分节规定之必要，因此将民法总则草案一审稿、二审稿第 9 章的章名从“诉讼时效和除斥期间”修改为“诉讼时效”，将调整后的有关除斥期间的内容放在诉讼时效的最后一条进行规定。民法典维持民法总则的这一做法不变。

除斥期间的起算点原则上应自权利行使无法律上的障碍时开始计算。但在权利人未必知道其权利存在的场合，法律通常规定自权利人知道其权利存在之时起开始计算。例如，本法第 541 条的规定：“撤销权自债权人知道或者应当知道撤销事由之日起一年内行使。自债权人的行为发生之日起五年内没有行使撤销权的，该撤销权消灭。”根据这一规定，债权人撤销权的行使期间自撤销权人知道或者应当知道撤销事由时起算。与诉讼时效的法定性不同，除斥期间可以由当事人进行约定，甚至在法律允许的情况下，可以由一方向对方单方提出除斥期间。例如，本法第 564 条规定：“法律规定或者当事人约定解除权行使期限，期限届满当事人不行使的，该权利消灭。法律没有规定或者当事人没有约定解除权行使期限，自解除权人知道或者应当知道解除事由之日起一年内不行使，或者经对方催告后在合理期限内不行使的，该权利消灭。”这一规定明确了合同解除可以由法律规定除斥期间，也可以由当事人直接约定除斥期间，并允许在法律没有规定或当事人未约定期限时由对方催告确定合理期间。

除斥期间是权利预设期间，以促使法律关系尽早确定为目标，为达制度目的，需要规定除斥期间经过后，权利人的权利即归于消灭，要么使原本不确定的法律关系明确固定，要么使既有的法律关系归于消灭，都会引起实体法上效果的变化。所以除斥期间没有中断的可能性，一般也不会发生中止。

除斥期间不像诉讼时效一样可以高度抽象出共同性，因此规定比较分散。关于诉讼时效，各国一般都在法律条文中使用“诉讼时效”“消灭时效”等表述，我国民事立法一贯采用“诉讼时效”的表述；而对除斥期间，虽然在法律条文中没有明确体现“除斥期间”的表述，但常常使用“撤销权消灭”“作为自愿放弃权益”“不行使而消灭”“视为放弃”“视为拒绝追认”“视为权利消灭”等表述。现例举说明本法总则编、合同编对除斥期间的主要规定：本法第 145 条第 2 款规定的相对人催告后法定代理人追认权行使的 30 日期限；第 171 条第 2 款规定的相对人催告后被代理人追认权行使的 30 日期限；第 541 条规定的债权人对损害行为行使撤销权的 1 年和 5 年期限；第 564 条规定的法律规定的期限为法定除斥期间，当事人约定的期限为约定除斥期间；第 574 条第 2 款规定的债权人领取提存物权利的 5 年期限；第 621 条第 2 款规定买受人对买卖标的物异议权行使的 2 年期限；第 663 条第 2 款规定的赠与人撤销权行使的 1 年期限；第 664 条第 2 款规定的赠与人的继承人或法定代理人撤销权行使的 6 个月期限等。

第十章　期 间 计 算

期间是一种重要的法律事实，是民事法律关系发生、变更和终止的依据，包括期日和期间两种。期日是某特定的时间点，如 8 点、午时、6 月、2017 年。期间是某一期日至另一期日之间的时间段,如两小时、3天、5个月、3年。

本章共5条,主要规定了期间的计算单位、期间的起算与结束、期间结束日的顺延和期间可以法定或者约定等。

第二百条　民法所称的期间按照公历年、月、日、小时计算。

【释义】 本条是关于期间的计算单位的规定。

根据本条规定,我国民法中规定的期间计算单位共有四种,分别是年、月、日和小时。期日为不可分的特定时间点,不发生计算的问题,但期间为一定的时间段,存在计算的问题。期间计算一般采取历法计算法和自然计算法相结合的方式。在本法规定的四种期间计算单位中,年、月采用公历的历法规则,这样每年的时间差距相差不大,既符合我国的社会实际,又符合国际通用规则,便于生产生活和国际交往。日、小时采用自然计算法,一日为24小时。民法通则第154条第1款规定,民法所称的期间按照公历年、月、日、小时计算。

在立法过程中,有的意见建议法律明确规定"星期"为期间的计算单位。有的意见提出,随着时间观念的变迁,在股票、期货、外汇交易等民商活动中,一分一秒都具有重大商业价值,计量时间需要精确到分和秒。我国秉持民商合一的立法体例,建议将"小时"修改为"时","时"可以包含小时、分、秒等单位。经研究认为,法律规定不可能穷尽和面面俱到,需要把社会实践中最常使用的期间计算单位加以明确规定,同时在民事活动中,尊重当事人的意思自治和交易习惯,允许当事人约定期间的计算单位、计算方法。"星期"在社会生活中频繁用到,但在签订合同、履行义务、提供劳务等法律上需要计算期间时,我国社会公众很少使用"星期"作为期间计算单位使用,绝大多数情况下还是使用小时、日、月和年。而且,本法第204条已经作出规定,期间的计算方法可以由当事人进行约定。这就为民商事交易活动中,确需用

“星期”“分”“秒”等计算计算期间留有余地。

第二百零一条　按照年、月、日计算期间的，开始的当日不计入，自下一日开始计算。

按照小时计算期间的，自法律规定或者当事人约定的时间开始计算。

【释义】　本条是关于期间起算的规定。

世界各国家和地区关于期间起算点的立法基本是一致的。例如，《德国民法典》第187条规定，如果期间的开始是以某一事件或者一天当中的某一时刻为起算标准的，在计算期间时，该事件或者时刻所处的当天不计算在内。如果期间的开始是以某一天的开始为起算标准的，在计算期间时，当天应计算在内。上述规定同样适用于在计算年龄时，对出生日的计算。《日本民法典》第139条规定，以时定期间者，即时起算。第140条规定，以日、周、月或者年定期间时，期间初日不算入，但期间从零时开始时，不在此限。《俄罗斯联邦民法典》第191条规定，以期间确定的期限从日历日期的次日或作为期间开始的事件发生的次日起算。我国台湾地区“民法”第120条规定，以时定期间者，即时起算。以日、星期、月或者年定期间者，其始日不算入。《蒙古国民法典》第68条规定，如果期间按历法上的时间段计算或从某一事件的发生计算，则按年、季、月、旬、周、日、时计算，或从事件发生后的次日起算。《越南民法典》第161条规定，当期限以小时计算时，则期限以确定的小时开始。当期限以日、周、月、年计算时，则期限开始的当日不计算在期限内，期限从确定开始日的次日开始计算。

我国民法通则第154条第1款规定，民法所称的期间按照公历年、月、日、小时计算。第2款规定，规定按照小时计算期间的，从规定时开始计算。规定按照日、月、年计算期间的，开始的当天不算入，从下一天开始计算。本条规定在民法通则的基础上，作了一定的补充和完善。

(一)按照年、月、日计算期间的,期间开始的当日不计入,自下一日开始计算

按日计算期间的情况。例如,甲乙双方2017年1月13日签订合同,约定第30日交货,则签订合同的当日即2017年1月13日不算入期间,期间从2017年1月14日开始起算,2017年2月12日为第30日,即交货日期。同样地,如果甲乙2017年2月13日签订合同,约定第30日交货,则2017年3月15日为交货日。

按月计算期间的情况。例如,甲乙双方2017年1月13日签订合同,约定9个月后交货,则期间从2017年1月14日开始计算9个月,到2017年10月13日为交货日。如果甲乙双方2017年12月31日签订合同,约定9个月后交货,则期间从2018年1月1日起计算9个月,到2018年9月30日为交货日。

因为一年中各自然月的天数不一致,闰年与平年的2月天数也不一致,所以按日计算期间的情况下,相同的期间长度在不同月份、年份可能产生不同的计算结果。

按年计算期间的情况。例如,甲乙双方2016年1月13日签订合同,约定3年后交货,则期间从2017年1月14日开始计算3年,到2019年1月13日为交货日;如果约定5年后交货,则到2021年1月14日为交货日。如果甲乙双方合同从2016年8月1日生效,约定3年后交货,则期间从2016年8月2日开始计算,至2019年8月1日结束。

可见,在以年为计算单位的情况下,期间计算的结果不受一年中各自然月天数、闰年与平年的影响。

(二)按照小时计算期间的,自法律规定或者当事人约定的时间开始计算

与民法通则的规定相比,本条增加了在按照小时计算期间的情况下,允许当时人约定,这是为了最大限度地尊重当事人的意思自治,尊重不同地区、不同行业的交易习惯,方便生活、促进交易。

按照小时计算期间，可以有两种起算方法：一种是自法律规定的时间开始计算，另一种是自当事人约定的时间开始计算。前一种情况下，例如，从8时开始计算3个小时，则期间应该到11时结束。又如，从8时30分开始计算26个小时，则期间应该到第二日10时30分结束。后一种情况下，可以允许当事人根据商业交易习惯或者双方都认可的方式约定期间起算方式，如整数计算法，不论期间从何时开始计算，都约定按照最近将要到达的整数时间点开始计算。8时38分达成交易合同，则从9时开始计算期间。

第二百零二条　按照年、月计算期间的，到期月的对应日为期间的最后一日；没有对应日的，月末日为期间的最后一日。

【释义】　本条是关于期间结束的规定。

在以日定期间的情况下，算足该期间之日即为期间最后一日。在按照年、月计算期间的情况下，期间结束日根据是否按照整月计算，会有两种不同的结果。在不按照整月计算的情况下，例如，甲、乙二人于2017年1月15日签订劳务合同，约定1个月的履行期，则期间开始日为2017年1月16日，期间结束日为2017年2月15日。甲、乙二人于2017年2月15日签订劳务合同，约定1个月的履行期，则期间开始日为2017年2月16日，期间结束日为2017年3月15日。由此可见，期间最后一日总是到期月的签订合同的对应日。在按照整月计算的情况下，如果甲、乙二人于2017年1月31日签订劳务合同，约定1个月的履行期，则期间开始日为2017年2月1日，期间结束日为2017年2月28日。如果甲、乙二人于2017年2月28日签订劳务合同，约定1个月的履行期，则期间开始日为2017年3月1日，期间结束日为2017年3月31日。由此可见，期间最后一日总是月末日。

许多境外立法例均有这种规定。例如，《德国民法典》第188条规定，以日来确定期间的，期间最后一日一经届满，期间即告终止。以星期、月或者包含数月的时期(年、半年、一季度)确定期间的,在第187条第1款规定的情况下,其名称或者数目与事件或者时刻相符的、期间的最后星期或者最后月份的那一日一经届满,期间即告终止;在第187条第2款规定的情况下,其名称或者数目与期间开始之日相符的、期间的最后星期或者最后月份的那一日一经届满,期间即告终止。以月确定期间的,当最后月份没有相当之日时,该月最后一日一经届满,期间告终止。《日本民法典》第141条规定,以日、周、月或者年定期间时,以期间末日终了为期间届满。期间末日值大祭日、星期日或者其他休假日时,以习惯上不于其日交易情形为限,期间于其次日届满。我国台湾地区"民法"第121条规定,以日、星期、月或年定期间者,以期间末日之终止,为期间之终止。期间不以星期、月或年之始日起算者,以最后之星期、月或年与起算日相当日之前一日,为期间之末日。但以月或年定期间,于最后之月,无相当日者,以其月之末日,为期间之末日。

我国民法通则没有关于期间结束日的规定,但是票据法第107条第2款规定,按月计算期限的,按到期月的对日计算;无对日的,月末日为到期日。本条规定,借鉴了境外立法的经验并参考了票据法的规定。

第二百零三条　期间的最后一日是法定休假日的,以法定休假日结束的次日为期间的最后一日。

期间的最后一日的截止时间为二十四时;有业务时间的,停止业务活动的时间为截止时间。

【释义】 本条是关于期间结束日顺延和期间末日结束点的规定。

境外不少立法例对期间最后一日的延长、期间末日的结束点有明确规定。例如,《德国民法典》第193条规定,应在某一确定日或者某一期间内作出意思表示或者履行给付,而该确定日或者该期间的最后一日是星期日,或者在表示地或者给付地是国家承认的普通节假日,或者是星期六的,以下一个工作日代替。《俄罗斯联邦民法典》第 193 条规定,如果期限的最后一日适逢非工作日,则期限终止的日期为该非工作日之后的第一个工作日。第 194 条规定,如果期限的规定是为了实施某一行为,则该行为可以在期限最后一日 24 时之前完成。但是,如果这一行为应该在某一个组织中实施,则期限到该组织按规定终止相关业务的时间结束。我国台湾地区"民法"第 122 条规定,于一定期日或期间内,应为意思表示或给付者,其期日或其期间之末日,为星期日、纪念日或其他休息日时,以其休息日之次日代之。

我国民法通则第 154 条第 3 款规定,期间的最后一天是星期日或者其他法定休假日的,以休假日的次日为期间的最后一天。第 4 款规定,期间的最后一天的截止时间为 24 时。有业务时间的,到停止业务活动的时间截止。本条规定借鉴了境外立法的经验并继承了民法通则的成熟规定。

按照本法第 202 条的规定计算出期间最后一日,如果该日是法定休假日,对民事法律行为的产生、变更或者消灭会产生重大影响,因此法律规定期间顺延到法定休假日结束后的第一日届满。例如,2017 年 8 月 15 日,甲承包的鱼塘中的鱼全部死亡。9 月 30 日,甲得知鱼死亡是村里造纸厂排放废水造成的,其诉讼时效期间开始起算,3 年后的 2020 年 10 月 1 日诉讼时效期间届满。但是,10 月 1 日是国庆节假期,当年国庆节放假为 10 月 1 日至 7 日。甲的诉讼时效期间从 10 月 1 日顺延到 10 月 8 日,即国庆节假期结束后的第一日届满。

一日共 24 个小时,24 时为一日的结束点,因此本条第 2 款规定,期间的最后一日的截止时间为 24 时。但银行、证券交易所等均有业务时间,到达业务时间,业务停止运作,在时间联系点上业务结束时间更有意义,没有必要规定到 24 时结束。因此第 2 款规定,有业务时间的,停止业务活动的时间为截止时间。这种规定是符合社会生活实际情况的。

第二百零四条　期间的计算方法依照本法的规定,但是法律另有规定或者当事人另有约定的除外。

【释义】 本条是关于期间法定或者约定的规定。

期间的计算方法依照法律规定,目的是使当事人按照一种方法计算期间,从而避免误会、方便生活、促进交易,稳定法律秩序。境外立法例对此也有明确规定。例如,《日本民法典》第 138 条规定,期间的计算方法,除法令、裁判上命令或法律行为有特别规定外,按照本章的规定。我国台湾地区"民法"第 119 条规定,法令、审判或法律行为所定之期日及期间,除有特别订定外,其计算依本章之规定。

本法是民事领域的基本法,规定期间的计算单位、期间的起算与结束、期间结束日的顺延等基本内容。单行法对期间的计算方法如果有不同规定的,根据特殊优于一般的法理,应当适用特别法的规定。同时,民法需要充分尊重当事人的意思自治,当事人有特定交易习惯或者对期间的计算方法能够达成一致约定的,可以依照当事人的约定。例如,当事人可以约定采用周、半月等计算单位计算期间。

本条规定与本法第 201 条第 2 款的规定既有区别又有联系。第 201 条第 2 款的规定仅指在按照小时计算期间的情况下,当事人可以约定期间开始的计算点。本条的规定是指当事人可以约定期间的计算方法,不仅是起算点,还有结束点。因此,在适用范围上,本条比第 201 条第 2 款更为广泛。

附　　录

中华人民共和国民法典(节录)

(2020 年 5 月 28 日第十三届全国人民代表大会第三次会议通过　2020 年 5 月 28 日中华人民共和国主席令第四十五号公布　自 2021 年 1 月 1 日起施行)

目　　录

第一编　总　　则

第一章　基本规定

第一条　为了保护民事主体的合法权益，调整民事关系，维护社会和经济秩序，适应中国特色社会主义发展要求，弘扬社会主义核心价值观，根据宪法，制定本法。

第二条　民法调整平等主体的自然人、法人和非法人组织之间的人身关系和财产关系。

第三条　民事主体的人身权利、财产权利以及其他合法权益受法律保护，任何组织或者个人不得侵犯。

第四条　民事主体在民事活动中的法律地位一律平等。

第五条　民事主体从事民事活动，应当遵循自愿原则，按照自己的意思设立、变更、终止民事法律关系。

第六条　民事主体从事民事活动，应当遵循公平原则，合理确定各方的权利和义务。

第七条　民事主体从事民事活动，应当遵循诚信原则，秉持诚实，恪守承诺。

第八条　民事主体从事民事活动，不得违反法律，不得违背公序良俗。

第九条 民事主体从事民事活动,应当有利于节约资源、保护生态环境。

第十条 处理民事纠纷,应当依照法律;法律没有规定的,可以适用习惯,但是不得违背公序良俗。

第十一条 其他法律对民事关系有特别规定的,依照其规定。

第十二条 中华人民共和国领域内的民事活动,适用中华人民共和国法律。法律另有规定的,依照其规定。

第二章 自 然 人

第一节 民事权利能力和民事行为能力

第十三条 自然人从出生时起到死亡时止,具有民事权利能力,依法享有民事权利,承担民事义务。

第十四条 自然人的民事权利能力一律平等。

第十五条 自然人的出生时间和死亡时间,以出生证明、死亡证明记载的时间为准;没有出生证明、死亡证明的,以户籍登记或者其他有效身份登记记载的时间为准。有其他证据足以推翻以上记载时间的,以该证据证明的时间为准。

第十六条 涉及遗产继承、接受赠与等胎儿利益保护的,胎儿视为具有民事权利能力。但是,胎儿娩出时为死体的,其民事权利能力自始不存在。

第十七条 十八周岁以上的自然人为成年人。不满十八周岁的自然人为未成年人。

第十八条 成年人为完全民事行为能力人,可以独立实施民事法律行为。

十六周岁以上的未成年人,以自己的劳动收入为主要生活来源的,视为完全民事行为能力人。

第十九条 八周岁以上的未成年人为限制民事行为能力人,实施民事法律行为由其法定代理人代理或者经其法定代理人同意、追认;但是,可以独立实施纯获利益的民事法律行为或者与其年龄、智力相适应的民事法律行为。

第二十条　不满八周岁的未成年人为无民事行为能力人，由其法定代理人代理实施民事法律行为。

第二十一条　不能辨认自己行为的成年人为无民事行为能力人，由其法定代理人代理实施民事法律行为。

八周岁以上的未成年人不能辨认自己行为的，适用前款规定。

第二十二条　不能完全辨认自己行为的成年人为限制民事行为能力人，实施民事法律行为由其法定代理人代理或者经其法定代理人同意、追认；但是，可以独立实施纯获利益的民事法律行为或者与其智力、精神健康状况相适应的民事法律行为。

第二十三条　无民事行为能力人、限制民事行为能力人的监护人是其法定代理人。

第二十四条　不能辨认或者不能完全辨认自己行为的成年人，其利害关系人或者有关组织，可以向人民法院申请认定该成年人为无民事行为能力人或者限制民事行为能力人。

被人民法院认定为无民事行为能力人或者限制民事行为能力人的，经本人、利害关系人或者有关组织申请，人民法院可以根据其智力、精神健康恢复的状况，认定该成年人恢复为限制民事行为能力人或者完全民事行为能力人。

本条规定的有关组织包括：居民委员会、村民委员会、学校、医疗机构、妇女联合会、残疾人联合会、依法设立的老年人组织、民政部门等。

第二十五条　自然人以户籍登记或者其他有效身份登记记载的居所为住所；经常居所与住所不一致的，经常居所视为住所。

第二节　监　　护

第二十六条　父母对未成年子女负有抚养、教育和保护的义务。

成年子女对父母负有赡养、扶助和保护的义务。

第二十七条　父母是未成年子女的监护人。

未成年人的父母已经死亡或者没有监护能力的,由下列有监护能力的人按顺序担任监护人:

(一)祖父母、外祖父母;

(二)兄、姐;

(三)其他愿意担任监护人的个人或者组织,但是须经未成年人住所地的居民委员会、村民委员会或者民政部门同意。

第二十八条 无民事行为能力或者限制民事行为能力的成年人,由下列有监护能力的人按顺序担任监护人:

(一)配偶;

(二)父母、子女;

(三)其他近亲属;

(四)其他愿意担任监护人的个人或者组织,但是须经被监护人住所地的居民委员会、村民委员会或者民政部门同意。

第二十九条 被监护人的父母担任监护人的,可以通过遗嘱指定监护人。

第三十条 依法具有监护资格的人之间可以协议确定监护人。协议确定监护人应当尊重被监护人的真实意愿。

第三十一条 对监护人的确定有争议的,由被监护人住所地的居民委员会、村民委员会或者民政部门指定监护人,有关当事人对指定不服的,可以向人民法院申请指定监护人;有关当事人也可以直接向人民法院申请指定监护人。

居民委员会、村民委员会、民政部门或者人民法院应当尊重被监护人的真实意愿,按照最有利于被监护人的原则在依法具有监护资格的人中指定监护人。

依据本条第一款规定指定监护人前,被监护人的人身权利、财产权利以及其他合法权益处于无人保护状态的,由被监护人住所地的居民委员会、村民委员会、法律规定的有关组织或者民政部门担任临时监护人。

监护人被指定后,不得擅自变更;擅自变更的,不免除被指定的监护人的责任。

第三十二条　没有依法具有监护资格的人的，监护人由民政部门担任，也可以由具备履行监护职责条件的被监护人住所地的居民委员会、村民委员会担任。

第三十三条　具有完全民事行为能力的成年人，可以与其近亲属、其他愿意担任监护人的个人或者组织事先协商，以书面形式确定自己的监护人，在自己丧失或者部分丧失民事行为能力时，由该监护人履行监护职责。

第三十四条　监护人的职责是代理被监护人实施民事法律行为，保护被监护人的人身权利、财产权利以及其他合法权益等。

监护人依法履行监护职责产生的权利，受法律保护。

监护人不履行监护职责或者侵害被监护人合法权益的，应当承担法律责任。

因发生突发事件等紧急情况，监护人暂时无法履行监护职责，被监护人的生活处于无人照料状态的，被监护人住所地的居民委员会、村民委员会或者民政部门应当为被监护人安排必要的临时生活照料措施。

第三十五条　监护人应当按照最有利于被监护人的原则履行监护职责。监护人除为维护被监护人利益外，不得处分被监护人的财产。

未成年人的监护人履行监护职责，在作出与被监护人利益有关的决定时，应当根据被监护人的年龄和智力状况，尊重被监护人的真实意愿。

成年人的监护人履行监护职责，应当最大程度地尊重被监护人的真实意愿，保障并协助被监护人实施与其智力、精神健康状况相适应的民事法律行为。对被监护人有能力独立处理的事务，监护人不得干涉。

第三十六条　监护人有下列情形之一的，人民法院根据有关个人或者组织的申请，撤销其监护人资格，安排必要的临时监护措施，并按照最有利于被监护人的原则依法指定监护人：

（一）实施严重损害被监护人身心健康的行为；

（二）怠于履行监护职责，或者无法履行监护职责且拒绝将监护职责部分或者全部委托给他人，导致被监护人处于危困状态；

（三）实施严重侵害被监护人合法权益的其他行为。

本条规定的有关个人、组织包括：其他依法具有监护资格的人，居民委员会、村民委员会、学校、医疗机构、妇女联合会、残疾人联合会、未成年人保护组织、依法设立的老年人组织、民政部门等。

前款规定的个人和民政部门以外的组织未及时向人民法院申请撤销监护人资格的，民政部门应当向人民法院申请。

第三十七条 依法负担被监护人抚养费、赡养费、扶养费的父母、子女、配偶等，被人民法院撤销监护人资格后，应当继续履行负担的义务。

第三十八条 被监护人的父母或者子女被人民法院撤销监护人资格后，除对被监护人实施故意犯罪的外，确有悔改表现的，经其申请，人民法院可以在尊重被监护人真实意愿的前提下，视情况恢复其监护人资格，人民法院指定的监护人与被监护人的监护关系同时终止。

第三十九条 有下列情形之一的，监护关系终止：

（一）被监护人取得或者恢复完全民事行为能力；

（二）监护人丧失监护能力；

（三）被监护人或者监护人死亡；

（四）人民法院认定监护关系终止的其他情形。

监护关系终止后，被监护人仍然需要监护的，应当依法另行确定监护人。

第三节 宣告失踪和宣告死亡

第四十条 自然人下落不明满二年的，利害关系人可以向人民法院申请宣告该自然人为失踪人。

第四十一条 自然人下落不明的时间自其失去音讯之日起计算。战争期间下落不明的，下落不明的时间自战争结束之日或者有关机关确定的下落不明之日起计算。

第四十二条　失踪人的财产由其配偶、成年子女、父母或者其他愿意担任财产代管人的人代管。

代管有争议，没有前款规定的人，或者前款规定的人无代管能力的，由人民法院指定的人代管。

第四十三条　财产代管人应当妥善管理失踪人的财产，维护其财产权益。

失踪人所欠税款、债务和应付的其他费用，由财产代管人从失踪人的财产中支付。

财产代管人因故意或者重大过失造成失踪人财产损失的，应当承担赔偿责任。

第四十四条　财产代管人不履行代管职责、侵害失踪人财产权益或者丧失代管能力的，失踪人的利害关系人可以向人民法院申请变更财产代管人。

财产代管人有正当理由的，可以向人民法院申请变更财产代管人。

人民法院变更财产代管人的，变更后的财产代管人有权请求原财产代管人及时移交有关财产并报告财产代管情况。

第四十五条　失踪人重新出现，经本人或者利害关系人申请，人民法院应当撤销失踪宣告。

失踪人重新出现，有权请求财产代管人及时移交有关财产并报告财产代管情况。

第四十六条　自然人有下列情形之一的，利害关系人可以向人民法院申请宣告该自然人死亡：

（一）下落不明满四年；

（二）因意外事件，下落不明满二年。

因意外事件下落不明，经有关机关证明该自然人不可能生存的，申请宣告死亡不受二年时间的限制。

第四十七条　对同一自然人，有的利害关系人申请宣告死亡，有的利害关系人申请宣告失踪，符合本法规定的宣告死亡条件的,人民法院应当宣告死亡。

第四十八条 被宣告死亡的人,人民法院宣告死亡的判决作出之日视为其死亡的日期;因意外事件下落不明宣告死亡的,意外事件发生之日视为其死亡的日期。

第四十九条 自然人被宣告死亡但是并未死亡的,不影响该自然人在被宣告死亡期间实施的民事法律行为的效力。

第五十条 被宣告死亡的人重新出现,经本人或者利害关系人申请,人民法院应当撤销死亡宣告。

第五十一条 被宣告死亡的人的婚姻关系,自死亡宣告之日起消除。死亡宣告被撤销的,婚姻关系自撤销死亡宣告之日起自行恢复。但是,其配偶再婚或者向婚姻登记机关书面声明不愿意恢复的除外。

第五十二条 被宣告死亡的人在被宣告死亡期间,其子女被他人依法收养的,在死亡宣告被撤销后,不得以未经本人同意为由主张收养行为无效。

第五十三条 被撤销死亡宣告的人有权请求依照本法第六编取得其财产的民事主体返还财产;无法返还的,应当给予适当补偿。

利害关系人隐瞒真实情况,致使他人被宣告死亡而取得其财产的,除应当返还财产外,还应当对由此造成的损失承担赔偿责任。

第四节　个体工商户和农村承包经营户

第五十四条 自然人从事工商业经营,经依法登记,为个体工商户。个体工商户可以起字号。

第五十五条 农村集体经济组织的成员,依法取得农村土地承包经营权,从事家庭承包经营的,为农村承包经营户。

第五十六条 个体工商户的债务,个人经营的,以个人财产承担;家庭经营的,以家庭财产承担;无法区分的,以家庭财产承担。

农村承包经营户的债务，以从事农村土地承包经营的农户财产承担；事实上由农户部分成员经营的，以该部分成员的财产承担。

第三章　法　　人

第一节　一般规定

第五十七条　法人是具有民事权利能力和民事行为能力，依法独立享有民事权利和承担民事义务的组织。

第五十八条　法人应当依法成立。

法人应当有自己的名称、组织机构、住所、财产或者经费。法人成立的具体条件和程序，依照法律、行政法规的规定。

设立法人，法律、行政法规规定须经有关机关批准的，依照其规定。

第五十九条　法人的民事权利能力和民事行为能力，从法人成立时产生，到法人终止时消灭。

第六十条　法人以其全部财产独立承担民事责任。

第六十一条　依照法律或者法人章程的规定，代表法人从事民事活动的负责人，为法人的法定代表人。

法定代表人以法人名义从事的民事活动，其法律后果由法人承受。

法人章程或者法人权力机构对法定代表人代表权的限制，不得对抗善意相对人。

第六十二条　法定代表人因执行职务造成他人损害的，由法人承担民事责任。

法人承担民事责任后，依照法律或者法人章程的规定，可以向有过错的法定代表人追偿。

第六十三条　法人以其主要办事机构所在地为住所。依法需要办理法人登记的，应当将主要办事机构所在地登记为住所。

第六十四条　法人存续期间登记事项发生变化的，应当依法向登记机关申请变更登记。

第六十五条 法人的实际情况与登记的事项不一致的,不得对抗善意相对人。

第六十六条 登记机关应当依法及时公示法人登记的有关信息。

第六十七条 法人合并的,其权利和义务由合并后的法人享有和承担。

法人分立的,其权利和义务由分立后的法人享有连带债权,承担连带债务,但是债权人和债务人另有约定的除外。

第六十八条 有下列原因之一并依法完成清算、注销登记的,法人终止:

(一)法人解散;

(二)法人被宣告破产;

(三)法律规定的其他原因。

法人终止,法律、行政法规规定须经有关机关批准的,依照其规定。

第六十九条 有下列情形之一的,法人解散:

(一)法人章程规定的存续期间届满或者法人章程规定的其他解散事由出现;

(二)法人的权力机构决议解散;

(三)因法人合并或者分立需要解散;

(四)法人依法被吊销营业执照、登记证书,被责令关闭或者被撤销;

(五)法律规定的其他情形。

第七十条 法人解散的,除合并或者分立的情形外,清算义务人应当及时组成清算组进行清算。

法人的董事、理事等执行机构或者决策机构的成员为清算义务人。法律、行政法规另有规定的,依照其规定。

清算义务人未及时履行清算义务,造成损害的,应当承担民事责任;主管机关或者利害关系人可以申请人民法院指定有关人员组成清算组进行清算。

第七十一条　法人的清算程序和清算组职权，依照有关法律的规定；没有规定的，参照适用公司法律的有关规定。

第七十二条　清算期间法人存续，但是不得从事与清算无关的活动。

法人清算后的剩余财产，按照法人章程的规定或者法人权力机构的决议处理。法律另有规定的，依照其规定。

清算结束并完成法人注销登记时，法人终止；依法不需要办理法人登记的，清算结束时，法人终止。

第七十三条　法人被宣告破产的，依法进行破产清算并完成法人注销登记时，法人终止。

第七十四条　法人可以依法设立分支机构。法律、行政法规规定分支机构应当登记的，依照其规定。

分支机构以自己的名义从事民事活动，产生的民事责任由法人承担；也可以先以该分支机构管理的财产承担，不足以承担的，由法人承担。

第七十五条　设立人为设立法人从事的民事活动，其法律后果由法人承受；法人未成立的，其法律后果由设立人承受，设立人为二人以上的，享有连带债权，承担连带债务。

设立人为设立法人以自己的名义从事民事活动产生的民事责任，第三人有权选择请求法人或者设立人承担。

第二节　营利法人

第七十六条　以取得利润并分配给股东等出资人为目的成立的法人，为营利法人。

营利法人包括有限责任公司、股份有限公司和其他企业法人等。

第七十七条　营利法人经依法登记成立。

第七十八条　依法设立的营利法人，由登记机关发给营利法人营业执照。营业执照签发日期为营利法人的成立日期。

第七十九条 设立营利法人应当依法制定法人章程。

第八十条 营利法人应当设权力机构。

权力机构行使修改法人章程,选举或者更换执行机构、监督机构成员,以及法人章程规定的其他职权。

第八十一条 营利法人应当设执行机构。

执行机构行使召集权力机构会议,决定法人的经营计划和投资方案,决定法人内部管理机构的设置,以及法人章程规定的其他职权。

执行机构为董事会或者执行董事的,董事长、执行董事或者经理按照法人章程的规定担任法定代表人;未设董事会或者执行董事的,法人章程规定的主要负责人为其执行机构和法定代表人。

第八十二条 营利法人设监事会或者监事等监督机构的,监督机构依法行使检查法人财务,监督执行机构成员、高级管理人员执行法人职务的行为,以及法人章程规定的其他职权。

第八十三条 营利法人的出资人不得滥用出资人权利损害法人或者其他出资人的利益;滥用出资人权利造成法人或者其他出资人损失的,应当依法承担民事责任。

营利法人的出资人不得滥用法人独立地位和出资人有限责任损害法人债权人的利益;滥用法人独立地位和出资人有限责任,逃避债务,严重损害法人债权人的利益的,应当对法人债务承担连带责任。

第八十四条 营利法人的控股出资人、实际控制人、董事、监事、高级管理人员不得利用其关联关系损害法人的利益;利用关联关系造成法人损失的,应当承担赔偿责任。

第八十五条 营利法人的权力机构、执行机构作出决议的会议召集程序、表决方式违反法律、行政法规、法人章程,或者决议内容违反法人章程的,营利法人的出资人可以请求人民法院撤销该决议。但是,营利法人依据该决议与善意相对人形成的民事法律关系不受影响。

第八十六条 营利法人从事经营活动,应当遵守商业道德,维护交易安全,接受政府和社会的监督,承担社会责任。

第三节　非营利法人

第八十七条　为公益目的或者其他非营利目的成立,不向出资人、设立人或者会员分配所取得利润的法人,为非营利法人。

非营利法人包括事业单位、社会团体、基金会、社会服务机构等。

第八十八条　具备法人条件,为适应经济社会发展需要,提供公益服务设立的事业单位,经依法登记成立,取得事业单位法人资格;依法不需要办理法人登记的,从成立之日起,具有事业单位法人资格。

第八十九条　事业单位法人设理事会的,除法律另有规定外,理事会为其决策机构。事业单位法人的法定代表人依照法律、行政法规或者法人章程的规定产生。

第九十条　具备法人条件,基于会员共同意愿,为公益目的或者会员共同利益等非营利目的设立的社会团体,经依法登记成立,取得社会团体法人资格;依法不需要办理法人登记的,从成立之日起,具有社会团体法人资格。

第九十一条　设立社会团体法人应当依法制定法人章程。

社会团体法人应当设会员大会或者会员代表大会等权力机构。

社会团体法人应当设理事会等执行机构。理事长或者会长等负责人按照法人章程的规定担任法定代表人。

第九十二条　具备法人条件,为公益目的以捐助财产设立的基金会、社会服务机构等,经依法登记成立,取得捐助法人资格。

依法设立的宗教活动场所,具备法人条件的,可以申请法人登记,取得捐助法人资格。法律、行政法规对宗教活动场所有规定的,依照其规定。

第九十三条　设立捐助法人应当依法制定法人章程。

捐助法人应当设理事会、民主管理组织等决策机构,并设执行机构。理事长等负责人按照法人章程的规定担任法定代表人。

捐助法人应当设监事会等监督机构。

第九十四条 捐助人有权向捐助法人查询捐助财产的使用、管理情况,并提出意见和建议,捐助法人应当及时、如实答复。

捐助法人的决策机构、执行机构或者法定代表人作出决定的程序违反法律、行政法规、法人章程,或者决定内容违反法人章程的,捐助人等利害关系人或者主管机关可以请求人民法院撤销该决定。但是,捐助法人依据该决定与善意相对人形成的民事法律关系不受影响。

第九十五条 为公益目的成立的非营利法人终止时,不得向出资人、设立人或者会员分配剩余财产。剩余财产应当按照法人章程的规定或者权力机构的决议用于公益目的;无法按照法人章程的规定或者权力机构的决议处理的,由主管机关主持转给宗旨相同或者相近的法人,并向社会公告。

第四节 特别法人

第九十六条 本节规定的机关法人、农村集体经济组织法人、城镇农村的合作经济组织法人、基层群众性自治组织法人,为特别法人。

第九十七条 有独立经费的机关和承担行政职能的法定机构从成立之日起,具有机关法人资格,可以从事为履行职能所需要的民事活动。

第九十八条 机关法人被撤销的,法人终止,其民事权利和义务由继任的机关法人享有和承担;没有继任的机关法人的,由作出撤销决定的机关法人享有和承担。

第九十九条 农村集体经济组织依法取得法人资格。

法律、行政法规对农村集体经济组织有规定的,依照其规定。

第一百条 城镇农村的合作经济组织依法取得法人资格。

法律、行政法规对城镇农村的合作经济组织有规定的,依照其规定。

第一百零一条 居民委员会、村民委员会具有基层群众性自治组织法人资格,可以从事为履行职能所需要的民事活动。

未设立村集体经济组织的，村民委员会可以依法代行村集体经济组织的职能。

第四章　非法人组织

第一百零二条　非法人组织是不具有法人资格，但是能够依法以自己的名义从事民事活动的组织。

非法人组织包括个人独资企业、合伙企业、不具有法人资格的专业服务机构等。

第一百零三条　非法人组织应当依照法律的规定登记。

设立非法人组织，法律、行政法规规定须经有关机关批准的，依照其规定。

第一百零四条　非法人组织的财产不足以清偿债务的，其出资人或者设立人承担无限责任。法律另有规定的，依照其规定。

第一百零五条　非法人组织可以确定一人或者数人代表该组织从事民事活动。

第一百零六条　有下列情形之一的，非法人组织解散：

（一）章程规定的存续期间届满或者章程规定的其他解散事由出现；

（二）出资人或者设立人决定解散；

（三）法律规定的其他情形。

第一百零七条　非法人组织解散的，应当依法进行清算。

第一百零八条　非法人组织除适用本章规定外，参照适用本编第三章第一节的有关规定。

第五章　民事权利

第一百零九条　自然人的人身自由、人格尊严受法律保护。

第一百一十条　自然人享有生命权、身体权、健康权、姓名权、肖像权、名誉权、荣誉权、隐私权、婚姻自主权等权利。

法人、非法人组织享有名称权、名誉权和荣誉权。

第一百一十一条　自然人的个人信息受法律保护。任何组织或者个人需要获取他人个人信息的，应当依法取得并确保信息安全，不得非法收集、使用、加工、传输他人个人信息，不得非法买卖、提供或者公开他人个人信息。

第一百一十二条 自然人因婚姻家庭关系等产生的人身权利受法律保护。

第一百一十三条 民事主体的财产权利受法律平等保护。

第一百一十四条 民事主体依法享有物权。

物权是权利人依法对特定的物享有直接支配和排他的权利，包括所有权、用益物权和担保物权。

第一百一十五条 物包括不动产和动产。法律规定权利作为物权客体的，依照其规定。

第一百一十六条 物权的种类和内容，由法律规定。

第一百一十七条 为了公共利益的需要，依照法律规定的权限和程序征收、征用不动产或者动产的，应当给予公平、合理的补偿。

第一百一十八条 民事主体依法享有债权。

债权是因合同、侵权行为、无因管理、不当得利以及法律的其他规定，权利人请求特定义务人为或者不为一定行为的权利。

第一百一十九条 依法成立的合同，对当事人具有法律约束力。

第一百二十条 民事权益受到侵害的，被侵权人有权请求侵权人承担侵权责任。

第一百二十一条 没有法定的或者约定的义务，为避免他人利益受损失而进行管理的人，有权请求受益人偿还由此支出的必要费用。

第一百二十二条 因他人没有法律根据，取得不当利益，受损失的人有权请求其返还不当利益。

第一百二十三条 民事主体依法享有知识产权。

知识产权是权利人依法就下列客体享有的专有的权利：

（一）作品；

（二）发明、实用新型、外观设计；

（三）商标；

（四）地理标志；

（五）商业秘密；

（六）集成电路布图设计；

（七）植物新品种；

（八）法律规定的其他客体。

第一百二十四条 自然人依法享有继承权。

自然人合法的私有财产，可以依法继承。

第一百二十五条 民事主体依法享有股权和其他投资性权利。

第一百二十六条 民事主体享有法律规定的其他民事权利和利益。

第一百二十七条 法律对数据、网络虚拟财产的保护有规定的，依照其规定。

第一百二十八条 法律对未成年人、老年人、残疾人、妇女、消费者等的民事权利保护有特别规定的，依照其规定。

第一百二十九条 民事权利可以依据民事法律行为、事实行为、法律规定的事件或者法律规定的其他方式取得。

第一百三十条 民事主体按照自己的意愿依法行使民事权利，不受干涉。

第一百三十一条 民事主体行使权利时，应当履行法律规定的和当事人约定的义务。

第一百三十二条 民事主体不得滥用民事权利损害国家利益、社会公共利益或者他人合法权益。

第六章 民事法律行为

第一节 一般规定

第一百三十三条 民事法律行为是民事主体通过意思表示设立、变更、终止民事法律关系的行为。

第一百三十四条 民事法律行为可以基于双方或者多方的

意思表示一致成立，也可以基于单方的意思表示成立。

法人、非法人组织依照法律或者章程规定的议事方式和表决程序作出决议的，该决议行为成立。

第一百三十五条 民事法律行为可以采用书面形式、口头形式或者其他形式；法律、行政法规规定或者当事人约定采用特定形式的，应当采用特定形式。

第一百三十六条 民事法律行为自成立时生效，但是法律另有规定或者当事人另有约定的除外。

行为人非依法律规定或者未经对方同意，不得擅自变更或者解除民事法律行为。

第二节 意思表示

第一百三十七条 以对话方式作出的意思表示，相对人知道其内容时生效。

以非对话方式作出的意思表示，到达相对人时生效。以非对话方式作出的采用数据电文形式的意思表示，相对人指定特定系统接收数据电文的，该数据电文进入该特定系统时生效；未指定特定系统的，相对人知道或者应当知道该数据电文进入其系统时生效。当事人对采用数据电文形式的意思表示的生效时间另有约定的，按照其约定。

第一百三十八条 无相对人的意思表示，表示完成时生效。法律另有规定的，依照其规定。

第一百三十九条 以公告方式作出的意思表示，公告发布时生效。

第一百四十条 行为人可以明示或者默示作出意思表示。

沉默只有在有法律规定、当事人约定或者符合当事人之间的交易习惯时，才可以视为意思表示。

第一百四十一条 行为人可以撤回意思表示。撤回意思表示的通知应当在意思表示到达相对人前或者与意思表示同时到达相对人。

第一百四十二条　有相对人的意思表示的解释,应当按照所使用的词句,结合相关条款、行为的性质和目的、习惯以及诚信原则,确定意思表示的含义。

无相对人的意思表示的解释,不能完全拘泥于所使用的词句,而应当结合相关条款、行为的性质和目的、习惯以及诚信原则,确定行为人的真实意思。

第三节　民事法律行为的效力

第一百四十三条　具备下列条件的民事法律行为有效:

(一)行为人具有相应的民事行为能力;

(二)意思表示真实;

(三)不违反法律、行政法规的强制性规定,不违背公序良俗。

第一百四十四条　无民事行为能力人实施的民事法律行为无效。

第一百四十五条　限制民事行为能力人实施的纯获利益的民事法律行为或者与其年龄、智力、精神健康状况相适应的民事法律行为有效;实施的其他民事法律行为经法定代理人同意或者追认后有效。

相对人可以催告法定代理人自收到通知之日起三十日内予以追认。法定代理人未作表示的,视为拒绝追认。民事法律行为被追认前,善意相对人有撤销的权利。撤销应当以通知的方式作出。

第一百四十六条　行为人与相对人以虚假的意思表示实施的民事法律行为无效。

以虚假的意思表示隐藏的民事法律行为的效力,依照有关法律规定处理。

第一百四十七条　基于重大误解实施的民事法律行为,行为人有权请求人民法院或者仲裁机构予以撤销。

第一百四十八条　一方以欺诈手段,使对方在违背真实意思的情况下实施的民事法律行为,受欺诈方有权请求人民法院或者仲裁机构予以撤销。

第一百四十九条 第三人实施欺诈行为,使一方在违背真实意思的情况下实施的民事法律行为,对方知道或者应当知道该欺诈行为的,受欺诈方有权请求人民法院或者仲裁机构予以撤销。

第一百五十条 一方或者第三人以胁迫手段,使对方在违背真实意思的情况下实施的民事法律行为,受胁迫方有权请求人民法院或者仲裁机构予以撤销。

第一百五十一条 一方利用对方处于危困状态、缺乏判断能力等情形,致使民事法律行为成立时显失公平的,受损害方有权请求人民法院或者仲裁机构予以撤销。

第一百五十二条 有下列情形之一的,撤销权消灭:

(一)当事人自知道或者应当知道撤销事由之日起一年内、重大误解的当事人自知道或者应当知道撤销事由之日起九十日内没有行使撤销权;

(二)当事人受胁迫,自胁迫行为终止之日起一年内没有行使撤销权;

(三)当事人知道撤销事由后明确表示或者以自己的行为表明放弃撤销权。

当事人自民事法律行为发生之日起五年内没有行使撤销权的,撤销权消灭。

第一百五十三条 违反法律、行政法规的强制性规定的民事法律行为无效。但是,该强制性规定不导致该民事法律行为无效的除外。

违背公序良俗的民事法律行为无效。

第一百五十四条 行为人与相对人恶意串通,损害他人合法权益的民事法律行为无效。

第一百五十五条 无效的或者被撤销的民事法律行为自始没有法律约束力。

第一百五十六条 民事法律行为部分无效,不影响其他部分效力的,其他部分仍然有效。

第一百五十七条　民事法律行为无效、被撤销或者确定不发生效力后，行为人因该行为取得的财产，应当予以返还；不能返还或者没有必要返还的，应当折价补偿。有过错的一方应当赔偿对方由此所受到的损失；各方都有过错的，应当各自承担相应的责任。法律另有规定的，依照其规定。

第四节　民事法律行为的附条件和附期限

第一百五十八条　民事法律行为可以附条件，但是根据其性质不得附条件的除外。附生效条件的民事法律行为，自条件成就时生效。附解除条件的民事法律行为，自条件成就时失效。

第一百五十九条　附条件的民事法律行为，当事人为自己的利益不正当地阻止条件成就的，视为条件已经成就；不正当地促成条件成就的，视为条件不成就。

第一百六十条　民事法律行为可以附期限，但是根据其性质不得附期限的除外。附生效期限的民事法律行为，自期限届至时生效。附终止期限的民事法律行为，自期限届满时失效。

第七章　代　　理

第一节　一般规定

第一百六十一条　民事主体可以通过代理人实施民事法律行为。

依照法律规定、当事人约定或者民事法律行为的性质，应当由本人亲自实施的民事法律行为，不得代理。

第一百六十二条　代理人在代理权限内，以被代理人名义实施的民事法律行为，对被代理人发生效力。

第一百六十三条　代理包括委托代理和法定代理。

委托代理人按照被代理人的委托行使代理权。法定代理人依照法律的规定行使代理权。

第一百六十四条　代理人不履行或者不完全履行职责，造成被代理人损害的，应当承担民事责任。

代理人和相对人恶意串通,损害被代理人合法权益的,代理人和相对人应当承担连带责任。

第二节 委托代理

第一百六十五条 委托代理授权采用书面形式的,授权委托书应当载明代理人的姓名或者名称、代理事项、权限和期限,并由被代理人签名或者盖章。

第一百六十六条 数人为同一代理事项的代理人的,应当共同行使代理权,但是当事人另有约定的除外。

第一百六十七条 代理人知道或者应当知道代理事项违法仍然实施代理行为,或者被代理人知道或者应当知道代理人的代理行为违法未作反对表示的,被代理人和代理人应当承担连带责任。

第一百六十八条 代理人不得以被代理人的名义与自己实施民事法律行为,但是被代理人同意或者追认的除外。

代理人不得以被代理人的名义与自己同时代理的其他人实施民事法律行为,但是被代理的双方同意或者追认的除外。

第一百六十九条 代理人需要转委托第三人代理的,应当取得被代理人的同意或者追认。

转委托代理经被代理人同意或者追认的,被代理人可以就代理事务直接指示转委托的第三人,代理人仅就第三人的选任以及对第三人的指示承担责任。

转委托代理未经被代理人同意或者追认的,代理人应当对转委托的第三人的行为承担责任;但是,在紧急情况下代理人为了维护被代理人的利益需要转委托第三人代理的除外。

第一百七十条 执行法人或者非法人组织工作任务的人员,就其职权范围内的事项,以法人或者非法人组织的名义实施的民事法律行为,对法人或者非法人组织发生效力。

法人或者非法人组织对执行其工作任务的人员职权范围的限制,不得对抗善意相对人。

第一百七十一条　行为人没有代理权、超越代理权或者代理权终止后，仍然实施代理行为，未经被代理人追认的，对被代理人不发生效力。

相对人可以催告被代理人自收到通知之日起三十日内予以追认。被代理人未作表示的，视为拒绝追认。行为人实施的行为被追认前，善意相对人有撤销的权利。撤销应当以通知的方式作出。

行为人实施的行为未被追认的，善意相对人有权请求行为人履行债务或者就其受到的损害请求行为人赔偿。但是，赔偿的范围不得超过被代理人追认时相对人所能获得的利益。

相对人知道或者应当知道行为人无权代理的，相对人和行为人按照各自的过错承担责任。

第一百七十二条　行为人没有代理权、超越代理权或者代理权终止后，仍然实施代理行为，相对人有理由相信行为人有代理权的，代理行为有效。

第三节　代理终止

第一百七十三条　有下列情形之一的，委托代理终止：

（一）代理期限届满或者代理事务完成；

（二）被代理人取消委托或者代理人辞去委托；

（三）代理人丧失民事行为能力；

（四）代理人或者被代理人死亡；

（五）作为代理人或者被代理人的法人、非法人组织终止。

第一百七十四条　被代理人死亡后，有下列情形之一的，委托代理人实施的代理行为有效：

（一）代理人不知道且不应当知道被代理人死亡；

（二）被代理人的继承人予以承认；

（三）授权中明确代理权在代理事务完成时终止；

（四）被代理人死亡前已经实施，为了被代理人的继承人的利益继续代理。

作为被代理人的法人、非法人组织终止的，参照适用前款规定。

第一百七十五条 有下列情形之一的，法定代理终止：

(一)被代理人取得或者恢复完全民事行为能力；

(二)代理人丧失民事行为能力；

(三)代理人或者被代理人死亡；

(四)法律规定的其他情形。

第八章 民事责任

第一百七十六条 民事主体依照法律规定或者按照当事人约定，履行民事义务，承担民事责任。

第一百七十七条 二人以上依法承担按份责任，能够确定责任大小的，各自承担相应的责任；难以确定责任大小的，平均承担责任。

第一百七十八条 二人以上依法承担连带责任的，权利人有权请求部分或者全部连带责任人承担责任。

连带责任人的责任份额根据各自责任大小确定；难以确定责任大小的，平均承担责任。实际承担责任超过自己责任份额的连带责任人，有权向其他连带责任人追偿。

连带责任，由法律规定或者当事人约定。

第一百七十九条 承担民事责任的方式主要有：

(一)停止侵害；

(二)排除妨碍；

(三)消除危险；

(四)返还财产；

(五)恢复原状；

(六)修理、重作、更换；

(七)继续履行；

(八)赔偿损失；

(九)支付违约金；

（十）消除影响、恢复名誉；

（十一）赔礼道歉。

法律规定惩罚性赔偿的，依照其规定。

本条规定的承担民事责任的方式，可以单独适用，也可以合并适用。

第一百八十条　因不可抗力不能履行民事义务的，不承担民事责任。法律另有规定的，依照其规定。

不可抗力是不能预见、不能避免且不能克服的客观情况。

第一百八十一条　因正当防卫造成损害的，不承担民事责任。

正当防卫超过必要的限度，造成不应有的损害的，正当防卫人应当承担适当的民事责任。

第一百八十二条　因紧急避险造成损害的，由引起险情发生的人承担民事责任。

危险由自然原因引起的，紧急避险人不承担民事责任，可以给予适当补偿。

紧急避险采取措施不当或者超过必要的限度，造成不应有的损害的，紧急避险人应当承担适当的民事责任。

第一百八十三条　因保护他人民事权益使自己受到损害的，由侵权人承担民事责任，受益人可以给予适当补偿。没有侵权人、侵权人逃逸或者无力承担民事责任，受害人请求补偿的，受益人应当给予适当补偿。

第一百八十四条　因自愿实施紧急救助行为造成受助人损害的，救助人不承担民事责任。

第一百八十五条　侵害英雄烈士等的姓名、肖像、名誉、荣誉，损害社会公共利益的，应当承担民事责任。

第一百八十六条　因当事人一方的违约行为，损害对方人身权益、财产权益的，受损害方有权选择请求其承担违约责任或者侵权责任。

第一百八十七条　民事主体因同一行为应当承担民事责任、

行政责任和刑事责任的,承担行政责任或者刑事责任不影响承担民事责任;民事主体的财产不足以支付的,优先用于承担民事责任。

第九章　诉讼时效

第一百八十八条　向人民法院请求保护民事权利的诉讼时效期间为三年。法律另有规定的,依照其规定。

诉讼时效期间自权利人知道或者应当知道权利受到损害以及义务人之日起计算。法律另有规定的,依照其规定。但是,自权利受到损害之日起超过二十年的,人民法院不予保护,有特殊情况的,人民法院可以根据权利人的申请决定延长。

第一百八十九条　当事人约定同一债务分期履行的,诉讼时效期间自最后一期履行期限届满之日起计算。

第一百九十条　无民事行为能力人或者限制民事行为能力人对其法定代理人的请求权的诉讼时效期间,自该法定代理终止之日起计算。

第一百九十一条　未成年人遭受性侵害的损害赔偿请求权的诉讼时效期间,自受害人年满十八周岁之日起计算。

第一百九十二条　诉讼时效期间届满的,义务人可以提出不履行义务的抗辩。

诉讼时效期间届满后,义务人同意履行的,不得以诉讼时效期间届满为由抗辩;义务人已经自愿履行的,不得请求返还。

第一百九十三条　人民法院不得主动适用诉讼时效的规定。

第一百九十四条　在诉讼时效期间的最后六个月内,因下列障碍,不能行使请求权的,诉讼时效中止:

(一)不可抗力;

(二)无民事行为能力人或者限制民事行为能力人没有法定代理人,或者法定代理人死亡、丧失民事行为能力、丧失代理权;

(三)继承开始后未确定继承人或者遗产管理人;

(四)权利人被义务人或者其他人控制;

（五）其他导致权利人不能行使请求权的障碍。

自中止时效的原因消除之日起满六个月，诉讼时效期间届满。

第一百九十五条 有下列情形之一的，诉讼时效中断，从中断、有关程序终结时起，诉讼时效期间重新计算：

（一）权利人向义务人提出履行请求；

（二）义务人同意履行义务；

（三）权利人提起诉讼或者申请仲裁；

（四）与提起诉讼或者申请仲裁具有同等效力的其他情形。

第一百九十六条 下列请求权不适用诉讼时效的规定：

（一）请求停止侵害、排除妨碍、消除危险；

（二）不动产物权和登记的动产物权的权利人请求返还财产；

（三）请求支付抚养费、赡养费或者扶养费；

（四）依法不适用诉讼时效的其他请求权。

第一百九十七条 诉讼时效的期间、计算方法以及中止、中断的事由由法律规定，当事人约定无效。

当事人对诉讼时效利益的预先放弃无效。

第一百九十八条 法律对仲裁时效有规定的，依照其规定；没有规定的，适用诉讼时效的规定。

第一百九十九条 法律规定或者当事人约定的撤销权、解除权等权利的存续期间，除法律另有规定外，自权利人知道或者应当知道权利产生之日起计算，不适用有关诉讼时效中止、中断和延长的规定。存续期间届满，撤销权、解除权等权利消灭。

第十章 期间计算

第二百条 民法所称的期间按照公历年、月、日、小时计算。

第二百零一条 按照年、月、日计算期间的，开始的当日不计入，自下一日开始计算。

按照小时计算期间的，自法律规定或者当事人约定的时间开始计算。

第二百零二条 按照年、月计算期间的，到期月的对应日为期间的最后一日；没有对应日的，月末日为期间的最后一日。

第二百零三条 期间的最后一日是法定休假日的，以法定休假日结束的次日为期间的最后一日。

期间的最后一日的截止时间为二十四时；有业务时间的，停止业务活动的时间为截止时间。

第二百零四条 期间的计算方法依照本法的规定，但是法律另有规定或者当事人另有约定的除外。

附 则

第一千二百五十九条 民法所称的“以上”、“以下”、“以内”、“届满”，包括本数；所称的“不满”、“超过”、“以外”，不包括本数。

第一千二百六十条 本法自2021年1月1日起施行。《中华人民共和国婚姻法》、《中华人民共和国继承法》、《中华人民共和国民法通则》、《中华人民共和国收养法》、《中华人民共和国担保法》、《中华人民共和国合同法》、《中华人民共和国物权法》、《中华人民共和国侵权责任法》、《中华人民共和国民法总则》同时废止。

关于《中华人民共和国民法典（草案）》的说明（节录）

——2020 年 5 月 22 日在第十三届全国人民代表大会第三次会议上

全国人民代表大会常务委员会副委员长　王　晨

各位代表：

我受全国人大常委会委托，作关于《中华人民共和国民法典（草案）》的说明。

一、编纂民法典的重大意义

编纂民法典是党的十八届四中全会确定的一项重大政治任务和立法任务，是以习近平同志为核心的党中央作出的重大法治建设部署。编纂民法典，就是通过对我国现行的民事法律制度规范进行系统整合、编订纂修，形成一部适应新时代中国特色社会主义发展要求，符合我国国情和实际，体例科学、结构严谨、规范合理、内容完整并协调一致的法典。这是一项系统的、重大的立法工程。

编纂一部真正属于中国人民的民法典，是新中国几代人的夙愿。党和国家曾于 1954 年、1962 年、1979 年和 2001 年先后四次启动民法制定工作。第一次和第二次，由于多种原因而未能取得实际成果。1979 年第三次启动，由于刚刚进入改革开放新时期，制定一部完整民法典的条件尚不具备。因此，当时领导全国人大法制委员会立法工作的彭真、习仲勋等同志深入研究后,在八十年代初决定按照“成熟一个通过一个”的工作思路,确定先制定民事单行法律。现行的继承法、民法通则、担保法、合同法就是在这种工作思路下先后制定的。2001 年,九届全国人大常委会组织起草《中华人民共和国民法(草案)》,并于 2002 年 12 月进行了一次审议。经讨论和研究,仍确定继续采取分别制定单行法的办法推进我国民事法律制度建设。2003 年十届全国人大以来,又陆续制定了物权法、侵权责任法、涉外民事关系法律适用法等。总的看,经过多年来努力,我国民事立法是富有成效的,逐步形成了比较完备的民事法律规范体系,民事司法实践积累了丰富经验,民事法律服务取得显著进步,民法理论研究也达到较高水平,全社会民事法治观念普遍增强,为编纂民法典奠定了较好的制度基础、实践基础、理论基础和社会基础。随着我国社会主义现代化事业不断发展和全面依法治国深入推进,人民群众和社会各方面对编纂和出台民法典寄予很大的期盼。

党的十八大以来,以习近平同志为核心的党中央把全面依法治国摆在突出位置,推动党和国家事业发生历史性变革、取得历史性成就,中国特色社会主义已经进入新时代。在坚持和完善中国特色社会主义制度、推进国家治理体系和治理能力现代化的新征程中,编纂民法典具有重大而深远的意义。

（一）编纂民法典是坚持和完善中国特色社会主义制度的现实需要

回顾人类文明史,编纂法典是具有重要标志意义的法治建设工程,是一个国家、一个民族走向繁荣强盛的象征和标志。新中国成立 70 多年特别是改革开放 40 多年来,中国共产党团结带领中国人民不懈奋斗,成功开辟了中国特色社会主义道路,取得了举世瞩目的发展成就,中国特色社会主义制度展现出强大生命力和显著优越性。我国民事法律制度正是伴随着新时期改革开放和社会主义现代化建设的历史进程而形成并不断发展完善的,是中国特色社会主义法律制度的重要组成部分。在系统总结制度建设成果和实践经验的基础上，编纂一部具有中国特色、体现时代特点、反映人民意愿的民法典，不仅能充分彰显中国特色社会主义法律制度成果和制度自信，促进和保障中国特色社会主义事业不断发展，也能为人类法治文明的发展进步贡献中国智慧和中国方案。

（二）编纂民法典是推进全面依法治国、推进国家治理体系和治理能力现代化的重大举措

民法是中国特色社会主义法律体系的重要组成部分，是民事领域的基础性、综合性法律，它规范各类民事主体的各种人身关系和财产关系，涉及社会和经济生活的方方面面，被称为"社会生活的百科全书"。建立健全完备的法律规范体系，以良法保障善治，是全面依法治国的前提和基础。民法通过确立民事主体、民事权利、民事法律行为、民事责任等民事总则制度，确立物权、合同、人格权、婚姻家庭、继承、侵权责任等民事分则制度，来调整各类民事关系。民法与国家其他领域法律规范一起，支撑着国家制度和国家治理体系，是保证国家制度和国家治理体系正常有效运行的基础性法律规范。编纂民法典，就是全面总结我国的民事立法和司法的实践经验，对现行民事单行法律进行系统编订纂修，将相关民事法律规范编纂成一部综合性法典，不断健全完善中国特色社会主义法律体系。这对于以法治方式推进国家治理体系和治理能力现代化，更好地发挥法治固根本、稳预期、利长远的保障作用，具有重要意义。

（三）编纂民法典是坚持和完善社会主义基本经济制度、推动经济高质量发展的客观要求

公有制为主体、多种所有制经济共同发展，按劳分配为主体、多种分配方式并存，社会主义市场经济体制等社会主义基本经济制度，是以法治为基础、在法治轨道上运行、受法治规则调整的经济制度，社会主义市场经济本质上是法治经济。我国民事主体制度中的法人制度，规范民事活动的民事法律行为制度、代理制度，调整各类财产关系的物权制度，调整各类交易关系的合同制度，

保护和救济民事权益的侵权责任制度，都是坚持和完善社会主义基本经济制度不可或缺的法律制度规范和行为规则。同时，我国民事法律制度建设一直秉持“民商合一”的传统，把许多商事法律规范纳入民法之中。编纂民法典，进一步完善我国民商事领域基本法律制度和行为规则，为各类民商事活动提供基本遵循，有利于充分调动民事主体的积极性和创造性、维护交易安全、维护市场秩序，有利于营造各种所有制主体依法平等使用资源要素、公开公平公正参与竞争、同等受到法律保护的市场环境，推动经济高质量发展。

（四）编纂民法典是增进人民福祉、维护最广大人民根本利益的必然要求

中国特色社会主义法治建设的根本目的是保障人民权益。改革开放以来，我国民事法律制度逐步得到完善和发展，公民的民事权利也得到越来越充分的保护。中国特色社会主义进入新时代，随着我国社会主要矛盾的变化，随着经济发展和国民财富的不断积累，随着信息化和大数据时代的到来，人民群众在民主、法治、公平、正义、安全、环境等方面的要求日益增长，希望对权利的保护更加充分、更加有效。党的十九大明确提出，要保护人民人身权、财产权、人格权。而现行民事立法中的有些规范已经滞后，难以适应人民日益增长的美好生活需要。编纂民法典，健全和充实民事权利种类，形成更加完备的民事权利体系，完善权利保护和救济规则，形成规范有效的权利保护机制，对于更好地维护人民权益，不断增加人民群众获得感、幸福感和安全感，促进人的全面发展，具有十分重要的意义。

二、编纂民法典的总体要求和基本原则

民法典是新中国第一部以法典命名的法律，开创了我国法典编纂立法的先河，具有里程碑意义。以习近平同志为核心的党中央高度重视民法典编纂工作，将编纂民法典列入党中央重要工作议程，并对编纂民法典工作任务作出总体部署、提出明确要求。十二届、十三届全国人大常委会都高度重视这一立法工作，将编

纂民法典纳入全国人大常委会立法规划和年度立法工作计划，确定为全国人大常委会的立法工作重点项目，积极持续推进。为做好民法典编纂工作，全国人大常委会党组先后多次向党中央请示和报告，就民法典编纂工作的总体考虑、工作步骤、体例结构等重大问题进行汇报。2016年6月、2018年8月、2019年12月，习近平总书记三次主持中央政治局常委会会议，听取并原则同意全国人大常委会党组就民法典编纂工作所作的请示汇报，对民法典编纂工作作出重要指示，为民法典编纂工作提供了重要指导和基本遵循。

编纂民法典的指导思想是：高举中国特色社会主义伟大旗帜，以马克思列宁主义、毛泽东思想、邓小平理论、“三个代表”重要思想、科学发展观、习近平新时代中国特色社会主义思想为指导，增强“四个意识”，坚定“四个自信”，做到“两个维护”，全面贯彻党的十八大、十九大和有关中央全会精神，坚持党的领导、人民当家作主、依法治国有机统一，紧紧围绕统筹推进“五位一体”总体布局和协调推进“四个全面”战略布局，紧紧围绕建设中国特色社会主义法治体系、建设社会主义法治国家，总结实践经验，适应时代要求，对我国现行的、制定于不同时期的民法通则、物权法、合同法、担保法、婚姻法、收养法、继承法、侵权责任法和人格权方面的民事法律规范进行全面系统的编订纂修，形成一部具有中国特色、体现时代特点、反映人民意愿的民法典，为新时代坚持和完善中国特色社会主义制度、实现“两个一百年”奋斗目标、实现中华民族伟大复兴中国梦提供完备的民事法治保障。

贯彻上述指导思想，切实做好民法典编纂工作，必须遵循和体现以下基本原则：一是坚持正确政治方向，全面贯彻习近平总书记全面依法治国新理念新思想新战略，坚决贯彻党中央的决策部署，坚持服务党和国家工作大局，充分发挥民法典在坚持和完善中国特色社会主义制度、推进国家治理体系和治理能力现代化中的重要作用。二是坚持以人民为中心，以保护民事权利为出发点和落脚点，切实回应人民的法治需求，更好地满足人民日益增长的美好生活需要,充分实现好、维护好、发展好最广大人民的根本利益,使民法典成为新时代保护人民民事权利的好法典。三是坚持立足国情和实际,全面总结我国改革开放40多年来民事立法和实践经验,以法典化方式巩固、确认和发展民事法治建设成果,以实践需求指引立法方向,提高民事法律制度的针对性、有效性、适应性,发挥法治的引领、规范、保障作用。四是坚持依法治国与以德治国相结合,注重将社会主义核心价值观融入民事法律规范,大力弘扬传统美德和社会公德,强化规则意识,倡导契约精神,维护公序良俗。五是坚持科学立法、民主立法、依法立法,不断增强民事法律规范的系统性、完整性,既保持民事法律制度的连续性、稳定性,又保持适度的前瞻性、开放性,同时处理好、衔接好法典化民事法律制度下各类规范之间的关系。

三、民法典编纂工作情况

根据党中央的工作部署,编纂民法典的起草工作由全国人大常委会法制工作委员会牵头,最高人民法院、最高人民检察院、司法部、中国社会科学院、中国法学会为参加单位。为做好民法典编纂工作,全国人大常委会法制工作委员会与五家参加单位成立了民法典编纂工作协调小组,并成立了民法典编纂工作专班。

编纂民法典不是制定全新的民事法律,也不是简单的法律汇编,而是对现行的民事法律规范进行编订纂修,对已经不适应现实情况的规定进行修改完善,对经济社会生活中出现的新情况、新问题作出有针对性的新规定。编纂民法典采取"两步走"的工作思路进行:第一步,制定民法总则,作为民法典的总则编;第二步,编纂民法典各分编,经全国人大常委会审议和修改完善后,再与民法总则合并为一部完整的民法典草案。

2015年3月,全国人大常委会法制工作委员会启动民法典编纂工作,着手第一步的民法总则制定工作,以1986年制定的民法通则为基础,系统梳理总结有关民事法律的实践经验,提炼民事法律制度中具有普遍适用性和引领性的规则,形成民法总则草案,2016年由十二届全国人大常委会进行了三次审议,2017年3

月由第十二届全国人民代表大会第五次会议审议通过。制定民法总则,完成了民法典编纂工作的第一步,为民法典编纂奠定了坚实基础。

民法总则通过后,十二届、十三届全国人大常委会接续努力、抓紧开展作为民法典编纂第二步的各分编编纂工作。法制工作委员会与民法典编纂工作各参加单位全力推进民法典各分编编纂工作,系统梳理、研究历年来有关方面提出的意见,开展立法调研,广泛听取意见建议,以现行物权法、合同法、担保法、婚姻法、收养法、继承法、侵权责任法等为基础,结合我国经济社会发展对民事法律提出的新需求,形成了包括物权、合同、人格权、婚姻家庭、继承、侵权责任等 6 个分编在内的民法典各分编草案,提请 2018 年 8 月召开的第十三届全国人大常委会第五次会议审议。其后,2018 年 12 月、2019 年 4 月、6 月、8 月、10 月,第十三届全国人大常委会第七次、第十次、第十一次、第十二次、第十四次会议对民法典各分编草案进行了拆分审议,对全部 6 个分编草案进行了二审,对各方面比较关注的人格权、婚姻家庭、侵权责任 3 个分编草案进行了三审。在此基础上,将民法总则与经过常委会审议和修改完善的民法典各分编草案合并,形成《中华人民共和国民法典(草案)》,提请 2019 年 12 月召开的第十三届全国人大常委会第十五次会议审议。经审议,全国人大常委会作出决定,将民法典草案提请本次大会审议。

民法典草案经全国人大常委会审议后,全国人大常委会办公厅将草案印发十三届全国人大代表、部署组织全国人大代表研读讨论民法典草案工作,征求代表意见。同时,法制工作委员会还将草案印发地方人大、基层立法联系点、中央有关部门征求意见,并在中国人大网公布征求社会公众意见。法制工作委员会还在北京召开多个座谈会,听取有关部门、专家的意见。各方面普遍认为,编纂民法典,对于完善中国特色社会主义法律体系,以法治方式推进国家治理体系和治理能力现代化,切实维护最广大人民的根本利益,促进社会公平正义具有重要意义。

新冠肺炎疫情发生以来，全国人大常委会高度关注，栗战书委员长多次就贯彻落实习近平总书记对疫情防控工作的重要讲话精神和党中央决策部署，为疫情防控工作提供法治保障提出明确的工作要求。我们认真学习贯彻习近平总书记重要讲话精神和党中央决策部署，结合民法典编纂工作，对与疫情相关的民事法律制度进行梳理研究，对草案作了有针对性的修改完善。

2020年4月20日、21日，全国人大宪法和法律委员会召开会议，根据全国人大常委会的审议意见、代表研读讨论中提出的意见和各方面的意见，对民法典草案作了进一步修改完善；认为经过全国人大常委会多次审议和广泛征求意见，草案充分吸收各方面的意见建议，已经比较成熟，形成了提请本次会议审议的《中华人民共和国民法典(草案)》。

为进一步做好会议审议民法典草案的准备工作，更充分听取全国人大代表的意见，4月29日，法制工作委员会将修改后的民法典草案再次发送给各省、自治区、直辖市人大常委会，请各地方以适当方式组织有关全国人大代表研读讨论，听取意见。

四、民法典草案的主要内容

《中华人民共和国民法典(草案)》共7编、1260条，各编依次为总则、物权、合同、人格权、婚姻家庭、继承、侵权责任，以及附则。

(一)总则编

第一编“总则”规定民事活动必须遵循的基本原则和一般性规则，统领民法典各分编。第一编基本保持现行民法总则的结构和内容不变，根据法典编纂体系化要求对个别条款作了文字修改，并将“附则”部分移到民法典草案的最后。第一编共10章、204条，主要内容有：

1. 关于基本规定。第一编第一章规定了民法典的立法目的和依据。其中，将“弘扬社会主义核心价值观”作为一项重要的立法目的，体现坚持依法治国与以德治国相结合的鲜明中国特色(草案第一条)。同时，规定了民事权利及其他合法权益受法律保护,确立了平等、自愿、公平、诚信、守法和公序良俗等民法基本原则(草案第四条至第八条)。为贯彻习近平生态文明思想,将绿色原则确立为民法的基本原则,规定民事主体从事民事活动,应当有利于节约资源、保护生态环境(草案第九条)。

2. 关于民事主体。民事主体是民事关系的参与者、民事权利的享有者、民事义务的履行者和民事责任的承担者,具体包括三类:一是自然人。自然人是最基本的民事主体。草案规定了自然人的民事权利能力和民事行为能力制度、监护制度、宣告失踪和宣告死亡制度,并对个体工商户和农村承包经营户作了规定(草案第一编第二章)。结合此次疫情防控工作,对监护制度作了进一步完善,规定因发生突发事件等紧急情况,监护人暂时无法履行监护职责,被监护人的生活处于无人照料状态的,被监护人住所地的居民委员会、村民委员会或者民政部门应当为被监护人安排必要的临时生活照料措施(草案第三十四条第四款)。二是法人。法人是依法成立的,具有民事权利能力和民事行为能力,依法独立享有民事权利和承担民事义务的组织。草案规定了法人的定义、成立原则和条件、住所等一般规定,并对营利法人、非营利法人、特别法人三类法人分别作了具体规定(草案第一编第三章)。三是非法人组织。非法人组织是不具有法人资格,但是能够依法以自己的名义从事民事活动的组织。草案对非法人组织的设立、责任承担、解散、清算等作了规定(草案第一编第四章)。

3. 关于民事权利。保护民事权利是民事立法的重要任务。第一编第五章规定了民事权利制度,包括各种人身权利和财产权利。为建设创新型国家,草案对知识产权作了概括性规定,以统领各个单行的知识产权法律(草案第一百二十三条)。同时,对数据、网络虚拟财产的保护作了原则性规定(草案第一百二十七条)。此外,还规定了民事权利的取得和行使规则等内容(草案第一百二十九条至第一百三十二条)。

4. 关于民事法律行为和代理。民事法律行为是民事主体通过意思表示设立、变更、终止民事法律关系的行为,代理是民事主体通过代理人实施民事法律行为的制度。第一编第六章、第七章规定了民事法律行为制度、代理制度：一是规定民事法律行为的定义、成立、形式和生效时间等（草案第一编第六章第一节）。二是对意思表示的生效、方式、撤回和解释等作了规定（草案第一编第六章第二节）。三是规定民事法律行为的效力制度（草案第一编第六章第三节）。四是规定了代理的适用范围、效力、类型等代理制度的内容（草案第一编第七章）。

5. 关于民事责任、诉讼时效和期间计算。民事责任是民事主体违反民事义务的法律后果，是保障和维护民事权利的重要制度。诉讼时效是权利人在法定期间内不行使权利，权利不受保护的法律制度，其功能主要是促使权利人及时行使权利、维护交易安全、稳定法律秩序。第一编第八章、第九章、第十章规定了民事责任、诉讼时效和期间计算制度：一是规定了民事责任的承担方式，并对不可抗力、正当防卫、紧急避险、自愿实施紧急救助等特殊的民事责任承担问题作了规定（草案第一编第八章）。二是规定了诉讼时效的期间及其起算、法律效果，诉讼时效的中止、中断等内容（草案第一编第九章）。三是规定了期间的计算单位、起算、结束和顺延等（草案第一编第十章）。

……

（八）附则

草案最后部分“附则”明确了民法典与婚姻法、继承法、民法通则、收养法、担保法、合同法、物权法、侵权责任法、民法总则的关系。民法典施行后，上述民事单行法律将被替代。因此，草案规定在民法典施行之时，同步废止上述民事单行法律（草案第一千二百六十条）。需要说明的是，2014 年第十二届全国人大常委会第十一次会议通过的《全国人民代表大会常务委员会关于〈中华人民共和国民法通则〉第九十九条第一款、〈中华人民共和国婚姻法〉第二十二条的解释》，作为与民法通则、婚姻法相关的法律解释，也同步废止。

《中华人民共和国民法典（草案）》和以上说明，请审议。